개념원리 RPM

수학 Ⅱ

한눈에
보이는
정답

0824 $\dfrac{4}{3}$	0825 $\dfrac{4}{3}$	0826 $\dfrac{1}{2}$	0827 $\dfrac{37}{12}$	0828 $\dfrac{21}{4}$
0829 $\dfrac{5}{3}$	0830 $\dfrac{21}{2}$	0831 $\dfrac{9}{2}$	0832 $\dfrac{4}{3}$	0833 $\dfrac{1}{2}$
0834 $\dfrac{8}{3}$	0835 $\dfrac{4}{3}$	0836 $-\dfrac{2}{3}$	0837 0	0838 $\dfrac{8}{3}$
0839 6	0840 ②	0841 ③	0842 ②	0843 ④
0844 $\dfrac{1}{24}$	0845 ④	0846 $\dfrac{32}{3}$	0847 ②	0848 3
0849 ①	0850 $\dfrac{131}{4}$	0851 9	0852 $\dfrac{10}{9}$	0853 ②
0854 ④	0855 ③	0856 $\dfrac{1}{3}$	0857 ③	0858 $\dfrac{4}{3}$
0859 1	0860 ⑤	0861 $\dfrac{13}{4}$	0862 $\dfrac{2}{3}$	0863 $\dfrac{1}{4}$
0864 2	0865 $\dfrac{9}{2}$	0866 $\dfrac{2}{3}$	0867 16	0868 $\dfrac{27}{2}$
0869 ①	0870 ②	0871 6	0872 5	
0873 $\dfrac{32}{3}\pi$ cm³		0874 ③	0875 $\dfrac{8}{3}$ m	0876 65 m
0877 ②	0878 40 km	0879 4	0880 1	0881 ④
0882 ①	0883 ③	0884 1	0885 $\dfrac{3}{2}$	0886 2
0887 26	0888 16	0889 1	0890 ②	0891 3
0892 ④	0893 8	0894 ①	0895 $\dfrac{4}{3}$	0896 2
0897 20	0898 6	0899 $\dfrac{5}{2}$	0900 ③	0901 ②
0902 ④	0903 $\dfrac{1}{6}$	0904 $\dfrac{8}{3}$	0905 $\dfrac{27}{4}$	
0906 (1) $-\dfrac{3}{2}$, 2, 5 (2) 8	0907 $4\sqrt{3}-4$	0908 $\dfrac{13}{24}$	0909 $\dfrac{1}{12}$
0910 140	0911 $-\dfrac{4}{3}$			

0633 $f(x)=6x+4$　　**0634** $f(x)=3x^2-2x$
0635 $f(x)=x^3+x^2+x$　　**0636** x^2
0637 x^2+C　**0638** x^3+2x　**0639** x^3+2x+C
0640 $x+C$　**0641** $\frac{1}{4}x^4+C$　　**0642** $\frac{1}{22}x^{22}+C$
0643 $\frac{1}{n}x^n+C$　　**0644** $\frac{3}{2}x^2-4x+C$
0645 $\frac{5}{3}x^3-x^2+x+C$　　**0646** $\frac{1}{3}x^3+\frac{1}{2}x^2-2x+C$
0647 $\frac{4}{3}x^3-6x^2+9x+C$　　**0648** $\frac{1}{4}x^4-27x+C$
0649 $\frac{1}{2}x^2-2x+C$　　**0650** $\frac{1}{3}x^3-\frac{1}{2}x^2+x+C$
0651 $2x^2+C$　**0652** $\frac{1}{3}x^3+x^2+4x+C$　**0653** ④　**0654** ②
0655 -4　**0656** 3　**0657** ③　**0658** 40　**0659** 6
0660 ⑤　**0661** 4　**0662** 1　**0663** ③　**0664** 5
0665 -1　**0666** -1　**0667** 5　**0668** -3　**0669** ②
0670 0　**0671** 7　**0672** 2　**0673** 9　**0674** 9
0675 ②　**0676** 15　**0677** 20　**0678** 20　**0679** ④
0680 ②　**0681** -9　**0682** -7　**0683** $\frac{1}{3}$　**0684** 3
0685 ⑤　**0686** -2　**0687** $-\frac{5}{2}$　**0688** 14　**0689** -4
0690 ①　**0691** -2　**0692** 3　**0693** $\frac{3}{2}$
0694 $f(x)=\frac{1}{3}x^3+3x+3$　**0695** ⑤　**0696** 28　**0697** ④
0698 -40　**0699** $f(x)=x^3+x^2-x-1$ 또는 $f(x)=x^3+x^2-x+\frac{5}{27}$
0700 $-\frac{4}{3}<k<\frac{4}{3}$　　**0701** $\frac{9}{2}$　**0702** 12　**0703** ④
0704 0　**0705** ①　**0706** ⑤　**0707** $-\frac{1}{2}$　**0708** 4
0709 7　**0710** -12　**0711** 29　**0712** 5　**0713** ⑤
0714 ①　**0715** 30　**0716** 4　**0717** -12　**0718** 12
0719 $x=1$ 또는 $x=3$　**0720** ⑤　**0721** ㄷ

0722 1　**0723** 6　**0724** $\frac{16}{3}$　**0725** $-\frac{1}{6}$　**0726** 0
0727 $-\frac{21}{4}$　**0728** -24　**0729** $\frac{16}{3}$　**0730** 8　**0731** 24
0732 6　**0733** 0　**0734** 24　**0735** -4　**0736** 4
0737 12　**0738** $f(x)=2x-2$　　**0739** $f(x)=3x^2+2x-1$
0740 -1　**0741** 5　**0742** ①　**0743** 8　**0744** -2
0745 2　**0746** 1　**0747** -4　**0748** ④　**0749** $\frac{5}{6}$
0750 6　**0751** ④　**0752** 6　**0753** 2　**0754** $\frac{39}{2}$
0755 $\frac{2}{3}$　**0756** -2　**0757** $\frac{5}{6}$　**0758** 64　**0759** 6
0760 3　**0761** ①　**0762** ②　**0763** $\frac{8}{3}$　**0764** 18
0765 ①　**0766** 2　**0767** $-\frac{3}{2}$　**0768** 50　**0769** 8
0770 2　**0771** 10　**0772** ⑤　**0773** ②　**0774** 20
0775 1　**0776** -2　**0777** ①　**0778** -4　**0779** 10
0780 ④　**0781** 76　**0782** ④　**0783** 38　**0784** 4
0785 ③　**0786** ④　**0787** -4　**0788** 3　**0789** 3
0790 2　**0791** 17　**0792** 12　**0793** 100　**0794** $\frac{2}{3}$
0795 ③　**0796** ④　**0797** ②　**0798** ④　**0799** $\frac{32}{3}$
0800 $\frac{5}{6}$　**0801** 2　**0802** -2　**0803** ②　**0804** ②
0805 6　**0806** -2　**0807** $\frac{11}{3}$　**0808** ②　**0809** 12
0810 ②　**0811** 4　**0812** 52　**0813** $\frac{10}{9}$　**0814** 8
0815 ①　**0816** ②　**0817** ③　**0818** 16　**0819** $\frac{27}{4}$
0820 4　**0821** 9　**0822** 12　**0823** ③

0001 -3 **0002** 10 **0003** 1 **0004** $\dfrac{1}{2}$ **0005** ∞

0006 $-\infty$ **0007** ∞ **0008** ∞ **0009** 0 **0010** 2

0011 (1) -1 (2) 1

0012 (1) 0 (2) 2 (3) 2 (4) 2 (5) 존재하지 않는다.   (6) 2

0013 4 **0014** -6 **0015** 3 **0016** 7 **0017** -2

0018 -1 **0019** 3 **0020** $\dfrac{1}{4}$ **0021** 4 **0022** 0

0023 $\dfrac{3}{2}$ **0024** $\dfrac{2}{3}$ **0025** ∞ **0026** ∞ **0027** 0

0028 5 **0029** 1 **0030** 4 **0031** $a=3,\ b=-6$

0032 $a=-3,\ b=-2$ **0033** -2 **0034** 4 **0035** ④

0036 ⑤   **0037** ㄱ, ㄴ   **0038** 9 **0039** ②   **0040** 4

0041 ⑤   **0042** ⑤   **0043** ④   **0044** ③   **0045** -5

0046 -2 **0047** -3 **0048** 10 **0049** -13 **0050** $\dfrac{1}{3}$

0051 ③   **0052** ②   **0053** $-\dfrac{12}{5}$ **0054** ①   **0055** 1

0056 0 **0057** ④   **0058** -2 **0059** ②   **0060** ④

0061 2 **0062** 3 **0063** ②   **0064** ③

0065 (1) 4 (2) $-\dfrac{1}{4}$ **0066** 1 **0067** 3 **0068** ①

0069 0 **0070** $\dfrac{5}{6}$ **0071** $\dfrac{8}{7}$ **0072** ①   **0073** 20

0074 ③   **0075** ⑤   **0076** 13 **0077** 4 **0078** 3

0079 ⑤   **0080** ①   **0081** 3 **0082** ③   **0083** 9

0084 ④, ⑤   **0085** 5 **0086** ①   **0087** $\dfrac{1}{4}$ **0088** ①

0089 2 **0090** ③   **0091** ⑤   **0092** 4 **0093** 1

0094 ④   **0095** 4 **0096** ③   **0097** ③   **0098** 3

0099 1 **0100** ④   **0101** $\dfrac{3}{2}$ **0102** ③   **0103** ⑤

0104 ②   **0105** 48 **0106** 66 **0107** 2 **0108** 2

0109 ③   **0110** 1 **0111** 1 **0112** $\dfrac{1}{3}$ **0113** $\dfrac{5}{2}$

0114 -2 **0115** ③   **0116** 35 **0117** 5 **0118** 2

0119 함수 $f(x)$가 $x=0$에서 정의되어 있지 않으므로 불연속이다.

0120 극한값 $\lim\limits_{x\to 0}f(x)$가 존재하지 않으므로 불연속이다.

0121 $\lim\limits_{x\to 0}f(x)\neq f(0)$이므로 불연속이다.

0122 함수 $f(x)$가 $x=0$에서 정의되어 있지 않고, 극한값 $\lim\limits_{x\to 0}f(x)$도 존재하지 않으므로 불연속이다.

0123 연속   **0124** 연속   **0125** 불연속   **0126** 연속   **0127** $[-2,3]$

0128 $(1,5)$ **0129** $[-3,4]$ **0130** $(-7,2]$

0131 $(-\infty,4)$ **0132** $[3,\infty)$ **0133** $(-\infty,\infty)$

0134 $(-\infty,3]$ **0135** $(-\infty,-1),(-1,\infty)$

0136 $(-\infty,\infty)$ **0137** $[1,\infty)$ **0138** $(-\infty,\infty)$

0139 $(-\infty,0),(0,\infty)$ **0140** $(-\infty,\infty)$

0141 $(-\infty,\infty)$ **0142** $(-\infty,3),(3,\infty)$

0143 $(-\infty,1),(1,2),(2,\infty)$

0144 (1) $(-\infty,\infty)$ (2) $(-\infty,\infty)$ (3) $(-\infty,-5),(-5,1),(1,\infty)$

     (4) $(-\infty,2),(2,\infty)$

0145 최댓값: -1, 최솟값: -2 **0146** 최댓값: 2, 최솟값: $\dfrac{2}{3}$

0147 최댓값: -1, 최솟값: -2 **0148** ㈎ 연속   ㈏ 사잇값

0149 ㈎ 연속   ㈏ 0 ㈐ $(0,1)$ **0150** 풀이 참조

0151 풀이 참조   **0152** ㄱ, ㄹ   **0153** ④   **0154** 4

0155 ㄴ, ㄷ   **0156** ②   **0157** ㄷ   **0158** ②

0159 ㄱ, ㄴ, ㄷ   **0160** 2 **0161** $-\dfrac{1}{3}$ **0162** 6

0163 3 **0164** 48 **0165** ④   **0166** ④   **0167** 8

0168 $8\sqrt{2}$ **0169** ③   **0170** ②   **0171** -1 **0172** ④

0173 ①   **0174** 6 **0175** ③   **0176** -4 **0177** ④

0178 ③, ⑤   **0179** ①   **0180** ②   **0181** 최댓값: 5, 최솟값: 3

0182 ①   **0183** ③   **0184** 3개   **0185** ㄱ, ㄴ, ㄷ

0186 4 **0187** ②   **0188** ②   **0189** ①   **0190** 5

0191 5 **0192** ③   **0193** 4 **0194** ④   **0195** ②, ④

0196 ①   **0197** 12 **0198** 7 **0199** ④   **0200** ②

0201 ①   **0202** ④   **0203** ④   **0204** ③   **0205** 6

0206 -2 **0207** 2개   **0208** 2 **0209** ③

0210 풀이 참조

0211 3   0212 2   0213 12   0214 -4
0215 (1) -5 (2) $-6-\Delta x$ 0216 (1) 2 (2) $2a-1+\Delta x$
0217 3   0218 -2 0219 4   0220 10   0221 4
0222 1   0223 -6 0224 -2 0225 -4
0226 연속이다.   0227 미분가능하지 않다.
0228 연속이다.   0229 미분가능하다.
0230 $f'(x)=0$ 0231 $f'(x)=2$
0232 $f'(x)=2x$ 0233 ㄱ, ㄷ   0234 $y'=3x^2$
0235 $y'=-5x^4$ 0236 $y'=0$ 0237 $y'=2x^3+2x$
0238 $y'=-6x+9$ 0239 (1) 1 (2) 8
0240 $y'=6x+2$ 0241 $y'=6x-13$
0242 $y'=-6x^2+6x$ 0243 $y'=3x^2+8x-3$
0244 $y'=3x^2-6x+2$ 0245 $y'=-6x^2+16x+14$
0246 $y'=6(3x+2)$ 0247 $y'=6(2x-1)^2$
0248 $y'=2(2x+1)(4x^2+x+2)$ 0249 2   0250 1
0251 5   0252 -2 0253 $\dfrac{3}{2}$ 0254 4   0255 $\dfrac{2}{3}$
0256 -1 0257 4   0258 2   0259 ⑤   0260 -9
0261 ③   0262 3   0263 4   0264 2   0265 ①
0266 3   0267 -2 0268 ④   0269 ㄴ   0270 ⑤
0271 ㄱ, ㄴ, ㄷ   0272 ㄱ, ㄷ
0273 연속이지만 미분가능하지 않다.   0274 ③   0275 ㄱ, ㄴ
0276 5   0277 ⑤
0278 ⑺ $f(x+h)+f(x)$ ⑷ $f(x+h)-f(x)$ ⒟ $2f(x)f'(x)$
0279 ⑺ $f(x+h)-f(x)$ ⑷ $2x$ ⒟ $x^2f'(x)+2xf(x)$
0280 ①   0281 ⑤   0282 100   0283 -15 0284 ①
0285 72   0286 23   0287 11   0288 ①   0289 56
0290 224   0291 ⑤   0292 ③   0293 ⑤   0294 $\dfrac{2}{3}$
0295 10   0296 ①   0297 $a=6,\ b=20$ 0298 ①
0299 ④   0300 7   0301 -2 0302 13   0303 ②
0304 -12 0305 1   0306 ②   0307 8   0308 ④
0309 12   0310 86   0311 7   0312 ②   0313 ⑤
0314 70   0315 ④   0316 -2 0317 -2 0318 18
0319 ①   0320 ㄴ, ㄷ   0321 ㄱ, ㄷ   0322 ⑤
0323 $f'(x)=-3x-2$ 0324 32   0325 25   0326 4
0327 4   0328 ⑤   0329 27   0330 -1 0331 6
0332 15   0333 19   0334 -1 0335 ㄴ, ㄷ

0336 $y=4x-5$ 0337 $y=x+5$
0338 $y=-3x-4$ 0339 $y=3x+6$
0340 $y=x+6$ 0341 $y=x-15$
0342 $y=x-2,\ y=x+2$ 0343 $y=\dfrac{1}{8}x-\dfrac{1}{4}$
0344 $y=3x+3,\ y=3x+7$ 0345 $y=-x,\ y=3x-4$
0346 $y=16x+18$ 0347 2   0348 $\dfrac{3}{2}$ 0349 1
0350 2   0351 3   0352 1   0353 1   0354 -15
0355 4   0356 5   0357 ②   0358 $(1,\ 3)$
0359 $y=-4x+7$ 0360 -1 0361 ③
0362 $y=-2x-\dfrac{16}{3},\ y=-2x+\dfrac{16}{3}$ 0363 -6
0364 ④   0365 5   0366 ②   0367 5   0368 ②
0369 2   0370 -9 0371 $(1,\ 4)$ 0372 ④   0373 2
0374 ④   0375 18   0376 1   0377 -3 0378 ③
0379 0   0380 ④   0381 ①   0382 -1 0383 ①
0384 12   0385 ③   0386 24   0387 2   0388 1
0389 $\dfrac{17}{16}\pi$ 0390 $\sqrt{10}$ 0391 $\sqrt{15}\pi$ 0392 ①   0393 ④
0394 3   0395 2   0396 3
0397 ⑺ 연속 ⑷ 미분가능 ⒟ 0   0398 ⑤   0399 ①
0400 -12 0401 $2\sqrt{5}$ 0402 $4\sqrt{5}$ 0403 ②   0404 9
0405 ①   0406 3   0407 16   0408 24   0409 ②
0410 3   0411 -11 0412 ④   0413 2   0414 ③
0415 ④   0416 ②   0417 $y=\dfrac{1}{8}x+\dfrac{11}{8}$ 0418 1
0419 6   0420 ⑤   0421 ④

0422 증가　　**0423** 감소　　**0424** 증가　　**0425** 풀이 참조
0426 풀이 참조　　　　**0427** 풀이 참조
0428 극댓값: 6, 극솟값: -26　　**0429** (1) b, d　(2) a, c, f
0430 3　　**0431** 극댓값: 16, 극솟값: -16
0432 극댓값: 3, 극솟값: -1　　**0433** 극댓값: 0, 극솟값: -1
0434 극댓값: 0, 극솟값: 없다.　　**0435** 풀이 참조
0436 풀이 참조　　　　**0437** 풀이 참조
0438 최댓값: 20, 최솟값: 0　　**0439** 최댓값: 2, 최솟값: -2
0440 최댓값: 12, 최솟값: $-\dfrac{27}{4}$　　**0441** 최댓값: 17, 최솟값: 0

0442 -2　　**0443** -3　　**0444** 17　　**0445** 9　　**0446** ③
0447 $-6\leq a\leq 6$　　**0448** ③　　**0449** ③　　**0450** ③
0451 3　　**0452** ①　　**0453** $a\geq 8$　　**0454** ④
0455 $-\dfrac{9}{2}\leq a\leq -3$　　**0456** ①　　**0457** ②　　**0458** 3
0459 $(1, -3)$　　**0460** ⑤　　**0461** 5　　**0462** ③
0463 -2　　**0464** 5　　**0465** 2　　**0466** $\dfrac{\sqrt{5}}{5}$
0467 $f(x)=4x^3-5x^2-2x$　　**0468** ③　　**0469** $\dfrac{32}{3}$　　**0470** 6
0471 ③　　**0472** -1　　**0473** 3　　**0474** ⑤　　**0475** ㄷ
0476 ①　　**0477** $a<3$　　**0478** ③　　**0479** ①　　**0480** ④
0481 ①　　**0482** 7　　**0483** 2　　**0484** 144　　**0485** ④
0486 $-\dfrac{9}{8}$　　**0487** $a<0$ 또는 $0<a<1$　　**0488** $k=4$ 또는 $k\leq -\dfrac{9}{4}$
0489 10　　**0490** ②　　**0491** 11　　**0492** 18　　**0493** 2
0494 ⑤　　**0495** ④　　**0496** $\dfrac{9}{2}$　　**0497** 2
0498 $\dfrac{32\sqrt{3}}{9}$　　**0499** $2\sqrt{5}$　　**0500** 120　　**0501** 128　　**0502** 512
0503 20π　　**0504** ⑤　　**0505** ④　　**0506** ④　　**0507** ④
0508 ③　　**0509** -3　　**0510** ③　　**0511** ③　　**0512** ②
0513 42　　**0514** ②　　**0515** $\dfrac{32}{27}$　　**0516** -9　　**0517** 1
0518 ⑤　　**0519** ④　　**0520** ㄱ, ㄷ　　**0521** ④　　**0522** ①
0523 ③　　**0524** 27　　**0525** 2　　**0526** 26　　**0527** ③
0528 5　　**0529** ②　　**0530** ㄱ　　**0531** $0\leq a\leq \dfrac{3}{4}$
0532 16　　**0533** $k>\dfrac{1}{3}$　　**0534** 2　　**0535** $\dfrac{\sqrt{2}}{2}$　　**0536** ③
0537 ④

0538 3　　**0539** 1　　**0540** 2　　**0541** 2
0542 (1) $-8<k<100$　(2) $k=-8$ 또는 $k=100$
　　　(3) $k<-8$ 또는 $k>100$
0543 (가) 2　(나) 2　(다) $>$　　**0544** 풀이 참조　　**0545** $k\geq 0$
0546 $v=-4$, $a=4$　　**0547** $v=-1$, $a=0$
0548 $v=28$, $a=48$　　**0549** 8　　**0550** (1) 4.8π　(2) 12.8π
0551 3　　**0552** $-9<a<7$　　**0553** -100
0554 $-1<k<2$　　**0555** $-\dfrac{1}{2}<a<0$　　**0556** ④
0557 3　　**0558** 8　　**0559** 3　　**0560** $a<0$ 또는 $a>1$
0561 8　　**0562** ⑤　　**0563** $-16<k<16$　　**0564** 4
0565 8　　**0566** -7　　**0567** ③　　**0568** ④　　**0569** $k\geq \dfrac{5}{4}$
0570 1　　**0571** ②　　**0572** $k\geq 10$　　**0573** -8　　**0574** 1
0575 ②　　**0576** $k>22$　　**0577** 3　　**0578** ②　　**0579** 18
0580 117　　**0581** ②　　**0582** 22　　**0583** 8　　**0584** 40
0585 -8　　**0586** ②　　**0587** 4　　**0588** 180 m　　**0589** 12
0590 ④　　**0591** ②　　**0592** 30　　**0593** ㄱ, ㄴ, ㄷ
0594 ③　　**0595** 400π cm³/s　　**0596** $\dfrac{25}{9}\pi$ cm³/s
0597 ②　　**0598** 48　　**0599** $\dfrac{\sqrt{5}}{2}$　　**0600** ②　　**0601** ③
0602 ㄷ　　**0603** ②　　**0604** ㄴ, ㄷ　　**0605** ②　　**0606** ③
0607 ①　　**0608** $0<a<7$　　**0609** ①　　**0610** ㄱ, ㄴ
0611 ③　　**0612** ①　　**0613** ⑤　　**0614** $a\geq 4$　　**0615** $k\geq 1$
0616 ②　　**0617** 12　　**0618** ①　　**0619** ④　　**0620** ②
0621 ㄱ, ㄹ　　**0622** ③　　**0623** $12\sqrt{3}$ cm²/s　　**0624** ①
0625 ⑤　　**0626** 3　　**0627** 4　　**0628** $t>3$
0629 90 m/min　　**0630** ④　　**0631** -48 m/s
0632 9π

유형의 완성
개념원리
이홍섭 지음
RPM
수학Ⅱ
수학 필독서
5000만 부 돌파

개념원리
인강
개념원리 수학연구소

함께 만드는 최상의 수학 콘텐츠, RPM

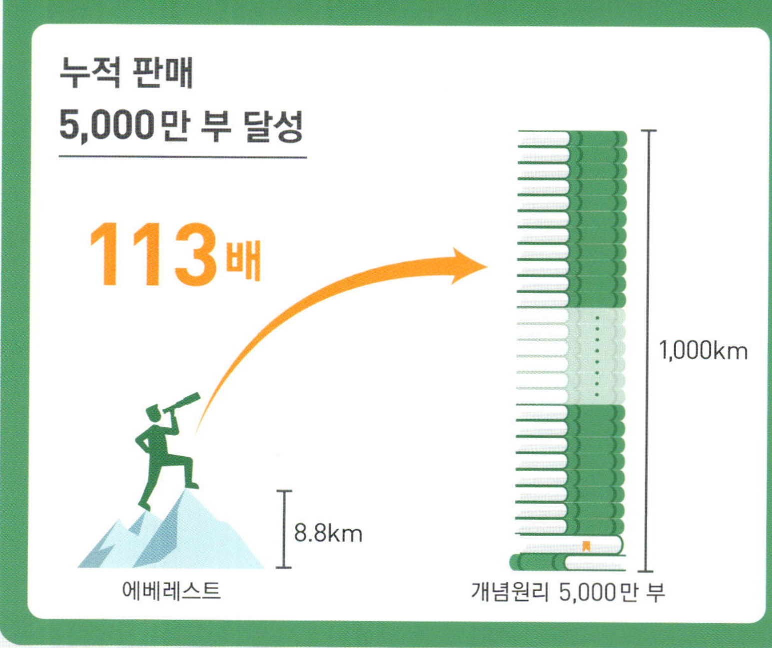

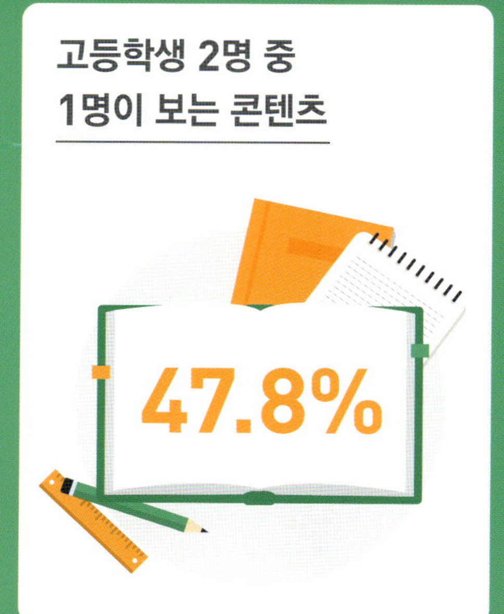

01 실사용자 의견 반영

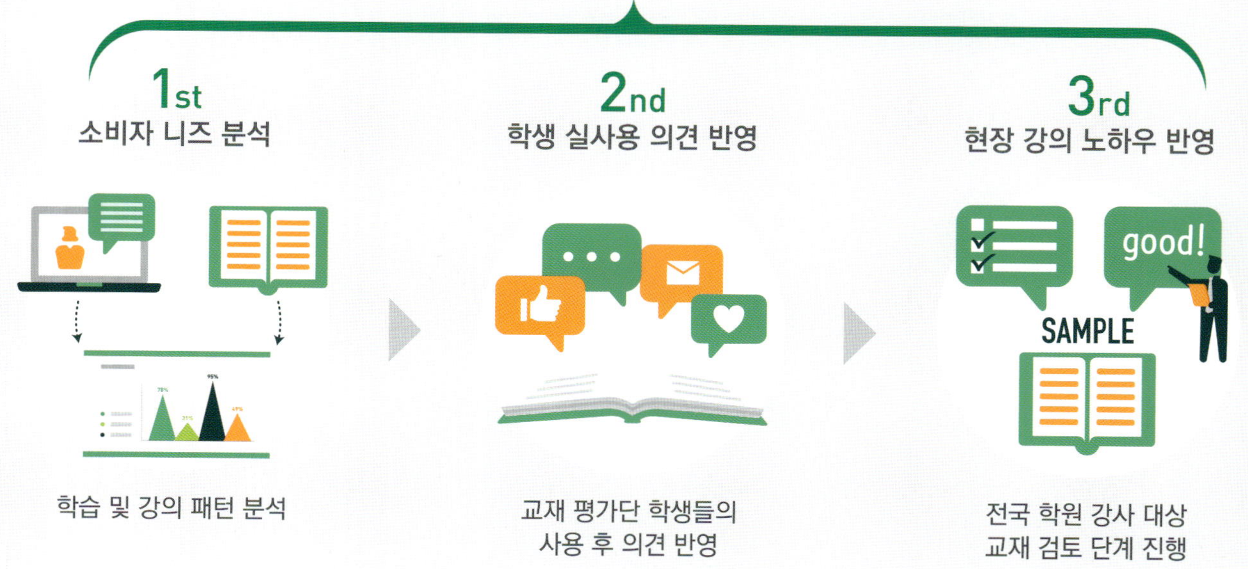

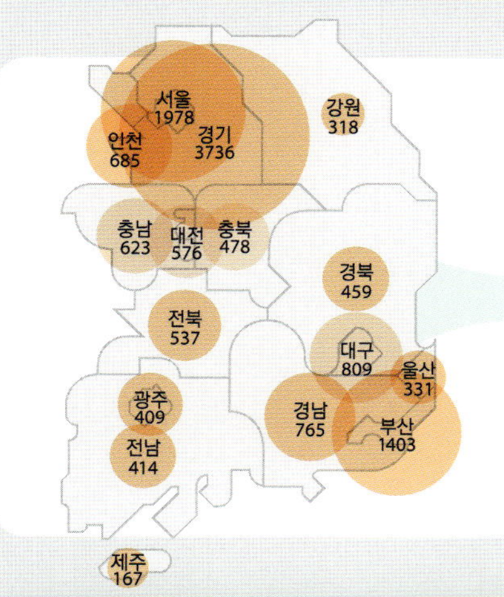

분석 시험지 총 수

13,688 장

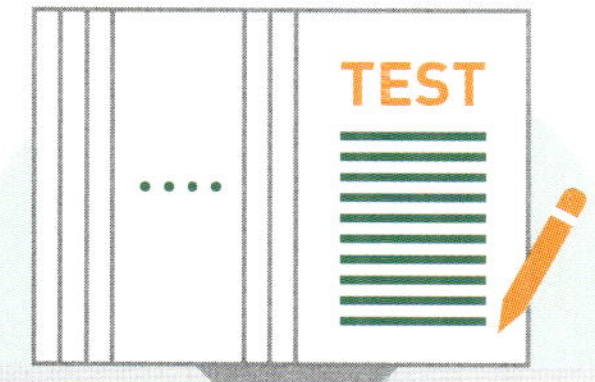

분석 기출문제 수

301,137 문제

트렌드 A

분석

평가원·교육청 기출문제와 동일
혹은 변형한 기출문제
출제율 증가

16% → **23%**

2017   2018

결과 반영

기출문제 보강 및
기출문제 수 추가

1.34배

47 문제 (Before)

63 문제 (After)

트렌드 B

분석

변별력을 요하는
고난도 문제 평균
1-2 문제씩 출제

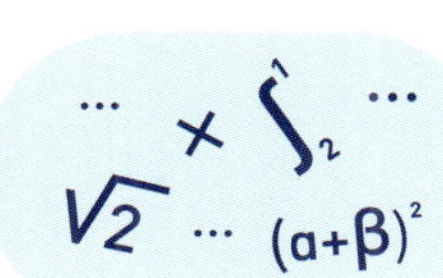

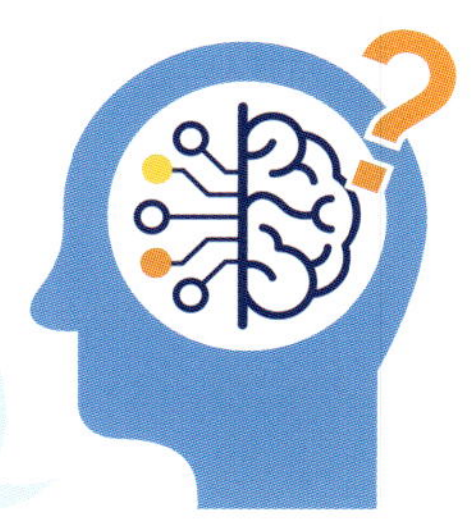

결과 반영

고난도 문제를 위한

유형 UP

코너 신설

15 코너 신설

개념을 알면 원리가 보인다
유형의 완성, RPM

개념원리

발행일	2025년 7월 15일 2판 8쇄
지은이	이홍섭
기획 및 개발	개념원리 수학연구소

사업 책임	정현호
마케팅 책임	권가민
제작/유통 책임	이미혜, 이건호
콘텐츠 개발 총괄	한소영
콘텐츠 개발 책임	이선옥, 김현진, 모규리, 오지애, 오서희, 이유림
디자인	스튜디오 에딩크, 손수영

펴낸이	고사무열
펴낸곳	(주)개념원리
등록번호	제 22-2381호
주소	서울시 강남구 테헤란로 8길 37, 7층(역삼동, 한동빌딩) 06239
고객센터	1644-1248

®개념원리 **RPM**
수학 Ⅱ

수학의 자신감은
많은 문제들을 반복해서 풀어 봄으로써
얻을 수 있습니다.

> 이 책을
> 펴내면서

수학 공부에도 비결이 있나요?

예. 있습니다.
무조건 암기하거나 문제를 풀기만 하는 수학 공부는 잘못된 학습방법입니다.
공부는 많이 하는 것 같은데 효과를 얻을 수 없는 이유가 여기에 있지요.

그렇다면 효과적인 수학 공부의 비결은 무엇일까요?

첫째. 개념원리 기본서를 통하여 개념과 원리를 정확히 이해합니다.
둘째. **RPM**의 다양한 문제를 풀어 봄으로써 수학의 자신감을 얻습니다.

이처럼 개념원리 기본서와 **RPM**을 함께 공부해 나간다면 수학의 자신감을 얻고
학교 시험에서 고득점을 얻는 데 큰 드움이 될 것입니다.
개념원리 기본서와 **RPM**으로 열심히 공부하여 수학에서 만점을 받아 보세요.

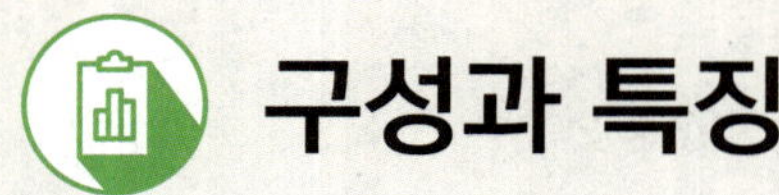

구성과 특징

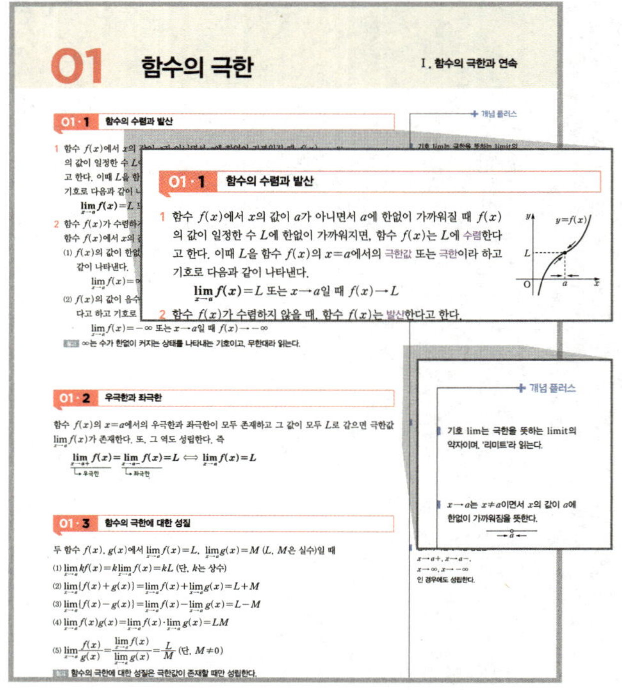

1 핵심 개념 정리

교과서 내용을 꼼꼼히 분석하여 핵심 개념만을 모아 알차고 이해하기 쉽게 정리하였습니다.

핵심 개념

각 단원에서 반드시 알아야 할 개념만을 모아 자세한 부가설명과 함께 수록하였습니다.

개념 플러스

혼동하기 쉬운 개념이나 새로운 개념을 이해하는데 필요한 내용과 문제해결에 유용한 내용 등을 제공하였습니다.

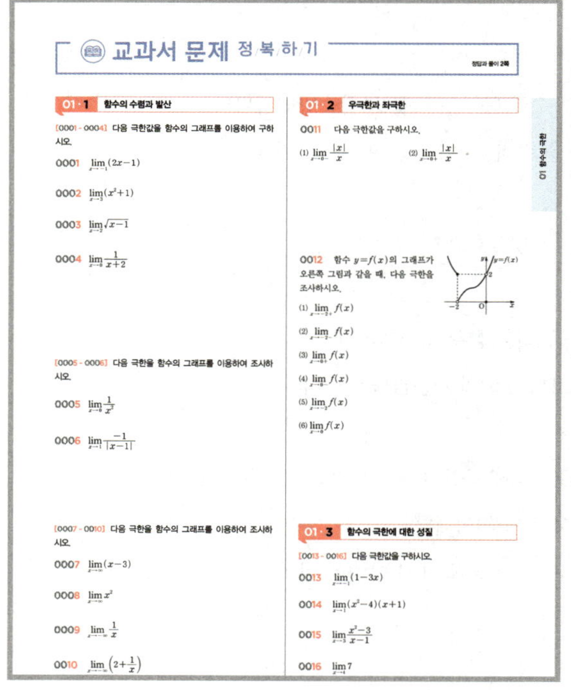

2 교과서 문제 정복하기

학습한 정의와 공식을 적용하여 해결할 수 있는 기본적인 문제를 충분히 연습하여 개념을 확실하게 익힐 수 있도록 구성하였습니다.

3 유형 익히기 / 유형 UP

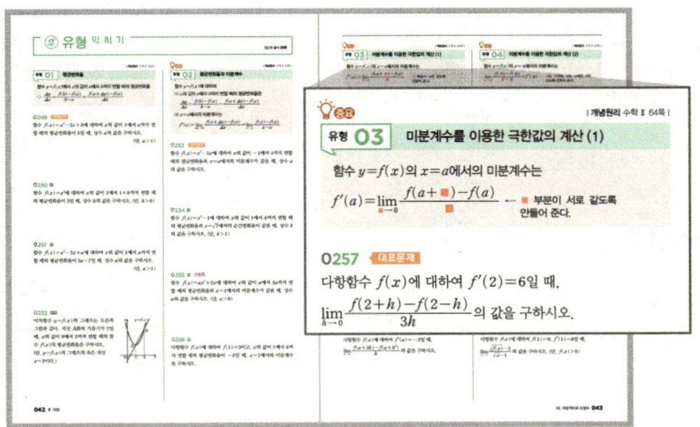

문제 해결에 사용되는 핵심 개념과 문제의 형태 및 풀이 방법
등에 따라 문제를 유형화하였습니다.

핵심 개념

유형 연습에 필요한 핵심 개념 및 풀이 방법을 실었습니다.
중요 유형은 중단원별로 세분화된 유형 중 시험 출제율이 70% 이상인
유형입니다. 모든 유형의 학습이 다 중요하겠지만 중요 유형은 반드시
알아두어야 합니다.

개념원리 수학기본서 피드백

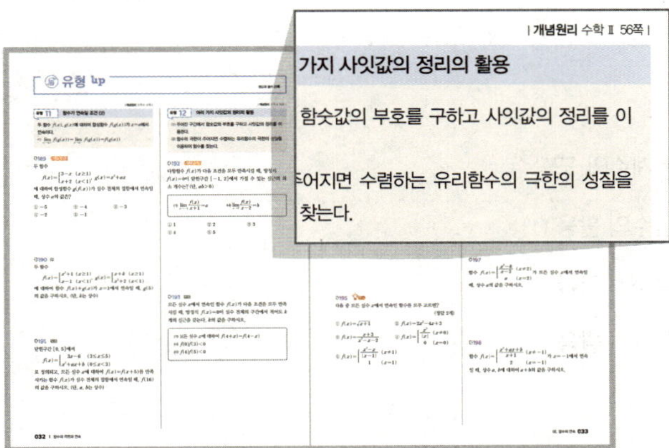

각 유형에 대한 개념과 공식의 적용 및 접근 방법을 좀 더 자세히 볼
수 있는 개념원리 수학기본서 쪽수입니다.

4 시험에 꼭 나오는 문제

실제 학교 시험에 나왔던 출제율이 높은 문제를 통해 유형을
익혔는지 확인할 수 있을 뿐만 아니라 실전력을 기를 수 있
도록 하였습니다.

서술형 주관식

비중이 높아진 서술형 문제의 풀이 방법을 확인할 수 있도록 구성하였
습니다.

실력 UP

난이도 높은 문제를 풀어 봄으로써 어려워지는 학교 시험을 더욱 완벽
하게 대비할 수 있습니다.

차례

I

함수의 극한과 연속

01 함수의 극한

01·1 함수의 수렴과 발산

1 함수 $f(x)$에서 x의 값이 a가 아니면서 a에 한없이 가까워질 때 $f(x)$의 값이 일정한 수 L에 한없이 가까워지면, 함수 $f(x)$는 L에 **수렴**한다고 한다. 이때 L을 함수 $f(x)$의 $x=a$에서의 **극한값** 또는 **극한**이라 하고 기호로 다음과 같이 나타낸다.

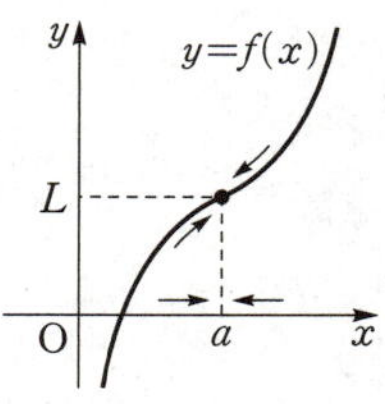

$$\lim_{x \to a} f(x) = L \ \text{또는} \ x \to a \text{일 때} \ f(x) \to L$$

2 함수 $f(x)$가 수렴하지 않을 때, 함수 $f(x)$는 **발산**한다고 한다.

함수 $f(x)$에서 x의 값이 a가 아니면서 a에 한없이 가까워질 때

(1) $f(x)$의 값이 한없이 커지면 함수 $f(x)$는 양의 무한대로 발산한다고 하고 기호로 다음과 같이 나타낸다.

$$\lim_{x \to a} f(x) = \infty \ \text{또는} \ x \to a \text{일 때} \ f(x) \to \infty$$

(2) $f(x)$의 값이 음수이면서 그 절댓값이 한없이 커지면 함수 $f(x)$는 음의 무한대로 발산한다고 하고 기호로 다음과 같이 나타낸다.

$$\lim_{x \to a} f(x) = -\infty \ \text{또는} \ x \to a \text{일 때} \ f(x) \to -\infty$$

> **참고** ∞는 수가 한없이 커지는 상태를 나타내는 기호이고, 무한대라 읽는다.

기호 $\lim$는 극한을 뜻하는 limit의 약자이며, '리미트'라 읽는다.

$x \to a$는 $x \neq a$이면서 x의 값이 a에 한없이 가까워짐을 뜻한다.
$$\to \overset{\circ}{a} \leftarrow$$

함수의 수렴과 발산은 $x \to \infty$, $x \to -\infty$인 경우에도 정의할 수 있다.

01·2 우극한과 좌극한

함수 $f(x)$의 $x=a$에서의 우극한과 좌극한이 모두 존재하고 그 값이 모두 L로 같으면 극한값 $\lim\limits_{x \to a} f(x)$가 존재한다. 또, 그 역도 성립한다. 즉

$$\underset{\underset{\text{우극한}}{\big\uparrow}}{\lim_{x \to a+} f(x)} = \underset{\underset{\text{좌극한}}{\big\uparrow}}{\lim_{x \to a-} f(x)} = L \iff \lim_{x \to a} f(x) = L$$

x의 값이 a보다 크면서 a에 한없이 가까워지는 것을 $x \to a+$와 같이 나타내고, a보다 작으면서 a에 한없이 가까워지는 것을 $x \to a-$와 같이 나타낸다.

01·3 함수의 극한에 대한 성질

두 함수 $f(x)$, $g(x)$에서 $\lim\limits_{x \to a} f(x) = L$, $\lim\limits_{x \to a} g(x) = M$ (L, M은 실수)일 때

(1) $\lim\limits_{x \to a} kf(x) = k \lim\limits_{x \to a} f(x) = kL$ (단, k는 상수)

(2) $\lim\limits_{x \to a} \{f(x) + g(x)\} = \lim\limits_{x \to a} f(x) + \lim\limits_{x \to a} g(x) = L + M$

(3) $\lim\limits_{x \to a} \{f(x) - g(x)\} = \lim\limits_{x \to a} f(x) - \lim\limits_{x \to a} g(x) = L - M$

(4) $\lim\limits_{x \to a} f(x)g(x) = \lim\limits_{x \to a} f(x) \cdot \lim\limits_{x \to a} g(x) = LM$

(5) $\lim\limits_{x \to a} \dfrac{f(x)}{g(x)} = \dfrac{\lim\limits_{x \to a} f(x)}{\lim\limits_{x \to a} g(x)} = \dfrac{L}{M}$ (단, $M \neq 0$)

> **참고** 함수의 극한에 대한 성질은 극한값이 존재할 때만 성립한다.

함수의 극한에 대한 성질은 $x \to a+$, $x \to a-$, $x \to \infty$, $x \to -\infty$인 경우에도 성립한다.

01·1 함수의 수렴과 발산

[0001 ~ 0004] 다음 극한값을 함수의 그래프를 이용하여 구하시오.

0001 $\lim\limits_{x \to -1} (2x-1)$

0002 $\lim\limits_{x \to 3} (x^2+1)$

0003 $\lim\limits_{x \to 2} \sqrt{x-1}$

0004 $\lim\limits_{x \to 0} \dfrac{1}{x+2}$

[0005 ~ 0006] 다음 극한을 함수의 그래프를 이용하여 조사하시오.

0005 $\lim\limits_{x \to 0} \dfrac{1}{x^2}$

0006 $\lim\limits_{x \to 1} \dfrac{-1}{|x-1|}$

[0007 ~ 0010] 다음 극한을 함수의 그래프를 이용하여 조사하시오.

0007 $\lim\limits_{x \to \infty} (x-3)$

0008 $\lim\limits_{x \to \infty} x^2$

0009 $\lim\limits_{x \to -\infty} \dfrac{1}{x}$

0010 $\lim\limits_{x \to -\infty} \left(2+\dfrac{1}{x}\right)$

01·2 우극한과 좌극한

0011 다음 극한값을 구하시오.

(1) $\lim\limits_{x \to 0-} \dfrac{|x|}{x}$ (2) $\lim\limits_{x \to 0+} \dfrac{|x|}{x}$

0012 함수 $y=f(x)$의 그래프가 오른쪽 그림과 같을 때, 다음 극한을 조사하시오.

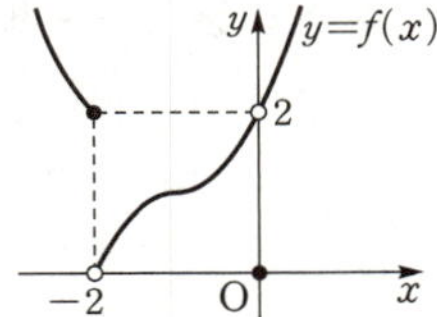

(1) $\lim\limits_{x \to -2+} f(x)$

(2) $\lim\limits_{x \to -2-} f(x)$

(3) $\lim\limits_{x \to 0+} f(x)$

(4) $\lim\limits_{x \to 0-} f(x)$

(5) $\lim\limits_{x \to -2} f(x)$

(6) $\lim\limits_{x \to 0} f(x)$

01·3 함수의 극한에 대한 성질

[0013 ~ 0016] 다음 극한값을 구하시오.

0013 $\lim\limits_{x \to -1} (1-3x)$

0014 $\lim\limits_{x \to 1} (x^2-4)(x+1)$

0015 $\lim\limits_{x \to 3} \dfrac{x^2-3}{x-1}$

0016 $\lim\limits_{x \to 4} 7$

01 | 함수의 극한

01 · 4 함수의 극한값의 계산

1 $\dfrac{0}{0}$ 꼴

(1) 분자, 분모가 모두 다항식이면 분자, 분모를 각각 인수분해하여 약분한다.

(2) 분자, 분모 중 무리식이 있으면 근호가 있는 부분을 유리화한다.

2 $\dfrac{\infty}{\infty}$ 꼴 : 분모의 최고차항으로 분자, 분모를 각각 나눈다.

[참고] ① (분자의 차수)=(분모의 차수) ⇨ 극한값은 최고차항의 계수의 비

② (분자의 차수)<(분모의 차수) ⇨ 극한값은 0

③ (분자의 차수)>(분모의 차수) ⇨ ∞ 또는 $-\infty$로 발산

3 $\infty-\infty$ 꼴

(1) 다항식은 최고차항으로 묶는다.

(2) 무리식을 포함한 경우에는 근호가 있는 부분을 유리화한다.

4 $\infty\times 0$ 꼴 : 통분 또는 유리화하여 $\dfrac{0}{0}$, $\dfrac{\infty}{\infty}$, $\infty\times c$, $\dfrac{c}{\infty}$ (c는 상수) 꼴로 변형한다.

+ 개념 플러스

$\dfrac{0}{0}$ 꼴과 $\infty\times 0$ 꼴에서 0은 숫자 0이 아니라 0에 한없이 가까워지는 것을 나타낸다.

01 · 5 미정계수의 결정

두 함수 $f(x)$, $g(x)$에 대하여

(1) $\displaystyle\lim_{x\to a}\dfrac{f(x)}{g(x)}=L$ (L은 실수)일 때, $\displaystyle\lim_{x\to a}g(x)=0$이면 $\displaystyle\lim_{x\to a}f(x)=0$

(2) $\displaystyle\lim_{x\to a}\dfrac{f(x)}{g(x)}=L$ ($L\neq0$인 실수)일 때, $\displaystyle\lim_{x\to a}f(x)=0$이면 $\displaystyle\lim_{x\to a}g(x)=0$

[참고] (1) $\displaystyle\lim_{x\to a}\dfrac{f(x)}{g(x)}=L$ (L은 실수)일 때, $\displaystyle\lim_{x\to a}g(x)=0$이면 함수의 극한에 대한 성질에 의하여

$$\lim_{x\to a}f(x)=\lim_{x\to a}\left\{\dfrac{f(x)}{g(x)}\cdot g(x)\right\}=\lim_{x\to a}\dfrac{f(x)}{g(x)}\cdot\lim_{x\to a}g(x)=L\cdot 0=0$$

(2) $\displaystyle\lim_{x\to a}\dfrac{f(x)}{g(x)}=L$ ($L\neq0$인 실수)일 때, $\displaystyle\lim_{x\to a}f(x)=0$이면 함수의 극한에 대한 성질에 의하여

$$\lim_{x\to a}g(x)=\lim_{x\to a}\left\{f(x)\div\dfrac{f(x)}{g(x)}\right\}=\lim_{x\to a}f(x)\div\lim_{x\to a}\dfrac{f(x)}{g(x)}=\dfrac{0}{L}=0$$

$\displaystyle\lim_{x\to\infty}\dfrac{f(x)}{g(x)}=L$ ($L\neq0$인 실수) 이면 $f(x)$와 $g(x)$의 차수는 같고, L은 $f(x)$와 $g(x)$의 최고차항의 계수의 비이다.

01 · 6 함수의 극한의 대소 관계

두 함수 $f(x)$, $g(x)$에서 $\displaystyle\lim_{x\to a}f(x)=L$, $\displaystyle\lim_{x\to a}g(x)=M$ (L, M은 실수)일 때, a에 가까운 모든 x에 대하여

(1) $f(x)\leq g(x)$이면 $L\leq M$

(2) 함수 $h(x)$에 대하여 $f(x)\leq h(x)\leq g(x)$이고 $L=M$이면 $\displaystyle\lim_{x\to a}h(x)=L$

[참고] $f(x)<g(x)$이지만 $\displaystyle\lim_{x\to a}f(x)=\lim_{x\to a}g(x)$인 경우도 있다. 즉, $f(x)<g(x)$인 경우 반드시 $\displaystyle\lim_{x\to a}f(x)<\lim_{x\to a}g(x)$인 것은 아니다.

함수의 극한의 대소 관계는 $x\to a+$, $x\to a-$, $x\to\infty$, $x\to-\infty$ 인 경우에도 성립한다.

01 · 4 함수의 극한값의 계산

[0017 ~ 0021] 다음 극한값을 구하시오.

0017 $\lim\limits_{x \to -1} \dfrac{x^2-1}{x+1}$

0018 $\lim\limits_{x \to 2} \dfrac{x^2-5x+6}{x-2}$

0019 $\lim\limits_{x \to -1} \dfrac{x^2+5x+4}{x+1}$

0020 $\lim\limits_{x \to 4} \dfrac{\sqrt{x}-2}{x-4}$

0021 $\lim\limits_{x \to 0} \dfrac{x}{\sqrt{x+4}-2}$

[0022 ~ 0025] 다음 극한을 조사하시오.

0022 $\lim\limits_{x \to \infty} \dfrac{5x-2}{3x^2+1}$

0023 $\lim\limits_{x \to \infty} \dfrac{3x^2+5x-2}{2x^2+1}$

0024 $\lim\limits_{x \to -\infty} \dfrac{2x+1}{3x-1}$

0025 $\lim\limits_{x \to \infty} \dfrac{3x^2-2x}{x+2}$

[0026 ~ 0028] 다음 극한을 조사하시오.

0026 $\lim\limits_{x \to \infty} (x^2-3x+2)$

0027 $\lim\limits_{x \to \infty} (\sqrt{x^2+1}-x)$

0028 $\lim\limits_{x \to \infty} (\sqrt{x^2+10x}-x)$

[0029 ~ 0030] 다음 극한값을 구하시오.

0029 $\lim\limits_{x \to 0} \dfrac{1}{x}\left(1-\dfrac{1}{x+1}\right)$

0030 $\lim\limits_{x \to 3} \dfrac{2}{x-3}\left(x-\dfrac{9}{x}\right)$

01 · 5 미정계수의 결정

[0031 ~ 0032] 다음 등식이 성립하도록 하는 상수 a, b의 값을 구하시오.

0031 $\lim\limits_{x \to 2} \dfrac{ax+b}{x-2}=3$

0032 $\lim\limits_{x \to 1} \dfrac{x-1}{x^2+ax-b}=-1$

01 · 6 함수의 극한의 대소 관계

0033 함수 $f(x)$가 모든 실수 x에 대하여
$$-x^2+2x-3 \leq f(x) \leq x^2-2x-1$$
을 만족시킬 때, $\lim\limits_{x \to 1} f(x)$의 값을 구하시오.

0034 함수 $f(x)$가 모든 실수 x에 대하여
$$4x^2-1 \leq (x^2+1)f(x) \leq 4x^2+5$$
를 만족시킬 때, $\lim\limits_{x \to \infty} f(x)$의 값을 구하시오.

 유형 익/히/기

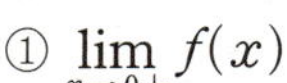

| 개념원리 수학 Ⅱ 18쪽, 19쪽 |

유형 **01** 우극한과 좌극한

우극한과 좌극한을 각각 구하여

- 두 값이 같으면 ⇨ 극한값이 존재한다.
- 두 값이 다르거나 수렴하지 않으면 ⇨ 극한값이 존재하지 않는다.

0035 대표문제

$0 \leq x \leq 5$에서 함수 $y=f(x)$의 그래프가 오른쪽 그림과 같을 때, 다음 중 극한값이 존재하지 <u>않는</u> 것은?

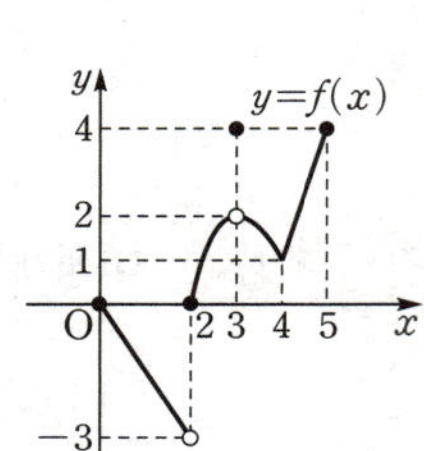

① $\displaystyle\lim_{x \to 0+} f(x)$　　② $\displaystyle\lim_{x \to 4+} f(x)$

③ $\displaystyle\lim_{x \to 5-} f(x)$　　④ $\displaystyle\lim_{x \to 2} f(x)$

⑤ $\displaystyle\lim_{x \to 3} f(x)$

0036 중하

함수 $y=f(x)$의 그래프가 다음 그림과 같을 때, $\displaystyle\lim_{x \to a} f(x)$의 값이 존재하는 것은?

① 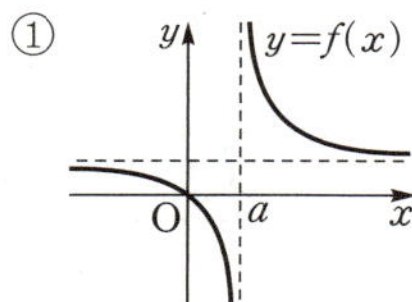　　② 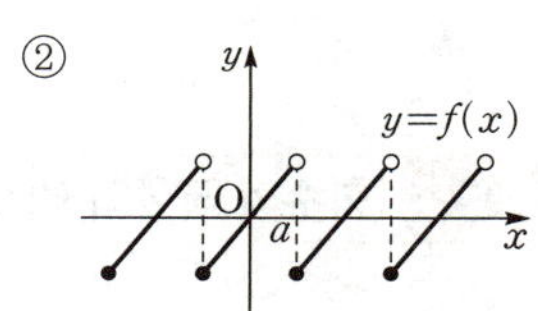

③ 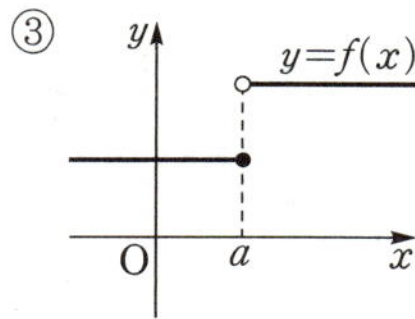　　④ 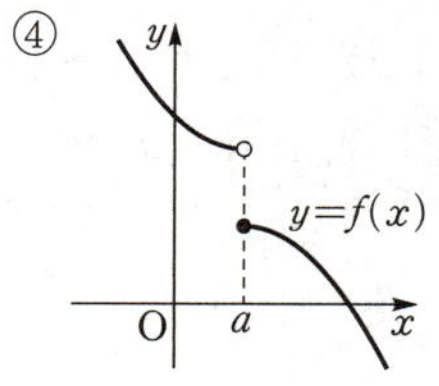

⑤ 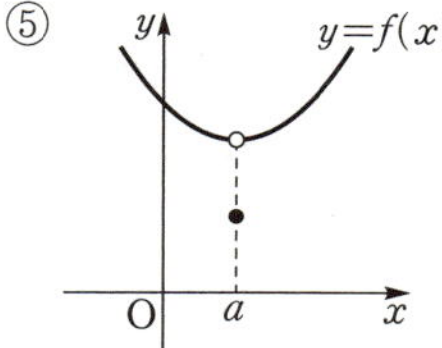

0037 중하

함수 $y=f(x)$의 그래프가 오른쪽 그림과 같을 때, 다음 **보기** 중에서 극한값이 존재하는 것만을 있는 대로 고르시오.

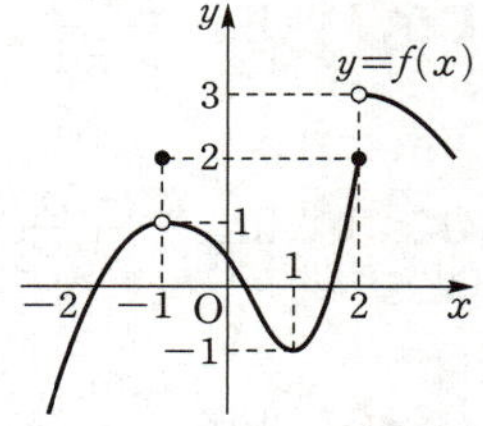

보기

ㄱ. $\displaystyle\lim_{x \to -1} f(x)$　　ㄴ. $\displaystyle\lim_{x \to 1} f(x)$　　ㄷ. $\displaystyle\lim_{x \to 2} f(x)$

0038 중 서술형

함수 $f(x)=\begin{cases} x+k & (x \geq -2) \\ -x^2-4x+3 & (x < -2) \end{cases}$에 대하여

$\displaystyle\lim_{x \to -2} f(x)$의 값이 존재하도록 하는 상수 k의 값을 구하시오.

| 개념원리 수학 Ⅱ 18쪽, 19쪽 |

유형 **02** 함수의 극한값 구하기

(1) $\displaystyle\lim_{x \to a+} f(x) = \lim_{x \to a-} f(x) = L \iff \lim_{x \to a} f(x) = L$

(2) 절댓값 기호를 포함한 함수의 극한
⇨ 절댓값 기호 안의 식의 값이 0이 되는 x의 값을 기준으로 구간을 나누어 함수의 식을 구한 후 극한값을 구한다.

0039 대표문제

함수 $y=f(x)$의 그래프가 오른쪽 그림과 같을 때,

$\displaystyle\lim_{x \to -1-} f(x) + \lim_{x \to 0+} f(x) + \lim_{x \to 1} f(x)$

의 값은?

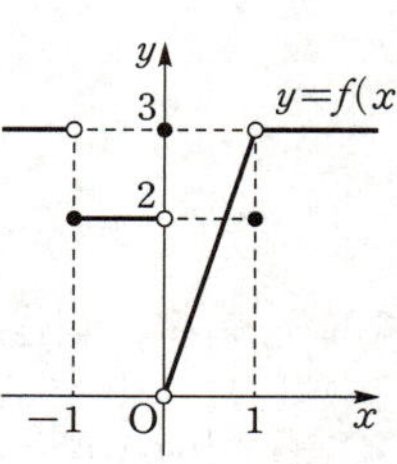

① 5　　　② 6

③ 7　　　④ 8

⑤ 9

0040 종

함수 $f(x)=\begin{cases} -x+1 & (x<0) \\ x(x-1) & (0\le x<1) \\ 3 & (x\ge 1) \end{cases}$ 에 대하여

$\lim\limits_{x\to 0-}f(x)+\lim\limits_{x\to 1+}f(x)$ 의 값을 구하시오.

0041 종

함수 $f(x)=\dfrac{2x^2-3x-2}{|x-2|}$ 에 대하여

$\lim\limits_{x\to 2+}f(x)=a$, $\lim\limits_{x\to 2-}f(x)=b$라 할 때, 실수 a, b에 대하여

$a-b$의 값은?

① -10 ② -5 ③ 0

④ 5 ⑤ 10

0042 상 중

함수 $y=f(x)$의 그래프가 오른쪽 그림과 같을 때,

$$\lim_{x\to 1-}f(x)+\lim_{x\to 1+}f(1-x)$$

의 값은?

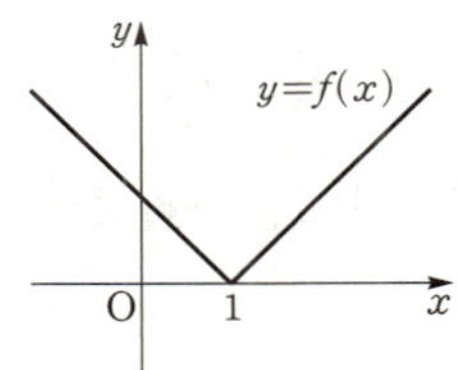

① -2 ② -1

③ 0 ④ 1

⑤ 2

합성함수의 극한

두 함수 $f(x)$, $g(x)$에 대하여 $\lim\limits_{x\to a+}g(f(x))$의 값은

$f(x)=t$로 놓고 다음을 이용하여 구한다.

(1) $x\to a+$일 때 $t\to b-$이면 $\lim\limits_{x\to a+}g(f(x))=\lim\limits_{t\to b-}g(t)$

(2) $x\to a+$일 때 $t\to b+$이면 $\lim\limits_{x\to a+}g(f(x))=\lim\limits_{t\to b+}g(t)$

(3) $x\to a+$일 때 $t=b$이면 $\lim\limits_{x\to a+}g(f(x))=g(b)$

0043 대표문제

두 함수 $y=f(x)$, $y=g(x)$의 그래프가 다음 그림과 같을 때,

$\lim\limits_{x\to 1-}g(f(x))-\lim\limits_{x\to 0+}f(g(x))$의 값은?

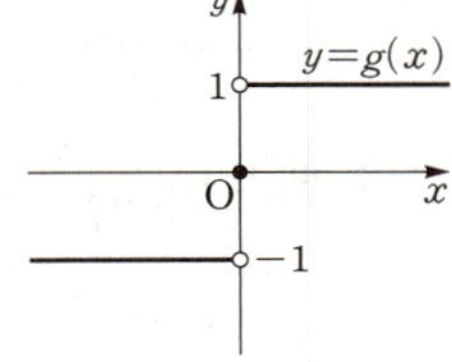

① -2 ② -1 ③ 0

④ 1 ⑤ 2

0044 종

함수 $y=f(x)$의 그래프가 오른쪽 그림과 같을 때, 다음 **보기** 중에서 옳은 것만을 있는 대로 고른 것은?

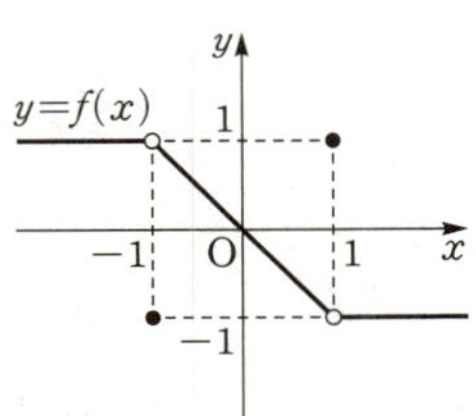

보기

ㄱ. $\lim\limits_{x\to 1-}f(f(x))=-1$

ㄴ. $\lim\limits_{x\to 1+}f(f(x))=1$

ㄷ. $\lim\limits_{x\to -1+}f(f(x))=-1$

① ㄱ   ② ㄴ   ③ ㄷ

④ ㄱ, ㄴ   ⑤ ㄱ, ㄴ, ㄷ

| 개념원리 수학Ⅱ 23쪽 |

유형 **04**　함수의 극한에 대한 성질

두 함수 $f(x)$, $g(x)$에 대하여

(1) $\lim\limits_{x \to a} \{f(x) - g(x)\} = L$ (L은 실수)일 때

$\Rightarrow$ $f(x) - g(x) = h(x)$로 놓고

$g(x) = f(x) - h(x)$, $\lim\limits_{x \to a} h(x) = L$임을 이용한다.

(2) $\lim\limits_{x \to a} \dfrac{f(x-a)}{x-a} = M$ (M은 실수)일 때

$\Rightarrow$ $x - a = t$로 놓고 $\lim\limits_{t \to 0} \dfrac{f(t)}{t} = M$임을 이용한다.

0045 `대표문제`

두 함수 $f(x)$, $g(x)$가

$$\lim_{x \to 1} f(x) = \infty, \quad \lim_{x \to 1} \{2f(x) - g(x)\} = 3$$

을 만족시킬 때, $\lim\limits_{x \to 1} \dfrac{f(x) - 3g(x)}{3f(x) - g(x)}$의 값을 구하시오.

0046 `중하`

두 함수 $f(x)$, $g(x)$에 대하여

$$\lim_{x \to 1} f(x) = 2, \quad \lim_{x \to 1} g(x) = a$$

일 때, $\lim\limits_{x \to 1} \dfrac{f(x) + 3g(x)}{f(x)g(x) - 4} = \dfrac{1}{2}$을 만족시키는 실수 a의 값을 구하시오.

0047 `중하`

함수 $f(x)$에 대하여 $\lim\limits_{x \to 0} \dfrac{f(x)}{x} = 3$일 때, $\lim\limits_{x \to 0} \dfrac{5x^2 - 3f(x)}{7x^2 + f(x)}$의 값을 구하시오.

0048 `중` `서술형`

두 함수 $f(x)$, $g(x)$에 대하여

$$\lim_{x \to 2} f(x) = -2, \quad \lim_{x \to 2} \{2f(x) + g(x)\} = 6$$

일 때, $\lim\limits_{x \to 2} g(x)$의 값을 구하시오.

0049 `중`

함수 $f(x)$에 대하여 $\lim\limits_{x \to 5} f(x-5) = 3$일 때, $\lim\limits_{x \to 0} \dfrac{1 + 4f(x)}{2 - f(x)}$의 값을 구하시오.

0050 `중`

함수 $f(x)$에 대하여 $\lim\limits_{x \to 0} \dfrac{f(x)}{x} = 2$일 때, $\lim\limits_{x \to 3} \dfrac{f(x-3)}{x^2 - 9}$의 값을 구하시오.

0051 `중`

함수 $f(x)$에 대하여 $\lim\limits_{x \to 2} \dfrac{f(x) - 5}{x - 2} = 10$, $\lim\limits_{x \to 2} f(x) = 5$일 때 $\lim\limits_{x \to 2} \dfrac{x^2 - 4}{\{f(x)\}^2 - 25}$의 값은?

① $\dfrac{1}{15}$　　② $\dfrac{1}{20}$　　③ $\dfrac{1}{25}$

④ $\dfrac{1}{30}$　　⑤ $\dfrac{1}{35}$

0052 `상중`

다음 **보기** 중에서 함수의 극한에 대한 설명으로 옳은 것만을 있는 대로 고른 것은?

> **● 보기 ●**
>
> ㄱ. $\lim\limits_{x \to a} f(x)$와 $\lim\limits_{x \to a} g(x)$가 모두 존재하지 않으면 $\lim\limits_{x \to a} \{f(x) + g(x)\}$도 존재하지 않는다.
>
> ㄴ. $\lim\limits_{x \to a} \{f(x) + 2g(x)\}$와 $\lim\limits_{x \to a} \{2f(x) + g(x)\}$의 값이 각각 존재하면 $\lim\limits_{x \to a} f(x)$의 값도 존재한다.
>
> ㄷ. $\lim\limits_{x \to a} f(x)$와 $\lim\limits_{x \to a} f(x)g(x)$의 값이 각각 존재하면 $\lim\limits_{x \to a} g(x)$의 값도 존재한다.

① ㄱ　　② ㄴ　　③ ㄱ, ㄴ

④ ㄴ, ㄷ　　⑤ ㄱ, ㄴ, ㄷ

유형 05 $\frac{0}{0}$ 꼴의 극한 — 유리식

분자, 분모가 모두 다항식인 경우
⇨ 분자, 분모를 각각 인수분해하여 약분한다.

0053 대표문제

$\displaystyle\lim_{x\to-2}\frac{x^3+8}{2x^2+3x-2}$의 값을 구하시오.

0054 중

다항함수 $f(x)$에 대하여 $\displaystyle\lim_{x\to1}\frac{8(x^4-1)}{(x^2-1)f(x)}=2$일 때, $f(1)$의 값은? (단, $f(x)\neq0$)

① 8 ② 16 ③ 20
④ 40 ⑤ 80

0055 중

다항함수 $f(x)$에 대하여 $\displaystyle\lim_{x\to1}\frac{f(x)+3}{x-1}=2$일 때,

$\displaystyle\lim_{x\to1}\frac{\{f(x)\}^2+3f(x)}{x^2f(x)-f(x)}$의 값을 구하시오. (단, $f(x)\neq0$)

0056 중

$\displaystyle\lim_{x\to0+}\frac{x}{x+|x|}=a$, $\displaystyle\lim_{x\to-1+}\frac{x^2+x}{|x^2-1|}=b$라 할 때, 실수 a, b에 대하여 $a+b$의 값을 구하시오.

유형 06 $\frac{0}{0}$ 꼴의 극한 — 무리식

분자, 분모 중 무리식이 있는 경우
⇨ 근호가 있는 부분을 유리화한다.

0057 대표문제

$\displaystyle\lim_{x\to2}\frac{\sqrt{x^2+5}-3}{x-2}$의 값은?

① $-\dfrac{2}{3}$ ② $-\dfrac{1}{3}$ ③ $\dfrac{1}{3}$
④ $\dfrac{2}{3}$ ⑤ 1

0058 중

$\displaystyle\lim_{x\to0}\frac{\sqrt{1-x}-\sqrt{1+x}}{\sqrt{4+x}-\sqrt{4-x}}$의 값을 구하시오.

0059 중

함수 $f(x)$에 대하여 $\displaystyle\lim_{x\to1}f(x)=3$일 때,

$\displaystyle\lim_{x\to1}\frac{f(x)(x-1)}{\sqrt{x}-1}$의 값은?

① 5 ② 6 ③ 7
④ 8 ⑤ 9

유형 익/히/기

| 유형 **07** | $\dfrac{\infty}{\infty}$ 꼴의 극한 |

(ⅰ) 분모의 최고차항으로 분자, 분모를 각각 나눈다.

(ⅱ) $\displaystyle\lim_{x \to \infty}\dfrac{k}{x^p}=0$ (k는 실수, p는 자연수)임을 이용하여 극한값을 구한다.

0060 대표문제

$\displaystyle\lim_{x \to -\infty}\dfrac{\sqrt{x^2-3x}+x}{\sqrt{x^2-1}-\sqrt{3-x}}$ 의 값은?

① 2　　　　② 1　　　　③ $\dfrac{1}{2}$

④ 0　　　　⑤ $-\dfrac{1}{2}$

0061 중하

함수 $f(x)=x(x+1)$에 대하여 $\displaystyle\lim_{x \to \infty}\dfrac{f(x+1)-f(x)}{x-1}$의 값을 구하시오.

0062 중하

$\displaystyle\lim_{x \to \infty}\dfrac{2x^2+3x+5}{x^2-2x+1}+\lim_{x \to \infty}\dfrac{\sqrt{x^2+1}-2}{x}$ 의 값을 구하시오.

0063 중

함수 $f(x)$에 대하여 $\displaystyle\lim_{x \to \infty}\dfrac{f(x)}{x}=3$일 때,

$\displaystyle\lim_{x \to \infty}\dfrac{3x^2+4f(x)}{2x^2-f(x)}$ 의 값은?

① 1　　　　② $\dfrac{3}{2}$　　　　③ 2

④ $\dfrac{5}{2}$　　　　⑤ 3

| 유형 **08** | $\infty-\infty$, $\infty\times0$ 꼴의 극한값 |

(1) $\infty-\infty$ 꼴

① 다항식 ⇨ 최고차항으로 묶는다.

② 무리식 ⇨ 근호가 있는 부분을 유리화한다.

(2) $\infty\times0$ 꼴

⇨ 통분 또는 유리화하여

$\dfrac{0}{0}$, $\dfrac{\infty}{\infty}$, $\infty\times c$, $\dfrac{c}{\infty}$ (c는 상수) 꼴로 변형한다.

0064 대표문제

$\displaystyle\lim_{x \to -\infty}\left(\sqrt{x^2+2x+3}+x\right)$ 의 값은?

① 2　　　　② 1　　　　③ -1

④ -2　　　　⑤ -3

0065 중

다음 극한값을 구하시오.

(1) $\displaystyle\lim_{x \to \infty}\dfrac{1}{\sqrt{4x^2+x}-2x}$

(2) $\displaystyle\lim_{x \to 1}\dfrac{1}{x-1}\left\{\dfrac{1}{(x+1)^2}-\dfrac{1}{4}\right\}$

0066 중

$\displaystyle\lim_{x \to -\infty}x^2\left(1+\dfrac{x}{\sqrt{x^2+2}}\right)$ 의 값을 구하시오.

0067 중

$\displaystyle\lim_{x \to \infty}\left(\sqrt{x^2+ax}-\sqrt{x^2-ax}\right)=3$일 때, 상수 a의 값을 구하시오.

| 개념원리 수학 Ⅱ 32쪽 |

유형 **09** 미정계수의 결정

$x \to a$일 때
(1) 극한값이 존재하고 (분모) $\to$ 0이면 $\Rightarrow$ (분자) $\to$ 0
(2) 0이 아닌 극한값이 존재하고 (분자) $\to$ 0이면 $\Rightarrow$ (분모) $\to$ 0

0068 대표문제

$\displaystyle\lim_{x \to 1}\frac{ax^3+x+b}{x-1}=7$일 때, 상수 a, b에 대하여 ab의 값은?

① -6 ② -5 ③ -4
④ -3 ⑤ -2

0069 중하

$\displaystyle\lim_{x \to 2}\frac{\sqrt{x+a}-b}{x-2}=\frac{1}{4}$일 때, 상수 a, b에 대하여 $a-b$의 값을 구하시오.

0070 중 서술형

$\displaystyle\lim_{x \to -3}\frac{\sqrt{x^2-x-3}+ax}{x+3}=b$일 때, 상수 a, b에 대하여 $a+b$의 값을 구하시오.

0071 중

$\displaystyle\lim_{x \to -1}\frac{x^2-1}{3x^2-x-a}=b$일 때, 상수 a, b에 대하여 ab의 값을 구하시오. (단, $b \neq 0$)

0072 중

$\displaystyle\lim_{x \to 2}\frac{x^2+x-6}{x^2-a}$의 값이 0이 아닌 실수일 때, $\displaystyle\lim_{x \to 1}\frac{x^2-1}{x^2-ax+3}$의 값은? (단, a는 상수)

① -1 ② $-\dfrac{1}{2}$ ③ $\dfrac{1}{2}$
④ 1 ⑤ 2

0073 중

$\displaystyle\lim_{x \to 0}\frac{\sqrt{x^2+ax+b}-a}{\sqrt{a+x}-\sqrt{a-x}}=1$일 때, 상수 a, b에 대하여 $a+b$의 값을 구하시오. (단, $a>0$, $b>0$)

0074 상중

$\displaystyle\lim_{x \to \infty}(\sqrt{2x^2+x+1}-ax)=b$일 때, 상수 a, b에 대하여 ab의 값은? (단, $a>0$)

① $-\dfrac{3}{2}$ ② $-\dfrac{1}{2}$ ③ $\dfrac{1}{2}$
④ 1 ⑤ $\dfrac{3}{2}$

0075 상중

함수 $f(x)=\dfrac{ax^2+bx+c}{x^2+x-2}$에 대하여
$$\lim_{x \to \infty}f(x)=1, \quad \lim_{x \to 1}f(x)=-1$$
일 때, $a-b+c$의 값은? (단, a, b, c는 상수)

① 2 ② 4 ③ 6
④ 8 ⑤ 10

유형 익/히/기

| 개념원리 수학 Ⅱ 33쪽 |

유형 **10**　다항함수의 결정

두 함수 $f(x)$, $g(x)$에 대하여

(1) $\lim\limits_{x \to \infty} \dfrac{f(x)}{g(x)} = L$ ($g(x) \neq 0$, L은 0이 아닌 실수)이면

$\Rightarrow$ ($f(x)$의 차수)$=$($g(x)$의 차수)이고 최고차항의 계수의 비는 L이다.

(2) $\lim\limits_{x \to a} \dfrac{f(x)}{g(x)} = M$ (M은 실수)일 때, $\lim\limits_{x \to a} g(x) = 0$이면

$\Rightarrow \lim\limits_{x \to a} f(x) = 0$

0076 　대표문제

다항함수 $f(x)$가 $\lim\limits_{x \to \infty} \dfrac{f(x)}{2x-1} = 2$, $\lim\limits_{x \to -1} f(x) = -3$을 만족시킬 때, $f(3)$의 값을 구하시오.

0077 　중

삼차함수 $f(x)$가 $\lim\limits_{x \to 0} \dfrac{f(x)}{x} = 4$, $\lim\limits_{x \to 1} \dfrac{f(x)}{x-1} = -2$를 만족시킬 때, $\lim\limits_{x \to 2} \dfrac{f(x)}{x-2}$의 값을 구하시오.

0078 　중

다항함수 $f(x)$가 다음 조건을 모두 만족시킬 때, $f(-1)$의 값을 구하시오.

> (가) $\lim\limits_{x \to \infty} \dfrac{f(x) - 2x^3}{x^2} = 2$　　(나) $\lim\limits_{x \to 0} \dfrac{f(x)}{x} = -3$

0079 　상 중

$\lim\limits_{x \to 1} \dfrac{f(x)}{x-1} = 1$, $\lim\limits_{x \to 2} \dfrac{f(x)}{x-2} = 1$을 만족시키는 다항함수 $f(x)$ 중 차수가 가장 낮은 것을 $g(x)$라 할 때, $g(3)$의 값은?

① -2　　　　② 0　　　　　③ 2
④ 4　　　　　⑤ 6

| 개념원리 수학 Ⅱ 34쪽 |

유형 **11**　함수의 극한의 대소 관계

$f(x) \leq h(x) \leq g(x)$이고 $\lim\limits_{x \to a} f(x) = \lim\limits_{x \to a} g(x) = L$ (L은 실수)

이면 $\Rightarrow \lim\limits_{x \to a} h(x) = L$

0080 　대표문제

함수 $f(x)$가 모든 양의 실수 x에 대하여

$$\dfrac{x+2}{3x+1} < f(x) < \dfrac{x^2+5x+3}{3x^2+2x+1}$$

을 만족시킬 때, $\lim\limits_{x \to \infty} f(x)$의 값은?

① $\dfrac{1}{3}$　　　　② $\dfrac{1}{2}$　　　　③ 1
④ 4　　　　　⑤ 5

0081 　중 하

함수 $f(x)$가 모든 실수 x에 대하여

$$3x^2 + 1 < (x^2+2)f(x) < 3x^2 + 5$$

를 만족시킬 때, $\lim\limits_{x \to \infty} f(x)$의 값을 구하시오.

0082 　중 하

함수 $f(x)$가 모든 양의 실수 x에 대하여

$$x^2 - x - 1 < f(x) < x^2 - x + 1$$

을 만족시킬 때, $\lim\limits_{x \to \infty} \dfrac{f(x)}{x^2}$의 값은?

① -1　　　　② 0　　　　　③ 1
④ 2　　　　　⑤ 3

0083 　중

함수 $f(x)$가 모든 양의 실수 x에 대하여

$$3x + 2 < f(x) < 3x + 4$$

를 만족시킬 때, $\lim\limits_{x \to \infty} \dfrac{\{f(x)\}^2}{x^2+1}$의 값을 구하시오.

| 개념원리 수학 Ⅱ 35쪽 |

유형 **12** 가우스 기호를 포함한 함수의 극한

$[x]$가 x보다 크지 않은 최대의 정수일 때, 정수 n에 대하여
(1) $x \to n+$일 때, $n < x < n+1$이므로 $\displaystyle\lim_{x \to n+}[x]=n$
(2) $x \to n-$일 때, $n-1 < x < n$이므로 $\displaystyle\lim_{x \to n-}[x]=n-1$

0084 대표문제

다음 중 옳지 <u>않은</u> 것을 모두 고르면?
(단, $[x]$는 x보다 크지 않은 최대의 정수이다.)

① $\displaystyle\lim_{x \to 1+}\frac{[x]}{x}=1$ ② $\displaystyle\lim_{x \to 0+}\frac{x+1}{[x+1]}=1$

③ $\displaystyle\lim_{x \to 0-}\frac{[x-1]}{x-1}=2$ ④ $\displaystyle\lim_{x \to 3}[-x^2+6x-9]=0$

⑤ $\displaystyle\lim_{x \to 0}\frac{x-1}{[x-1]}=1$

0085 중

$\displaystyle\lim_{x \to 3+}\frac{[x]^2+[x]}{x^2-x}+\lim_{x \to 3-}\frac{[x]^2+[x]}{[x]}$의 값을 구하시오.
(단, $[x]$는 x보다 크지 않은 최대의 정수이다.)

0086 상 중

함수 $y=f(x)$의 그래프가 오른쪽 그림과 같을 때, 다음 중 그 값이 나머지 넷과 <u>다른</u> 하나는?
(단, $[x]$는 x보다 크지 않은 최대의 정수이다.)

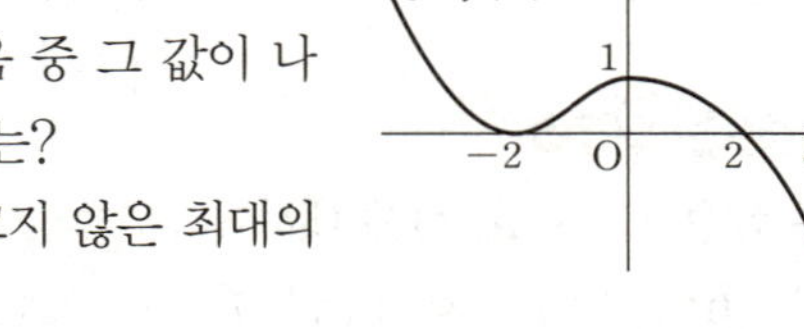

① $\displaystyle\lim_{x \to 2+}[f(x)]$ ② $\displaystyle\lim_{x \to 2-}[f(x)]$ ③ $\displaystyle\lim_{x \to -2-}[f(x)]$

④ $\displaystyle\lim_{x \to -2+}[f(x)]$ ⑤ $\displaystyle\lim_{x \to -2}[f(x)]$

유형 **13** 함수의 극한의 활용

구하는 선분의 길이 또는 점의 좌표 등을 식으로 나타내고 극한의 성질을 이용하여 극한값을 구한다.

0087 대표문제

곡선 $y=x^2$ 위를 움직이는 점 $P(x, y)$에 대하여 $A(x)$는 세 점 $O(0, 0)$, $P(x, y)$, $Q(1, 0)$을 꼭짓점으로 하는 삼각형의 넓이이고, $B(x)$는 세 점 $O(0, 0)$, $P(x, y)$, $R(0, 4)$를 꼭짓점으로 하는 삼각형의 넓이일 때, $\displaystyle\lim_{x \to \infty}\frac{A(x)}{xB(x)}$의 값을 구하시오. (단, $x>0$)

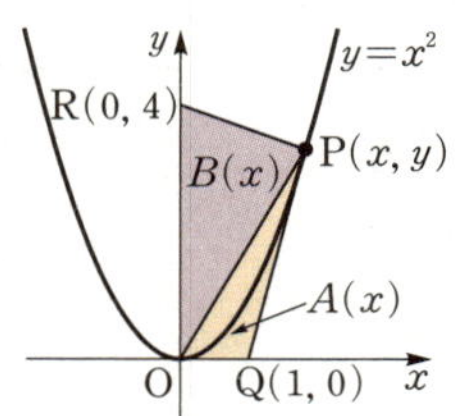

0088 상 중

원점 O를 지나고 중심이 y축 위에 있는 원의 중심을 Q, 곡선 $y=2x^2$과 원 Q의 제1사분면에서의 교점을 P라 하자. 점 P가 곡선 $y=2x^2$을 따라 원점 O에 한없이 가까워질 때, 원의 중심 Q는 어떤 점에 한없이 가까워지는가?

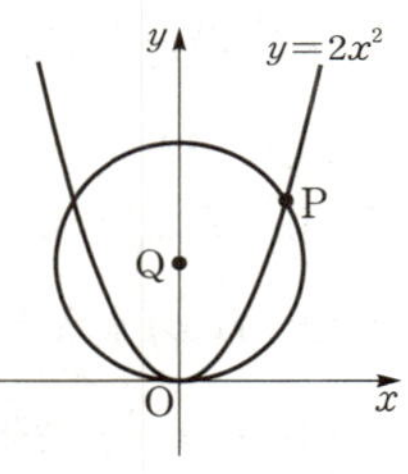

① $\left(0, \dfrac{1}{4}\right)$ ② $\left(0, \dfrac{1}{3}\right)$ ③ $\left(0, \dfrac{1}{2}\right)$

④ $\left(0, \dfrac{2}{3}\right)$ ⑤ $\left(0, \dfrac{3}{4}\right)$

0089 상 중 서술형

곡선 $y=x^2$ 위를 움직이는 점 $P(t, t^2)$과 $\overline{OP}=\overline{OQ}$를 만족시키는 x축 위의 점 Q에 대하여 직선 PQ와 y축의 교점의 y좌표를 $f(t)$라 하자. 점 P가 원점 O에 한없이 가까워질 때, $f(t)$는 어떤 값에 한없이 가까워지는지 구하시오.
(단, 두 점 P, Q의 x좌표는 양수이다.)

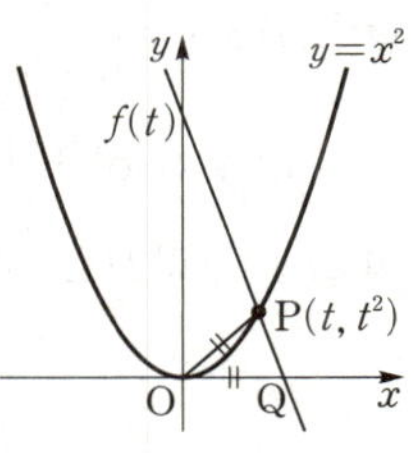

0090 중요

다음 **보기** 중에서 극한값이 존재하는 것의 개수는?

> **보기**
>
> ㄱ. $\lim\limits_{x \to 0}\left(2-\dfrac{1}{x}\right)$ ㄴ. $\lim\limits_{x \to 2-}\dfrac{x-2}{|x-2|}$
>
> ㄷ. $\lim\limits_{x \to 3}\dfrac{x^2-5x+6}{x-3}$ ㄹ. $\lim\limits_{x \to 0}\dfrac{|x|}{x^2}$

① 0 ② 1 ③ 2
④ 3 ⑤ 4

0091

$x \ge 0$에서 함수 $y=f(x)$의 그래프가 오른쪽 그림과 같을 때, 다음 중 옳지 <u>않은</u> 것은?

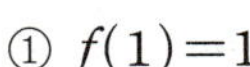

① $f(1)=1$

② $\lim\limits_{x \to 1-}f(x)=2$

③ $\lim\limits_{x \to 2}f(x)=f(2)$

④ $\lim\limits_{x \to 1}f(x)$는 존재하지 않는다.

⑤ $\lim\limits_{x \to 3}f(x)$는 존재하지 않는다.

0092

함수 $f(x)=\begin{cases} |x-2| & (x \ge 1) \\ -x^2+3 & (x < 1) \end{cases}$에 대하여

$$\lim_{x \to 1-}f(x)+\lim_{x \to 1+}f(x)+\lim_{x \to 3}f(x)$$

의 값을 구하시오.

0093

두 함수 $y=f(x)$, $y=g(x)$의 그래프가 다음 그림과 같다. $\lim\limits_{x \to 1-}f(g(x))=a$, $\lim\limits_{x \to 1+}g(f(x))=b$라 할 때, $a+b$의 값을 구하시오.

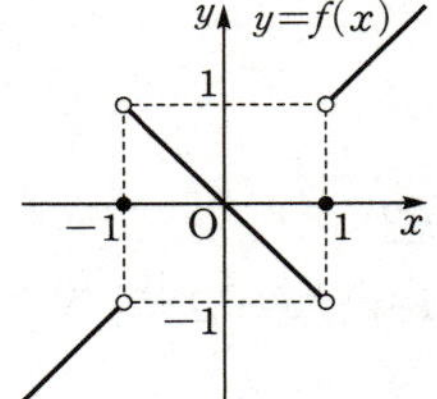
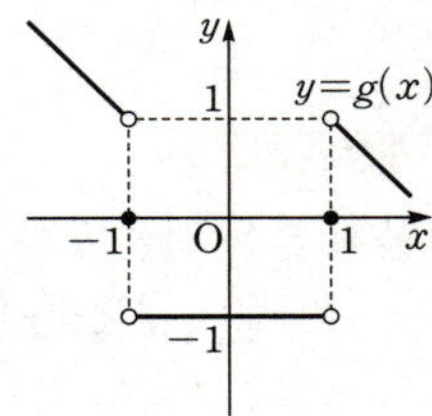

0094

두 함수 $f(x)$, $g(x)$에 대하여 $\lim\limits_{x \to a}f(x)=3$, $\lim\limits_{x \to a}g(x)=2$일 때, 다음 중 옳지 <u>않은</u> 것은?

① $\lim\limits_{x \to a}\{-2f(x)\}=-6$

② $\lim\limits_{x \to a}3f(x)g(x)=18$

③ $\lim\limits_{x \to a}\dfrac{2f(x)}{g(x)}=3$

④ $\lim\limits_{x \to a}f(g(x))=3$

⑤ $\lim\limits_{x \to a}[3\{f(x)\}^2+2g(x)]=31$

0095 중요

두 함수 $f(x)$, $g(x)$에 대하여

$$\lim_{x \to \infty}f(x)=\infty, \ \lim_{x \to \infty}\{3f(x)-2g(x)\}=1$$

일 때, $\lim\limits_{x \to \infty}\dfrac{f(x)-2g(x)}{-2f(x)+g(x)}$ 의 값을 구하시오.

0096

함수 $f(x)$에 대하여 $\lim\limits_{x \to 0} \dfrac{f(x)}{x} = 4$일 때,

$\lim\limits_{x \to 2} \dfrac{f(x-2)}{x^2-4}$ 의 값은?

① $\dfrac{1}{3}$ ② $\dfrac{2}{3}$ ③ 1

④ $\dfrac{4}{3}$ ⑤ $\dfrac{5}{3}$

0097

다음 **보기** 중에서 함수의 극한에 대한 설명으로 옳은 것만을 있는 대로 고른 것은?

• 보기 •

ㄱ. $\lim\limits_{x \to a} g(x)$와 $\lim\limits_{x \to a} \dfrac{f(x)}{g(x)}$의 값이 각각 존재하면 $\lim\limits_{x \to a} f(x)$의 값도 존재한다.

ㄴ. $\lim\limits_{x \to a} f(x)$와 $\lim\limits_{x \to a} \dfrac{f(x)}{g(x)}$의 값이 각각 존재하면 $\lim\limits_{x \to a} g(x)$의 값도 존재한다.

ㄷ. $\lim\limits_{x \to a} \{f(x)+g(x)\}$와 $\lim\limits_{x \to a} \{f(x)-g(x)\}$의 값이 각각 존재하면 $\lim\limits_{x \to a} f(x)$의 값도 존재한다.

① ㄱ   ② ㄱ, ㄴ   ③ ㄱ, ㄷ

④ ㄴ, ㄷ   ⑤ ㄱ, ㄴ, ㄷ

0098

다항함수 $f(x)$에 대하여 $\lim\limits_{x \to 1} \dfrac{4(x^3-1)}{(x^2-1)f(x)} = 2$일 때, $f(1)$의 값을 구하시오. (단, $f(x) \neq 0$)

0099

$\lim\limits_{x \to 0} \dfrac{\sqrt{1+x}-\sqrt{1-x}}{x}$ 의 값을 구하시오.

0100

다음 **보기** 중에서 옳은 것만을 있는 대로 고른 것은?

• 보기 •

ㄱ. $\lim\limits_{x \to \infty} \dfrac{3x+1}{x^2+2x-3} = 3$

ㄴ. $\lim\limits_{x \to \infty} \dfrac{2x^2}{3x^2-1} = \dfrac{2}{3}$

ㄷ. $\lim\limits_{x \to \infty} \dfrac{\sqrt{x^2+1}+x}{2x} = 1$

① ㄱ   ② ㄴ   ③ ㄱ, ㄷ

④ ㄴ, ㄷ   ⑤ ㄱ, ㄴ, ㄷ

0101

$\lim\limits_{x \to \infty} (\sqrt{x^2+3x+4}-x)$의 값을 구하시오.

0102

$\lim\limits_{x \to 0} \dfrac{1}{x} \left(\dfrac{1}{\sqrt{1-x}} - \dfrac{2}{\sqrt{4-x}} \right)$의 값은?

① $\dfrac{1}{8}$ ② $\dfrac{1}{4}$ ③ $\dfrac{3}{8}$

④ $\dfrac{1}{2}$ ⑤ $\dfrac{5}{8}$

0103 교육청 기출

두 상수 a, b에 대하여

$$\lim_{x \to 3} \frac{x^2-4x+a}{\sqrt{x+1}-2}=b$$

일 때, $a+b$의 값은?

① 3   ② 5   ③ 7

④ 9   ⑤ 11

0104 💡중요

$\lim\limits_{x \to 1} \dfrac{x-1}{x^2+ax+b}=\dfrac{1}{3}$ 일 때, 상수 a, b에 대하여 ab의 값은?

① -3 ② -2 ③ 1

④ 2 ⑤ 3

0105

$\lim\limits_{x \to 1} \dfrac{a\sqrt{x+1}-b}{x-1}=\sqrt{2}$ 일 때, 상수 a, b에 대하여 a^2+b^2의 값을 구하시오.

0106 평가원 기출

다항함수 $f(x)$에 대하여

$$\lim_{x \to \infty} \frac{f(x)-x^3}{5x^2}=2, \quad \lim_{x \to -1} \frac{f(x)}{x+1}=-8$$

을 만족시킬 때, $f(2)$의 값을 구하시오.

0107

함수 $f(x)$가 모든 실수 x에 대하여

$$x^2-1 \leq f(x) \leq 3x^2-4x+1$$

을 만족시킬 때, $\lim\limits_{x \to 1} \dfrac{f(x)}{x-1}$의 값을 구하시오.

0108

$\lim\limits_{x \to \infty} \dfrac{4}{x}\left[\dfrac{x}{2}\right]$의 값을 구하시오.

(단, $[x]$는 x보다 크지 않은 최대의 정수이다.)

0109

다음 중 그 값이 가장 큰 것은?

(단, $[x]$는 x보다 크지 않은 최대의 정수이다.)

① $\lim\limits_{x \to 0-} \dfrac{x}{[x]}$ ② $\lim\limits_{x \to 0+} \dfrac{[x]}{x}$ ③ $\lim\limits_{x \to 0-} \dfrac{[x-1]}{x-1}$

④ $\lim\limits_{x \to 0+} \dfrac{x+1}{[x+1]}$ ⑤ $\lim\limits_{x \to 0-} \left(\dfrac{x}{[x]} \cdot \dfrac{1}{[x]}\right)$

0110

함수 $y=\sqrt{2x}$의 그래프 위의 점 $A(x, \sqrt{2x})$에서 x축에 내린 수선의 발 B에 대하여 $f(x)=\overline{OA}-\overline{OB}$라 할 때, $\lim\limits_{x \to \infty} f(x)$의 값을 구하시오.

(단, O는 원점)

 **서술형 주관식**

0111

두 함수 $f(x)$, $g(x)$에 대하여

$$\lim_{x \to \infty} f(x) = \infty, \quad \lim_{x \to \infty} \{3f(x) - 2g(x)\} = 3$$

일 때, $\lim_{x \to \infty} \dfrac{f(x) + 4g(x)}{-2f(x) + 6g(x)}$ 의 값을 구하시오.

0112

두 함수 $f(x) = \dfrac{x^2 - 5x + 1}{2x^2 - 7x + 1}$, $g(x) = \sqrt{9x^2 - x} - 3x$에 대하여 $\lim\limits_{x \to \infty} f(x) + \lim\limits_{x \to \infty} g(x)$의 값을 구하시오.

0113

$\lim\limits_{x \to \infty} \{\sqrt{x^2 + x + 1} - (ax - 1)\} = b$일 때, 상수 a, b에 대하여 $a + b$의 값을 구하시오.

0114

다항함수 $f(x)$에 대하여 $\lim\limits_{x \to 1} \dfrac{f(x) + 2}{x - 1} = 2$일 때,

$\lim\limits_{x \to 1} \dfrac{\{f(x)\}^2 + 2f(x)}{x^2 - 1}$ 의 값을 구하시오.

 **실력 up**

0115 평가원 기출

실수 전체의 집합에서 정의된 함수 $y = f(x)$의 그래프가 오른쪽 그림과 같다.

$$\lim_{t \to \infty} f\left(\frac{t-1}{t+1}\right) + \lim_{t \to -\infty} f\left(\frac{4t-1}{t+1}\right)$$

의 값은?

① 3   ② 4
③ 5   ④ 6   ⑤ 7

0116

다항함수 $f(x)$가

$$\lim_{x \to 0+} \frac{xf\left(\frac{1}{x}\right) - 1}{3 - x} = 2, \quad \lim_{x \to 2} \frac{f(x)}{x^2 - 3x + 2} = a$$

를 만족시킬 때, $f(a)$의 값을 구하시오.

0117

$\lim\limits_{x \to n} \dfrac{[x]^2 + x}{[x]} = k$를 만족시키는 정수 n과 실수 k에 대하여 $n + k$의 값을 구하시오.

(단, $[x]$는 x보다 크지 않은 최대의 정수이고, $n \neq 0$, $n \neq 1$)

0118 창의·융합

$x > 0$에서 직선 $y = x$ 위의 점 $P(a, a)$에 대하여 점 P를 지나고 x축, y축에 각각 평행한 직선이 곡선 $y = x^2$과 만나는 점을 각각 Q, R라 할 때, $\lim\limits_{a \to 1} \dfrac{\overline{PR}}{\overline{PQ}}$의 값을 구하시오.

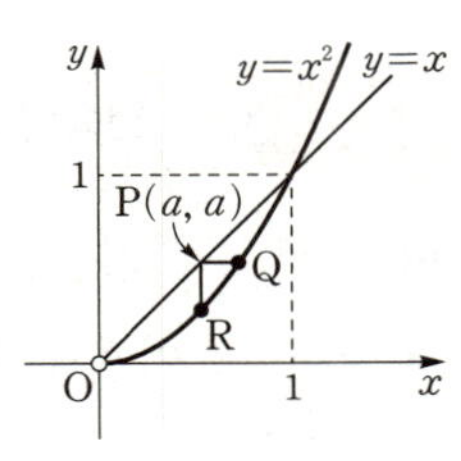

02 함수의 연속

02·1 함수의 연속과 불연속

1 함수의 연속 : 함수 $f(x)$가 실수 a에 대하여 다음 세 조건을 모두 만족시킬 때, 함수 $f(x)$는 $x=a$에서 **연속**이라 한다.

(ⅰ) 함수 $f(x)$가 $x=a$에서 정의되어 있다.

(ⅱ) 극한값 $\lim\limits_{x \to a} f(x)$가 존재한다.

(ⅲ) $\lim\limits_{x \to a} f(x)=f(a)$

2 함수의 불연속 : 함수 $f(x)$가 $x=a$에서 연속이 아닐 때, 즉 위의 세 가지 조건 중 어느 하나라도 만족시키지 않으면 함수 $f(x)$는 $x=a$에서 **불연속**이라 한다.

참고 함수 $f(x)$가 $x=a$에서 불연속인 경우

(ⅰ) $f(a)$가 정의되어 있지 않다.　(ⅱ) $\lim\limits_{x \to a} f(x)$가 존재하지 않는다.　(ⅲ) $\lim\limits_{x \to a} f(x) \neq f(a)$

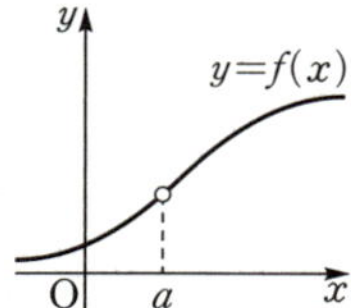
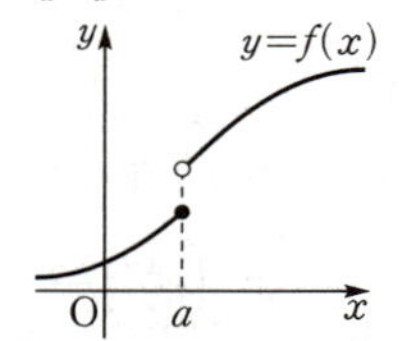
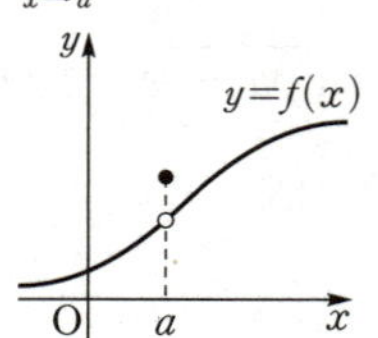

그래프에서 연속·불연속의 의미
그래프가 $x=a$에서
① 이어져 있다. ⇨ $x=a$에서 연속
② 끊어져 있다. ⇨ $x=a$에서 불연속

02·2 구간

두 실수 a, $b(a<b)$에 대하여 집합

$$\{x|a \leq x \leq b\}, \ \{x|a<x<b\}, \ \{x|a \leq x<b\}, \ \{x|a<x \leq b\}$$

를 **구간**이라 하고, 이것을 기호로 각각 다음과 같이 나타낸다.

$$[a,\ b], \ (a,\ b), \ [a,\ b), \ (a,\ b]$$

이때 $[a,\ b]$를 **닫힌구간**, $(a,\ b)$를 **열린구간**이라 하고 $[a,\ b)$, $(a,\ b]$를 **반닫힌 구간** 또는 **반열린 구간**이라 한다.

참고 ・ 실수 a에 대하여 집합 $\{x|x \leq a\}$, $\{x|x<a\}$, $\{x|x \geq a\}$, $\{x|x>a\}$도 각각 구간이고, 이것을 기호로 각각 $(-\infty,\ a]$, $(-\infty,\ a)$, $[a,\ \infty)$, $(a,\ \infty)$와 같이 나타낸다.
　・ 실수 전체의 집합도 하나의 구간이며, 기호로 $(-\infty,\ \infty)$와 같이 나타낸다.

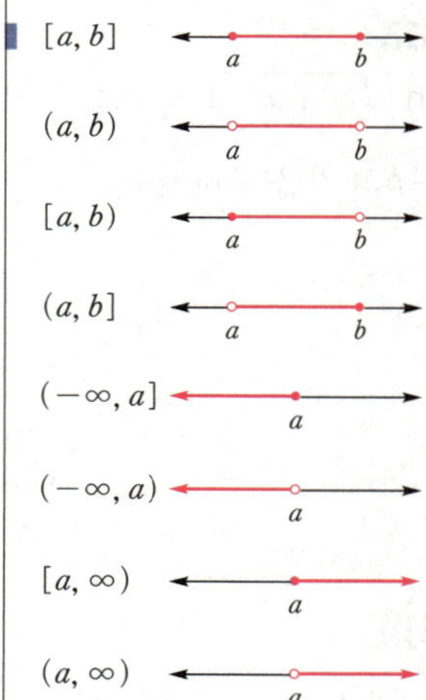

02·3 연속함수

함수 $f(x)$가 어떤 구간에 속하는 모든 실수 x에 대하여 연속일 때, $f(x)$는 그 구간에서 연속이라 한다. 또, 어떤 구간에서 연속인 함수를 그 구간에서 **연속함수**라 한다.

참고 함수 $f(x)$가
　(ⅰ) 열린구간 (a, b)에서 연속이고
　(ⅱ) $\lim\limits_{x \to a+} f(x)=f(a)$, $\lim\limits_{x \to b-} f(x)=f(b)$
　일 때, 함수 $f(x)$는 닫힌구간 $[a, b]$에서 연속이라 한다.

정답과 풀이 **15쪽**

02·1 함수의 연속과 불연속

[0119 ~ 0122] 함수 $y=f(x)$의 그래프가 다음 그림과 같을 때, 함수 $f(x)$가 $x=0$에서 불연속인 이유를 설명하시오.

0119
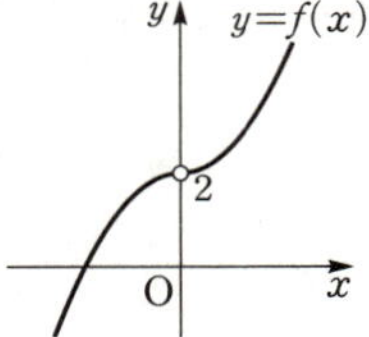

0120
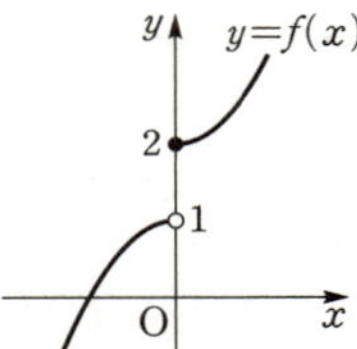

0121
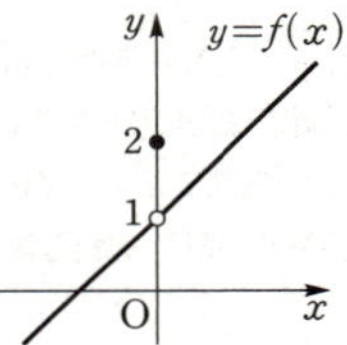

0122
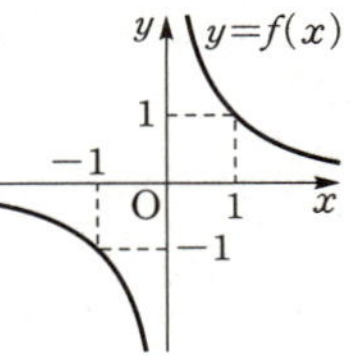

[0123 ~ 0126] 다음 함수가 $x=1$에서 연속인지 불연속인지 조사하시오.

0123 $f(x)=x+1$

0124 $f(x)=|x-1|$

0125 $f(x)=\dfrac{1}{x-1}$

0126 $f(x)=\begin{cases} \dfrac{x^2-x}{x-1} & (x \neq 1) \\ 1 & (x=1) \end{cases}$

02·2 구간

[0127 ~ 0132] 다음 집합을 구간의 기호로 나타내시오.

0127 $\{x \mid -2 \leq x \leq 3\}$

0128 $\{x \mid 1 < x < 5\}$

0129 $\{x \mid -3 \leq x < 4\}$

0130 $\{x \mid -7 < x \leq 2\}$

0131 $\{x \mid x < 4\}$

0132 $\{x \mid x \geq 3\}$

[0133 ~ 0135] 다음 함수의 정의역을 구간의 기호로 나타내시오.

0133 $f(x)=x^2+2x$

0134 $f(x)=\sqrt{3-x}$

0135 $f(x)=\dfrac{1}{x+1}$

02·3 연속함수

[0136 ~ 0139] 다음 함수가 연속인 구간을 구하시오.

0136 $f(x)=x+3$

0137 $f(x)=\sqrt{x-1}$

0138 $f(x)=2$

0139 $f(x)=\dfrac{1}{x}$

02·4　연속함수의 성질

두 함수 $f(x)$, $g(x)$가 $x=a$에서 연속이면 다음 함수도 모두 $x=a$에서 연속이다.

(1) $cf(x)$ (단, c는 상수)　　　　　(2) $f(x)+g(x)$, $f(x)-g(x)$

(3) $f(x)g(x)$　　　　　　　　　　(4) $\dfrac{f(x)}{g(x)}$ (단, $g(x)\neq0$)

> **참고** ・상수함수와 함수 $y=x$는 모든 실수에서 연속이므로 연속함수의 성질 (1), (2), (3)에 의하여 다항함수는 열린구간 $(-\infty, \infty)$에서 연속이다.
>
> 　　・두 다항함수 $f(x)$, $g(x)$에 대하여 유리함수 $\dfrac{f(x)}{g(x)}$는 연속함수의 성질 (4)에 의하여 $g(x)\neq0$인 모든 실수에서 연속이다.

열린구간 $(-\infty, \infty)$에서 연속이라는 것은 모든 실수에서 연속이라는 뜻이다.

02·5　최대·최소 정리

함수 $f(x)$가 닫힌구간 $[a, b]$에서 연속이면 $f(x)$는 이 구간에서 반드시 최댓값과 최솟값을 갖는다.

> **참고** 열린구간이나 반닫힌 구간에서는 최댓값 또는 최솟값이 없을 수도 있다.

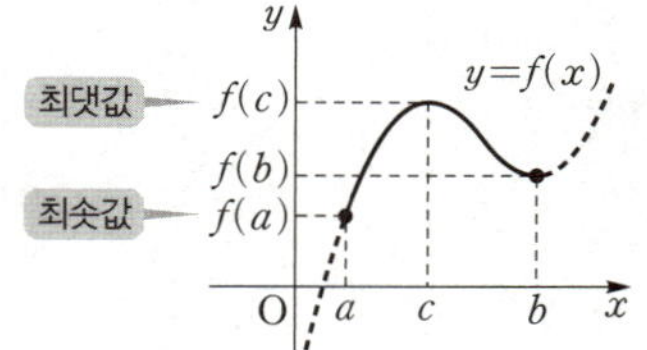

함수 $f(x)$가 연속이 아니면 닫힌구간에서도 최댓값과 최솟값을 갖지 않을 수 있으므로 최대·최소 정리는 연속함수에 대하여 성립함에 주의한다.

02·6　사잇값의 정리

1 사잇값의 정리

함수 $f(x)$가 닫힌구간 $[a, b]$에서 연속이고 $f(a)\neq f(b)$이면 $f(a)$와 $f(b)$ 사이의 임의의 값 k에 대하여

　　$f(c)=k$

인 c가 열린구간 (a, b)에 적어도 하나 존재한다.

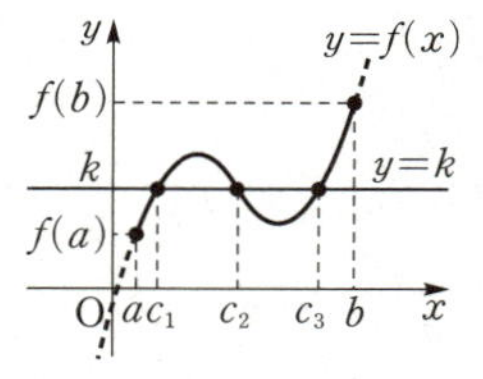

2 사잇값의 정리의 활용

함수 $f(x)$가 닫힌구간 $[a, b]$에서 연속이고 $f(a)f(b)<0$이면 방정식 $f(x)=0$은 열린구간 (a, b)에서 적어도 하나의 실근을 갖는다.

$f(a)$와 $f(b)$의 부호가 다르다.

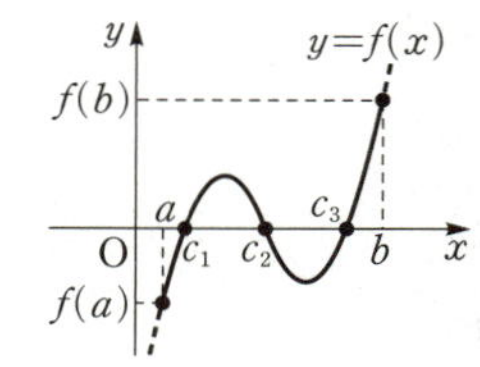

사잇값의 정리는 함수 $f(x)$가 연속함수일 때, 방정식 $f(x)=0$의 실근의 존재를 확인하는 데 이용할 수 있다.

02·4   연속함수의 성질

[0140 ~ 0143] 다음 함수가 연속인 구간을 구하시오.

0140 $y=x^2-2x$

0141 $y=(x+1)(x^2+x-2)$

0142 $y=\dfrac{x-2}{x-3}$

0143 $y=\dfrac{x+1}{x^2-3x+2}$

0144   두 함수 $f(x)=x-2$, $g(x)=x^2+4x-5$에 대하여 다음 함수가 연속인 구간을 구하시오.

(1) $f(x)+g(x)$

(2) $f(x)g(x)$

(3) $\dfrac{f(x)}{g(x)}$

(4) $\dfrac{g(x)}{f(x)}$

02·5   최대 · 최소 정리

[0145 ~ 0147] 주어진 구간에서 다음 함수 $f(x)$의 최댓값과 최솟값을 각각 구하시오.

0145 $f(x)=x^2+2x-1 \quad [-2, 0]$

0146 $f(x)=\dfrac{2}{x-1} \quad [2, 4]$

0147 $f(x)=1-\sqrt{x+1} \quad [3, 8]$

02·6   사잇값의 정리

0148   다음은 함수 $f(x)=x^2-4$에 대하여 $f(c)=-1$인 c가 열린구간 $(-1, 2)$에 적어도 하나 존재함을 보이는 과정이다. ㈎, ㈏에 알맞은 것을 구하시오.

> ● 증명 ●
>
> 함수 $f(x)=x^2-4$는 열린구간 $(-\infty, \infty)$에서 ㈎ 이므로 닫힌구간 $[-1, 2]$에서도 ㈎ 이다.
> 또, $f(-1)\neq f(2)$이고 $f(-1)<-1<f(2)$이므로 ㈏ 의 정리에 의하여 $f(c)=-1$인 c가 열린구간 $(-1, 2)$에 적어도 하나 존재한다.

0149   다음은 방정식 $x^3-3x+1=0$이 열린구간 $(0, 1)$에서 적어도 하나의 실근을 가짐을 보이는 과정이다. ㈎, ㈏, ㈐에 알맞은 것을 구하시오.

> ● 증명 ●
>
> $f(x)=x^3-3x+1$이라 하면 함수 $f(x)$는 닫힌구간 $[0, 1]$에서 ㈎ 이고 $f(0)>0$, $f(1)<0$이므로 사잇값의 정리에 의하여 $f(c)=$ ㈏ 인 c가 열린구간 ㈐ 에 적어도 하나 존재한다.
> 따라서 방정식 $x^3-3x+1=0$은 열린구간 $(0, 1)$에서 적어도 하나의 실근을 갖는다.

[0150 ~ 0151] 다음 방정식이 열린구간 $(1, 2)$에서 적어도 하나의 실근을 가짐을 보이시오.

0150 $x^3-x^2-2=0$

0151 $x^4+x^3-9x+1=0$

| 개념원리 수학 Ⅱ 44쪽 |

유형 **01**   함수의 연속과 불연속

(ⅰ) 함숫값 $f(a)$가 존재하고   ← 함숫값 존재

(ⅱ) 극한값 $\lim\limits_{x\to a}f(x)$가 존재하며   ← 극한값 존재

(ⅲ) $\lim\limits_{x\to a}f(x)=f(a)$ ← (극한값)=(함숫값)

일 때, 함수 $f(x)$는 $x=a$에서 연속이다.

0152   대표문제

다음 **보기**의 함수 중에서 모든 실수 x에서 연속인 것만을 있는 대로 고르시오.

● 보기 ●

ㄱ. $f(x)=\begin{cases} \dfrac{x^2-1}{x-1} & (x\neq 1) \\ 2 & (x=1) \end{cases}$

ㄴ. $f(x)=\begin{cases} \dfrac{x}{|x|} & (x\neq 0) \\ 0 & (x=0) \end{cases}$

ㄷ. $f(x)=\dfrac{x^2}{x^2-1}$

ㄹ. $f(x)=\begin{cases} \sqrt{x} & (x>0) \\ -x & (x\leq 0) \end{cases}$

0153   중

다음 중 $x=0$에서 연속인 함수는?

① $f(x)=\dfrac{3}{x}+1$ ② $f(x)=\sqrt{x-1}$

③ $f(x)=\dfrac{1}{x^2}$ ④ $f(x)=\begin{cases} x^2+2 & (x\geq 0) \\ -x+2 & (x<0) \end{cases}$

⑤ $f(x)=\begin{cases} \dfrac{|5x|}{x} & (x\neq 0) \\ 0 & (x=0) \end{cases}$

0154   중   서술형

함수 $f(x)=\begin{cases} 4x & (x\geq a) \\ x^2-5 & (x<a) \end{cases}$가 $x=a$에서 연속이 되도록 하는 모든 실수 a의 값의 합을 구하시오.

중요

| 개념원리 수학 Ⅱ 45쪽, 46쪽 |

유형 **02**   함수의 그래프와 연속

⑴ 함수 $y=f(x)$의 그래프가 $x=a$에서 끊어져 있으면

  ⇨ $f(x)$는 $x=a$에서 불연속이다.

⑵ 극한값이 존재하지 않는 경우는 (우극한)$\neq$(좌극한)일 때이다.

0155   대표문제

$0<x<4$에서 함수 $y=f(x)$의 그래프가 오른쪽 그림과 같을 때, 다음 **보기** 중에서 옳은 것만을 있는 대로 고르시오.

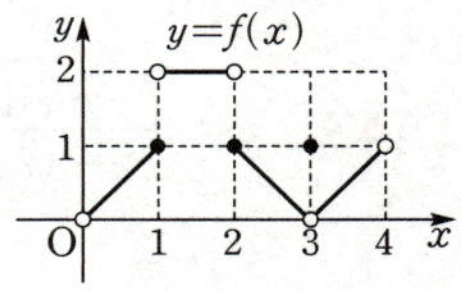

● 보기 ●

ㄱ. $\lim\limits_{x\to 3}f(x)=1$

ㄴ. $x=1$에서 함수 $f(x)$의 극한값은 존재하지 않는다.

ㄷ. 함수 $f(x)$가 불연속인 x의 값의 개수는 3이다.

0156   중하

$0<x<4$에서 함수 $y=f(x)$의 그래프가 다음 그림과 같다. 함수 $f(x)$의 극한값이 존재하지 않는 x의 값의 개수를 a, 함수 $f(x)$가 불연속인 x의 값의 개수를 b라 할 때, $a+b$의 값은?

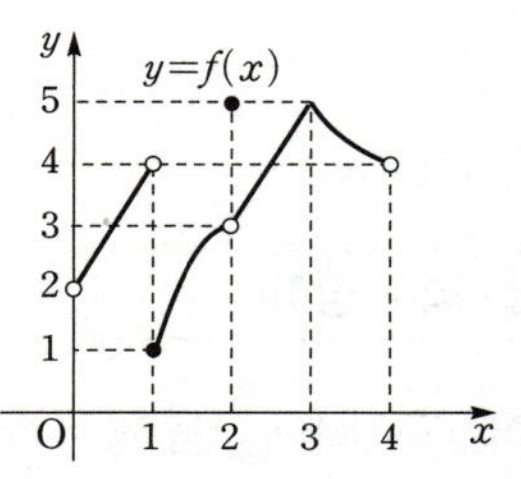

① 2   ② 3   ③ 4
④ 5   ⑤ 6

0157 중

열린구간 $(-2, 2)$에서 함수
$y=f(x)$의 그래프가 오른쪽 그림과
같을 때, 다음 **보기** 중에서 옳은 것만
을 있는 대로 고르시오.

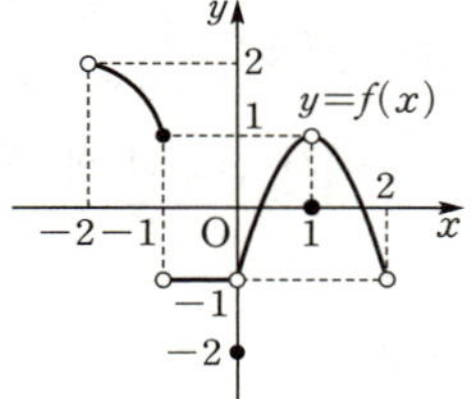

● 보기 ●

ㄱ. 함수 $f(x)$는 $x=0$에서 연속이다.

ㄴ. $x=-1$에서 함수 $f(x)$의 극한값은 존재한다.

ㄷ. 함수 $f(x)$가 불연속인 x의 값의 개수는 3이다.

0158 중

함수 $y=f(x)$의 그래프는 오른쪽 그림
과 같고 함수 $y=g(x)$의 그래프가 **보
기**와 같이 주어질 때, 합성함수
$g(f(x))$가 닫힌구간 $[-2, 2]$에서 연
속인 것만을 있는 대로 고른 것은?

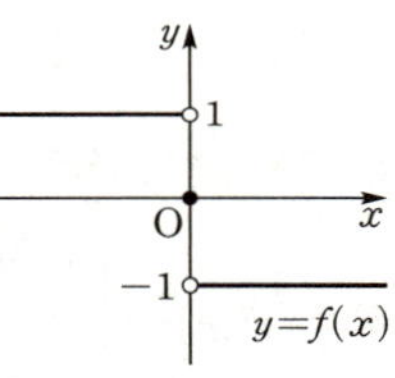

● 보기 ●

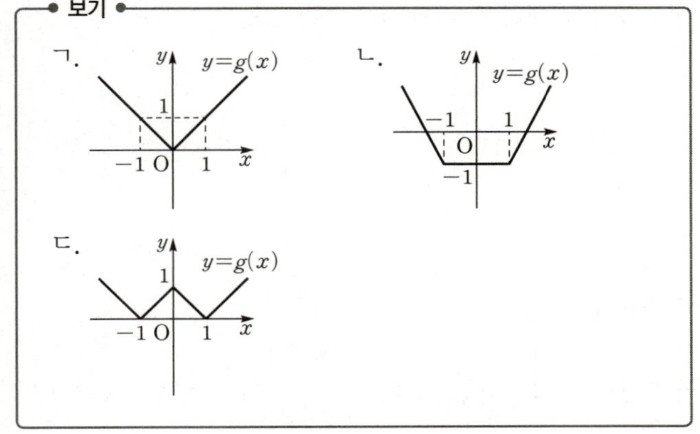

① ㄱ   ② ㄴ   ③ ㄷ
④ ㄱ, ㄷ   ⑤ ㄴ, ㄷ

0159 중

$-3 \leq x \leq 3$에서 두 함수 $y=f(x)$, $y=g(x)$의 그래프가 아
래 그림과 같을 때, 다음 **보기**의 함수 중 $x=0$에서 연속인 것
만을 있는 대로 고르시오.

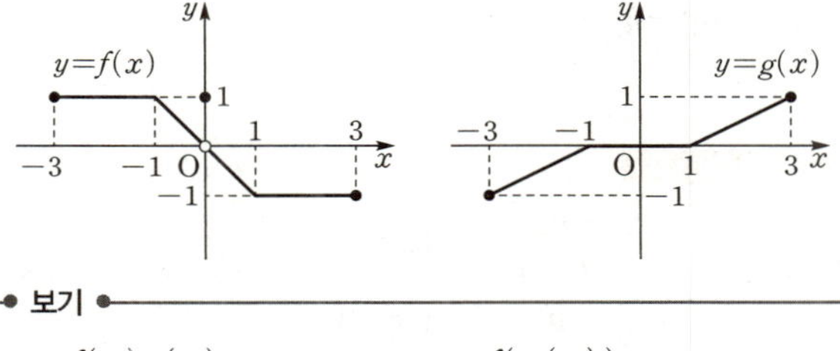

● 보기 ●

ㄱ. $f(x)g(x)$ ㄴ. $f(g(x))$

ㄷ. $g(f(x))$

유형 03 불연속이 되도록 하는 x의 값

불연속이 되도록 하는 x의 값을 찾을 때는 함수에 따라 다음과
같은 x의 값에서의 연속성을 조사한다.
(1) 유리함수 ⇨ 분모가 0이 되게 하는 x의 값
(2) 구간별로 정의된 함수 ⇨ 구간이 나누어진 경계가 되는 x의 값

0160 대표문제

함수 $f(x)=\dfrac{1}{x+\dfrac{1}{x-2}}$ 이 불연속이 되도록 하는 x의 값의

개수를 구하시오.

0161 중

두 함수 $f(x)=\begin{cases} \dfrac{x-1}{|x-1|} & (x \neq 1) \\ 0 & (x=1) \end{cases}$, $g(x)=3x^2$에 대하여

합성함수 $f(g(x))$가 불연속이 되도록 하는 모든 x의 값의
곱을 구하시오.

 중요

| 개념원리 수학 Ⅱ 47쪽 |

유형 04 함수가 연속일 조건 (1)

$x \neq a$인 모든 실수에서 연속인 함수 $g(x)$에 대하여

함수 $f(x) = \begin{cases} g(x) & (x \neq a) \\ k & (x = a) \end{cases}$ 가 모든 실수 x에서 연속이려면

$\Rightarrow \lim\limits_{x \to a} g(x) = k$

0162 대표문제

함수 $f(x) = \begin{cases} \dfrac{x^2 + ax - 3}{x - 1} & (x \neq 1) \\ b & (x = 1) \end{cases}$ 가 모든 실수 x에서 연

속일 때, 상수 a, b에 대하여 $a + b$의 값을 구하시오.

0163 중하

함수 $f(x) = \dfrac{x + 1}{x^2 - 2ax + 3}$ 이 모든 실수 x에서 연속이 되도록 하는 정수 a의 값의 개수를 구하시오.

0164 중

함수 $f(x) = \begin{cases} ax - 5 & (x \geq 1) \\ x^2 - b & (-2 < x < 1) \\ 3x + c & (x \leq -2) \end{cases}$ 가 모든 실수 x에서 연

속이고 $f(0) = -4$일 때, 상수 a, b, c에 대하여 abc의 값을 구하시오.

0165 중

함수 $f(x) = \begin{cases} \dfrac{x^2 + ax - 4}{x - 2} & (x \neq 2) \\ b & (x = 2) \end{cases}$ 가 $x = 2$에서 연속일 때,

상수 a, b에 대하여 $a + b$의 값은?

① -2 ② 0 ③ 2
④ 4 ⑤ 8

0166 중

함수 $f(x) = \begin{cases} ax + 1 & (x < -1 \text{ 또는 } x > 4) \\ x^2 - 2x + b & (-1 \leq x \leq 4) \end{cases}$ 가 모든 실수 x에서 연속일 때, 상수 a, b에 대하여 $a - b$의 값은?

① 1 ② 2 ③ 3
④ 4 ⑤ 5

0167 중

함수 $f(x) = \begin{cases} ax + 2 & (|x| \geq 3) \\ x^2 + x - b & (|x| < 3) \end{cases}$ 가 모든 실수 x에서 연

속일 때, 상수 a, b에 대하여 $a + b$의 값을 구하시오.

0168 중 서술형

함수 $f(x) = \begin{cases} \dfrac{a\sqrt{x + 1} - b}{x - 1} & (x > 1) \\ 2x - 1 & (x \leq 1) \end{cases}$ 이 $x = 1$에서 연속일 때,

상수 a, b에 대하여 ab의 값을 구하시오.

0169 중

함수 $f(x) = \begin{cases} a & (x \geq 2) \\ \dfrac{\sqrt{x^2 + 4} + bx}{x - 2} & (x < 2) \end{cases}$ 가 모든 실수 x에서 연

속일 때, 상수 a, b에 대하여 ab의 값은?

① $-\sqrt{2}$ ② -1 ③ 1
④ $\sqrt{2}$ ⑤ 2

| 유형 **05** | 가우스 기호를 포함한 함수의 연속 |

정수 n에 대하여 $x \to a$일 때
(1) $f(x) \to n+$이면 $\Rightarrow \lim\limits_{x \to a}[f(x)]=n$
(2) $f(x) \to n-$이면 $\Rightarrow \lim\limits_{x \to a}[f(x)]=n-1$

(단, $[x]$는 x보다 크지 않은 최대의 정수이다.)

0170 　대표문제

함수 $f(x)=[x]^2-3[x]+4$가 $x=n$에서 연속일 때, 자연수 n의 값은? (단, $[x]$는 x보다 크지 않은 최대의 정수이다.)

① 1 　　　② 2 　　　③ 3
④ 4 　　　⑤ 5

0171 　중

함수 $f(x)=[x]^2+(ax+2)[x]$가 $x=-1$에서 연속일 때, 상수 a의 값을 구하시오.

(단, $[x]$는 x보다 크지 않은 최대의 정수이다.)

0172 　상 중

열린구간 $(0,5)$에서 함수 $f(x)=[x^2-4x+1]$이 불연속이 되는 x의 값의 개수는?

(단, $[x]$는 x보다 크지 않은 최대의 정수이다.)

① 5 　　　② 7 　　　③ 9
④ 11 　　　⑤ 13

| 유형 **06** | $(x-a)f(x)=g(x)$ 꼴의 함수의 연속 |

모든 실수 x에서 연속인 두 함수 $f(x)$, $g(x)$가 $(x-a)f(x)=g(x)$를 만족시킬 때
$\Rightarrow f(a)=\lim\limits_{x \to a}\dfrac{g(x)}{x-a}$

0173 　대표문제

모든 실수 x에서 연속인 함수 $f(x)$가
$$(x-1)f(x)=x^2-4x+a$$
를 만족시킬 때, $f(1)$의 값은? (단, a는 상수)

① -2 　　　② -1 　　　③ 0
④ 1 　　　⑤ 2

0174 　중 하

모든 실수 x에서 연속인 함수 $f(x)$가
$$(x-2)f(x)=x^2+2x-8$$
을 만족시킬 때, $f(2)$의 값을 구하시오.

0175 　중

$x>0$인 모든 실수 x에서 연속인 함수 $f(x)$가
$$(\sqrt{x}-2)f(x)=x\sqrt{x}-8$$
을 만족시킬 때, $f(4)$의 값은?

① 4 　　　② 8 　　　③ 12
④ 16 　　　⑤ 20

0176 　중 　서술형

모든 실수 x에서 연속인 함수 $f(x)$가
$$(x-1)f(x)=ax^2+bx,\ f(1)=2$$
를 만족시킬 때, 상수 a, b에 대하여 ab의 값을 구하시오.

유형 **07** 연속함수의 성질

두 함수 $f(x)$, $g(x)$가 $x=a$에서 연속이면
⇒ $cf(x)$ (c는 상수), $f(x) \pm g(x)$, $f(x)g(x)$,
$\dfrac{f(x)}{g(x)}$ $(g(x) \neq 0)$도 $x=a$에서 연속이다.

0177　대표문제

두 함수 $f(x)=x-5$, $g(x)=x^2+3x+5$에 대하여 다음 중 모든 실수 x에서 연속인 함수가 <u>아닌</u> 것은?

① $f(x)-3g(x)$　② $g(f(x))$　③ $\dfrac{f(x)}{g(x)}$

④ $\dfrac{g(x)}{f(x)}$　⑤ $f(x)g(x)$

0178　중

두 함수 $f(x)$, $g(x)$가 $x=a$에서 연속일 때, 다음 중 $x=a$에서 항상 연속인 함수가 <u>아닌</u> 것을 모두 고르면? (정답 2개)
（단, $f(x)$의 치역은 $g(x)$의 정의역에 포함된다.)

① $2f(x)-g(x)$　② $f(x)g(x)$　③ $\dfrac{f(x)}{f(x)-g(x)}$

④ $\{f(x)\}^2$　⑤ $g(f(x))$

0179　중

두 함수 $f(x)$, $g(x)$에 대하여 다음 **보기** 중에서 옳은 것만을 있는 대로 고른 것은?

┌─● 보기 ●─────────────────────
│ ㄱ. 두 함수 $f(x)$, $f(x)+g(x)$가 모든 실수 x에서 연속
│ 　　이면 함수 $g(x)$도 모든 실수 x에서 연속이다.
│ ㄴ. 함수 $g(f(x))$가 $x=1$에서 연속이면 함수 $f(x)$도
│ 　　$x=1$에서 연속이다.
│ ㄷ. 두 함수 $f(x)$, $g(x)$가 $x=1$에서 연속이면 함수
│ 　　$f(g(x))$도 $x=1$에서 연속이다.
└────────────────────────────

① ㄱ　　② ㄴ　　③ ㄱ, ㄷ
④ ㄴ, ㄷ　　⑤ ㄱ, ㄴ, ㄷ

유형 **08** 최대 · 최소 정리

함수 $f(x)$가 닫힌구간 $[a, b]$에서 연속이면 $f(x)$는 이 구간에서 반드시 최댓값과 최솟값을 갖는다.

0180　대표문제

열린구간 $(-2, 3)$에서 함수 $y=f(x)$의 그래프가 오른쪽 그림과 같을 때, 함수 $f(x)$에 대한 다음 설명 중 옳지 <u>않은</u> 것은?

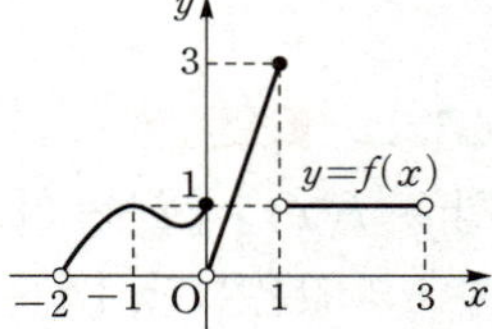

① 불연속이 되는 x의 값은 2개이다.
② 닫힌구간 $[-1, 2]$에서 최솟값을 갖는다.
③ $\displaystyle\lim_{x \to -1} f(x)=1$
④ 극한값 $\displaystyle\lim_{x \to 1} f(x)$는 존재하지 않는다.
⑤ 열린구간 $(0, 3)$에서 최댓값을 갖는다.

0181　하

닫힌구간 $[2, 4]$에서 함수 $f(x)=\dfrac{2x+1}{x-1}$의 최댓값과 최솟값을 각각 구하시오.

0182　중

닫힌구간 $[a, b]$에서 연속인 두 함수 $f(x)$, $g(x)$에 대하여 다음 **보기**의 함수 중에서 반드시 최댓값과 최솟값을 갖는 것만을 있는 대로 고른 것은?

┌─● 보기 ●─────────────────────
│ ㄱ. $f(x)g(x)$　　　　　ㄴ. $\dfrac{f(x)}{g(x)}$
│ ㄷ. $f(g(x))$
└────────────────────────────

① ㄱ　　② ㄴ　　③ ㄱ, ㄴ
④ ㄱ, ㄷ　　⑤ ㄴ, ㄷ

유형 **09** 사잇값의 정리

함수 $f(x)$가 닫힌구간 $[a, b]$에서 연속이고 $f(a)f(b)<0$이면
$\Rightarrow f(c)=0$인 c가 열린구간 (a, b)에 적어도 하나 존재한다.
$\Rightarrow$ 방정식 $f(x)=0$은 열린구간 (a, b)에서 적어도 하나의 실근을 갖는다.

0183 [대표문제]

방정식 $2x^3-x^2-x-1=0$이 오직 하나의 실근을 가질 때, 다음 중 이 방정식의 실근이 존재하는 구간은?

① $(-1, 0)$ ② $(0, 1)$ ③ $(1, 2)$
④ $(2, 3)$ ⑤ $(3, 4)$

0184 중하

연속함수 $f(x)$에 대하여
$$f(-2)=-2, \ f(-1)=2, \ f(0)=1,$$
$$f(1)=0, \ f(2)=3, \ f(3)=-3$$
일 때, 방정식 $f(x)=0$은 열린구간 $(-2, 3)$에서 적어도 몇 개의 실근을 갖는지 구하시오.

0185 중하

다음 **보기**의 방정식 중에서 열린구간 $(1, 2)$에서 적어도 하나의 실근을 갖는 것만을 있는 대로 고르시오.

━● 보기 ●━
ㄱ. $x^3+x-5=0$ ㄴ. $x^3-2x=3$
ㄷ. $x^4+x^3-9x+1=0$

0186 중 서술형

연속함수 $f(x)$에 대하여 $f(1)=k$, $f(3)=k-5$일 때, 방정식 $f(x)=1$이 열린구간 $(1, 3)$에서 적어도 하나의 실근을 갖도록 하는 정수 k의 개수를 구하시오.

유형 **10** 사잇값의 정리의 실생활에의 활용

적당한 함수를 세워 연속인 구간을 찾고, 사잇값의 정리를 이용한다.

0187 [대표문제]

명진이네 가족이 자동차를 타고 할머니 댁에 가는 동안의 속력이 다음과 같았다고 한다. 10시부터 12시 30분까지 2시간 30분 동안 이 자동차의 속력이 95 km/h인 순간이 k번 있었다고 할 때, k의 최솟값은?

시각	10:00	10:30	11:00	11:30	12:00	12:30
속력 (km/h)	75	87	90	83	98	55

① 1 ② 2 ③ 3
④ 4 ⑤ 5

0188 중

2년 전 민국이의 몸무게가 65 kg이었고 1년 전에는 73 kg이었다. 현재 민국이의 몸무게가 68 kg이라 할 때, 지난 2년 동안 민국이의 몸무게에 대한 다음 설명 중 옳지 <u>않은</u> 것은?

① 몸무게가 66 kg인 때가 적어도 한 번 있었다.
② 몸무게가 67 kg인 때가 적어도 두 번 있었다.
③ 몸무게가 69 kg인 때가 적어도 두 번 있었다.
④ 몸무게가 71 kg인 때가 적어도 두 번 있었다.
⑤ 몸무게가 72 kg인 때가 적어도 두 번 있었다.

| 개념원리 수학 Ⅱ 47쪽 |

유형 11　함수가 연속일 조건 (2)

두 함수 $f(x)$, $g(x)$에 대하여 합성함수 $f(g(x))$가 $x=a$에서 연속이다.

$\Rightarrow \lim\limits_{x \to a+} f(g(x)) = \lim\limits_{x \to a-} f(g(x)) = f(g(a))$

0189 　대표문제

두 함수

$$f(x) = \begin{cases} 3-x & (x \geq 1) \\ x+2 & (x < 1) \end{cases}, \quad g(x) = x^2 + ax$$

에 대하여 합성함수 $g(f(x))$가 실수 전체의 집합에서 연속일 때, 상수 a의 값은?

① -5　　　　② -4　　　　③ -3
④ -2　　　　⑤ -1

0190 　중

두 함수

$$f(x) = \begin{cases} x^2+1 & (x \geq 1) \\ x-1 & (x < 1) \end{cases}, \quad g(x) = \begin{cases} x+k & (x \geq 1) \\ x^2+2 & (x < 1) \end{cases}$$

에 대하여 함수 $f(x)+g(x)$가 $x=1$에서 연속일 때, $g(5)$의 값을 구하시오. (단, k는 상수)

0191 　상 중

닫힌구간 $[0, 5]$에서

$$f(x) = \begin{cases} 3x-6 & (3 \leq x \leq 5) \\ x^2+ax+b & (0 \leq x < 3) \end{cases}$$

로 정의되고, 모든 실수 x에 대하여 $f(x)=f(x+5)$를 만족시키는 함수 $f(x)$가 실수 전체의 집합에서 연속일 때, $f(16)$의 값을 구하시오. (단, a, b는 상수)

| 개념원리 수학 Ⅱ 56쪽 |

유형 12　여러 가지 사잇값의 정리의 활용

⑴ 주어진 구간에서 함숫값의 부호를 구하고 사잇값의 정리를 이용한다.
⑵ 함수의 극한이 주어지면 수렴하는 유리함수의 극한의 성질을 이용하여 함수를 찾는다.

0192 　대표문제

다항함수 $f(x)$가 다음 조건을 모두 만족시킬 때, 방정식 $f(x)=0$이 닫힌구간 $[-1, 2]$에서 가질 수 있는 실근의 최소 개수는? (단, $ab>0$)

> ㈎ $\lim\limits_{x \to -1} \dfrac{f(x)}{x+1} = a$　　　㈏ $\lim\limits_{x \to 2} \dfrac{f(x)}{x-2} = b$

① 1　　　　② 2　　　　③ 3
④ 4　　　　⑤ 5

0193 　상 중

모든 실수 x에서 연속인 함수 $f(x)$가 다음 조건을 모두 만족시킬 때, 방정식 $f(x)=0$이 실수 전체의 구간에서 적어도 k개의 실근을 갖는다. k의 값을 구하시오.

> ㈎ 모든 실수 x에 대하여 $f(4+x)=f(4-x)$
> ㈏ $f(0)f(3)<0$
> ㈐ $f(4)f(5)<0$

0194

함수 $y=f(x)$의 그래프가 다음 그림과 같을 때, 함수 $f(x)$가 $x=a$에서 불연속인 이유를 **보기**에서 골라 바르게 연결한 것은?

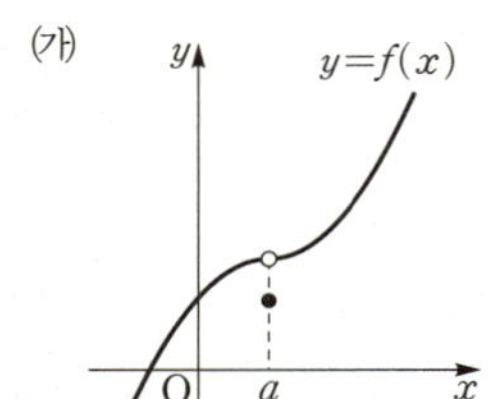
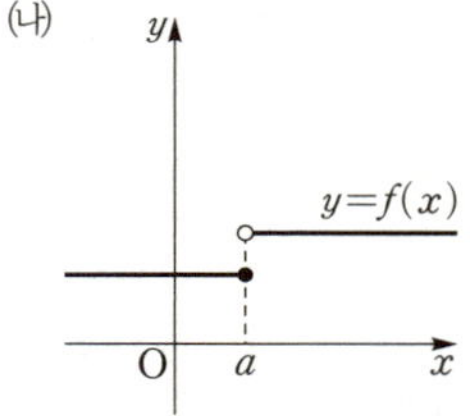

> **보기**
>
> ㄱ. $\displaystyle\lim_{x\to a} f(x)$가 존재하지 않는다.
> ㄴ. $f(a)$가 정의되어 있지 않다.
> ㄷ. $\displaystyle\lim_{x\to a} f(x) \neq f(a)$

① (가) — ㄱ, (나) — ㄴ　　② (가) — ㄱ, (나) — ㄷ
③ (가) — ㄴ, (나) — ㄱ　　④ (가) — ㄷ, (나) — ㄱ
⑤ (가) — ㄷ, (나) — ㄴ

0195 중요

다음 중 모든 실수 x에서 연속인 함수를 모두 고르면?

(정답 2개)

① $f(x)=\sqrt{x+1}$　　② $f(x)=2x^2-4x+3$

③ $f(x)=\dfrac{x+3}{x^2-x-2}$　　④ $f(x)=\begin{cases} \dfrac{x^3}{|x|} & (x\neq 0) \\ 0 & (x=0) \end{cases}$

⑤ $f(x)=\begin{cases} \dfrac{x^2-x}{|x-1|} & (x\neq 1) \\ 1 & (x=1) \end{cases}$

0196

함수 $y=f(x)$의 그래프가 오른쪽 그림과 같을 때, 다음 **보기** 중에서 옳은 것만을 있는 대로 고른 것은?

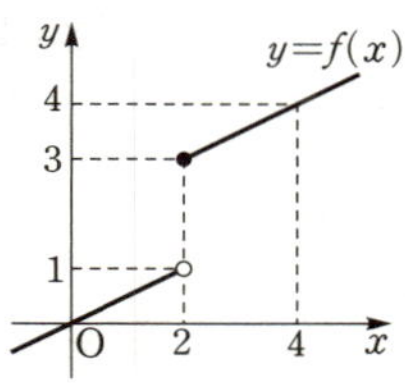

> **보기**
>
> ㄱ. $f(f(2))$의 값은 존재한다.
> ㄴ. 극한값 $\displaystyle\lim_{x\to 2} f(f(x))$는 존재한다.
> ㄷ. 합성함수 $f(f(x))$는 $x=2$에서 연속이다.

① ㄱ　　　　② ㄴ　　　　③ ㄷ
④ ㄱ, ㄴ　　⑤ ㄱ, ㄴ, ㄷ

0197

함수 $f(x)=\begin{cases} \dfrac{x^3-8}{x-2} & (x\neq 2) \\ a & (x=2) \end{cases}$ 가 모든 실수 x에서 연속일 때, 상수 a의 값을 구하시오.

0198

함수 $f(x)=\begin{cases} \dfrac{x^2+ax+b}{x+1} & (x\neq -1) \\ 2 & (x=-1) \end{cases}$ 가 $x=-1$에서 연속일 때, 상수 a, b에 대하여 $a+b$의 값을 구하시오.

0199

열린구간 $\left(-\dfrac{4}{3},\ 1\right)$에서 함수 $f(x)=\dfrac{4}{3}[3x]$가 불연속이 되는 x의 값의 개수는?

(단, $[x]$는 x보다 크지 않은 최대의 정수이다.)

① 0　　　　② 2　　　　③ 4
④ 6　　　　⑤ 8

0200 💡중요

열린구간 $(-1,\ 1)$에서 연속인 함수 $f(x)$가
$$(\sqrt{1+x}-\sqrt{1-x})f(x)=x^2-x$$
를 만족시킬 때, $f(0)$의 값은?

① -2　　　　② -1　　　　③ 0
④ 1　　　　⑤ 2

0201

함수 $f(x)=\dfrac{5}{x+2}$에 대하여 다음 중 최솟값이 존재하지 <u>않</u>는 구간은?

① $[-5,\ -2)$　　② $[-4,\ -3]$　　③ $(-2,\ 3]$
④ $[1,\ 5]$　　⑤ $[2,\ 5]$

0202 💡중요

방정식 $x^3+x^2-1=0$이 오직 하나의 실근을 가질 때, 다음 중 이 방정식의 실근이 존재하는 구간은?

① $\left(-1,\ -\dfrac{1}{2}\right)$　　② $\left(-\dfrac{1}{2},\ 0\right)$　　③ $\left(0,\ \dfrac{1}{2}\right)$
④ $\left(\dfrac{1}{2},\ 1\right)$　　⑤ $(1,\ 2)$

0203

어느 버스가 A 정류장에서 출발하여 B 정류장을 거쳐 C 정류장에 도착하였다. 이 버스가 A 정류장에서 B 정류장까지 갈 때와 B 정류장에서 C 정류장까지 갈 때의 최고 속력이 각각 $58\ \mathrm{km/h}$, $68\ \mathrm{km/h}$였다고 할 때, A 정류장에서 C 정류장으로 갈 때까지 속력이 $30\ \mathrm{km/h}$인 순간이 적어도 n번이다. 이때 n의 값은? (단, 버스는 각 정류장에서 반드시 정차한다.)

① 1　　　　② 2　　　　③ 3
④ 4　　　　⑤ 5

0204 평가원 기출

함수 $f(x)=\begin{cases} x^2-4x+5 & (x\le 2) \\ x-2 & (x>2)\end{cases}$와 최고차항의 계수가 1인 이차함수 $g(x)$에 대하여 함수 $\dfrac{g(x)}{f(x)}$가 실수 전체의 집합에서 연속일 때, $g(5)$의 값은?

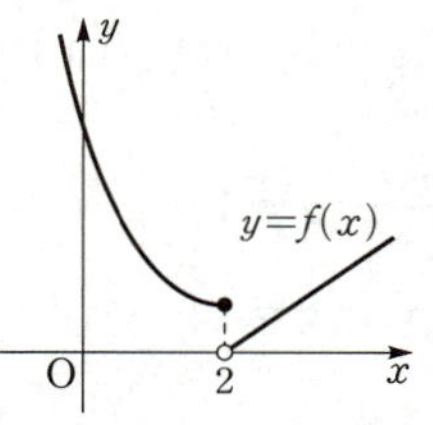

① 7　　　　② 8　　　　③ 9
④ 10　　　　⑤ 11

 **서술형 주관식**

0205

함수 $f(x)=\begin{cases} -2x+a & (x<-1) \\ x^2-b & (-1\leq x<1) \\ 3x+c & (x\geq 1) \end{cases}$ 가 모든 실수 x에서

연속이고 $f(0)=-1$일 때, 상수 a, b, c에 대하여 abc의 값을 구하시오.

0206

모든 실수 x에서 연속인 함수 $f(x)$가
$$(x-2)f(x)=ax^2+bx, \quad f(2)=4$$
를 만족시킬 때, 상수 a, b에 대하여 $a+b$의 값을 구하시오.

0207

연속함수 $f(x)$에 대하여
$$f(1)=-5, \quad f(2)=-2, \quad f(3)=3, \quad f(4)=-14$$
일 때, 방정식 $f(x)+3x=0$은 열린구간 $(1, 4)$에서 적어도 몇 개의 실근을 갖는지 구하시오.

 **실력 up**

0208

직선 $y=x+k$와 곡선 $y=\sqrt{x-2}$가 만나는 서로 다른 점의 개수를 $f(k)$라 할 때, 함수 $f(k)$가 불연속이 되도록 하는 실수 k의 값의 개수를 구하시오.

0209 평가원 기출

양수 r에 대하여 함수 $y=|x|$의 그래프와 원 $(x-1)^2+(y-2)^2=r^2$이 만나는 점의 개수를 $f(r)$라 하자. 함수 $f(r)$가 불연속이 되는 r의 값의 개수는?

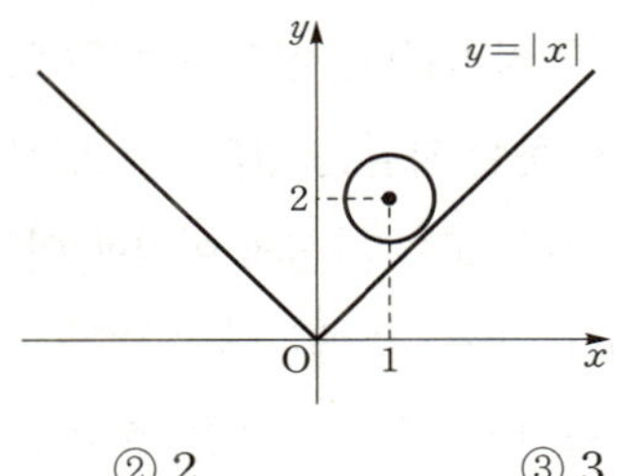

① 1   ② 2   ③ 3

④ 4   ⑤ 5

0210 창의·융합

좌표평면 위에 오른쪽 그림과 같이 네 점 $O(0, 0)$, $A(1, 6)$, $B(9, 0)$, $C(8, 6)$을 꼭짓점으로 하는 사다리꼴 $AOBC$가 있다. 사잇값의 정리를 이용하여 사다리꼴 $AOBC$의 넓이를 이등분하고 x축에 평행한 직선이 존재함을 보이시오.

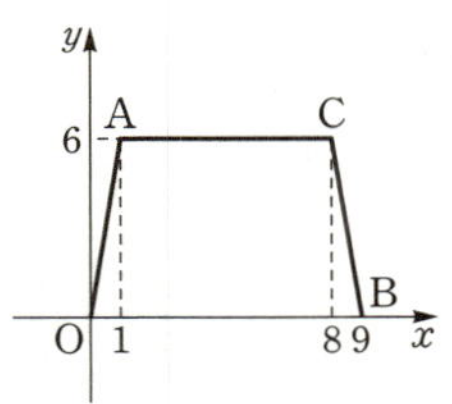

정의로운 사람이 되어라.

올바른 자는 언제나 정의 편에 서며 자신의 신념을 대쪽처럼 지킨다. 대중의 열정도 독재자의 권력도 그로 하여금 결코 정의의 경계를 넘게 하지는 못한다. 그러나 과연 누가 이러한 정의의 불사조인가? 진정으로 정의를 신봉하는 사람은 많지 않다. 정의를 찬양하는 사람은 많지만 어떤 이들은 일신의 안녕을 위해 정의를 저버린다. 어떤 이들은 위험에 처할 때까지 정의를 추종한다. 그러나 의롭지 못한 자들은 정의를 부인하고 위정자들은 정의를 숨긴다. 정의란 우정이나 권력, 또는 자신의 이익에 어긋나는 문제에서도 결코 뒤를 돌아보지 않는 것이다. 바로 이 때문에 정의는 배신당할 위험에 놓인다. 교활한 자들은 그럴듯한 형이상학으로 정의를 추상하고, 그렇게 하여 위정자나 국시(國是)와의 충돌을 교묘히 피한다. 그러나 올곧은 사람은 어떠한 종류의 속임수도 배신으로 간주한다. 그는 자신의 현명함보다는 자신의 동요할 줄 모르는 확고한 태도에 더 큰 가치를 둔다. 진리가 발견되는 곳에는 언제나 그러한 사람이 있다. 정의로운 사람이 어떤 무리에서 떨어져 나온다면 그것은 그의 변덕 때문이 아니라 그 무리의 변절 때문이다. 그 무리가 진리를 배신한 것이다.

개념원리

RPM

II

미분

03 미분계수와 도함수

03·1 평균변화율

1 증분

함수 $y=f(x)$에서 x의 값이 a에서 b까지 변할 때, 함숫값은 $f(a)$에서 $f(b)$까지 변한다. 이 때 x의 값의 변화량 $b-a$를 x의 증분, y의 값의 변화량 $f(b)-f(a)$를 y의 증분이라 하고, 이것을 각각 기호 Δx, Δy로 나타낸다.

Δ는 차이를 뜻하는 Difference의 첫 글자 D에 해당하는 그리스 문자로 '델타(delta)'라 읽는다.

2 평균변화율

함수 $y=f(x)$에서 x의 값이 a에서 b까지 변할 때의 평균변화율은

$$\frac{\Delta y}{\Delta x}=\frac{f(b)-f(a)}{b-a}=\frac{f(a+\Delta x)-f(a)}{\Delta x}$$

3 평균변화율의 기하적 의미

함수 $y=f(x)$에서 x의 값이 a에서 b까지 변할 때의 평균변화율은 $y=f(x)$의 그래프 위의 두 점 $\mathrm{P}(a,\ f(a))$, $\mathrm{Q}(b,\ f(b))$를 지나는 직선 PQ의 기울기와 같다.

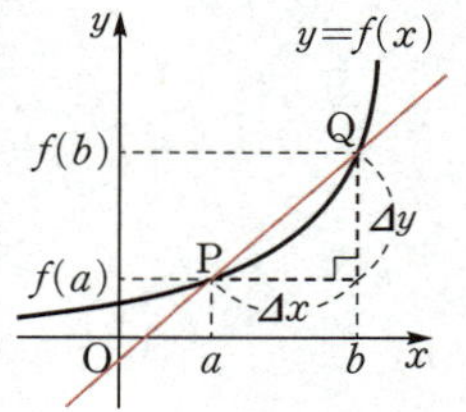

03·2 미분계수

1 미분계수

함수 $y=f(x)$의 $x=a$에서의 순간변화율 또는 미분계수는

$$f'(a)=\lim_{\Delta x\to 0}\frac{f(a+\Delta x)-f(a)}{\Delta x}=\lim_{x\to a}\frac{f(x)-f(a)}{x-a}$$

미분계수 $f'(a)$는 'f 프라임(prime) a'라 읽는다.

2 미분계수의 기하적 의미

함수 $y=f(x)$의 $x=a$에서의 미분계수 $f'(a)$는 곡선 $y=f(x)$ 위의 점 $\mathrm{P}(a,\ f(a))$에서의 접선의 기울기와 같다.

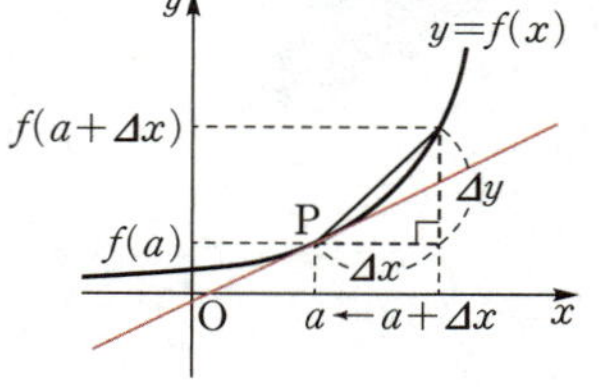

03·3 미분가능성과 연속성

1 함수 $f(x)$의 $f'(a)$에서의 미분계수 $f'(a)$가 존재할 때, $x=a$에서 미분가능하다고 한다.

2 함수 $y=f(x)$가 $x=a$에서 미분가능하면 $f(x)$는 $x=a$에서 연속이다. 그러나 그 역은 성립하지 않는다. 즉, 함수 $f(x)$가 $x=a$에서 연속이지만 미분가능하지 않은 경우가 있다.

참고 함수 $f(x)=|x|$는 $x=0$에서 연속이지만 미분가능하지 않다.

함수 $f(x)$가 $x=a$에서 미분가능하지 않은 경우
① $x=a$에서 불연속인 경우
② $x=a$에서 그래프가 꺾인 경우

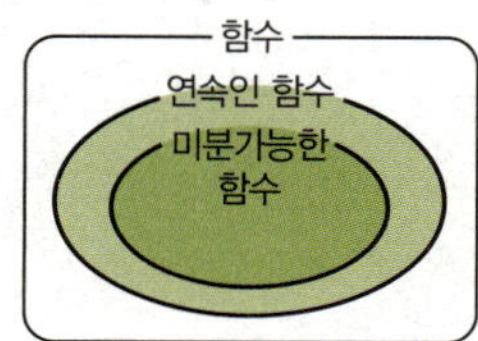

03·1 평균변화율

[0211~0214] 다음 함수에서 x의 값이 0에서 2까지 변할 때의 평균변화율을 구하시오.

0211 $f(x)=3x+1$

0212 $f(x)=x^2$

0213 $f(x)=3x^3-4$

0214 $f(x)=(x-3)^2$

0215 함수 $f(x)=-x^2+2$에서 x의 값이 다음과 같이 변할 때의 평균변화율을 구하시오.

(1) 1에서 4까지

(2) 3에서 $3+\Delta x$까지

0216 다음 함수에서 x의 값이 a에서 $a+\Delta x$까지 변할 때의 평균변화율을 구하시오.

(1) $f(x)=2x+3$

(2) $f(x)=x^2-x$

03·2 미분계수

[0217~0220] 다음 함수의 $x=2$에서의 미분계수를 구하시오.

0217 $f(x)=3x$

0218 $f(x)=-2x+5$

0219 $f(x)=x^2-2$

0220 $f(x)=(x+3)^2$

[0221~0222] 다음 함수의 $x=a$에서의 미분계수가 6일 때, 양수 a의 값을 구하시오.

0221 $f(x)=x^2-2x$

0222 $f(x)=2x^3+3$

[0223~0225] 다음 함수 $f(x)$에 대하여 곡선 $y=f(x)$ 위의 주어진 점에서의 접선의 기울기를 구하시오.

0223 $f(x)=3x^2+1$ $(-1,\ 4)$

0224 $f(x)=x^2-2x-5$ $(0,\ -5)$

0225 $f(x)=-x^3-x+7$ $(-1,\ 9)$

03·3 미분가능성과 연속성

[0226~0227] 함수 $f(x)=|x-2|$에 대하여 다음 물음에 답하시오.

0226 함수 $f(x)$의 $x=2$에서의 연속성을 조사하시오.

0227 함수 $f(x)$의 $x=2$에서의 미분가능성을 조사하시오.

[0228~0229] 함수 $f(x)=\begin{cases} 2x^3 & (x\geq1) \\ 6x-4 & (x<1) \end{cases}$에 대하여 다음 물음에 답하시오.

0228 함수 $f(x)$의 $x=1$에서의 연속성을 조사하시오.

0229 함수 $f(x)$의 $x=1$에서의 미분가능성을 조사하시오.

03·4 도함수

1 도함수

함수 $y=f(x)$의 미분가능한 모든 x에 미분계수 $f'(x)$를 대응시키면 새로운 함수

$$f'(x)=\lim_{\Delta x \to 0}\frac{f(x+\Delta x)-f(x)}{\Delta x}$$

를 얻는다. 이때 이 함수 $f'(x)$를 함수 $f(x)$의 도함수라 하고, 이것을 기호로 다음과 같이 나타낸다.

$$f'(x),\quad y',\quad \frac{dy}{dx},\quad \frac{d}{dx}f(x)$$

> **참고** 도함수의 정의는 $\Delta x=h$라 하면 $f'(x)=\lim_{h \to 0}\dfrac{f(x+h)-f(x)}{h}$로 나타낼 수 있다.

2 미분법

함수 $f(x)$에서 도함수 $f'(x)$를 구하는 것을 '$f(x)$를 x에 대하여 미분한다'고 하며 그 계산법을 미분법이라 한다.

> **+ 개념 플러스**
>
> ■ $\dfrac{dy}{dx}$는 y를 x에 대하여 미분한다는 것을 뜻하며 '디와이(dy) 디엑스(dx)'라 읽는다.
>
> ■ $f(x)$의 $x=a$에서의 미분계수 $f'(a)$는 도함수 $f'(x)$의 식에 $x=a$를 대입한 값이다.

03·5 함수 $y=x^n$과 상수함수의 도함수

1 $y=x^n$ (n은 양의 정수) $\Rightarrow$ $y'=nx^{n-1}$

2 $y=c$ (c는 상수) $\Rightarrow$ $y'=0$

> ■ $(x^n)' = nx^{n-1}$

03·6 함수의 미분법

1 함수의 실수배, 합, 차의 미분법

두 함수 $f(x)$, $g(x)$가 미분가능할 때

(1) $y=cf(x)$ (c는 상수) $\Rightarrow$ $y'=cf'(x)$

(2) $y=f(x)+g(x)$ $\Rightarrow$ $y'=f'(x)+g'(x)$

(3) $y=f(x)-g(x)$ $\Rightarrow$ $y'=f'(x)-g'(x)$

2 함수의 곱의 미분법

세 함수 $f(x)$, $g(x)$, $h(x)$가 미분가능할 때

(1) $y=f(x)g(x)$ $\Rightarrow$ $y'=f'(x)g(x)+f(x)g'(x)$

(2) $y=f(x)g(x)h(x)$ $\Rightarrow$ $y'=f'(x)g(x)h(x)+f(x)g'(x)h(x)+f(x)g(x)h'(x)$

> **참고** 함수 $f(x)$가 미분가능할 때,
> $$y=\{f(x)\}^n\ (n\text{은 양의 정수}) \Rightarrow y'=n\{f(x)\}^{n-1}f'(x)$$

> ■ 함수의 합, 차의 미분법은 세 개 이상의 함수에 대해서도 성립한다.
> 즉, 세 함수 $f(x)$, $g(x)$, $h(x)$가 미분가능할 때,
> $y=f(x)\pm g(x)\pm h(x)$이면
> $y'=f'(x)\pm g'(x)\pm h'(x)$
> (복부호동순)
>
> ■ 곱의 꼴로 나타내어진 함수는 전개하지 않고 곱의 미분법을 이용하여 미분할 수 있다.

03 · 4   도함수

[0230 ~ 0232] 도함수의 정의를 이용하여 다음 함수의 도함수를 구하시오.

0230 $f(x)=2$

0231 $f(x)=2x+1$

0232 $f(x)=x^2-1$

0233 미분가능한 함수 $y=f(x)$에 대하여 다음 **보기** 중에서 서로 같은 것만을 있는 대로 고르시오.

> **◆ 보기 ◆**
>
> ㄱ. $\lim\limits_{h \to 0} \dfrac{f(x+h)-f(x)}{h}$ ㄴ. $\lim\limits_{\Delta x \to 0} \dfrac{f(1+\Delta x)-f(1)}{\Delta x}$
>
> ㄷ. $\lim\limits_{t \to x} \dfrac{f(t)-f(x)}{t-x}$ ㄹ. $\lim\limits_{\Delta x \to 0} \dfrac{f(x)-f(\Delta x)}{\Delta x}$

03 · 5   함수 $y=x^n$과 상수함수의 도함수

[0234 ~ 0236] 다음 함수의 도함수를 구하시오.

0234 $y=x^3$

0235 $y=-x^5$

0236 $y=-8$

03 · 6   함수의 미분법

[0237 ~ 0238] 다음 함수를 미분하시오.

0237 $y=\dfrac{1}{2}x^4+x^2$

0238 $y=-3x^2+9x+10$

0239 두 함수 $f(x)$, $g(x)$에 대하여 $f'(1)=3$, $g'(1)=-2$일 때, 다음 함수의 $x=1$에서의 미분계수를 구하시오.

(1) $f(x)+g(x)$

(2) $2f(x)-g(x)$

[0240 ~ 0243] 다음 함수를 미분하시오.

0240 $y=x(3x+2)$

0241 $y=(x-4)(3x-1)$

0242 $y=-x^2(2x-3)$

0243 $y=(x^2-3)(x+4)$

[0244 ~ 0245] 다음 함수를 미분하시오.

0244 $y=x(x-1)(x-2)$

0245 $y=(x-5)(2x+4)(-x+1)$

[0246 ~ 0248] 다음 함수를 미분하시오.

0246 $y=(3x+2)^2$

0247 $y=(2x-1)^3$

0248 $y=(x^2+1)(2x+1)^2$

03 미분계수와 도함수

| 개념원리 수학 Ⅱ 63쪽 |

유형 **01** 평균변화율

함수 $y=f(x)$에서 x의 값이 a에서 b까지 변할 때의 평균변화율

$$\Rightarrow \frac{\Delta y}{\Delta x}=\frac{f(b)-f(a)}{b-a}=\frac{f(a+\Delta x)-f(a)}{\Delta x}$$

0249 대표문제

함수 $f(x)=x^3-2x+5$에 대하여 x의 값이 1에서 a까지 변할 때의 평균변화율이 5일 때, 상수 a의 값을 구하시오.

(단, $a>1$)

0250 하

함수 $f(x)=x^2$에 대하여 x의 값이 1에서 $1+h$까지 변할 때의 평균변화율이 3일 때, 상수 h의 값을 구하시오. (단, $h>0$)

0251 중

함수 $f(x)=x^2-3x+a$에 대하여 x의 값이 1에서 a까지 변할 때의 평균변화율이 $2a-7$일 때, 상수 a의 값을 구하시오.

(단, $a>1$)

0252 상중

이차함수 $y=f(x)$의 그래프는 오른쪽 그림과 같다. 직선 AB의 기울기가 2일 때, x의 값이 0에서 2까지 변할 때의 함수 $f(x)$의 평균변화율을 구하시오.
(단, $y=f(x)$의 그래프의 축은 직선 $x=2$이다.)

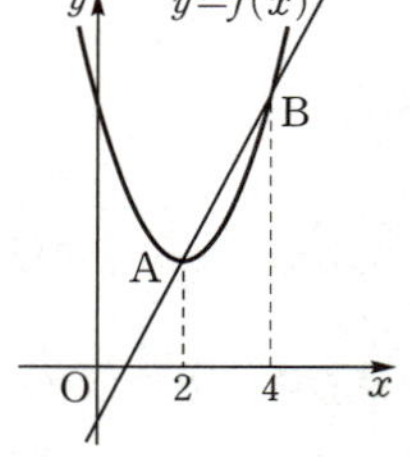

유형 **02** 평균변화율과 미분계수

함수 $y=f(x)$에 대하여

(1) x의 값이 a에서 b까지 변할 때의 평균변화율은

$$\frac{\Delta y}{\Delta x}=\frac{f(b)-f(a)}{b-a}=\frac{f(a+\Delta x)-f(a)}{\Delta x}$$

(2) $x=a$에서의 미분계수는

$$f'(a)=\lim_{\Delta x\to 0}\frac{f(a+\Delta x)-f(a)}{\Delta x}=\lim_{x\to a}\frac{f(x)-f(a)}{x-a}$$

0253 대표문제

함수 $f(x)=x^2-2x$에 대하여 x의 값이 -1에서 4까지 변할 때의 평균변화율과 $x=a$에서의 미분계수가 같을 때, 상수 a의 값을 구하시오.

0254 중

함수 $f(x)=x^3-1$에 대하여 x의 값이 1에서 k까지 변할 때의 평균변화율과 $x=\sqrt{7}$에서의 순간변화율이 같을 때, 상수 k의 값을 구하시오. (단, $k>1$)

0255 중 서술형

함수 $f(x)=ax^2+2x$에 대하여 x의 값이 a에서 $2a$까지 변할 때의 평균변화율과 $x=1$에서의 미분계수가 같을 때, 상수 a의 값을 구하시오. (단, $a>0$)

0256 중

다항함수 $f(x)$에 대하여 $f(1)=3$이고, x의 값이 1에서 k까지 변할 때의 평균변화율이 $-k$일 때, $x=1$에서의 미분계수를 구하시오.

유형 03 미분계수를 이용한 극한값의 계산 (1)

함수 $y=f(x)$의 $x=a$에서의 미분계수는

$$f'(a)=\lim_{\blacksquare \to 0}\frac{f(a+\blacksquare)-f(a)}{\blacksquare} \leftarrow \blacksquare\ \text{부분이 서로 같도록 만들어 준다.}$$

0257 대표문제

다항함수 $f(x)$에 대하여 $f'(2)=6$일 때,

$\displaystyle\lim_{h\to 0}\frac{f(2+h)-f(2-h)}{3h}$ 의 값을 구하시오.

0258 중하

다항함수 $f(x)$에 대하여 $f'(1)=3$이고

$\displaystyle\lim_{h\to 0}\frac{f(1+kh)-f(1)}{h}=6$일 때, 상수 k의 값을 구하시오.

0259 중

다항함수 $f(x)$에 대하여 $\displaystyle\lim_{h\to 0}\frac{f(a+2h)-f(a-3h)}{h}$ 를

$f'(a)$를 이용하여 나타내면?

① $-5f'(a)$ ② $-f'(a)$ ③ $f'(a)$

④ $3f'(a)$ ⑤ $5f'(a)$

0260 중

다항함수 $f(x)$에 대하여 $f'(a)=-3$일 때,

$\displaystyle\lim_{h\to 0}\frac{f(a+3h)-f(a+h^2)}{h}$ 의 값을 구하시오.

유형 04 미분계수를 이용한 극한값의 계산 (2)

함수 $y=f(x)$의 $x=\bullet$에서의 미분계수는

$$\lim_{\blacksquare \to \bullet}\frac{f(\blacksquare)-f(\bullet)}{\blacksquare-\bullet}=f'(\bullet) \leftarrow \blacksquare\text{는 } \blacksquare\text{끼리, } \bullet\text{는 } \bullet\text{끼리 서로 같도록 만들어 준다.}$$

0261 대표문제

다항함수 $f(x)$에 대하여 $f'(1)=2$일 때,

$\displaystyle\lim_{x\to 1}\frac{f(x^3)-f(1)}{x-1}$ 의 값은?

① 4   ② 5   ③ 6

④ 7   ⑤ 8

0262 중하

다항함수 $f(x)$에 대하여 $\displaystyle\lim_{x\to 3}\frac{f(x)-f(3)}{x-3}=1$일 때,

$\displaystyle\lim_{h\to 0}\frac{f(3+3h)-f(3)}{h}$ 의 값을 구하시오.

0263 중

다항함수 $f(x)$에 대하여 $f(1)=3$, $f'(1)=1$일 때,

$\displaystyle\lim_{x\to 1}\frac{x^2f(1)-f(x^2)}{x-1}$ 의 값을 구하시오.

0264 상중

다항함수 $f(x)$에 대하여 $f(1)=9$, $f'(1)=6$일 때,

$\displaystyle\lim_{x\to 1}\frac{\sqrt{f(x)}-3}{\sqrt{x}-1}$ 의 값을 구하시오. (단, $f(x)>0$)

03 미분계수와 도함수

유형 05 관계식이 주어진 경우 미분계수 구하기

주어진 식의 x, y에 적당한 수를 대입하여 $f(0)$의 값을 구한 후
$f'(a)=\lim\limits_{h\to 0}\dfrac{f(a+h)-f(a)}{h}$ 에서 $f(a+h)$에 주어진 관계식
을 대입한다.

0265 대표문제

미분가능한 함수 $f(x)$가 모든 실수 x, y에 대하여
$$f(x+y)=f(x)+f(y)-1$$
을 만족시키고 $f'(2)=1$일 때, $f'(1)$의 값은?

① 1   ② 2   ③ 3
④ 4   ⑤ 5

0266 중

미분가능한 함수 $f(x)$가 모든 실수 x, y에 대하여
$$f(x+y)=f(x)+f(y)$$
를 만족시키고 $f'(0)=3$일 때, $f'(1)$의 값을 구하시오.

0267 중

미분가능한 함수 $f(x)$가 모든 실수 x, y에 대하여
$$f(x+y)=f(x)+f(y)-xy$$
를 만족시키고 $f'(0)=3$, $f'(2a)=7$일 때, 상수 a의 값을
구하시오.

0268 상중

미분가능한 함수 $f(x)$가 모든 실수 x, y에 대하여 $f(x)>0$
이고, $f(x+y)=2f(x)f(y)$를 만족시킨다. $f'(0)=3$일
때, $\dfrac{f'(2)}{f(2)}$의 값은?

① 3   ② 4   ③ 5
④ 6   ⑤ 7

유형 06 미분계수의 기하적 의미

함수 $y=f(x)$의 $x=a$에서의 미분계수 $f'(a)$는 곡선 $y=f(x)$
위의 점 $(a,\ f(a))$에서의 접선의 기울기와 같다.

0269 대표문제

오른쪽 그림은 $x>0$에서 미분가능
한 함수 $y=f(x)$의 그래프와 직선
$y=x$를 나타낸 것이다. $0<a<b$일
때, 다음 보기 중에서 옳은 것만을 있
는 대로 고르시오.

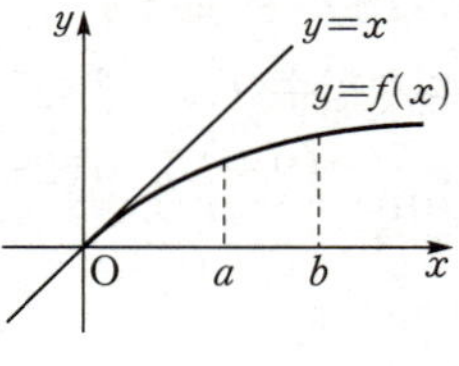

보기

ㄱ. $f'(a)<f'(b)$ ㄴ. $f(b)-f(a)<b-a$

ㄷ. $\dfrac{f(a)}{a}<\dfrac{f(b)}{b}$

0270 중하

미분가능한 함수 $y=f(x)$의 그래
프가 오른쪽 그림과 같을 때, 다음
중에서 가장 큰 값은?

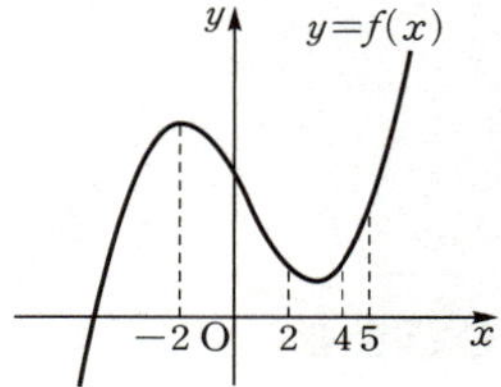

① $f'(-2)$ ② $f'(0)$
③ $f'(2)$ ④ $f'(4)$
⑤ $f'(5)$

0271 중

미분가능한 함수 $y=f(x)$의 그래프
가 오른쪽 그림과 같다. $0<a<b$일
때, 다음 보기 중에서 옳은 것만을 있
는 대로 고르시오.

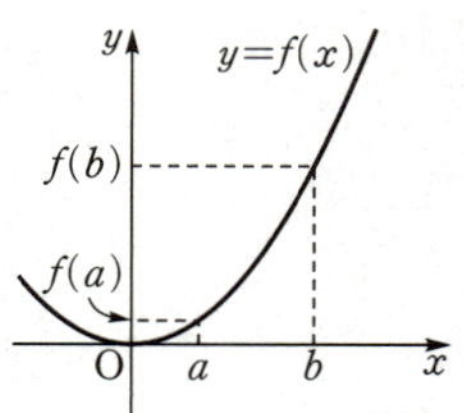

보기

ㄱ. $f'(a)<f'(b)$ ㄴ. $\dfrac{f(b)-f(a)}{b-a}<f'(b)$

ㄷ. $f\left(\dfrac{a+b}{2}\right)<\dfrac{f(a)+f(b)}{2}$

| **개념원리** 수학 Ⅱ 69쪽, 70쪽 |

유형 **07**　미분가능성과 연속성

함수 $y=f(x)$가 실수 a에 대하여

(1) $\displaystyle\lim_{x\to a} f(x)=f(a) \Rightarrow x=a$에서 연속

(2) $\displaystyle\lim_{x\to a} \frac{f(x)-f(a)}{x-a}$가 존재 $\Rightarrow x=a$에서 미분가능

0272 　대표문제

다음 **보기**의 함수 중 $x=1$에서 미분가능한 것만을 있는 대로 고르시오.

──● 보기 ●──

ㄱ. $f(x)=x^2$　　　　ㄴ. $f(x)=|x^2-x|$

ㄷ. $f(x)=\dfrac{1}{x}$

0273 　중　서술형

함수 $f(x)=(x+2)|x-1|$의 $x=1$에서의 연속성과 미분가능성을 조사하시오.

0274 　중

다음 함수 중 $x=0$에서 연속이지만 미분가능하지 않은 함수는?

① $f(x)=5$　　　② $f(x)=x|x|$　　　③ $f(x)=\sqrt{x^2}$

④ $f(x)=\dfrac{|x|}{x}$　　　⑤ $f(x)=|x|^2$

0275 　중

다음 **보기**의 함수 중 $x=0$에서 연속이지만 미분가능하지 않은 것만을 있는 대로 고르시오.

──● 보기 ●──

ㄱ. $f(x)=\begin{cases} x & (x\geq 0) \\ -x & (x<0) \end{cases}$

ㄴ. $f(x)=x^2-3|x|+2$

ㄷ. $f(x)=\begin{cases} (x+1)^2 & (x\geq 0) \\ 2x+1 & (x<0) \end{cases}$

0276 　중

함수 $y=f(x)$의 그래프가 다음 그림과 같을 때, 열린구간 $(-3, 3)$에서 함수 $f(x)$가 불연속인 x의 값은 m개, 미분가능하지 않은 x의 값은 n개이다. 이때 $m+n$의 값을 구하시오.

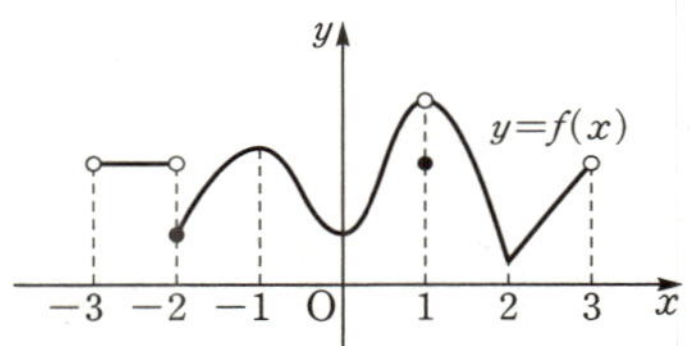

0277 　중

함수 $y=f(x)$의 그래프가 오른쪽 그림과 같을 때, 열린구간 $(0, 5)$에서 함수 $f(x)$에 대한 설명 중 옳은 것은?

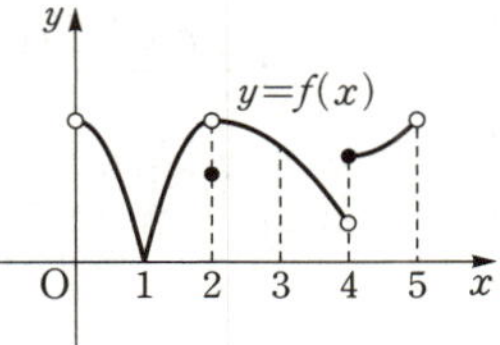

① $f'(3)>0$이다.

② $\displaystyle\lim_{x\to 2} f(x)$의 값이 존재하지 않는다.

③ $f'(x)=0$인 x의 값이 존재한다.

④ 함수 $f(x)$가 불연속인 x의 값은 3개이다.

⑤ 함수 $f(x)$가 미분가능하지 않은 x의 값은 3개이다.

유형 익/히/기

유형 **08** 도함수의 정의를 이용하여 도함수 구하기

미분가능한 함수 $y=f(x)$의 도함수

$$\Rightarrow f'(x)=\lim_{\Delta x \to 0}\frac{f(x+\Delta x)-f(x)}{\Delta x}=\lim_{h \to 0}\frac{f(x+h)-f(x)}{h}$$

0278 대표문제

다음은 미분가능한 함수 $f(x)$에 대하여 도함수의 정의를 이용하여 $y=\{f(x)\}^2$의 도함수를 구하는 과정이다.

$$\{f(x)\}^2=g(x)로 \ 놓으면 \ y=g(x)에서$$
$$y'=\lim_{h \to 0}\frac{g(x+h)-g(x)}{h}$$
$$=\lim_{h \to 0}\frac{\{f(x+h)\}^2-\{f(x)\}^2}{h}$$
$$=\lim_{h \to 0}\{\boxed{\ (가)\ }\}\cdot\lim_{h \to 0}\frac{\boxed{(나)}}{h}$$
$$=\boxed{(다)}$$

위의 과정에서 (가), (나), (다)에 알맞은 것을 차례대로 써넣으시오.

0279 중

다음은 미분가능한 함수 $f(x)$에 대하여 도함수의 정의를 이용하여 $y=x^2f(x)$의 도함수를 구하는 과정이다.

$$x^2f(x)=g(x)로 \ 놓으면 \ y=g(x)에서$$
$$y'=\lim_{h \to 0}\frac{g(x+h)-g(x)}{h}$$
$$=\lim_{h \to 0}\frac{(x+h)^2f(x+h)-x^2f(x)}{h}$$
$$=\lim_{h \to 0}\frac{(x+h)^2\{\boxed{\ (가)\ }\}+f(x)\{(x+h)^2-x^2\}}{h}$$
$$=\lim_{h \to 0}(x+h)^2\cdot\lim_{h \to 0}\frac{\boxed{(가)}}{h}$$
$$\qquad\qquad\qquad +f(x)\cdot\lim_{h \to 0}(\boxed{(나)}+h)$$
$$=\boxed{(다)}$$

위의 과정에서 (가), (나), (다)에 알맞은 것을 차례대로 써넣으시오.

유형 **09** 미분법 (1)

(1) $y=x^n$ (n은 자연수) $\Rightarrow y'=nx^{n-1}$
(2) $y=c$ (c는 상수) $\Rightarrow y'=0$
(3) $y=cf(x)$ (c는 상수) $\Rightarrow y'=cf'(x)$
(4) $y=f(x)\pm g(x) \Rightarrow y'=f'(x)\pm g'(x)$ (복부호동순)

0280 대표문제

함수 $f(x)=-\dfrac{1}{3}x^3+\dfrac{1}{2}x^2+x-1$에 대하여 $f'(2)$의 값은?

① -1　　　② 0　　　③ 1
④ 2　　　⑤ 3

0281 중하

함수 $f(x)=x^3-3x^2+ax+5$에 대하여 $f'(1)=2$일 때, 상수 a의 값은?

① 1　　　② 2　　　③ 3
④ 4　　　⑤ 5

0282 중하

함수 $f(x)=x+\dfrac{1}{2}x^2+\dfrac{1}{3}x^3+\cdots+\dfrac{1}{100}x^{100}$에 대하여 $f'(1)$의 값을 구하시오.

0283 중

함수 $f(x)=ax^3+bx+3$에 대하여 $f(1)=1$, $f'(1)=4$일 때, ab의 값을 구하시오. (단, a, b는 상수)

| 유형 **10** | 미분법 (2) |

$$(1)\ y=f(x)g(x) \Rightarrow y'=f'(x)g(x)+f(x)g'(x)$$
$$(2)\ y=f(x)g(x)h(x)$$
$$\Rightarrow y'=f'(x)g(x)h(x)+f(x)g'(x)h(x)$$
$$+f(x)g(x)h'(x)$$

0284 　대표문제

함수 $f(x)=(x+1)(x+2)(x+3)$에 대하여 $f'(0)$의 값은?

① 11　　　　② 12　　　　③ 13
④ 14　　　　⑤ 15

0285 　중 하

함수 $f(x)=(3x^2-1)^3$에 대하여 $f'(1)$의 값을 구하시오.

0286 　중

미분가능한 두 함수 $f(x)$, $g(x)$에 대하여
$g(x)=(x^2+3x)f(x)$이고 $f(1)=3$, $f'(1)=2$일 때,
$g'(1)$의 값을 구하시오.

0287 　중　서술형

함수 $f(x)=(x-a)(x^3+2x^2+8)$에 대하여 $f'(a)=11$일
때, $f'(-1)$의 값을 구하시오. (단, a는 실수)

| 유형 **11** | 미분계수를 이용한 극한값의 계산 －함수식이 주어졌을 때 |

(ⅰ) 미분계수의 정의를 이용하여 주어진 식을 $f'(a)$가 포함된 식
　　으로 변형한다.
(ⅱ) $f(x)$의 도함수 $f'(x)$를 구한 후 $f'(x)$에 $x=a$를 대입하
　　여 $f'(a)$의 값을 구한다.
(ⅲ) (ⅰ)의 식에 $f'(a)$의 값을 대입한다.

0288 　대표문제

함수 $f(x)=x^3-2x^2+1$에 대하여
$\displaystyle\lim_{h\to 0}\frac{f(1+h)-f(1-h)}{h}$의 값은?

① -2　　　　② -1　　　　③ 1
④ 2　　　　⑤ 3

0289 　중

함수 $f(x)=x^3-5x^2$에 대하여 $\displaystyle\lim_{x\to 1}\frac{\{f(x)\}^2-\{f(1)\}^2}{x-1}$의
값을 구하시오.

0290 　중

함수 $f(x)=(3x-2)^3$에 대하여 $\displaystyle\lim_{x\to 2}\frac{2f(x)-xf(2)}{x-2}$의 값
을 구하시오.

0291 　중

두 함수 $f(x)=x+x^3+x^5$, $g(x)=x^2+x^4+x^6$에 대하여
$\displaystyle\lim_{h\to 0}\frac{f(1+2h)-g(1-h)}{3h}$의 값은?

① 6　　　　② 7　　　　③ 8
④ 9　　　　⑤ 10

유형 **12**　미분계수를 이용한 미정계수의 결정

다항함수 $f(x)$에 대하여 $\displaystyle\lim_{x \to a} \frac{f(x)-b}{x-a}=c$ (c는 상수)이면

⇨ $f(a)=b,\ f'(a)=c$

0292　대표문제

함수 $f(x)=x^3+2ax^2+bx-2b$에 대하여 $\displaystyle\lim_{x \to 1} \frac{f(x)}{x-1}=2$일 때, $a+b$의 값은? (단, a, b는 상수)

① -2　　　　② -1　　　　③ 0
④ 1　　　　⑤ 2

0293　중

함수 $f(x)=x^3+ax^2+b$에 대하여 $f(-1)=3$,
$\displaystyle\lim_{x \to 1} \frac{f(x)-f(1)}{x^2-1}=\frac{5}{2}$일 때, ab의 값은? (단, a, b는 상수)

① -1　　　　② 0　　　　③ 1
④ 2　　　　⑤ 3

0294　중　서술형

삼차함수 $f(x)$에 대하여 $\displaystyle\lim_{x \to 0} \frac{f(x)}{x}=-1$, $\displaystyle\lim_{x \to 1} \frac{f(x)}{x-1}=4$
일 때, 방정식 $f(x)=0$의 모든 근의 합을 구하시오.

0295　상 중

함수 $f(x)=x^4+ax^2+bx+1$에 대하여
$\displaystyle\lim_{x \to 2} \frac{f(x)-f(2)}{x-2}=-2$, $\displaystyle\lim_{h \to 0} \frac{f(1-2h)-f(1+2h)}{h}=8$
일 때, $f(1)$의 값을 구하시오. (단, a, b는 상수)

유형 **13**　접선의 기울기를 이용한 미정계수의 결정

함수 $y=f(x)$의 그래프 위의 점 (a, b)에서의 접선의 기울기가 m이면

⇨ $f(a)=b,\ f'(a)=m$

0296　대표문제

곡선 $y=x^3+ax+b$ 위의 점 $(1, 1)$에서의 접선의 기울기가 -3일 때, 상수 a, b에 대하여 ab의 값은?

① -36　　　　② -35　　　　③ -34
④ -33　　　　⑤ -32

0297　중 하

함수 $f(x)=x^2-3x+2$의 그래프 위의 점 (a, b)에서의 접선의 기울기가 9일 때, a, b의 값을 구하시오.

0298　중 하

함수 $f(x)=x^2+ax+1$의 그래프 위의 점 $(1, 3)$에서의 접선의 기울기가 m일 때, 상수 a, m에 대하여 $a+m$의 값은?

① 4　　　　② 5　　　　③ 6
④ 7　　　　⑤ 8

0299　중

곡선 $y=(2x-1)^3(x^2+k)$ 위의 x좌표가 1인 점에서의 접선의 기울기가 -16일 때, 상수 k의 값은?

① -1　　　　② -2　　　　③ -3
④ -4　　　　⑤ -5

| 개념원리 수학 Ⅱ 82쪽 |

유형 **14** 함수의 미분가능성을 이용한 미정계수의 결정

다항함수 $g(x)$, $h(x)$에 대하여 함수 $f(x)=\begin{cases} g(x) & (x \geq a) \\ h(x) & (x < a) \end{cases}$

가 $x=a$에서 미분가능할 조건은

(1) 함수 $f(x)$가 $x=a$에서 연속이다. 즉

$$\lim_{x \to a^-} h(x) = g(a)$$

(2) $x=a$에서 함수 $f(x)$의 미분계수가 존재한다. 즉

$$\lim_{x \to a+} \frac{g(x)-g(a)}{x-a} = \lim_{x \to a^-} \frac{h(x)-h(a)}{x-a}$$

0300 대표문제

함수 $f(x)=\begin{cases} ax^2+3 & (x \geq -1) \\ x^3+x^2+bx & (x < -1) \end{cases}$ 가 $x=-1$에서 미분

가능할 때, 상수 a, b에 대하여 $a-b$의 값을 구하시오.

0301 중

함수 $f(x)=\begin{cases} x^2 & (x \geq 1) \\ ax+b & (x < 1) \end{cases}$ 가 $x=1$에서 미분가능할 때,

상수 a, b에 대하여 ab의 값을 구하시오.

0302 중

함수 $f(x)=\begin{cases} x^2+ax-2 & (x \geq 1) \\ -bx^2+3x+1 & (x < 1) \end{cases}$ 이 모든 실수 x에서

미분가능할 때, 상수 a, b에 대하여 $a-b$의 값을 구하시오.

0303 중

함수 $f(x)=\begin{cases} x^2+x+b & (x \geq a) \\ x^3 & (x < a) \end{cases}$ 이 $x=a$에서 미분가능할

때, 상수 a, b에 대하여 $a+b$의 값은? (단, $a>0$)

① -1　　　② 0　　　③ 1

④ 2　　　⑤ 3

| 개념원리 수학 Ⅱ 83쪽 |

유형 **15** 다항식의 나눗셈에서 미분법의 활용

다항식 $f(x)$가 $(x-a)^2$으로

(1) 나누어떨어지면 $\Rightarrow f(a)=0$, $f'(a)=0$

(2) 나누었을 때의 나머지를 $R(x)=mx+n$이라 하면

$\Rightarrow f(a)=R(a)=ma+n$, $f'(a)=R'(a)=m$

0304 대표문제

다항식 x^3+ax^2+bx-5가 $(x+1)^2$으로 나누어떨어질 때,
상수 a, b에 대하여 $a+b$의 값을 구하시오.

0305 중

다항식 x^6-3x^2+a가 $(x-b)^2$으로 나누어떨어질 때, 상수
a, b에 대하여 $a-b$의 값을 구하시오. (단, $b>0$)

0306 중

다항식 $x^{10}-2x^3+1$을 $(x+1)^2$으로 나눌 때의 나머지를
$R(x)$라 할 때, $R(1)$의 값은?

① -32　　　② -28　　　③ -26

④ -24　　　⑤ -20

0307 중

다항식 $x^{10}+ax^3+b$를 $(x-1)^2$으로 나누었을 때의 나머지가
$4x-9$일 때, 상수 a, b에 대하여 ab의 값을 구하시오.

| 개념원리 수학 Ⅱ 81쪽 |

유형 **16** 치환을 이용한 극한값의 계산

(ⅰ) 주어진 식의 일부를 $f(x)$로 치환한다.
(ⅱ) 미분계수의 정의를 이용한다.

0308 대표문제

$\lim\limits_{x \to 1} \dfrac{x^n - kx + 2}{x - 1} = 15$일 때, $n+k$의 값은?

(단, n은 자연수, k는 상수)

① 15 　　② 17 　　③ 19
④ 21 　　⑤ 23

0309 중

$\lim\limits_{x \to 1} \dfrac{x^n - 2x^2 - 3x + 4}{x - 1} = 5$를 만족시키는 자연수 n의 값을 구하시오.

0310 중

$\lim\limits_{x \to 2} \dfrac{x^n + x - 34}{x - 2} = k$일 때, 자연수 n과 상수 k에 대하여 $n+k$의 값을 구하시오.

0311 상 중

$\lim\limits_{x \to 1} \dfrac{x^9 - x^8 + x^7 - x^6 + x^5 - 1}{x - 1}$의 값을 구하시오.

유형 **17** 미분의 항등식에의 활용

(1) 모든 실수 x에 대하여 등식이 성립 ⇨ x에 대한 항등식
(2) 조건에 맞게 $f(x)$에 대한 식을 세우고, $f(x)$, $f'(x)$를 주어진 관계식에 대입한다.

참고 $f(x)$가 n차식이면 ⇨ $f'(x)$는 $(n-1)$차식

0312 대표문제

이차함수 $f(x)$가 모든 실수 x에 대하여
$$(x+2)f'(x) - f(x) = 3x^2 + 12x$$
를 만족시키고 $f'(-1) = 1$일 때, $f'(-2)$의 값은?

① -12 　　② -5 　　③ 5
④ 12 　　⑤ 19

0313 중

이차함수 $f(x)$가 모든 실수 x에 대하여
$$xf'(x) - f(x) = x^2 + 3$$
을 만족시키고 $f'(1) = 3$일 때, $f(2)$의 값은?

① -3 　　② -1 　　③ 0
④ 1 　　⑤ 3

0314 상

다항함수 $f(x)$가 모든 실수 x에 대하여
$$f(x)f'(x) = 9x + 12$$
를 만족시킬 때, $f(1)f(2)$의 값을 구하시오.

0315

함수 $f(x)=x^2-x+1$에 대하여 x의 값이 1에서 3까지 변할 때의 평균변화율과 $x=a$에서의 미분계수가 같을 때, 상수 a의 값은?

① $\dfrac{1}{2}$ ② 1 ③ $\dfrac{3}{2}$

④ 2 ⑤ $\dfrac{5}{2}$

0316

미분가능한 두 함수 $f(x)$, $g(x)$에 대하여 $f(a)=g(a)$이고 $f'(a)=1$이다. $\displaystyle\lim_{h\to 0}\dfrac{f(a+h)-g(a+h)}{h}=3$일 때, $g'(a)$의 값을 구하시오.

0317

미분가능한 함수 $f(x)$에 대하여 곡선 $y=f(x)$ 위의 점 $(1,\ f(1))$에서의 접선의 기울기가 -6일 때,
$\displaystyle\lim_{x\to 1}\dfrac{f(x)-f(1)}{x^3-1}$의 값을 구하시오.

0318

다항함수 $f(x)$에 대하여 $\displaystyle\lim_{x\to 2}\dfrac{f(x+2)-6}{x^2-4}=3$일 때, $f(4)+f'(4)$의 값을 구하시오.

0319 평가원 기출

함수 $y=f(x)$의 그래프는 y축에 대하여 대칭이고, $f'(2)=-3$, $f'(4)=6$일 때, $\displaystyle\lim_{x\to -2}\dfrac{f(x^2)-f(4)}{f(x)-f(-2)}$의 값은?

① -8 ② -4 ③ 4

④ 8 ⑤ 12

0320

오른쪽 그림과 같이 미분가능한 함수 $y=f(x)$에 대하여 $g(x)=xf(x)$라 할 때, 다음 **보기** 중에서 옳은 것만을 있는 대로 고르시오. (단, $f'(2)=0$)

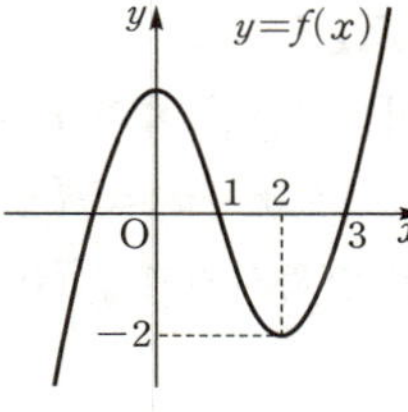

┌─ 보기 ─
ㄱ. $f(1)+g'(1)>0$ ㄴ. $g(2)g'(2)>0$
ㄷ. $f(3)+g'(3)>0$
└

0321

다음 **보기**의 함수 중 $x=2$에서 미분가능하지 않은 것만을 있는 대로 고르시오.

┌─ 보기 ─
ㄱ. $f(x)=\sqrt{(x-2)^2}$ ㄴ. $f(x)=(x-2)|x-2|$
ㄷ. $f(x)=\dfrac{x^2-4}{|x-2|}$
└

0322

함수 $y=f(x)$의 그래프가 오른쪽 그림과 같을 때, 열린구간 $(-1, 5)$에서 함수 $f(x)$에 대한 설명 중 옳지 <u>않은</u> 것은?

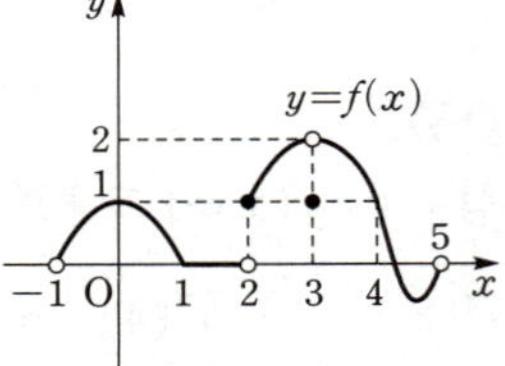

① $\lim\limits_{x\to 3} f(x)$의 값이 존재한다.
② $f'(4)<0$이다.
③ 함수 $f(x)$가 불연속인 x의 값은 2개이다.
④ 함수 $f(x)$가 미분가능하지 않은 x의 값은 3개이다.
⑤ $f'(x)=0$인 x의 값은 2개이다.

0323

미분가능한 함수 $f(x)$가 모든 실수 x, y에 대하여
$$f(x+y)=f(x)+f(y)-3xy$$
를 만족시키고 $f'(0)=-2$일 때, $f'(x)$를 구하시오.

0324

두 다항함수 $f(x), g(x)$에 대하여
$$\lim\limits_{x\to 2}\frac{f(x)-2}{x^2-4}=2, \quad \lim\limits_{x\to 2}\frac{g(x)-1}{x^3-8}=1$$
일 때, 함수 $y=f(x)g(x)$의 $x=2$에서의 미분계수를 구하시오.

0325 평가원 기출

함수 $f(x)=2x^4-3x+1$에 대하여
$$\lim\limits_{n\to\infty} n\left\{f\left(1+\frac{3}{n}\right)-f\left(1-\frac{2}{n}\right)\right\}$$의 값을 구하시오.

0326 💡중요

다항함수 $f(x)$가 다음 조건을 모두 만족시킬 때, $f'(-1)$의 값을 구하시오.

> (가) $\lim\limits_{x\to\infty}\dfrac{f(x)}{x^2-3x+2}=-3$ (나) $\lim\limits_{x\to 1}\dfrac{f(x)-5}{x-1}=-8$

0327

다항함수 $y=f(x)$의 그래프 위의 점 $(3, 1)$에서의 접선의 기울기가 -1일 때, 함수 $g(x)=x^2+xf(x)$에 대하여 $g'(3)$의 값을 구하시오.

0328

다항식 x^5+ax^4+b가 $(x+1)^2$으로 나누어떨어질 때, 상수 a, b에 대하여 $a-b$의 값은?

① $\dfrac{1}{4}$ ② $\dfrac{1}{2}$ ③ $\dfrac{3}{4}$

④ $\dfrac{5}{4}$ ⑤ $\dfrac{3}{2}$

0329

함수 $f(x)$가 x에 대한 다항식이고 $f(1)=7$, $f'(1)=20$이다. $f(x)$를 $(x-1)^2$으로 나누었을 때의 나머지를 $R(x)$라 할 때, $R(2)$의 값을 구하시오.

 **서술형 주관식**

0330

미분가능한 함수 $f(x)$가 모든 실수 x, y에 대하여 다음 조건을 모두 만족시킬 때, $f'(0)$의 값을 구하시오.

> ㈎ $f(x+y)=f(x)+f(y)+2xy-1$
> ㈏ $f'(1)=1$

0331

함수 $f(x)=\begin{cases} x^2+a & (x\geq1) \\ bx+3 & (x<1) \end{cases}$이 모든 실수 x에 대하여 미분 가능할 때, 상수 a, b에 대하여 $a+b$의 값을 구하시오.

0332

다항함수 $f(x)$에 대하여 $\lim\limits_{x\to2}\dfrac{f(x)-a}{x-2}=4$이고, $f(x)$를 $(x-2)^2$으로 나누었을 때의 나머지가 $bx+3$일 때, 상수 a, b에 대하여 $a+b$의 값을 구하시오.

 **실력 up**

0333 평가원 기출

최고차항의 계수가 1이 아닌 다항함수 $f(x)$가 다음 조건을 모두 만족시킬 때, $f'(1)$의 값을 구하시오.

> ㈎ $\lim\limits_{x\to\infty}\dfrac{\{f(x)\}^2-f(x^2)}{x^3 f(x)}=4$
> ㈏ $\lim\limits_{x\to0}\dfrac{f'(x)}{x}=4$

0334

실수 전체의 집합에서 미분가능한 함수 $f(x)$가
$$f(x)=ax^3+bx^2+x+1 \ (-1\leq x<1)$$
이고 $f(x+2)=f(x)$를 만족시킬 때, $f(101)+f'(101)$의 값을 구하시오.

0335 창의·융합

닫힌구간 $[-2, 2]$에서 정의된 두 함수 $f(x)$, $g(x)$의 그래프가 다음 그림과 같을 때, 다음 **보기** 중에서 옳은 것만을 있는 대로 고르시오.

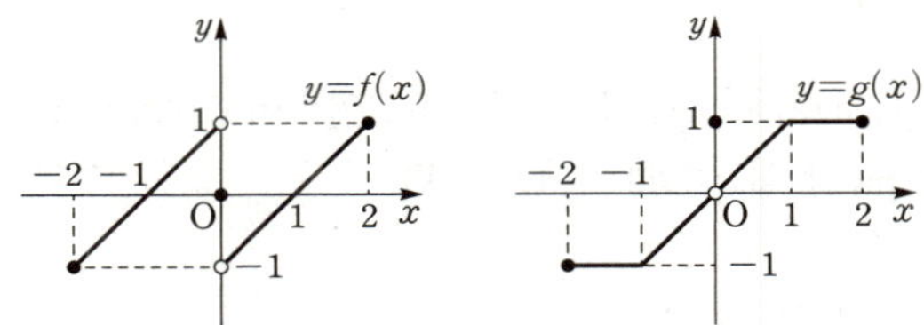

> ┌─ 보기 ●
> ㄱ. 함수 $f(x)+g(x)$는 $x=0$에서 미분가능하다.
> ㄴ. 함수 $f(x)g(x)$는 $x=-1$에서 미분가능하다.
> ㄷ. 함수 $(f\circ g)(x)$는 $x=1$에서 미분가능하지 않다.

04 도함수의 활용 (1)

04·1 접선의 방정식

1 접선의 기울기와 미분계수의 관계
곡선 $y=f(x)$ 위의 점 $P(a, f(a))$에서의 접선의 기울기는
$x=a$에서의 미분계수 $f'(a)$와 같다.

2 접선의 방정식
곡선 $y=f(x)$ 위의 점 $P(a, f(a))$에서의 접선의 방정식은
$$y-f(a)=f'(a)(x-a)$$

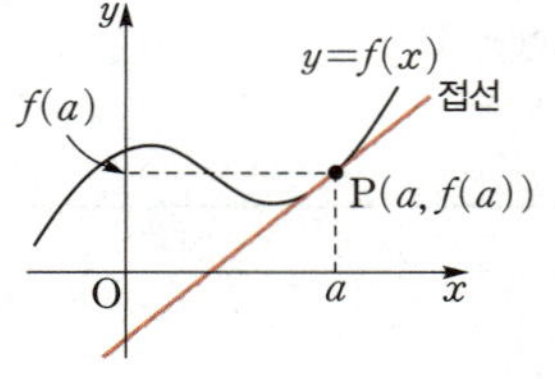

■ 곡선 $y=f(x)$ 위의 점 $(a, f(a))$에
서의 접선과 수직인 직선의 방정식은
$$\Rightarrow y-f(a)=-\frac{1}{f'(a)}(x-a)$$
$$(단, f'(a)\neq0)$$

04·2 접선의 방정식을 구하는 방법

1 곡선 $y=f(x)$ 위의 한 점 $(a, f(a))$가 주어진 경우
(ⅰ) 접선의 기울기 $f'(a)$를 구한다.
(ⅱ) $y-f(a)=f'(a)(x-a)$를 이용하여 접선의 방정식을 구한다.

2 곡선 $y=f(x)$에 접하고 기울기 m이 주어진 경우
(ⅰ) 접점의 좌표를 $(a, f(a))$로 놓는다.
(ⅱ) $f'(a)=m$임을 이용하여 a의 값을 구한다.
(ⅲ) $y-f(a)=m(x-a)$를 이용하여 접선의 방정식을 구한다.

3 곡선 $y=f(x)$ 밖의 한 점 (x_1, y_1)이 주어진 경우
(ⅰ) 접점의 좌표를 $(t, f(t))$로 놓는다.
(ⅱ) 접선의 기울기가 $f'(t)$이므로 접선의 방정식을 세운다.
$$y-f(t)=f'(t)(x-t)$$
(ⅲ) (ⅱ)의 식에 점 (x_1, y_1)의 좌표를 대입하여 t의 값을 구한다.
(ⅳ) (ⅲ)에서 구한 t의 값을 (ⅱ)의 식에 대입하여 접선의 방정식을 구한다.

■ 두 곡선의 공통인 접선
두 곡선 $y=f(x), y=g(x)$가 점
(a, b)에서 접하면
$$\Rightarrow f(a)=g(a)=b,$$
$$f'(a)=g'(a)$$

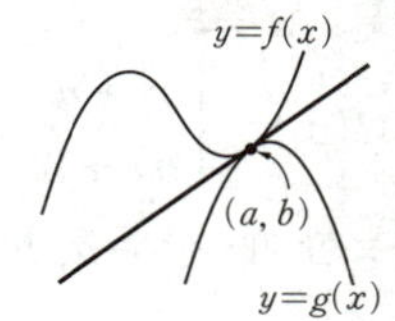

■ 두 곡선 $y=f(x), y=g(x)$가
점 (a, b)에서 만나고 이 점에서 두 곡
선에 그은 접선이 서로 수직이면
$$\Rightarrow f(a)=g(a)=b,$$
$$f'(a)g'(a)=-1$$

04·3 롤의 정리

함수 $f(x)$가 닫힌구간 $[a, b]$에서 연속이고 열린구간 (a, b)에서
미분가능할 때, $f(a)=f(b)$이면
$$f'(c)=0 \ (a<c<b)$$
인 c가 적어도 하나 존재한다.

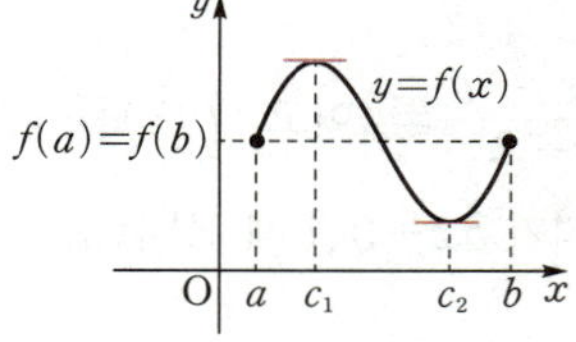

■ 롤의 정리는 곡선 $y=f(x)$에서
$f(a)=f(b)$이면 x축과 평행한 접선
을 갖는 점이 열린구간 (a, b)에 적어
도 하나 존재함을 의미한다.

04·4 평균값 정리

함수 $f(x)$가 닫힌구간 $[a, b]$에서 연속이고 열린구간 (a, b)에서
미분가능하면
$$\frac{f(b)-f(a)}{b-a}=f'(c) \ (a<c<b)$$
인 c가 적어도 하나 존재한다.

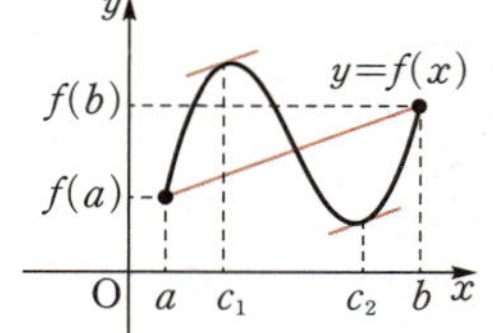

■ 평균값 정리는 곡선 $y=f(x)$ 위의 두
점 $(a, f(a))$, $(b, f(b))$를 잇는 직
선과 평행한 접선을 갖는 점이 열린구
간 (a, b)에 적어도 하나 존재함을 의
미한다.

교과서 문제 정/복/하/기

정답과 풀이 **41쪽**

04·1 접선의 방정식

[0336 ~ 0339] 다음 곡선 위의 주어진 점에서의 접선의 방정식을 구하시오.

0336 $y=x^2-1$ $(2,\ 3)$

0337 $y=2x^2-3x+7$ $(1,\ 6)$

0338 $y=\dfrac{1}{3}x^3+2x^2-4$ $(-3,\ 5)$

0339 $y=-x^3+6x+8$ $(-1,\ 3)$

04·2 접선의 방정식을 구하는 방법

[0340 ~ 0342] 다음 곡선에 접하고 기울기가 1인 접선의 방정식을 구하시오.

0340 $y=-x^2+3x+5$

0341 $y=\dfrac{1}{2}x^2-5x+3$

0342 $y=x^3-2x$

[0343 ~ 0344] 다음 직선의 방정식을 구하시오.

0343 곡선 $y=-x^3+4x$ 위의 점 $(2,\ 0)$을 지나고, 이 점에서의 접선과 수직인 직선

0344 곡선 $y=x^3+5$에 접하고 직선 $y=3x+1$에 평행한 직선

[0345 ~ 0346] 다음 곡선에 대하여 주어진 점에서 그은 접선의 방정식을 구하시오.

0345 $y=x^2-x$ $(1,\ -1)$

0346 $y=x^3-x^2-2$ $(-1,\ 2)$

04·3 롤의 정리

[0347 ~ 0348] 다음 함수에 대하여 주어진 구간에서 롤의 정리를 만족시키는 실수 c의 값을 구하시오.

0347 $f(x)=x^2-4x$ $[-1,\ 5]$

0348 $f(x)=3x-x^2$ $[1,\ 2]$

0349 함수 $f(x)=x^3-x^2-5x-4$에 대하여 닫힌구간 $[-1,\ 3]$에서 롤의 정리를 만족시키는 실수 c의 개수를 구하시오.

04·4 평균값 정리

[0350 ~ 0351] 다음 함수에 대하여 주어진 구간에서 평균값 정리를 만족시키는 실수 c의 값을 구하시오.

0350 $f(x)=x^2$ $[1,\ 3]$

0351 $f(x)=x^2-2x$ $[1,\ 5]$

0352 함수 $f(x)=\dfrac{1}{3}x^3-x^2$에 대하여 닫힌구간 $[-3,\ 3]$에서 평균값 정리를 만족시키는 실수 c의 개수를 구하시오.

| **개념원리** 수학 Ⅱ 91쪽 |

유형 01 접선의 기울기

곡선 $y=f(x)$에 대하여
(1) $x=a$인 점에서의 접선의 기울기 $\Rightarrow f'(a)$
(2) $x=\alpha$, $x=\beta$인 두 점에서의 접선이 평행
　　$\Rightarrow$ 접선의 기울기가 같다. 즉, $f'(\alpha)=f'(\beta)$
(3) 접선의 기울기의 최대, 최소
　　$\Rightarrow f'(x)$의 최대, 최소와 같다.

0353　대표문제

곡선 $y=x^3+ax^2+b$ 위의 점 $(2, 6)$에서의 접선의 기울기가 8일 때, 상수 a, b에 대하여 $a+b$의 값을 구하시오.

0354　중하

곡선 $y=f(x)$ 위의 점 $(2, f(2))$에서의 접선의 기울기가 -3일 때, $\lim\limits_{h \to 0}\dfrac{f(2+5h)-f(2)}{h}$의 값을 구하시오.

0355　중

곡선 $y=x^3+3ax^2+bx+c$ 위의 점 $(-1, 1)$에서의 접선의 기울기가 15, x좌표가 2인 점에서의 접선의 기울기가 6일 때, $a-b+c$의 값을 구하시오. (단, a, b, c는 상수)

0356　상중

곡선 $y=-x^3+9x^2-20x+1$ 위의 점에서의 접선 중 기울기가 최대인 직선을 l이라 하자. 직선 l의 기울기를 M, 이때의 접점의 좌표를 (p, q)라 할 때, $p+q+M$의 값을 구하시오.

 중요

| **개념원리** 수학 Ⅱ 92쪽 |

유형 02 곡선 위의 점이 주어진 경우의 접선의 방정식

곡선 $y=f(x)$ 위의 한 점 $(a, f(a))$가 주어질 때
(ⅰ) 접선의 기울기 $f'(a)$를 구한다.
(ⅱ) $y-f(a)=f'(a)(x-a)$를 이용하여 접선의 방정식을 구한다.

0357　대표문제

곡선 $y=x^3-x^2+ax+2$ 위의 점 $(1, 3)$에서의 접선의 방정식이 $y=bx+c$일 때, 상수 a, b, c에 대하여 abc의 값은?

① 1　　　　② 2　　　　③ 3
④ 4　　　　⑤ 6

0358　중

곡선 $y=-3x^2+7x-4$ 위의 두 점 $(0, -4)$, $(2, -2)$에서의 접선을 각각 l, m이라 할 때, 두 직선 l, m의 교점의 좌표를 구하시오.

0359　상중

최고차항의 계수가 1인 삼차다항식 $f(x)$가 $f(0)=f(3)=f(4)$를 만족시킬 때, 곡선 $y=f(x)$ 위의 점 $(2, -1)$에서의 접선의 방정식을 구하시오.

0360　상중　서술형

다항함수 $f(x)$에 대하여 $\lim\limits_{x \to -1}\dfrac{f(x)-3}{x+1}=-2$가 성립한다. 곡선 $y=f(x)$ 위의 점 $(-1, f(-1))$에서의 접선의 방정식을 $y=ax+b$라 할 때, 상수 a, b에 대하여 $a+b$의 값을 구하시오.

유형 **03** 접선과 수직인 직선의 방정식

곡선 $y=f(x)$ 위의 점 $(a, f(a))$를 지나고 이 점에서의 접선과 수직인 직선의 방정식은

$$y-f(a)=-\frac{1}{f'(a)}(x-a) \ (단, f'(a)\neq 0)$$

0361 〈대표문제〉

곡선 $y=x(x+1)(2-x)$ 위의 점 $(2, 0)$을 지나고 이 점에서의 접선과 수직인 직선의 방정식이 $y=mx+n$일 때, 상수 m, n에 대하여 $m+n$의 값은?

① $-\dfrac{1}{2}$ ② $-\dfrac{1}{3}$ ③ $-\dfrac{1}{6}$

④ $\dfrac{1}{3}$ ⑤ $\dfrac{1}{2}$

0362 〈중 하〉

곡선 $y=2x-\dfrac{1}{3}x^3$에 접하고 직선 $x-2y+10=0$과 수직인 직선의 방정식을 구하시오.

0363 〈중〉

두 곡선 $y=x^3-ax$, $y=x^2+bx+c$가 점 $(1, -1)$에서 만나고 이 점에서의 접선이 서로 수직일 때, 상수 a, b, c에 대하여 abc의 값을 구하시오.

0364 〈중〉

곡선 $y=x^3+kx^2-3$ 위의 x좌표가 -1인 점에서의 접선과 x좌표가 1인 점에서의 접선이 서로 수직일 때, 양수 k의 값은?

① $\dfrac{\sqrt{10}}{5}$ ② 1 ③ $\sqrt{2}$

④ $\dfrac{\sqrt{10}}{2}$ ⑤ $\dfrac{5\sqrt{2}}{2}$

유형 **04** 곡선과 접선의 교점

곡선 $y=f(x)$ 위의 점 $(a, f(a))$에서의 접선 $y=g(x)$가 이 곡선과 다시 만나는 점의 x좌표는 방정식 $f(x)=g(x)$의 $x\neq a$인 실근이다.

0365 〈대표문제〉

곡선 $y=x^3-4x^2+5$ 위의 점 $(1, 2)$에서의 접선이 이 곡선과 다시 만나는 점의 좌표가 (a, b)일 때, $a-b$의 값을 구하시오.

0366 〈중〉

곡선 $y=-x^3+3x^2+x-7$ 위의 점 $P(2, -1)$에서의 접선이 x축과 만나는 점을 Q, 이 곡선과 다시 만나는 점을 R라 할 때, $\overline{PQ} : \overline{PR}$는?

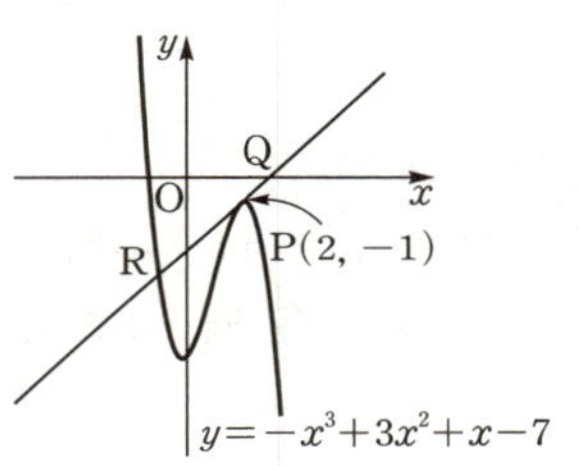

① $1:2$ ② $1:3$

③ $1:4$ ④ $2:3$

⑤ $3:4$

0367 〈중〉

곡선 $y=\dfrac{1}{3}x^3-2x^2+\dfrac{4}{3}x$ 위의 점 $O(0, 0)$에서의 접선이 이 곡선과 다시 만나는 점을 A라 하고, 선분 OA의 중점을 M이라 할 때, 선분 OM의 길이를 구하시오.

유형 익/히/기

유형 05　기울기가 주어진 경우의 접선의 방정식

곡선 $y=f(x)$의 접선의 기울기 m이 주어질 때
(i) 접점의 좌표를 $(a,\ f(a))$로 놓는다.
(ii) $f'(a)=m$임을 이용하여 a의 값을 구한다.
(iii) $y-f(a)=m(x-a)$를 이용하여 접선의 방정식을 구한다.

0368 　대표문제
곡선 $y=3x^2-4x+1$에 접하고 직선 $x+y-3=0$에 평행한 직선의 방정식은?

① $y=-x+1$　　　　　　② $y=-x+\dfrac{1}{4}$

③ $y=x+1$　　　　　　④ $y=x+\dfrac{1}{4}$

⑤ $y=2x+1$

0369 　중하
곡선 $y=x^3-4x+a$ 위의 점 P에서의 접선의 방정식이 $y=-x+b$일 때, 상수 a, b에 대하여 $a-b$의 값을 구하시오.
(단, 점 P는 제1사분면 위의 점이다.)

0370 　중하
곡선 $y=x^3+6x^2+7x-1$에 접하는 직선 중 기울기가 -5인 접선의 y절편을 구하시오.

0371 　중
곡선 $y=-x^2+3x+2$에 접하는 직선 중 x축의 양의 방향과 이루는 각의 크기가 $45°$인 접선의 접점의 좌표를 구하시오.

유형 06　곡선과 직선이 접할 때 미정계수의 결정

(i) 접점의 좌표를 $(t,\ f(t))$로 놓는다.
(ii) 접선 $y-f(t)=f'(t)(x-t)$가 주어진 직선과 일치함을 이용하여 미정계수를 구한다.

0372 　대표문제
곡선 $y=x^3-3x^2-9x+a$와 직선 $y=-12x+11$이 접할 때, 상수 a의 값은?

① 7　　　　　　② 8　　　　　　③ 9
④ 10　　　　　　⑤ 11

0373 　중하
곡선 $y=x^2-4x+a$와 직선 $y=-2x+1$의 접점의 x좌표를 t라 할 때, at의 값을 구하시오. (단, a는 상수)

0374 　중
곡선 $y=x^3+ax+3$과 직선 $y=4x+b$가 점 $(-1,\ c)$에서 접할 때, abc의 값은? (단, a, b는 상수)

① -5　　　　　　② -3　　　　　　③ 3
④ 5　　　　　　⑤ 10

0375 　상중
곡선 $y=x^3+ax^2+2ax+1$과 직선 $y=3x+1$이 접할 때, 모든 상수 a의 값의 곱을 구하시오.

| 개념원리 수학 Ⅱ 94쪽 |

유형 **07**   곡선 밖의 한 점이 주어진 경우의 접선의 방정식

곡선 $y=f(x)$ 밖의 한 점 (x_1, y_1)이 주어질 때
(ⅰ) 접점의 좌표를 $(t, f(t))$로 놓는다.
(ⅱ) $y-f(t)=f'(t)(x-t)$에 점 (x_1, y_1)의 좌표를 대입하여 t의 값을 구한다.
(ⅲ) (ⅱ)의 식에 t의 값을 대입하여 접선의 방정식을 구한다.

0376 ◀ 대표문제

점 $(0, 1)$에서 곡선 $y=x^3-x+3$에 그은 접선의 y절편을 구하시오.

0377 중 하

점 $(-1, -1)$에서 곡선 $y=x^2+x$에 그은 두 접선의 기울기의 곱을 구하시오.

0378 중

점 $(-1, 4)$에서 곡선 $y=x^3-5x^2+6x$에 그은 접선 중 기울기가 유리수인 접선의 방정식을 $y=ax+b$라 할 때, 상수 a, b에 대하여 ab의 값은?

① -8　　　　② -5　　　　③ -3
④ 4　　　　⑤ 6

0379 상 중

점 $(0, a)$에서 곡선 $y=\dfrac{1}{4}x^2+1$에 그은 두 접선이 서로 수직일 때, a의 값을 구하시오.

| 개념원리 수학 Ⅱ 96쪽 |

유형 **08**   두 곡선의 공통인 접선

두 곡선 $y=f(x)$, $y=g(x)$가 점 (a, b)에서 접하면
$\Rightarrow f(a)=g(a)=b,\ f'(a)=g'(a)$

0380 ◀ 대표문제

두 곡선 $y=x^3+2x^2$, $y=-x^2+4$가 한 점에서 공통인 접선을 가질 때, 공통인 접선의 방정식은?

① $y=-2x-4$　　　　② $y=-2x+5$
③ $y=4x+4$　　　　④ $y=4x+8$
⑤ $y=7x-4$

0381 중 히

두 곡선 $y=x^2+ax+b$, $y=-x^2+c$가 점 $(1, 3)$에서 접할 때, 상수 a, b, c에 대하여 $a-b-c$의 값은?

① -14　　　　② -10　　　　③ -2
④ 2　　　　⑤ 6

0382 중 서술형

두 곡선 $y=x^3+ax+1$, $y=x^2$이 한 점에서 접할 때, 상수 a의 값을 구하시오.

유형 09 접선과 좌표축으로 둘러싸인 도형의 넓이

(ⅰ) 접선의 방정식을 구한다.
(ⅱ) 접선의 x절편과 y절편을 찾는다.
(ⅲ) 접선과 x축, y축으로 둘러싸인 도형의 넓이를 구한다.

0383 대표문제

곡선 $y=-\dfrac{1}{2}x^2$ 위의 점 $(2,\,-2)$에서의 접선과 x축, y축으로 둘러싸인 도형의 넓이는?

① 1 　　　　② 2 　　　　③ 4
④ 6 　　　　⑤ 8

0384 중하

곡선 $y=x^3+a$ 위의 x좌표가 2인 점에서의 접선과 x축, y축으로 둘러싸인 도형의 넓이가 $\dfrac{2}{3}$일 때, 상수 a의 값을 구하시오. (단, $0<a<16$)

0385 중하

좌표평면 위의 원점 O에서 곡선 $y=x^2+1$에 그은 두 접선의 접점과 원점 O가 이루는 삼각형의 넓이는?

① 1 　　　　② $\dfrac{3}{2}$ 　　　　③ 2
④ $\dfrac{5}{2}$ 　　　　⑤ 3

0386 중

오른쪽 그림과 같이 곡선 $y=-x^2-3x+4$가 x축의 음의 부분에서 만나는 점을 A, y축과 만나는 점을 B라 하자. 직선 AB와 평행하고 이 곡선에 접하는 직선이 x축, y축과 만나는 점을 각각 C, D라 할 때, 사각형 ABDC의 넓이를 구하시오.

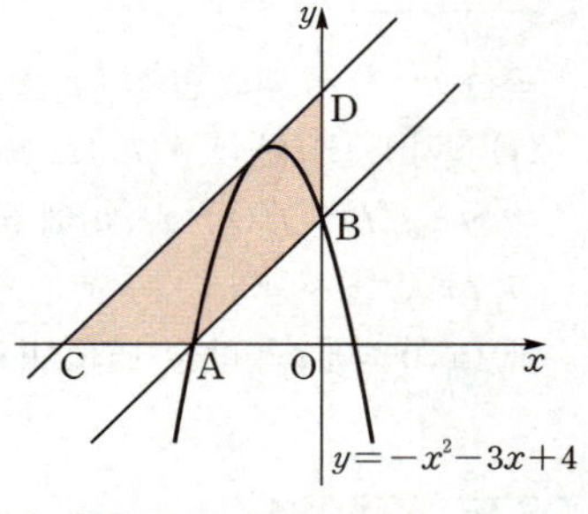

0387 중 서술형

이차함수 $y=(x+a)(x-a)$의 그래프와 x축의 교점을 각각 A, B라 하자. 두 점 A, B에서의 두 접선과 x축으로 둘러싸인 도형의 넓이가 16일 때, 양수 a의 값을 구하시오.

0388 상중

$a>0$일 때, 곡선 $y=a(x-1)^2-2$의 그래프 위의 한 점 $\mathrm{A}(0,\,a-2)$에서 그은 접선이 x축, y축과 만나는 점을 각각 P, Q라 하자. 삼각형 OPQ의 넓이를 S라 할 때, $\displaystyle\lim_{a\to 0+} aS$의 값을 구하시오. (단, O는 원점)

유형 10　곡선과 원의 접선

곡선 $y=f(x)$와 원 C가 접할 때

(1) 원 C의 중심과 접점을 지나는 직선은 그 접점에서의 접선과 수직이다.

(2) (원 C의 중심과 접점 사이의 거리)=(원 C의 반지름의 길이)

0389　대표문제

오른쪽 그림과 같이 중심이 y축 위에 있는 원이 점 $(1, 1)$에서 곡선 $y=x^4$과 접할 때, 원의 넓이를 구하시오.

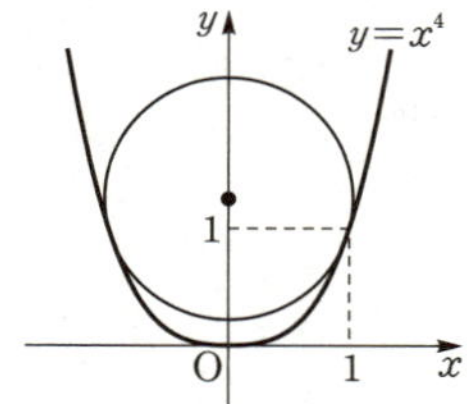

0390　상 중

곡선 $y=x^3$과 점 $(1, 1)$에서 접하고 중심이 x축 위에 있는 원의 반지름의 길이를 구하시오.

0391　상　서술형

오른쪽 그림과 같이 중심이 원점인 원이 곡선 $y=-x^2+4$와 서로 다른 두 점에서 접할 때, 원의 둘레의 길이를 구하시오.

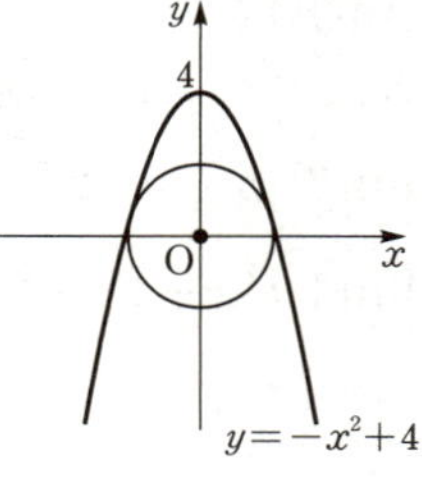

유형 11　롤의 정리

함수 $f(x)$가 닫힌구간 $[a, b]$에서 연속이고 열린구간 (a, b)에서 미분가능할 때, $f(a)=f(b)$이면
$$f'(c)=0 \ (a<c<b)$$
인 c가 적어도 하나 존재한다.

0392　대표문제

함수 $f(x)=(x+2)(x-3)^2$에 대하여 닫힌구간 $[-2, 3]$에서 롤의 정리를 만족시키는 실수 c의 값은?

① $-\dfrac{1}{3}$　　② $-\dfrac{2}{3}$　　③ -1

④ $-\dfrac{4}{3}$　　⑤ $-\dfrac{5}{3}$

0393　하

함수 $f(x)=-2x^2+4x$에 대하여 닫힌구간 $[-1, 3]$에서 롤의 정리를 만족시키는 실수 c의 값은?

① $-\dfrac{1}{2}$　　② 0　　③ $\dfrac{1}{2}$

④ 1　　⑤ $\dfrac{3}{2}$

0394　중

함수 $f(x)=-2x^3-4x^2+8x+3$에 대하여 닫힌구간 $[-a, a]$에서 롤의 정리를 만족시키는 실수 c가 존재할 때, $\dfrac{a}{c}$의 값을 구하시오. (단, a는 자연수)

유형 **12**　평균값 정리

| 개념원리 수학 Ⅱ 101쪽 |

함수 $f(x)$가 닫힌구간 $[a, b]$에서 연속이고 열린구간 (a, b)에서 미분가능하면

$$\frac{f(b)-f(a)}{b-a}=f'(c) \ (a<c<b)$$

인 c가 적어도 하나 존재한다.

0395　대표문제

함수 $f(x)=2x^2-4x+1$에 대하여 닫힌구간 $[1, 3]$에서 평균값 정리를 만족시키는 실수 c의 값을 구하시오.

0396　하

함수 $y=f(x)$의 그래프가 오른쪽 그림과 같을 때, 닫힌구간 $[a, b]$에서 평균값 정리를 만족시키는 실수 c의 개수를 구하시오.

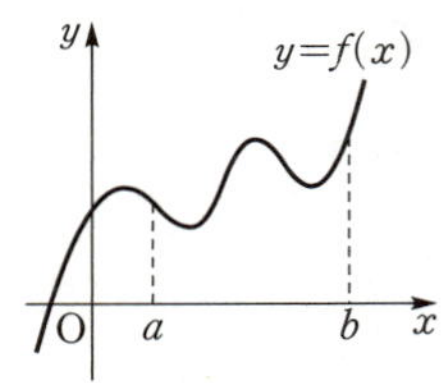

0397　중 하

다음은 평균값 정리를 이용하여
"두 함수 $f(x)$, $g(x)$가 닫힌구간 $[a, b]$에서 연속이고, 열린구간 (a, b)에서 미분가능하다. 열린구간 (a, b)에 속하는 모든 x에 대하여 $f'(x)=g'(x)$이면, 닫힌구간 $[a, b]$에서 $f(x)=g(x)+k\,(k$는 상수$)$이다."
임을 증명한 것이다.

$h(x)=f(x)-g(x)$라 하면 함수 $h(x)$는 닫힌구간 $[a, b]$에서 (가) 이고, 열린구간 (a, b)에서 (나) 하다.

$a<x<b$인 모든 실수 x에 대하여

$$h'(x)=f'(x)-g'(x)=\boxed{(다)}$$

따라서 $h(x)$는 닫힌구간 $[a, b]$에서 상수함수이므로

$$h(x)=f(x)-g(x)=k\,(k는 \ 상수)$$

즉, $f(x)=g(x)+k$이다.

(가)~(다)에 알맞은 것을 써넣으시오.

0398　중 하

함수 $f(x)=-x^2+5x$에 대하여 닫힌구간 $[a, 1]$에서 평균값 정리를 만족시키는 실수 c의 값이 0일 때, a의 값은?

(단, $a<0$)

① -5 ② -4 ③ -3
④ -2 ⑤ -1

0399　중

함수 $f(x)=2x^2$에 대하여

$$f(x+h)-f(x)=hf'(x+\theta h) \ (0<\theta<1)$$

를 만족시키는 θ의 값은? (단, $h\neq0$)

① $\dfrac{1}{2}$ ② $\dfrac{1}{3}$ ③ $\dfrac{1}{4}$
④ $\dfrac{1}{5}$ ⑤ $\dfrac{1}{6}$

0400　중

모든 실수 x에서 미분가능한 함수 $f(x)$가

$\lim\limits_{x\to\infty} f'(x)=-2$를 만족시킬 때, 평균값 정리를 이용하여

$\lim\limits_{x\to\infty}\{f(x+1)-f(x-5)\}$의 값을 구하시오.

04 도함수의 활용 (1)

유형 13   기울기가 주어진 접선의 방정식의 활용

곡선 $y=f(x)$의 접선의 기울기 m이 주어질 때
(ⅰ) 접점의 좌표를 $(t, f(t))$로 놓는다.
(ⅱ) $f'(t)=m$임을 이용하여 t의 값을 구한 후 접점의 좌표를 구한다.

0401 〔대표문제〕

곡선 $y=x^2$ 위의 점과 직선 $y=2x-11$ 사이의 거리의 최솟값을 구하시오.

0402 〔중〕

곡선 $y=x^3-2x$에 접하고 기울기가 10인 두 직선과 곡선의 접점을 각각 A, B라 할 때, 두 점 A, B 사이의 거리를 구하시오.

0403 〔상 중〕

곡선 $y=x^3-3x^2+2$에 접하고 기울기가 9인 두 직선 사이의 거리는?

① $\dfrac{13\sqrt{82}}{41}$ ② $\dfrac{16\sqrt{82}}{41}$ ③ $\dfrac{19\sqrt{82}}{41}$

④ $\dfrac{23\sqrt{82}}{41}$ ⑤ $\dfrac{25\sqrt{82}}{41}$

0404 〔상〕

곡선 $y=x^2+5x+8$ 위의 임의의 점 P와 두 점 A$(1, -5)$, B$(-5, 1)$에 대하여 삼각형 ABP의 넓이의 최솟값을 구하시오.

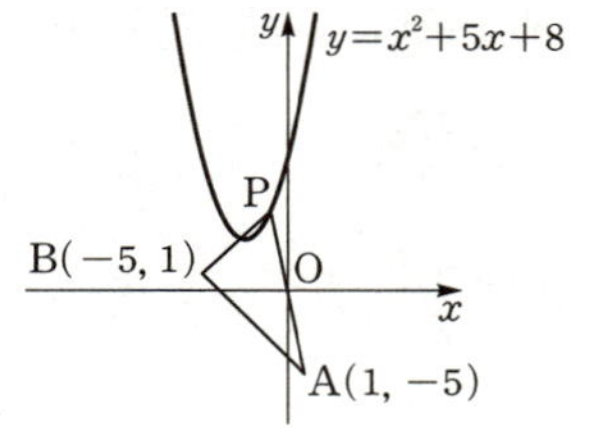

유형 14   곡선 밖의 점에서 곡선에 그은 접선의 방정식의 활용

곡선 $y=f(x)$ 밖의 한 점 (x_1, y_1)이 주어질 때
(ⅰ) 접점의 좌표를 $(t, f(t))$로 놓는다.
(ⅱ) $y-f(t)=f'(t)(x-t)$에 점 (x_1, y_1)의 좌표를 대입하여 t에 대한 방정식을 세운다.
(ⅲ) 근을 가질 조건 또는 근과 계수의 관계를 이용한다.

0405 〔대표문제〕

점 $(a, 1)$에서 곡선 $y=x^3-4x^2+1$에 그은 접선이 오직 한 개 존재할 때, 실수 a의 값의 범위는?

① $\dfrac{4}{9}<a<4$ ② $a<\dfrac{4}{9}$ 또는 $a>4$

③ $\dfrac{1}{4}<a<\dfrac{9}{4}$ ④ $a<\dfrac{1}{4}$ 또는 $a>\dfrac{9}{4}$

⑤ $4<a<9$

0406 〔상 중〕

점 A$(a, -2)$에서 곡선 $y=x^2-3x-1$에 그은 두 접선의 접점을 각각 B, C라 하자. 삼각형 ABC의 무게중심의 좌표가 $\left(3, -\dfrac{2}{3}\right)$일 때, a의 값을 구하시오.

0407 〔상〕

오른쪽 그림과 같이 점 P$(1, 6)$에서 곡선 $y=-x^2+3$에 그은 두 접선의 접점을 각각 Q, R라 할 때, 삼각형 PQR의 넓이를 구하시오.

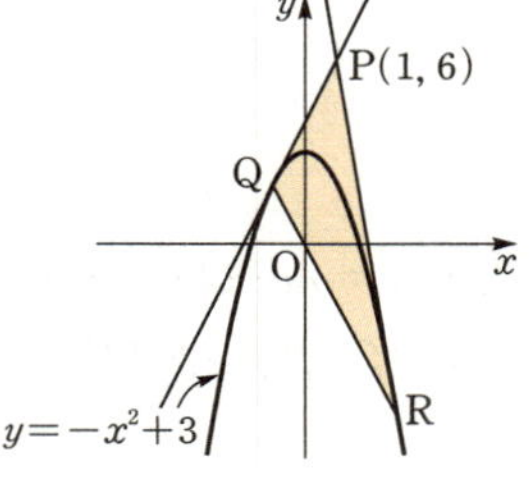

0408

곡선 $y=x^3+6x^2+10x-4$ 위의 점에서의 접선 중 기울기가 최소인 직선의 방정식을 $y=ax+b$라 할 때, 상수 a, b에 대하여 ab의 값을 구하시오.

0409

곡선 $y=x^2-3x+1$ 위의 임의의 점 (t, t^2-3t+1)에서의 접선이 y축과 만나는 점의 y좌표를 $g(t)$라 할 때,

$\lim\limits_{t\to\infty}\dfrac{g(t+2)-g(t)}{t}$의 값은?

① -10 ② -4 ③ 1
④ 2 ⑤ 6

0410

곡선 $y=ax^3-2x^2+1$ 위의 점 $(1, b)$에서의 접선과 직선 $y=-\dfrac{1}{2}x+4$가 서로 수직일 때, $a+b$의 값을 구하시오.

(단, a는 상수)

0411

직선 $y=ax-4$가 곡선 $y=x^3-4x+a$에 접할 때, 모든 상수 a의 값의 곱을 구하시오.

0412

점 $(1, -1)$에서 곡선 $y=x^2-x$에 그은 접선 중 기울기가 음수인 직선이 점 $(a, -5)$를 지날 때, a의 값은?

① 2 ② 3 ③ 4
④ 5 ⑤ 6

0413

두 곡선 $y=x^3-x+3$, $y=x^2+a$가 제1사분면 위의 한 점에서 공통인 접선을 가질 때, 상수 a의 값을 구하시오.

0414

점 $A(1, -1)$에서 곡선 $y=x^2+2$에 그은 두 접선의 접점을 각각 B, C라 할 때, 삼각형 ABC의 넓이는?

① 8 ② 12 ③ 16
④ 32 ⑤ 42

0415

함수 $f(x)=x^2-(a+b)x+ab$에 대하여 닫힌구간 $[a, b]$에서 롤의 정리를 만족시키는 실수 c의 값은?

① $\dfrac{a+3b}{4}$ ② $\dfrac{3a+b}{4}$ ③ $\dfrac{2a+b}{3}$
④ $\dfrac{a+b}{2}$ ⑤ $\dfrac{2a-b}{2}$

0416 평가원 기출

닫힌구간 $[0, 2]$에서 정의된 함수
$f(x)=ax(x-2)^2\left(a>\dfrac{1}{2}\right)$에
대하여 곡선 $y=f(x)$와 직선
$y=x$의 교점 중 원점 O가 아닌
점을 A라 하자. 점 P가 원점으로
부터 점 A까지 곡선 $y=f(x)$ 위를 움직일 때, 삼각형 OAP의
넓이가 최대가 되는 점 P의 x좌표가 $\dfrac{1}{2}$이다. 상수 a의 값은?

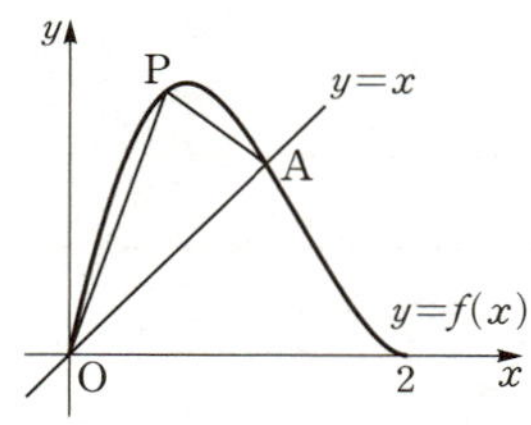

① $\dfrac{5}{4}$ ② $\dfrac{4}{3}$ ③ $\dfrac{17}{12}$

④ $\dfrac{3}{2}$ ⑤ $\dfrac{19}{12}$

 **서술형 주관식**

0417

함수 $f(x)=x^3-4x+5\left(x\geq\dfrac{4}{3}\right)$의 역함수를 $f^{-1}(x)$라 할
때, 곡선 $y=f^{-1}(x)$ 위의 한 점 $(a, 2)$에서의 접선의 방정식
을 구하시오.

0418 중요

점 $(-4, 0)$에서 곡선 $y=\dfrac{1}{4}x^2+a$에 그은 두 접선이 서로 수
직일 때, 상수 a의 값을 구하시오.

 **실력 up**

0419

곡선 $y=x^3+(a+3)x^2-ax+7$에 접하는 직선 중 직선
$x+3y+1=0$에 평행한 직선이 존재하지 않도록 하는 정수
a의 개수를 구하시오.

0420

모든 실수 x에서 미분가능한 함수 $f(x)$가 다음 조건을 모두
만족시킬 때, 다음 중 a의 값이 될 수 <u>없는</u> 것은?

㈎ $f(1)=2$	㈏ $f(7)=a$	㈐ $\lvert f'(x)\rvert\leq\dfrac{1}{3}$

① 1 ② 2 ③ 3

④ 4 ⑤ 5

0421 창의·융합

곡선 $y=x^2$ 위의 점 $(2, 4)$에서의 접선
이 x축과 만나는 점을 $(a_1, 0)$, 점
$(a_1, a_1{}^2)$에서의 접선이 x축과 만나는
점을 $(a_2, 0)$, …이라 하자. 이와 같은
과정을 반복하여 곡선 $y=x^2$ 위의 점
$(a_n, a_n{}^2)$에서의 접선이 x축과 만나는
점을 $(a_{n+1}, 0)$이라 할 때, a_{11}의 값은? (단, n은 자연수)

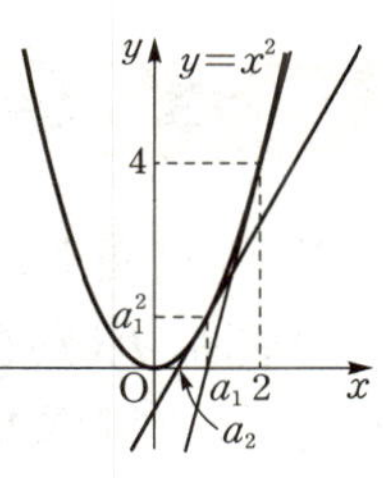

① $\left(\dfrac{1}{2}\right)^7$ ② $\left(\dfrac{1}{2}\right)^8$ ③ $\left(\dfrac{1}{2}\right)^9$

④ $\left(\dfrac{1}{2}\right)^{10}$ ⑤ $\left(\dfrac{1}{2}\right)^{11}$

05 도함수의 활용 (2)

05 · 1 함수의 증가와 감소

1 함수의 증가와 감소

함수 $f(x)$가 어떤 구간에 속하는 임의의 두 실수 x_1, x_2에 대하여

(1) $x_1 < x_2$일 때, $f(x_1) < f(x_2)$이면 함수 $f(x)$는 이 구간에서 증가한다고 한다.

(2) $x_1 < x_2$일 때, $f(x_1) > f(x_2)$이면 함수 $f(x)$는 이 구간에서 감소한다고 한다.

2 함수의 증가와 감소의 판정

함수 $f(x)$가 어떤 열린구간에서 미분가능하고, 이 구간에 속하는 모든 x에 대하여

(1) $f'(x) > 0$이면 함수 $f(x)$는 이 구간에서 증가한다.

(2) $f'(x) < 0$이면 함수 $f(x)$는 이 구간에서 감소한다.

05 · 2 함수의 극대와 극소

1 함수의 극대와 극소

함수 $f(x)$에서 $x = a$를 포함하는 어떤 열린구간에 속하는 모든 x에 대하여

(1) $f(x) \leq f(a)$일 때, 함수 $f(x)$는 $x = a$에서 극대라 하며, $f(a)$를 극댓값이라 한다.

(2) $f(x) \geq f(a)$일 때, 함수 $f(x)$는 $x = a$에서 극소라 하며, $f(a)$를 극솟값이라 한다.

⇨ 극댓값과 극솟값을 통틀어 극값이라 한다.

2 극값과 미분계수

함수 $f(x)$가 $x = a$에서 미분가능하고 $x = a$에서 극값을 가지면 $f'(a) = 0$이다.

3 극대와 극소의 판정

미분가능한 함수 $f(x)$에 대하여 $f'(a) = 0$이고, $x = a$의 좌우에서

(1) $f'(x)$의 부호가 양에서 음으로 바뀌면 $f(x)$는 $x = a$에서 극대이고, 극댓값은 $f(a)$이다.

(2) $f'(x)$의 부호가 음에서 양으로 바뀌면 $f(x)$는 $x = a$에서 극소이고, 극솟값은 $f(a)$이다.

05 · 3 함수의 그래프

미분가능한 함수 $y = f(x)$의 그래프의 개형은 다음과 같은 순서로 그린다.

(i) 도함수 $f'(x)$를 구한 후 $f'(x) = 0$을 만족시키는 x의 값을 구한다.

(ii) $f'(x)$의 부호를 조사하여 $f(x)$의 증가와 감소를 표로 나타낸다.

(iii) 함수의 증가와 감소, 극대와 극소, 축과의 교점 등을 이용하여 그래프의 개형을 그린다.

05 · 4 함수의 최댓값과 최솟값

함수 $f(x)$가 닫힌구간 $[a, b]$에서 연속일 때, 최댓값과 최솟값은 다음과 같은 순서로 구한다.

(i) 주어진 구간에서 $f(x)$의 극댓값과 극솟값을 구한다.

(ii) 주어진 구간의 양 끝에서의 함숫값 $f(a)$, $f(b)$를 구한다.

(iii) (i), (ii)에서 구한 극댓값, 극솟값, $f(a)$, $f(b)$ 중에서 가장 큰 값이 최댓값이고, 가장 작은 값이 최솟값이다.

> 참고 극댓값과 극솟값이 반드시 최댓값과 최솟값이 되는 것은 아니다.

+ 개념 플러스

함수가 증가 또는 감소하기 위한 조건

함수 $f(x)$가 어떤 구간에서 미분가능하고 이 구간에서

① $f(x)$가 증가하면 ⇨ $f'(x) \geq 0$

② $f(x)$가 감소하면 ⇨ $f'(x) \leq 0$

함수 $f(x)$가 $x = a$에서 연속이고 $x = a$의 좌우에서

① $f(x)$가 증가하다가 감소하면
⇨ $f(x)$는 $x = a$에서 극대

② $f(x)$가 감소하다가 증가하면
⇨ $f(x)$는 $x = a$에서 극소

$f'(a) = 0$이어도 $x = a$의 좌우에서 $f'(x)$의 부호가 바뀌지 않으면 $f(a)$는 극값이 아니다.

최대 · 최소 정리

함수 $f(x)$가 닫힌구간 $[a, b]$에서 연속이면 $f(x)$는 이 구간에서 반드시 최댓값과 최솟값을 갖는다.

닫힌구간 $[a, b]$에서 연속함수 $f(x)$의 극값이 오직 하나 존재할 때, 극값이

① 극댓값이면 ⇨ (극댓값) = (최댓값)

② 극솟값이면 ⇨ (극솟값) = (최솟값)

05·1 함수의 증가와 감소

[0422 ~ 0424] 주어진 구간에서 다음 함수의 증가와 감소를 조사하시오.

0422 $f(x)=x^2$ $(0, \infty)$

0423 $f(x)=-x^3$ $(-\infty, \infty)$

0424 $f(x)=-x^2+6x$ $(-\infty, 3)$

[0425 ~ 0427] 다음 함수의 증가와 감소를 조사하시오.

0425 $f(x)=3x-x^2$

0426 $f(x)=x^2-x-2$

0427 $f(x)=\dfrac{1}{3}x^3+x^2-4$

05·2 함수의 극대와 극소

0428 오른쪽 그림은 함수 $y=f(x)$의 그래프이다. 함수 $f(x)$의 극댓값과 극솟값을 각각 구하시오.

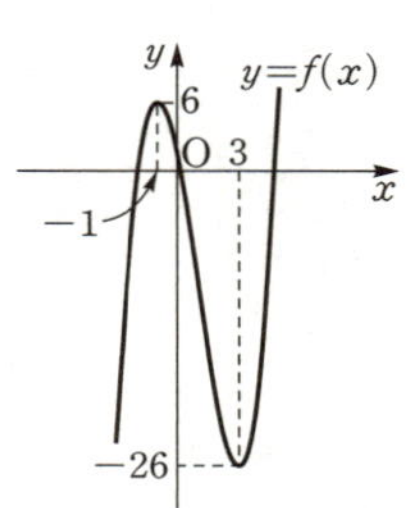

0429 함수 $y=f(x)$의 그래프가 다음 그림과 같을 때, 열린구간 (α, β)에서 다음을 구하시오.

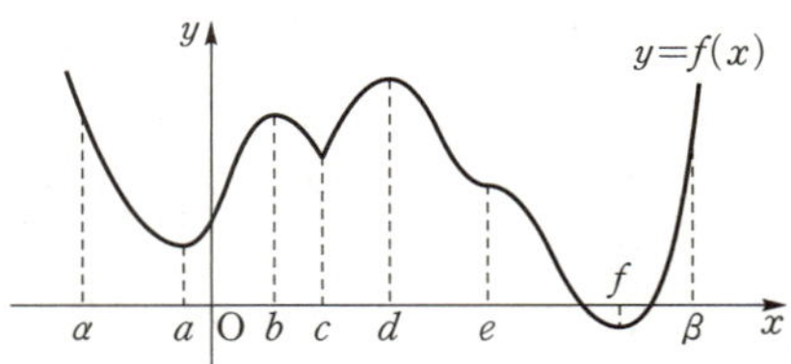

(1) 함수 $f(x)$가 극댓값을 갖는 x의 값
(2) 함수 $f(x)$가 극솟값을 갖는 x의 값

0430 함수 $f(x)$는 모든 실수 x에서 미분가능하고 $x=5$에서 극댓값 3, $x=2$에서 극솟값 -1을 갖는다. 이때 $f(5)+f'(2)$의 값을 구하시오.

05·3 함수의 그래프

[0431 ~ 0434] 다음 함수의 극값을 구하시오.

0431 $f(x)=x^3-12x$

0432 $f(x)=-x^3+3x+1$

0433 $f(x)=x^4-2x^2$

0434 $f(x)=-3x^4+4x^3-1$

[0435 ~ 0437] 다음 함수의 그래프를 그리시오.

0435 $f(x)=-x^3+3x+2$

0436 $f(x)=\dfrac{1}{3}x^3-x^2$

0437 $f(x)=x^4-4x^3+4x^2+2$

05·4 함수의 최댓값과 최솟값

[0438 ~ 0441] 주어진 구간에서 다음 함수의 최댓값과 최솟값을 구하시오.

0438 $f(x)=-x^3+3x^2$ $[-2, 3]$

0439 $f(x)=x^3-6x^2+9x-2$ $[0, 4]$

0440 $f(x)=\dfrac{1}{4}x^4-x^3$ $[-2, 3]$

0441 $f(x)=3x^4-4x^3+1$ $[-1, 2]$

 유형 익/히/기

| 개념원리 수학 Ⅱ 108쪽 |

유형 **01** 함수의 증가와 감소

함수 $f(x)$가 어떤 열린구간에서 미분가능하고 이 구간에 속하는 모든 x에 대하여
(1) $f'(x)>0$이면 함수 $f(x)$는 이 구간에서 증가한다.
(2) $f'(x)<0$이면 함수 $f(x)$는 이 구간에서 감소한다.

0442 대표문제
함수 $f(x)=-x^3-3x^2+24x-2$가 증가하는 구간이 닫힌구간 $[a, b]$일 때, $a+b$의 값을 구하시오.

0443 중
함수 $f(x)=x^3+ax^2+bx+c$가 감소하는 구간이 닫힌구간 $[1, 2]$일 때, $2a+b$의 값을 구하시오. (단, a, b, c는 상수)

0444 중
함수 $f(x)=2x^3+ax^2+36x+9$가 감소하는 x의 값의 범위가 $b \le x \le 3$일 때, $b-a$의 값을 구하시오. (단, a는 상수)

0445 중
함수 $f(x)=-x^3+ax^2+bx+3$이 $-1 \le x \le 2$에서 증가하고, $x \le -1$ 또는 $x \ge 2$에서 감소할 때, 상수 a, b에 대하여 ab의 값을 구하시오.

중요

| 개념원리 수학 Ⅱ 108쪽 |

유형 **02** 함수가 증가 또는 감소하기 위한 조건

함수 $f(x)$가 실수 전체의 집합에서
(1) 증가하면 ⇨ 모든 실수 x에 대하여 $f'(x) \ge 0$
(2) 감소하면 ⇨ 모든 실수 x에 대하여 $f'(x) \le 0$

0446 대표문제
함수 $f(x)=x^3-ax^2+(a+6)x+5$가 실수 전체의 집합에서 증가하도록 하는 정수 a의 최댓값은?

① 4　　　　② 5　　　　③ 6
④ 7　　　　⑤ 8

0447 중하 서술형
함수 $f(x)=-x^3+ax^2-12x-1$이 실수 전체의 집합에서 감소하도록 하는 실수 a의 값의 범위를 구하시오.

0448 중
함수 $f(x)=ax^3+x^2-x$가 열린구간 $(-\infty, \infty)$에서 감소하도록 하는 정수 a의 최댓값은?

① 1　　　　② 0　　　　③ -1
④ -2　　　　⑤ -3

0449 중

함수 $f(x)=-x^3+ax^2+ax+7$이 $x_1<x_2$인 임의의 두 실수 x_1, x_2에 대하여 $f(x_1)>f(x_2)$를 만족시키도록 하는 실수 a의 값의 범위는?

① $a\le 3$ ② $a\ge 3$ ③ $-3\le a\le 0$

④ $0\le a\le 3$ ⑤ $-3\le a\le 3$

0450 상 중

함수 $f(x)=x^3+2kx^2+4x$가 임의의 두 실수 x_1, x_2에 대하여 $x_1\ne x_2$이면 $f(x_1)\ne f(x_2)$를 만족시키도록 하는 실수 k의 값의 범위는?

① $-3\le k\le 3$ ② $-2\le k\le 2$

③ $-\sqrt{3}\le k\le\sqrt{3}$ ④ $k\le -\sqrt{3}$ 또는 $k\ge\sqrt{3}$

⑤ $k\le -2$ 또는 $k\ge 2$

0451 상 중

실수 전체의 집합에서 정의된 함수 $f(x)=\dfrac{1}{3}x^3-ax^2+3ax$의 역함수가 존재하기 위한 실수 a의 최댓값을 구하시오.

유형 03   주어진 구간에서 함수가 증가 또는 감소하기 위한 조건

(ⅰ) 함수 $f(x)$의 도함수 $f'(x)$를 구한다.

(ⅱ) $y=f'(x)$의 그래프를 그리고 주어진 구간에서 $f'(x)\ge 0$ 또는 $f'(x)\le 0$일 조건을 찾는다.

0452 대표문제

함수 $f(x)=x^3-3x^2+ax+2$가 닫힌구간 $[1, 3]$에서 감소하도록 하는 실수 a의 값의 범위는?

① $a\le -9$ ② $-9<a<-6$

③ $-6<a<0$ ④ $0<a<3$

⑤ $a\ge 3$

0453 중

함수 $f(x)=-x^3+x^2+ax-4$가 닫힌구간 $[1, 2]$에서 증가하도록 하는 실수 a의 값의 범위를 구하시오.

0454 중

함수 $f(x)=x^3+kx^2-8x+4$가 $-2\le x\le 1$에서 감소하도록 하는 실수 k의 최댓값과 최솟값의 합은?

① $\dfrac{1}{2}$ ② $\dfrac{3}{2}$ ③ $\dfrac{5}{2}$

④ $\dfrac{7}{2}$ ⑤ $\dfrac{9}{2}$

0455 상 중

함수 $f(x)=x^3+ax^2+3$이 닫힌구간 $[1, 2]$에서 감소하고, 반닫힌 구간 $[3, \infty)$에서 증가하도록 하는 실수 a의 값의 범위를 구하시오.

| 개념원리 수학 Ⅱ 114쪽, 115쪽 |

유형 **04** 함수의 극대와 극소

미분가능한 함수 $f(x)$에 대하여
(i) $f(x)$의 도함수 $f'(x)$를 구한다.
(ii) $f'(x)=0$을 만족시키는 x의 값 a를 구한다.
(iii) $x=a$의 좌우에서 $f'(x)$의 부호를 조사한다.
 ⇨ $f'(x)$의 부호가 $\begin{cases} 양 \to 음 ⇨ f(x)는 x=a에서 극대 \\ 음 \to 양 ⇨ f(x)는 x=a에서 극소 \end{cases}$

0456 대표문제
함수 $f(x)=-2x^3+6x+1$의 극댓값을 M, 극솟값을 m이라 할 때, $M+m$의 값은?

① 2 ② 3 ③ 4
④ 5 ⑤ 6

0457 중하
함수 $f(x)=x^4-4x^3+15$가 $x=a$에서 극솟값 b를 가질 때, $a+b$의 값은?

① -12 ② -9 ③ -3
④ 0 ⑤ 15

0458 중하
함수 $f(x)=-x^4+4x^3+2x^2-12x-7$이 극값을 갖는 모든 x의 값의 합을 구하시오.

0459 중
함수 $f(x)=x^3-3x^2-9x+8$에 대하여 $y=f(x)$의 그래프에서 극대인 점을 A, 극소인 점을 B라 할 때, $\overline{AB}$의 중점의 좌표를 구하시오.

| 개념원리 수학 Ⅱ 116쪽 |

유형 **05** 함수의 극값과 미정계수

미분가능한 함수 $f(x)$가 $x=\alpha$에서 극값 β를 가지면
 ⇨ $f'(\alpha)=0$, $f(\alpha)=\beta$

0460 대표문제
함수 $f(x)=x^3+ax^2+bx+3$이 $x=2$에서 극댓값 23을 가질 때, 함수 $f(x)$의 극솟값은? (단, a, b는 상수)

① 15 ② 16 ③ 17
④ 18 ⑤ 19

0461 중
함수 $f(x)=-x^3+27x+a$의 극댓값과 극솟값의 합이 10일 때, 상수 a의 값을 구하시오.

0462 중
함수 $f(x)=-2x^3-6x^2+a$가 $x=b$에서 극솟값 1을 가질 때, $a-b$의 값은? (단, a는 상수)

① 9 ② 10 ③ 11
④ 12 ⑤ 13

0463 중
함수 $f(x)=x^3+(2a+4)x^2-5x$의 그래프에서 극대인 점과 극소인 점이 원점에 대하여 대칭일 때, 상수 a의 값을 구하시오.

0464 중 서술형

최고차항의 계수가 1이고 그래프가 원점을 지나는 삼차함수 $f(x)$가 $x=-1$과 $x=3$에서 극값을 가질 때, 함수 $f(x)$의 극댓값을 구하시오.

0465 중

함수 $f(x)=2x^3-\dfrac{3}{2}ax^2+1$의 그래프가 x축에 접할 때, 실수 a의 값을 구하시오.

0466 상 중

$x=3$에서 극값 1을 갖는 미분가능한 함수 $f(x)$에 대하여 함수 $g(x)$를 $g(x)=(-2x+1)f(x)$라 할 때, 곡선 $y=g(x)$ 위의 $x=3$인 점에서의 접선과 원점 사이의 거리를 구하시오.

0467 상

다항함수 $f(x)$가 다음 조건을 모두 만족시킬 때, 차수가 가장 낮은 함수 $f(x)$를 구하시오.

> (가) $\lim\limits_{x\to 0}\dfrac{f(x)}{x}=-2$
>
> (나) 함수 $f(x)$는 $x=1$에서 극값 -3을 갖는다.

유형 06 도함수 $y=f'(x)$의 그래프와 함수의 극값

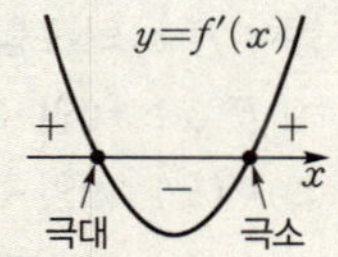

미분가능한 함수 $f(x)$에 대하여
$f'(a)=0$이고 $x=a$의 좌우에서
$f'(x)$의 부호가
(1) 양 → 음 ⇨ $f(x)$는 $x=a$에서 극대
(2) 음 → 양 ⇨ $f(x)$는 $x=a$에서 극소

0468 대표문제

삼차함수 $f(x)=ax^3+bx^2+10$의 도함수 $y=f'(x)$의 그래프가 오른쪽 그림과 같다. 함수 $f(x)$의 극솟값이 -6일 때, 함수 $f(x)$의 극댓값은?

(단, a, b는 상수)

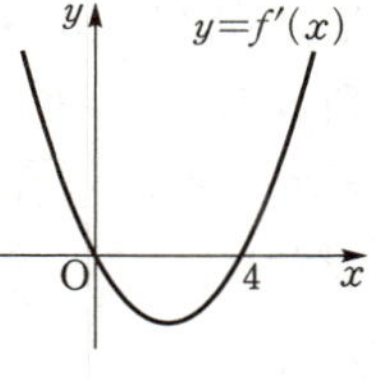

① 0   ② 5   ③ 10
④ 15   ⑤ 20

0469 중

삼차함수 $f(x)$의 도함수 $y=f'(x)$의 그래프가 오른쪽 그림과 같을 때, 함수 $f(x)$의 극댓값과 극솟값의 차를 구하시오.

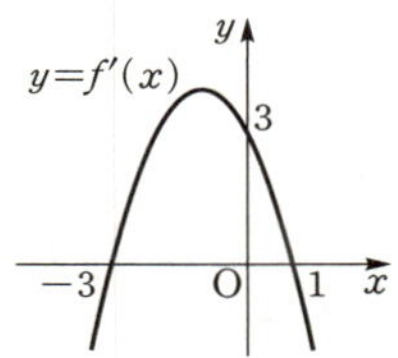

0470 중

삼차함수 $f(x)$의 도함수 $y=f'(x)$의 그래프가 오른쪽 그림과 같다. $f(x)$의 극솟값이 -2이고 극댓값이 6일 때, $f(1)$의 값을 구하시오.

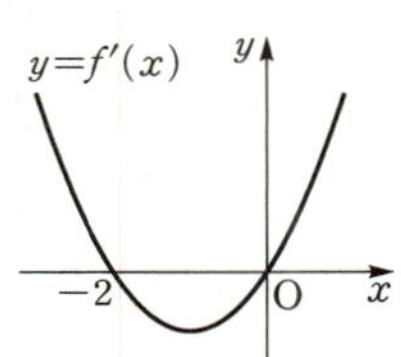

| 개념원리 수학 Ⅱ 117쪽 |

유형 07 $y=f'(x)$의 그래프를 이용한 $f(x)$의 해석 (1)

함수 $f(x)$의 도함수 $y=f'(x)$의 그래프에서
(1) $f'(x)>0$인 구간에서 $f(x)$는 증가한다.
(2) $f'(x)<0$인 구간에서 $f(x)$는 감소한다.
(3) $f'(a)=0$이고 $x=a$의 좌우에서 $f'(x)$의 부호가 바뀌면 $f(x)$는 $x=a$에서 극값을 갖는다.

0471 대표문제

열린구간 $(-2, 4)$에서 함수 $f(x)$의 도함수 $y=f'(x)$의 그래프가 오른쪽 그림과 같을 때, 다음 중 옳은 것은?

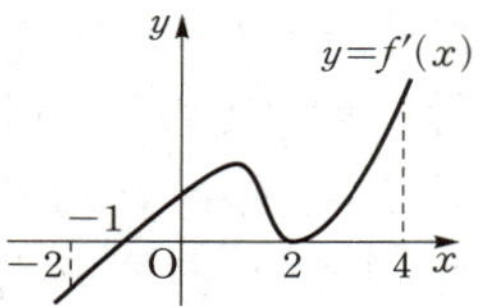

① $f(x)$는 열린구간 $(-2, 4)$에서 감소한다.
② $f(x)$는 $x=-1$에서 극대이다.
③ $f(x)$는 $x=2$에서 미분가능하다.
④ $f(x)$가 극값을 갖는 점은 2개이다.
⑤ $f(x)$는 열린구간 $(2, 4)$에서 감소한다.

0472 중하

함수 $f(x)$의 도함수 $y=f'(x)$의 그래프가 다음 그림과 같다. 열린구간 (a, b)에서 함수 $f(x)$가 극댓값을 갖는 x의 값의 개수를 m, 극솟값을 갖는 x의 값의 개수를 n이라 할 때, $m-n$의 값을 구하시오.

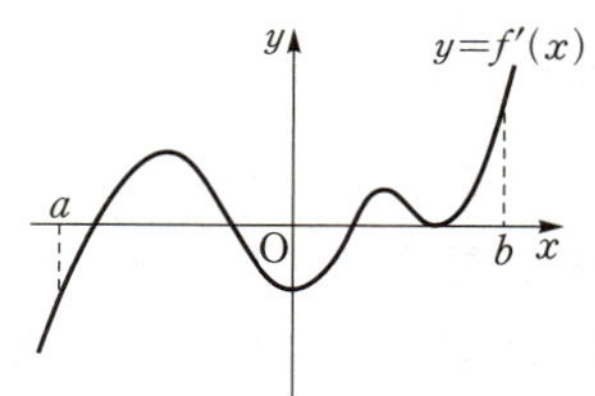

0473 중하

열린구간 $(-5, 13)$에서 함수 $f(x)$의 도함수 $y=f'(x)$의 그래프가 다음 그림과 같을 때, 함수 $f(x)$가 극댓값을 갖는 모든 x의 값의 합을 구하시오.

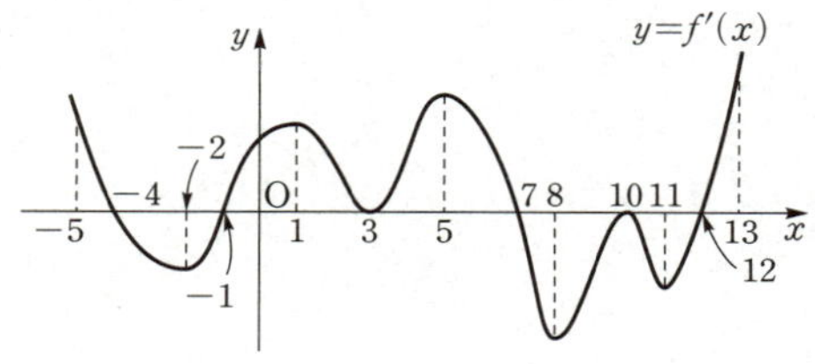

0474 중

함수 $f(x)$의 도함수 $y=f'(x)$의 그래프가 오른쪽 그림과 같을 때, 다음 **보기** 중에서 옳은 것만을 있는 대로 고른 것은?

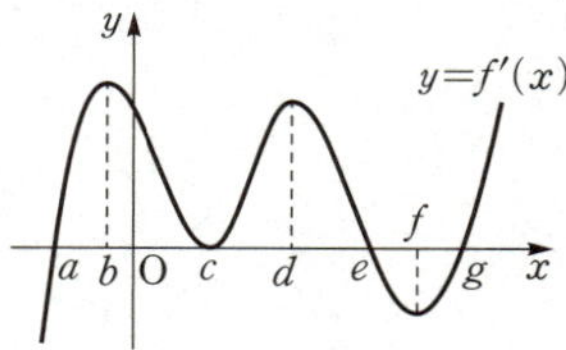

보기

ㄱ. 함수 $f(x)$는 $x=a$에서 극솟값을 갖는다.
ㄴ. 함수 $f(x)$는 $x=e$에서 극댓값을 갖는다.
ㄷ. 함수 $f(x)$가 극값을 갖는 점은 3개이다.

① ㄱ　　　　② ㄴ　　　　③ ㄱ, ㄷ
④ ㄴ, ㄷ　　　⑤ ㄱ, ㄴ, ㄷ

0475 중

함수 $f(x)$의 도함수 $y=f'(x)$의 그래프가 오른쪽 그림과 같을 때, 다음 **보기** 중에서 옳은 것만을 있는 대로 고르시오.

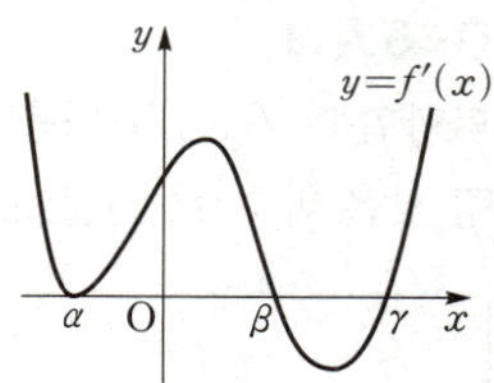

보기

ㄱ. 함수 $f(x)$는 열린구간 (a, β)에서 감소한다.
ㄴ. 함수 $f(x)$가 극값을 갖는 점은 3개이다.
ㄷ. 함수 $f(x)$는 $x=\beta$에서 극댓값을 갖는다.

유형 08 삼차함수가 극값을 가질 조건

삼차함수 $f(x)$가 극값을 갖는다.
⇨ 이차방정식 $f'(x)=0$이 서로 다른 두 실근을 갖는다.
⇨ 이차방정식 $f'(x)=0$의 판별식 $D>0$

0476 대표문제

함수 $f(x)=x^3+ax^2+12x+2$가 극값을 갖도록 하는 실수 a의 값의 범위는?

① $a<-6$ 또는 $a>6$　　② $a\leq-6$ 또는 $a\geq6$
③ $-6<a<6$　　④ $-6\leq a\leq6$
⑤ $0\leq a<6$

0477 중하

함수 $f(x)=x^3+3x^2+ax-1$이 극댓값과 극솟값을 모두 갖도록 하는 실수 a의 값의 범위를 구하시오.

0478 중

함수 $f(x)=3x^3+(k+2)x^2+kx+1$이 극값을 갖도록 하는 실수 k의 값의 범위가 $k<\alpha$ 또는 $k>\beta$일 때, $\alpha+\beta$의 값은?

① 3　　② 4　　③ 5
④ 6　　⑤ 7

0479 중

함수 $f(x)=x^3+3ax^2+ax-2$가 극값을 갖도록 하는 자연수 a의 최솟값은?

① 1　　② 2　　③ 3
④ 4　　⑤ 5

유형 09 삼차함수가 극값을 갖지 않을 조건

삼차함수 $f(x)$가 극값을 갖지 않는다.
⇨ 이차방정식 $f'(x)=0$이 중근 또는 허근을 갖는다.
⇨ 이차방정식 $f'(x)=0$의 판별식 $D\leq0$

0480 대표문제

함수 $f(x)=x^3+ax^2+3x+4$가 극값을 갖지 않도록 하는 실수 a의 값의 범위는?

① $-7\leq a\leq7$　　② $-4\leq a\leq3$　　③ $-4\leq a\leq4$
④ $-3\leq a\leq3$　　⑤ $-3\leq a\leq4$

0481 중하

함수 $f(x)=x^3-\dfrac{3}{2}(a-1)x^2-3ax+2$가 극값을 갖지 않도록 하는 실수 a의 값은?

① -1　　② 0　　③ 1
④ 2　　⑤ 3

0482 상중 서술형

삼차함수 $f(x)=x^3-3(a-1)x^2-3(b^2-9)x+a$가 극값을 갖지 않도록 하는 자연수 a, b에 대하여 순서쌍 (a, b)의 개수를 구하시오.

유형 **10** 주어진 구간에서 삼차함수가 극값을 가질 조건

삼차함수 $f(x)$가 열린구간 (a, b)에서 극값을 가지려면 다음을 조사한다.
(1) 이차방정식 $f'(x)=0$의 판별식 $D>0$
(2) $f'(a)$, $f'(b)$의 값의 부호
(3) 이차함수 $y=f'(x)$의 그래프의 축의 방정식 $x=k$에서
$a<k<b$

0483 대표문제
함수 $f(x)=x^3+px^2+(p-1)x$가 $-1<x<1$에서 극댓값과 극솟값을 모두 갖도록 하는 정수 p의 개수를 구하시오.

0484 중
함수 $f(x)=2x^3+3x^2+kx-5$가 $-2<x<0$에서 극댓값을 갖고, $x>0$에서 극솟값을 갖도록 하는 실수 k의 값의 범위는 $a<k<b$이다. 이때 a^2+b^2의 값을 구하시오.

0485 상중
함수 $f(x)=x^3-3ax^2+3ax-1$이 열린구간 $(1, 2)$에서 극댓값은 갖지 않고 극솟값을 갖도록 하는 실수 a의 값의 범위는?

① $a\leq-1$ 또는 $a\geq\dfrac{4}{3}$

② $-1\leq a<1$ 또는 $a\geq\dfrac{4}{3}$

③ $a<-1$ 또는 $0\leq a\leq\dfrac{4}{3}$

④ $1<a<\dfrac{4}{3}$

⑤ $a<1$ 또는 $a>\dfrac{4}{3}$

유형 **11** 사차함수가 극값을 가질 때와 갖지 않을 때

(1) 사차함수 $f(x)$가 극댓값, 극솟값을 모두 갖는다.
⇨ 삼차방정식 $f'(x)=0$이 서로 다른 세 실근을 갖는다.
(2) 사차함수 $f(x)$가 극댓값 또는 극솟값을 갖지 않는다.
⇨ 삼차방정식 $f'(x)=0$이 한 실근과 두 허근 또는 한 실근과 중근 또는 삼중근을 갖는다.

0486 대표문제
함수 $f(x)=-x^4+4x^3+4ax^2$이 극솟값을 갖도록 하는 실수 a의 값의 범위가 $\alpha<a<0$ 또는 $a>\beta$이다. 이때 $\alpha+\beta$의 값을 구하시오.

0487 중
함수 $f(x)=3x^4-8x^3+6ax^2+7$이 극댓값과 극솟값을 모두 갖도록 하는 실수 a의 값의 범위를 구하시오.

0488 상중
함수 $f(x)=-3x^4-8x^3+6(k+3)x^2-12kx$가 극솟값을 갖지 않도록 하는 실수 k의 값의 범위를 구하시오.

0489 상중
사차함수 $f(x)$의 도함수 $f'(x)$가
$f'(x)=(x+1)(x^2+ax+2a)$일 때, $f(x)$가 극댓값을 갖지 않도록 하는 정수 a의 개수를 구하시오.

유형 **12** 함수의 최댓값과 최솟값

함수 $f(x)$가 닫힌구간 $[a,\ b]$에서 연속일 때
(ⅰ) 닫힌구간 $[a,\ b]$에서 $f(x)$의 극값을 구한다.
(ⅱ) $f(a)$, $f(b)$의 값을 구한다.
(ⅲ) (ⅰ), (ⅱ)에서 구한 극값, $f(a)$, $f(b)$ 중에서 가장 큰 값이 최 댓값, 가장 작은 값이 최솟값이다.

0490 `대표문제`

닫힌구간 $[-2,\ 2]$에서 함수 $f(x)=2x^3+3x^2-12x+3$의 최댓값을 M, 최솟값을 m이라 할 때, $M+m$의 값은?

① 18　　　② 19　　　③ 20
④ 21　　　⑤ 22

0491 `중`

함수 $f(x)=x^4-2x^2-2$는 $x=\alpha$ 또는 $x=\beta$에서 최솟값 γ 를 갖는다고 한다. 이때 $\alpha^2+\beta^2+\gamma^2$의 값을 구하시오.

(단, $\alpha<\beta$)

0492 `중`

닫힌구간 $[-1,\ 2]$에서 함수 $f(x)=3x^4-8x^3+6x^2+1$의 최댓값을 M, 최솟값을 m이라 할 때, Mm의 값을 구하시오.

0493 `상 중`

닫힌구간 $[0,\ 4]$에서 함수
$$f(x)=(x^2-4x+2)^3-12(x^2-4x+2)+1$$
의 최댓값을 M, 최솟값을 m이라 할 때, $M+m$의 값을 구 하시오.

유형 **13** 함수의 최대 · 최소를 이용한 미정계수의 결정

미정계수를 포함한 함수 $f(x)$의 최댓값 또는 최솟값이 주어지면
⇨ 함수 $f(x)$의 최댓값 또는 최솟값을 구하여 주어진 값과 비교 한다.

0494 `대표문제`

함수 $f(x)=3x^4-4x^3+6x^2-12x+a$의 최솟값이 1일 때, 상수 a의 값은?

① 0　　　② 2　　　③ 4
④ 6　　　⑤ 8

0495 `중`

함수 $f(x)=ax^3-6ax^2+b$가 $-1\leq x\leq2$에서 최댓값 3, 최 솟값 -13을 가질 때, 상수 a, b에 대하여 $a+b$의 값은?

(단, $a>0$)

① 1　　　② 2　　　③ 3
④ 4　　　⑤ 6

0496 `상 중`

닫힌구간 $[0,\ 3]$에서 함수 $f(x)=x^3+ax^2+bx+5$는 $x=2$ 에서 최솟값 3을 갖는다. $f(1)$의 값을 구하시오.

(단, a, b는 상수)

0497 `상 중` `서술형`

오른쪽 그림은 함수 $f(x)=x^3+ax^2+bx+c$의 도함수 $y=f'(x)$의 그래프이다. 닫힌구간 $[0,\ 2]$에서 $f(x)$의 최댓값이 6일 때, 최 솟값을 구하시오. (단, a, b, c는 상수)

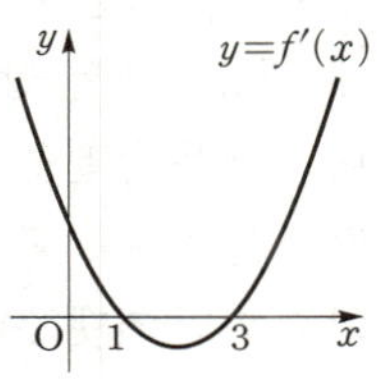

유형 익/히/기

| 개념원리 수학 Ⅱ 131~133쪽 |

유형 **14**   최대·최소의 활용

두 점 사이의 거리, 평면도형의 넓이, 입체도형의 부피, 피타고라스 정리 등을 이용하여 도형의 길이, 넓이, 부피를 하나의 문자에 대한 함수로 나타낸 후 최댓값 또는 최솟값을 구한다.

0498 대표문제

곡선 $y=x^2-4$와 x축으로 둘러싸인 도형에 내접하고 한 변이 x축 위에 있는 직사각형의 넓이의 최댓값을 구하시오.

0499 중

곡선 $y=-x^2+3$ 위의 점과 점 $(5, 4)$ 사이의 거리의 최솟값을 구하시오.

0500 중

A제품 x개를 생산하는 데 드는 비용이
$f(x)=x^3-180x^2+1000x+4000$(원)이고 생산된 제품은 개당 1000원에 그날 모두 판매된다고 할 때, 이익을 최대로 하기 위해 하루에 생산해야 할 제품의 개수를 구하시오.

0501 중

오른쪽 그림과 같이 한 변의 길이가 12인 정사각형 모양의 종이가 있다. 이 종이의 네 귀퉁이에서 합동인 정사각형을 잘라 내고 남은 부분을 접어서 뚜껑이 없는 상자를 만들려고 할 때, 만들 수 있는 상자의 부피의 최댓값을 구하시오.

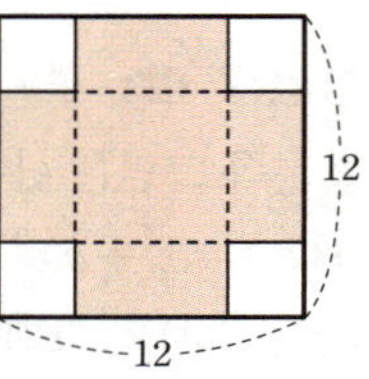

0502 중 서술형

오른쪽 그림과 같이 곡선 $y=-2x^2+8$과 x축과의 두 교점이 각각 A, B이고, x축과 이 곡선으로 둘러싸인 부분에 내접하는 사다리꼴 ABCD의 넓이의 최댓값을 M이라 할 때, $27M$의 값을 구하시오.

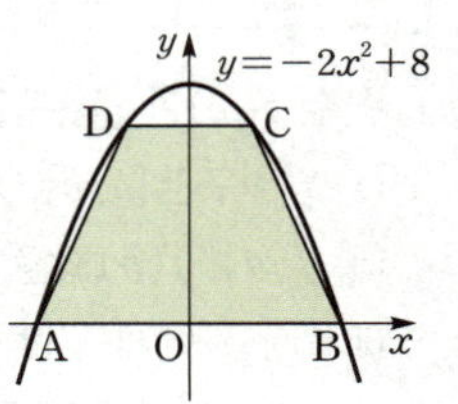

0503 상 중

오른쪽 그림과 같이 밑면의 반지름의 길이가 3, 높이가 15인 원뿔에 내접하는 원기둥의 부피의 최댓값을 구하시오.

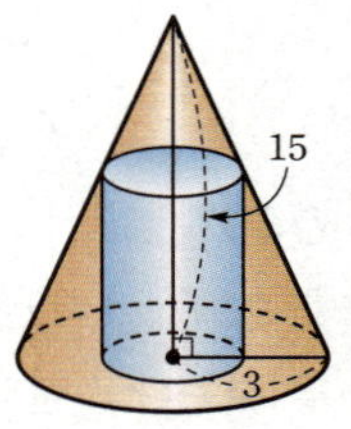

0504 상

오른쪽 그림과 같이 밑면이 정사각형인 사각기둥이 있다. 사각형 ABFE의 대각선 AF의 길이가 12일 때, 이 사각기둥의 부피가 최대가 되게 하는 밑면의 넓이는?

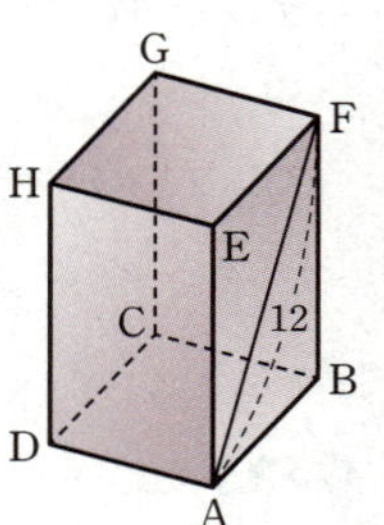

① 48   ② 60
③ 72   ④ 84
⑤ 96

정답과 풀이 **64쪽**

유형 15   함수의 극대·극소를 이용한 삼차함수의 계수의 부호 결정

삼차함수 $f(x)=ax^3+bx^2+cx+d$ (a, b, c, d는 상수)에 대하여

(1) $\begin{cases} x\to\infty일 \ 때, \ f(x)\to\infty이면 \ a>0 \\ x\to\infty일 \ 때, \ f(x)\to-\infty이면 \ a<0 \end{cases}$

(2) $\begin{cases} f(0)>0이면 \ d>0 \\ f(0)<0이면 \ d<0 \end{cases}$

(3) 함수 $f(x)$가 $x=\alpha$, $x=\beta$에서 극값을 가지면 $f'(x)=0$의 두 실근이 α, β이므로 이차방정식의 근과 계수의 관계를 이용한다.

0505 〔대표문제〕

함수 $f(x)=ax^3+bx^2+cx+d$에 대하여 $y=f(x)$의 그래프가 오른쪽 그림과 같을 때, 다음 중 옳은 것은?
(단, $|\beta|>|\alpha|$, a, b, c, d는 상수)

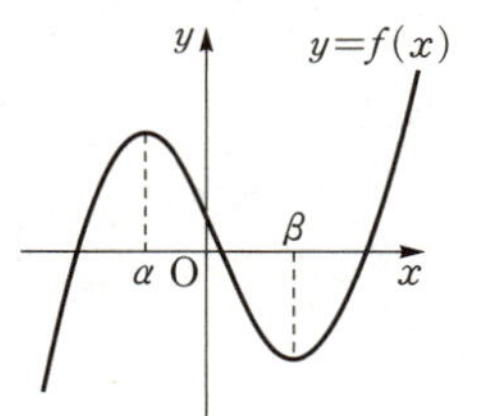

① $ab>0$, $cd>0$
② $ab>0$, $cd<0$
③ $ab<0$, $cd>0$
④ $ab<0$, $cd<0$
⑤ $ac>0$, $bd<0$

0506 〔중〕

함수 $f(x)=ax^3+bx^2+cx+d$에 대하여 $y=f(x)$의 그래프가 오른쪽 그림과 같을 때, 다음 중 그 값이 항상 양수인 것은? (단, a, b, c, d는 상수)

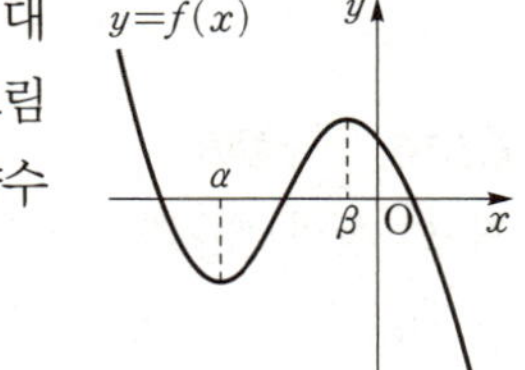

① a ② ad
③ $b+c$ ④ $bc+d$
⑤ $c-ab$

유형 16 $y=f'(x)$의 그래프를 이용한 $f(x)$의 해석 (2)

(i) $y=f'(x)$의 그래프를 보고 함수 $f(x)$의 증감표를 만든다.

(ii) 함수 $f(x)$가 증가 또는 감소하는 구간, 극값을 갖는 x의 값 등을 찾아 $y=f(x)$의 그래프의 개형을 유추한다.

0507 〔대표문제〕

함수 $f(x)$의 도함수 $y=f'(x)$의 그래프가 오른쪽 그림과 같을 때, 다음 중 함수 $y=f(x)$의 그래프의 개형이 될 수 있는 것은?

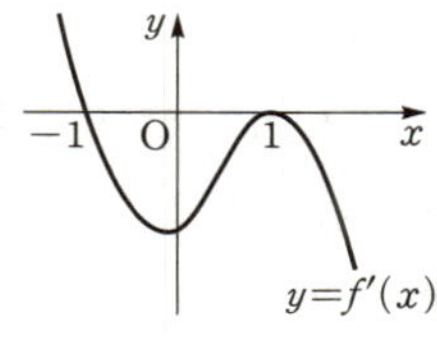

① 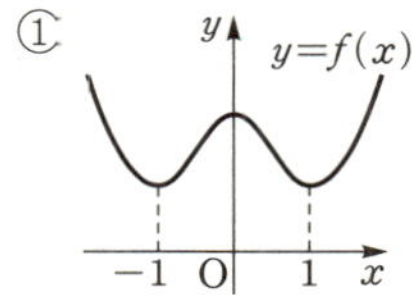   ② 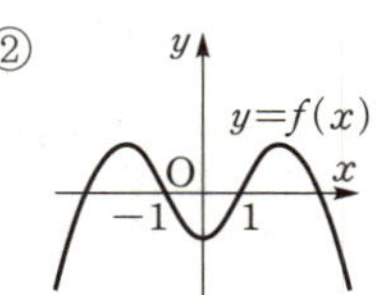

③ 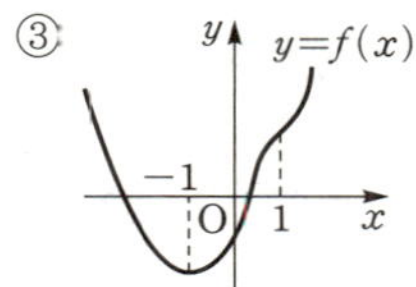   ④ 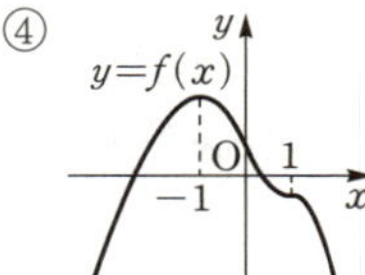

⑤ 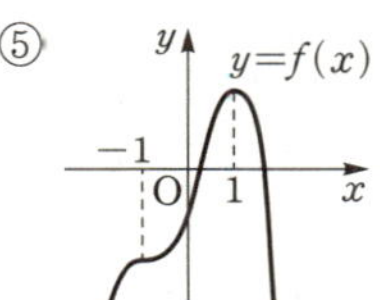

0508 〔상중〕

함수 $f(x)$의 도함수 $y=f'(x)$의 그래프가 오른쪽 그림과 같을 때, 다음 중 함수 $y=f(x)$의 그래프의 개형이 될 수 있는 것은?

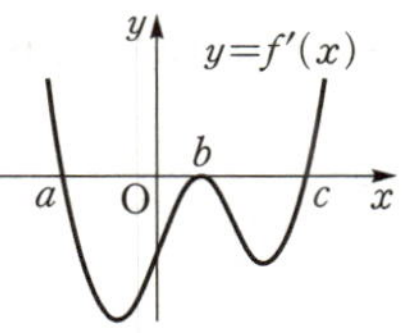

① 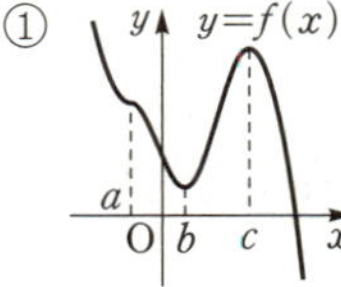   ② 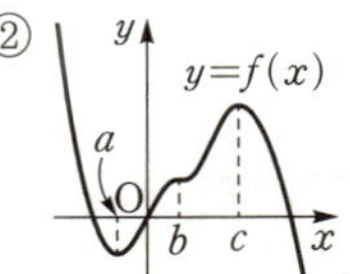   ③ 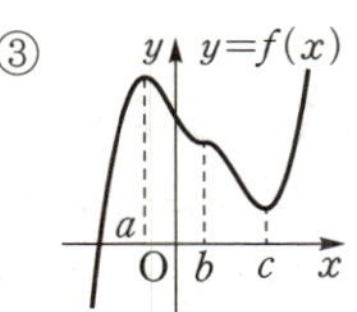

④ 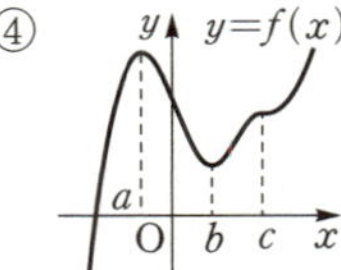   ⑤ 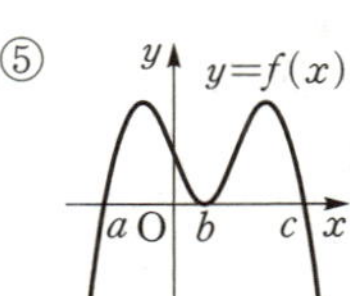

0509
함수 $f(x)=x^3+ax^2+9x-1$이 감소하는 x의 값의 범위가 $1\leq x\leq b$일 때, $a+b$의 값을 구하시오. (단, a는 상수)

0510
다음 **보기**의 함수 중 열린구간 $(-\infty, \infty)$에서 증가하는 것만을 있는 대로 고른 것은?

> **● 보기 ●**
> ㄱ. $f(x)=x^3+3x^2+3x$
> ㄴ. $g(x)=\dfrac{1}{3}x^3-2x^2+5x+4$
> ㄷ. $h(x)=2x^3+6x^2-18x+1$

① ㄱ   ② ㄴ   ③ ㄱ, ㄴ
④ ㄱ, ㄷ   ⑤ ㄱ, ㄴ, ㄷ

0511
함수 $f(x)=-x^3-ax^2+2ax+15$가 실수 전체의 집합에서 감소하도록 하는 실수 a의 값의 범위는?

① $-6<a<6$ ② $0<a<6$
③ $-6\leq a\leq 0$ ④ $a<-6$ 또는 $a>0$
⑤ $a\leq 0$ 또는 $a\geq 6$

0512 🔆중요
함수 $f(x)=2x^3+ax^2$이 닫힌구간 $[1, 3]$에서 증가하도록 하는 실수 a의 최솟값은?

① -4 ② -3 ③ -2
④ -1 ⑤ 0

0513
함수 $f(x)=2x^3-9x^2+12x+2$의 극댓값을 M, 극솟값을 m이라 할 때, Mm의 값을 구하시오.

0514
함수 $f(x)=x^4-4x^3+4x^2+2$에 대하여 $y=f(x)$의 그래프에서 극대 또는 극소인 세 점을 각각 A, B, C라 할 때, 삼각형 ABC의 넓이는?

① $\dfrac{1}{2}$ ② 1 ③ $\dfrac{3}{2}$
④ 2 ⑤ $\dfrac{5}{2}$

0515
함수 $f(x)=-x^3-x^2+x+\dfrac{1}{3}$에 대하여 함수 $g(x)$를 $g(x)=|f(x)|$라 할 때, $g(x)$의 모든 극댓값의 합을 구하시오.

0516 🔆중요
최고차항의 계수가 1인 삼차함수 $f(x)$가 다음 조건을 만족시킬 때, $f(3)$의 값을 구하시오.

> ㈎ $x=1$에서 극댓값 3을 갖는다.
> ㈏ 점 $(2, f(2))$에서의 접선의 기울기가 -7이다.

0517

함수 $f(x)=x^3-3kx^2-9k^2x+1$의 극댓값과 극솟값의 차가 32일 때, 양수 k의 값을 구하시오.

0518 교육청 기출

다항함수 $f(x)$는 다음 조건을 모두 만족시킨다.

> (가) $\lim\limits_{x \to \infty} \dfrac{f(x)}{x^3}=1$
>
> (나) $x=-1$과 $x=2$에서 극값을 갖는다.

$\lim\limits_{h \to 0} \dfrac{f(3+h)-f(3-h)}{h}$의 값은?

① 8   ② 12   ③ 16
④ 20   ⑤ 24

0519 중요

삼차함수 $f(x)$의 도함수 $y=f'(x)$의 그래프가 오른쪽 그림과 같을 때, 다음 중 옳은 것은?

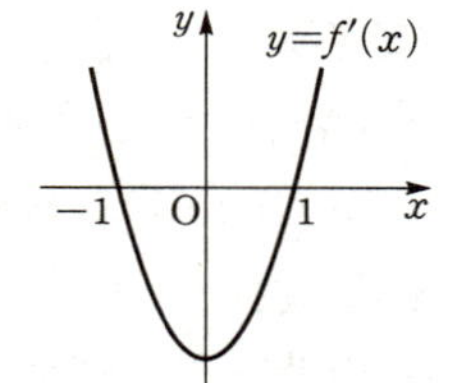

① $f(x)$는 $x=0$에서 극솟값을 갖는다.
② $f(x)$는 $x=0$에서 극댓값을 갖는다.
③ $f(x)$는 $-1<x<1$에서 증가한다.
④ $f(x)$는 $x=-1$에서 극댓값을 갖고, $x=1$에서 극솟값을 갖는다.
⑤ $f(x)$는 $x=-1$에서 극솟값을 갖고, $x=1$에서 극댓값을 갖는다.

0520

삼차함수 $f(x)$의 도함수 $y=f'(x)$의 그래프가 오른쪽 그림과 같을 때, 다음 **보기** 중에서 옳은 것만을 있는 대로 고르시오. (단, $f(3)=0$)

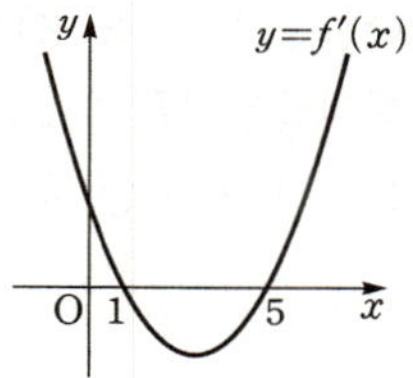

> **보기**
> ㄱ. $f(1)>0$
> ㄴ. $f(1)<f(5)$
> ㄷ. $f(1)f(5)<0$

0521

함수 $f(x)=x^3-ax^2+(a+6)x+1$이 극값을 갖지 않도록 하는 정수 a의 개수는?

① 7   ② 8   ③ 9
④ 10   ⑤ 11

0522

함수 $f(x)=x^3-(a+2)x^2+ax$가 $-1<x<0$에서 극댓값을 갖고, $x>0$에서 극솟값을 갖도록 하는 모든 정수 a의 값의 곱은?

① 2   ② 4   ③ 5
④ 7   ⑤ 9

0523

함수 $f(x)=x^4-4x^3+2ax^2+1$이 극댓값을 갖도록 하는 정수 a의 최댓값은?

① -1 ② 1   ③ 2
④ 3   ⑤ 4

0524

닫힌구간 $[-2, 3]$에서 함수 $f(x)=2x^3-3x^2-12x+k$의 최댓값을 M, 최솟값을 m이라 할 때, $M-m$의 값을 구하시오. (단, k는 상수)

0525

함수 $f(x)=-x^4+4a^3x-20$의 최댓값이 a^4+12일 때, 양수 a의 값을 구하시오.

0526 중요

닫힌구간 $[0, 5]$에서 함수 $f(x)=ax(x-3)^2+b$의 최댓값이 15, 최솟값이 -5일 때, 상수 a, b에 대하여 a^2+b^2의 값을 구하시오. (단, $a>0$)

0527

오른쪽 그림과 같이 곡선 $f(x)=x^2-4x+4$ 위의 점 (a, b)에서의 접선과 x축, y축으로 둘러싸인 삼각형의 넓이가 최대일 때, $b-a$의 값은? (단, $0<a<2$)

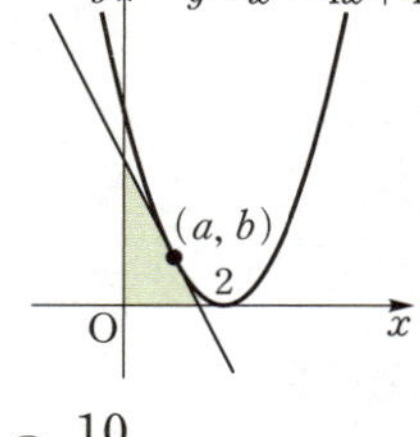

① $\dfrac{8}{9}$ ② 1 ③ $\dfrac{10}{9}$

④ $\dfrac{11}{9}$ ⑤ $\dfrac{4}{3}$

0528

오른쪽 그림과 같이 한 변의 길이가 10인 정삼각형 모양의 종이의 세 꼭짓점에서 합동인 사각형을 잘라 내고 남은 부분을 접어서 뚜껑이 없는 삼각기둥 모양의 상자를 만들려고 한다. 상자의 부피가 최대가 되는 x의 값을 a라 할 때, $3a$의 값을 구하시오.

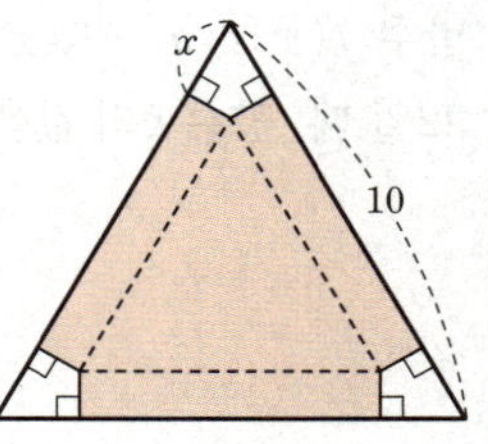

0529

함수 $f(x)=ax^3+bx^2+cx+d$의 그래프가 오른쪽 그림과 같을 때, $|b+c|-|b|+|c|$를 간단히 하면? (단, $|\beta|>|\alpha|$, a, b, c, d는 상수)

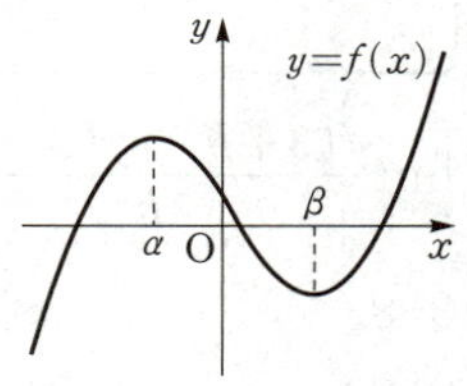

① $-2b$ ② $-2c$

③ 0 ④ $-b-c$

⑤ $-2b-2c$

0530

삼차함수 $y=f(x)$에 대하여 $y=xf'(x)$의 그래프가 오른쪽 그림과 같을 때, 다음 보기 중에서 옳은 것만을 있는 대로 고르시오. (단, $f'(0)=0$)

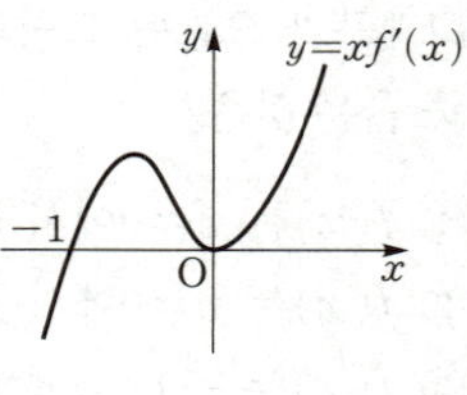

보기

ㄱ. 함수 $f(x)$는 $x>0$에서 증가한다.

ㄴ. 함수 $f(x)$는 $x=-1$에서 극솟값을 갖는다.

ㄷ. 함수 $f(x)$는 $x=0$에서 극댓값을 갖는다.

서술형 주관식

0531
실수 전체의 집합에서 정의된 함수 $f(x)=x^3-2ax^2+ax$의 역함수가 존재하기 위한 실수 a의 값의 범위를 구하시오.

0532
함수 $f(x)=x^3-6x^2+k$의 극댓값과 극솟값의 절댓값이 같고 그 부호가 서로 다를 때, 상수 k의 값을 구하시오.

0533 중요
삼차함수 $f(x)=x^3-3kx^2+kx$가 $x>0$에서 극댓값과 극솟값을 모두 갖도록 하는 실수 k의 값의 범위를 구하시오.

0534
함수 $f(x)=-x^3+3x$, $g(x)=x^2+2x$에 대하여 합성함수 $(f \circ g)(x)$의 최댓값을 구하시오.

실력 up

0535
오른쪽 그림과 같이 반구에 반지름의 길이가 r이고 높이가 h인 원기둥이 내접하고 있다. 이 원기둥의 부피가 최대일 때, $\dfrac{h}{r}$의 값을 구하시오.

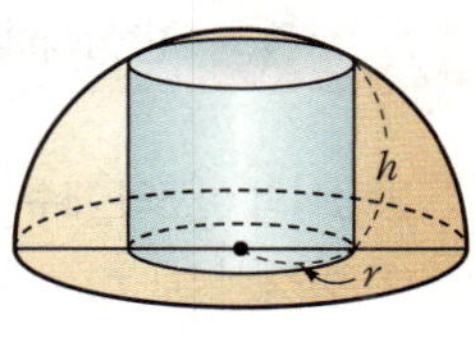

0536 수능 기출
최고차항의 계수가 1인 사차함수 $f(x)$가 다음 조건을 만족시킨다.

> (가) $f'(0)=0$, $f'(2)=16$
> (나) 어떤 양수 k에 대하여 두 열린구간 $(-\infty, 0)$, $(0, k)$에서 $f'(x)<0$이다.

다음 **보기** 중에서 옳은 것만을 있는 대로 고른 것은?

> • 보기 •
> ㄱ. 방정식 $f'(x)=0$은 열린구간 $(0, 2)$에서 한 개의 실근을 갖는다.
> ㄴ. 함수 $f(x)$는 극댓값을 갖는다.
> ㄷ. $f(0)=0$이면 모든 실수 x에 대하여 $f(x) \geq -\dfrac{1}{3}$이다.

① ㄱ   ② ㄴ   ③ ㄱ, ㄷ
④ ㄴ, ㄷ   ⑤ ㄱ, ㄴ, ㄷ

0537 창의·융합
삼차함수 $y=f(x)$의 그래프가 오른쪽 그림과 같다. 연립부등식
$$\begin{cases} f(x)-f'(x)<0 \\ f(x)f'(x)<0 \end{cases}$$
를 만족시키는 해의 집합을 S라 할 때, 다음 중 옳은 것은?

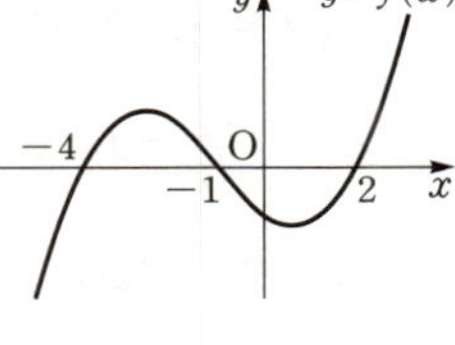

① $\{x \,|\, x \leq 0\} \subset S$ ② $\{x \,|\, 0 \leq x < 1\} \subset S$
③ $\{x \,|\, 0 < x \leq 1\} \subset S$ ④ $\{x \,|\, 1 \leq x < 2\} \subset S$
⑤ $\{x \,|\, 1 < x \leq 2\} \subset S$

06 도함수의 활용 (3)

06·1 방정식에의 활용

1 방정식의 실근의 개수

(1) 방정식 $f(x)=0$의 서로 다른 실근의 개수는 함수 $y=f(x)$의 그래프와 x축의 교점의 개수와 같다.

(2) 방정식 $f(x)=g(x)$의 서로 다른 실근의 개수는 두 함수 $y=f(x)$, $y=g(x)$의 그래프의 교점의 개수와 같다.

2 삼차방정식의 근의 판별

삼차함수 $f(x)$가 극값을 가질 때, 삼차방정식 $f(x)=0$의 근은 극값을 이용하여 다음과 같이 판별할 수 있다.

(1) (극댓값)×(극솟값)$<0 \iff$ 서로 다른 세 실근

(2) (극댓값)×(극솟값)$=0 \iff$ 한 실근과 중근 (서로 다른 두 실근)

(3) (극댓값)×(극솟값)$>0 \iff$ 한 실근과 두 허근

06·2 부등식에의 활용

1 어떤 구간에서 부등식 $f(x)>0$의 증명

⇨ 그 구간에서 ($f(x)$의 최솟값)>0임을 보인다.

2 어떤 구간에서 부등식 $f(x)>g(x)$의 증명

⇨ $h(x)=f(x)-g(x)$로 놓고, 그 구간에서 ($h(x)$의 최솟값)>0임을 보인다.

06·3 속도와 가속도

1 속도와 가속도

수직선 위를 움직이는 점 P의 시각 t에서의 위치 x가 $x=f(t)$일 때,

시각 t에서의 점 P의 속도 v와 가속도 a는

(1) $v=\dfrac{dx}{dt}=f'(t)$　　　　　(2) $a=\dfrac{dv}{dt}=v'(t)$

2 시각에 대한 변화율

어떤 물체의 시각 t에서의 길이를 l, 넓이를 S, 부피를 V라 할 때, 시간이 $\varDelta t$만큼 경과한 후 길이, 넓이, 부피가 각각 $\varDelta l$, $\varDelta S$, $\varDelta V$만큼 변했다고 하면 시각 t에서의 각각의 변화율은

(1) 길이의 변화율: $\displaystyle\lim_{\varDelta t \to 0}\dfrac{\varDelta l}{\varDelta t}=\dfrac{dl}{dt}$

(2) 넓이의 변화율: $\displaystyle\lim_{\varDelta t \to 0}\dfrac{\varDelta S}{\varDelta t}=\dfrac{dS}{dt}$

(3) 부피의 변화율: $\displaystyle\lim_{\varDelta t \to 0}\dfrac{\varDelta V}{\varDelta t}=\dfrac{dV}{dt}$

■ 방정식 $f(x)=0$의 실근은 함수 $y=f(x)$의 그래프와 x축의 교점의 x좌표와 같다.

■ 방정식 $f(x)=g(x)$의 실근은 두 함수 $y=f(x)$, $y=g(x)$의 그래프의 교점의 x좌표와 같다.

■ 삼차방정식의 근의 판별

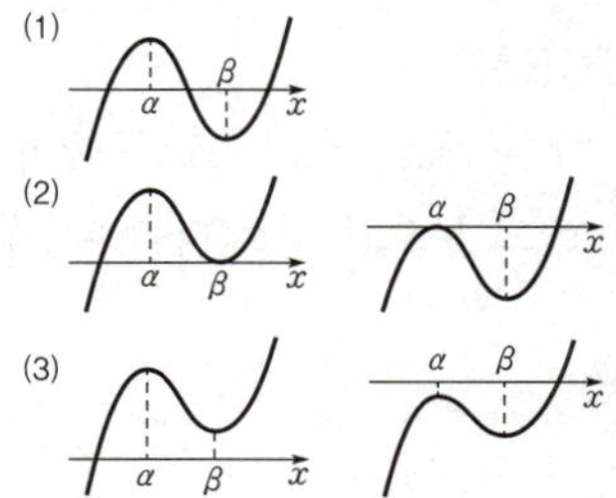

■ 어떤 구간에서 $f(x)$의 최솟값이 a이면 그 구간에서 $f(x)\geq a$이다.

■ 속도 v의 부호에 따른 운동 방향

① $v>0$
　⇨ 양의 방향으로 움직인다.

② $v=0$
　⇨ 운동 방향이 바뀌거나 정지한다.

③ $v<0$
　⇨ 음의 방향으로 움직인다.

📖 교과서 문제 정/복/하/기

06·1 방정식에의 활용

[0538 ~ 0541] 다음 방정식의 서로 다른 실근의 개수를 구하시오.

0538 $x^3-6x^2+2=0$

0539 $x^3-3x^2-4=0$

0540 $-x^4+2x^2+2=0$

0541 $3x^4+6x^2=8x^3+1$

0542 방정식 $x^3-6x^2-15x+k=0$의 근이 다음 조건을 만족시키도록 하는 상수 k의 값 또는 k의 값의 범위를 구하시오.

(1) 서로 다른 세 실근
(2) 한 실근과 중근
(3) 한 실근과 두 허근

06·2 부등식에의 활용

0543 다음은 모든 실수 x에 대하여 부등식 $3x^4-8x^3+18>0$이 성립함을 보이는 과정이다.

> $f(x)=3x^4-8x^3+18$로 놓으면
> $f'(x)=12x^3-24x^2=12x^2(x-2)$
> $f'(x)=0$에서 $x=0$ 또는 $x=2$
> 함수 $f(x)$는 $x=$ ⎡ (가) ⎤ 에서 극소이면서 최소이므로 모든 실수 x에 대하여 $f(x)$의 최솟값은 ⎡ (나) ⎤ 이다.
> 즉, $f(x)$ ⎡ (다) ⎤ 0이므로
> $3x^4-8x^3+18>0$

위의 (가), (나), (다)에 알맞은 것을 써넣으시오.

0544 $x>0$일 때, 부등식 $2x^3-3x^2+3>0$이 성립함을 보이시오.

0545 모든 실수 x에 대하여 부등식 $\dfrac{1}{4}x^4-x^3+x^2+k\geq0$이 성립하도록 하는 실수 k의 값의 범위를 구하시오.

06·3 속도와 가속도

[0546 ~ 0548] 수직선 위를 움직이는 점 P의 시각 t에서의 위치 x가 다음과 같을 때, [ ] 안의 시각 t에서의 점 P의 속도 v와 가속도 a를 각각 구하시오.

0546 $x=t^3-4t^2+3$ $[t=2]$

0547 $x=t^3-3t^2+2t$ $[t=1]$

0548 $x=t^4-4t+5$ $[t=2]$

0549 어떤 물체의 시각 t에서의 길이 l이 $l=t^2+4t+10$일 때, 시각 $t=2$에서의 이 물체의 길이의 변화율을 구하시오.

0550 시각 t에서의 반지름의 길이가 $0.2t$인 구에 대하여 다음을 구하시오.

(1) 시각 $t=15$에서의 구의 겉넓이의 변화율
(2) 시각 $t=20$에서의 구의 부피의 변화율

 유형 익/히/기

| 개념원리 수학 Ⅱ 141쪽, 142쪽 |

유형 01 방정식 $f(x)=k$의 실근의 개수

방정식 $f(x)=k$의 서로 다른 실근의 개수는
⇨ 함수 $y=f(x)$의 그래프와 직선 $y=k$의 교점의 개수와 같다.

0551 　대표문제

방정식 $x^3-3x^2+2-k=0$이 서로 다른 세 실근을 갖도록 하는 정수 k의 개수를 구하시오.

0552 중

방정식 $x^4-4x^3-2x^2+12x-a=0$이 서로 다른 네 실근을 갖도록 하는 실수 a의 값의 범위를 구하시오.

0553 중

방정식 $x^4+4x^3+28=8x^2+k$가 오직 하나의 실근을 갖도록 하는 실수 k의 값을 구하시오.

0554 중

삼차함수 $y=f(x)$의 도함수 $y=f'(x)$의 그래프가 오른쪽 그림과 같다. $f(-2)=-1$, $f(1)=2$일 때, 방정식 $f(x)-k=0$이 서로 다른 세 실근을 갖도록 하는 실수 k의 값의 범위를 구하시오.

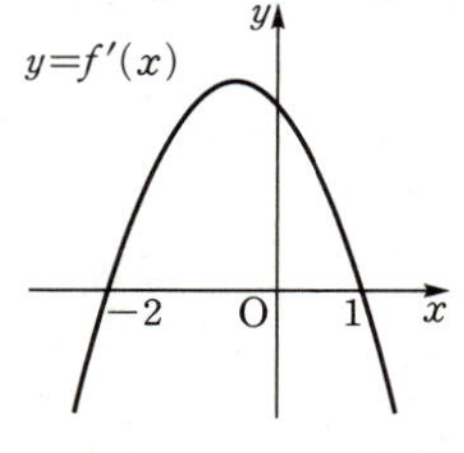

| 개념원리 수학 Ⅱ 143쪽 |

유형 02 방정식의 실근의 부호

(1) 방정식 $f(x)=k$의 실근은 함수 $y=f(x)$의 그래프와 직선 $y=k$의 교점의 x좌표와 같다.
(2) 방정식의 실근의 부호
　① 양근 ⇨ 교점의 x좌표가 양수
　② 음근 ⇨ 교점의 x좌표가 음수

0555 　대표문제

방정식 $x^3-\dfrac{3}{2}x^2-a=0$이 한 개의 음근과 서로 다른 두 개의 양근을 갖도록 하는 실수 a의 값의 범위를 구하시오.

0556 중

방정식 $2x^3-3x^2-12x+1-k=0$이 한 개의 양근과 서로 다른 두 개의 음근을 갖도록 하는 실수 k의 값의 범위는?

① $-19<k<-1$　② $-19<k<8$　③ $-1<k<8$
④ $1<k<8$　⑤ $1<k<19$

0557 중

방정식 $x^3-5x^2+7x=x^2-2x+a$가 서로 다른 세 개의 양근을 갖도록 하는 정수 a의 개수를 구하시오.

0558 중

방정식 $x^4-4x^3-2x^2+12x-k=0$이 서로 다른 두 개의 양근과 서로 다른 두 개의 음근을 갖도록 하는 정수 k의 개수를 구하시오.

유형 03 삼차방정식의 근의 판별

(1) 서로 다른 세 실근
  ⇨ (극댓값)×(극솟값)<0
(2) 중근과 한 실근 (서로 다른 두 실근)
  ⇨ (극댓값)×(극솟값)=0
(3) 오직 하나의 실근 (한 실근과 두 허근)
  ⇨ (극댓값)×(극솟값)>0

0559 대표문제

방정식 $x^3-3x^2+1=k$가 서로 다른 세 실근을 갖도록 하는 정수 k의 개수를 구하시오.

0560 중 하

방정식 $2x^3-3x^2+a=0$이 한 실근과 두 허근을 갖도록 하는 실수 a의 값의 범위를 구하시오.

0561 중 하

방정식 $2x^3-6x^2+k=0$이 서로 다른 두 실근을 갖도록 하는 모든 실수 k의 값의 합을 구하시오.

0562 중 하

방정식 $x^3-2=12x+k$가 한 개의 실근을 갖도록 하는 실수 k의 값의 범위는 $k<\alpha$ 또는 $k>\beta$이다. 이때 $\beta-\alpha$의 값은?

① 4　　　　② 12　　　　③ 20
④ 28　　　　⑤ 32

유형 04 두 곡선의 교점의 개수

두 함수 $y=f(x)$, $y=g(x)$의 그래프의 교점의 개수
⇨ 방정식 $f(x)=g(x)$의 실근의 개수와 같다.

0563 대표문제

곡선 $y=x^3-11x$와 직선 $y=x+k$가 서로 다른 세 점에서 만나도록 하는 실수 k의 값의 범위를 구하시오.

0564 중 하

두 곡선 $y=x^3-5x^2+3x+k$, $y=-2x^2+3x$가 서로 다른 두 점에서 만나도록 하는 양수 k의 값을 구하시오.

0565 중 서술형

두 곡선 $y=x^3+2x^2-5x+k$, $y=-x^2+4x+2$가 오직 한 점에서 만나도록 하는 자연수 k의 최솟값을 구하시오.

0566 중

두 곡선 $y=-2x^3-x^2+6x+3$, $y=2x^2-6x+k$가 한 점에서 만나고 다른 한 점에서는 접하도록 하는 모든 실수 k의 값의 합을 구하시오.

| 개념원리 수학 Ⅱ 145쪽 |

유형 05 모든 실수에서 부등식이 항상 성립할 조건

모든 실수 x에 대하여 부등식 $f(x) \geq 0$이 성립하려면
$\Rightarrow$ ($f(x)$의 최솟값)≥ 0

0567 대표문제

모든 실수 x에 대하여 부등식 $x^4 - 4a^3 x + 48 > 0$이 성립하도록 하는 실수 a의 값의 범위는?

① $a < -2$ ② $a < -1$ ③ $-2 < a < 2$
④ $-1 < a < 3$ ⑤ $a > 3$

0568 중

모든 실수 x에 대하여 부등식 $x^4 - 4x + a^2 > 2ax(2-x)$이 성립하도록 하는 양의 정수 a의 최솟값은?

① 1 ② 2 ③ 3
④ 4 ⑤ 5

0569 중

모든 실수 x에 대하여 부등식 $\dfrac{1}{4}x^4 - x^3 + \dfrac{5}{2}x^2 - 3x + k \geq 0$이 성립하도록 하는 실수 k의 값의 범위를 구하시오.

0570 상중

모든 실수 x에 대하여 부등식 $3x^4 + 4a^3 \geq 4x^3 + 3a^4$이 성립하도록 하는 실수 a의 값을 구하시오.

| 개념원리 수학 Ⅱ 146쪽 |

유형 06 주어진 구간에서 부등식이 항상 성립할 조건 — 증가·감소의 활용

(1) 열린구간 (a, b)에서 증가하는 함수 $f(x)$가
$f(x) < k$인 경우 $\Rightarrow f(b) \leq k$
(2) 열린구간 (a, b)에서 감소하는 함수 $f(x)$가
$f(x) > k$인 경우 $\Rightarrow f(b) \geq k$

0571 대표문제

$x > 2$일 때, 부등식 $x^3 + k > 3x^2$이 항상 성립하도록 하는 실수 k의 최솟값은?

① 3 ② 4 ③ 5
④ 6 ⑤ 7

0572 중

열린구간 $(0, 2)$에서 부등식 $x^3 - \dfrac{3}{2}x^2 - 6x + k > 0$이 항상 성립하도록 하는 실수 k의 값의 범위를 구하시오.

0573 중

두 함수 $f(x) = 4x^3 - x^2 - 2x$, $g(x) = 2x^2 + 4x - k$에 대하여 $x \geq 2$에서 부등식 $f(x) \geq g(x)$가 항상 성립하도록 하는 실수 k의 최솟값을 구하시오.

유형 **07** 주어진 구간에서 부등식이 항상 성립할 조건 — 최대 · 최소의 활용

(1) 열린구간 (a, b)에서 부등식 $f(x) \leq k$의 증명
  $\Rightarrow$ 열린구간 (a, b)에서 $(f(x)$의 최댓값$) \leq k$
(2) 열린구간 (a, b)에서 부등식 $f(x) \geq k$의 증명
  $\Rightarrow$ 열린구간 (a, b)에서 $(f(x)$의 최솟값$) \geq k$

0574 대표문제
닫힌구간 $[0, 2]$에서 부등식 $x^3 - x^2 - 2x + 1 \geq -x^2 + x - k$
가 항상 성립하도록 하는 실수 k의 최솟값을 구하시오.

0575 중
부등식 $x^3 - 3x + 2 > 6x + k$가 $0 < x < 2$에서 항상 성립하도
록 하는 정수 k의 최댓값은?

① -10 ② -9 ③ -8
④ 3 ⑤ 6

0576 중
두 함수 $f(x) = 5x^3 - 10x^2 + k$, $g(x) = 5x^2 + 2$에 대하여
$0 < x < 3$에서 $y = f(x)$의 그래프가 $y = g(x)$의 그래프보다
항상 위에 있도록 하는 실수 k의 값의 범위를 구하시오.

유형 **08** 속도와 가속도

수직선 위를 움직이는 점 P의 시각 t에서의 위치가 x가 $x = f(t)$
로 주어질 때
  $\Rightarrow$ 속도: $v = \dfrac{dx}{dt} = f'(t)$, 가속도: $a = \dfrac{dv}{dt} = v'(t)$

0577 대표문제
원점을 출발하여 수직선 위를 움직이는 점 P의 시각 t에서의
위치 x가 $x = t^3 - 5t^2 + 6t$일 때, 점 P가 마지막으로 원점을
통과하는 순간의 속도를 구하시오.

0578 중 하
원점을 출발하여 수직선 위를 움직이는 점 P의 시각 t에서의
위치 x가 $x = t^3 - 3t^2 - 14t$일 때, 속도가 10인 순간의 점 P의
위치는?

① -44 ② -40 ③ -12
④ 14 ⑤ 48

0579 중 하
원점을 출발하여 수직선 위를 움직이는 점 P의 시각 t에서의
위치 x가 $x = t^3 + 3t^2 + t$일 때, 속도가 25인 순간의 점 P의
가속도를 구하시오.

0580 중 서술형
수직선 위를 움직이는 두 점 P, Q의 시각 t에서의 위치가 각각
$$x_{\mathrm{P}}(t) = \frac{2}{3}t^3 + 2t^2 - \frac{1}{3}, \quad x_{\mathrm{Q}}(t) = 4t^2 + 30t$$
일 때, 두 점 P, Q의 속도가 같아지는 순간의 두 점 사이의 거
리를 구하시오.

유형 익/히/기

0581 중

수직선 위를 움직이는 점 P의 시각 t에서의 위치 x가

$x = -t^4 + \dfrac{14}{3}t^3 - 4t^2 - t$일 때, 점 P의 속도가 증가하는 t의

값의 범위는?

① $\dfrac{1}{3} < t < 1$ ② $\dfrac{1}{3} < t < 2$

③ $\dfrac{1}{2} < t < 1$ ④ $1 < t < \dfrac{3}{2}$

⑤ $\dfrac{3}{2} < t < 2$

0582 중

수직선 위를 움직이는 점 P의 시각 t에서의 위치 x가

$x = -\dfrac{1}{3}t^3 + 3t^2 + 16t$일 때, $0 \le t \le 5$에서 점 P의 속력의 최

댓값을 M, 그때의 시각을 a라 하자. $M - a$의 값을 구하시오.

0583 중

수직선 위를 움직이는 점 P의 시각 t에서의 위치 x가

$x = \dfrac{1}{4}t^3 - \dfrac{3}{2}t^2 - t + 10$일 때, $0 \le t \le 6$에서 점 P의 속력의

최댓값을 구하시오.

0584 중

원점을 동시에 출발하여 수직선 위를 움직이는 두 점 P, Q의 시각 t에서의 위치가 각각 $x_P(t) = 2t^3 + t^2$, $x_Q(t) = t^3 + 2t$이다. 두 점 P, Q가 다시 만나는 시각에서의 두 점의 속도를 각각 α, β라 할 때, $\alpha\beta$의 값을 구하시오.

유형 09 속도 · 가속도와 운동 방향

(1) 수직선 위를 움직이는 점이 운동 방향을 바꾸는 순간의 속도는 0이다.

(2) 수직선 위를 움직이는 두 점이 서로 반대 방향으로 움직일 때
⇨ (두 점의 속도의 곱) < 0

0585 대표문제

수직선 위를 움직이는 점 P의 시각 t에서의 위치 x가

$x = -t^3 + 5t^2 - 3t + 2$일 때, 점 P가 두 번째로 운동 방향을

바꾸는 순간의 가속도를 구하시오.

0586 중하

수직선 위를 움직이는 두 점 P, Q의 시각 t에서의 위치가 각각

$x_P(t) = 4t^2 - 3t + 1$, $x_Q(t) = 2t^2 - 8t$일 때, 두 점 P, Q가

서로 반대 방향으로 움직이는 시각 t의 값의 범위는?

① $\dfrac{1}{4} < t < 1$ ② $\dfrac{3}{8} < t < 2$

③ $\dfrac{1}{2} < t < \dfrac{3}{4}$ ④ $\dfrac{4}{3} < t < 4$

⑤ $2 < t < \dfrac{8}{3}$

0587 중 서술형

원점을 출발하여 수직선 위를 움직이는 점 P의 시각 t에서의

위치 x가 $x = t^3 - 9t^2 + 24t$이고, 점 P는 출발 후 운동 방향을

두 번 바꾼다. 운동 방향을 바꾸는 순간의 위치를 각각 A, B

라 할 때, 두 점 A, B 사이의 거리를 구하시오.

| 개념원리 수학 Ⅱ 151쪽 |

유형 **10**   정지하는 물체의 속도와 움직인 거리

움직이는 물체가 제동을 건 후 t초 동안 움직인 거리가 x m일 때

(1) 제동을 건 후 t초 후의 속도 $\Rightarrow \dfrac{dx}{dt}$

(2) 물체가 정지할 때의 속도 $\Rightarrow 0$

0588 〔대표문제〕

직선 도로를 달리는 자동차가 제동을 건 후 t초 동안 움직인 거리가 x m일 때, $x=18t-0.45t^2$인 관계가 성립한다. 이 자동차가 제동을 건 후 정지할 때까지 움직인 거리를 구하시오.

0589 〔중 하〕

직선 선로를 달리는 열차가 제동을 건 후 t초 동안 움직인 거리가 x m일 때, $x=at-3t^2$인 관계가 성립한다. 이 열차가 제동을 건 후 정지하는 데 2초가 걸렸다고 할 때, 상수 a의 값을 구하시오.

0590 〔중 하〕

직선 레일을 달리는 기차가 제동을 건 후 t초 동안 움직인 거리가 x m일 때, $x=9t-t^3$인 관계가 성립한다. 이 기차가 목적지에 정확히 정지하려면 목적지로부터 몇 m 지점에서 제동을 걸어야 하는가?

① $\dfrac{\sqrt{3}}{3}$ m   ② 2 m   ③ $3\sqrt{2}$ m

④ $6\sqrt{3}$ m   ⑤ 9 m

| 개념원리 수학 Ⅱ 152쪽 |

유형 **11**   위로 던진 물체의 위치와 속도

지면에서 똑바로 위로 던진 물체의 t초 후의 높이가 h m일 때

(1) t초 후의 물체의 속도 $\Rightarrow \dfrac{dh}{dt}$

(2) 최고 지점에 도달했을 때의 물체의 속도 $\Rightarrow 0$

0591 〔대표문제〕

지면으로부터 40 m의 높이에서 20 m/s의 속도로 똑바로 위로 던진 물체의 t초 후의 높이가 h m일 때, $h=40+20t-5t^2$인 관계가 성립한다. 이 물체가 최고 지점에 도달했을 때 지면으로부터의 높이는?

① 55 m   ② 60 m   ③ 65 m

④ 70 m   ⑤ 75 m

0592 〔중〕

지면에서 a m/s의 속도로 똑바로 위로 던진 물체의 t초 후의 높이가 h m일 때, $h=at-5t^2$인 관계가 성립한다. 물체가 지면으로부터의 높이가 최소 45 m인 지점까지 도달하기 위한 상수 a의 최솟값을 구하시오.

0593 〔중〕

지면으로부터 45 m의 높이에서 40 m/s의 속도로 돌을 똑바로 위로 던진 돌의 t초 후의 높이가 h m일 때, $h=45+40t-5t^2$인 관계가 성립한다. 다음 **보기** 중에서 옳은 것만을 있는 대로 고르시오.

> ┌ **보기** ┐
>
> ㄱ. 돌을 던진 지 2초 후에 돌은 20 m/s의 속도로 위로 올라간다.
>
> ㄴ. 돌이 최고 높이에 도달한 시각은 돌을 던진 지 4초 후이다.
>
> ㄷ. 돌이 지면에 떨어지는 순간의 속도는 -50 m/s이다.

유형 익/히/기

| **개념원리** 수학 Ⅱ 154쪽, 155쪽 |

유형 **12** 시각에 대한 길이·넓이·부피의 변화율

어떤 물체의 시각 t에서의 길이가 l, 넓이가 S, 부피가 V일 때,

(1) 길이의 변화율 $\Rightarrow \dfrac{dl}{dt}$　　(2) 넓이의 변화율 $\Rightarrow \dfrac{dS}{dt}$

(3) 부피의 변화율 $\Rightarrow \dfrac{dV}{dt}$

0594 대표문제

키가 1.6 m인 사람이 지상 4 m 높이의 가로등의 바로 밑에서 매분 100 m의 속도로 일직선으로 걸어갈 때, 이 사람의 그림자의 앞 끝이 움직이는 속도는?

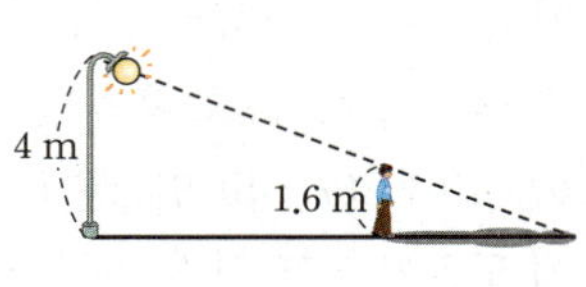

① $\dfrac{200}{3}$ m/min　　② 100 m/min　　③ $\dfrac{500}{3}$ m/min

④ 200 m/min　　⑤ $\dfrac{800}{3}$ m/min

0595 중 서술형

반지름의 길이가 4 cm인 공 모양의 고무 풍선에 공기를 넣어 반지름의 길이가 매초 1 cm씩 증가할 때, 6초 후의 고무 풍선의 부피의 변화율을 구하시오.

0596 중

오른쪽 그림과 같이 윗면의 반지름의 길이가 6 cm, 깊이가 18 cm인 원뿔 모양의 그릇이 있다. 이 그릇에 수면의 높이가 매초 1 cm씩 올라가도록 물을 넣을 때, 수면의 높이가 5 cm가 되는 순간의 물의 부피의 변화율을 구하시오.

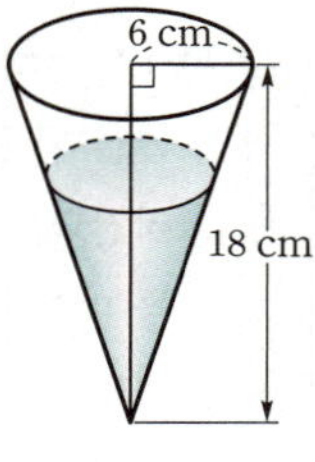

0597 상중

잔잔한 호수에 돌을 던지면 동심원의 파문이 인다. 맨 바깥 쪽의 파문의 반지름의 길이가 일정한 비율로 증가할 때, 2초 후의 파문의 넓이의 증가율은 π m^2/s라 한다. 이때 3초 후의 파문의 넓이의 증가율은?

① $\dfrac{5}{4}\pi$ m^2/s　　② $\dfrac{3}{2}\pi$ m^2/s　　③ 2π m^2/s

④ $\dfrac{5}{2}\pi$ m^2/s　　⑤ 3π m^2/s

0598 상중

좌표평면 위에서 점 P는 원점 O를 출발하여 x축의 양의 방향으로 매초 3의 속력으로 움직이고, 점 Q는 점 P가 출발한 지 2초 후에 원점 O를 출발하여 y축의 양의 방향으로 매초 4의 속력으로 움직인다. 점 P가 출발한 지 5초 후의 삼각형 OPQ의 넓이의 변화율을 구하시오.

0599 상

좌표평면 위에서 점 P는 원점 O를 출발하여 x축의 양의 방향으로 매초 1의 속력으로 움직이고, 점 Q는 동시에 원점 O를 출발하여 y축의 양의 방향으로 매초 2의 속력으로 움직인다. 선분 PQ와 직선 $y=2x$가 만나는 점을 R라 할 때, 선분 OR의 길이의 변화율을 구하시오.

0600 상

내리는 빗물의 양에 맞게 자동으로 크기가 변하면서 강수량을 측정하는 정육면체 모양의 측정기를 설치하였다. 낮 12시부터 비가 내리기 시작하자 측정기의 각 모서리의 길이가 매시간 5 mm씩 증가하여 오후 1시에 10 mm가 되었다고 할 때, 측정기의 부피의 변화율이 13500 mm^3/h가 되는 순간은 몇 시인가?

① 오후 4시　　② 오후 5시　　③ 오후 6시

④ 오후 7시　　⑤ 오후 8시

유형 up

| 개념원리 수학 Ⅱ 153쪽 |

<table>
<tr><td>유형 13</td><td>속도의 그래프의 해석</td></tr>
</table>

수직선 위를 움직이는 점 P의 시각 t에서의 속도 $v(t)$의 그래프
에서

(1) $t=a$일 때 점 P의 가속도

⇨ $t=a$일 때의 접선의 기울기 $v'(a)$

(2) $y=v(t)$의 그래프가 t축과 $t=a$에서 만나고 $t=a$의 좌우에
서 $v(t)$의 부호가 바뀌면

⇨ 점 P는 $t=a$에서 운동 방향을 바꾼다.

0601 대표문제

수직선 위를 움직이는 점 P의 시
각 t에서의 속도 $v(t)$의 그래프가
오른쪽 그림과 같을 때, 다음 중 점
P의 가속도가 가장 큰 시각은?

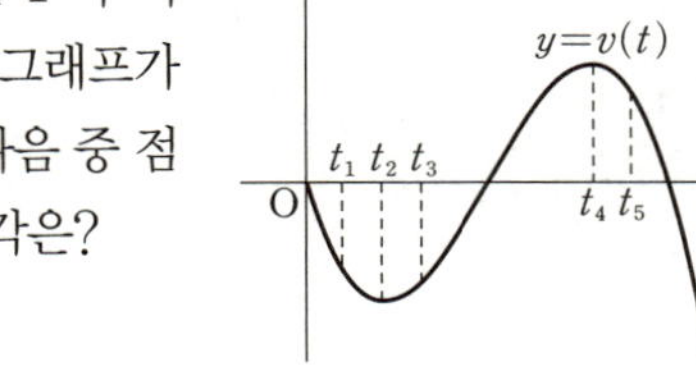

① t_1 　　　　② t_2

③ t_3 　　　　④ t_4

⑤ t_5

0602 상중

수직선 위를 움직이는 점 P의 시각 t에서의 속도 $v(t)$의 그래
프가 아래 그림과 같을 때, 점 P에 대하여 다음 **보기** 중에서
옳은 것만을 있는 대로 고르시오.

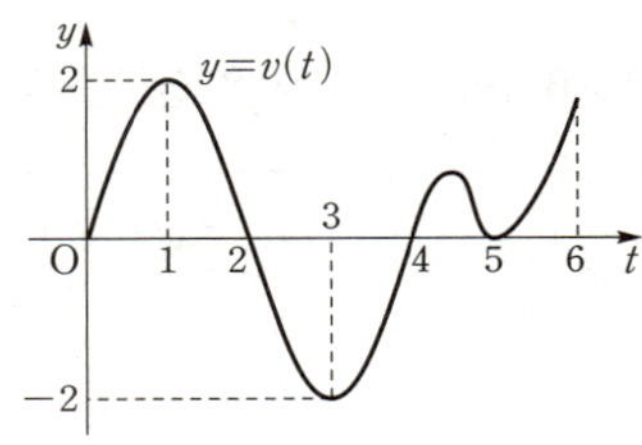

• 보기 •

ㄱ. 시각 $t=5$에서 운동 방향을 바꾼다.

ㄴ. 시각 $0<t<6$에서 운동 방향을 3번 바꾼다.

ㄷ. 시각 $2<t<4$에서 수직선 위를 음의 방향으로 움직인다.

ㄹ. 시각 $4<t<6$에서 속도는 증가한다.

| 개념원리 수학 Ⅱ 153쪽 |

<table>
<tr><td>우형 14</td><td>위치의 그래프의 해석</td></tr>
</table>

수직선 위를 움직이는 점 P의 시각 t에서의 위치 $x(t)$의 그래프
에서

(1) $x'(t)>0$인 구간 ⇨ 점 P는 양의 방향으로 움직인다.

(2) $x'(t)=0$인 구간 ⇨ 점 P는 정지하거나 운동 방향을 바꾼다.

(3) $x'(t)<0$인 구간 ⇨ 점 P는 음의 방향으로 움직인다.

0603 대표문제

수직선 위를 움직이는 점 P의 시
각 t에서의 위치 $x(t)$의 그래프
가 오른쪽 그림과 같을 때, 점 P
에 대해 다음 **보기** 중에서 옳은
것만을 있는 대로 고른 것은?

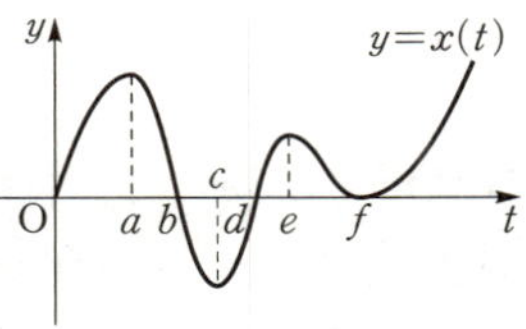

• 보기 •

ㄱ. 시각 $t=a$에서 속도가 최대이다.

ㄴ. 시각 $0<t<f$에서 운동 방향은 3번 바뀐다.

ㄷ. 시각 $t=c$에서 속도는 0이다.

ㄹ. 시각 $t=e$일 때 원점에서 가장 멀리 떨어져 있다.

① ㄱ, ㄴ 　　　② ㄴ, ㄷ 　　　③ ㄷ, ㄹ

④ ㄱ, ㄷ, ㄹ 　　　⑤ ㄴ, ㄷ, ㄹ

0604 상중

수직선 위를 움직이는 두 점 P, Q의 시각 t에서의 각각의 위
치 $x_P(t)$, $x_Q(t)$의 그래프가 아래 그림과 같을 때, 다음 **보기**
중에서 옳은 것만을 있는 대로 고르시오.

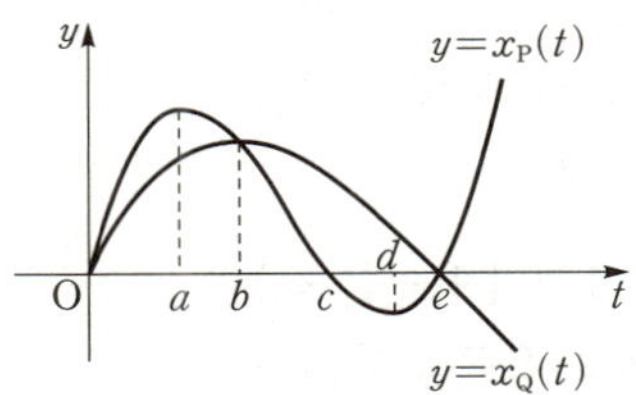

• 보기 •

ㄱ. 시각 $t=a$에서 점 P의 속도는 점 Q의 속도보다 크다.

ㄴ. 점 P와 점 Q는 시각 $t=b$일 때 만난다.

ㄷ. 시각 $t=c$에서 점 P와 점 Q는 서로 같은 방향으로 움
직인다.

0605

방정식 $\dfrac{3}{4}x^4-x^3-3x^2+k=0$이 서로 다른 네 개의 실근을 갖도록 하는 실수 k의 값으로 적당한 것은?

① 0   ② 1   ③ 2

④ 3   ⑤ 4

0606

미분가능한 함수 $y=f(x)$의 도함수 $y=f'(x)$의 그래프가 오른쪽 그림과 같을 때, 방정식 $f(x)=k$의 서로 다른 실근의 최대 개수는?

(단, k는 실수)

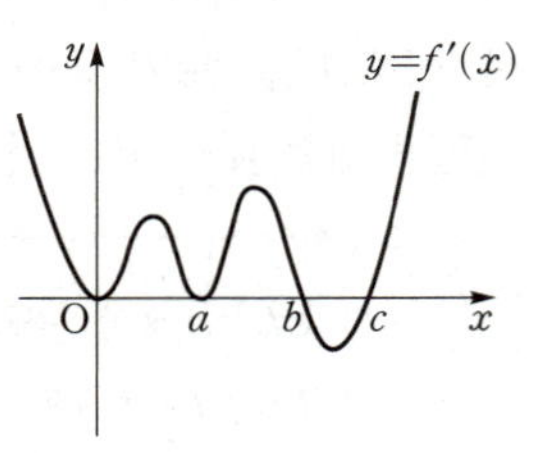

① 1   ② 2   ③ 3

④ 4   ⑤ 5

0607

사차함수 $y=f(x)$의 도함수 $y=f'(x)$의 그래프가 오른쪽 그림과 같고, $f(-1)=-2$, $f(5)=1$, $f(0)<-1$이다. 방정식 $f(x)+x+1=0$에 대한 다음 설명 중 옳은 것은?

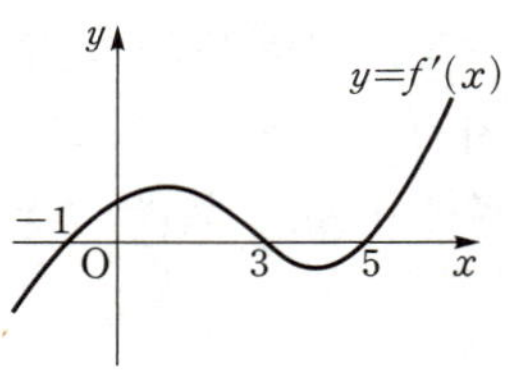

① 1개의 양근과 1개의 음근을 갖는다.

② 서로 다른 2개의 음근을 갖는다.

③ 1개의 음근과 서로 다른 2개의 양근을 갖는다.

④ 서로 다른 2개의 양근을 갖는다.

⑤ 1개의 음근과 서로 다른 3개의 양근을 갖는다.

0608

방정식 $2x^3+3x^2-12x+a=0$이 한 개의 음근과 서로 다른 두 개의 양근을 갖도록 하는 실수 a의 값의 범위를 구하시오.

0609

방정식 $2x^3-3ax^2+a=0$이 중근과 다른 한 실근을 갖도록 하는 양수 a의 값은?

① 1   ② 2   ③ 3

④ 4   ⑤ 5

0610

사차함수 $y=f(x)$의 도함수 $y=f'(x)$의 그래프가 오른쪽 그림과 같을 때, 다음 **보기** 중에서 옳은 것만을 있는 대로 고르시오.

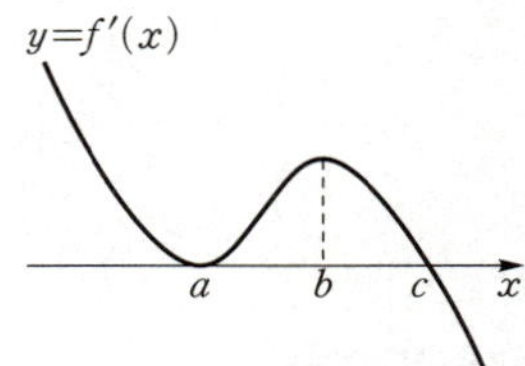

ㄱ. $f(a)=0$이면 $f(x)=0$은 서로 다른 두 실근을 갖는다.

ㄴ. $f(a)f(c)<0$이면 $f(x)=0$은 서로 다른 두 실근을 갖는다.

ㄷ. $f(a)f(c)>0$이면 $f(x)=0$은 실근을 갖지 않는다.

0611

곡선 $y=x^3-x$와 직선 $y=2x+k$가 서로 다른 세 점에서 만나도록 하는 실수 k의 값의 범위는?

① $-4<k<0$ ② $-3<k<1$ ③ $-2<k<2$

④ $-1<k<3$ ⑤ $0<k<4$

0612

곡선 $y=x^3-3x^2-2$ 밖의 한 점 $(0,\ a)$에서 주어진 곡선에 오직 한 개의 접선만을 그을 수 있도록 하는 실수 a의 값의 범위는?

① $a<-2$ 또는 $a>-1$ 　② $-2<a<-1$
③ $a<-1$ 또는 $a>0$ 　④ $-1<a<0$
⑤ $-1\leq a\leq0$

0613

모든 실수 x에 대하여 부등식 $x^4-8x+a\geq4x^3-6x^2$이 성립하도록 하는 실수 a의 최솟값은?

① 4 　② 5 　③ 6
④ 7 　⑤ 8

0614 중요

두 함수 $f(x)=x^4-4x$, $g(x)=-x^2+2x-a$가 있다. 모든 실수 x에 대하여 부등식 $f(x)\geq g(x)$가 성립하도록 하는 실수 a의 값의 범위를 구하시오.

0615

$x\geq0$일 때, 부등식 $2x^3+k\geq3x^2$이 항상 성립하도록 하는 실수 k의 값의 범위를 구하시오.

0616

$x>0$일 때, 부등식 $4x^2-3x<x^3+kx$를 만족시키는 실수 k의 값의 범위는?

① $k<1$ 　② $k>1$ 　③ $k\geq1$
④ $-1<k<1$ 　⑤ $0\leq k<1$

0617

수직선 위를 움직이는 두 점 P, Q의 시각 t에서의 위치가 각각

$$x_{\mathrm P}(t)=\frac{1}{3}t^3+4t-\frac{2}{3},\ x_{\mathrm Q}(t)=2t^2-10$$

일 때, 두 점 P, Q의 속도가 같아지는 순간의 두 점 사이의 거리를 구하시오.

0618

수직선 위를 움직이는 두 점 P, Q의 시각 t에서의 위치가 각각 $x_{\mathrm P}(t)=2t^3-2t^2+3t$, $x_{\mathrm Q}(t)=-4t^2-t$일 때, $t=3$에서의 선분 PQ의 중점 M의 속도는?

① 10 　② 11 　③ 12
④ 13 　⑤ 14

0619 평가원 기출

수직선 위를 움직이는 점 P의 시각 $t\,(t>0)$에서의 위치 x가

$$x=t^3-12t+k\ (k는\ 상수)$$

이다. 점 P의 운동 방향이 원점에서 바뀔 때, k의 값은?

① 10 　② 12 　③ 14
④ 16 　⑤ 18

0620 중요

원점을 출발하여 수직선 위를 움직이는 점 P의 시각 t에서의 위치 x가 $x(t)=\dfrac{1}{3}t^3-4t^2+7t$일 때, 다음 **보기** 중에서 옳은 것만을 있는 대로 고른 것은?

> ● 보기 ●
>
> ㄱ. 시각 $t=1$, $t=3$에서 점 P의 위치는 같다.
> ㄴ. 점 P가 출발할 때의 속도는 0이다.
> ㄷ. 시각 $t=3$에서 가속도는 -2이다.
> ㄹ. 점 P는 움직이는 동안 운동 방향을 두 번 바꾼다.

① ㄷ ② ㄱ, ㄴ ③ ㄷ, ㄹ
④ ㄴ, ㄷ, ㄹ ⑤ ㄱ, ㄷ, ㄹ

0621

지면으로부터 35 m의 높이에서 30 m/s의 속도로 똑바로 위로 던진 물체의 t초 후의 높이가 h m일 때, $h=35+30t-5t^2$인 관계가 성립한다. 다음 **보기** 중에서 옳은 것만을 있는 대로 고르시오.

> ● 보기 ●
>
> ㄱ. 물체가 최고 높이에 도달하는 데 걸리는 시간은 3초이다.
> ㄴ. 물체의 최고 높이는 65 m이다.
> ㄷ. 물체가 지면에 떨어지는 데 걸리는 시간은 6초이다.
> ㄹ. 물체의 가속도는 일정하다.

0622

키가 180 cm인 해성이와 150 cm인 유빈이가 높이 3 m인 가로등 바로 밑에서 출발하여 각각 매분 60 m의 속도로 일직선으로 걸어가고 있다. 해성이와 유빈이의 그림자의 앞 끝이 움직이는 속도를 각각 v_1 m/min, v_2 m/min이라 할 때, $v_1 : v_2$는?

① 3 : 2 ② 4 : 3 ③ 5 : 4
④ 7 : 6 ⑤ 9 : 8

0623

한 변의 길이가 2 cm인 정삼각형이 있다. 각 변의 길이가 매초 2 cm씩 증가할 때, 5초 후의 정삼각형의 넓이의 변화율을 구하시오.

0624

오른쪽 그림과 같이 윗면의 반지름의 길이가 4 cm, 깊이가 8 cm인 원뿔 모양의 빈 그릇이 있다. 이 그릇에 수면의 높이가 매초 0.5 cm씩 상승하도록 물을 넣을 때, 수면의 높이가 4 cm가 되는 순간의 부피의 변화율은?

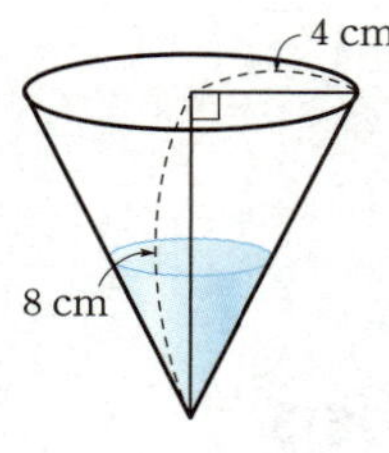

① 2π cm^3/s ② $\dfrac{5}{2}\pi$ cm^3/s ③ 3π cm^3/s
④ $\dfrac{7}{2}\pi$ cm^3/s ⑤ 4π cm^3/s

0625

원점을 출발하여 수직선 위를 움직이는 점 P의 $t(0\leq t\leq 6)$초 후의 속도 $v(t)$가 아래 그림과 같을 때, 다음 **보기** 중에서 옳은 것만을 있는 대로 고른 것은?

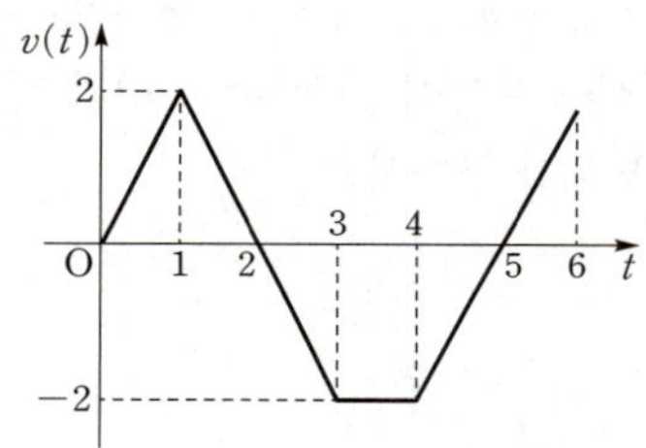

> ● 보기 ●
>
> ㄱ. 출발 후 2초일 때 점 P의 위치는 원점이다.
> ㄴ. 출발 후 1초와 3초 사이에서 움직이는 방향이 바뀐다.
> ㄷ. 점 P는 출발한 후 6초 동안 운동 방향을 2번 바꾼다.

① ㄱ ② ㄴ ③ ㄷ
④ ㄱ, ㄷ ⑤ ㄴ, ㄷ

 **서술형 주관식**

0626

$-4<k<0$일 때, 방정식 $x^3-3x^2-k=0$의 서로 다른 실근의 개수를 구하시오.

0627

$1<x<3$에서 두 함수 $f(x)=2x^3-3x^2$, $g(x)=x^3-a$에 대하여 $f(x)\geq g(x)$를 만족시키도록 하는 상수 a의 최솟값을 구하시오.

0628

원점을 동시에 출발하여 수직선 위를 움직이는 두 점 P, Q의 시각 t에서의 위치는 각각 $x_{\mathrm{P}}(t)=t^2-6t$, $x_{\mathrm{Q}}(t)=\dfrac{1}{2}t^2+4t$이다. 두 점 P, Q가 서로 같은 방향으로 움직이는 시각 t의 값의 범위를 구하시오.

0629

오른쪽 그림과 같이 키가 1.5 m인 사람이 높이 3 m의 가로등의 바로 밑에서 매분 90 m의 속도로 일직선으로 걸어가고 있다. 이때 이 사람의 그림자의 길이의 변화율을 구하시오.

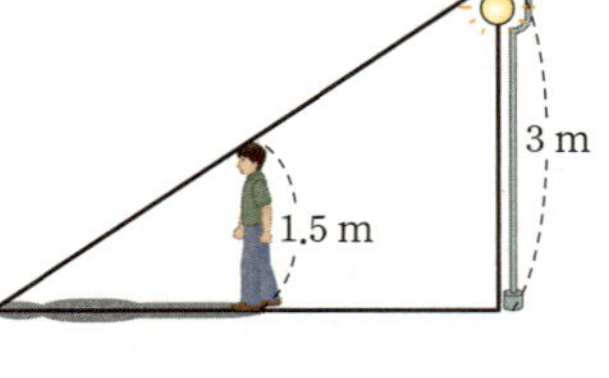

실력 up

0630 평가원 기출

좌표평면에서 두 함수
$$f(x)=6x^3-x, \quad g(x)=|x-a|$$
의 그래프가 서로 다른 두 점에서 만나도록 하는 모든 실수 a의 값의 합은?

① $-\dfrac{11}{18}$　　② $-\dfrac{5}{9}$　　③ $-\dfrac{1}{2}$

④ $-\dfrac{4}{9}$　　⑤ $-\dfrac{7}{18}$

0631

오른쪽 그림과 같이 평평한 바닥에 $60°$로 기울어진 경사면과 반지름의 길이가 1 m인 공이 있다. 이 공의 중심은 경사면과 바닥이 만나는 점에서 바닥에 수직으로 높이가 74 m인 위치에 있다. 이 공을 자유 낙하시킬 때, t초 후 공의 중심의 높이 $h(t)$는 $h(t)=74-8t^2$ (m)이라 한다. 공이 경사면과 처음으로 충돌하는 순간의 공의 속도를 구하시오.

(단, 경사면의 두께와 공기의 저항은 무시한다.)

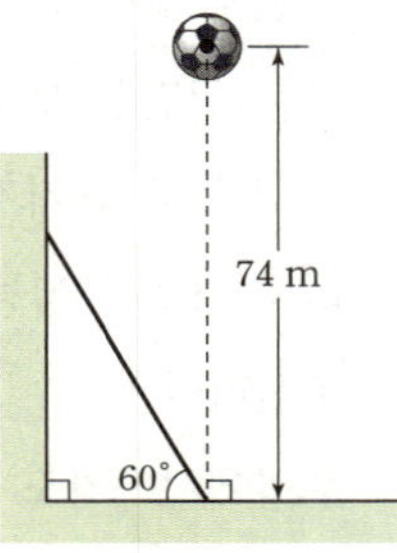

0632 창의·융합

다음 그림과 같이 이차함수 $f(x)=-x^2-4x$에 대하여 $y=f(x)$의 그래프 위의 점 $\mathrm{P}(t, f(t))$ $(-4<t\leq-2)$와 점 P에서 x축에 내린 수선의 발인 점 Q가 있다. 선분 OQ를 밑면의 반지름으로 하고 선분 PQ를 높이로 하여 만들 수 있는 원뿔의 부피의 최댓값을 구하시오.

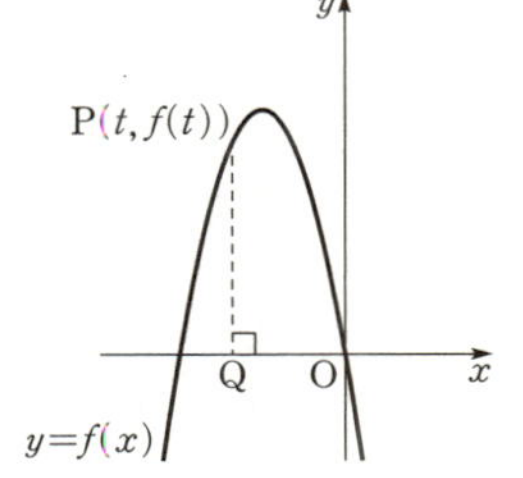

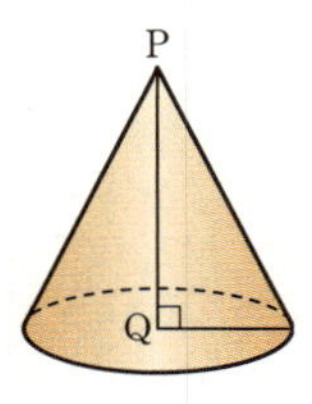

어리석음을 범하는 자가 되지 마라.

어리석음을 범하는 자가 어리석은 것이 아니라, 범한 후에 감추지 못하는 자가 어리석은 것이다.

자신의 성향조차도 감추어야 할 때가 있으니 결정은 말할 필요도 없다.

모든 인간은 오류를 범하지만 그것에도 차이는 있다. 현명한 자는 제가 저지른 잘못을 숨기지만 어리석은 자는 저지르기도 전에 미리 거짓말을 한다. 우리의 명성은 행동보다는 비밀을 지키는 데에 근거한다. 오점이 있으면 행동을 조심하라.

우정에서조차도 예외는 있다. 친구에게도 자신의 잘못은 털어놓지 마라. 할 수만 있다면 자신에게도 감춰야 한다. 이와 함께 또 다른 삶의 규칙이 도움이 될 것이다. 즉, 잊을 수 있다면 잊어라.

III

적분

07 부정적분

07·1 부정적분의 뜻

1 부정적분 : 함수 $F(x)$의 도함수가 $f(x)$일 때, 즉 $F'(x)=f(x)$일 때 $F(x)$를 $f(x)$의 부정적분이라 하고, 기호 $\int f(x)dx$로 나타낸다.

2 함수 $f(x)$의 부정적분 중 하나를 $F(x)$라 하면
$$\int f(x)dx=F(x)+C \ (단, C는 적분상수)$$

- 부정적분의 '부정(不定)'은 어느 하나로 정할 수 없다는 뜻이다.
- $\int f(x)dx$는 '$f(x)$의 부정적분' 또는 '인티그럴(integral) $f(x)dx$'라 읽는다.

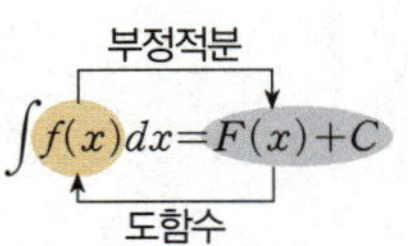

07·2 부정적분과 미분의 관계

1 $\dfrac{d}{dx}\left\{\int f(x)dx\right\}=f(x)$

2 $\int\left\{\dfrac{d}{dx}f(x)\right\}dx=f(x)+C$ (단, C는 적분상수)

- $\dfrac{d}{dx}\left\{\int f(x)dx\right\}$
$\neq \int\left\{\dfrac{d}{dx}f(x)\right\}dx$

07·3 함수 $y=x^n$의 부정적분

n이 음이 아닌 정수일 때
$$\int x^n dx=\frac{1}{n+1}x^{n+1}+C \ (단, C는 적분상수)$$

참고 k가 상수일 때, $\int k\,dx=kx+C$ (단, C는 적분상수)

- $\int 1\,dx$는 보통 $\int dx$로 나타낸다.

07·4 함수의 실수배, 합, 차의 부정적분

두 함수 $f(x)$, $g(x)$가 부정적분을 가질 때

(1) $\int kf(x)dx=k\int f(x)dx$ (단, k는 실수)

(2) $\int\{f(x)+g(x)\}dx=\int f(x)dx+\int g(x)dx$

(3) $\int\{f(x)-g(x)\}dx=\int f(x)dx-\int g(x)dx$

예 $\int(4x^3+3x^2-6x)dx=\int 4x^3 dx+\int 3x^2 dx-\int 6x\,dx=4\int x^3 dx+3\int x^2 dx-6\int x\,dx$

$\qquad =4\left(\dfrac{1}{4}x^4+C_1\right)+3\left(\dfrac{1}{3}x^3+C_2\right)-6\left(\dfrac{1}{2}x^2+C_3\right)$

$\qquad =x^4+x^3-3x^2+4C_1+3C_2-6C_3$

이므로 $4C_1+3C_2-6C_3=C$로 놓으면
$$\int(4x^3+3x^2-6x)dx=x^4+x^3-3x^2+C$$

- 함수의 합, 차의 부정적분은 세 개 이상의 함수에 대해서도 성립한다.

- 적분상수가 여러 개 있을 때는 이들을 묶어서 하나의 적분상수로 나타낸다.

07 부정적분

07·1   부정적분의 뜻

[0633 ~ 0635] 다음 등식을 만족시키는 함수 $f(x)$를 구하시오.
(단, C는 적분상수)

0633 $\displaystyle\int f(x)dx=3x^2+4x+C$

0634 $\displaystyle\int f(x)dx=x^3-x^2+C$

0635 $\displaystyle\int f(x)dx=\frac{1}{4}x^4+\frac{1}{3}x^3+\frac{1}{2}x^2+C$

07·2   부정적분과 미분의 관계

[0636 ~ 0639] 다음을 계산하시오.

0636 $\displaystyle\frac{d}{dx}\left(\int x^2dx\right)$

0637 $\displaystyle\int\left(\frac{d}{dx}x^2\right)dx$

0638 $\displaystyle\frac{d}{dx}\left\{\int(x^3+2x)dx\right\}$

0639 $\displaystyle\int\left\{\frac{d}{dx}(x^3+2x)\right\}dx$

07·3   함수 $y=x^n$의 부정적분

[0640 ~ 0643] 다음 부정적분을 구하시오.

0640 $\displaystyle\int dx$

0641 $\displaystyle\int x^3dx$

0642 $\displaystyle\int x^{21}dx$

0643 $\displaystyle\int x^{n-1}dx$ (단, n은 자연수)

07·4   함수의 실수배, 합, 차의 부정적분

[0644 ~ 0650] 다음 부정적분을 구하시오.

0644 $\displaystyle\int(3x-4)dx$

0645 $\displaystyle\int(5x^2-2x+1)dx$

0646 $\displaystyle\int(x-1)(x+2)dx$

0647 $\displaystyle\int(2x-3)^2dx$

0648 $\displaystyle\int(x-3)(x^2+3x+9)dx$

0649 $\displaystyle\int\frac{x^2-4}{x+2}dx$

0650 $\displaystyle\int\frac{x^3+1}{x+1}dx$

[0651 ~ 0652] 다음 부정적분을 구하시오.

0651 $\displaystyle\int(x+1)^2dx-\int(x-1)^2dx$

0652 $\displaystyle\int\frac{x^3}{x-2}dx-\int\frac{8}{x-2}dx$

| 개념원리 수학 Ⅱ 163쪽 |

유형 **01** 부정적분의 뜻

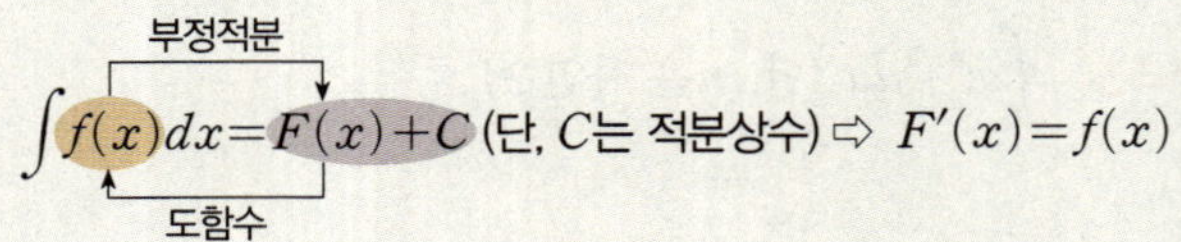

$$\int f(x)dx = F(x) + C \ (\text{단, } C\text{는 적분상수}) \Rightarrow F'(x) = f(x)$$

0653 대표문제

다항함수 $f(x)$에 대하여

$$\int (x-3)f(x)dx = x^3 - 27x$$

가 성립할 때, $f(-1)$의 값은?

① -6 ② -3 ③ 3
④ 6 ⑤ 9

0654 하

함수 $f(x)$의 부정적분 중 하나가 $x^3 + x^2 + 1$일 때, 함수 $f(x)$는?

① $f(x) = x^3 + x^2$ ② $f(x) = 3x^2 + 2x$
③ $f(x) = x^2 + x$ ④ $f(x) = 6x + 2$
⑤ $f(x) = 2x + 1$

0655 중하

두 함수 $f(x) = 2x^2 - 1$, $g(x) = 4x + 3$에 대하여

$$\int F(x)dx = f(x)g(x)$$

가 성립할 때, $F(0)$의 값을 구하시오.

0656 중 서술형

함수 $F(x) = x^3 + ax^2 + 2x$가 함수 $f(x)$의 부정적분 중 하나이고 $f(0) = b$, $f'(0) = 3$일 때, 상수 a, b에 대하여 ab의 값을 구하시오.

| 개념원리 수학 Ⅱ 164쪽 |

유형 **02** 부정적분과 미분의 관계

(1) $\dfrac{d}{dx}\left\{\int f(x)dx\right\} = f(x)$ 그대로

(2) $\int \left\{\dfrac{d}{dx}f(x)\right\}dx = f(x) + C$ (단, C는 적분상수)   (그대로)+(적분상수)

0657 대표문제

모든 실수 x에 대하여

$$\frac{d}{dx}\left\{\int (ax^3 + 2x^2 + bx - 7)dx\right\} = x^3 + cx^2 + 3x + d$$

가 성립할 때, $a+b+c+d$의 값은? (단, a, b, c, d는 상수)

① -7 ② -4 ③ -1
④ 2 ⑤ 5

0658 중하

함수 $f(x)$가

$$\frac{d}{dx}\left\{\int xf(x)dx\right\} = x^4 + x^3 + x^2 + x$$

를 만족시킬 때, $f(3)$의 값을 구하시오.

0659 중

함수 $F(x) = \int\left\{\dfrac{d}{dx}(x^3 - 2x)\right\}dx$에 대하여 $F(0) = 2$일 때, $F(2)$의 값을 구하시오.

0660 중

함수 $f(x)$에 대하여

$$\int\left\{\frac{d}{dx}f(x)\right\}dx=x^3-6x+C$$

이고 $f(3)=10$일 때, $f(-1)$의 값은? (단, C는 적분상수)

① 2   ② 3   ③ 4

④ 5   ⑤ 6

0661 중

함수 $f(x)=2x+1$에 대하여 두 함수 $F(x)$, $G(x)$를

$$F(x)=\frac{d}{dx}\left\{\int xf(x)dx\right\},$$

$$G(x)=\int\left\{\frac{d}{dx}xf(x)\right\}dx$$

로 정의하자. $G(1)=5$일 때, $F(-1)+G(-1)$의 값을 구하시오.

0662 중

함수 $f(x)=\int\left\{\frac{d}{dx}(x^2-4x)\right\}dx$의 최솟값이 -8일 때, $f(5)$의 값을 구하시오.

0663 상중

함수 $f(x)=10x^{10}+9x^9+\cdots+2x^2+x$에 대하여

$$F(x)=\int\left[\frac{d}{dx}\int\left\{\frac{d}{dx}f(x)\right\}dx\right]dx$$

라 하자. $F(0)=-5$일 때, $F(1)$의 값은?

① 30   ② 40   ③ 50

④ 60   ⑤ 70

유형 03   부정적분과 미분의 관계를 이용한 함수의 결정

$\dfrac{d}{dx}f(x)=g(x)$ 꼴이 주어지면

⇨ 양변을 적분하여 $\int\left\{\dfrac{d}{dx}f(x)\right\}dx=f(x)+C$임을 이용한다. (단, C는 적분상수)

0664 ◀ 대표문제

상수함수가 아닌 두 다항함수 $f(x)$, $g(x)$가

$$\frac{d}{dx}\{f(x)g(x)\}=3x^2$$

을 만족시키고 $f(2)=0$, $g(2)=12$일 때, $f(0)+g(1)$의 값을 구하시오. (단, $f(x)$, $g(x)$의 계수는 실수)

0665 중

두 다항함수 $f(x)$, $g(x)$가

$$\frac{d}{dx}\{f(x)+g(x)\}=4,\ \frac{d}{dx}\{f(x)-g(x)\}=4x$$

를 만족시키고 $f(0)=3$, $g(0)=-4$일 때, $f(1)+g(-1)$의 값을 구하시오.

0666 중

두 다항함수 $f(x)$, $g(x)$가 다음 조건을 모두 만족시킬 때, $f(1)-g(2)$의 값을 구하시오.

> (가) $f(0)=2$, $g(0)=1$
>
> (나) $\dfrac{d}{dx}\{f(x)+g(x)\}=4x+2$
>
> (다) $\dfrac{d}{dx}\{f(x)g(x)\}=12x^2+4x+4$

유형 04　부정적분의 계산

(1) $\displaystyle\int x^n dx = \dfrac{1}{n+1}x^{n+1}+C$

(단, n은 음이 아닌 정수이고 C는 적분상수)

(2) $\displaystyle\int kf(x)dx = k\int f(x)dx$ (단, k는 상수)

(3) $\displaystyle\int \{f(x)\pm g(x)\}dx = \int f(x)dx \pm \int g(x)dx$ (복부호동순)

0667　대표문제

함수 $f(x)=\displaystyle\int \dfrac{x^2}{x-1}dx - \int \dfrac{1}{x-1}dx$에 대하여 $f(0)=1$일 때, $f(2)$의 값을 구하시오.

0668　중하

함수 $f(x)=\displaystyle\int(1-x)^3 dx - \int(1+x)^3 dx$에 대하여

$f(0)=\dfrac{1}{2}$일 때, $f(1)$의 값을 구하시오.

0669　중하

모든 실수 x에 대하여

$\displaystyle\int \dfrac{9}{x}dx + \int \dfrac{(2x+3)(2x-3)}{x}dx = ax^2+bx+C$일 때,

상수 a, b에 대하여 $a+b$의 값은? (단, C는 적분상수)

① 1　　　　② 2　　　　③ 3

④ 4　　　　⑤ 5

0670　중

함수 $f(x)=\displaystyle\int(1+2x+3x^2+\cdots+9x^8)dx$에 대하여

$f(1)=10$일 때, $f(-1)$의 값을 구하시오.

유형 05　$f'(x)$로부터 $f(x)$ 구하기

함수 $f(x)$의 도함수 $f'(x)$가 주어지면

⇨ $f(x)=\displaystyle\int f'(x)dx$임을 이용한다.

0671　대표문제

함수 $f(x)$에 대하여 $f'(x)=3x^2+2ax+1$이고 $f(0)=1$, $f(1)=2$일 때, $f(2)$의 값을 구하시오. (단, a는 상수)

0672　중

함수 $f(x)$를 적분해야 할 것을 잘못하여 미분하였더니 $3x^2-1$이었다. $f(0)=2$일 때, $f(1)$의 값을 구하시오.

0673　중

함수 $f(x)$에 대하여 $f'(x)=\dfrac{x^3-27}{x^2+3x+9}$이고 $f(0)=1$일 때, $f(-2)$의 값을 구하시오.

0674　상중

함수 $f(x)$가 다음 조건을 모두 만족시킬 때, $a+f(2)$의 값을 구하시오. (단, a는 상수)

> (가) $f'(x)=2x+a$　　　　(나) $\displaystyle\lim_{x\to1}\dfrac{f(x)}{x-1}=2a-1$

유형 **06** $f(x)$와 그 부정적분 $F(x)$의 관계

함수 $f(x)$와 그 부정적분 $F(x)$ 사이의 관계식이 주어지면
⇨ 양변을 x에 대하여 미분한 후 $F'(x)=f(x)$임을 이용한다.

0675 대표문제

다항함수 $f(x)$의 한 부정적분 $F(x)$에 대하여
$$F(x)=xf(x)+2x^3-x^2+1$$
이 성립하고 $f(1)=2$일 때, 함수 $f(x)$는?

① $f(x)=-3x^2-2x+3$ ② $f(x)=-3x^2+2x+3$
③ $f(x)=-3x^2+3x-2$ ④ $f(x)=3x^2+2x+3$
⑤ $f(x)=3x^2+3x+2$

0676 중

다항함수 $f(x)$에 대하여
$$\int f(x)dx=xf(x)-2x^3+3x^2$$
이 성립하고 $f(1)=3$일 때, $f(-1)$의 값을 구하시오.

0677 중 서술형

다항함수 $f(x)$의 한 부정적분 $F(x)$에 대하여
$$(x-1)f(x)-F(x)=4x^3-6x^2$$
이 성립하고 $f(1)=2$일 때, $f(-2)$의 값을 구하시오.

0678 중

다항함수 $f(x)$와 $F'(x)=f(x)$의 관계에 있는 함수 $F(x)$에 대하여
$$\int (x-2)f(x)dx+2F(x)=-\frac{1}{2}x^4+\frac{8}{3}x^3+x^2+C$$
가 성립한다. 함수 $f(x)$가 $x=a$에서 최댓값 M을 가질 때, aM의 값을 구하시오. (단, C는 적분상수)

0679 상 중

다항함수 $f(x)$에 대하여
$$f(x)+\int xf(x)dx=\frac{1}{4}x^4+\frac{2}{3}x^3-\frac{5}{2}x^2+2x$$
가 성립할 때, $f(3)$의 값은?

① 2 ② 4 ③ 6
④ 8 ⑤ 10

0680 중

다항함수 $f(x)$에 대하여
$$3\int f(x)dx=xf(x)-2f(x)$$
가 성립하고 $f(0)=2$일 때, $f(4)$의 값은?

① 1 ② 2 ③ 3
④ 4 ⑤ 5

| 개념원리 수학 Ⅱ 172쪽 |

유형 07 함수의 연속과 부정적분

$f'(x)=\begin{cases} g(x)\ (x>a) \\ h(x)\ (x<a) \end{cases}$ 이고 함수 $f(x)$가 $x=a$에서 연속이면

$\Rightarrow$ ① $f(x)=\begin{cases} \displaystyle\int g(x)dx\ (x\geq a) \\ \displaystyle\int h(x)dx\ (x<a) \end{cases}$

② $f(a)=\displaystyle\lim_{x\to a+}\int g(x)dx=\lim_{x\to a-}\int h(x)dx$

0681 대표문제

연속함수 $f(x)$의 도함수 $f'(x)$가

$$f'(x)=\begin{cases} 2x+4 \quad (x\geq 0) \\ -x^2+4 \ (x<0) \end{cases}$$

이고 $f(2)=6$일 때, $f(-3)$의 값을 구하시오.

0682 중

미분가능한 함수 $f(x)$의 도함수 $f'(x)$가

$$f'(x)=\begin{cases} 2x+2 \ (x\geq 1) \\ 3x^2+1 \ (x<1) \end{cases}$$

일 때, $f(0)-f(2)$의 값을 구하시오.

0683 중

연속함수 $f(x)$의 도함수 $f'(x)$가 $f'(x)=x^2-|x|$이고 $f(1)=0$일 때, $f(-2)+f(2)$의 값을 구하시오.

0684 중

모든 실수 x에서 연속인 함수 $f(x)$의 도함수 $f'(x)$가

$$f'(x)=\begin{cases} 2x+k \ (x>1) \\ 6 \qquad (x<1) \end{cases}$$

이고 $f(0)=-2$, $f(2)=6$일 때, $k+f(1)$의 값을 구하시오. (단, k는 상수)

| 개념원리 수학 Ⅱ 172쪽 |

유형 08 접선의 기울기와 부정적분

곡선 $y=f(x)$ 위의 임의의 점 $(x,\ f(x))$에서의 접선의 기울기는 $f'(x)$이다.

0685 대표문제

곡선 $y=f(x)$ 위의 임의의 점 $(x,\ f(x))$에서의 접선의 기울기가 $3x^2+5$이다. 이 곡선이 점 $(0,\ 3)$을 지날 때, $f(1)$의 값은?

① 1 　　　② 3 　　　③ 5
④ 7 　　　⑤ 9

0686 중

곡선 $y=f(x)$ 위의 임의의 점 $(x,\ f(x))$에서의 접선의 기울기가 $-4x+2$이다. 이 곡선이 두 점 $(1,\ 2)$, $(2,\ k)$를 지날 때, k의 값을 구하시오.

0687 중

점 $(1,\ 3)$을 지나는 곡선 $y=f(x)$ 위의 임의의 점 $(x,\ y)$에서의 접선의 기울기가 $4x+6$이다. 이때 방정식 $f(x)=0$의 모든 근의 곱을 구하시오.

0688 상중 서술형

함수 $f(x)=\displaystyle\int (kx^2-4x+4)dx$에 대하여 곡선 $y=f(x)$ 위의 점 $(1,\ 2)$에서의 접선의 기울기가 6일 때, $f(2)$의 값을 구하시오. (단, k는 상수)

| 개념원리 수학 Ⅱ 173쪽 |

유형 **09** 미분계수와 부정적분

함수 $f(x)$의 $x=a$에서의 미분계수는
$$\Rightarrow f'(a)=\lim_{h\to 0}\frac{f(a+h)-f(a)}{h}=\lim_{x\to a}\frac{f(x)-f(a)}{x-a}$$

0689 대표문제

함수 $f(x)=\displaystyle\int(x^3-2x+2)dx$에 대하여

$\displaystyle\lim_{h\to 0}\frac{f(-2+h)-f(-2-h)}{h}$의 값을 구하시오.

0690 중

함수 $f(x)=\displaystyle\int(x^2-2x+k)dx$에 대하여 $f(0)=3$이고

$\displaystyle\lim_{x\to -2}\frac{f(x)-f(-2)}{x+2}=4$일 때, $f(3)$의 값은? (단, k는 상수)

① -9 ② -7 ③ -5
④ -3 ⑤ -1

0691 상 중

다항함수 $f(x)$가 다음 조건을 모두 만족시킬 때, 방정식 $f(x)=0$의 모든 근의 곱을 구하시오.

> (가) $f(0)=4$
> (나) 모든 실수 a에 대하여
> $$\lim_{x\to a}\frac{f(x)-f(a)}{x-a}=6a^2-4a-5$$

| 개념원리 수학 Ⅱ 175쪽 |

유형 **10** 도함수의 정의를 이용한 부정적분

$f(x+y)=f(x)+f(y)$를 포함하는 식이 주어지면
(i) $x=0,\ y=0$을 대입하여 $f(0)$의 값을 구한다.
(ii) $f'(x)=\displaystyle\lim_{h\to 0}\frac{f(x+h)-f(x)}{h}$를 이용하여 $f'(x)$를 구한다.
(iii) $f(x)=\displaystyle\int f'(x)dx$와 $f(0)$의 값을 이용하여 $f(x)$를 구한다.

0692 대표문제

미분가능한 함수 $f(x)$가 임의의 실수 $x,\ y$에 대하여
$$f(x+y)=f(x)+f(y)-2xy$$
를 만족시키고 $f'(0)=4$일 때, $f(3)$의 값을 구하시오.

0693 중

다항함수 $f(x)$가 다음 조건을 모두 만족시킬 때, $f(1)$의 값을 구하시오.

> (가) $\displaystyle\lim_{h\to 0}\frac{f(h)+1}{h}=2$
> (나) 임의의 실수 $x,\ y$에 대하여
> $$f(x+y)=f(x)+f(y)+xy+1$$

0694 중

미분가능한 함수 $f(x)$가 임의의 실수 $x,\ y$에 대하여
$$f(x+y)=f(x)+f(y)+x^2y+xy^2-3$$
을 만족시키고 $f'(0)=3$일 때, $f(x)$를 구하시오.

유형 up

| 개념원리 수학 Ⅱ 174쪽 |

유형 11 극대·극소와 부정적분

미분가능한 함수 $f(x)$에 대하여 $f'(a)=0$이고 $x=a$의 좌우에서 $f'(x)$의 부호가
(1) 양에서 음으로 바뀌면 ⇨ $x=a$에서 극댓값 $f(a)$를 갖는다.
(2) 음에서 양으로 바뀌면 ⇨ $x=a$에서 극솟값 $f(a)$를 갖는다.

0695 대표문제

함수 $f(x)=ax^3+bx^2+cx+d$의 도함수 $y=f'(x)$의 그래프가 오른쪽 그림과 같다. 함수 $f(x)$의 극솟값이 -1, 극댓값이 3일 때, $a+d$의 값은?
(단, a, b, c, d는 상수)

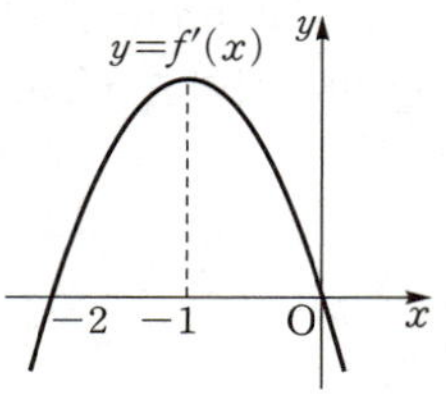

① -2 ② -1 ③ 0
④ 1 ⑤ 2

0696 중

곡선 $y=f(x)$ 위의 임의의 점 $(x, f(x))$에서의 접선의 기울기가 x^2+2x-8이다. 함수 $f(x)$의 극솟값이 -8일 때, $f(x)$의 극댓값을 구하시오.

0697 중

함수 $f(x)$의 도함수가 $f'(x)=x(x-4)$이고 $f(x)$의 극댓값이 극솟값의 3배일 때, $f(3)$의 값은?

① 1 ② 3 ③ 5
④ 7 ⑤ 9

0698 중

최고차항의 계수가 2인 삼차함수 $f(x)$가 $f'(-1)=0$, $f'(3)=0$을 만족시킨다. 함수 $f(x)$의 극댓값이 24일 때, 극솟값을 구하시오.

0699 상중

함수 $f(x)$의 도함수가 $f'(x)=(x+1)(3x-1)$이고 $y=f(x)$의 그래프가 x축에 접할 때, 함수 $f(x)$를 구하시오.

0700 상

함수 $f(x)$의 도함수 $f'(x)$는 이차함수이고 $y=f'(x)$의 그래프는 오른쪽 그림과 같다. $f(0)=0$일 때, 방정식 $f(x)=k$가 서로 다른 세 실근을 갖기 위한 실수 k의 값의 범위를 구하시오.

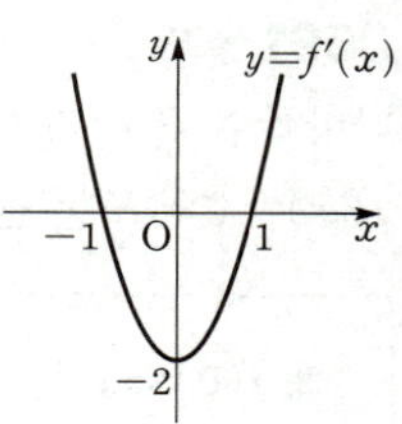

0701
다항함수 $f(x)$에 대하여
$$\int xf(x)dx=\frac{5}{6}x^3-\frac{1}{4}x^2+C$$
가 성립할 때, $f(2)$의 값을 구하시오. (단, C는 적분상수)

0702
함수 $f(x)=\int\left\{\frac{d}{dx}(3x^3-ax^2)\right\}dx$에 대하여 $f(1)=6$이고
$\displaystyle\lim_{x\to1}\frac{f(x)-f(1)}{x-1}=-1$일 때, $f(2)$의 값을 구하시오.
(단, a는 상수)

0703 평가원 기출
함수 $f(x)$가
$$f(x)=\int\left(\frac{1}{2}x^3+2x+1\right)dx-\int\left(\frac{1}{2}x^3+x\right)dx$$
이고 $f(0)=1$일 때, $f(4)$의 값은?

① $\dfrac{23}{2}$ ② 12 ③ $\dfrac{25}{2}$

④ 13 ⑤ $\dfrac{27}{2}$

0704
함수 $f(x)$가
$$f(x)=\int x^{20}dx+2\int(x^6-x)dx$$
이고 $f(0)=\dfrac{2}{3}$일 때, $f(1)$의 값을 구하시오.

0705
다항함수 $f(x)$에 대하여 그 도함수 $f'(x)$가
$f'(x)=12x^2+4x-2$이고 다항식 $f(x)$가 $x-1$로 나누어
떨어질 때, $f(-1)$의 값은?

① -4 ② -2 ③ 0

④ 2 ⑤ 4

0706
두 다항함수 $f(x)$, $g(x)$에 대하여
$$\int g(x)dx=x^3f(x)+x+C$$
가 성립하고 $f(2)=1$, $f'(2)=-1$일 때, $g(2)$의 값은?

① 1 ② 2 ③ 3

④ 4 ⑤ 5

0707
그래프의 y절편이 1인 다항함수 $f(x)$의 도함수 $f'(x)$에 대
하여
$$\int(3x+2)f'(x)dx=x^3-2x^2-4x+C$$
가 성립할 때, $f(x)$의 모든 계수의 합을 구하시오.
(단, C는 적분상수)

0708
미분가능한 함수 $f(x)$의 도함수 $f'(x)$가
$$f'(x)=\begin{cases}2x-1 & (x\geq1)\\-3x^2+4x & (x<1)\end{cases}$$
이고 $f(0)=1$일 때, $f(2)$의 값을 구하시오.

0709 🔍중요

연속함수 $f(x)$의 도함수 $y=f'(x)$의
그래프가 오른쪽 그림과 같다.
$y=f(x)$의 그래프가 원점을 지날 때,
$f(4)$의 값을 구하시오.

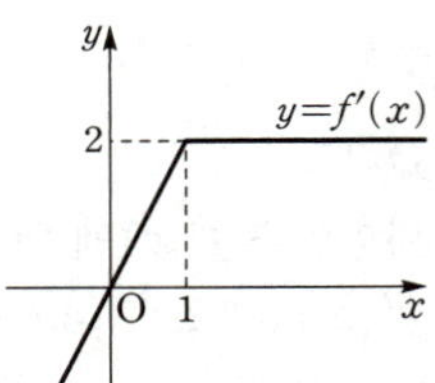

0710

점 $(0, 4)$를 지나는 곡선 $y=f(x)$ 위의 임의의 점 (x, y)에
서의 접선의 기울기가 $3x^2-12$일 때, $f(2)$의 값을 구하시오.

0711

곡선 $y=f(x)$ 위의 임의의 점 $(x, f(x))$에서의 접선의 기
울기가 x^2에 정비례하고, 이 곡선이 두 점 $(1, 3)$, $(-1, 1)$
을 지날 때, $f(3)$의 값을 구하시오.

0712

다항함수 $f(x)$에 대하여
$$\lim_{h \to 0} \frac{f(x+3h)-f(x-h)}{h}=12x^2+8x-8$$
이고 $f(1)=3$일 때, $f(-1)$의 값을 구하시오.

0713 🔍중요

함수 $f(x)=\int (5x^3-x^2+4x+7)\,dx$에 대하여
$\lim_{x \to 1} \dfrac{f(x)-f(1)}{x^3-1}$의 값은?

① 1   ② 2   ③ 3

④ 4   ⑤ 5

0714 🔍중요

삼차함수 $f(x)$의 도함수 $y=f'(x)$
의 그래프가 오른쪽 그림과 같다. 함수
$f(x)$의 극솟값이 -4, 극댓값이 4일
때, $f(1)$의 값은?

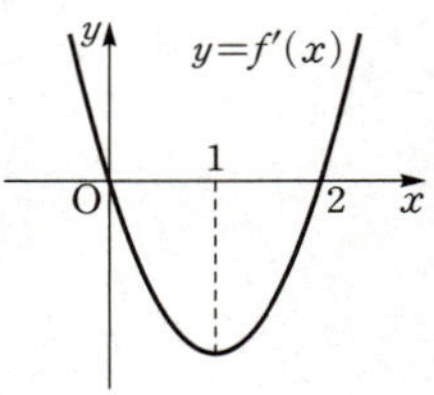

① 0   ② 2

③ 4   ④ 6

⑤ 8

0715

함수 $f(x)=\int (6x^2+ax-12)\,dx$가 $x=1$에서 극솟값 3을
가질 때, $f(x)$의 극댓값을 구하시오. (단, a는 상수)

 ## 서술형 주관식

0716

두 다항함수 $f(x)$, $g(x)$가 다음 조건을 모두 만족시킬 때, $f(1)+g(2)$의 값을 구하시오.

> (가) $f(0)=-3$, $g(0)=2$
>
> (나) $\dfrac{d}{dx}\{f(x)+g(x)\}=2x+1$
>
> (다) $\dfrac{d}{dx}\{f(x)g(x)\}=3x^2-6x+2$

0717

다항함수 $f(x)$의 한 부정적분 $F(x)$에 대하여

$$xf(x)-F(x)=\frac{1}{3}x^3+3x^2$$

이 성립하고 $f(1)=\dfrac{1}{2}$일 때, 방정식 $f(x)=0$의 모든 근의 곱을 구하시오.

0718

다항함수 $f(x)$가 임의의 실수 x, y에 대하여

$$f(x+y)=f(x)+f(y)+3xy$$

를 만족시키고 $f'(0)=3$일 때, $f(2)$의 값을 구하시오.

 ## 실력 up

0719

다항함수 $f(x)$와 그 도함수 $f'(x)$가 다음 조건을 모두 만족시킬 때, 방정식 $f(x)=0$의 해를 구하시오.

> (가) $\displaystyle\lim_{x\to\infty}\frac{f'(x)}{x}=2$ (나) $\displaystyle\lim_{x\to3}\frac{f(x)}{x-3}=2$

0720 교육청 기출

최고차항의 계수가 1인 삼차함수 $f(x)$가 $f(0)=0$, $f(\alpha)=0$, $f'(\alpha)=0$이고 함수 $g(x)$가 다음 두 조건을 만족시킬 때, $g\left(\dfrac{\alpha}{3}\right)$의 값은? (단, α는 양수)

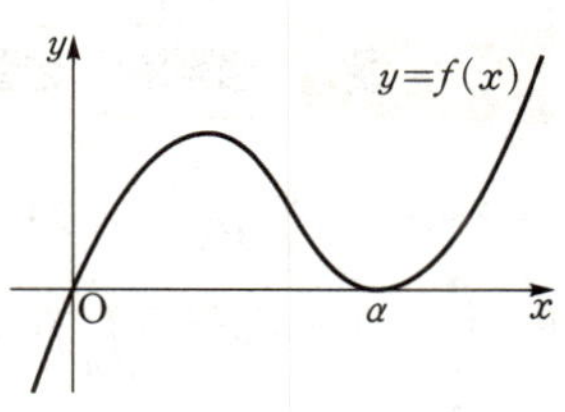

> (가) $g'(x)=f(x)+xf'(x)$
>
> (나) $g(x)$의 극댓값이 81이고 극솟값이 0이다.

① 56   ② 58   ③ 60
④ 62   ⑤ 64

0721 창의·융합

미분가능한 두 함수 $f(x)$, $g(x)$에 대하여 다음 **보기** 중에서 옳은 것만을 있는 대로 고르시오. (단, C는 적분상수)

> ● 보기 ●
>
> ㄱ. $f'(x)=g'(x)$이면 $f(x)=g(x)$
>
> ㄴ. $\displaystyle\int f'(x)f(x)dx=\{f(x)\}^2+C$
>
> ㄷ. $\displaystyle\int g(x)dx+\int xg'(x)dx=xg(x)+C$

08 정적분

08·1 정적분의 정의

닫힌구간 $[a, b]$에서 연속인 함수 $f(x)$의 한 부정적분을 $F(x)$라 할 때 $F(b)-F(a)$를 $f(x)$의 a에서 b까지의 **정적분**이라 하고 기호로 다음과 같이 나타낸다.

$$\int_a^b f(x)dx = \Big[F(x) \Big]_a^b = F(b)-F(a)$$

한편, 정적분 $\int_a^b f(x)dx$에서 $a \geq b$일 때는 다음과 같이 정의한다.

(1) $a=b$일 때, $\int_a^a f(x)dx = 0$

(2) $a > b$일 때, $\int_a^b f(x)dx = -\int_b^a f(x)dx$

08·2 정적분의 성질

두 함수 $f(x)$, $g(x)$가 세 실수 a, b, c를 포함하는 닫힌구간에서 연속일 때

(1) $\int_a^b kf(x)dx = k\int_a^b f(x)dx$ (단, k는 실수)

(2) $\int_a^b \{f(x)+g(x)\}dx = \int_a^b f(x)dx + \int_a^b g(x)dx$

(3) $\int_a^b \{f(x)-g(x)\}dx = \int_a^b f(x)dx - \int_a^b g(x)dx$

(4) $\int_a^c f(x)dx + \int_c^b f(x)dx = \int_a^b f(x)dx$

08·3 우함수와 기함수의 정적분

함수 $f(x)$가 닫힌구간 $[-a, a]$에서 연속일 때

(1) $f(-x)=f(x)$이면 함수 $f(x)$를 우함수라 하고

$$\int_{-a}^{a} f(x)dx = 2\int_0^a f(x)dx$$

(2) $f(-x)=-f(x)$이면 함수 $f(x)$를 기함수라 하고

$$\int_{-a}^{a} f(x)dx = 0$$

08·4 정적분으로 정의된 함수

1 정적분으로 정의된 함수의 미분

(1) $\dfrac{d}{dx}\int_a^x f(t)dt = f(x)$ (단, a는 실수)

(2) $\dfrac{d}{dx}\int_x^{x+a} f(t)dt = f(x+a)-f(x)$ (단, a는 실수)

2 정적분으로 정의된 함수의 극한

(1) $\displaystyle\lim_{x \to a} \dfrac{1}{x-a}\int_a^x f(t)dt = f(a)$

(2) $\displaystyle\lim_{x \to 0} \dfrac{1}{x}\int_a^{x+a} f(t)dt = f(a)$

➕ 개념 플러스

정적분 $\int_a^b f(x)dx$의 값을 구하는 것을 함수 $f(x)$를 a에서 b까지 적분한다고 한다. 이때 a를 아래끝, b를 위끝이라 한다.

$\Big[F(x)+C \Big]_a^b$
$=\{F(b)+C\}-\{F(a)+C\}$
$=F(b)-F(a)=\Big[F(x) \Big]_a^b$

이므로 정적분의 계산에서 적분상수는 고려하지 않는다.

정적분에서 변수는 x 대신 다른 문자를 사용하여 나타내어도 그 값은 변하지 않는다. 즉,

$\int_a^b f(x)dx$
$=\int_a^b f(y)dy = \int_a^b f(t)dt$

(4)는 a, b, c의 대소에 관계없이 성립한다.

우함수
⇨ 그래프는 y축에 대하여 대칭
예 짝수차항으로만 이루어진 다항함수

기함수
⇨ 그래프는 원점에 대하여 대칭
예 홀수차항으로만 이루어진 다항함수

정적분의 결과는 일반적으로 상수이지만, 적분 구간에 변수가 있으면 정적분의 결과는 그 변수에 대한 함수이다.

교과서 문제 정/복/하/기

08 · 1 정적분의 정의

[0722 ~ 0725] 다음 정적분의 값을 구하시오.

0722 $\displaystyle\int_0^1 2x\,dx$

0723 $\displaystyle\int_1^3 (2y-1)\,dy$

0724 $\displaystyle\int_1^2 (x^2-2x+6)\,dx$

0725 $\displaystyle\int_1^2 (x-1)(x-2)\,dx$

[0726 ~ 0728] 다음 정적분의 값을 구하시오.

0726 $\displaystyle\int_2^2 (x^3-x^2+4)\,dx$

0727 $\displaystyle\int_1^{-2} (x^3+3x^2)\,dx$

0728 $\displaystyle\int_3^1 (3x^2-x+1)\,dx$

08 · 2 정적분의 성질

[0729 ~ 0731] 다음 정적분의 값을 구하시오.

0729 $\displaystyle\int_0^2 (x^2-1)\,dx+\int_0^2 (x^2+1)\,dx$

0730 $\displaystyle\int_{-1}^3 (3x^2+x-2)\,dx-\int_{-1}^3 (x+3)\,dx$

0731 $\displaystyle\int_{-2}^1 (x+1)^3\,dx-\int_{-2}^1 (x-1)^3\,dx$

[0732 ~ 0735] 다음 정적분의 값을 구하시오.

0732 $\displaystyle\int_{-1}^0 (x^2+1)\,dx+\int_0^2 (x^2+1)\,dx$

0733 $\displaystyle\int_{-1}^0 (2x^2-x+1)\,dx+\int_0^{-1} (2x^2-x+1)\,dx$

0734 $\displaystyle\int_{-2}^{-1} (x^2-4x+5)\,dx+\int_{-1}^1 (y^2-4y+5)\,dy$

0735 $\displaystyle\int_0^1 (x^3-3x^2)\,dx+\int_2^1 (3x^2-x^3)\,dx$

08 · 3 우함수와 기함수의 정적분

[0736 ~ 0737] 다음 정적분의 값을 구하시오.

0736 $\displaystyle\int_{-1}^1 (x^5-x^3+3x^2+5x+1)\,dx$

0737 $\displaystyle\int_{-2}^2 (x^7-4x^3+3x^2-1)\,dx$

08 · 4 정적분으로 정의된 함수

[0738 ~ 0739] 모든 실수 x에 대하여 다음 등식이 성립할 때, $f(x)$를 구하시오.

0738 $\displaystyle\int_2^x f(t)\,dt=x^2-2x$

0739 $\displaystyle\int_1^x f(t)\,dt=x^3+x^2-x-1$

[0740 ~ 0741] 다음 극한값을 구하시오.

0740 $\displaystyle\lim_{h\to 0}\frac{1}{h}\int_0^h (x^2-2x-1)\,dx$

0741 $\displaystyle\lim_{x\to 1}\frac{1}{x-1}\int_1^x (2t^2+3)\,dt$

| 개념원리 수학 Ⅱ 184쪽 |

유형 **01** 정적분의 정의

(1) 닫힌구간 $[a, b]$에서 연속인 함수 $f(x)$의 한 부정적분을 $F(x)$라 할 때,

$$\int_a^b f(x)dx=\Big[F(x) \Big]_a^b=F(b)-F(a)$$

(2) 정적분 $\int_a^b f(x)dx$에서

① $a=b$일 때, $\int_a^a f(x)dx=0$

② $a>b$일 때, $\int_a^b f(x)dx=-\int_b^a f(x)dx$

0742 대표문제

정적분 $\int_{-1}^2 (6t+5)(1-2t)dt+\int_3^3 (6t-5)(1+2t)dt$의 값은?

① -27 ② -15 ③ -9
④ 15 ⑤ 27

0743 중 하

함수 $f(x)=5x^2-8x+3$에 대하여 정적분 $\int_0^2 x^2 f(x)dx$의 값을 구하시오.

0744 중

다항함수 $f(x)$의 도함수 $f'(x)$에 대하여

$$\int_{-2}^1 \{f'(x)+3x^2\}dx=2$$

가 성립하고 $f(-2)=5$일 때, $f(1)$의 값을 구하시오.

| 개념원리 수학 Ⅱ 185쪽 |

유형 **02** 정적분의 정의의 활용

정적분의 식이 주어지면 정적분의 정의를 이용하여 미정계수를 포함하는 식으로 나타낸 후, 조건에 맞게 등식이나 부등식을 세워 푼다.

0745 대표문제

정적분 $\int_0^2 (-6x^2+6kx-5)dx$의 값이 10보다 작을 때, 정수 k의 최댓값을 구하시오.

0746 중

$\int_0^a (3x^2+2x-2)dx=0$일 때, 상수 a의 값을 구하시오.

(단, $a>0$)

0747 중 서술형

정적분 $\int_0^1 (6a^2x^2-8ax-3)dx$의 값이 최소가 되도록 하는 실수 a의 값을 m, 그때의 정적분의 값을 n이라 할 때, $m+n$의 값을 구하시오.

0748 상 중

이차함수 $f(x)=ax^2+bx+c$의 그래프가 두 점 $(-1, 1)$, $(1, 1)$을 지나고 $\int_0^1 f(x)dx=-1$일 때, a의 값은?

(단, a, b, c는 상수)

① -3 ② -1 ③ 1
④ 3 ⑤ 5

유형 03 정적분의 계산 (1)

두 함수 $f(x)$, $g(x)$가 닫힌구간 $[a, b]$에서 연속일 때, 적분 구간이 같으면

$$\Rightarrow \int_a^b f(x)dx \pm \int_a^b g(x)dx = \int_a^b \{f(x) \pm g(x)\}dx$$

(복부호동순)

를 이용하여 하나의 정적분으로 나타낸다.

0749 대표문제

정적분 $\displaystyle\int_0^1 \frac{1}{x+1}\,dx - \int_1^0 \frac{y^3}{y+1}\,dy$의 값을 구하시오.

0750 중하

$\displaystyle\int_0^1 (3x+1)^2 dx = A$, $\displaystyle\int_1^0 (3y-1)^2 dy = B$일 때, $A+B$의 값을 구하시오.

0751 중하

$\displaystyle\int_0^2 (x+k)^2 dx - \int_0^2 (x-k)^2 dx = 16$을 만족시키는 상수 k의 값은?

① $\dfrac{1}{2}$ ② 1 ③ $\dfrac{3}{2}$

④ 2 ⑤ $\dfrac{5}{2}$

0752 중

연속함수 $f(x)$가 다음 조건을 모두 만족시킬 때, 정적분 $\displaystyle\int_1^3 \{f(x)-2\}^2 dx$의 값을 구하시오.

> (가) $\displaystyle\int_3^1 f(x)dx = -2$ (나) $\displaystyle\int_1^3 \{f(x)\}^2 dx = 6$

유형 04 정적분의 계산 (2)

함수 $f(x)$가 세 실수 a, b, c를 포함하는 닫힌구간에서 연속일 때

$$\Rightarrow \int_a^c f(x)dx + \int_c^b f(x)dx = \int_a^b f(x)dx$$를 이용하여 주어진 식을 하나의 정적분으로 나타낸다.

0753 대표문제

정적분 $\displaystyle\int_1^2 \frac{x^2}{x^2+1}\,dx - \int_3^2 \frac{x^2}{x^2+1}\,dx + \int_1^3 \frac{1}{x^2+1}\,dx$의 값을 구하시오.

0754 중하

정적분 $\displaystyle\int_{-1}^1 (2x^3+6x^2-2)dx + \int_1^2 (2y^3+6y^2-2)dy$의 값을 구하시오.

0755 중

함수 $f(x) = x^2 - 2x$에 대하여 정적분

$$\int_2^5 f(x)dx - \int_3^5 f(x)dx + \int_1^2 f(x)dx$$

의 값을 구하시오.

0756 중

연속함수 $f(x)$에 대하여

$$\int_{-1}^2 f(x)dx = 2, \quad \int_1^3 f(x)dx = 4, \quad \int_1^2 f(x)dx = 8$$

일 때, 정적분 $\displaystyle\int_{-1}^3 f(x)dx$의 값을 구하시오.

유형 **05**　구간에 따라 함수가 다를 때의 정적분

함수 $f(x)=\begin{cases} g(x) & (x\geq c) \\ h(x) & (x\leq c) \end{cases}$ 가 닫힌구간 $[a,b]$에서 연속이고 $a<c<b$일 때

$\Rightarrow \displaystyle\int_a^b f(x)dx=\int_a^c h(x)dx+\int_c^b g(x)dx$

0757 　대표문제

함수 $f(x)=\begin{cases} (x-2)^2 & (x\geq 1) \\ x & (x\leq 1) \end{cases}$ 에 대하여 정적분

$\displaystyle\int_0^2 f(x)dx$의 값을 구하시오.

0758 　중

함수 $y=f(x)$의 그래프가 오른쪽 그림과 같을 때, 정적분 $\displaystyle\int_{-4}^4 xf(x)dx$ 의 값을 구하시오.

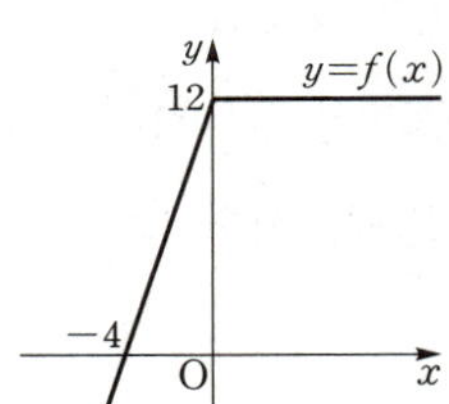

| 개념원리 수학Ⅱ 192쪽 |

유형 **06**　절댓값 기호가 포함된 함수의 정적분

(ⅰ) 절댓값 기호 안의 식을 0으로 하는 x의 값을 경계로 적분 구간을 나눈다.

(ⅱ) $\displaystyle\int_a^b f(x)dx=\int_a^c f(x)dx+\int_c^b f(x)dx$임을 이용한다.

0759 　대표문제

정적분 $\displaystyle\int_0^2 |x^2-1|dx-2\int_2^0 |1-x^2|dx$의 값을 구하시오.

0760 　중하

정적분 $\displaystyle\int_0^2 |x^2+x-2|dx$의 값을 구하시오.

0761 　중

$\displaystyle\int_{-2}^3 (|x|-2k)dx=-\frac{7}{2}$일 때, 상수 k의 값은?

① 1　　　　② 2　　　　③ 3

④ 4　　　　⑤ 5

0762 　중

$\displaystyle\int_0^a x|x-2|dx=8$일 때, 실수 a의 값은? (단, $a>2$)

① 3　　　　② 4　　　　③ 5

④ 6　　　　⑤ 7

0763 　상중

두 함수 $f(x)=|x-3|$, $g(x)=x^2+2$에 대하여 정적분 $\displaystyle\int_{-2}^1 (f\circ g)(x)dx$의 값을 구하시오.

0764 　상　서술형

함수 $f(x)=|x+2|+|x|+|x-2|$의 최솟값 a에 대하여 정적분 $\displaystyle\int_2^a f(x)dx$의 값을 구하시오.

유형 07 우함수와 기함수의 정적분 (1)

(1) $f(x)$가 짝수차항으로만 이루어진 다항함수이면
 ⇨ $f(x)$는 우함수
 ⇨ $\displaystyle\int_{-a}^{a} f(x)dx = 2\int_{0}^{a} f(x)dx$

(2) $f(x)$가 홀수차항으로만 이루어진 다항함수이면
 ⇨ $f(x)$는 기함수
 ⇨ $\displaystyle\int_{-a}^{a} f(x)dx = 0$

0765 대표문제

정적분
$$\int_{-2}^{4} (5x^4 - x^3 + 3x + 1)dx + \int_{4}^{2} (5x^4 - x^3 + 3x + 1)dx$$
의 값은?

① 68　　　　② 69　　　　③ 70
④ 71　　　　⑤ 72

0766 중

$\displaystyle\int_{-a}^{a} (2x^3 - 3x + 4)dx = 16$일 때, 상수 a의 값을 구하시오.

0767 상 중

일차함수 $f(x) = ax + b$가
$$\int_{-1}^{1} xf(x)dx = 1, \quad \int_{-1}^{1} x^2 f(x)dx = -1$$
을 만족시킬 때, $a + 2b$의 값을 구하시오. (단, a, b는 상수)

0768 상 중

$\displaystyle\int_{-1}^{1} (1 + 2x + 3x^2 + \cdots + 2nx^{2n-1})dx = 100$일 때, 자연수 n의 값을 구하시오.

유형 08 우함수와 기함수의 정적분 (2)

(1) $f(-x) = f(x)$이면 ← $f(x)$는 우함수
 ⇨ $\displaystyle\int_{-a}^{a} f(x)dx = 2\int_{0}^{a} f(x)dx$

(2) $f(-x) = -f(x)$이면 ← $f(x)$는 기함수
 ⇨ $\displaystyle\int_{-a}^{a} f(x)dx = 0$

0769 대표문제

다항함수 $f(x)$가 모든 실수 x에 대하여
$$f(-x) = -f(x), \quad \int_{0}^{2} xf(x)dx = 2$$
를 만족시킬 때, 정적분 $\displaystyle\int_{-2}^{2} (5x^2 + 2x + 1)f(x)dx$의 값을 구하시오.

0770 중

다항함수 $f(x)$가 모든 실수 x에 대하여
$$f(-x) = f(x), \quad \int_{0}^{2} f(x)dx = 5, \quad \int_{-4}^{4} f(x)dx = 14$$
를 만족시킬 때, 정적분 $\displaystyle\int_{2}^{4} f(x)dx$의 값을 구하시오.

0771 상 중

연속인 두 함수 $f(x)$, $g(x)$가 모든 실수 x에 대하여
$$f(-x) = -f(x), \quad g(-x) = g(x)$$
를 만족시키고 $\displaystyle\int_{0}^{a} f(x)dx = 3, \int_{0}^{a} g(x)dx = 5$일 때, 정적분
$\displaystyle\int_{-a}^{a} \{f(x) + g(x)\}dx + \int_{-a}^{a} f(x)g(x)dx$의 값을 구하시오.

| 개념원리 수학 Ⅱ 201쪽 |

유형 **09**　적분 구간이 상수인 등식

$f(x)=g(x)+\displaystyle\int_a^b f(t)dt\,(a,\,b$는 상수) 꼴이 주어지면

$\Rightarrow \displaystyle\int_a^b f(t)dt=k\,(k$는 상수)로 놓고 $f(x)=g(x)+k$임을 이용한다.

0772　◀대표문제

함수 $f(x)$에 대하여 $f(x)=3x^2+2x+\displaystyle\int_0^2 f(t)dt$가 성립할 때, $f(2)$의 값은?

① 0　　　　② 1　　　　③ 2

④ 3　　　　⑤ 4

0773　중

함수 $f(x)$에 대하여 $f(x)=4x+\displaystyle\int_0^3 tf'(t)dt$가 성립할 때, $f(-3)$의 값은?

① 5　　　　② 6　　　　③ 7

④ 8　　　　⑤ 9

0774　중

이차함수 $f(x)$에 대하여

$$f(x)=\frac{12}{7}x^2-2x\int_1^2 f(t)dt+\left\{\int_1^2 f(t)dt\right\}^2$$

가 성립할 때, 정적분 $10\displaystyle\int_1^2 f(x)dx$의 값을 구하시오.

0775　중

다항함수 $f(x)$가 모든 실수 x에 대하여

$$f(x)=3x^2+\int_0^1 (2x-1)f(t)dt$$

를 만족시킬 때, 정적분 $\displaystyle\int_0^1 f(x)dx$의 값을 구하시오.

0776　상 중

함수 $f(x)=x^2+ax+b$가

$$f(x)=x^2-x\int_0^2 f(t)dt+2\int_0^1 f(t)dt$$

를 만족시킬 때, 상수 $a,\,b$에 대하여 $a-b$의 값을 구하시오.

| 개념원리 수학 Ⅱ 202쪽 |

유형 **10**　적분 구간에 변수가 있는 등식 (1)

$\displaystyle\int_a^x f(t)dt=g(x)\,(a$는 상수) 꼴이 주어지면

(ⅰ) 양변에 $x=a$를 대입 $\Rightarrow \displaystyle\int_a^a f(t)dt=0$

(ⅱ) 양변을 x에 대하여 미분 $\Rightarrow f(x)=g'(x)$

0777　◀대표문제

다항함수 $f(x)$가 모든 실수 x에 대하여

$$\int_3^x f(t)dt=x^2-ax-3$$

을 만족시킬 때, $f(4)$의 값은? (단, a는 상수)

① 6　　　　② 8　　　　③ 10

④ 12　　　　⑤ 14

0778 중

함수 $f(x)=\int_1^x (2t-3)(t^2+1)dt$일 때,

$\lim\limits_{h \to 0}\dfrac{f(1+2h)-f(1)}{h}$의 값을 구하시오.

0779 중 서술형

함수 $f(x)$가 모든 실수 x에 대하여

$$\int_a^x f(t)dt=x^2-2x-8$$

을 만족시킬 때, $a+f(a)$의 값을 구하시오. (단, $a>0$)

0780 중

다항함수 $f(x)$에 대하여 $f(x)=\int_x^{x+2}(t^3-t)dt$가 성립하고 $f(-1)=0$일 때, $f(1)$의 값은?

① 10 ② 12 ③ 14
④ 16 ⑤ 18

0781 상중

함수 $f(x)$가 모든 실수 x에 대하여

$$xf(x)=6x^4-4x^3+12x^2+\int_1^x f(t)dt$$

를 만족시킬 때, $f(2)$의 값을 구하시오.

유형 11 적분 구간에 변수가 있는 등식 (2)

$\int_a^x (x-t)f(t)dt=g(x)$ (a는 상수) 꼴이 주어지면

(i) $x\int_a^x f(t)dt-\int_a^x tf(t)dt=g(x)$로 식을 변형한다.

(ii) (i)에서 얻은 등식의 양변을 x에 대하여 두 번 미분하여 $f(x)$를 구한다.

0782 대표문제

미분가능한 함수 $f(x)$가

$$\int_a^x (x-t)f(t)dt=x^3-2x^2-3x-4$$

를 만족시킬 때, $f(2)$의 값은? (단, a는 상수)

① 5 ② 6 ③ 7
④ 8 ⑤ 9

0783 상중

임의의 실수 x에 대하여 다항함수 $f(x)$가

$$\int_2^x (x-t)f(t)dt=-2x^3+4ax+b$$

를 만족시킬 때, $a-b$의 값을 구하시오. (단, a, b는 상수)

0784 상중

미분가능한 함수 $f(x)$가 다음 조건을 모두 만족시킬 때, $f(1)$의 값을 구하시오.

> (가) $f(0)=2$
>
> (나) $\int_0^x (x-t)f'(t)dt=\dfrac{2}{3}x^3$

유형 익/히/기

| 개념원리 수학 Ⅱ 206쪽 |

유형 **12** 정적분으로 정의된 함수의 극한

(1) $\lim\limits_{x \to a} \dfrac{1}{x-a} \displaystyle\int_a^x f(t)\,dt = f(a)$

(2) $\lim\limits_{x \to 0} \dfrac{1}{x} \displaystyle\int_a^{x+a} f(t)\,dt = f(a)$

0785 〔대표문제〕

함수 $f(x)=x^3-2x^2+3$에 대하여

$\lim\limits_{x \to 2} \dfrac{1}{x-2} \displaystyle\int_2^x f(t)\,dt$의 값은?

① 1 ② 2 ③ 3
④ 4 ⑤ 5

0786 〔중〕

$\lim\limits_{h \to 0} \dfrac{1}{h} \displaystyle\int_1^{1+2h} (x^3-x^2+2)\,dx$의 값은?

① 1 ② 2 ③ 3
④ 4 ⑤ 5

0787 〔중〕

함수 $f(x)=x^3+5x+a$에 대하여

$\lim\limits_{x \to 1} \dfrac{1}{x-1} \displaystyle\int_1^x f(t)\,dt = 2$일 때, 상수 a의 값을 구하시오.

0788 〔중〕

함수 $f(x)=x^3-2x^2+6x$에 대하여

$\lim\limits_{x \to 2} \dfrac{1}{x^2-4} \displaystyle\int_2^x f(t)\,dt$의 값을 구하시오.

0789 〔중〕

함수 $f(x)=x^3+2x^2-3x+1$에 대하여

$\lim\limits_{x \to 1} \dfrac{1}{x-1} \displaystyle\int_1^{x^3} f(t)\,dt$의 값을 구하시오.

0790 〔상 중〕

함수 $f(x)=x^3-kx+2$에 대하여

$\lim\limits_{h \to 0} \dfrac{1}{h} \displaystyle\int_{2-3h}^{2+h} f(x)\,dx = 24$일 때, 상수 k의 값을 구하시오.

0791 〔상〕 〔서술형〕

두 다항함수 $f(x)=3x^2-2x+1$과 $g(x)$가 임의의 실수 h에 대하여 다음 조건을 모두 만족시킬 때, $g'(2)+g(2)$의 값을 구하시오.

> (가) $g(0)=2$
> (나) $g(x+h)-g(x)=\displaystyle\int_x^{x+h} f(t)\,dt$

유형 up

| 개념원리 수학 Ⅱ 194쪽 |

유형 13 주기함수의 정적분

함수 $f(x)$의 정의역에 속하는 모든 실수 x에 대하여
$f(x+p)=f(x)$를 만족시키는 0이 아닌 상수 p가 존재할 때
$$\Rightarrow \int_a^b f(x)dx=\int_{a+p}^{b+p} f(x)dx$$

0792 대표문제

연속인 함수 $f(x)$가 모든 실수 x에 대하여
$$f(x+3)=f(x), \quad \int_{-1}^2 f(x)dx=3$$
을 만족시킬 때, 정적분 $\int_{-1}^{11} f(x)dx$의 값을 구하시오.

0793 중

연속인 함수 $f(x)$가 모든 실수 x에 대하여
$$f(x+2)=f(x), \quad f(-x)=f(x), \quad \int_0^2 f(x)dx=10$$
을 만족시킬 때, 정적분 $\int_{-10}^{10} f(x)dx$의 값을 구하시오.

0794 중

연속함수 $f(x)$가 다음 조건을 모두 만족시킬 때, 정적분
$\int_{-2}^2 f(x)dx$의 값을 구하시오.

> (가) 모든 실수 x에 대하여 $f(x+1)=f(x)$
> (나) $0 \le x \le 1$일 때, $f(x)=-x^2+x$

| 개념원리 수학 Ⅱ 204쪽 |

유형 14 정적분으로 정의된 함수의 극대 · 극소

$f(x)=\int_a^x g(t)dt$와 같이 정의된 함수 $f(x)$의 극값
$\Rightarrow$ 양변을 x에 대하여 미분하여 $f'(x)=g(x)$임을 이용한다.

0795 대표문제

함수 $f(x)=\int_{-3}^x (3t^2+at+b)dt$가 $x=5$에서 극솟값 -32
를 가질 때, 상수 a, b에 대하여 ab의 값은?

① 110   ② 120   ③ 130
④ 140   ⑤ 150

0796 중

함수 $f(x)=\int_x^{x+a} t(t-2)dt$가 $x=-1$에서 극솟값을 가질
때, 상수 a의 값은? (단, $a>0$)

① 1   ② 2   ③ 3
④ 4   ⑤ 5

0797 중

함수 $f(x)=\int_{-1}^x t(t-1)dt$의 극댓값을 M, 극솟값을 m이
라 할 때, $M+m$의 값은?

① 2   ② $\dfrac{3}{2}$ ③ 1
④ $\dfrac{1}{2}$ ⑤ $\dfrac{1}{6}$

유형 up

0798 중

함수 $y=f(x)$의 그래프가 점 $(2,4)$를 지나고 $F(x)=\int_2^x f(t)dt$에 대하여 이차함수 $y=F(x)$의 그래프는 오른쪽 그림과 같을 때, $f(3)$의 값은?

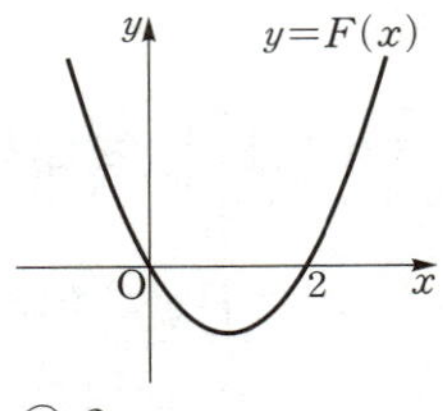

① 2   ② 4   ③ 6
④ 8   ⑤ 10

유형 15   **정적분으로 정의된 함수의 최대·최소**

정적분으로 정의된 함수의 최댓값과 최솟값

$$\Rightarrow \frac{d}{dx}\int_a^x f(t)dt=f(x)$$
$$\frac{d}{dx}\int_x^{x+a} f(t)dt=f(x+a)-f(x)$$

임을 이용한다.

0801 대표문제

$-1\le x\le 1$에서 함수 $f(x)=\int_x^{x+1}(t^3-t)dt$의 최댓값을 M, 최솟값을 m이라 할 때, $M+m$의 값을 구하시오.

0799 상중

이차함수 $y=f(x)$의 그래프가 오른쪽 그림과 같고 함수 $F(x)$가
$$F(x)=\int_{-1}^x f(t)dt$$
를 만족시킬 때, $F(x)$의 극댓값을 구하시오.

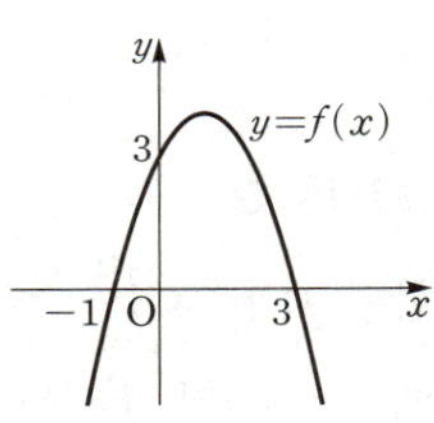

0802 상중

미분가능한 함수 $f(x)$가
$$\int_0^x (x-t)f(t)dt=\frac{3}{4}x^4-x^2$$
을 만족시킬 때, $f(x)$의 최솟값을 구하시오.

0800 상중   서술형

함수 $f(x)=\int_0^x (t-a)(t-2)dt$가 $x=2$에서 극솟값 $\dfrac{2}{3}$를 가질 때, $f(x)$의 극댓값을 구하시오. (단, a는 상수)

0803 상중

이차함수 $y=f(x)$의 그래프가 오른쪽 그림과 같을 때, 함수
$$g(x)=\int_x^{x+1}f(t)dt$$의 최솟값은?

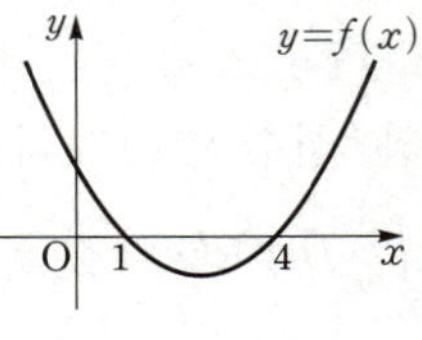

① $g(1)$ ② $g(2)$ ③ $g\left(\dfrac{5}{2}\right)$
④ $g\left(\dfrac{7}{2}\right)$ ⑤ $g(4)$

0804 교육청 기출

$\int_0^1 (ax^2+1)dx=4$일 때, 상수 a의 값은?

① 7   ② 9   ③ 11
④ 13   ⑤ 15

0805

$\int_0^2 (4x+2)dx-\int_k^2 (4t+2)dt=84$를 만족시키는 상수 k 의 값을 구하시오. (단, $k>0$)

0806 중요

이차함수 $f(x)$가

$$\int_{-2}^2 f(x)dx=\int_{-2}^0 f(x)dx=\int_0^2 f(x)dx$$

를 만족시키고 $f(0)=1$일 때, $f(2)$의 값을 구하시오.

0807

함수 $f(x)=\begin{cases} 2x-x^2 & (x\geq 1) \\ x^2 & (x\leq 1) \end{cases}$에 대하여 정적분 $\int_{-2}^2 f(x)dx$ 의 값을 구하시오.

0808

$0<a<1$일 때, 함수 $f(a)=\int_0^1 (x+a)|x-a|dx$의 최솟값 은?

① $\dfrac{1}{3}$ ② $\dfrac{1}{4}$ ③ $\dfrac{1}{5}$
④ $\dfrac{1}{6}$ ⑤ $\dfrac{1}{7}$

0809

연속인 함수 $f(x)$가 모든 실수 x에 대하여 $f(3+x)=f(3-x)$를 만족시키고

$$\int_3^9 f(x)dx=8, \quad \int_6^9 f(x)dx=2$$

일 때, 정적분 $\int_0^6 f(x)dx$의 값을 구하시오.

0810 중요

함수 $f(x)$에 대하여 $f(x)=x^2+\int_0^1 (2x+1)f(t)dt$가 성립 할 때, 정적분 $\int_0^1 f(x)dx$의 값은?

① -3 ② $-\dfrac{1}{3}$ ③ 0
④ $\dfrac{1}{3}$ ⑤ 3

0811 `평가원 기출`

함수 $f(x)$가 $f(x)=\int_0^x (2at+1)dt$이고 $f'(2)=17$일 때, 상수 a의 값을 구하시오.

0812 중요

임의의 실수 x에 대하여 다항함수 $f(x)$가

$$\int_0^x (x-t)f(t)dt=2x^4-3x^2$$

을 만족시킬 때, 정적분 $\int_0^2 f(x)dx$의 값을 구하시오.

0813

함수 $f(x)=x^2+4ax-b$가 다음 조건을 모두 만족시킬 때, 상수 a, b에 대하여 $a-b$의 값을 구하시오.

> (가) $\displaystyle\lim_{x\to 2}\dfrac{1}{x-2}\int_2^x f(t)dt=2$
> (나) $\displaystyle\int_0^1 f(x)dx=1$

0814 중요

연속함수 $f(x)$가 다음 조건을 모두 만족시킬 때, 정적분 $\int_1^{13} f(x)dx$의 값을 구하시오.

> (가) $-1\le x\le 1$일 때, $f(x)=-x^2+1$
> (나) 임의의 실수 x에 대하여 $f(x)=f(x+2)$

0815

함수 $f(x)=\int_0^x (3t^2-6t)dt$가 $x=\alpha$에서 극솟값 β를 가질 때, $\alpha+\beta$의 값은?

① -2 　　　② -1 　　　③ 0
④ 1 　　　⑤ 2

0816

함수 $f(x)$가 $x=-1$에서 극댓값 4, $x=1$에서 극솟값 1을 갖고, $y=f(x)$의 그래프가 오른쪽 그림과 같을 때, 정적분 $\int_{-2}^1 |f'(x)|dx$의 값은?

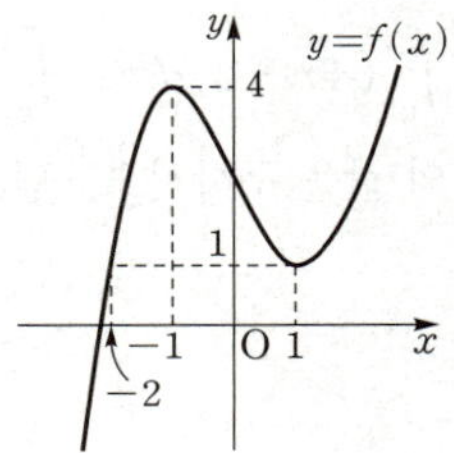

① 5 　　　② 6 　　　③ 7
④ 8 　　　⑤ 9

0817

함수 $f(x)$가 $\int_0^1 f(x)dx=1$, $\int_0^1 xf(x)dx=3$을 만족시킬 때, 정적분 $\int_0^1 (x-k)^2 f(x)dx$의 값이 최소가 되도록 하는 실수 k의 값은?

① 1 　　　② 2 　　　③ 3
④ 4 　　　⑤ 5

 **서술형 주관식**

0818

다항함수 $f(x)$, $g(x)$가 다음 조건을 모두 만족시킬 때, 정적분 $\int_{-3}^{3}\{2f(x)-3g(x)\}dx$의 값을 구하시오.

(가) 모든 실수 x에 대하여
$$f(-x)=f(x),\ g(-x)=-g(x)$$
(나) $\int_{0}^{3}f(x)dx=4,\ \int_{0}^{3}g(x)dx=7$

0819

다항함수 $f(x)$가 모든 실수 x에 대하여
$$\int_{1}^{x}(x-t)f'(t)dt=x^4-x^3+ax^2+5x-2$$
를 만족시킨다. 함수 $f(x)$의 극댓값을 M, 극솟값을 m이라 할 때, $M-m$의 값을 구하시오. (단, a는 상수)

0820

이차함수 $y=f(x)$의 그래프가 오른쪽 그림과 같을 때, 함수 $g(x)=\int_{x}^{x+1}f(t)dt$는 $x=k$에서 최댓값을 갖는다. 이때 k의 값을 구하시오.

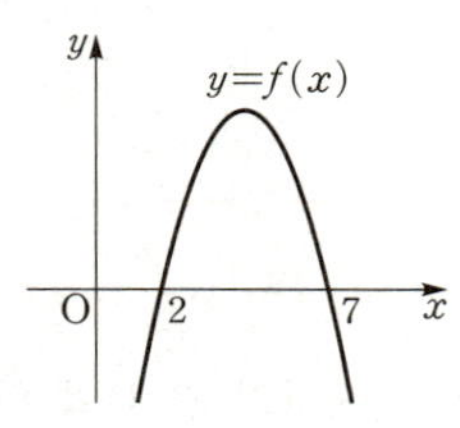

실력 up

0821

함수 $f(x)=\begin{cases} 1 & (|x|\geq 1) \\ |x| & (|x|\leq 1) \end{cases}$에 대하여 $\int_{0}^{2}x^2 f(2-x)dx=\dfrac{p}{q}$ 일 때, $p+q$의 값을 구하시오. (단, p, q는 서로소인 자연수)

0822

다항함수 $f(x)$가
$$f(f(x))=-x^2+4x+\int_{0}^{x}f(t)dt$$
를 만족시킬 때, 정적분 $\int_{2}^{4}f(x)dx$의 값을 구하시오.

0823 ···· 창의·융합 평가원 기출

함수 $f(x)=\begin{cases} -1 & (x<1) \\ -x+2 & (x\geq 1) \end{cases}$에 대하여 함수 $g(x)$를
$$g(x)=\int_{-1}^{x}(t-1)f(t)dt$$
라 하자. 다음 **보기** 중에서 옳은 것만을 있는 대로 고른 것은?

• 보기 •

ㄱ. $g(x)$는 열린구간 $(1, 2)$에서 증가한다.

ㄴ. $g(x)$는 $x=1$에서 미분가능하다.

ㄷ. 방정식 $g(x)=k$가 서로 다른 세 실근을 갖도록 하는 실수 k가 존재한다.

---

① ㄴ   ② ㄷ   ③ ㄱ, ㄴ

④ ㄱ, ㄷ   ⑤ ㄱ, ㄴ, ㄷ

09 정적분의 활용

09·1 정적분과 넓이의 관계

1 정적분과 넓이 : 함수 $f(x)$가 닫힌구간 $[a, b]$에서 연속이고 $f(x) \geq 0$일 때, 곡선 $y=f(x)$와 x축 및 두 직선 $x=a$, $x=b$로 둘러싸인 도형의 넓이 S는

$$S=\int_a^b f(x)dx$$

2 곡선과 x축 사이의 넓이 : 함수 $f(x)$가 닫힌구간 $[a, b]$에서 연속일 때, 곡선 $y=f(x)$와 x축 및 두 직선 $x=a$, $x=b$로 둘러싸인 도형의 넓이 S는

$$S=\int_a^b |f(x)|dx$$

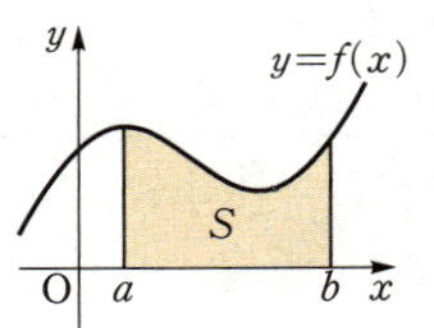

참고 닫힌구간 $[a, b]$에서 함수 $f(x)$가 양의 값과 음의 값을 모두 가질 때는 $f(x)$의 값이 양수인 구간과 음수인 구간으로 나누어 넓이를 구한다.

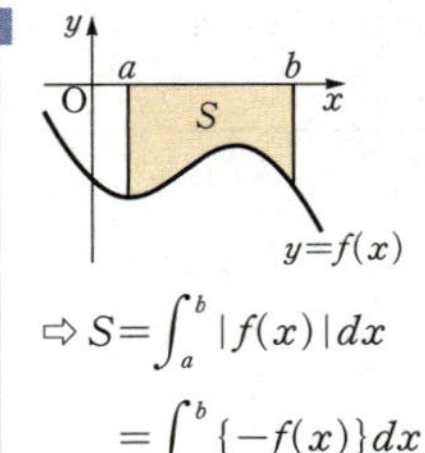

$$\Rightarrow S=\int_a^b |f(x)|dx$$
$$=\int_a^b \{-f(x)\}dx$$

09·2 두 곡선 사이의 넓이

두 함수 $f(x)$, $g(x)$가 닫힌구간 $[a, b]$에서 연속일 때, 두 곡선 $y=f(x)$와 $y=g(x)$ 및 두 직선 $x=a$, $x=b$로 둘러싸인 도형의 넓이 S는

$$S=\int_a^b |f(x)-g(x)|dx$$

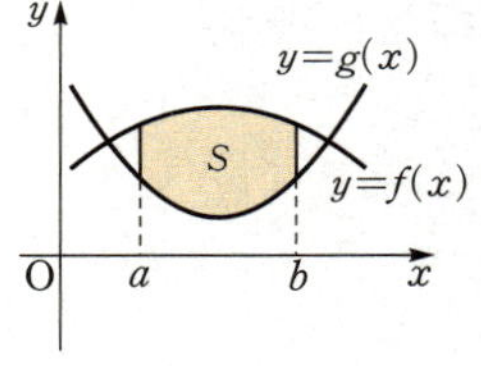

참고 닫힌구간 $[a, b]$에서 두 함수 $f(x)$와 $g(x)$의 대소 관계가 바뀔 때에는 $f(x)-g(x)$의 값이 양수인 구간과 음수인 구간으로 나누어 넓이를 구한다.

두 곡선 사이의 넓이
$$\int_a^b \{(위의 \ 그래프의 \ 식)$$
$$-(아래의 \ 그래프의 \ 식)\}dx$$

09·3 속도와 거리

수직선 위를 움직이는 점 P의 시각 t에서의 속도가 $v(t)$이고 시각 t_0에서의 점 P의 위치를 x_0이라 할 때

(1) 시각 t에서의 점 P의 위치 x는 $x=x_0+\int_{t_0}^t v(t)dt$

(2) 시각 $t=a$에서 $t=b$까지 점 P의 위치의 변화량은 $\int_a^b v(t)dt$

(3) 시각 $t=a$에서 $t=b$까지 점 P가 움직인 거리 s는 $s=\int_a^b |v(t)|dt$

위치 $\underset{적분}{\overset{미분}{\rightleftarrows}}$ 속도

교과서 문제 정/복/하/기

09·1 정적분과 넓이의 관계

0824 오른쪽 그림과 같이 곡선 $y=x^2-2x$와 x축으로 둘러싸인 도형의 넓이를 구하시오.

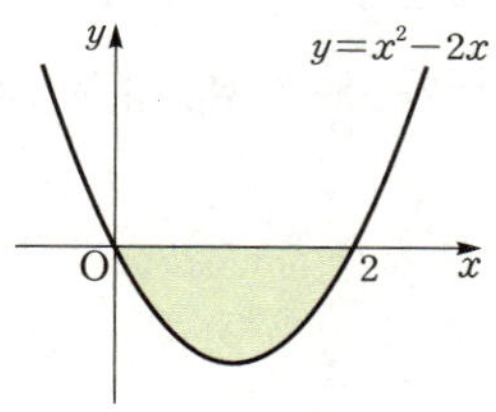

[**0825~0827**] 다음 곡선과 x축으로 둘러싸인 도형의 넓이를 구하시오.

0825 $y=1-x^2$

0826 $y=x^3-x$

0827 $y=x^3-x^2-2x$

0828 오른쪽 그림과 같이 곡선 $y=x^3-3x^2$과 x축 및 두 직선 $x=-1$, $x=2$로 둘러싸인 도형의 넓이를 구하시오.

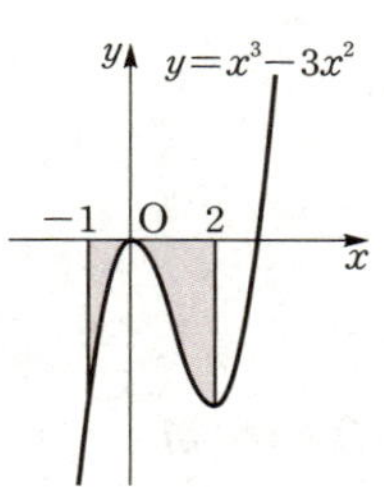

[**0829~0830**] 다음 곡선과 직선 및 x축으로 둘러싸인 도형의 넓이를 구하시오.

0829 $y=x^2+2x-3$, $x=0$, $x=1$

0830 $y=\dfrac{1}{2}x^2-4$, $x=-1$, $x=2$

09·2 두 곡선 사이의 넓이

[**0831~0833**] 다음 곡선과 직선으로 둘러싸인 도형의 넓이를 구하시오.

0831 $y=-x^2$, $y=x-2$

0832 $y=x^2-3x$, $y=x-3$

0833 $y=x^3$, $y=x$

[**0834~0835**] 다음 두 곡선으로 둘러싸인 도형의 넓이를 구하시오.

0834 $y=x^2-5x+6$, $y=-x^2+3x$

0835 $y=x^3-x^2$, $y=x^2$

09·3 속도와 거리

[**0836~0838**] 원점을 출발하여 수직선 위를 움직이는 점 P의 시각 t에서의 속도가 $v(t)=-t^2+4t-3$일 때, 다음을 구하시오.

0836 시각 $t=2$에서의 점 P의 위치

0837 시각 $t=1$에서 $t=4$까지 점 P의 위치의 변화량

0838 시각 $t=1$에서 $t=4$까지 점 P가 움직인 거리

유형 익/히/기

| **개념원리** 수학 Ⅱ 217쪽, 218쪽 |

유형 **01** 곡선과 x축 사이의 넓이

곡선 $y=f(x)$와 x축으로 둘러싸인 도형의 넓이 S는
$$\Rightarrow S=S_1+S_2$$
$$=\int_a^b f(x)dx-\int_b^c f(x)dx$$

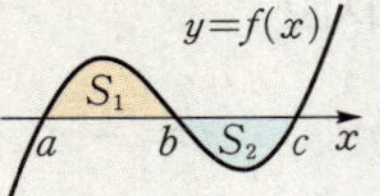

0839 대표문제

곡선 $y=x^2-6x$와 x축 및 두 직선 $x=-1$, $x=1$로 둘러싸인 도형의 넓이를 구하시오.

0840 하

곡선 $y=-x^2+4x-3$과 x축 및 두 직선 $x=1$, $x=2$로 둘러싸인 도형의 넓이는?

① $\dfrac{1}{3}$ 　　② $\dfrac{2}{3}$ 　　③ 1

④ $\dfrac{4}{3}$ 　　⑤ $\dfrac{5}{3}$

0841 하

곡선 $y=x^3+x^2-2x$와 x축으로 둘러싸인 도형의 넓이는?

① $\dfrac{3}{2}$ 　　② 2 　　③ $\dfrac{37}{12}$

④ $\dfrac{10}{3}$ 　　⑤ 4

0842 중하

곡선 $y=-x^2+ax\ (a>0)$와 x축으로 둘러싸인 도형의 넓이가 $\dfrac{32}{3}$일 때, 상수 a의 값은?

① $\dfrac{7}{2}$ 　　② 4 　　③ $\dfrac{9}{2}$

④ 5 　　⑤ $\dfrac{11}{2}$

0843 중하

곡선 $y=kx^3$과 x축 및 두 직선 $x=-1$, $x=2$로 둘러싸인 도형의 넓이가 17일 때, 양수 k의 값은?

① $\dfrac{1}{2}$ 　　② $\dfrac{5}{3}$ 　　③ $\dfrac{17}{6}$

④ 4 　　⑤ $\dfrac{31}{6}$

0844 중

함수 $f(x)$가 모든 실수 x에 대하여
$$\int_1^x f(t)dt=\frac{2}{3}x^3-\frac{1}{2}x^2-\frac{1}{6}$$
을 만족시킬 때, 곡선 $y=f(x)$와 x축으로 둘러싸인 도형의 넓이를 구하시오.

유형 **02** 곡선과 직선 사이의 넓이

곡선 $y=f(x)$와 직선 $y=g(x)$로 둘러싸인 도형의 넓이 S는

$$\Rightarrow S=\int_{\alpha}^{\beta}|f(x)-g(x)|\,dx$$

$$=\int_{\alpha}^{\beta}\{(\text{위의 그래프의 식})$$

$$-(\text{아래의 그래프의 식})\}\,dx$$

0845 대표문제

곡선 $y=x(x-3)^2$과 직선 $y=x$로 둘러싸인 도형의 넓이는?

① 5 ② 6 ③ 7
④ 8 ⑤ 9

0846 중

곡선 $y=-x^2+6x$와 직선 $y=2x$로 둘러싸인 도형의 넓이를 구하시오.

0847 중

곡선 $y=3x-x^2$과 직선 $x+y=3$으로 둘러싸인 도형의 넓이는?

① 1 ② $\dfrac{4}{3}$ ③ $\dfrac{5}{3}$
④ 2 ⑤ 3

0848 상 중

곡선 $y=x^2-3x$와 직선 $y=ax$로 둘러싸인 도형의 넓이가 36일 때, 양수 a의 값을 구하시오.

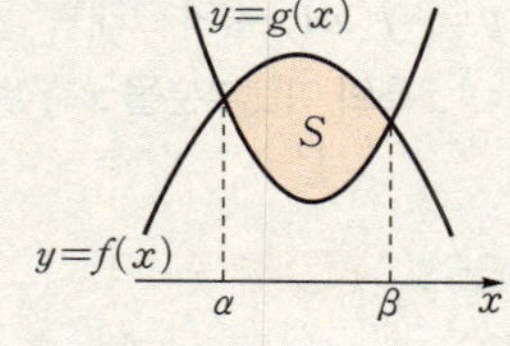

유형 **03** 두 곡선 사이의 넓이

두 곡선 $y=f(x)$와 $y=g(x)$로 둘러싸인 도형의 넓이 S는

$$\Rightarrow S=\int_{\alpha}^{\beta}|f(x)-g(x)|\,dx$$

0849 대표문제

두 곡선 $y=x^2-4x+5$와 $y=-x^2+6x-3$으로 둘러싸인 도형의 넓이는?

① 9 ② 8 ③ 7
④ 6 ⑤ 5

0850 중

두 곡선 $y=x^3-4x$와 $y=3x^2$으로 둘러싸인 도형의 넓이를 구하시오.

0851 중

곡선 $y=x^2-1$을 x축에 대하여 대칭이동한 후 x축의 방향으로 1만큼, y축의 방향으로 3만큼 평행이동한 곡선을 $y=f(x)$라 하자. 두 곡선 $y=x^2-1$, $y=f(x)$로 둘러싸인 도형의 넓이를 구하시오.

0852 중 서술형

두 곡선 $y=x^3-3x^2$, $y=x^2-3x$로 둘러싸인 두 도형의 넓이를 각각 S_1, S_2라 할 때, S_1S_2의 값을 구하시오. (단, $S_1 \leq S_2$)

유형 04 절댓값 기호를 포함한 그래프의 넓이

$y=|f(x)|$ 꼴의 그래프
⇨ x축의 아랫부분을 x축 위쪽으로 꺾어 올린다.

0853 대표문제

곡선 $y=x|x-1|$과 x축 및 두 직선 $x=0$, $x=2$로 둘러싸인 도형의 넓이는?

① $\dfrac{5}{6}$ ② 1 ③ $\dfrac{7}{6}$

④ $\dfrac{4}{3}$ ⑤ $\dfrac{3}{2}$

0854 중

곡선 $y=|x(x-1)|$과 직선 $y=2$로 둘러싸인 도형의 넓이는?

① $\dfrac{5}{6}$ ② 1 ③ $\dfrac{7}{6}$

④ $\dfrac{25}{6}$ ⑤ $\dfrac{25}{3}$

0855 상 중

곡선 $y=|x^2-ax|$와 직선 $y=ax$로 둘러싸인 도형의 넓이가 $\dfrac{27}{8}$일 때, 실수 a의 값은? (단, $a>0$)

① $\dfrac{3}{4}$ ② 1 ③ $\dfrac{3}{2}$

④ 2 ⑤ $\dfrac{9}{4}$

유형 05 곡선과 접선으로 둘러싸인 도형의 넓이

(i) 곡선 $y=f(x)$ 위의 점 $(a, f(a))$에서의 접선의 방정식을 구한다. ⇨ $y-f(a)=f'(a)(x-a)$
(ii) 그래프를 그리고 정적분을 이용하여 도형의 넓이를 구한다.

0856 대표문제

곡선 $y=x^2+2$와 이 곡선 위의 점 $(1, 3)$에서의 접선 및 y축으로 둘러싸인 도형의 넓이를 구하시오.

0857 중

곡선 $y=-x^3$과 이 곡선 위의 점 $(-1, 1)$에서의 접선으로 둘러싸인 도형의 넓이를 S라 할 때, $4S$의 값은?

① 25 ② 26 ③ 27

④ 28 ⑤ 29

0858 중 서술형

곡선 $y=x(x-1)(x-4)$와 이 곡선 위의 점 $(1, 0)$에서의 접선으로 둘러싸인 도형의 넓이를 구하시오.

0859 중

곡선 $y=x^2$ 위의 점 $(1, 1)$에서의 접선과 곡선 $y=ax^2-1\ (a>0)$로 둘러싸인 도형의 넓이가 $\dfrac{4}{3}$일 때, 실수 a의 값을 구하시오.

0860 상 중

점 $(1, -3)$에서 곡선 $y=x^2$에 그은 두 접선과 이 곡선으로 둘러싸인 도형의 넓이는?

① 4 ② $\dfrac{13}{3}$ ③ $\dfrac{14}{3}$

④ 5 ⑤ $\dfrac{16}{3}$

0861 상 중

곡선 $y=-x^2+2x+3$과 이 곡선 위의 점 $(2, 3)$에서 그은 접선 및 x축, y축의 양의 부분으로 둘러싸인 도형의 넓이를 구하시오.

| 개념원리 수학 Ⅱ 225쪽 |

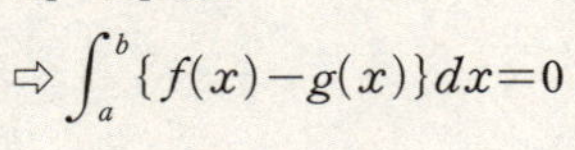

유형 06 두 도형의 넓이가 같을 때

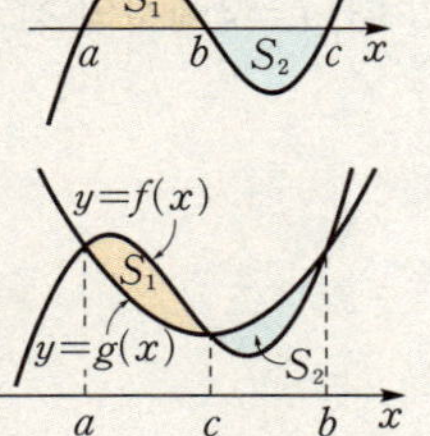

(1) $S_1=S_2$이면

$\Rightarrow \displaystyle\int_a^c f(x)\,dx=0$

(2) $S_1=S_2$이면

$\Rightarrow \displaystyle\int_a^b \{f(x)-g(x)\}\,dx=0$

0862 대표문제

곡선 $y=-x^2+(k+2)x-2k$와 x축 및 y축으로 둘러싸인 도형의 넓이를 S_1, 이 곡선과 x축으로 둘러싸인 도형의 넓이를 S_2라 할 때, $S_1=S_2$이다. 이때 상수 k의 값을 구하시오.

(단, $0<k<2$)

0863 중

오른쪽 그림과 같이 닫힌구간 $[0, 1]$에서 곡선 $y=x^3$과 직선 $y=a\ (0<a<1)$ 및 두 직선 $x=0$, $x=1$로 둘러싸인 두 도형의 넓이가 서로 같을 때, 상수 a의 값을 구하시오.

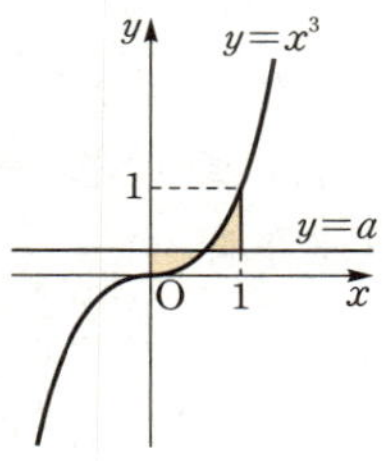

0864 중

곡선 $y=x(x-1)(x-k)$와 x축으로 둘러싸인 두 도형의 넓이가 서로 같을 때, 상수 k의 값을 구하시오. (단, $k>1$)

0865 중

곡선 $y=-x^2+3x$와 x축 및 직선 $x=k\ (k>3)$로 둘러싸인 두 도형의 넓이가 서로 같을 때, 상수 k의 값을 구하시오.

0866 상 중

오른쪽 그림과 같이 곡선 $y=x^2-2x+p$와 x축 및 y축으로 둘러싸인 도형의 넓이를 A, 이 곡선과 x축으로 둘러싸인 도형의 넓이를 B라 할 때, $A:B=1:2$이다. 이때 상수 p의 값을 구하시오.

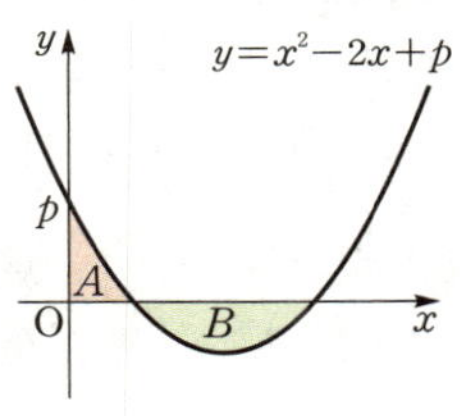

유형 07 넓이의 활용 − 넓이를 이등분할 때

곡선 $y=f(x)$와 x축으로 둘러싸인 도형의 넓이 S를 곡선 $y=g(x)$가 이등분할 때

$\Rightarrow S=S_1+S_2=2S_1$
$\quad =2\displaystyle\int_0^a \{f(x)-g(x)\}dx$

0867 대표문제

곡선 $y=x^2-2x$와 직선 $y=mx$로 둘러싸인 도형의 넓이가 x축에 의하여 이등분될 때, 상수 m에 대하여 $(m+2)^3$의 값을 구하시오.

0868 중

곡선 $y=-x^2+3x$와 x축으로 둘러싸인 도형의 넓이가 직선 $y=mx$에 의하여 이등분될 때 상수 m에 대하여 m^3-9m^2+27m의 값을 구하시오.

0869 중

곡선 $y=4x-x^2$과 x축으로 둘러싸인 도형의 넓이가 곡선 $y=ax^2$에 의하여 이등분될 때, 양수 a의 값은?

① $\sqrt{2}-1$ ② $\sqrt{2}$ ③ 2
④ $\sqrt{2}+1$ ⑤ 3

유형 08 위치의 변화량

수직선 위를 움직이는 점 P의 시각 t에서의 속도가 $v(t)$이고 시각 t_0에서의 점 P의 위치를 x_0이라 할 때

(1) 시각 t에서의 점 P의 위치 $x \Rightarrow x=x_0+\displaystyle\int_{t_0}^t v(t)dt$

(2) 시각 $t=a$에서 $t=b$까지 점 P의 위치의 변화량
$\quad \Rightarrow \displaystyle\int_a^b v(t)dt$

0870 대표문제

원점을 출발하여 수직선 위를 움직이는 점 P의 시각 t에서의 속도가 $v(t)=t^2-7t+10$일 때, 점 P의 운동 방향이 두 번째로 바뀔 때의 점 P의 위치는?

① 2 ② $\dfrac{25}{6}$ ③ $\dfrac{14}{3}$
④ 5 ⑤ 6

0871 중

원점을 출발하여 수직선 위를 움직이는 점 P의 시각 t에서의 속도가

$$v(t)=\begin{cases} t^2-3t+2 & (t\geq 2) \\ -t^2+2t & (0\leq t<2) \end{cases}$$

일 때, $t=4$에서의 점 P의 위치를 구하시오.

0872 중 서술형

지면으로부터 30 m의 높이에서 처음 속도 20 m/s로 똑바로 위로 쏘아 올린 물체의 t초 후의 속도가 $v(t)=20-10t(\text{m/s})$라 한다. 3초 후 이 물체의 지상으로부터의 높이를 h_1 m, 물체가 최고 지점에 도달했을 때의 지상으로부터의 높이를 h_2 m라 할 때, $|h_1-h_2|$의 값을 구하시오.

0873 중

단면의 넓이가 $\pi\ cm^2$인 원기둥 모양의 수도관이 있다. 수도관에서 물이 흘러나오기 시작한 지 t초 후의 물의 속도가 $v(t)=4t-t^2\ (cm/s)$일 때, 물이 흐르기 시작하여 멈출 때까지 흘러나온 물의 양을 구하시오.

0874 중

두 자동차 A, B가 직선 도로 위에 있다. 자동차 B는 자동차 A보다 24 m 앞에 있다가 동시에 같은 방향으로 달릴 때, t초 후의 두 자동차 A, B의 속도는 각각 $v_A(t)=2t\ (m/s)$, $v_B(t)=t+1\ (m/s)$이다. 자동차 A와 자동차 B의 위치가 같아지는 것은 출발한 지 몇 초 후인가?

① 6초 ② 7초 ③ 8초
④ 9초 ⑤ 10초

| 개념원리 수학 Ⅱ 234쪽, 235쪽 |

유형 **09** 속도와 움직인 거리

수직선 위를 움직이는 점 P의 시각 t에서의 속도가 $v(t)$일 때, 시각 $t=a$에서 $t=b$까지 점 P가 움직인 거리

$$\Rightarrow \int_a^b |v(t)|\,dt$$

0875 대표문제

원점을 출발하여 수직선 위를 움직이는 점 P의 t초 후의 속도가 $v(t)=t^2-2t\ (m/s)$일 때, 점 P가 출발한 후 다시 원점으로 되돌아올 때까지 움직인 거리를 구하시오.

0876 중

지상 60 m의 높이에서 처음 속도 20 m/s로 똑바로 위로 쏘아 올린 물체의 t초 후의 속도가 $v(t)=20-10t\ (m/s)$일 때, 물체가 던져지고 5초 동안 실제로 움직인 거리를 구하시오.

0877 중

직선 궤도를 30 m/s의 속도로 달리는 열차가 있다. 이 열차에 제동을 건 후 t초 후의 속도가 $v(t)=30-3t\ (m/s)$일 때, 제동을 건 후 열차가 정지할 때까지 달린 거리는?

① 140 m ② 150 m ③ 160 m
④ 170 m ⑤ 180 m

0878 중

고속열차가 출발하여 4 km를 달리는 동안은 시각 t분에서의 속도가 $v(t)=\dfrac{3}{4}t^2+\dfrac{1}{2}t+\dfrac{1}{2}\ (km/min)$이고, 그 이후로는 속도가 일정하다고 한다. 이 열차가 출발한 후 10분 동안 달린 거리는 몇 km인지 구하시오.

유형 익/히/기

유형 **10** 그래프에서 위치와 움직인 거리

수직선 위를 움직이는 점 P의 시각 t
에서의 속도 $v(t)$의 그래프가 오른쪽
그림과 같을 때 $t=0$에서 $t=a$까지

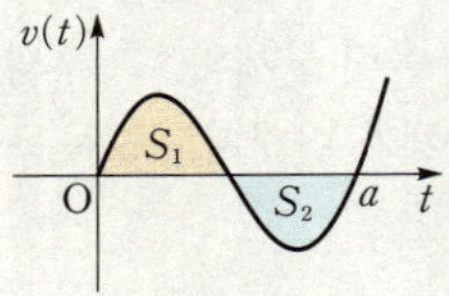

(1) 점 P의 위치의 변화량

$$\Rightarrow \int_0^a v(t)dt = S_1 - S_2$$

(2) 점 P가 움직인 거리 $\Rightarrow \int_0^a |v(t)|dt = S_1 + S_2$

0879 `대표문제`

원점을 출발하여 수직선 위를 움직이는
점 P의 시각 t에서의 속도 $v(t)$의 그래
프가 오른쪽 그림과 같다. 시각 $t=0$에
서 $t=3$까지 점 P가 움직인 거리를 구
하시오.

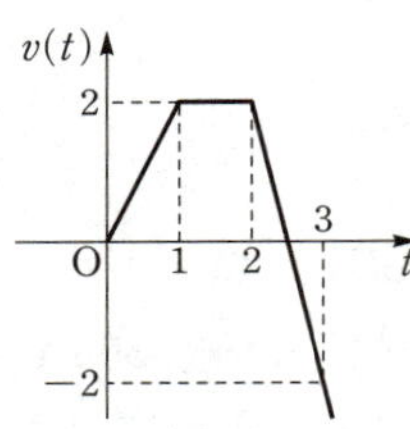

0880 중 `서술형`

오른쪽 그림은 원점을 출발하여
수직선 위를 움직이는 점 P의 시
각 $t\,(0 \le t \le 4)$에서의 속도 $v(t)$
의 그래프이다. 시각 $t=2$에서 점
P의 위치를 a, 시각 $t=4$에서 점
P의 위치를 b라 할 때, $a+b$의 값을 구하시오.

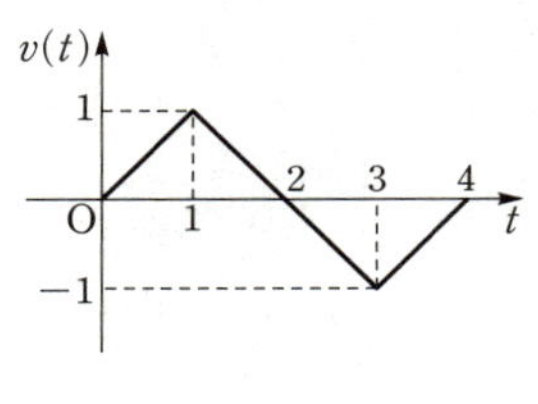

0881 중

원점을 출발하여 수직선 위를 움직이는 점 P의 시각
$t\,(0 \le t \le 7)$에서의 속도 $v(t)$의 그래프가 다음 그림과 같다.
시각 $t=7$에서 점 P의 위치가 10일 때, 양수 k의 값은?

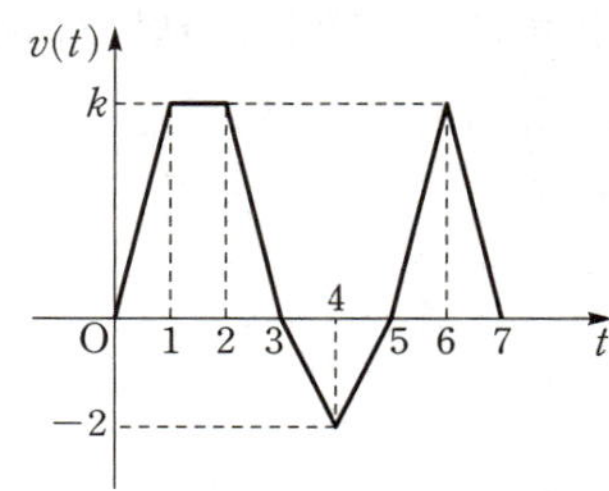

① 1   ② 2   ③ 3
④ 4   ⑤ 5

0882 상 중

원점을 출발하여 수직선 위를
8초 동안 움직이는 점 P의 t
초 후의 속도 $v(t)$의 그래프
가 오른쪽 그림과 같을 때, 다
음 **보기** 중에서 옳은 것만을
있는 대로 고른 것은?

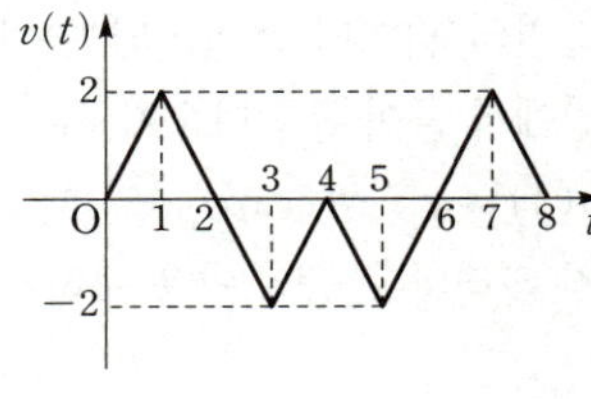

> • **보기** •
>
> ㄱ. 출발한 지 4초 후의 점 P의 위치는 원점이다.
>
> ㄴ. 점 P는 움직이는 동안 운동 방향을 3번 바꾼다.
>
> ㄷ. 출발한 지 1초 후와 7초 후의 점 P의 위치는 같다.

① ㄱ   ② ㄴ   ③ ㄷ
④ ㄱ, ㄴ   ⑤ ㄱ, ㄷ

0883 상 중

수직선 위를 움직이는 점 P의 시각 t
에서의 속도 $v(t)$의 그래프가 오른쪽
그림과 같이 이차함수의 그래프의 일
부일 때, 다음 중 옳지 **않은** 것은?

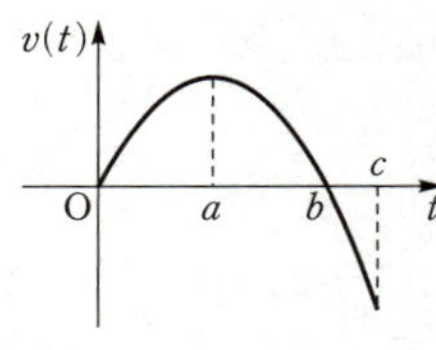

① 시각 $t=a$에서 $t=b$까지 점 P가 움직인 거리는
   $\int_a^b v(t)dt$이다.

② $\int_0^c v(t)dt = 0$이면 시각 $t=c$일 때, 점 P는 출발점과 같은
   위치에 있다.

③ 시각 $t=a$에서 $v'(t)=0$이므로 점 P는 순간적으로 정지
   상태이다.

④ 시각 $t=b$의 좌우에서 $v(t)$의 부호의 변화가 있으므로 점
   P는 $t=b$일 때, 운동 방향을 바꾸었다.

⑤ $|v(c)| > v(a)$이면 시각 $t=c$에서 점 P의 속력은 최대이
   다. (단, $0 \le t \le c$)

| 개념원리 수학 Ⅱ 227쪽 |

유형 11　넓이의 활용 — 넓이가 최소일 때

(ⅰ) 정적분을 이용하여 도형의 넓이를 식으로 나타낸다.
(ⅱ) 이차방정식의 근과 계수의 관계, 증감표 등을 이용하여 넓이
　　의 최솟값을 구한다.

0884 　대표문제

곡선 $y=x(x-2)(x-a)$와 x축으로 둘러싸인 도형의 넓이
가 최소가 되도록 하는 실수 a의 값을 구하시오.

(단, $0<a<2$)

0885 　상중

양수 k에 대하여 두 곡선 $y=\dfrac{1}{k}x^3$, $y=-9kx^3$과 직선 $x=1$
로 둘러싸인 도형의 넓이의 최솟값을 구하시오.

| 개념원리 수학 Ⅱ 228쪽 |

유형 12　역함수의 그래프와 넓이

함수 $y=f(x)$와 그 역함수 $y=g(x)$
의 그래프의 교점의 x좌표가
α, β $(\alpha<\beta)$일 때
(1) 두 함수 $y=f(x)$, $y=g(x)$의 그
　래프는 직선 $y=x$에 대하여 대칭
　이다.
(2) $S=\displaystyle\int_{\alpha}^{\beta}|f(x)-g(x)|\,dx=2\int_{\alpha}^{\beta}|x-f(x)|\,dx$

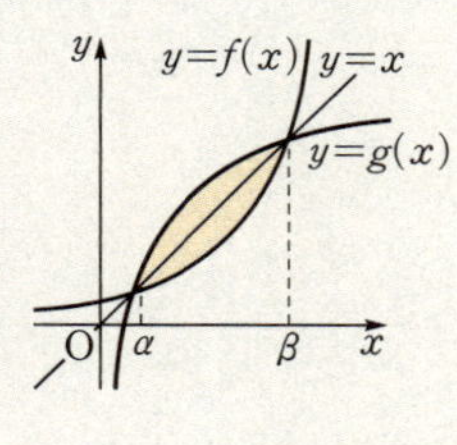

0886 　대표문제

오른쪽 그림은 함수 $y=f(x)$와 그
역함수 $y=g(x)$의 그래프이다. 두
그래프가 두 점 $(1,\ 1)$, $(3,\ 3)$에서
만나고 $\displaystyle\int_{1}^{3}f(x)\,dx=3$일 때, 두 곡
선 $y=f(x)$, $y=g(x)$로 둘러싸인
도형의 넓이를 구하시오.

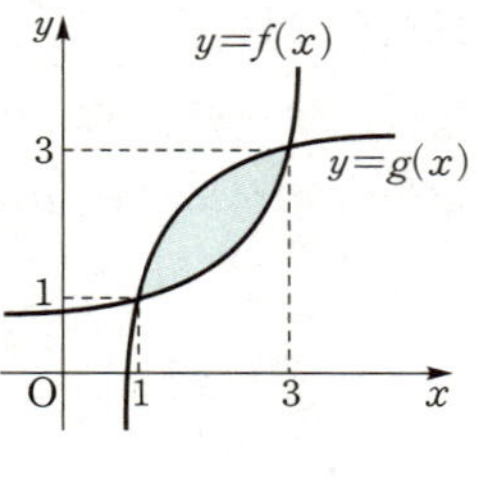

0887 　중

함수 $f(x)=\sqrt{x}$의 역함수를 $g(x)$라 할 때,
$\displaystyle\int_{1}^{9}f(x)\,dx+\int_{1}^{3}g(x)\,dx$의 값을 구하시오.

0888 　상중

함수 $f(x)=3x^2+1\ (x\geq0)$의 역함수를 $g(x)$라 할 때, 곡
선 $y=g(x)$와 x축 및 직선 $x=13$으로 둘러싸인 도형의 넓
이를 구하시오.

0889 　상중

함수 $f(x)=x^3-3x^2+3x$의 역함수를 $g(x)$라 할 때, 두 곡
선 $y=f(x)$와 $y=g(x)$로 둘러싸인 도형의 넓이를 구하시오.

0890

곡선 $y=x(x-2)^2$과 x축으로 둘러싸인 도형의 넓이는?

① $\dfrac{2}{3}$ ② $\dfrac{4}{3}$ ③ 2

④ $\dfrac{8}{3}$ ⑤ $\dfrac{10}{3}$

0891

오른쪽 그림과 같이 곡선 $y=x^2-2x$와 x축 및 직선 $x=a$로 둘러싸인 도형의 넓이가 $\dfrac{8}{3}$일 때, a의 값을 구하시오. (단, $a>2$)

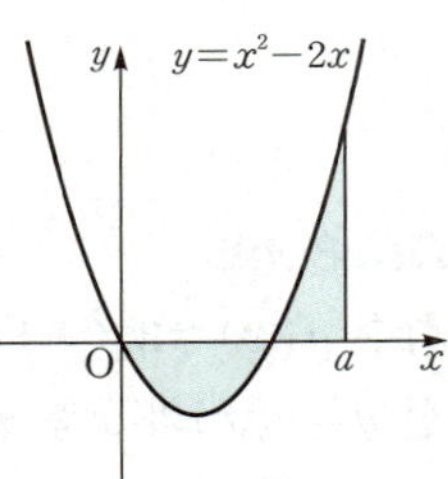

0892

두 곡선 $y=x^3-2x$와 $y=x^2$으로 둘러싸인 도형의 넓이는?

① $\dfrac{31}{12}$ ② $\dfrac{11}{4}$ ③ $\dfrac{35}{12}$

④ $\dfrac{37}{12}$ ⑤ $\dfrac{13}{4}$

0893

곡선 $y=|x(x-2)|$의 그래프와 직선 $y=3$으로 둘러싸인 도형의 넓이를 구하시오.

0894

오른쪽 그림과 같이 x축에 평행한 직선이 함수 $f(x)=x^3+ax^2+bx+c$의 그래프와 $x=0$에서 접하고 $x=1$에서 만날 때, 이 직선과 곡선으로 둘러싸인 도형의 넓이는? (단, a, b, c는 상수)

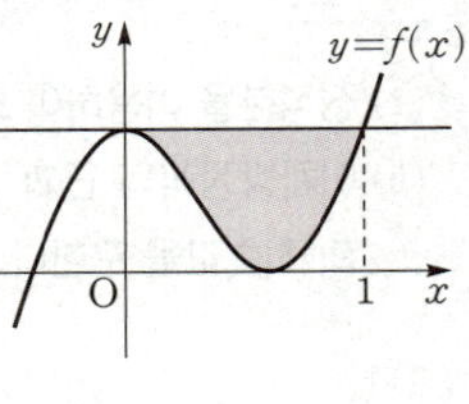

① $\dfrac{1}{12}$ ② $\dfrac{1}{6}$ ③ $\dfrac{1}{4}$

④ $\dfrac{5}{12}$ ⑤ $\dfrac{1}{2}$

0895

곡선 $y=\dfrac{1}{2}x^2+2$와 이 곡선 위의 점 $(2, 4)$에서의 접선 및 y축으로 둘러싸인 도형의 넓이를 구하시오.

0896

오른쪽 그림과 같이 두 곡선 $y=x^2(x-4)$와 $y=ax(x-4)$로 둘러싸인 두 도형의 넓이를 각각 A, B라 하자. $A=B$일 때, 상수 a의 값을 구하시오. (단, $a>0$)

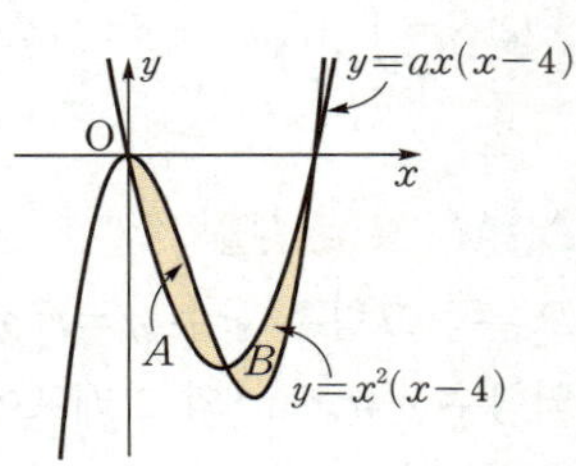

오른쪽 그림과 같이 곡선 $y=\dfrac{1}{2}x^2$ 과 직선 $y=kx$로 둘러싸인 부분의 넓이를 A, 곡선 $y=\dfrac{1}{2}x^2$과 두 직선 $x=2$, $y=kx$로 둘러싸인 부분의 넓이를 B라 하자. $A=B$일 때, $30k$의 값을 구하시오. (단, k는 $0<k<1$인 상수이다.)

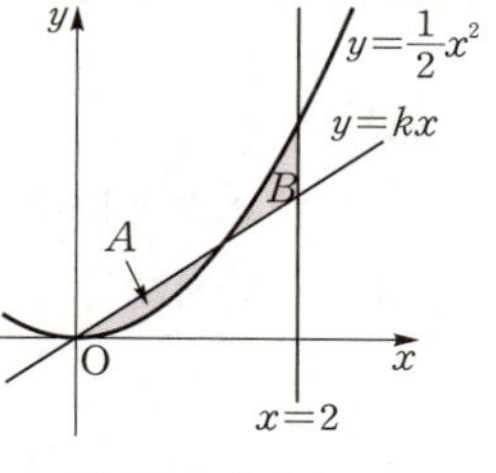

0898

오른쪽 그림과 같이 곡선 $y=x^2-6x+a$와 x축, y축으로 둘러싸인 두 도형의 넓이를 각각 A, B라 하자. $A:B=1:2$일 때, 상수 a의 값을 구하시오.

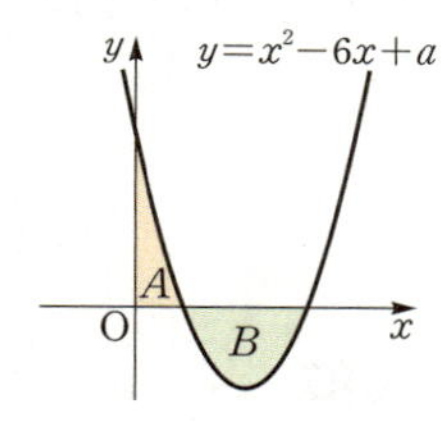

0899

오른쪽 그림과 같이 곡선 $y=-x^2+3x$와 직선 $y=-2x$로 둘러싸인 도형의 넓이를 직선 $x=a$가 이등분할 때, 상수 a의 값을 구하시오.

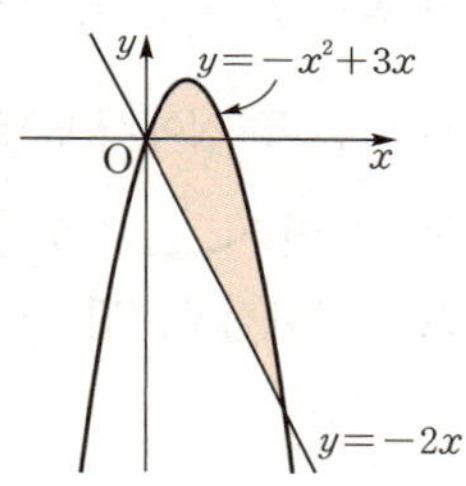

0900

수직선 위를 움직이는 두 점 P, Q가 원점을 동시에 출발하여 같은 방향으로 움직인다고 한다. t초 후의 두 점 P, Q의 속도가 각각 $t(t-1)\,(\mathrm{m/s})$, $2t+3\,(\mathrm{m/s})$일 때, 두 점 P, Q가 출발 후 다시 만나는 시각은 몇 초 후인가?

① 4초   ② 5초   ③ 6초
④ 7초   ⑤ 8초

0901

수직선 위를 움직이는 점 P가 원점을 통과한 후 t초가 경과하였을 때의 속도가 $v(t)=t^2-5t+4$일 때, 다음 **보기** 중에서 옳은 것만을 있는 대로 고른 것은?

<table>
<tr><td>● 보기 ●</td></tr>
</table>

ㄱ. 점 P가 시각 $t=0$에서의 진행 방향과 반대 방향으로 움직이는 것은 2초 동안이다.

ㄴ. 시각 $t=2$에서 점 P의 위치는 $\dfrac{2}{3}$이다.

ㄷ. 시각 $t=0$에서 $t=3$까지 점 P가 움직인 거리는 3이다.

① ㄱ   ② ㄴ   ③ ㄷ
④ ㄱ, ㄴ   ⑤ ㄴ, ㄷ

0902

원점을 출발하여 수직선 위를 움직이는 물체의 시각 t에서의 속도 $v(t)$의 그래프가 오른쪽 그림과 같을 때, 다음 **보기** 중에서 옳은 것만을 있는 대로 고른 것은?

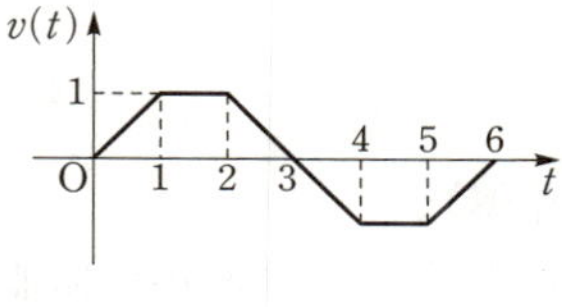

ㄱ. 시각 $t=4$에서 물체는 처음 진행 방향과 반대 방향으로 움직인다.

ㄴ. 시각 $t=3$에서 물체는 원점에 있다.

ㄷ. 시각 $t=1$에서와 $t=5$에서의 물체의 위치는 같다.

ㄹ. 시각 $t=1$에서 $t=4$까지 움직인 거리는 2이다.

① ㄱ, ㄴ   ② ㄱ, ㄷ   ③ ㄱ, ㄴ, ㄹ
④ ㄱ, ㄷ, ㄹ   ⑤ ㄱ, ㄴ, ㄷ, ㄹ

0903

함수 $f(x)=x^3+x^2+x$의 역함수를 $g(x)$라 할 때, 두 곡선 $y=f(x)$와 $y=g(x)$로 둘러싸인 도형의 넓이를 구하시오.

 **서술형 주관식**

0904

이차함수 $y=ax^2+bx+c$의 그래프가 오른쪽 그림과 같을 때, 곡선 $y=ax^2+bx+c$와 x축 및 y축으로 둘러싸인 색칠한 도형의 넓이를 구하시오.

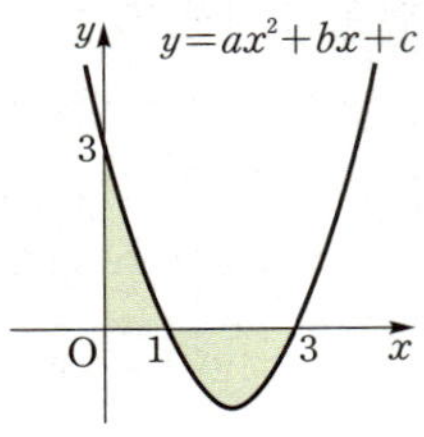

0905

원점에서 곡선 $y=x^3+2$에 그은 접선과 곡선으로 둘러싸인 도형의 넓이를 구하시오.

0906

수직선 위를 움직이는 물체의 시각 t에서의 속도 $v(t)$의 그래프가 오른쪽 그림과 같고, $t=0$에서의 물체의 위치는 $x(0)=-2$일 때, 다음 물음에 답하시오.

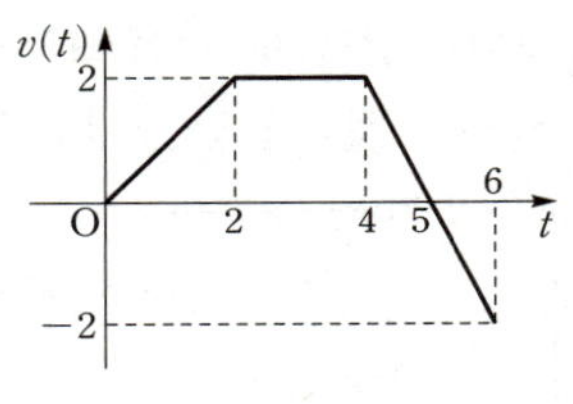

(1) 시각 $t=1$, $t=3$, $t=5$에서의 물체의 위치 $x(1)$, $x(3)$, $x(5)$를 차례로 구하시오.

(2) 시각 $t=0$에서 $t=6$까지 물체가 움직인 거리를 구하시오.

0907

오른쪽 그림과 같이 곡선 $y=-x^2+3$과 x축 사이에 직사각형이 내접할 때, 색칠한 도형의 넓이의 최솟값을 구하시오.

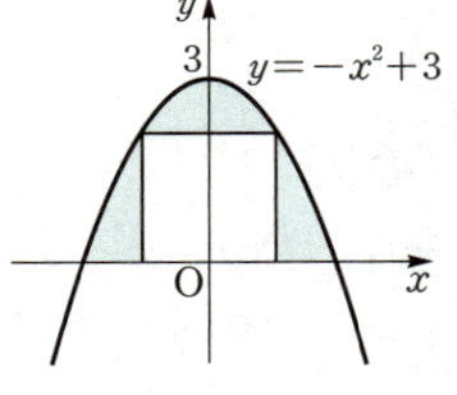

0908

곡선 $y=2x|x-1|$과 직선 $y=x$로 둘러싸인 두 도형의 넓이의 합을 구하시오.

0909

곡선 $y=x^2-1$과 이 곡선 위의 한 점 $(t,\ t^2-1)$에서의 접선 및 y축, 직선 $x=1$로 둘러싸인 두 도형의 넓이의 합의 최솟값을 구하시오. (단, $0<t<1$)

0910 　교육청 기출

오른쪽 그림과 같이 중심이 $A\left(0,\ \dfrac{3}{2}\right)$이고, 반지름의 길이가 $r\left(r<\dfrac{3}{2}\right)$인 원 C가 있다. 원 C가 함수 $y=\dfrac{1}{2}x^2$의 그래프와 서로 다른 두 점에서 만날 때, 원 C와 함수 $y=\dfrac{1}{2}x^2$의 그래프로 둘러싸인 ⌣ 모양의 넓이는 $a+b\pi$이다. $120(a+b)$의 값을 구하시오. (단, a, b는 유리수이다.)

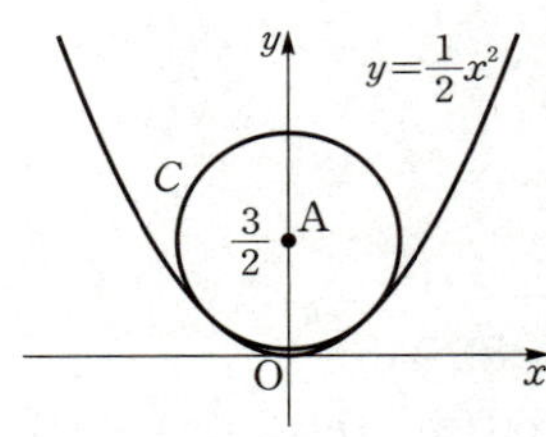

0911 　창의·융합

함수 $f(x)=-x^2+4x-3$에 대하여 오른쪽 그림과 같이 곡선 $y=f(x)$와 x축 및 y축으로 둘러싸인 도형의 넓이를 X, 곡선 $y=f(x)$와 x축으로 둘러싸인 도형의 넓이를 Y, 곡선 $y=f(x)$와 x축 및 직선 $x=a$로 둘러싸인 도형의 넓이를 Z라 하자. $X+Z=2Y$일 때, $\displaystyle\int_0^a f(x)dx$의 값을 구하시오. (단, $a>3$)

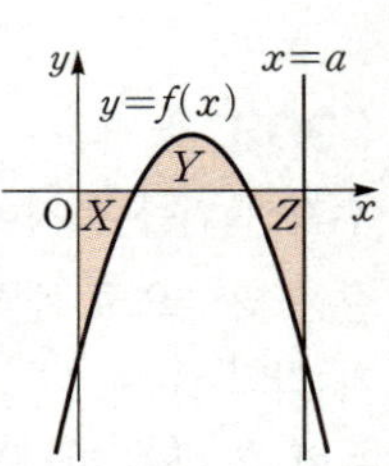

개념원리와 만나는 모든 방법

다양한 이벤트, 동기부여 콘텐츠 등
공부 자극에 필요한 모든 콘텐츠를 보고 싶다면?

개념원리 공식 인스타그램
@wonri_with

교재 속 QR코드 문제 풀이 영상 공부법까지
수학 공부에 필요한 모든 것

개념원리 공식 유튜브 채널
youtube.com/개념원리2022

개념원리에서 만들어지는 모든 콘텐츠를
정기적으로 받고 싶다면?

개념원리 공식
카카오뷰 채널

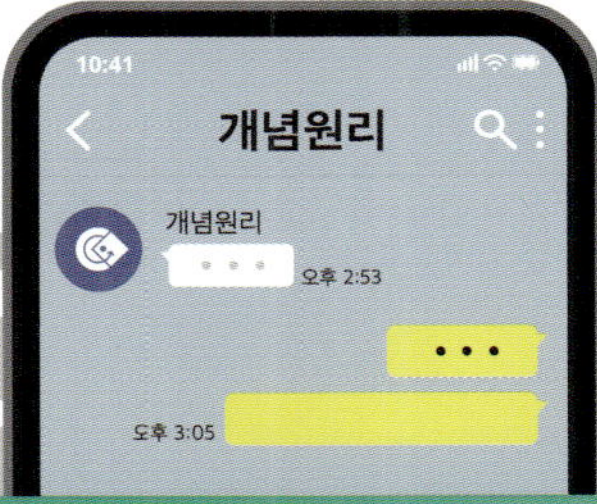

개념원리
교재 소개

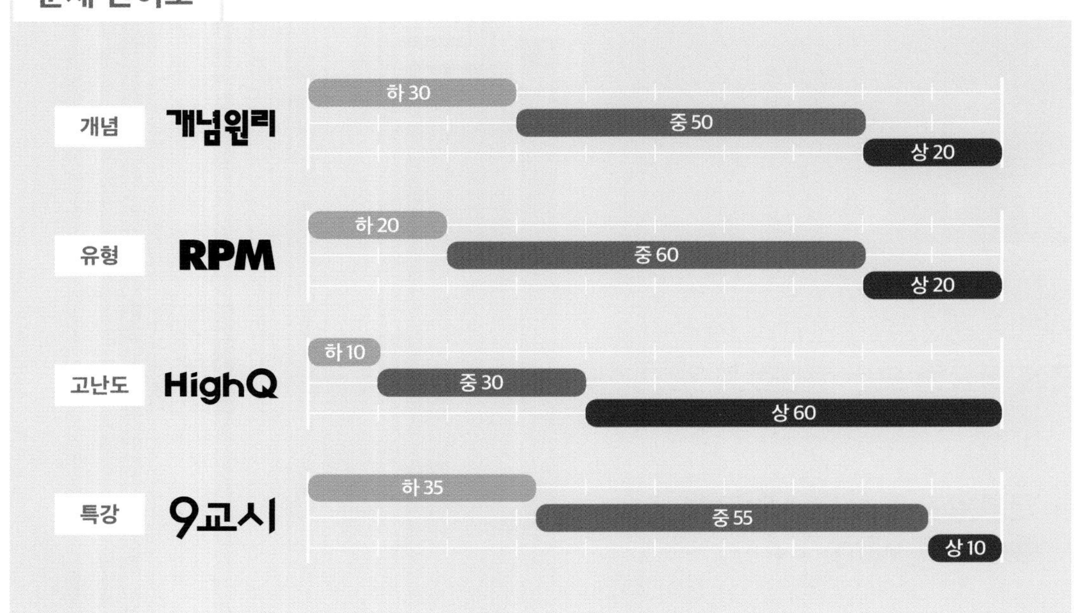

고등

개념원리 | 수학의 시작   개념

하나를 알면 10개, 20개를 풀 수 있는 개념원리 수학
수학(상), 수학(하), 수학 I, 수학 II, 확률과 통계, 미적분, 기하

RPM | 유형의 완성   유형

다양한 유형의 문제를 통해 수학의 문제 해결력을 높일 수 있는 RPM
수학(상), 수학(하), 수학 I, 수학 II, 확률과 통계, 미적분, 기하

High Q | 고난도 정복 (고1 내신 대비)   고난도

최고를 향한 핵심 고난도 문제서 High Q
수학(상), 수학(하)

9교시 | 학교 안 개념원리   특강

쉽고 빠르게 정리하는 9종 교과서 시크릿
수학(상), 수학(하), 수학 I

중등

개념원리 | 수학의 시작   개념

하나를 알면 10개, 20개를 풀 수 있는 개념원리 수학
중학수학 1-1, 1-2, 2-1, 2-2, 3-1, 3-2

RPM | 유형의 완성   유형

다양한 유형의 문제를 통해 수학의 문제 해결력을 높일 수 있는 RPM
중학수학 1-1, 1-2, 2-1, 2-2, 3-1, 3-2

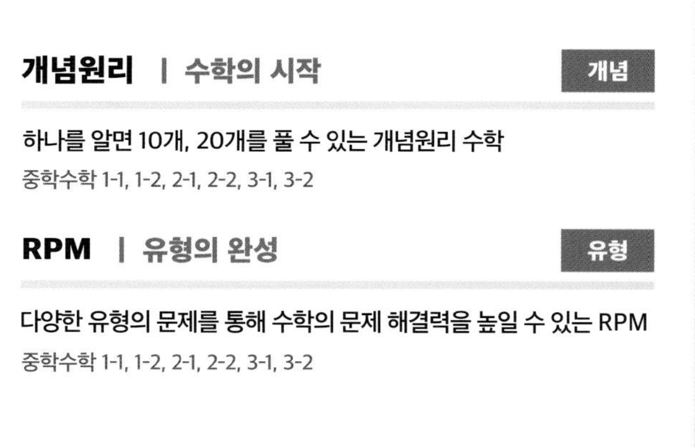

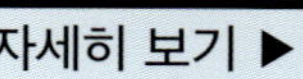

개념원리
RPM

수학 II

개념원리 RPM 수학Ⅱ

정답과 풀이

친절한 풀이	정확하고 이해하기 쉬운 친절한 풀이
다른 풀이	수학적 사고력을 키우는 다양한 해결 방법 제시
서술형 분석	모범 답안과 단계별 배점 제시로 서술형 문제 완벽 대비

| 유형의 완성 |

개념원리

RPM

수학 II

정답과 풀이

01 함수의 극한

0001 $f(x)=2x-1$로 놓으면 $y=f(x)$의 그래프는 오른쪽 그림과 같다. 즉, x의 값이 -1에 한없이 가까워질 때, $f(x)$의 값은 -3에 한없이 가까워지므로
$$\lim_{x\to-1}(2x-1)=-3$$
답 **−3**

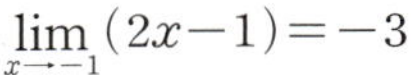

0002 $f(x)=x^2+1$로 놓으면 $y=f(x)$의 그래프는 오른쪽 그림과 같다. 즉, x의 값이 3에 한없이 가까워질 때, $f(x)$의 값은 10에 한없이 가까워지므로
$$\lim_{x\to3}(x^2+1)=10$$
답 **10**

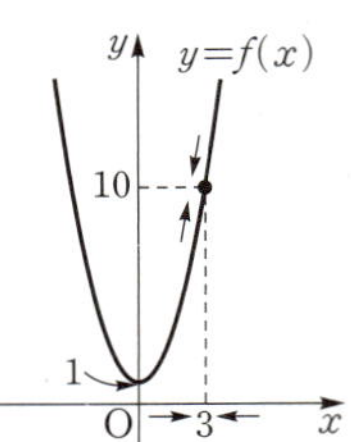

0003 $f(x)=\sqrt{x-1}$로 놓으면 $y=f(x)$의 그래프는 오른쪽 그림과 같다. 즉, x의 값이 2에 한없이 가까워질 때, $f(x)$의 값은 1에 한없이 가까워지므로
$$\lim_{x\to2}\sqrt{x-1}=1$$
답 **1**

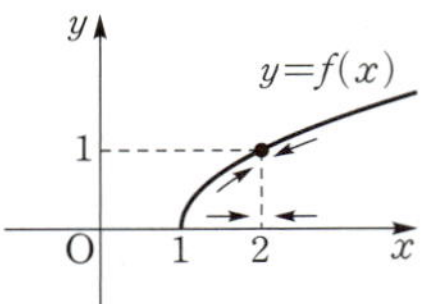

0004 $f(x)=\dfrac{1}{x+2}$로 놓으면 $y=f(x)$의 그래프는 오른쪽 그림과 같다. 즉, x의 값이 0에 한없이 가까워질 때, $f(x)$의 값은 $\dfrac{1}{2}$에 한없이 가까워지므로
$$\lim_{x\to0}\frac{1}{x+2}=\frac{1}{2}$$
답 $\dfrac{1}{2}$

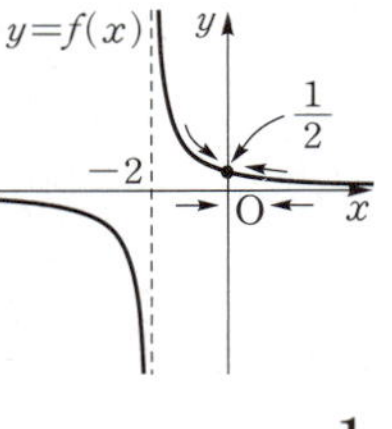

0005 $f(x)=\dfrac{1}{x^2}$로 놓으면 $y=f(x)$의 그래프는 오른쪽 그림과 같다. 즉, x의 값이 0에 한없이 가까워질 때, $f(x)$의 값은 한없이 커지므로
$$\lim_{x\to0}\frac{1}{x^2}=\infty$$
답 **∞**

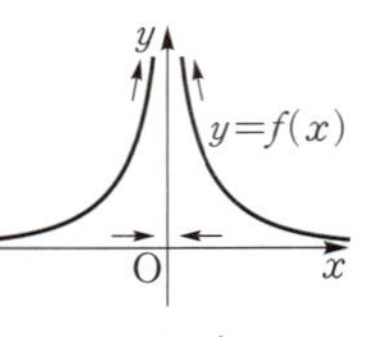

0006 $f(x)=\dfrac{-1}{|x-1|}$로 놓으면 $y=f(x)$의 그래프는 오른쪽 그림과 같다. 즉, x의 값이 1에 한없이 가까워질 때, $f(x)$의 값은 음수이면서 그 절댓값이 한

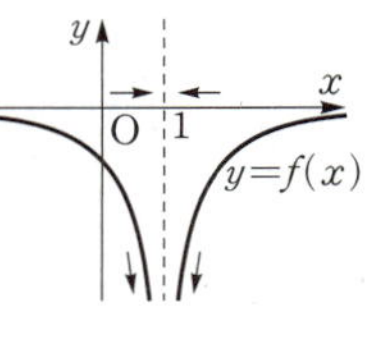

없이 커지므로
$$\lim_{x\to1}\frac{-1}{|x-1|}=-\infty$$
답 **−∞**

0007 $f(x)=x-3$으로 놓으면 $y=f(x)$의 그래프는 오른쪽 그림과 같다. 즉, x의 값이 한없이 커질 때, $f(x)$의 값도 한없이 커지므로
$$\lim_{x\to\infty}(x-3)=\infty$$
답 **∞**

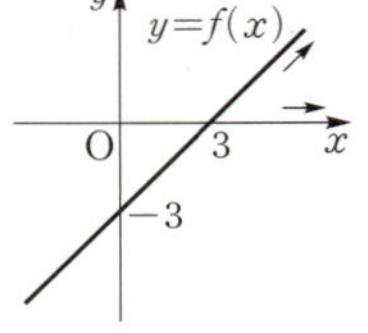

0008 $f(x)=x^2$으로 놓으면 $y=f(x)$의 그래프는 오른쪽 그림과 같다. 즉, x의 값이 한없이 커질 때, $f(x)$의 값도 한없이 커지므로
$$\lim_{x\to\infty}x^2=\infty$$
답 **∞**

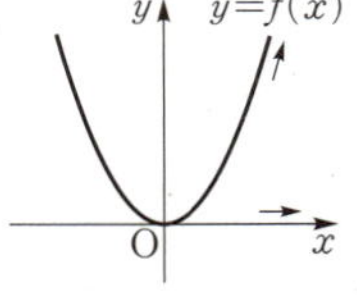

0009 $f(x)=\dfrac{1}{x}$로 놓으면 $y=f(x)$의 그래프는 오른쪽 그림과 같다. 즉, x의 값이 음수이면서 그 절댓값이 한없이 커질 때, $f(x)$의 값은 0에 한없이 가까워지므로
$$\lim_{x\to-\infty}\frac{1}{x}=0$$
답 **0**

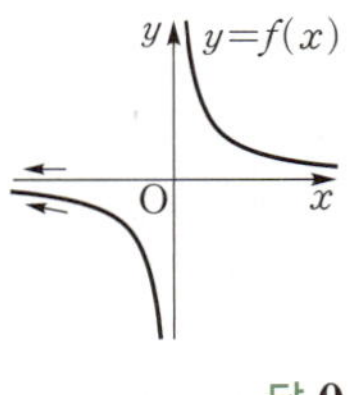

0010 $f(x)=2+\dfrac{1}{x}$로 놓으면 $y=f(x)$의 그래프는 오른쪽 그림과 같다. 즉, x의 값이 음수이면서 그 절댓값이 한없이 커질 때, $f(x)$의 값은 2에 한없이 가까워지므로
$$\lim_{x\to-\infty}\left(2+\frac{1}{x}\right)=2$$
답 **2**

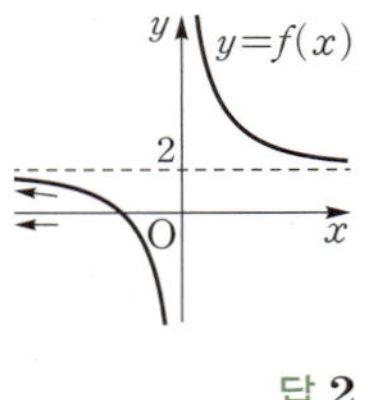

0011 (1) $\displaystyle\lim_{x\to0-}\frac{|x|}{x}=\lim_{x\to0-}\frac{-x}{x}=\lim_{x\to0-}(-1)=-1$

(2) $\displaystyle\lim_{x\to0+}\frac{|x|}{x}=\lim_{x\to0+}\frac{x}{x}=\lim_{x\to0+}1=1$

답 (1) **−1**　(2) **1**

0012 (5) $\displaystyle\lim_{x\to-2+}f(x)=0,\ \lim_{x\to-2-}f(x)=2$

즉, $\displaystyle\lim_{x\to-2+}f(x)\neq\lim_{x\to-2-}f(x)$이므로 $\displaystyle\lim_{x\to-2}f(x)$는 존재하지 않는다.

답 (1) **0**　(2) **2**　(3) **2**　(4) **2**　(5) **존재하지 않는다.**　(6) **2**

0013 $\displaystyle\lim_{x\to-1}(1-3x)=1-3\cdot(-1)=4$　　답 **4**

0014 $\displaystyle\lim_{x\to1}(x^2-4)(x+1)=(1-4)\cdot(1+1)=-6$

答 **−6**

0015 $\lim\limits_{x \to 3} \dfrac{x^2-3}{x-1} = \dfrac{9-3}{3-1} = 3$　　　　답 **3**

0016 $\lim\limits_{x \to 4} 7 = 7$　　　　답 **7**

0017 $\lim\limits_{x \to -1} \dfrac{x^2-1}{x+1} = \lim\limits_{x \to -1} \dfrac{(x+1)(x-1)}{x+1}$
$\qquad = \lim\limits_{x \to -1}(x-1) = -2$　　　　답 **−2**

0018 $\lim\limits_{x \to 2} \dfrac{x^2-5x+6}{x-2} = \lim\limits_{x \to 2} \dfrac{(x-2)(x-3)}{x-2}$
$\qquad = \lim\limits_{x \to 2}(x-3) = -1$　　　　답 **−1**

0019 $\lim\limits_{x \to -1} \dfrac{x^2+5x+4}{x+1} = \lim\limits_{x \to -1} \dfrac{(x+1)(x+4)}{x+1}$
$\qquad = \lim\limits_{x \to -1}(x+4) = 3$　　　　답 **3**

0020 $\lim\limits_{x \to 4} \dfrac{\sqrt{x}-2}{x-4} = \lim\limits_{x \to 4} \dfrac{(\sqrt{x}-2)(\sqrt{x}+2)}{(x-4)(\sqrt{x}+2)}$
$\qquad = \lim\limits_{x \to 4} \dfrac{x-4}{(x-4)(\sqrt{x}+2)}$
$\qquad = \lim\limits_{x \to 4} \dfrac{1}{\sqrt{x}+2} = \dfrac{1}{4}$　　　　답 $\dfrac{1}{4}$

0021 $\lim\limits_{x \to 0} \dfrac{x}{\sqrt{x+4}-2} = \lim\limits_{x \to 0} \dfrac{x(\sqrt{x+4}+2)}{(\sqrt{x+4}-2)(\sqrt{x+4}+2)}$
$\qquad = \lim\limits_{x \to 0} \dfrac{x(\sqrt{x+4}+2)}{x}$
$\qquad = \lim\limits_{x \to 0}(\sqrt{x+4}+2)$
$\qquad = 4$　　　　답 **4**

0022 $\lim\limits_{x \to \infty} \dfrac{5x-2}{3x^2+1} = \lim\limits_{x \to \infty} \dfrac{\dfrac{5}{x}-\dfrac{2}{x^2}}{3+\dfrac{1}{x^2}} = 0$　　　　답 **0**

0023 $\lim\limits_{x \to \infty} \dfrac{3x^2+5x-2}{2x^2+1} = \lim\limits_{x \to \infty} \dfrac{3+\dfrac{5}{x}-\dfrac{2}{x^2}}{2+\dfrac{1}{x^2}} = \dfrac{3}{2}$　　답 $\dfrac{3}{2}$

0024 $\lim\limits_{x \to -\infty} \dfrac{2x+1}{3x-1} = \lim\limits_{x \to -\infty} \dfrac{2+\dfrac{1}{x}}{3-\dfrac{1}{x}} = \dfrac{2}{3}$　　답 $\dfrac{2}{3}$

0025 $\lim\limits_{x \to \infty} \dfrac{3x^2-2x}{x+2} = \lim\limits_{x \to \infty} \dfrac{3x-2}{1+\dfrac{2}{x}} = \infty$　　답 **∞**

0026 $\lim\limits_{x \to \infty}(x^2-3x+2) = \lim\limits_{x \to \infty} x^2\left(1-\dfrac{3}{x}+\dfrac{2}{x^2}\right) = \infty$
　　　　답 **∞**

0027 $\lim\limits_{x \to \infty}(\sqrt{x^2+1}-x) = \lim\limits_{x \to \infty} \dfrac{x^2+1-x^2}{\sqrt{x^2+1}+x}$
$\qquad = \lim\limits_{x \to \infty} \dfrac{1}{\sqrt{x^2+1}+x} = 0$　　　답 **0**

0028 $\lim\limits_{x \to \infty}(\sqrt{x^2+10x}-x) = \lim\limits_{x \to \infty} \dfrac{x^2+10x-x^2}{\sqrt{x^2+10x}+x}$
$\qquad = \lim\limits_{x \to \infty} \dfrac{10x}{\sqrt{x^2+10x}+x}$
$\qquad = \lim\limits_{x \to \infty} \dfrac{10}{\sqrt{1+\dfrac{10}{x}}+1}$
$\qquad = 5$　　　　답 **5**

0029 $\lim\limits_{x \to 0} \dfrac{1}{x}\left(1-\dfrac{1}{x+1}\right) = \lim\limits_{x \to 0}\left(\dfrac{1}{x}\cdot\dfrac{x}{x+1}\right)$
$\qquad = \lim\limits_{x \to 0} \dfrac{1}{x+1} = 1$　　　답 **1**

0030 $\lim\limits_{x \to 3} \dfrac{2}{x-3}\left(x-\dfrac{9}{x}\right) = \lim\limits_{x \to 3}\left(\dfrac{2}{x-3}\cdot\dfrac{x^2-9}{x}\right)$
$\qquad = \lim\limits_{x \to 3}\left\{\dfrac{2}{x-3}\cdot\dfrac{(x-3)(x+3)}{x}\right\}$
$\qquad = \lim\limits_{x \to 3} \dfrac{2(x+3)}{x} = 4$　　답 **4**

0031 $\lim\limits_{x \to 2} \dfrac{ax+b}{x-2} = 3$이고, $\lim\limits_{x \to 2}(x-2) = 0$이므로
$\lim\limits_{x \to 2}(ax+b) = 0$
즉, $2a+b=0$이므로 $b=-2a$
$b=-2a$를 주어진 식에 대입하면
$\lim\limits_{x \to 2} \dfrac{ax-2a}{x-2} = \lim\limits_{x \to 2} \dfrac{a(x-2)}{x-2} = a = 3$
$\therefore a=3,\ b=-6$　　　　답 $a=3,\ b=-6$

0032 $\lim\limits_{x \to 1} \dfrac{x-1}{x^2+ax-b} = -1$이고, $\lim\limits_{x \to 1}(x-1) = 0$이므로
$\lim\limits_{x \to 1}(x^2+ax-b) = 0$
즉, $1+a-b=0$이므로 $b=a+1$
$b=a+1$을 주어진 등식에 대입하면
$\lim\limits_{x \to 1} \dfrac{x-1}{x^2+ax-(a+1)} = \lim\limits_{x \to 1} \dfrac{x-1}{(x-1)(x+a+1)}$
$\qquad = \lim\limits_{x \to 1} \dfrac{1}{x+a+1}$
$\qquad = \dfrac{1}{a+2} = -1$
$\therefore a=-3,\ b=-2$　　　　답 $a=-3,\ b=-2$

0033 모든 실수 x에 대하여

$-x^2+2x-3 \leq f(x) \leq x^2-2x-1$이고

$\lim_{x \to 1}(-x^2+2x-3)=-2$, $\lim_{x \to 1}(x^2-2x-1)=-2$이므로

$\lim_{x \to 1}f(x)=-2$

답 −2

0034 모든 실수 x에 대하여 $x^2+1>0$이므로 주어진 부등식의 각 변을 x^2+1로 나누면

$$\frac{4x^2-1}{x^2+1} \leq f(x) \leq \frac{4x^2+5}{x^2+1}$$

이때 $\lim_{x \to \infty}\dfrac{4x^2-1}{x^2+1}=4$, $\lim_{x \to \infty}\dfrac{4x^2+5}{x^2+1}=4$이므로

$\lim_{x \to \infty}f(x)=4$

답 4

📝 유형 익/히/기

본문 10~16쪽

0035 ① $\lim_{x \to 0+}f(x)=0$

② $\lim_{x \to 4+}f(x)=1$

③ $\lim_{x \to 5-}f(x)=4$

④ $\lim_{x \to 2+}f(x)=0$, $\lim_{x \to 2-}f(x)=-3$

즉, $\lim_{x \to 2+}f(x) \neq \lim_{x \to 2-}f(x)$이므로 $\lim_{x \to 2}f(x)$는 존재하지 않는다.

⑤ $\lim_{x \to 3+}f(x)=2$, $\lim_{x \to 3-}f(x)=2$이므로 $\lim_{x \to 3}f(x)=2$

따라서 극한값이 존재하지 않는 것은 ④이다.

답 ④

0036 ① $\lim_{x \to a+}f(x)=\infty$, $\lim_{x \to a-}f(x)=-\infty$이므로 $\lim_{x \to a}f(x)$는 존재하지 않는다.

②, ③, ④ $\lim_{x \to a+}f(x) \neq \lim_{x \to a-}f(x)$이므로 $\lim_{x \to a}f(x)$는 존재하지 않는다.

⑤ $\lim_{x \to a+}f(x) = \lim_{x \to a-}f(x)$이므로 $\lim_{x \to a}f(x)$의 값이 존재한다.

따라서 $\lim_{x \to a}f(x)$의 값이 존재하는 것은 ⑤이다.

답 ⑤

0037 ㄱ. $\lim_{x \to -1+}f(x)=1$, $\lim_{x \to -1-}f(x)=1$이므로

$\lim_{x \to -1}f(x)=1$

ㄴ. $\lim_{x \to 1+}f(x)=-1$, $\lim_{x \to 1-}f(x)=-1$이므로 $\lim_{x \to 1}f(x)=-1$

ㄷ. $\lim_{x \to 2+}f(x)=3$, $\lim_{x \to 2-}f(x)=2$

즉, $\lim_{x \to 2+}f(x) \neq \lim_{x \to 2-}f(x)$이므로 $\lim_{x \to 2}f(x)$는 존재하지 않는다.

따라서 극한값이 존재하는 것은 ㄱ, ㄴ이다.

답 ㄱ, ㄴ

0038 $\lim_{x \to -2+}f(x)=\lim_{x \to -2+}(x+k)=-2+k$

㉮

$\lim_{x \to -2-}f(x)=\lim_{x \to -2-}(-x^2-4x+3)=7$

㉯

$\lim_{x \to -2}f(x)$의 값이 존재하려면 $\lim_{x \to -2+}f(x)=\lim_{x \to -2-}f(x)$이어야 하므로

$-2+k=7$ $\qquad \therefore k=9$

㉰

답 9

단계	채점요소	배점
㉮	$\lim_{x \to -2+}f(x)$의 값 구하기	30%
㉯	$\lim_{x \to -2-}f(x)$의 값 구하기	30%
㉰	k의 값 구하기	40%

0039 $\lim_{x \to -1-}f(x)+\lim_{x \to 0+}f(x)+\lim_{x \to 1}f(x)$

$=3+0+3=6$

답 ②

0040 $\lim_{x \to 0-}f(x)=\lim_{x \to 0-}(-x+1)=1$

$\lim_{x \to 1+}f(x)=\lim_{x \to 1+}3=3$

$\therefore \lim_{x \to 0-}f(x)+\lim_{x \to 1+}f(x)=1+3=4$

답 4

0041 $f(x)=\dfrac{2x^2-3x-2}{|x-2|}=\dfrac{(x-2)(2x+1)}{|x-2|}$

$$=\begin{cases} 2x+1 & (x>2) \\ -2x-1 & (x<2) \end{cases}$$

$\lim_{x \to 2+}f(x)=\lim_{x \to 2+}(2x+1)=5$ $\qquad \therefore a=5$

$\lim_{x \to 2-}f(x)=\lim_{x \to 2-}(-2x-1)=-5$ $\qquad \therefore b=-5$

$\therefore a-b=5-(-5)=10$

답 ⑤

0042 $\lim_{x \to 1-}f(x)=2$

$1-x=t$로 놓으면 $x \to 1+$일 때 $t \to 0-$이므로

$\lim_{x \to 1+}f(1-x)=\lim_{t \to 0-}f(t)=0$

$\therefore \lim_{x \to 1-}f(x)+\lim_{x \to 1+}f(1-x)=2+0=2$

답 ⑤

0043 $f(x)=t$로 놓으면 $x \to 1-$일 때 $t \to 0+$이므로

$\lim_{x \to 1-}g(f(x))=\lim_{t \to 0+}g(t)=1$

$g(x)=p$로 놓으면 $x \to 0+$일 때 $p=1$이므로

$\lim_{x \to 0+}f(g(x))=f(1)=0$

$\therefore \lim_{x \to 1-}g(f(x))-\lim_{x \to 0+}f(g(x))=1-0=1$

답 ④

0044 ㄱ. $f(x)=t$로 놓으면 $x \to 1-$일 때 $t \to -1+$이므로

$\lim_{x \to 1-}f(f(x))=\lim_{t \to -1+}f(t)=1$

ㄴ. $f(x)=t$로 놓으면 $x \to 1+$일 때 $t=-1$이므로

$\lim_{x \to 1+}f(f(x))=f(-1)=-1$

ㄷ. $f(x)=t$로 놓으면 $x \longrightarrow -1+$일 때 $t \longrightarrow 1-$이므로

$$\lim_{x \to -1+} f(f(x)) = \lim_{t \to 1-} f(t) = -1$$

따라서 옳은 것은 ㄷ뿐이다.　　　　답 ③

0045 $2f(x)-g(x)=h(x)$로 놓으면

$g(x)=2f(x)-h(x)$이고 $\lim\limits_{x \to 1} h(x)=3$

$$\therefore \lim_{x \to 1} \frac{f(x)-3g(x)}{3f(x)-g(x)}$$

$$= \lim_{x \to 1} \frac{f(x)-3\{2f(x)-h(x)\}}{3f(x)-\{2f(x)-h(x)\}}$$

$$= \lim_{x \to 1} \frac{-5f(x)+3h(x)}{f(x)+h(x)}$$

$$= \lim_{x \to 1} \frac{-5+3 \cdot \dfrac{h(x)}{f(x)}}{1+\dfrac{h(x)}{f(x)}}$$

$$= -5 \qquad\qquad 답 -5$$

다른풀이　$\lim\limits_{x \to 1} f(x)=\infty$, $\lim\limits_{x \to 1}\{2f(x)-g(x)\}=3$이므로

$$\lim_{x \to 1} \frac{2f(x)-g(x)}{f(x)}=0$$

즉, $\lim\limits_{x \to 1}\left\{2-\dfrac{g(x)}{f(x)}\right\}=2-\lim\limits_{x \to 1}\dfrac{g(x)}{f(x)}=0$이므로

$$\lim_{x \to 1} \frac{g(x)}{f(x)}=2$$

$$\therefore \lim_{x \to 1} \frac{f(x)-3g(x)}{3f(x)-g(x)} = \lim_{x \to 1} \frac{1-3 \cdot \dfrac{g(x)}{f(x)}}{3-\dfrac{g(x)}{f(x)}}$$

$$= \frac{1-3 \cdot 2}{3-2} = -5$$

0046 $\lim\limits_{x \to 1} f(x)=2$, $\lim\limits_{x \to 1} g(x)=a$이므로

$$\lim_{x \to 1} \frac{f(x)+3g(x)}{f(x)g(x)-4} = \frac{2+3a}{2a-4} = \frac{1}{2}$$

$4+6a=2a-4$　　$\therefore a=-2$　　　　답 -2

0047 $\lim\limits_{x \to 0} \dfrac{5x^2-3f(x)}{7x^2+f(x)} = \lim\limits_{x \to 0} \dfrac{5x-3 \cdot \dfrac{f(x)}{x}}{7x+\dfrac{f(x)}{x}}$

$$= \frac{0-3 \cdot 3}{0+3} = -3 \qquad\qquad 답 -3$$

0048 $2f(x)+g(x)=h(x)$로 놓으면

$g(x)=h(x)-2f(x)$이고 $\lim\limits_{x \to 2} h(x)=6$

$$\therefore \lim_{x \to 2} g(x) = \lim_{x \to 2}\{h(x)-2f(x)\}$$

$$= \lim_{x \to 2} h(x)-2\lim_{x \to 2} f(x)$$

$$= 6-2 \cdot (-2) = 10$$

ⓝ

답 **10**

단계	채점요소	배점
㉮	$g(x)$를 $h(x), f(x)$에 대한 식으로 나타내기	40%
㉯	$\lim\limits_{x \to 2} g(x)$의 값 구하기	60%

0049 $x-5=t$로 놓으면 $x \longrightarrow 5$일 때 $t \longrightarrow 0$이므로

$\lim\limits_{x \to 5} f(x-5) = \lim\limits_{t \to 0} f(t)=3$　　$\therefore \lim\limits_{x \to 0} f(x)=3$

$$\therefore \lim_{x \to 0} \frac{1+4f(x)}{2-f(x)} = \frac{1+4 \cdot 3}{2-3} = -13 \qquad 답 -13$$

0050 $x-3=t$로 놓으면 $x \longrightarrow 3$일 때 $t \longrightarrow 0$이므로

$$\lim_{x \to 3} \frac{f(x-3)}{x^2-9} = \lim_{x \to 3} \frac{f(x-3)}{(x-3)(x+3)}$$

$$= \lim_{t \to 0} \frac{f(t)}{t(t+6)}$$

$$= \lim_{t \to 0} \frac{f(t)}{t} \cdot \lim_{t \to 0} \frac{1}{t+6}$$

$$= 2 \cdot \frac{1}{6} = \frac{1}{3} \qquad\qquad 답 \frac{1}{3}$$

0051 $\lim\limits_{x \to 2} \dfrac{x^2-4}{\{f(x)\}^2-25} = \lim\limits_{x \to 2} \dfrac{(x-2)(x+2)}{\{f(x)-5\}\{f(x)+5\}}$

$$= \lim_{x \to 2} \frac{x+2}{\dfrac{f(x)-5}{x-2} \cdot \{f(x)+5\}}$$

$$= \frac{\lim\limits_{x \to 2}(x+2)}{\lim\limits_{x \to 2}\dfrac{f(x)-5}{x-2} \cdot \lim\limits_{x \to 2}\{f(x)+5\}}$$

$$= \frac{4}{10(5+5)}$$

$$= \frac{1}{25} \qquad\qquad 답 ③$$

0052 ㄱ. [반례] $f(x)=\begin{cases} 0 & (x \geq a) \\ 1 & (x < a) \end{cases}$, $g(x)=\begin{cases} 1 & (x \geq a) \\ 0 & (x < a) \end{cases}$

이면 $\lim\limits_{x \to a} f(x)$와 $\lim\limits_{x \to a} g(x)$는 모두 존재하지 않지만

$f(x)+g(x)=1$이므로 $\lim\limits_{x \to a}\{f(x)+g(x)\}=1$이다.

ㄴ. $\lim\limits_{x \to a}\{f(x)+2g(x)\}=\alpha$, $\lim\limits_{x \to a}\{2f(x)+g(x)\}=\beta$라 하면

$$\lim_{x \to a} f(x) = \lim_{x \to a} \frac{1}{3}[2\{2f(x)+g(x)\}-\{f(x)+2g(x)\}]$$

$$= \frac{1}{3}(2\beta-\alpha)$$

ㄷ. [반례] $f(x)=0$, $g(x)=\begin{cases} 0 & (x \geq a) \\ 1 & (x < a) \end{cases}$ 이면

$\lim\limits_{x \to a} f(x)=0$, $\lim\limits_{x \to a} f(x)g(x)=0$이지만

$\lim\limits_{x \to a} g(x)$는 존재하지 않는다.

따라서 옳은 것은 ㄴ뿐이다.　　　　답 ②

0053 $\displaystyle\lim_{x\to -2}\frac{x^3+8}{2x^2+3x-2}=\lim_{x\to -2}\frac{(x+2)(x^2-2x+4)}{(x+2)(2x-1)}$

$\qquad\qquad =\lim_{x\to -2}\frac{x^2-2x+4}{2x-1}$

$\qquad\qquad =-\dfrac{12}{5}$ 답 $-\dfrac{12}{5}$

0054 $\displaystyle\lim_{x\to 1}\frac{8(x^4-1)}{(x^2-1)f(x)}=\lim_{x\to 1}\frac{8(x^2-1)(x^2+1)}{(x^2-1)f(x)}$

$\qquad\qquad =\lim_{x\to 1}\frac{8(x^2+1)}{f(x)}$

$\qquad\qquad =\dfrac{16}{f(1)}$

즉, $\dfrac{16}{f(1)}=2$이므로 $f(1)=8$ 답 ①

0055 $\displaystyle\lim_{x\to 1}\frac{\{f(x)\}^2+3f(x)}{x^2 f(x)-f(x)}=\lim_{x\to 1}\frac{f(x)\{f(x)+3\}}{f(x)(x^2-1)}$

$\qquad\qquad =\lim_{x\to 1}\frac{f(x)+3}{(x-1)(x+1)}$

$\qquad\qquad =\lim_{x\to 1}\frac{f(x)+3}{x-1}\cdot\lim_{x\to 1}\frac{1}{x+1}$

$\qquad\qquad =2\cdot\dfrac{1}{2}=1$ 답 1

0056 $\displaystyle\lim_{x\to 0+}\frac{x}{x+|x|}=\lim_{x\to 0+}\frac{x}{x+x}=\frac{1}{2}\qquad\therefore a=\frac{1}{2}$

$\displaystyle\lim_{x\to -1+}\frac{x^2+x}{|x^2-1|}=\lim_{x\to -1+}\frac{x^2+x}{1-x^2}=\lim_{x\to -1+}\frac{x(1+x)}{(1+x)(1-x)}$

$\qquad\qquad =\lim_{x\to -1+}\frac{x}{1-x}=-\dfrac{1}{2}$

$\therefore b=-\dfrac{1}{2}$

$\therefore a+b=\dfrac{1}{2}+\left(-\dfrac{1}{2}\right)=0$ 답 0

0057 $\displaystyle\lim_{x\to 2}\frac{\sqrt{x^2+5}-3}{x-2}=\lim_{x\to 2}\frac{(\sqrt{x^2+5}-3)(\sqrt{x^2+5}+3)}{(x-2)(\sqrt{x^2+5}+3)}$

$\qquad\qquad =\lim_{x\to 2}\frac{x^2-4}{(x-2)(\sqrt{x^2+5}+3)}$

$\qquad\qquad =\lim_{x\to 2}\frac{(x-2)(x+2)}{(x-2)(\sqrt{x^2+5}+3)}$

$\qquad\qquad =\lim_{x\to 2}\frac{x+2}{\sqrt{x^2+5}+3}=\dfrac{2}{3}$ 답 ④

0058 $\displaystyle\lim_{x\to 0}\frac{\sqrt{1-x}-\sqrt{1+x}}{\sqrt{4+x}-\sqrt{4-x}}$

$=\displaystyle\lim_{x\to 0}\frac{(\sqrt{1-x}-\sqrt{1+x})(\sqrt{1-x}+\sqrt{1+x})(\sqrt{4+x}+\sqrt{4-x})}{(\sqrt{4+x}-\sqrt{4-x})(\sqrt{4+x}+\sqrt{4-x})(\sqrt{1-x}+\sqrt{1+x})}$

$=\displaystyle\lim_{x\to 0}\frac{-2x(\sqrt{4+x}+\sqrt{4-x})}{2x(\sqrt{1-x}+\sqrt{1+x})}$

$=\displaystyle\lim_{x\to 0}\left(-\frac{\sqrt{4+x}+\sqrt{4-x}}{\sqrt{1-x}+\sqrt{1+x}}\right)=-2$ 답 -2

0059 $\displaystyle\lim_{x\to 1}\frac{f(x)(x-1)}{\sqrt{x}-1}=\lim_{x\to 1}\frac{f(x)(x-1)(\sqrt{x}+1)}{(\sqrt{x}-1)(\sqrt{x}+1)}$

$\qquad\qquad =\lim_{x\to 1}\frac{f(x)(x-1)(\sqrt{x}+1)}{x-1}$

$\qquad\qquad =\lim_{x\to 1}f(x)(\sqrt{x}+1)$

$\qquad\qquad =\lim_{x\to 1}f(x)\cdot\lim_{x\to 1}(\sqrt{x}+1)$

$\qquad\qquad =3\cdot 2=6$ 답 ②

0060 $x=-t$로 놓으면 $x\to -\infty$일 때 $t\to\infty$이므로

$\displaystyle\lim_{x\to -\infty}\frac{\sqrt{x^2-3x}+x}{\sqrt{x^2-1}-\sqrt{3-x}}=\lim_{t\to\infty}\frac{\sqrt{t^2+3t}-t}{\sqrt{t^2-1}-\sqrt{3+t}}$

$\qquad\qquad =\lim_{t\to\infty}\frac{\sqrt{1+\dfrac{3}{t}}-1}{\sqrt{1-\dfrac{1}{t^2}}-\sqrt{\dfrac{3}{t^2}+\dfrac{1}{t}}}$

$\qquad\qquad =\dfrac{1-1}{1-0}=0$ 답 ④

0061 $\displaystyle\lim_{x\to\infty}\frac{f(x+1)-f(x)}{x-1}$

$=\displaystyle\lim_{x\to\infty}\frac{(x+1)(x+2)-x(x+1)}{x-1}$

$=\displaystyle\lim_{x\to\infty}\frac{2(x+1)}{x-1}=\lim_{x\to\infty}\frac{2+\dfrac{2}{x}}{1-\dfrac{1}{x}}=2$ 답 2

0062 $\displaystyle\lim_{x\to\infty}\frac{2x^2+3x+5}{x^2-2x+1}+\lim_{x\to\infty}\frac{\sqrt{x^2+1}-2}{x}$

$=\displaystyle\lim_{x\to\infty}\frac{2+\dfrac{3}{x}+\dfrac{5}{x^2}}{1-\dfrac{2}{x}+\dfrac{1}{x^2}}+\lim_{x\to\infty}\left(\sqrt{1+\dfrac{1}{x^2}}-\dfrac{2}{x}\right)$

$=2+1=3$ 답 3

0063 $\displaystyle\lim_{x\to\infty}\frac{3x^2+4f(x)}{2x^2-f(x)}=\lim_{x\to\infty}\frac{3+\dfrac{f(x)}{x}\cdot\dfrac{4}{x}}{2-\dfrac{f(x)}{x}\cdot\dfrac{1}{x}}$

$\qquad\qquad =\dfrac{3+3\cdot 0}{2-3\cdot 0}=\dfrac{3}{2}$ 답 ②

0064 $x=-t$로 놓으면 $x\to -\infty$일 때 $t\to\infty$이므로

$\displaystyle\lim_{x\to -\infty}(\sqrt{x^2+2x+3}+x)$

$=\displaystyle\lim_{t\to\infty}(\sqrt{t^2-2t+3}-t)$

$=\displaystyle\lim_{t\to\infty}\frac{(\sqrt{t^2-2t+3}-t)(\sqrt{t^2-2t+3}+t)}{\sqrt{t^2-2t+3}+t}$

$=\displaystyle\lim_{t\to\infty}\frac{-2t+3}{\sqrt{t^2-2t+3}+t}=\lim_{t\to\infty}\frac{-2+\dfrac{3}{t}}{\sqrt{1-\dfrac{2}{t}+\dfrac{3}{t^2}}+1}$

$=\dfrac{-2}{1+1}=-1$ 답 ③

0065 (1) $\displaystyle\lim_{x\to\infty}\dfrac{1}{\sqrt{4x^2+x}-2x}$

$=\displaystyle\lim_{x\to\infty}\dfrac{\sqrt{4x^2+x}+2x}{(\sqrt{4x^2+x}-2x)(\sqrt{4x^2+x}+2x)}$

$=\displaystyle\lim_{x\to\infty}\dfrac{\sqrt{4x^2+x}+2x}{x}$

$=\displaystyle\lim_{x\to\infty}\left(\sqrt{4+\dfrac{1}{x}}+2\right)$

$=2+2=4$

(2) $\displaystyle\lim_{x\to1}\dfrac{1}{x-1}\left\{\dfrac{1}{(x+1)^2}-\dfrac{1}{4}\right\}=\lim_{x\to1}\left\{\dfrac{1}{x-1}\cdot\dfrac{-x^2-2x+3}{4(x+1)^2}\right\}$

$=\displaystyle\lim_{x\to1}\dfrac{-(x-1)(x+3)}{4(x-1)(x+1)^2}$

$=\displaystyle\lim_{x\to1}\dfrac{-(x+3)}{4(x+1)^2}=-\dfrac{1}{4}$

답 (1) **4** (2) $-\dfrac{1}{4}$

0066 $x=-t$로 놓으면 $x\to-\infty$일 때 $t\to\infty$이므로

$\displaystyle\lim_{x\to-\infty}x^2\left(1+\dfrac{x}{\sqrt{x^2+2}}\right)=\lim_{t\to\infty}t^2\left(1+\dfrac{-t}{\sqrt{t^2+2}}\right)$

$=\displaystyle\lim_{t\to\infty}\left(t^2\cdot\dfrac{\sqrt{t^2+2}-t}{\sqrt{t^2+2}}\right)$

$=\displaystyle\lim_{t\to\infty}\left\{t^2\cdot\dfrac{(\sqrt{t^2+2}-t)(\sqrt{t^2+2}+t)}{\sqrt{t^2+2}(\sqrt{t^2+2}+t)}\right\}$

$=\displaystyle\lim_{t\to\infty}\dfrac{2t^2}{\sqrt{t^2+2}(\sqrt{t^2+2}+t)}$

$=\displaystyle\lim_{t\to\infty}\dfrac{2}{\sqrt{1+\dfrac{2}{t^2}}\left(\sqrt{1+\dfrac{2}{t^2}}+1\right)}$

$=\dfrac{2}{1\cdot(1+1)}=1$

답 **1**

0067 $\displaystyle\lim_{x\to\infty}(\sqrt{x^2+ax}-\sqrt{x^2-ax})$

$=\displaystyle\lim_{x\to\infty}\dfrac{(\sqrt{x^2+ax}-\sqrt{x^2-ax})(\sqrt{x^2+ax}+\sqrt{x^2-ax})}{\sqrt{x^2+ax}+\sqrt{x^2-ax}}$

$=\displaystyle\lim_{x\to\infty}\dfrac{2ax}{\sqrt{x^2+ax}+\sqrt{x^2-ax}}$

$=\displaystyle\lim_{x\to\infty}\dfrac{2a}{\sqrt{1+\dfrac{a}{x}}+\sqrt{1-\dfrac{a}{x}}}$

$=\dfrac{2a}{1+1}=3$

$\therefore a=3$

답 **3**

0068 $x\to1$일 때, (분모)$\to0$이고 극한값이 존재하므로 (분자)$\to0$이다.

즉, $\displaystyle\lim_{x\to1}(ax^3+x+b)=0$이므로 $a+1+b=0$

$\therefore b=-a-1$ $\qquad\qquad$ ...... ㉠

㉠을 주어진 식에 대입하면

$\displaystyle\lim_{x\to1}\dfrac{ax^3+x-a-1}{x-1}=\lim_{x\to1}\dfrac{(x-1)(ax^2+ax+a+1)}{x-1}$

$=\displaystyle\lim_{x\to1}(ax^2+ax+a+1)$

$=3a+1$

$3a+1=7$에서 $a=2$이므로 이것을 ㉠에 대입하면 $b=-3$

$\therefore ab=-6$

답 ①

0069 $x\to2$일 때, (분모)$\to0$이고 극한값이 존재하므로 (분자)$\to0$이다.

즉, $\displaystyle\lim_{x\to2}(\sqrt{x+a}-b)=0$이므로 $\sqrt{2+a}-b=0$

$\therefore b=\sqrt{2+a}$ $\qquad\qquad$ ...... ㉠

㉠을 주어진 식에 대입하면

$\displaystyle\lim_{x\to2}\dfrac{\sqrt{x+a}-\sqrt{2+a}}{x-2}=\lim_{x\to2}\dfrac{x-2}{(x-2)(\sqrt{x+a}+\sqrt{2+a})}$

$=\displaystyle\lim_{x\to2}\dfrac{1}{\sqrt{x+a}+\sqrt{2+a}}$

$=\dfrac{1}{2\sqrt{2+a}}$

$\dfrac{1}{2\sqrt{2+a}}=\dfrac{1}{4}$에서 $a=2$이므로 이것을 ㉠에 대입하면 $b=2$

$\therefore a-b=0$

답 **0**

0070 $x\to-3$일 때, (분모)$\to0$이고 극한값이 존재하므로 (분자)$\to0$이다.

즉, $\displaystyle\lim_{x\to-3}(\sqrt{x^2-x-3}+ax)=0$이므로 $\sqrt{9+3-3}-3a=0$

$\therefore a=1$ $\qquad\qquad\qquad\qquad\qquad$ ㉮

$a=1$을 주어진 식에 대입하면

$\displaystyle\lim_{x\to-3}\dfrac{\sqrt{x^2-x-3}+x}{x+3}=\lim_{x\to-3}\dfrac{-(x+3)}{(x+3)(\sqrt{x^2-x-3}-x)}$

$=\displaystyle\lim_{x\to-3}\dfrac{-1}{\sqrt{x^2-x-3}-x}=-\dfrac{1}{6}$

$\therefore b=-\dfrac{1}{6}$ $\qquad\qquad\qquad\qquad\qquad$ ㉯

$\therefore a+b=1+\left(-\dfrac{1}{6}\right)=\dfrac{5}{6}$ $\qquad\qquad$ ㉰

답 $\dfrac{5}{6}$

단계	채점요소	배점
㉮	a의 값 구하기	40 %
㉯	b의 값 구하기	50 %
㉰	$a+b$의 값 구하기	10 %

0071 $x\to-1$일 때, (분자)$\to0$이고 0이 아닌 극한값이 존재하므로 (분모)$\to0$이다.

즉, $\displaystyle\lim_{x\to-1}(3x^2-x-a)=0$이므로 $3+1-a=0$ $\quad\therefore a=4$

$a=4$를 주어진 식에 대입하면

$$\lim_{x\to-1}\frac{x^2-1}{3x^2-x-4}=\lim_{x\to-1}\frac{(x-1)(x+1)}{(x+1)(3x-4)}$$
$$=\lim_{x\to-1}\frac{x-1}{3x-4}=\frac{2}{7}$$

$$\therefore b=\frac{2}{7}$$

$$\therefore ab=4\cdot\frac{2}{7}=\frac{8}{7}$$

답 $\dfrac{8}{7}$

0072 $\lim\limits_{x\to2}\dfrac{x^2+x-6}{x^2-a}$에서 $x\to2$일 때 (분자)$\to0$이고 0이 아

닌 극한값이 존재하므로 (분모)$\to0$이다.

즉, $\lim\limits_{x\to2}(x^2-a)=0$이므로 $4-a=0$ $\quad\therefore a=4$

$$\therefore \lim_{x\to1}\frac{x^2-1}{x^2-ax+3}=\lim_{x\to1}\frac{x^2-1}{x^2-4x+3}$$
$$=\lim_{x\to1}\frac{(x-1)(x+1)}{(x-1)(x-3)}$$
$$=\lim_{x\to1}\frac{x+1}{x-3}=-1$$

답 ①

0073 $x\to0$일 때, (분모)$\to0$이고 극한값이 존재하므로

(분자)$\to0$이다.

즉, $\lim\limits_{x\to0}(\sqrt{x^2+ax+b}-a)=0$이므로

$\sqrt{b}-a=0$ $\quad\therefore b=a^2$ $\qquad\qquad\cdots\cdots$ ㉠

㉠을 주어진 식에 대입하면

$$\lim_{x\to0}\frac{\sqrt{x^2+ax+a^2}-a}{\sqrt{a+x}-\sqrt{a-x}}$$
$$=\lim_{x\to0}\frac{(x^2+ax)(\sqrt{a+x}+\sqrt{a-x})}{2x(\sqrt{x^2+ax+a^2}+a)}$$
$$=\lim_{x\to0}\frac{(x+a)(\sqrt{a+x}+\sqrt{a-x})}{2(\sqrt{x^2+ax+a^2}+a)}$$
$$=\frac{2a\sqrt{a}}{4a}=\frac{\sqrt{a}}{2}$$

$\dfrac{\sqrt{a}}{2}=1$에서 $a=4$이므로 이것을 ㉠에 대입하면

$b=16$

$\therefore a+b=20$

답 **20**

0074 $\lim\limits_{x\to\infty}(\sqrt{2x^2+x+1}-ax)$

$$=\lim_{x\to\infty}\frac{2x^2+x+1-a^2x^2}{\sqrt{2x^2+x+1}+ax}$$
$$=\lim_{x\to\infty}\frac{(2-a^2)x^2+x+1}{\sqrt{2x^2+x+1}+ax}\qquad\cdots\cdots ㉠$$

㉠의 극한값이 존재하려면 $2-a^2=0$

$a^2=2$ $\quad\therefore a=\sqrt{2}$ $(\because a>0)$

$a=\sqrt{2}$를 ㉠에 대입하면

$$\lim_{x\to\infty}\frac{x+1}{\sqrt{2x^2+x+1}+\sqrt{2}x}=\lim_{x\to\infty}\frac{1+\dfrac{1}{x}}{\sqrt{2+\dfrac{1}{x}+\dfrac{1}{x^2}}+\sqrt{2}}$$
$$=\frac{1}{\sqrt{2}+\sqrt{2}}=\frac{\sqrt{2}}{4}$$

$$\therefore b=\frac{\sqrt{2}}{4}$$

$$\therefore ab=\sqrt{2}\cdot\frac{\sqrt{2}}{4}=\frac{1}{2}$$

답 ③

0075 $\lim\limits_{x\to\infty}f(x)=\lim\limits_{x\to\infty}\dfrac{ax^2+bx+c}{x^2+x-2}=1$에서

$$\lim_{x\to\infty}\frac{a+\dfrac{b}{x}+\dfrac{c}{x^2}}{1+\dfrac{1}{x}-\dfrac{2}{x^2}}=1\qquad\therefore a=1$$

또, $\lim\limits_{x\to1}f(x)=\lim\limits_{x\to1}\dfrac{x^2+bx+c}{x^2+x-2}=-1$에서 $x\to1$일 때,

(분모)$\to0$이고 극한값이 존재하므로 (분자)$\to0$이다.

즉, $\lim\limits_{x\to1}(x^2+bx+c)=0$이므로 $1+b+c=0$

$\therefore c=-b-1$

$$\therefore \lim_{x\to1}f(x)=\lim_{x\to1}\frac{x^2+bx-b-1}{x^2+x-2}$$
$$=\lim_{x\to1}\frac{(x-1)(x+1+b)}{(x-1)(x+2)}$$
$$=\lim_{x\to1}\frac{x+1+b}{x+2}$$
$$=\frac{2+b}{3}$$

즉, $\dfrac{2+b}{3}=-1$에서 $b=-5$이므로 $c=-b-1=5-1=4$

$\therefore a-b+c=1-(-5)+4=10$

답 ⑤

0076 $\lim\limits_{x\to\infty}\dfrac{f(x)}{2x-1}=2$에서 $f(x)$는 최고차항의 계수가 4인 일

차함수임을 알 수 있다.

즉, $f(x)=4x+a$ (a는 상수)로 놓으면

$\lim\limits_{x\to-1}f(x)=\lim\limits_{x\to-1}(4x+a)=-4+a=-3$ $\quad\therefore a=1$

따라서 $f(x)=4x+1$이므로

$f(3)=12+1=13$

답 **13**

0077 $\lim\limits_{x\to0}\dfrac{f(x)}{x}=4$에서 $x\to0$일 때, (분모)$\to0$이고 극한

값이 존재하므로 (분자)$\to0$이다.

즉, $\lim\limits_{x\to0}f(x)=0$이므로 $f(0)=0$ $\qquad\cdots\cdots$ ㉠

$\lim\limits_{x\to1}\dfrac{f(x)}{x-1}=-2$에서 $x\to1$일 때, (분모)$\to0$이고 극한값이

존재하므로 (분자)$\to0$이다.

즉, $\lim\limits_{x\to1}f(x)=0$이므로 $f(1)=0$ $\qquad\cdots\cdots$ ㉡

㉠, ㉡에 의하여 $f(x)=x(x-1)(ax+b)$ (a, b는 상수)로 놓으면

$$\lim_{x\to 0}\frac{f(x)}{x}=\lim_{x\to 0}\frac{x(x-1)(ax+b)}{x}$$
$$=\lim_{x\to 0}(x-1)(ax+b)$$
$$=-b=4$$

$\therefore b=-4$

$$\lim_{x\to 1}\frac{f(x)}{x-1}=\lim_{x\to 1}\frac{x(x-1)(ax+b)}{x-1}$$
$$=\lim_{x\to 1}x(ax+b)$$
$$=a+b=a-4=-2$$

$\therefore a=2$

따라서 $f(x)=x(x-1)(2x-4)$이므로

$$\lim_{x\to 2}\frac{f(x)}{x-2}=\lim_{x\to 2}\frac{x(x-1)(2x-4)}{x-2}$$
$$=\lim_{x\to 2}2x(x-1)=4$$

답 **4**

0078 ㈎에서 $f(x)-2x^3=2x^2+ax+b$ (a, b는 상수)로 놓을 수 있으므로 $f(x)=2x^3+2x^2+ax+b$

㈏에서 $x\to 0$일 때, (분모)$\to 0$이고 극한값이 존재하므로 (분자)$\to 0$이다.

즉, $\lim_{x\to 0}f(x)=0$이므로 $f(0)=0$ $\therefore b=0$

$$\therefore \lim_{x\to 0}\frac{f(x)}{x}=\lim_{x\to 0}\frac{2x^3+2x^2+ax}{x}$$
$$=\lim_{x\to 0}(2x^2+2x+a)$$
$$=a=-3$$

따라서 $f(x)=2x^3+2x^2-3x$이므로
$f(-1)=-2+2+3=3$

답 **3**

0079 주어진 조건에 의하여 $f(1)=0$, $f(2)=0$이므로
$f(x)=(x-1)(x-2)Q(x)$ ($Q(x)$는 다항함수)   ……㉠
로 놓을 수 있다.

㉠을 $\lim_{x\to 1}\dfrac{f(x)}{x-1}=1$에 대입하면

$$\lim_{x\to 1}\frac{(x-1)(x-2)Q(x)}{x-1}=\lim_{x\to 1}(x-2)Q(x)=1$$

$\therefore Q(1)=-1$ ……㉡

㉠을 $\lim_{x\to 2}\dfrac{f(x)}{x-2}=1$에 대입하면

$$\lim_{x\to 2}\frac{(x-1)(x-2)Q(x)}{x-2}=\lim_{x\to 2}(x-1)Q(x)=1$$

$\therefore Q(2)=1$ ……㉢

㉠에서 $Q(x)$의 차수가 낮을수록 $f(x)$의 차수도 낮고, ㉡, ㉢을 모두 만족시키는 다항함수 $Q(x)$ 중 차수가 가장 낮은 것은 일차함수이므로 $Q(x)=ax+b$ (a, b는 상수)로 놓으면
$Q(1)=a+b=-1$, $Q(2)=2a+b=1$
위의 두 식을 연립하여 풀면 $a=2$, $b=-3$

따라서 $Q(x)=2x-3$이므로
$g(x)=(x-1)(x-2)(2x-3)$
$\therefore g(3)=2\cdot 1\cdot 3=6$

답 ⑤

0080 $\lim_{x\to\infty}\dfrac{x+2}{3x+1}=\dfrac{1}{3}$, $\lim_{x\to\infty}\dfrac{x^2+5x+3}{3x^2+2x+1}=\dfrac{1}{3}$이므로

$$\lim_{x\to\infty}f(x)=\frac{1}{3}$$

답 ①

0081 모든 실수 x에 대하여 $x^2+2>0$이므로 주어진 부등식의 각 변을 x^2+2로 나누면

$$\frac{3x^2+1}{x^2+2}<f(x)<\frac{3x^2+5}{x^2+2}$$

이때 $\lim_{x\to\infty}\dfrac{3x^2+1}{x^2+2}=3$, $\lim_{x\to\infty}\dfrac{3x^2+5}{x^2+2}=3$이므로

$$\lim_{x\to\infty}f(x)=3$$

답 3

0082 모든 양의 실수 x에 대하여 $x^2>0$이므로 주어진 부등식의 각 변을 x^2으로 나누면

$$\frac{x^2-x-1}{x^2}<\frac{f(x)}{x^2}<\frac{x^2-x+1}{x^2}$$

이때 $\lim_{x\to\infty}\dfrac{x^2-x-1}{x^2}=1$, $\lim_{x\to\infty}\dfrac{x^2-x+1}{x^2}=1$이므로

$$\lim_{x\to\infty}\frac{f(x)}{x^2}=1$$

답 ③

0083 모든 양의 실수 x에 대하여 $0<3x+2<f(x)<3x+4$이그로 주어진 부등식의 각 변을 제곱하면
$(3x+2)^2<\{f(x)\}^2<(3x+4)^2$
모든 양의 실수 x에 대하여 $x^2+1>0$이므로 각 변을 x^2+1로 나누면

$$\frac{(3x+2)^2}{x^2+1}<\frac{\{f(x)\}^2}{x^2+1}<\frac{(3x+4)^2}{x^2+1}$$

이때 $\lim_{x\to\infty}\dfrac{(3x+2)^2}{x^2+1}=9$, $\lim_{x\to\infty}\dfrac{(3x+4)^2}{x^2+1}=9$이므로

$$\lim_{x\to\infty}\frac{\{f(x)\}^2}{x^2+1}=9$$

답 **9**

🗒 유형 up

본문 17쪽

0084 ① $1<x<2$일 때, $[x]=1$이므로

$$\lim_{x\to 1+}\frac{[x]}{x}=\frac{1}{1}=1$$

② $0<x<1$일 때, $1<x+1<2$이므로 $[x+1]=1$

$$\therefore \lim_{x\to 0+}\frac{x+1}{[x+1]}=\frac{1}{1}=1$$

③ $-1<x<0$일 때, $-2<x-1<-1$이므로 $[x-1]=-2$

$$\therefore \lim_{x\to 0-}\frac{[x-1]}{x-1}=\frac{-2}{-1}=2$$

0101 $\displaystyle\lim_{x\to\infty}(\sqrt{x^2+3x+4}-x)$

$=\displaystyle\lim_{x\to\infty}\frac{(\sqrt{x^2+3x+4}-x)(\sqrt{x^2+3x+4}+x)}{\sqrt{x^2+3x+4}+x}$

$=\displaystyle\lim_{x\to\infty}\frac{3x+4}{\sqrt{x^2+3x+4}+x}=\lim_{x\to\infty}\frac{3+\dfrac{4}{x}}{\sqrt{1+\dfrac{3}{x}+\dfrac{4}{x^2}}+1}$

$=\dfrac{3}{1+1}=\dfrac{3}{2}$ 답 $\dfrac{3}{2}$

0102 $\displaystyle\lim_{x\to0}\frac{1}{x}\left(\frac{1}{\sqrt{1-x}}-\frac{2}{\sqrt{4-x}}\right)$

$=\displaystyle\lim_{x\to0}\left(\frac{1}{x}\cdot\frac{\sqrt{4-x}-2\sqrt{1-x}}{\sqrt{1-x}\sqrt{4-x}}\right)$

$=\displaystyle\lim_{x\to0}\left\{\frac{1}{x}\cdot\frac{(\sqrt{4-x}-2\sqrt{1-x})(\sqrt{4-x}+2\sqrt{1-x})}{\sqrt{1-x}\sqrt{4-x}(\sqrt{4-x}+2\sqrt{1-x})}\right\}$

$=\displaystyle\lim_{x\to0}\frac{3}{\sqrt{1-x}\sqrt{4-x}(\sqrt{4-x}+2\sqrt{1-x})}$

$=\dfrac{3}{2(2+2)}=\dfrac{3}{8}$ 답 ③

0103 $x\to3$일 때, (분모)$\to0$이고 극한값이 존재하므로 (분자)$\to0$이다.

즉, $\displaystyle\lim_{x\to3}(x^2-4x+a)=0$이므로 $9-12+a=0$ ∴ $a=3$

$a=3$을 주어진 식에 대입하면

$\displaystyle\lim_{x\to3}\frac{x^2-4x+3}{\sqrt{x+1}-2}=\lim_{x\to3}\frac{(x-1)(x-3)(\sqrt{x+1}+2)}{x-3}$

$=\displaystyle\lim_{x\to3}(x-1)(\sqrt{x+1}+2)$

$=8$

∴ $b=8$

∴ $a+b=11$ 답 ⑤

0104 $x\to1$일 때, (분자)$\to0$이고 0이 아닌 극한값이 존재하므로 (분모)$\to0$이다.

즉, $\displaystyle\lim_{x\to1}(x^2+ax+b)=0$이므로 $1+a+b=0$

∴ $b=-(a+1)$

$b=-(a+1)$을 주어진 식에 대입하면

$\displaystyle\lim_{x\to1}\frac{x-1}{x^2+ax-(a+1)}=\lim_{x\to1}\frac{x-1}{(x-1)(x+a+1)}$

$=\displaystyle\lim_{x\to1}\frac{1}{x+a+1}$

$=\dfrac{1}{a+2}=\dfrac{1}{3}$

따라서 $a=1$, $b=-2$이므로 $ab=-2$ 답 ②

0105 $x\to1$일 때, (분모)$\to0$이고 극한값이 존재하므로 (분자)$\to0$이다.

즉, $\displaystyle\lim_{x\to1}(a\sqrt{x+1}-b)=0$이므로

$a\sqrt{2}-b=0$ ∴ $b=a\sqrt{2}$

$b=a\sqrt{2}$를 주어진 식에 대입하면

$\displaystyle\lim_{x\to1}\frac{a\sqrt{x+1}-a\sqrt{2}}{x-1}=\lim_{x\to1}\frac{a(\sqrt{x+1}-\sqrt{2})}{x-1}$

$=\displaystyle\lim_{x\to1}\frac{a(\sqrt{x+1}-\sqrt{2})(\sqrt{x+1}+\sqrt{2})}{(x-1)(\sqrt{x+1}+\sqrt{2})}$

$=\displaystyle\lim_{x\to1}\frac{a}{\sqrt{x+1}+\sqrt{2}}$

$=\dfrac{a}{2\sqrt{2}}=\sqrt{2}$

따라서 $a=4$, $b=4\sqrt{2}$이므로

$a^2+b^2=16+32=48$ 답 48

0106 $\displaystyle\lim_{x\to\infty}\frac{f(x)-x^3}{5x^2}=2$에서

$f(x)-x^3=10x^2+ax+b$ (a, b는 상수)로 놓을 수 있으므로

$f(x)=x^3+10x^2+ax+b$

$\displaystyle\lim_{x\to-1}\frac{f(x)}{x+1}=-8$에서 $x\to-1$일 때, (분모)$\to0$이고 극한값이 존재하므로 (분자)$\to0$이다.

즉, $\displaystyle\lim_{x\to-1}f(x)=0$이므로 $f(-1)=-1+10-a+b=0$

∴ $b=a-9$

$\displaystyle\lim_{x\to-1}\frac{f(x)}{x+1}=\lim_{x\to-1}\frac{x^3+10x^2+ax+a-9}{x+1}$

$=\displaystyle\lim_{x\to-1}\frac{(x+1)(x^2+9x+a-9)}{x+1}$

$=\displaystyle\lim_{x\to-1}(x^2+9x+a-9)$

$=1-9+a-9=-8$

∴ $a=9$, $b=0$

따라서 $f(x)=x^3+10x^2+9x$이므로

$f(2)=8+40+18=66$ 답 66

0107 (ⅰ) $x>1$일 때, $x-1>0$이므로 주어진 부등식의 각 변을 $x-1$로 나누면

$\dfrac{x^2-1}{x-1}\leq\dfrac{f(x)}{x-1}\leq\dfrac{3x^2-4x+1}{x-1}$

$\dfrac{(x-1)(x+1)}{x-1}\leq\dfrac{f(x)}{x-1}\leq\dfrac{(x-1)(3x-1)}{x-1}$

∴ $x+1\leq\dfrac{f(x)}{x-1}\leq3x-1$

이때 $\displaystyle\lim_{x\to1+}(x+1)=2$, $\displaystyle\lim_{x\to1+}(3x-1)=2$이므로

$\displaystyle\lim_{x\to1+}\frac{f(x)}{x-1}=2$

(ⅱ) $x<1$일 때, $x-1<0$이므로 주어진 부등식의 각 변을 $x-1$로 나누면

$\dfrac{3x^2-4x+1}{x-1}\leq\dfrac{f(x)}{x-1}\leq\dfrac{x^2-1}{x-1}$

∴ $3x-1\leq\dfrac{f(x)}{x-1}\leq x+1$

이때 $\displaystyle\lim_{x\to1-}(3x-1)=2$, $\displaystyle\lim_{x\to1-}(x+1)=2$이므로

$$\lim_{x \to 1-} \frac{f(x)}{x-1} = 2$$

(i), (ii)에서 $\displaystyle\lim_{x \to 1} \frac{f(x)}{x-1} = 2$ 답 **2**

0108 $\left[\dfrac{x}{2}\right] = \dfrac{x}{2} - h \ (0 \le h < 1)$로 놓으면

$$\lim_{x \to \infty} \frac{4}{x}\left[\frac{x}{2}\right] = \lim_{x \to \infty} \frac{4}{x}\left(\frac{x}{2} - h\right)$$
$$= \lim_{x \to \infty}\left(2 - \frac{4h}{x}\right) = 2$$

     답 **2**

0109 ① $-1 < x < 0$일 때, $[x] = -1$이므로

$$\lim_{x \to 0-} \frac{x}{[x]} = \lim_{x \to 0-} \frac{x}{-1} = 0$$

② $0 < x < 1$일 때, $[x] = 0$이므로

$$\lim_{x \to 0+} \frac{[x]}{x} = \lim_{x \to 0+} \frac{0}{x} = 0$$

③ $-1 < x < 0$일 때, $-2 < x-1 < -1$이므로 $[x-1] = -2$

$$\therefore \lim_{x \to 0-} \frac{[x-1]}{x-1} = \lim_{x \to 0-} \frac{-2}{x-1} = 2$$

④ $0 < x < 1$일 때, $1 < x+1 < 2$이므로 $[x+1] = 1$

$$\therefore \lim_{x \to 0+} \frac{x+1}{[x+1]} = \lim_{x \to 0+} \frac{x+1}{1} = 1$$

⑤ $-1 < x < 0$일 때, $[x] = -1$이므로

$$\lim_{x \to 0-}\left(\frac{x}{[x]} \cdot \frac{1}{[x]}\right) = \lim_{x \to 0-}\left(\frac{x}{-1} \cdot \frac{1}{-1}\right) = 0$$

     답 **③**

0110 $\overline{OA} = \sqrt{x^2+2x}, \ \overline{OB} = x$이므로

$$f(x) = \overline{OA} - \overline{OB} = \sqrt{x^2+2x} - x$$
$$\therefore \lim_{x \to \infty} f(x) = \lim_{x \to \infty}(\sqrt{x^2+2x} - x)$$
$$= \lim_{x \to \infty} \frac{(\sqrt{x^2+2x} - x)(\sqrt{x^2+2x} + x)}{\sqrt{x^2+2x} + x}$$
$$= \lim_{x \to \infty} \frac{2x}{\sqrt{x^2+2x} + x}$$
$$= \lim_{x \to \infty} \frac{2}{\sqrt{1 + \dfrac{2}{x}} + 1} = 1$$

     답 **1**

0111 $3f(x) - 2g(x) = h(x)$로 놓으면

$2g(x) = 3f(x) - h(x)$이고 $\displaystyle\lim_{x \to \infty} h(x) = 3$

         ㉮

$$\therefore \lim_{x \to \infty} \frac{f(x) + 4g(x)}{-2f(x) + 6g(x)}$$
$$= \lim_{x \to \infty} \frac{f(x) + 2\{3f(x) - h(x)\}}{-2f(x) + 3\{3f(x) - h(x)\}}$$
$$= \lim_{x \to \infty} \frac{7f(x) - 2h(x)}{7f(x) - 3h(x)}$$
$$= \lim_{x \to \infty} \frac{7 - 2 \cdot \dfrac{h(x)}{f(x)}}{7 - 3 \cdot \dfrac{h(x)}{f(x)}} = 1$$

         ㉯

     답 **1**

단계	채점요소	배점
㉮	$g(x)$를 $h(x)$, $f(x)$에 대한 식으로 나타내기	40%
㉯	$\displaystyle\lim_{x \to \infty} \dfrac{f(x)+4g(x)}{-2f(x)+6g(x)}$의 값 구하기	60%

0112 $\displaystyle\lim_{x \to \infty} f(x) = \lim_{x \to \infty} \frac{x^2 - 5x + 1}{2x^2 - 7x + 1}$

$$= \lim_{x \to \infty} \frac{1 - \dfrac{5}{x} + \dfrac{1}{x^2}}{2 - \dfrac{7}{x} + \dfrac{1}{x^2}} = \frac{1}{2}$$

         ㉮

$$\lim_{x \to \infty} g(x) = \lim_{x \to \infty}(\sqrt{9x^2 - x} - 3x)$$
$$= \lim_{x \to \infty} \frac{(\sqrt{9x^2 - x} - 3x)(\sqrt{9x^2 - x} + 3x)}{\sqrt{9x^2 - x} + 3x}$$
$$= \lim_{x \to \infty} \frac{-x}{\sqrt{9x^2 - x} + 3x}$$
$$= \lim_{x \to \infty} \frac{-1}{\sqrt{9 - \dfrac{1}{x}} + 3} = -\frac{1}{6}$$

         ㉯

$$\therefore \lim_{x \to \infty} f(x) + \lim_{x \to \infty} g(x) = \frac{1}{2} + \left(-\frac{1}{6}\right) = \frac{1}{3}$$

         ㉰

     답 $\dfrac{1}{3}$

단계	채점요소	배점
㉮	$\displaystyle\lim_{x \to \infty} f(x)$의 값 구하기	40%
㉯	$\displaystyle\lim_{x \to \infty} g(x)$의 값 구하기	50%
㉰	$\displaystyle\lim_{x \to \infty} f(x) + \lim_{x \to \infty} g(x)$의 값 구하기	10%

0113 $a \le 0$이면 $\displaystyle\lim_{x \to \infty}\{\sqrt{x^2+x+1} - (ax-1)\} = \infty$이므로

$a > 0$이어야 한다.

$$\lim_{x \to \infty}\{\sqrt{x^2+x+1} - (ax-1)\}$$
$$= \lim_{x \to \infty} \frac{(x^2+x+1) - (ax-1)^2}{\sqrt{x^2+x+1} + (ax-1)}$$
$$= \lim_{x \to \infty} \frac{(1-a^2)x^2 + (1+2a)x}{\sqrt{x^2+x+1} + (ax-1)} \quad \cdots\cdots ㉠$$

㉠이 극한값이 존재하려면

$$1 - a^2 = 0 \quad \therefore a = 1 \ (\because a > 0)$$

         ㉮

$a = 1$을 ㉠에 대입하면

$$\lim_{x \to \infty} \frac{3x}{\sqrt{x^2+x+1} + x - 1} = \lim_{x \to \infty} \frac{3}{\sqrt{1 + \dfrac{1}{x} + \dfrac{1}{x^2}} + 1 - \dfrac{1}{x}}$$
$$= \frac{3}{1+1} = \frac{3}{2}$$

$$\therefore b = \frac{3}{2}$$

         ㉯

$$\therefore a+b=1+\frac{3}{2}=\frac{5}{2}$$

.... ㉷

답 $\dfrac{5}{2}$

단계	채점요소	배점
㉮	a의 값 구하기	50%
㉯	b의 값 구하기	40%
㉷	$a+b$의 값 구하기	10%

0114 $\displaystyle\lim_{x\to1}\frac{f(x)+2}{x-1}=2$에서 $x\longrightarrow1$일 때, (분모)$\longrightarrow0$이고

극한값이 존재하므로 (분자)$\longrightarrow0$이다.

즉, $\displaystyle\lim_{x\to1}\{f(x)+2\}=0$이므로 $\displaystyle\lim_{x\to1}f(x)=-2$

.... ㉮

$$\therefore \lim_{x\to1}\frac{\{f(x)\}^2+2f(x)}{x^2-1}=\lim_{x\to1}\frac{\{f(x)+2\}f(x)}{(x-1)(x+1)}$$
$$=\lim_{x\to1}\frac{f(x)+2}{x-1}\cdot\lim_{x\to1}\frac{f(x)}{x+1}$$

.... ㉯

$$=2\cdot\frac{-2}{1+1}=-2$$

.... ㉷

답 -2

단계	채점요소	배점
㉮	$\displaystyle\lim_{x\to1}f(x)$의 값 구하기	50%
㉯	주어진 식 변형하기	40%
㉷	$\displaystyle\lim_{x\to1}\frac{\{f(x)\}^2+2f(x)}{x^2-1}$의 값 구하기	10%

0115 $\dfrac{t-1}{t+1}=m$으로 놓으면 $t\longrightarrow\infty$일 때 $m\longrightarrow1-$이므로

$$\lim_{t\to\infty}f\left(\frac{t-1}{t+1}\right)=\lim_{m\to1-}f(m)=2$$

$\dfrac{4t-1}{t+1}=n$으로 놓으면 $t\longrightarrow-\infty$일 때 $n\longrightarrow4+$이므로

$$\lim_{t\to-\infty}f\left(\frac{4t-1}{t+1}\right)=\lim_{n\to4+}f(n)=3$$

$$\therefore \lim_{t\to\infty}f\left(\frac{t-1}{t+1}\right)+\lim_{t\to-\infty}f\left(\frac{4t-1}{t+1}\right)=2+3=5$$

답 ③

0116 $\dfrac{1}{x}=t$로 놓으면 $x\longrightarrow0+$일 때 $t\longrightarrow\infty$이므로

$$\lim_{x\to0+}\frac{xf\left(\frac{1}{x}\right)-1}{3-x}=\lim_{t\to\infty}\frac{\frac{1}{t}f(t)-1}{3-\frac{1}{t}}=\lim_{t\to\infty}\frac{f(t)-t}{3t-1}=2$$

이때 $f(t)-t=6t+b$ (b는 상수)로 놓을 수 있으므로

$f(t)=7t+b$ $\quad\therefore f(x)=7x+b$

$\displaystyle\lim_{x\to2}\frac{f(x)}{x^2-3x+2}=a$에서 $x\longrightarrow2$일 때, (분모)$\longrightarrow0$이고 극한값이

존재하므로 (분자)$\longrightarrow0$이다.

즉, $\displaystyle\lim_{x\to2}f(x)=\lim_{x\to2}(7x+b)=0$이므로

$14+b=0$ $\quad\therefore b=-14$

따라서 $f(x)=7x-14$이므로

$$a=\lim_{x\to2}\frac{7x-14}{x^2-3x+2}=\lim_{x\to2}\frac{7(x-2)}{(x-2)(x-1)}$$
$$=\lim_{x\to2}\frac{7}{x-1}=7$$

$$\therefore f(a)=f(7)=7\cdot7-14=35$$

답 35

0117 (i) $n<x<n+1$일 때, $[x]=n$이므로

$$\lim_{x\to n+}\frac{[x]^2+x}{[x]}=\frac{n^2+n}{n}=n+1$$

(ii) $n-1<x<n$일 때, $[x]=n-1$이므로

$$\lim_{x\to n-}\frac{[x]^2+x}{[x]}=\frac{(n-1)^2+n}{n-1}=\frac{n^2-n+1}{n-1}$$

극한값이 존재하므로 $n+1=\dfrac{n^2-n+1}{n-1}$

$n^2-1=n^2-n+1$ $\quad\therefore n=2$

이때 $k=n+1=3$

$\therefore n+k=5$

답 5

0118 점 P의 좌표가 (a,a)이므로 $Q(\sqrt{a},a)$, $R(a,a^2)$

(i) $0<a<1$일 때, $\overline{PQ}=\sqrt{a}-a$, $\overline{PR}=a-a^2$

$$\therefore \lim_{a\to1-}\frac{\overline{PR}}{\overline{PQ}}=\lim_{a\to1-}\frac{a-a^2}{\sqrt{a}-a}$$
$$=\lim_{a\to1-}\frac{(a-a^2)(\sqrt{a}+a)}{(\sqrt{a}-a)(\sqrt{a}+a)}$$
$$=\lim_{a\to1-}(\sqrt{a}+a)=2$$

(ii) $a>1$일 때, $\overline{PQ}=a-\sqrt{a}$, $\overline{PR}=a^2-a$

$$\therefore \lim_{a\to1+}\frac{\overline{PR}}{\overline{PQ}}=\lim_{a\to1+}\frac{a^2-a}{a-\sqrt{a}}$$
$$=\lim_{a\to1+}\frac{(a^2-a)(a+\sqrt{a})}{(a-\sqrt{a})(a+\sqrt{a})}$$
$$=\lim_{a\to1+}(a+\sqrt{a})=2$$

(i), (ii)에서 $\displaystyle\lim_{a\to1}\frac{\overline{PR}}{\overline{PQ}}=2$

답 2

02 | 함수의 연속

📖 **교과서 문제** 정/복/하/기   본문 23쪽, 25쪽

0119 함수 $f(x)$가 $x=0$에서 정의되어 있지 않으므로 불연속이다.   답 **풀이 참조**

0120 $\lim\limits_{x\to 0+} f(x)=2$, $\lim\limits_{x\to 0-} f(x)=1$이므로
$\lim\limits_{x\to 0+} f(x) \neq \lim\limits_{x\to 0-} f(x)$
따라서 극한값 $\lim\limits_{x\to 0} f(x)$가 존재하지 않으므로 불연속이다.
답 **풀이 참조**

0121 $f(0)=2$, $\lim\limits_{x\to 0} f(x)=1$이므로 $\lim\limits_{x\to 0} f(x) \neq f(0)$
따라서 $f(x)$는 $x=0$에서 불연속이다.   답 **풀이 참조**

0122 함수 $f(x)$가 $x=0$에서 정의되어 있지 않고, 극한값 $\lim\limits_{x\to 0} f(x)$도 존재하지 않으므로 불연속이다.   답 **풀이 참조**

0123 $f(1)=2$, $\lim\limits_{x\to 1} f(x)=2$이고 $\lim\limits_{x\to 1} f(x)=f(1)$이므로 함수 $f(x)$는 $x=1$에서 연속이다.   답 **연속**

0124 $f(1)=0$, $\lim\limits_{x\to 1} f(x)=0$이고 $\lim\limits_{x\to 1} f(x)=f(1)$이므로 함수 $f(x)$는 $x=1$에서 연속이다.   답 **연속**

0125 함수 $f(x)$가 $x=1$에서 정의되어 있지 않으므로 함수 $f(x)$는 $x=1$에서 불연속이다.   답 **불연속**

0126 $f(1)=1$,
$\lim\limits_{x\to 1} f(x)=\lim\limits_{x\to 1} \dfrac{x^2-x}{x-1}=\lim\limits_{x\to 1} \dfrac{x(x-1)}{x-1}=\lim\limits_{x\to 1} x=1$
이고 $\lim\limits_{x\to 1} f(x)=f(1)$이므로 함수 $f(x)$는 $x=1$에서 연속이다.
답 **연속**

0127 답 $[-2, 3]$ **0128** 답 $(1, 5)$

0129 답 $[-3, 4)$ **0130** 답 $(-7, 2]$

0131 답 $(-\infty, 4)$ **0132** 답 $[3, \infty)$

0133 함수 $f(x)=x^2+2x$의 정의역은 실수 전체의 집합이므로 열린구간 $(-\infty, \infty)$이다.   답 $(-\infty, \infty)$

0134 함수 $f(x)=\sqrt{3-x}$의 정의역은 $3-x \geq 0$, 즉 $x \leq 3$인 x의 값들의 집합이므로 반닫힌 구간 $(-\infty, 3]$이다.
답 $(-\infty, 3]$

0135 함수 $f(x)=\dfrac{1}{x+1}$의 정의역은 $x+1 \neq 0$, 즉 $x \neq -1$인 x의 값들의 집합이므로 열린구간 $(-\infty, -1)$, $(-1, \infty)$이다.   답 $(-\infty, -1)$, $(-1, \infty)$

0136 함수 $f(x)=x+3$은 모든 실수, 즉 열린구간 $(-\infty, \infty)$에서 연속이다.   답 $(-\infty, \infty)$

0137 함수 $f(x)=\sqrt{x-1}$은 $x-1 \geq 0$일 때, 즉 반닫힌 구간 $[1, \infty)$에서 연속이다.   답 $[1, \infty)$

0138 함수 $f(x)=2$는 모든 실수, 즉 열린구간 $(-\infty, \infty)$에서 연속이다.   답 $(-\infty, \infty)$

0139 함수 $f(x)=\dfrac{1}{x}$은 $x \neq 0$인 모든 실수, 즉 열린구간 $(-\infty, 0)$, $(0, \infty)$에서 연속이다.   답 $(-\infty, 0)$, $(0, \infty)$

0140 함수 $y=x^2-2x$는 다항함수이므로 열린구간 $(-\infty, \infty)$에서 연속이다.   답 $(-\infty, \infty)$

0141 함수 $y=(x+1)(x^2+x-2)$는 다항함수이므로 열린구간 $(-\infty, \infty)$에서 연속이다.   답 $(-\infty, \infty)$

0142 함수 $y=\dfrac{x-2}{x-3}$는 유리함수이므로 $x \neq 3$인 모든 실수, 즉 열린구간 $(-\infty, 3)$, $(3, \infty)$에서 연속이다.
답 $(-\infty, 3)$, $(3, \infty)$

0143 함수 $y=\dfrac{x+1}{x^2-3x+2}=\dfrac{x+1}{(x-1)(x-2)}$은 유리함수이므로 $x \neq 1$, $x \neq 2$인 모든 실수, 즉 열린구간 $(-\infty, 1)$, $(1, 2)$, $(2, \infty)$에서 연속이다.   답 $(-\infty, 1)$, $(1, 2)$, $(2, \infty)$

0144 (1) $f(x)+g(x)=(x-2)+(x^2+4x-5)$
$\qquad\qquad\qquad = x^2+5x-7$
즉, 함수 $f(x)+g(x)$는 다항함수이므로 열린구간 $(-\infty, \infty)$에서 연속이다.
(2) $f(x)g(x)=(x-2)(x^2+4x-5)=x^3+2x^2-13x+10$
즉, 함수 $f(x)g(x)$는 다항함수이므로 열린구간 $(-\infty, \infty)$에서 연속이다.
(3) $\dfrac{f(x)}{g(x)}=\dfrac{x-2}{x^2+4x-5}=\dfrac{x-2}{(x+5)(x-1)}$는 유리함수이므로 $x \neq -5$, $x \neq 1$인 모든 실수, 즉 열린구간 $(-\infty, -5)$, $(-5, 1)$, $(1, \infty)$에서 연속이다.

(4) $\dfrac{g(x)}{f(x)}=\dfrac{x^2+4x-5}{x-2}=\dfrac{(x+5)(x-1)}{x-2}$은 유리함수이므로 $x\ne2$인 모든 실수, 즉 열린구간 $(-\infty,\ 2)$, $(2,\ \infty)$에서 연속이다.

답 (1) $(-\infty,\ \infty)$ (2) $(-\infty,\ \infty)$
　(3) $(-\infty,\ -5)$, $(-5,\ 1)$, $(1,\ \infty)$ (4) $(-\infty,\ 2)$, $(2,\ \infty)$

0145 함수 $f(x)=x^2+2x-1$은 닫힌구간 $[-2,\ 0]$에서 연속이고 이 구간에서 함수 $y=f(x)$의 그래프는 오른쪽 그림과 같다.
따라서 함수 $f(x)$는 $x=-2$, $x=0$에서 최댓값 -1, $x=-1$에서 최솟값 -2를 갖는다.

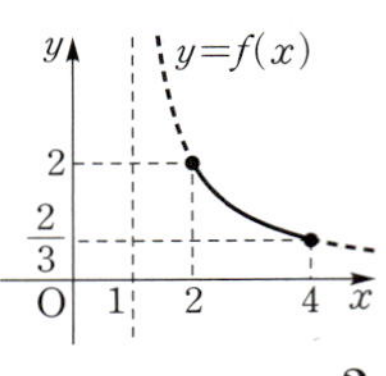

답 **최댓값: -1, 최솟값: -2**

0146 함수 $f(x)=\dfrac{2}{x-1}$는 닫힌구간 $[2,\ 4]$에서 연속이고 이 구간에서 함수 $y=f(x)$의 그래프는 오른쪽 그림과 같다.
따라서 함수 $f(x)$는 $x=2$에서 최댓값 2, $x=4$에서 최솟값 $\dfrac{2}{3}$를 갖는다.

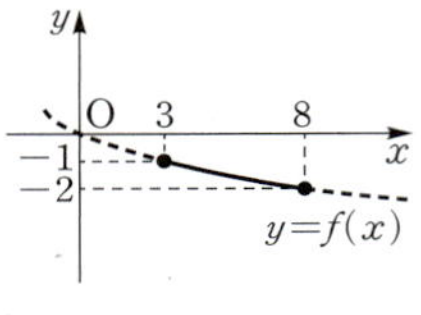

답 **최댓값: 2, 최솟값: $\dfrac{2}{3}$**

0147 함수 $f(x)=1-\sqrt{x+1}$은 닫힌구간 $[3,\ 8]$에서 연속이고 이 구간에서 함수 $y=f(x)$의 그래프는 오른쪽 그림과 같다. 따라서 함수 $f(x)$는 $x=3$에서 최댓값 -1, $x=8$에서 최솟값 -2를 갖는다.

답 **최댓값: -1, 최솟값: -2**

0148 답 (개) **연속** (내) **사잇값**

0149 답 (개) **연속** (내) **0** (대) $(0,\ 1)$

0150 $f(x)=x^3-x^2-2$라 하면 함수 $f(x)$는 닫힌구간 $[1,\ 2]$에서 연속이고 $f(1)=-2<0$, $f(2)=2>0$이므로 사잇값의 정리에 의하여 $f(c)=0$인 c가 열린구간 $(1,\ 2)$에 적어도 하나 존재한다. 따라서 방정식 $x^3-x^2-2=0$은 열린구간 $(1,\ 2)$에서 적어도 하나의 실근을 갖는다. 답 **풀이 참조**

0151 $f(x)=x^4+x^3-9x+1$이라 하면 함수 $f(x)$는 닫힌구간 $[1,\ 2]$에서 연속이고 $f(1)=-6<0$, $f(2)=7>0$이므로 사잇값의 정리에 의하여 $f(c)=0$인 c가 열린구간 $(1,\ 2)$에 적어도 하나 존재한다. 따라서 방정식 $x^4+x^3-9x+1=0$은 열린구간 $(1,\ 2)$에서 적어도 하나의 실근을 갖는다. 답 **풀이 참조**

0152 ㄱ. $x\ne1$일 때, $f(x)=\dfrac{(x-1)(x+1)}{x-1}=x+1$
함수 $f(x)$가 모든 실수 x에서 연속이려면 $x=1$에서 연속이어야 한다.
이때 $f(1)=2$이고, $\displaystyle\lim_{x\to1}f(x)=\lim_{x\to1}(x+1)=2$
즉, $\displaystyle\lim_{x\to1}f(x)=f(1)$이므로 함수 $f(x)$는 $x=1$에서 연속이다. 따라서 함수 $f(x)$는 모든 실수 x에서 연속이다.

ㄴ. $\displaystyle\lim_{x\to0+}f(x)=\lim_{x\to0+}\dfrac{x}{x}=1$, $\displaystyle\lim_{x\to0-}f(x)=\lim_{x\to0-}\dfrac{x}{-x}=-1$
$\therefore\ \displaystyle\lim_{x\to0+}f(x)\ne\lim_{x\to0-}f(x)$
즉, 극한값 $\displaystyle\lim_{x\to0}f(x)$가 존재하지 않으므로 함수 $f(x)$는 $x=0$에서 불연속이다.

ㄷ. $f(1)$, $f(-1)$이 정의되어 있지 않으므로 함수 $f(x)$는 $x=1$, $x=-1$에서 불연속이다.

ㄹ. 함수 $f(x)$가 모든 실수 x에서 연속이려면 $x=0$에서 연속이어야 한다.
이때 $f(0)=0$이고,
$\displaystyle\lim_{x\to0+}f(x)=\lim_{x\to0-}f(x)=0$이므로 $\displaystyle\lim_{x\to0}f(x)=0$
$\therefore\ \displaystyle\lim_{x\to0}f(x)=f(0)$
즉, 함수 $f(x)$는 $x=0$에서 연속이므로 $f(x)$는 모든 실수 x에서 연속이다.
따라서 모든 실수 x에서 연속인 함수는 ㄱ, ㄹ이다. 답 **ㄱ, ㄹ**

0153 ①, ②, ③ $f(0)$이 정의되어 있지 않으므로 함수 $f(x)$는 $x=0$에서 불연속이다.
④ $f(0)=2$이고
$\displaystyle\lim_{x\to0}f(x)=\lim_{x\to0+}(x^2+2)=\lim_{x\to0-}(-x+2)=2$
즉, $\displaystyle\lim_{x\to0}f(x)=f(0)$이므로 함수 $f(x)$는 $x=0$에서 연속이다.
⑤ $\displaystyle\lim_{x\to0+}f(x)=\lim_{x\to0+}\dfrac{|5x|}{x}=\lim_{x\to0+}\dfrac{5x}{x}=5$
$\displaystyle\lim_{x\to0-}f(x)=\lim_{x\to0-}\dfrac{|5x|}{x}=\lim_{x\to0-}\dfrac{-5x}{x}=-5$
$\therefore\ \displaystyle\lim_{x\to0+}f(x)\ne\lim_{x\to0-}f(x)$
즉, 극한값 $\displaystyle\lim_{x\to0}f(x)$가 존재하지 않으므로 함수 $f(x)$는 $x=0$에서 불연속이다.
따라서 $x=0$에서 연속인 함수는 ④이다. 답 **④**

0154 $f(a)=4a$이고
$\displaystyle\lim_{x\to a+}f(x)=\lim_{x\to a+}4x=4a$,
$\displaystyle\lim_{x\to a-}f(x)=\lim_{x\to a-}(x^2-5)=a^2-5$
함수 $f(x)$가 $x=a$에서 연속이려면 $\displaystyle\lim_{x\to a}f(x)$가 존재하고

$\lim\limits_{x \to a} f(x) = f(a)$이어야 하므로

--- ㉮

$4a = a^2 - 5$, $a^2 - 4a - 5 = 0$

$(a+1)(a-5) = 0$　　∴ $a = -1$ 또는 $a = 5$

--- ㉯

따라서 모든 실수 a의 값의 합은

$-1 + 5 = 4$

--- ㉰

답 4

단계	채점요소	배점
㉮	연속이 되도록 하는 조건 알기	40%
㉯	a의 값 구하기	50%
㉰	모든 실수 a의 값의 합 구하기	10%

0155 ㄱ. $\lim\limits_{x \to 3+} f(x) = 0$, $\lim\limits_{x \to 3-} f(x) = 0$

∴ $\lim\limits_{x \to 3} f(x) = 0$

ㄴ. $\lim\limits_{x \to 1+} f(x) = 2$, $\lim\limits_{x \to 1-} f(x) = 1$

∴ $\lim\limits_{x \to 1+} f(x) \neq \lim\limits_{x \to 1-} f(x)$

따라서 극한값 $\lim\limits_{x \to 1} f(x)$가 존재하지 않는다.

ㄷ. 함수 $y = f(x)$의 그래프가 $x = 1$, $x = 2$, $x = 3$에서 끊어져
있으므로 $x = 1$, $x = 2$, $x = 3$에서 불연속이다.
즉, 함수 $f(x)$가 불연속인 x의 값의 개수는 3이다.

따라서 옳은 것은 ㄴ, ㄷ이다.　　　　**답 ㄴ, ㄷ**

0156 $\lim\limits_{x \to 1+} f(x) = 1$, $\lim\limits_{x \to 1-} f(x) = 4$이므로

$\lim\limits_{x \to 1+} f(x) \neq \lim\limits_{x \to 1-} f(x)$

즉, 극한값 $\lim\limits_{x \to 1} f(x)$가 존재하지 않는다.　　∴ $a = 1$

함수 $y = f(x)$의 그래프가 $x = 1$, $x = 2$에서 끊어져 있으므로

$x = 1$, $x = 2$에서 불연속이다.　　∴ $b = 2$

∴ $a + b = 1 + 2 = 3$　　　　**답 ②**

0157 ㄱ. $f(0) = -2$이고

$\lim\limits_{x \to 0+} f(x) = \lim\limits_{x \to 0-} f(x) = -1$이므로 $\lim\limits_{x \to 0} f(x) = -1$

즉, $\lim\limits_{x \to 0} f(x) \neq f(0)$이므로 함수 $f(x)$는 $x = 0$에서 불연속
이다.

ㄴ. $\lim\limits_{x \to -1+} f(x) = -1$, $\lim\limits_{x \to -1-} f(x) = 1$

∴ $\lim\limits_{x \to -1+} f(x) \neq \lim\limits_{x \to -1-} f(x)$

따라서 극한값 $\lim\limits_{x \to -1} f(x)$는 존재하지 않는다.

ㄷ. 함수 $y = f(x)$의 그래프가 $x = -1$, $x = 0$, $x = 1$에서 끊어
져 있으므로 $x = -1$, $x = 0$, $x = 1$에서 불연속이다.
즉, 함수 $f(x)$가 불연속인 x의 값의 개수는 3이다.

따라서 옳은 것은 ㄷ뿐이다.　　　　**답 ㄷ**

0158 함수 $f(x)$는 $x = 0$에서 불연속이고 주어진 함수 $g(x)$는
모든 실수 x에서 연속이므로 합성함수 $g(f(x))$가 닫힌구간
$[-2, 2]$에서 연속이려면 $x = 0$에서 연속이어야 한다.

ㄱ. $\lim\limits_{x \to 0+} g(f(x)) = g(-1) = 1$

$\lim\limits_{x \to 0-} g(f(x)) = g(1) = 1$

∴ $\lim\limits_{x \to 0} g(f(x)) = 1$

이때 $g(f(0)) = g(0) = 0$이므로 $\lim\limits_{x \to 0} g(f(x)) \neq g(f(0))$

즉, 함수 $g(f(x))$는 $x = 0$에서 불연속이다.

ㄴ. $\lim\limits_{x \to 0+} g(f(x)) = g(-1) = -1$

$\lim\limits_{x \to 0-} g(f(x)) = g(1) = -1$

∴ $\lim\limits_{x \to 0} g(f(x)) = -1$

이때 $g(f(0)) = g(0) = -1$이므로

$\lim\limits_{x \to 0} g(f(x)) = g(f(0))$

즉, 함수 $g(f(x))$는 $x = 0$에서 연속이다.

ㄷ. $\lim\limits_{x \to 0+} g(f(x)) = g(-1) = 0$

$\lim\limits_{x \to 0-} g(f(x)) = g(1) = 0$

∴ $\lim\limits_{x \to 0} g(f(x)) = 0$

이때 $g(f(0)) = g(0) = 1$이므로 $\lim\limits_{x \to 0} g(f(x)) \neq g(f(0))$

즉, 함수 $g(f(x))$는 $x = 0$에서 불연속이다.

따라서 함수 $g(f(x))$가 닫힌구간 $[-2, 2]$에서 연속인 것은
ㄴ뿐이다.　　　　**답 ②**

0159 ㄱ. $\lim\limits_{x \to 0+} f(x)g(x) = 0 \cdot 0 = 0$

$\lim\limits_{x \to 0-} f(x)g(x) = 0 \cdot 0 = 0$

∴ $\lim\limits_{x \to 0} f(x)g(x) = 0$

이때 $f(0)g(0) = 1 \cdot 0 = 0$이므로

$\lim\limits_{x \to 0} f(x)g(x) = f(0)g(0)$

즉, 함수 $f(x)g(x)$는 $x = 0$에서 연속이다.

ㄴ. $\lim\limits_{x \to 0+} f(g(x)) = f(0) = 1$

$\lim\limits_{x \to 0-} f(g(x)) = f(0) = 1$

∴ $\lim\limits_{x \to 0} f(g(x)) = 1$

이때 $f(g(0)) = f(0) = 1$이므로 $\lim\limits_{x \to 0} f(g(x)) = f(g(0))$

즉, 함수 $f(g(x))$는 $x = 0$에서 연속이다.

ㄷ. $\lim\limits_{x \to 0+} g(f(x)) = \lim\limits_{f(x) \to 0-} g(f(x)) = 0$

$\lim\limits_{x \to 0-} g(f(x)) = \lim\limits_{f(x) \to 0+} g(f(x)) = 0$

∴ $\lim\limits_{x \to 0} g(f(x)) = 0$

이때 $g(f(0)) = g(1) = 0$이므로 $\lim\limits_{x \to 0} g(f(x)) = g(f(0))$

즉, 함수 $g(f(x))$는 $x = 0$에서 연속이다.

따라서 $x = 0$에서 연속인 함수는 ㄱ, ㄴ, ㄷ이다.　　**답 ㄱ, ㄴ, ㄷ**

0160 $f(x)=\dfrac{1}{x+\dfrac{1}{x-2}}=\dfrac{1}{\dfrac{x^2-2x+1}{x-2}}$

$\qquad\quad =\dfrac{x-2}{x^2-2x+1}=\dfrac{x-2}{(x-1)^2}$

따라서 함수 $f(x)$는 $x-2=0$, $(x-1)^2=0$인 x의 값에서 정의되어 있지 않으므로 불연속이 되도록 하는 x의 값은 1, 2의 2개이다.

답 2

0161 $f(g(x))=f(3x^2)$이므로

$$f(g(x))=\begin{cases} \dfrac{3x^2-1}{|3x^2-1|} & (3x^2\neq1)\\[2mm] 0 & (3x^2=1) \end{cases}$$

$$=\begin{cases} 1 & (3x^2-1>0)\\ 0 & (3x^2-1=0)\\ -1 & (3x^2-1<0) \end{cases}$$

즉, 함수 $f(g(x))$는 $3x^2-1=0$인 x의 값에서 불연속이므로

$3x^2=1$ $\quad\therefore x=\pm\dfrac{\sqrt3}{3}$

따라서 구하는 모든 x의 값의 곱은

$\dfrac{\sqrt3}{3}\cdot\left(-\dfrac{\sqrt3}{3}\right)=-\dfrac{1}{3}$

답 $-\dfrac{1}{3}$

0162 함수 $f(x)$가 모든 실수 x에서 연속이므로 $x=1$에서도 연속이다.

따라서 $\lim\limits_{x\to1}f(x)=f(1)$이므로

$\lim\limits_{x\to1}\dfrac{x^2+ax-3}{x-1}=b$ $\qquad\qquad$ ······ ㉠

$x\to1$일 때, (분모) $\to0$이고 극한값이 존재하므로 (분자) $\to0$이다.

즉, $\lim\limits_{x\to1}(x^2+ax-3)=0$이므로

$1+a-3=0$ $\quad\therefore a=2$

$a=2$를 ㉠에 대입하면

$\lim\limits_{x\to1}\dfrac{x^2+2x-3}{x-1}=\lim\limits_{x\to1}\dfrac{(x-1)(x+3)}{x-1}=\lim\limits_{x\to1}(x+3)=4=b$

$\therefore a+b=2+4=6$

답 6

0163 함수 $f(x)=\dfrac{x+1}{x^2-2ax+3}$이 모든 실수 x에서 연속이려면 $x^2-2ax+3=0$이 실근을 갖지 않아야 하므로 이 이차방정식의 판별식을 D라 하면

$\dfrac{D}{4}=a^2-3<0$ $\quad\therefore -\sqrt3<a<\sqrt3$

따라서 정수 a는 -1, 0, 1의 3개이다.

답 3

0164 $f(0)=-4$이므로 $-b=-4$ $\quad\therefore b=4$

함수 $f(x)$가 모든 실수 x에서 연속이므로 $x=1$, $x=-2$에서도 연속이다.

$x=1$에서 연속이므로

$\lim\limits_{x\to1+}f(x)=\lim\limits_{x\to1-}f(x)=f(1)$

$a-5=1-b$ $\quad\therefore a=2$

$x=-2$에서 연속이므로

$\lim\limits_{x\to-2+}f(x)=\lim\limits_{x\to-2-}f(x)=f(-2)$

$4-b=-6+c$ $\quad\therefore c=6$

$\therefore abc=2\cdot4\cdot6=48$

답 48

0165 함수 $f(x)$가 $x=2$에서 연속이므로 $\lim\limits_{x\to2}f(x)=f(2)$

$\therefore \lim\limits_{x\to2}\dfrac{x^2+ax-4}{x-2}=b$ $\qquad\qquad$ ······ ㉠

$x\to2$일 때, (분모) $\to0$이고 극한값이 존재하므로 (분자) $\to0$이다.

즉, $\lim\limits_{x\to2}(x^2+ax-4)=0$이므로

$4+2a-4=0$ $\quad\therefore a=0$

$a=0$을 ㉠에 대입하면

$\lim\limits_{x\to2}\dfrac{x^2-4}{x-2}=\lim\limits_{x\to2}\dfrac{(x+2)(x-2)}{x-2}=\lim\limits_{x\to2}(x+2)=4=b$

$\therefore a+b=0+4=4$

답 ④

0166 함수 $f(x)$가 모든 실수 x에서 연속이므로 $x=-1$, $x=4$에서도 연속이다.

함수 $f(x)$가 $x=-1$에서 연속이므로

$\lim\limits_{x\to-1+}f(x)=\lim\limits_{x\to-1-}f(x)=f(-1)$

$\lim\limits_{x\to-1+}(x^2-2x+b)=\lim\limits_{x\to-1-}(ax+1)$

$1+2+b=-a+1$ $\quad\therefore a+b=-2$ $\qquad$ ······ ㉠

함수 $f(x)$가 $x=4$에서 연속이므로

$\lim\limits_{x\to4+}f(x)=\lim\limits_{x\to4-}f(x)=f(4)$

$\lim\limits_{x\to4+}(ax+1)=\lim\limits_{x\to4-}(x^2-2x+b)$

$4a+1=16-8+b$ $\quad\therefore 4a-b=7$ $\qquad$ ······ ㉡

㉠, ㉡을 연립하여 풀면 $a=1$, $b=-3$

$\therefore a-b=1-(-3)=4$

답 ④

0167 $f(x)=\begin{cases} ax+2 & (|x|\geq3)\\ x^2+x-b & (|x|<3) \end{cases}$

$\qquad\quad =\begin{cases} ax+2 & (x\geq3)\\ x^2+x-b & (-3<x<3)\\ ax+2 & (x\leq-3) \end{cases}$

함수 $f(x)$가 모든 실수 x에서 연속이므로 $x=-3$, $x=3$에서도 연속이다.

함수 $f(x)$가 $x=-3$에서 연속이므로

$\lim\limits_{x\to-3+}f(x)=\lim\limits_{x\to-3-}f(x)=f(-3)$

$\lim\limits_{x\to-3+}(x^2+x-b)=\lim\limits_{x\to-3-}(ax+2)$

$6-b=-3a+2$ $\quad\therefore 3a-b=-4$ $\qquad$ ······ ㉠

함수 $f(x)$가 $x=3$에서 연속이므로

$\lim\limits_{x\to3+}f(x)=\lim\limits_{x\to3-}f(x)=f(3)$

$$\lim_{x \to 3+}(ax+2)=\lim_{x \to 3-}(x^2+x-b)$$
$$3a+2=12-b \qquad \therefore 3a+b=10 \qquad \cdots\cdots\ \text{ⓛ}$$
㉠, ㉡을 연립하여 풀면 $a=1$, $b=7$
$$\therefore a+b=1+7=8 \qquad\qquad\text{답 }\mathbf{8}$$

0168 함수 $f(x)$가 $x=1$에서 연속이므로
$$\lim_{x \to 1+}f(x)=\lim_{x \to 1-}f(x)=f(1)$$
$$\therefore \lim_{x \to 1+}\frac{a\sqrt{x+1}-b}{x-1}=1 \qquad \cdots\cdots\ \text{㉠}$$

$x \to 1+$일 때, (분모) $\longrightarrow 0$이고 극한값이 존재하므로
(분자) $\longrightarrow 0$이다.

즉, $\displaystyle\lim_{x \to 1+}(a\sqrt{x+1}-b)=0$이므로
$$a\sqrt{2}-b=0 \qquad \therefore b=a\sqrt{2}$$

$b=a\sqrt{2}$를 ㉠에 대입하면
$$\lim_{x \to 1+}\frac{a\sqrt{x+1}-a\sqrt{2}}{x-1}$$
$$=\lim_{x \to 1+}\frac{a(\sqrt{x+1}-\sqrt{2})(\sqrt{x+1}+\sqrt{2})}{(x-1)(\sqrt{x+1}+\sqrt{2})}$$
$$=\lim_{x \to 1+}\frac{a}{\sqrt{x+1}+\sqrt{2}}=\frac{a}{2\sqrt{2}}=1$$
따라서 $a=2\sqrt{2}$, $b=4$이므로
$$ab=8\sqrt{2}$$

답 $8\sqrt{2}$

단계	채점요소	배점
㉮	함수 $f(x)$가 $x=1$에서 연속일 조건 구하기	20 %
㉯	a, b의 관계식 구하기	30 %
㉰	ab의 값 구하기	50 %

0169 함수 $f(x)$가 모든 실수 x에서 연속이므로 $x=2$에서도 연속이다.

따라서 $\displaystyle\lim_{x \to 2+}f(x)=\lim_{x \to 2-}f(x)=f(2)$이므로
$$\lim_{x \to 2-}\frac{\sqrt{x^2+4}+bx}{x-2}=a \qquad \cdots\cdots\ \text{㉠}$$
$x \to 2-$일 때, (분모) $\longrightarrow 0$이고 극한값이 존재하므로
(분자) $\longrightarrow 0$이다.

즉, $\displaystyle\lim_{x \to 2-}(\sqrt{x^2+4}+bx)=0$이므로
$$2\sqrt{2}+2b=0 \qquad \therefore b=-\sqrt{2}$$
$b=-\sqrt{2}$를 ㉠에 대입하면
$$\lim_{x \to 2-}\frac{\sqrt{x^2+4}-\sqrt{2}\,x}{x-2}=\lim_{x \to 2-}\frac{-(x-2)(x+2)}{(x-2)(\sqrt{x^2+4}+\sqrt{2}\,x)}$$
$$=-\frac{4}{4\sqrt{2}}=-\frac{1}{\sqrt{2}}=a$$
$$\therefore ab=\left(-\frac{1}{\sqrt{2}}\right)\cdot(-\sqrt{2})=1 \qquad\qquad\text{답 }③$$

0170 함수 $f(x)$가 $x=n$에서 연속이므로
$$\lim_{x \to n+}f(x)=\lim_{x \to n-}f(x)=f(n)$$
$$\lim_{x \to n+}f(x)=\lim_{x \to n+}([x]^2-3[x]+4)=n^2-3n+4$$
$$\lim_{x \to n-}f(x)=\lim_{x \to n-}([x]^2-3[x]+4)$$
$$=(n-1)^2-3(n-1)+4=n^2-5n+8$$
$$f(n)=n^2-3n+4$$
이므로 $n^2-3n+4=n^2-5n+8$
$$2n=4 \qquad \therefore n=2 \qquad\qquad\text{답 }②$$

0171 함수 $f(x)$가 $x=-1$에서 연속이므로
$$\lim_{x \to -1+}f(x)=\lim_{x \to -1-}f(x)=f(-1)$$
$$\lim_{x \to -1+}f(x)=1+(-a+2)\cdot(-1)=a-1$$
$$\lim_{x \to -1-}f(x)=4+(-a+2)\cdot(-2)=2a$$
$$f(-1)=1+(-a+2)\cdot(-1)=a-1$$
이므로 $a-1=2a \qquad \therefore a=-1 \qquad\qquad\text{답 }\mathbf{-1}$

0172 $g(x)=x^2-4x+1$
$(0<x<5)$로 놓으면
$g(x)=(x-2)^2-3$이므로 함수
$y=g(x)$의 그래프는 오른쪽 그림과
같다.
$g(x)=-2,\ -1,\ 0,\ \cdots,\ 5$를 만족시
키는 x에서 $f(x)$가 불연속이다.
이때 $g(x)=-2,\ -1,\ 0$을 만족시키
는 x의 값은 각각 2개씩 존재하고 $g(x)=1,\ 2,\ 3,\ 4,\ 5$를 만족시
키는 x의 값은 1개씩 존재하므로 열린구간 $(0,\ 5)$에서 불연속이
되는 x의 값의 개수는 11이다. $\qquad\qquad\text{답 }④$

0173 $x \neq 1$일 때, $f(x)=\dfrac{x^2-4x+a}{x-1}$
함수 $f(x)$가 $x=1$에서 연속이므로
$$f(1)=\lim_{x \to 1}f(x)=\lim_{x \to 1}\frac{x^2-4x+a}{x-1}$$
$x \to 1$일 때, (분모) $\longrightarrow 0$이고 극한값이 존재하므로
(분자) $\longrightarrow 0$이다.

즉, $\displaystyle\lim_{x \to 1}(x^2-4x+a)=0$이므로
$$-3+a=0 \qquad \therefore a=3$$
$$\therefore f(1)=\lim_{x \to 1}\frac{x^2-4x+3}{x-1}=\lim_{x \to 1}\frac{(x-1)(x-3)}{x-1}$$
$$=\lim_{x \to 1}(x-3)=-2 \qquad\qquad\text{답 }①$$

0174 $x \neq 2$일 때,
$$f(x)=\frac{x^2+2x-8}{x-2}=\frac{(x-2)(x+4)}{x-2}=x+4$$
함수 $f(x)$가 $x=2$에서 연속이므로
$$f(2)=\lim_{x \to 2}f(x)=\lim_{x \to 2}(x+4)=6 \qquad\qquad\text{답 }\mathbf{6}$$

0175 $x\neq4$일 때, $f(x)=\dfrac{x\sqrt{x}-8}{\sqrt{x}-2}$

함수 $f(x)$가 $x=4$에서 연속이므로

$$f(4)=\lim_{x\to4}f(x)=\lim_{x\to4}\frac{x\sqrt{x}-8}{\sqrt{x}-2}$$

$$=\lim_{x\to4}\frac{(\sqrt{x})^3-2^3}{\sqrt{x}-2}=\lim_{x\to4}\frac{(\sqrt{x}-2)(x+2\sqrt{x}+4)}{\sqrt{x}-2}$$

$$=\lim_{x\to4}(x+2\sqrt{x}+4)$$

$$=4+4+4=12$$

답 ③

0176 $x\neq1$일 때, $f(x)=\dfrac{ax^2+bx}{x-1}$

함수 $f(x)$가 $x=1$에서 연속이므로

$$f(1)=\lim_{x\to1}f(x)$$

$$\therefore \lim_{x\to1}\frac{ax^2+bx}{x-1}=2 \qquad\cdots\cdots\ \bigcirc$$

㉮

$x\to1$일 때, (분모) $\to 0$이고 극한값이 존재하므로 (분자) $\to 0$이다.

즉, $\lim_{x\to1}(ax^2+bx)=0$이므로

$$a+b=0 \qquad \therefore b=-a$$

㉯

$b=-a$를 $\bigcirc$에 대입하면

$$\lim_{x\to1}\frac{ax^2-ax}{x-1}=\lim_{x\to1}\frac{ax(x-1)}{x-1}=\lim_{x\to1}ax=a$$

$$\therefore a=2,\ b=-2$$

㉰

$$\therefore ab=-4$$

㉱

답 -4

단계	채점요소	배점
㉮	$x=1$에서 연속임을 이용하기	30%
㉯	a, b의 관계식 구하기	30%
㉰	a, b의 값 구하기	30%
㉱	ab의 값 구하기	10%

0177 ① $f(x)-3g(x)=-3x^2-8x-20$이므로

함수 $f(x)-3g(x)$는 모든 실수 x에서 연속이다.

② $g(f(x))=g(x-5)=(x-5)^2+3(x-5)+5$

$$=x^2-7x+15$$

이므로 함수 $g(f(x))$는 모든 실수 x에서 연속이다.

③ $\dfrac{f(x)}{g(x)}=\dfrac{x-5}{x^2+3x+5}$에서

$$x^2+3x+5=\left(x+\frac{3}{2}\right)^2+\frac{11}{4}>0$$

이므로 함수 $\dfrac{f(x)}{g(x)}$는 모든 실수 x에서 연속이다.

④ $\dfrac{g(x)}{f(x)}=\dfrac{x^2+3x+5}{x-5}$는 $x=5$에서 정의되어 있지 않으므로 $x=5$에서 불연속이다.

⑤ $f(x)g(x)=(x-5)(x^2+3x+5)=x^3-2x^2-10x-25$

이므로 함수 $f(x)g(x)$는 모든 실수 x에서 연속이다.

따라서 모든 실수 x에서 연속인 함수가 아닌 것은 ④이다. 답 ④

0178 두 함수 $f(x)$, $g(x)$가 $x=a$에서 연속이므로

$$\lim_{x\to a}f(x)=f(a),\ \lim_{x\to a}g(x)=g(a)$$

① $\lim_{x\to a}\{2f(x)-g(x)\}=2f(a)-g(a)$이므로

함수 $2f(x)-g(x)$는 $x=a$에서 연속이다.

② $\lim_{x\to a}f(x)g(x)=f(a)g(a)$이므로 함수 $f(x)g(x)$는 $x=a$에서 연속이다.

③ [반례] $f(a)=g(a)$이면 $\dfrac{f(a)}{f(a)-g(a)}$가 $x=a$에서 정의되어 있지 않으므로 함수 $\dfrac{f(x)}{f(x)-g(x)}$는 $x=a$에서 불연속이다.

④ $\lim_{x\to a}\{f(x)\}^2=\{f(a)\}^2$이므로 함수 $\{f(x)\}^2$은 $x=a$에서 연속이다.

⑤ 함수 $g(f(x))$가 $x=a$에서 연속이려면 $\lim_{x\to a}g(f(x))=g(f(a))$이어야 하므로 함수 $g(x)$가 $x=f(a)$에서 연속이라는 조건이 더 필요하다.

따라서 $x=a$에서 항상 연속인 함수가 아닌 것은 ③, ⑤이다.

답 ③, ⑤

0179 ㄱ. $h(x)=f(x)+g(x)$로 놓으면

$$g(x)=h(x)-f(x)$$

이때 $f(x)$와 $h(x)$가 모든 실수 x에서 연속이므로 $g(x)$도 모든 실수 x에서 연속이다.

ㄴ. [반례] $f(x)=\begin{cases} 1 & (x>1) \\ -1 & (x\leq1) \end{cases}$, $g(x)=|x|$이면

함수 $g(f(x))$는 $x=1$에서 연속이지만 $f(x)$는 $x=1$에서 불연속이다.

ㄷ. [반례] $f(x)=\dfrac{1}{x+2}$, $g(x)=-\dfrac{2}{x}$이면

두 함수 $f(x)$, $g(x)$는 모두 $x=1$에서 연속이지만

함수 $f(g(x))=\dfrac{x}{2(x-1)}$는 $x=1$에서 정의되어 있지 않으므로 $x=1$에서 불연속이다.

따라서 옳은 것은 ㄱ뿐이다. 답 ①

0180 ① 함수 $y=f(x)$의 그래프가 $x=0$, $x=1$에서 끊어져 있으므로 불연속이 되는 x의 값은 0, 1의 2개이다.

② 함수 $f(x)$는 닫힌구간 $[-1,\ 2]$에서 최솟값을 갖지 않는다.

④ $\lim_{x\to1+}f(x)=1$, $\lim_{x\to1-}f(x)=3$이므로 극한값 $\lim_{x\to1}f(x)$는 존재하지 않는다.

⑤ 열린구간 $(0, 3)$에서 $x=1$일 때 최댓값 3을 갖는다.
따라서 옳지 않은 것은 ②이다. 답 ②

0181 $f(x)=\dfrac{2x+1}{x-1}=\dfrac{3}{x-1}+2$

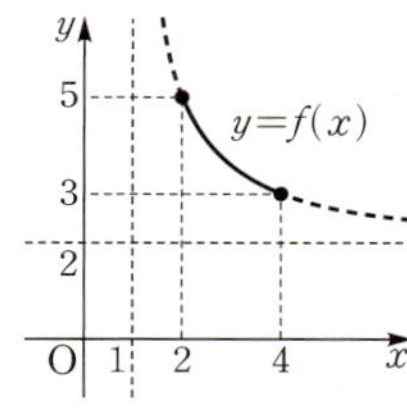

이므로 닫힌구간 $[2, 4]$에서 함수
$y=f(x)$의 그래프는 오른쪽 그림과 같다.
따라서 함수 $f(x)$는 $x=2$에서 최댓값 5,
$x=4$에서 최솟값 3을 갖는다.

답 최댓값: 5, 최솟값: 3

0182 ㄱ. 함수 $f(x)g(x)$는 닫힌구간 $[a, b]$에서 연속이므
로 반드시 최댓값과 최솟값을 갖는다.

ㄴ. [반례] 두 함수 $f(x)=x$, $g(x)=x^2$은 닫힌구간 $[-1, 1]$에

서 모두 연속이지만 $\dfrac{f(x)}{g(x)}=\dfrac{x}{x^2}$는 닫힌구간 $[-1, 1]$에서

최댓값과 최솟값을 갖지 않는다.

ㄷ. [반례] 두 함수 $f(x)=\dfrac{1}{x}$, $g(x)=x-2$는 닫힌구간

$[1, 3]$에서 모두 연속이지만 $f(g(x))=\dfrac{1}{x-2}$은 닫힌구간

$[1, 3]$에서 최댓값과 최솟값을 갖지 않는다.

따라서 반드시 최댓값과 최솟값을 갖는 함수는 ㄱ뿐이다.

답 ①

0183 $f(x)=2x^3-x^2-x-1$로 놓으면 함수 $f(x)$는 모든 실
수 x에서 연속이다.
$f(-1)=-3<0$, $f(0)=-1<0$, $f(1)=-1<0$,
$f(2)=9>0$, $f(3)=41>0$, $f(4)=107>0$
따라서 $f(1)f(2)<0$이므로 사잇값의 정리에 의하여 주어진 방
정식의 실근이 존재하는 구간은 $(1, 2)$이다. 답 ③

0184 $f(-2)f(-1)<0$, $f(2)f(3)<0$이므로 방정식
$f(x)=0$은 열린구간 $(-2, -1)$, $(2, 3)$에서 각각 적어도 하나
의 실근을 갖는다.
또, $f(1)=0$이므로 방정식 $f(x)=0$은 열린구간 $(-2, 3)$에서
적어도 3개의 실근을 갖는다. 답 3개

0185 ㄱ. $f(x)=x^3+x-5$로 놓으면 함수 $f(x)$는 닫힌구간
$[1, 2]$에서 연속이고 $f(1)=-3<0$, $f(2)=5>0$이므로
사잇값의 정리에 의하여 방정식 $f(x)=0$은 열린구간 $(1, 2)$
에서 적어도 하나의 실근을 갖는다.

ㄴ. $f(x)=x^3-2x-3$으로 놓으면 함수 $f(x)$는 닫힌구간
$[1, 2]$에서 연속이고 $f(1)=-4<0$, $f(2)=1>0$이므로
사잇값의 정리에 의하여 방정식 $f(x)=0$은 열린구간 $(1, 2)$
에서 적어도 하나의 실근을 갖는다.

ㄷ. $f(x)=x^4+x^3-9x+1$로 놓으면 함수 $f(x)$는 닫힌구간
$[1, 2]$에서 연속이고 $f(1)=-6<0$, $f(2)=7>0$이므로
사잇값의 정리에 의하여 방정식 $f(x)=0$은 열린구간 $(1, 2)$
에서 적어도 하나의 실근을 갖는다.

따라서 열린구간 $(1, 2)$에서 적어도 하나의 실근을 갖는 것은
ㄱ, ㄴ, ㄷ이다. 답 ㄱ, ㄴ, ㄷ

0186 $g(x)=f(x)-1$로 놓으면 함수 $f(x)$가 연속함수이므
로 함수 $g(x)$도 연속함수이다.

㉮

방정식 $f(x)=1$, 즉 $g(x)=0$이 열린구간 $(1, 3)$에서 적어도 하
나의 실근을 가지려면 사잇값의 정리에 의하여 $g(1)g(3)<0$이
어야 한다. 이때
$g(1)=f(1)-1=k-1$,
$g(3)=f(3)-1=(k-5)-1=k-6$
이므로 $(k-1)(k-6)<0$ $\quad \therefore 1<k<6$

㉯

따라서 정수 k는 2, 3, 4, 5의 4개이다.

㉰

답 4

단계	채점요소	배점
㉮	$g(x)=f(x)-1$로 놓고 함수 $g(x)$가 연속함수임을 알기	20%
㉯	사잇값의 정리를 이용하여 k의 값의 범위 구하기	60%
㉰	정수 k의 개수 구하기	20%

0187 속력이 연속하여 변하므로 속력이 83 km/h에서
98 km/h로 변하는 11 : 30과 12 : 00 사이에 속력이 95 km/h
인 순간이 적어도 한 번 존재한다. 마찬가지로 12 : 00와 12 : 30
사이에 속력이 95 km/h인 순간이 적어도 한 번 존재한다.
따라서 k의 최솟값은 2이다. 답 ②

0188 몸무게는 연속하여 변하므로 사잇값의 정리에 의하여
② 몸무게가 67 kg인 때가 적어도 한 번 있었다. 답 ②

📖 유형 up 본문 32쪽

0189 함수 $g(f(x))$가 실수 전체의 집합에서 연속이므로
$x=1$에서도 연속이다.
$\therefore \lim\limits_{x \to 1+} g(f(x)) = \lim\limits_{x \to 1-} g(f(x)) = g(f(1))$

$g(f(x))=\begin{cases} g(3-x) & (x \geq 1) \\ g(x+2) & (x<1) \end{cases}$ 이므로

$\lim\limits_{x \to 1+} g(f(x)) = \lim\limits_{x \to 1+} g(3-x) = g(2) = 4+2a$

$\lim\limits_{x \to 1-} g(f(x)) = \lim\limits_{x \to 1-} g(x+2) = g(3) = 9+3a$

즉, $4+2a=9+3a$ $\quad \therefore a=-5$ 답 ①

0190 함수 $f(x)+g(x)$가 $x=1$에서 연속이므로
$$\lim_{x \to 1+}\{f(x)+g(x)\}=\lim_{x \to 1-}\{f(x)+g(x)\}=f(1)+g(1)$$
$$\lim_{x \to 1+}\{f(x)+g(x)\}=\lim_{x \to 1+}\{(x^2+1)+(x+k)\}=3+k$$
$$\lim_{x \to 1-}\{f(x)+g(x)\}=\lim_{x \to 1-}\{(x-1)+(x^2+2)\}=3$$
이므로 $3+k=3$ $\therefore k=0$
$\therefore g(5)=5+0=5$ **답 5**

0191 함수 $f(x)$가 실수 전체의 집합에서 연속이면 $x=3$에서
도 연속이므로 $\lim\limits_{x \to 3+} f(x)=\lim\limits_{x \to 3-} f(x)=f(3)$
즉, $\lim\limits_{x \to 3+}(3x-6)=\lim\limits_{x \to 3-}(x^2+ax+b)$이므로
$3=9+3a+b$ $\therefore 3a+b=-6$ …… ㉠
이때 $f(x)=f(x+5)$이므로 $f(0)=f(5)$
$\therefore b=15-6=9$
$b=9$를 ㉠에 대입하면 $3a+9=-6$ $\therefore a=-5$
따라서 $f(x)=\begin{cases} 3x-6 & (3 \le x \le 5) \\ x^2-5x+9 & (0 \le x < 3) \end{cases}$이므로
$f(16)=f(11)=f(6)=f(1)=1-5+9=5$ **답 5**

0192 ㈎에서 $\lim\limits_{x \to -1}(x+1)=0$이고 극한값이 존재하므로
$\lim\limits_{x \to -1} f(x)=0$ $\therefore f(-1)=0$
㈏에서 $\lim\limits_{x \to 2}(x-2)=0$이고 극한값이 존재하므로
$\lim\limits_{x \to 2} f(x)=0$ $\therefore f(2)=0$
이때 $f(x)=(x+1)(x-2)g(x)$ ($g(x)$는 다항함수)로 놓으
면 $g(x)$는 모든 실수 x에서 연속이고
$$\lim_{x \to -1} \frac{f(x)}{x+1}=\lim_{x \to -1} \frac{(x+1)(x-2)g(x)}{x+1}$$
$$=\lim_{x \to -1}\{(x-2)g(x)\}=-3g(-1)=a$$
$\therefore g(-1)=-\dfrac{a}{3}$
$$\lim_{x \to 2} \frac{f(x)}{x-2}=\lim_{x \to 2} \frac{(x+1)(x-2)g(x)}{x-2}$$
$$=\lim_{x \to 2}\{(x+1)g(x)\}=3g(2)=b$$
$\therefore g(2)=\dfrac{b}{3}$
$\therefore g(-1)g(2)=\left(-\dfrac{a}{3}\right)\cdot\dfrac{b}{3}=-\dfrac{ab}{9}<0 \ (\because ab>0)$
이때 사잇값의 정리에 의하여 방정식 $g(x)=0$은 열린구간
$(-1, 2)$에서 적어도 하나의 실근을 갖는다.
따라서 방정식 $f(x)=0$은 두 실근 -1, 2를 갖고, 열린구간
$(-1, 2)$에서 적어도 하나의 실근을 가지므로 닫힌구간 $[-1, 2]$
에서 최소 3개의 실근을 갖는다.   **답 ③**

0193 ㈎에서 $x=1$일 때, $f(3)=f(5)$이고
$x=4$일 때, $f(0)=f(8)$
이때 ㈏에서 $f(0)$과 $f(3)$의 부호가 서로 다르고 ㈐에서 $f(4)$와

$f(5)$의 부호가 서로 다르므로 $f(0)$, $f(4)$, $f(8)$의 부호는 서로
같고 이는 $f(3)$, $f(5)$의 부호와 다르다.
따라서 방정식 $f(x)=0$의 실근이 존재하는 구간은 열린구간
$(0, 3)$, $(3, 4)$, $(4, 5)$, $(5, 8)$이므로 적어도 4개의 실근을 갖
는다.
$\therefore k=4$ **답 4**

0194 답 ④

0195 ① $f(x)=\sqrt{x+1}$은 정의역 $[-1, \infty)$에서 연속이다.
② $f(x)=2x^2-4x+3$은 다항함수이므로 모든 실수 x에서 연속
이다.
③ $f(x)=\dfrac{x+3}{x^2-x-2}=\dfrac{x+3}{(x+1)(x-2)}$은 $x=-1$, $x=2$에서
정의되어 있지 않으므로 $x=-1$, $x=2$에서 불연속이다.
④ $f(x)$가 모든 실수 x에서 연속이려면 $x=0$에서 연속이어야
한다.
이때 $f(0)=0$이고,
$$\lim_{x \to 0+} f(x)=\lim_{x \to 0+} \frac{x^3}{|x|}=\lim_{x \to 0+} \frac{x^3}{x}=\lim_{x \to 0+} x^2=0$$
$$\lim_{x \to 0-} f(x)=\lim_{x \to 0-} \frac{x^3}{|x|}=\lim_{x \to 0-} \frac{x^3}{-x}=\lim_{x \to 0-}(-x^2)=0$$
이므로 $\lim\limits_{x \to 0} f(x)=0$ $\therefore \lim\limits_{x \to 0} f(x)=f(0)$
따라서 함수 $f(x)$는 $x=0$에서 연속이므로 함수 $f(x)$는 모
든 실수 x에서 연속이다.
⑤ $\lim\limits_{x \to 1+} f(x)=\lim\limits_{x \to 1+} \dfrac{x^2-x}{|x-1|}=\lim\limits_{x \to 1+} \dfrac{x(x-1)}{x-1}$
$=\lim\limits_{x \to 1+} x=1$
$\lim\limits_{x \to 1-} f(x)=\lim\limits_{x \to 1-} \dfrac{x^2-x}{|x-1|}=\lim\limits_{x \to 1-} \dfrac{x(x-1)}{-(x-1)}$
$=\lim\limits_{x \to 1-}(-x)=-1$
$\therefore \lim\limits_{x \to 1+} f(x) \ne \lim\limits_{x \to 1-} f(x)$
즉, 극한값 $\lim\limits_{x \to 1} f(x)$가 존재하지 않으므로 함수 $f(x)$는
$x=1$에서 불연속이다.
따라서 모든 실수 x에서 연속인 함수는 ②, ④이다.   **답 ②, ④**

0196 $f(3)=a$, $f(1)=b$라 하자.
ㄱ. $f(f(2))=f(3)=a$
따라서 $f(f(2))$의 값은 존재한다.
ㄴ. $x \to 2+$일 때 $f(x) \to 3+$이고,
$x \to 2-$일 때 $f(x) \to 1-$이므
로 $f(x)=t$라 하면
$\lim\limits_{x \to 2+} f(f(x))=\lim\limits_{t \to 3+} f(t)=a$

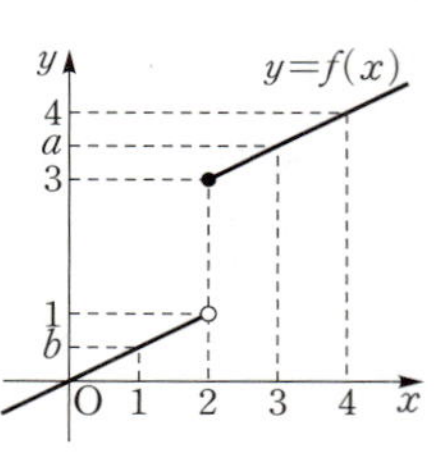

$$\lim_{x \to 2-} f(f(x)) = \lim_{t \to 1-} f(t) = b$$

$$\therefore \lim_{x \to 2+} f(f(x)) \neq \lim_{x \to 2-} f(f(x))$$

따라서 극한값 $\lim_{x \to 2} f(f(x))$는 존재하지 않는다.

ㄷ. ㄴ에 의하여 함수 $f(f(x))$는 $x=2$에서 불연속이다.

따라서 옳은 것은 ㄱ뿐이다. 답 ①

참고 합성함수 $g(f(x))$의 극한값을 구할 때는 좌극한과 우극한에 주의하면서 $f(x)=t$로 치환하여 생각한다.

예 $x \to a+$일 때, $f(x) \to b+$이면 $t \to b+$이므로

$$\lim_{x \to a+} g(f(x)) = \lim_{t \to b+} g(t) = \lim_{x \to b+} g(x)$$

0197 함수 $f(x)$가 모든 실수 x에서 연속이므로 $x=2$에서도 연속이다. 즉,

$$f(2) = \lim_{x \to 2} f(x) = \lim_{x \to 2} \frac{x^3-8}{x-2}$$

$$= \lim_{x \to 2} \frac{(x-2)(x^2+2x+4)}{x-2}$$

$$= \lim_{x \to 2} (x^2+2x+4) = 12$$

$$\therefore a = 12 \qquad \text{답 } 12$$

0198 함수 $f(x)$가 $x=-1$에서 연속이므로

$$\lim_{x \to -1} f(x) = f(-1) \qquad \therefore \lim_{x \to -1} \frac{x^2+ax+b}{x+1} = 2 \quad \cdots\cdots \, \text{㉠}$$

$x \to -1$일 때, (분모) $\to 0$이고 극한값이 존재하므로 (분자) $\to 0$이다.

즉, $\lim_{x \to -1} (x^2+ax+b) = 0$이므로

$$1 - a + b = 0 \qquad \therefore b = a - 1$$

$b = a - 1$을 ㉠에 대입하면

$$\lim_{x \to -1} \frac{x^2+ax+a-1}{x+1} = \lim_{x \to -1} \frac{(x+1)(x+a-1)}{x+1}$$

$$= \lim_{x \to -1} (x+a-1)$$

$$= -2 + a = 2$$

따라서 $a=4$, $b=3$이므로

$$a + b = 7 \qquad \text{답 } 7$$

0199 열린구간 $\left(-\dfrac{4}{3}, 1\right)$에서 함수 $f(x) = \dfrac{4}{3}[3x]$는

$x=-1$, $-\dfrac{2}{3}$, $-\dfrac{1}{3}$, 0, $\dfrac{1}{3}$, $\dfrac{2}{3}$에서 불연속이므로 불연속이 되는 x의 값의 개수는 6이다. 답 ④

0200 $x \neq 0$일 때, $f(x) = \dfrac{x^2-x}{\sqrt{1+x} - \sqrt{1-x}}$

열린구간 $(-1, 1)$에서 함수 $f(x)$가 연속이므로 $x=0$에서도 연속이다. 즉,

$$f(0) = \lim_{x \to 0} f(x) = \lim_{x \to 0} \frac{x^2-x}{\sqrt{1+x} - \sqrt{1-x}}$$

$$= \lim_{x \to 0} \frac{x(x-1)(\sqrt{1+x} + \sqrt{1-x})}{(\sqrt{1+x} - \sqrt{1-x})(\sqrt{1+x} + \sqrt{1-x})}$$

$$= \lim_{x \to 0} \frac{x(x-1)(\sqrt{1+x} + \sqrt{1-x})}{2x}$$

$$= \lim_{x \to 0} \frac{(x-1)(\sqrt{1+x} + \sqrt{1-x})}{2}$$

$$= -1 \qquad \text{답 ②}$$

0201 함수 $f(x) = \dfrac{5}{x+2}$는 $x \neq -2$인 모든 실수 x에서 연속이다.

① $-5 \leq x < -2$일 때, 최솟값은 없다.

②, ④, ⑤ $f(x)$는 주어진 닫힌구간에서 연속이므로 최대 · 최소 정리에 의하여 이 구간에서 반드시 최댓값과 최솟값을 갖는다.

③ $-2 < x \leq 3$일 때, 최솟값은 $f(3) = \dfrac{5}{3+2} = 1$

따라서 최솟값이 존재하지 않는 구간은 ①이다. 답 ①

0202 $f(x) = x^3 + x^2 - 1$로 놓으면 함수 $f(x)$는 모든 실수 x에서 연속이다.

$$f(-1) = -1 + 1 - 1 = -1 < 0$$

$$f\left(-\frac{1}{2}\right) = -\frac{1}{8} + \frac{1}{4} - 1 = -\frac{7}{8} < 0$$

$$f(0) = 0 + 0 - 1 = -1 < 0$$

$$f\left(\frac{1}{2}\right) = \frac{1}{8} + \frac{1}{4} - 1 = -\frac{5}{8} < 0$$

$$f(1) = 1 + 1 - 1 = 1 > 0$$

$$f(2) = 8 + 4 - 1 = 11 > 0$$

따라서 $f\left(\dfrac{1}{2}\right)f(1) < 0$이므로 사잇값의 정리에 의하여 주어진 방정식의 실근이 존재하는 구간은 $\left(\dfrac{1}{2}, 1\right)$이다. 답 ④

0203 버스가 A 정류장을 출발한 지 x시간 후의 버스의 속력을 $f(x)$ km/h라 하고 A 정류장을 출발한 지 각각 b시간, c시간 후에 B 정류장, C 정류장에 도착하였다고 하면

$$f(0) = 0, \ f(b) = 0, \ f(c) = 0$$

이때 $0 < \alpha < b$, $b < \beta < c$이고 $f(\alpha) = 58$, $f(\beta) = 68$인 α, β가 존재하므로 $f(k) = 30$인 k가 구간 $(0, \alpha)$, (α, b), (b, β), (β, c)에 각각 적어도 하나씩 존재한다.

따라서 버스의 속력이 30 km/h인 순간은 적어도 4번 존재한다.

$$\therefore n = 4 \qquad \text{답 ④}$$

0204 이차함수 $g(x)$는 실수 전체의 집합에서 연속이며, 함수 $f(x)$는 실수 전체의 집합에서 $f(x) > 0$이고 $x=2$에서만 불연속이다. 이때 함수 $\dfrac{g(x)}{f(x)}$가 실수 전체의 집합에서 연속이므로 $x=2$에서도 연속이다.

$\dfrac{g(2)}{f(2)}=\lim\limits_{x\to 2+}\dfrac{g(x)}{f(x)}=\lim\limits_{x\to 2-}\dfrac{g(x)}{f(x)}$이므로

$\dfrac{g(2)}{f(2)}=\lim\limits_{x\to 2+}\dfrac{g(x)}{x-2}=\lim\limits_{x\to 2-}\dfrac{g(x)}{x^2-4x+5}$

$\lim\limits_{x\to 2+}\dfrac{g(x)}{x-2}$가 존재하고 (분모) $\longrightarrow 0$이므로 (분자) $\longrightarrow 0$이다.

$\therefore g(2)=0$

이차함수 $g(x)$를 $g(x)=(x-2)(x+a)$ (a는 상수)로 놓으면

$\dfrac{g(2)}{f(2)}=\dfrac{g(2)}{1}=0,\ \lim\limits_{x\to 2-}\dfrac{g(x)}{x^2-4x+5}=\dfrac{g(2)}{1}=0$

에서 $\lim\limits_{x\to 2+}\dfrac{g(x)}{x-2}=0$이므로

$\lim\limits_{x\to 2+}\dfrac{(x-2)(x+a)}{x-2}=\lim\limits_{x\to 2+}(x+a)=2+a=0$

$\therefore a=-2$

따라서 $g(x)=(x-2)^2$이므로

$g(5)=3^2=9$ 답 ③

0205 함수 $f(x)$가 모든 실수 x에서 연속이므로 $x=-1$, $x=1$에서도 연속이다.

(i) $f(x)$는 $x=-1$에서 연속이므로

$\quad\lim\limits_{x\to -1+}f(x)=\lim\limits_{x\to -1-}f(x)=f(-1)$

$\quad\lim\limits_{x\to -1+}(x^2-b)=\lim\limits_{x\to -1-}(-2x+a)=1-b$

$\quad 1-b=2+a\qquad \therefore a+b=-1$ $\quad\cdots\cdots$ ㉠

(ii) $f(x)$는 $x=1$에서 연속이므로

$\quad\lim\limits_{x\to 1+}f(x)=\lim\limits_{x\to 1-}f(x)=f(1)$

$\quad\lim\limits_{x\to 1+}(3x+c)=\lim\limits_{x\to 1-}(x^2-b)=3+c$

$\quad 3+c=1-b\qquad \therefore b+c=-2$ $\quad\cdots\cdots$ ㉡ ㉮

또, $f(0)=-1$이므로 $0-b=-1\qquad \therefore b=1$

$b=1$을 ㉠, ㉡에 각각 대입하면

$a=-2,\ c=-3$ ㉯

$\therefore abc=(-2)\cdot 1\cdot(-3)=6$ ㉰

답 6

단계	채점요소	배점
㉮	조건을 이용하여 a, b, c에 대한 식 세우기	50%
㉯	a, b, c의 값 구하기	30%
㉰	abc의 값 구하기	20%

0206 $x\neq 2$일 때, $f(x)=\dfrac{ax^2+bx}{x-2}$

함수 $f(x)$가 모든 실수 x에서 연속이므로 $x=2$에서도 연속이다.

따라서 $\lim\limits_{x\to 2}f(x)=f(2)$이므로

$\lim\limits_{x\to 2}\dfrac{ax^2+bx}{x-2}=4$ $\quad\cdots\cdots$ ㉠ ㉮

$x\to 2$일 때, (분모) $\longrightarrow 0$이고 극한값이 존재하므로 (분자) $\longrightarrow 0$이다.

즉, $\lim\limits_{x\to 2}(ax^2+bx)=0$이므로

$4a+2b=0\qquad \therefore b=-2a$ ㉯

$b=-2a$를 ㉠에 대입하면

$\lim\limits_{x\to 2}\dfrac{ax^2-2ax}{x-2}=\lim\limits_{x\to 2}\dfrac{ax(x-2)}{x-2}=\lim\limits_{x\to 2}ax=2a=4$

$\therefore a=2,\ b=-4$ ㉰

$\therefore a+b=-2$ ㉱

답 -2

단계	채점요소	배점
㉮	$x=2$에서 연속임을 이용하기	30%
㉯	a, b의 관계식 구하기	30%
㉰	a, b의 값 구하기	30%
㉱	$a+b$의 값 구하기	10%

0207 $g(x)=f(x)+3x$로 놓으면 $f(x)$가 연속함수이므로 $g(x)$도 연속함수이다.

$g(1)=f(1)+3=-5+3=-2$

$g(2)=f(2)+6=-2+6=4$

$g(3)=f(3)+9=3+9=12$

$g(4)=f(4)+12=-14+12=-2$ ㉮

따라서 $g(1)g(2)<0$, $g(3)g(4)<0$이므로 사잇값의 정리에 의하여 방정식 $g(x)=0$은 열린구간 $(1,\ 2)$, $(3,\ 4)$에서 각각 적어도 하나의 실근을 갖는다. ㉯

즉, 방정식 $f(x)+3x=0$은 열린구간 $(1,\ 4)$에서 적어도 2개의 실근을 갖는다. ㉰

답 2개

단계	채점요소	배점
㉮	$g(x)=f(x)+3x$로 놓고 $g(1)$, $g(2)$, $g(3)$, $g(4)$의 값 구하기	60%
㉯	$g(a)g(b)<0$인 열린구간 $(a,\ b)$ 구하기	30%
㉰	실근의 최소 개수 구하기	10%

0208 직선 $y=x+k$가 곡선 $y=\sqrt{x-2}$와 접할 때의 실수 k의 값은

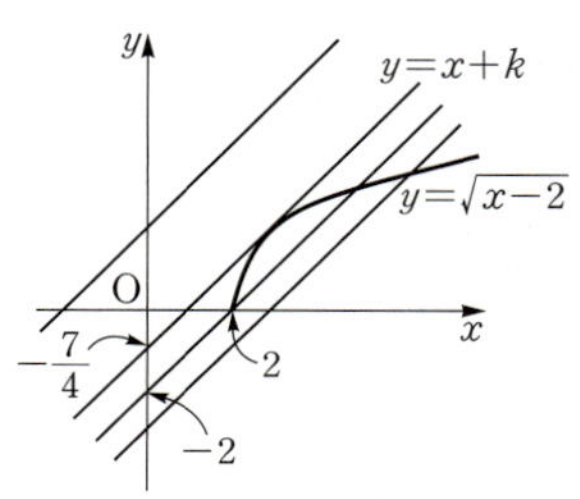

$\sqrt{x-2}=x+k$에서

$x-2=x^2+2kx+k^2$

$x^2+(2k-1)x+k^2+2=0$

이 이차방정식의 판별식을 D라 하면
$$D=(2k-1)^2-4(k^2+2)$$
$$=(4k^2-4k+1)-(4k^2+8)$$
$$=-4k-7=0$$
$$\therefore k=-\frac{7}{4}$$

또, 직선 $y=x+k$가 곡선 $y=\sqrt{x-2}$와 서로 다른 두 점에서 만나도록 하는 실수 k의 최솟값은 직선 $y=x+k$가 점 $(2,\,0)$을 지날 때이므로 $k=-2$

$$\therefore f(k)=\begin{cases} 0 & \left(k>-\dfrac{7}{4}\right) \\ 1 & \left(k=-\dfrac{7}{4}\right) \\ 2 & \left(-2\leq k<-\dfrac{7}{4}\right) \\ 1 & (k<-2) \end{cases}$$

따라서 함수 $y=f(k)$의 그래프는 오른쪽 그림과 같고, 함수 $f(k)$가 불연속이 되도록 하는 k의 값은 $-2,\ -\dfrac{7}{4}$의 2개이다.

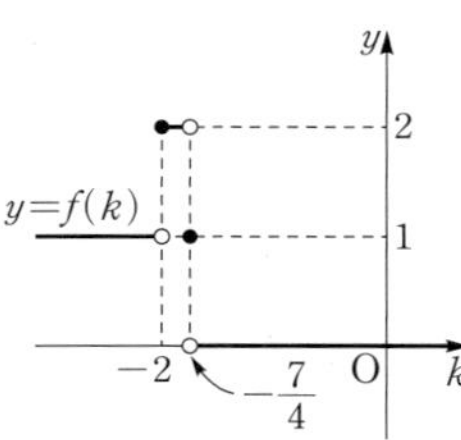

답 **2**

0209 원의 중심 $(1,\,2)$와 직선 $x-y=0$ 사이의 거리는
$$\frac{|1-2|}{\sqrt{1^2+(-1)^2}}=\frac{\sqrt{2}}{2}$$
원의 중심 $(1,\,2)$와 직선 $x+y=0$ 사이의 거리는
$$\frac{|1+2|}{\sqrt{1^2+1^2}}=\frac{3\sqrt{2}}{2}$$
원의 중심 $(1,\,2)$와 원점 사이의 거리는
$$\sqrt{1^2+2^2}=\sqrt{5}$$

(ⅰ) $0<r<\dfrac{\sqrt{2}}{2}$일 때, $f(r)=0$

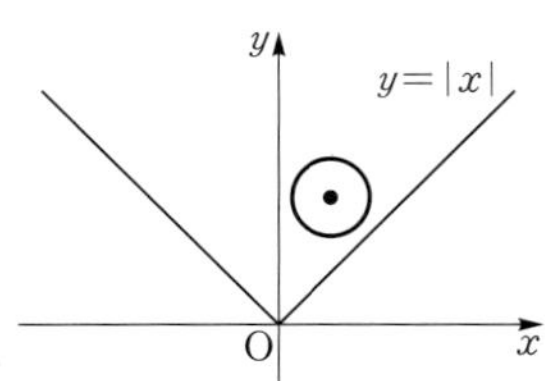

(ⅱ) $r=\dfrac{\sqrt{2}}{2}$일 때, $f(r)=1$

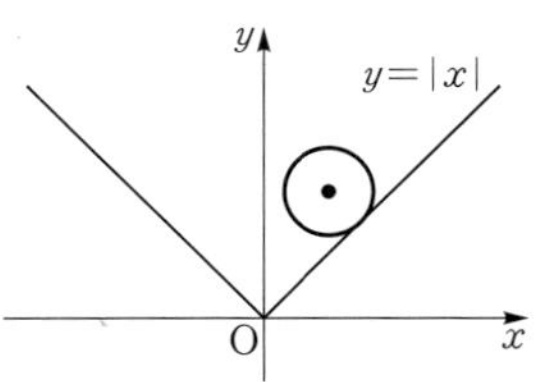

(ⅲ) $\dfrac{\sqrt{2}}{2}<r<\dfrac{3\sqrt{2}}{2}$일 때, $f(r)=2$

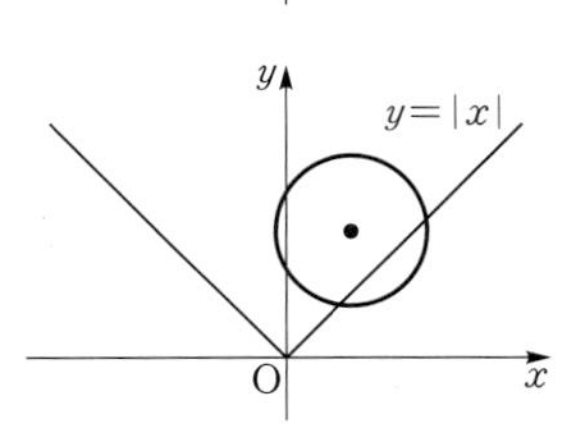

(ⅳ) $r=\dfrac{3\sqrt{2}}{2}$일 때, $f(r)=3$

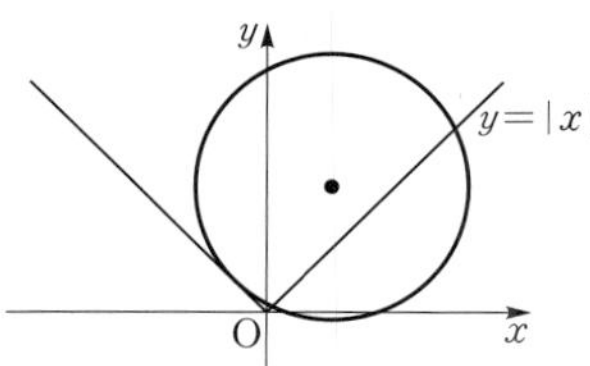

(ⅴ) $\dfrac{3\sqrt{2}}{2}<r<\sqrt{5}$일 때, $f(r)=4$

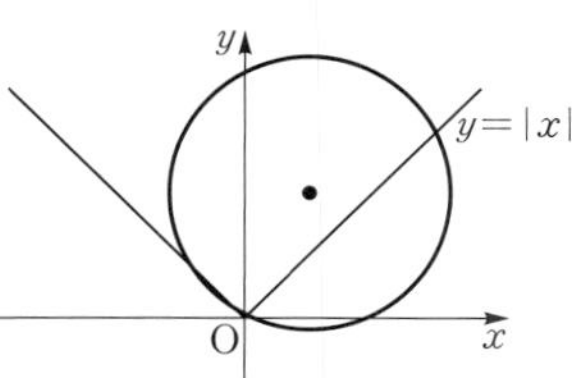

(ⅵ) $r=\sqrt{5}$일 때, $f(r)=3$

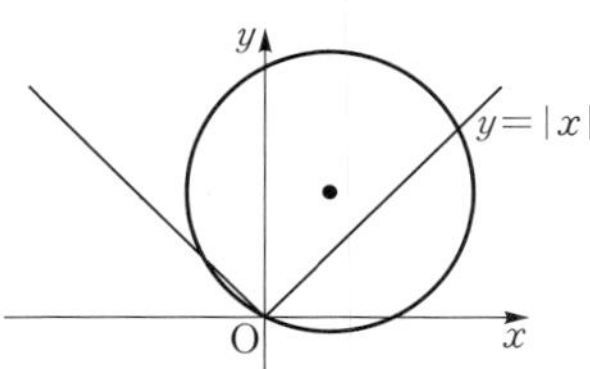

(ⅶ) $r>\sqrt{5}$일 때, $f(r)=2$

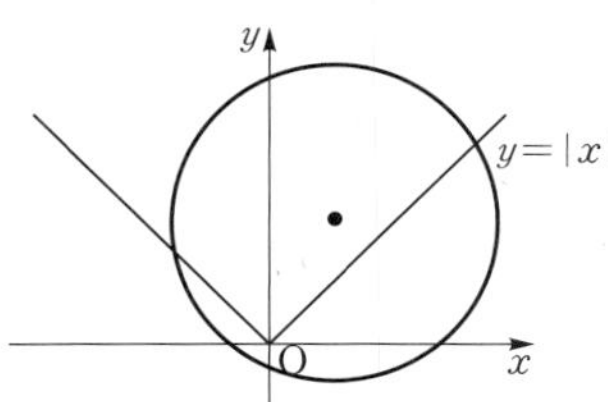

(ⅰ)~(ⅶ)에 의하여 함수 $y=f(r)$의 그래프는 오른쪽 그림과 같다.

따라서 함수 $f(r)$는 $r=\dfrac{\sqrt{2}}{2},\ \dfrac{3\sqrt{2}}{2},$ $\sqrt{5}$에서 불연속이므로 불연속이 되는 r의 값의 개수는 3이다.

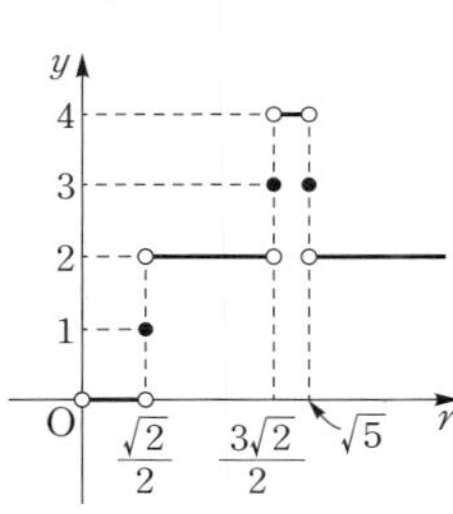

답 **③**

0210 $\square \mathrm{AOBC}=\dfrac{1}{2}\cdot(9+7)\cdot6=48$

오른쪽 그림과 같이 직선 $y=t$와 $\square \mathrm{AOBC}$가 만나는 점을 D, E라 하고 $\square \mathrm{DOBE}$의 넓이를 $f(t)$라 하자.
이때 함수 $f(t)$는 닫힌구간 $[0,\,6]$에서 연속이고 $f(0)=0,\ f(6)=48$이므로 사잇값의 정리에 의하여 $f(c)=\dfrac{48}{2}$인 c가 열린구간 $(0,\,6)$에 존재한다.
따라서 $\square \mathrm{AOBC}$의 넓이를 이등분하고 x축에 평행한 직선 $y=c$가 존재한다.

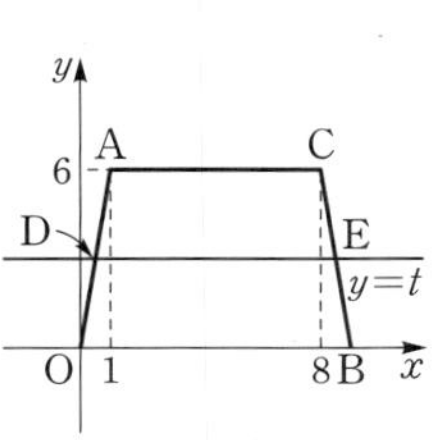

답 **풀이 참조**

03 | 미분계수와 도함수

📖 교과서 문제 정/복/하기

본문 39쪽, 41쪽

0211 $\dfrac{\Delta y}{\Delta x}=\dfrac{f(2)-f(0)}{2-0}=\dfrac{7-1}{2}=3$ 답 **3**

0212 $\dfrac{\Delta y}{\Delta x}=\dfrac{f(2)-f(0)}{2-0}=\dfrac{4-0}{2}=2$ 답 **2**

0213 $\dfrac{\Delta y}{\Delta x}=\dfrac{f(2)-f(0)}{2-0}=\dfrac{20-(-4)}{2}=12$ 답 **12**

0214 $\dfrac{\Delta y}{\Delta x}=\dfrac{f(2)-f(0)}{2-0}=\dfrac{1-9}{2}=-4$ 답 **−4**

0215 (1) $\dfrac{\Delta y}{\Delta x}=\dfrac{f(4)-f(1)}{4-1}=\dfrac{-14-1}{3}=-5$

(2) $\dfrac{\Delta y}{\Delta x}=\dfrac{f(3+\Delta x)-f(3)}{(3+\Delta x)-3}=\dfrac{\{-(3+\Delta x)^2+2\}-(-7)}{\Delta x}$

$\quad=\dfrac{-6\Delta x-(\Delta x)^2}{\Delta x}=-6-\Delta x$

답 (1) **−5** (2) **−6−Δx**

0216 (1) $\dfrac{\Delta y}{\Delta x}=\dfrac{f(a+\Delta x)-f(a)}{(a+\Delta x)-a}$

$\quad=\dfrac{\{2(a+\Delta x)+3\}-(2a+3)}{\Delta x}$

$\quad=\dfrac{2\Delta x}{\Delta x}=2$

(2) $\dfrac{\Delta y}{\Delta x}=\dfrac{f(a+\Delta x)-f(a)}{(a+\Delta x)-a}$

$\quad=\dfrac{\{(a+\Delta x)^2-(a+\Delta x)\}-(a^2-a)}{\Delta x}$

$\quad=\dfrac{(2a-1)\Delta x+(\Delta x)^2}{\Delta x}=2a-1+\Delta x$

답 (1) **2** (2) **2a−1+Δx**

0217 $f'(2)=\lim\limits_{\Delta x\to 0}\dfrac{f(2+\Delta x)-f(2)}{\Delta x}$

$\quad=\lim\limits_{\Delta x\to 0}\dfrac{3(2+\Delta x)-6}{\Delta x}$

$\quad=\lim\limits_{\Delta x\to 0}\dfrac{3\Delta x}{\Delta x}=3$ 답 **3**

0218 $f'(2)=\lim\limits_{\Delta x\to 0}\dfrac{f(2+\Delta x)-f(2)}{\Delta x}$

$\quad=\lim\limits_{\Delta x\to 0}\dfrac{\{-2(2+\Delta x)+5\}-1}{\Delta x}$

$\quad=\lim\limits_{\Delta x\to 0}\dfrac{-2\Delta x}{\Delta x}=-2$ 답 **−2**

0219 $f'(2)=\lim\limits_{\Delta x\to 0}\dfrac{f(2+\Delta x)-f(2)}{\Delta x}$

$\quad=\lim\limits_{\Delta x\to 0}\dfrac{\{(2+\Delta x)^2-2\}-2}{\Delta x}$

$\quad=\lim\limits_{\Delta x\to 0}\dfrac{4\Delta x+(\Delta x)^2}{\Delta x}$

$\quad=\lim\limits_{\Delta x\to 0}(4+\Delta x)=4$ 답 **4**

0220 $f'(2)=\lim\limits_{\Delta x\to 0}\dfrac{f(2+\Delta x)-f(2)}{\Delta x}$

$\quad=\lim\limits_{\Delta x\to 0}\dfrac{(2+\Delta x+3)^2-25}{\Delta x}$

$\quad=\lim\limits_{\Delta x\to 0}\dfrac{10\Delta x+(\Delta x)^2}{\Delta x}$

$\quad=\lim\limits_{\Delta x\to 0}(10+\Delta x)=10$ 답 **10**

0221 $f'(a)=\lim\limits_{\Delta x\to 0}\dfrac{f(a+\Delta x)-f(a)}{\Delta x}$

$\quad=\lim\limits_{\Delta x\to 0}\dfrac{\{(a+\Delta x)^2-2(a+\Delta x)\}-(a^2-2a)}{\Delta x}$

$\quad=\lim\limits_{\Delta x\to 0}\dfrac{(2a-2)\Delta x+(\Delta x)^2}{\Delta x}$

$\quad=\lim\limits_{\Delta x\to 0}(2a-2+\Delta x)=2a-2$

즉, $2a-2=6$이므로 $a=4$ 답 **4**

0222 $f'(a)=\lim\limits_{\Delta x\to 0}\dfrac{f(a+\Delta x)-f(a)}{\Delta x}$

$\quad=\lim\limits_{\Delta x\to 0}\dfrac{\{2(a+\Delta x)^3+3\}-(2a^3+3)}{\Delta x}$

$\quad=\lim\limits_{\Delta x\to 0}\dfrac{6a^2\Delta x+6a(\Delta x)^2+2(\Delta x)^3}{\Delta x}$

$\quad=\lim\limits_{\Delta x\to 0}\{6a^2+6a\Delta x+2(\Delta x)^2\}=6a^2$

즉, $6a^2=6$이므로 $a=1\ (\because a>0)$ 답 **1**

0223 $f'(-1)=\lim\limits_{\Delta x\to 0}\dfrac{f(-1+\Delta x)-f(-1)}{\Delta x}$

$\quad=\lim\limits_{\Delta x\to 0}\dfrac{\{3(-1+\Delta x)^2+1\}-4}{\Delta x}$

$\quad=\lim\limits_{\Delta x\to 0}\dfrac{-6\Delta x+3(\Delta x)^2}{\Delta x}$

$\quad=\lim\limits_{\Delta x\to 0}(-6+3\Delta x)=-6$ 답 **−6**

0224 $f'(0)=\lim\limits_{\Delta x\to 0}\dfrac{f(0+\Delta x)-f(0)}{\Delta x}$

$\quad=\lim\limits_{\Delta x\to 0}\dfrac{\{(0+\Delta x)^2-2(0+\Delta x)-5\}-(-5)}{\Delta x}$

$\quad=\lim\limits_{\Delta x\to 0}\dfrac{-2\Delta x+(\Delta x)^2}{\Delta x}$

$\quad=\lim\limits_{\Delta x\to 0}(-2+\Delta x)=-2$ 답 **−2**

0225
$$f'(-1)=\lim_{\Delta x\to 0}\frac{f(-1+\Delta x)-f(-1)}{\Delta x}$$
$$=\lim_{\Delta x\to 0}\frac{\{-(-1+\Delta x)^3-(-1+\Delta x)+7\}-9}{\Delta x}$$
$$=\lim_{\Delta x\to 0}\frac{-4\Delta x+3(\Delta x)^2-(\Delta x)^3}{\Delta x}$$
$$=\lim_{\Delta x\to 0}\{-4+3\Delta x-(\Delta x)^2\}=-4 \qquad \text{답 } \boldsymbol{-4}$$

0226
$$\lim_{x\to 2+}f(x)=\lim_{x\to 2+}(x-2)=0$$
$$\lim_{x\to 2-}f(x)=\lim_{x\to 2-}(-x+2)=0$$
따라서 $\lim_{x\to 2}f(x)=f(2)=0$이므로 함수 $f(x)$는 $x=2$에서 연속이다. **답 연속이다.**

0227
$$\lim_{x\to 2+}\frac{f(x)-f(2)}{x-2}=\lim_{x\to 2+}\frac{(x-2)-0}{x-2}=1$$
$$\lim_{x\to 2-}\frac{f(x)-f(2)}{x-2}=\lim_{x\to 2-}\frac{(-x+2)-0}{x-2}=-1$$
이므로 $f'(2)$가 존재하지 않는다. 따라서 함수 $f(x)$는 $x=2$에서 미분가능하지 않다. **답 미분가능하지 않다.**

0228
$$\lim_{x\to 1+}f(x)=\lim_{x\to 1+}2x^3=2$$
$$\lim_{x\to 1-}f(x)=\lim_{x\to 1-}(6x-4)=2$$
따라서 $\lim_{x\to 1}f(x)=f(1)=2$이므로 함수 $f(x)$는 $x=1$에서 연속이다. **답 연속이다.**

0229
$$\lim_{x\to 1+}\frac{f(x)-f(1)}{x-1}=\lim_{x\to 1+}\frac{2x^3-2}{x-1}$$
$$=\lim_{x\to 1+}\frac{2(x-1)(x^2+x+1)}{x-1}$$
$$=\lim_{x\to 1+}2(x^2+x+1)=6$$
$$\lim_{x\to 1-}\frac{f(x)-f(1)}{x-1}=\lim_{x\to 1-}\frac{(6x-4)-2}{x-1}$$
$$=\lim_{x\to 1-}\frac{6(x-1)}{x-1}=6$$
이므로 $f'(1)$이 존재한다. 따라서 함수 $f(x)$는 $x=1$에서 미분가능하다. **답 미분가능하다.**

0230
$$f'(x)=\lim_{h\to 0}\frac{f(x+h)-f(x)}{h}$$
$$=\lim_{h\to 0}\frac{2-2}{h}=0 \qquad \text{답 } \boldsymbol{f'(x)=0}$$

0231
$$f'(x)=\lim_{h\to 0}\frac{f(x+h)-f(x)}{h}$$
$$=\lim_{h\to 0}\frac{\{2(x+h)+1\}-(2x+1)}{h}$$
$$=\lim_{h\to 0}\frac{2h}{h}=2 \qquad \text{답 } \boldsymbol{f'(x)=2}$$

0232
$$f'(x)=\lim_{h\to 0}\frac{f(x+h)-f(x)}{h}$$
$$=\lim_{h\to 0}\frac{\{(x+h)^2-1\}-(x^2-1)}{h}$$
$$=\lim_{h\to 0}\frac{2xh+h^2}{h}$$
$$=\lim_{h\to 0}(2x+h)=2x \qquad \text{답 } \boldsymbol{f'(x)=2x}$$

0233
ㄱ. $\lim_{h\to 0}\dfrac{f(x+h)-f(x)}{h}=f'(x)$

ㄴ. $\lim_{\Delta x\to 0}\dfrac{f(1+\Delta x)-f(1)}{\Delta x}=f'(1)$

ㄷ. $t-x=h$로 놓으면 $t=x+h$
$t\to x$일 때 $h\to 0$이므로
$$\lim_{t\to x}\frac{f(t)-f(x)}{t-x}=\lim_{h\to 0}\frac{f(x+h)-f(x)}{h}=f'(x)$$

ㄹ. $\lim_{\Delta x\to 0}\dfrac{f(x)-f(\Delta x)}{\Delta x}\neq\lim_{\Delta x\to 0}\dfrac{f(x+\Delta x)-f(x)}{\Delta x}=f'(x)$

따라서 서로 같은 것은 ㄱ, ㄷ이다. **답 ㄱ, ㄷ**

0234 $y'=(x^3)'=3x^2$ **답 $\boldsymbol{y'=3x^2}$**

0235 $y'=(-x^5)'=-5x^4$ **답 $\boldsymbol{y'=-5x^4}$**

0236 $y'=(-8)'=0$ **답 $\boldsymbol{y'=0}$**

0237
$$y'=\left(\frac{1}{2}x^4+x^2\right)'=\left(\frac{1}{2}x^4\right)'+(x^2)'$$
$$=2x^3+2x \qquad \text{답 } \boldsymbol{y'=2x^3+2x}$$

0238
$$y'=(-3x^2+9x+10)'=(-3x^2)'+(9x)'+(10)'$$
$$=-6x+9 \qquad \text{답 } \boldsymbol{y'=-6x+9}$$

0239
(1) 함수 $f(x)+g(x)$의 $x=1$에서의 미분계수는
$$f'(1)+g'(1)=3+(-2)=1$$
(2) 함수 $2f(x)-g(x)$의 $x=1$에서의 미분계수는
$$2f'(1)-g'(1)=2\cdot 3-(-2)=8$$
답 (1) 1　(2) 8

0240
$$y'=x'(3x+2)+x(3x+2)'$$
$$=(3x+2)+3x=6x+2 \qquad \text{답 } \boldsymbol{y'=6x+2}$$

0241
$$y'=(x-4)'(3x-1)+(x-4)(3x-1)'$$
$$=(3x-1)+3(x-4)$$
$$=6x-13 \qquad \text{답 } \boldsymbol{y'=6x-13}$$

0242 $y'=(-x^2)'(2x-3)+(-x^2)(2x-3)'$
$\qquad =-2x(2x-3)-2x^2$
$\qquad =-6x^2+6x$ 답 $y'=-6x^2+6x$

0243 $y'=(x^2-3)'(x+4)+(x^2-3)(x+4)'$
$\qquad =2x(x+4)+(x^2-3)$
$\qquad =3x^2+8x-3$ 답 $y'=3x^2+8x-3$

0244 $y'=x'(x-1)(x-2)+x(x-1)'(x-2)$
$\qquad\qquad\qquad\qquad +x(x-1)(x-2)'$
$\qquad =(x-1)(x-2)+x(x-2)+x(x-1)$
$\qquad =3x^2-6x+2$ 답 $y'=3x^2-6x+2$

0245 $y'=(x-5)'(2x+4)(-x+1)$
$\qquad\qquad +(x-5)(2x+4)'(-x+1)$
$\qquad\qquad +(x-5)(2x+4)(-x+1)'$
$\qquad =(2x+4)(-x+1)+2(x-5)(-x+1)$
$\qquad\qquad\qquad\qquad -(x-5)(2x+4)$
$\qquad =-6x^2+16x+14$ 답 $y'=-6x^2+16x+14$

0246 $y=(3x+2)^2=(3x+2)(3x+2)$이므로
$y'=(3x+2)'(3x+2)+(3x+2)(3x+2)'$
$\quad =2(3x+2)(3x+2)'$
$\quad =6(3x+2)$ 답 $y'=6(3x+2)$

 $y'=\{(3x+2)^2\}'=2(3x+2)(3x+2)'$
$\qquad\quad =6(3x+2)$

0247 $y=(2x-1)^3=(2x-1)(2x-1)(2x-1)$이므로
$y'=(2x-1)'(2x-1)(2x-1)+(2x-1)(2x-1)'(2x-1)$
$\qquad\qquad\qquad +(2x-1)(2x-1)(2x-1)'$
$\quad =3(2x-1)^2(2x-1)'$
$\quad =6(2x-1)^2$ 답 $y'=6(2x-1)^2$

0248 $y=(x^2+1)(2x+1)^2$
$\qquad =(x^2+1)(2x+1)(2x+1)$
이므로
$y'=(x^2+1)'(2x+1)(2x+1)+(x^2+1)(2x+1)'(2x+1)$
$\qquad\qquad\qquad +(x^2+1)(2x+1)(2x+1)'$
$\quad =2x(2x+1)^2+2(x^2+1)(2x+1)(2x+1)'$
$\quad =2x(2x+1)^2+4(x^2+1)(2x+1)$
$\quad =2(2x+1)(4x^2+x+2)$
답 $y'=2(2x+1)(4x^2+x+2)$

0249 x의 값이 1에서 a까지 변할 때의 함수 $f(x)$의 평균변화율은
$$\frac{f(a)-f(1)}{a-1}=\frac{a^3-2a+5-(1-2+5)}{a-1}=\frac{a^3-2a+1}{a-1}$$
$$=\frac{(a-1)(a^2+a-1)}{a-1}=a^2+a-1$$
즉, $a^2+a-1=5$이므로
$a^2+a-6=0,\ (a+3)(a-2)=0$
$\therefore a=2\ (\because a>1)$ 답 2

0250 x의 값이 1에서 $1+h$까지 변할 때의 함수 $f(x)$의 평균변화율은
$$\frac{f(1+h)-f(1)}{(1+h)-1}=\frac{(1+h)^2-1^2}{h}=\frac{h^2+2h}{h}=h+2$$
즉, $h+2=3$이므로 $h=1$ 답 1

0251 x의 값이 1에서 a까지 변할 때의 함수 $f(x)$의 평균변화율은
$$\frac{f(a)-f(1)}{a-1}=\frac{a^2-3a+a-(1-3+a)}{a-1}=\frac{a^2-3a+2}{a-1}$$
$$=\frac{(a-1)(a-2)}{a-1}=a-2$$
즉, $a-2=2a-7$이므로 $a=5$ 답 5

0252 직선 AB의 기울기는 x의 값이 2에서 4까지 변할 때의 함수 $y=f(x)$의 평균변화율과 같으므로
$$\frac{f(4)-f(2)}{4-2}=2$$
그런데 함수 $y=f(x)$의 그래프는 직선 $x=2$에 대하여 대칭이므로 $f(0)=f(4)$
따라서 x의 값이 0에서 2까지 변할 때의 함수 $f(x)$의 평균변화율은
$$\frac{f(2)-f(0)}{2-0}=\frac{f(2)-f(4)}{2}=-\frac{f(4)-f(2)}{2}=-2$$ 답 -2

0253 x의 값이 -1에서 4까지 변할 때의 함수 $f(x)$의 평균변화율은
$$\frac{f(4)-f(-1)}{4-(-1)}=\frac{8-3}{5}=1$$
함수 $f(x)$의 $x=a$에서의 미분계수는
$$f'(a)=\lim_{h\to 0}\frac{f(a+h)-f(a)}{h}$$
$$=\lim_{h\to 0}\frac{\{(a+h)^2-2(a+h)\}-(a^2-2a)}{h}$$
$$=\lim_{h\to 0}\frac{2ah+h^2-2h}{h}$$
$$=\lim_{h\to 0}(2a+h-2)=2a-2$$

즉, $2a-2=1$이므로 $a=\dfrac{3}{2}$ 답 $\dfrac{3}{2}$

0254 x의 값이 1에서 k까지 변할 때의 함수 $f(x)$의 평균변화율은
$$\dfrac{f(k)-f(1)}{k-1}=\dfrac{(k^3-1)-0}{k-1}$$
$$=\dfrac{(k-1)(k^2+k+1)}{k-1}=k^2+k+1$$
함수 $f(x)$의 $x=\sqrt{7}$에서의 미분계수는
$$f'(\sqrt{7})=\lim_{h\to 0}\dfrac{f(\sqrt{7}+h)-f(\sqrt{7})}{h}$$
$$=\lim_{h\to 0}\dfrac{\{(\sqrt{7}+h)^3-1\}-\{(\sqrt{7})^3-1\}}{h}$$
$$=\lim_{h\to 0}\dfrac{21h+3\sqrt{7}h^2+h^3}{h}$$
$$=\lim_{h\to 0}(21+3\sqrt{7}h+h^2)=21$$
즉, $k^2+k+1=21$이므로
$k^2+k-20=0$, $(k+5)(k-4)=0$
$\therefore k=4\ (\because\ k>1)$ 답 **4**

0255 x의 값이 a에서 $2a$까지 변할 때의 함수 $f(x)$의 평균변화율은
$$\dfrac{f(2a)-f(a)}{2a-a}=\dfrac{(4a^3+4a)-(a^3+2a)}{a}=\dfrac{3a^3+2a}{a}$$
$$=3a^2+2$$
─── ㉮

함수 $f(x)$의 $x=1$에서의 미분계수는
$$f'(1)=\lim_{h\to 0}\dfrac{f(1+h)-f(1)}{h}$$
$$=\lim_{h\to 0}\dfrac{\{a(1+h)^2+2(1+h)\}-(a+2)}{h}$$
$$=\lim_{h\to 0}\dfrac{2ah+ah^2+2h}{h}$$
$$=\lim_{h\to 0}(2a+ah+2)=2a+2$$
─── ㉯

즉, $3a^2+2=2a+2$이므로
$3a^2-2a=0$, $a(3a-2)=0$
$\therefore a=\dfrac{2}{3}\ (\because\ a>0)$
─── ㉰

답 $\dfrac{2}{3}$

단계	채점요소	배점
㉮	x의 값이 a에서 $2a$까지 변할 때의 평균변화율 구하기	30 %
㉯	$x=1$에서의 미분계수 구하기	40 %
㉰	a의 값 구하기	30 %

0256 $\dfrac{f(k)-f(1)}{k-1}=-k$, $f(1)=3$이므로
$f(k)=-k^2+k+3$
따라서 $f(x)=-x^2+x+3$이므로 $x=1$에서의 미분계수는
$$f'(1)=\lim_{h\to 0}\dfrac{f(1+h)-f(1)}{h}$$
$$=\lim_{h\to 0}\dfrac{\{-(1+h)^2+(1+h)+3\}-3}{h}$$
$$=\lim_{h\to 0}\dfrac{-h-h^2}{h}=\lim_{h\to 0}(-1-h)=-1$$
답 **−1**

0257 $\lim_{h\to 0}\dfrac{f(2+h)-f(2-h)}{3h}$
$$=\lim_{h\to 0}\dfrac{\{f(2+h)-f(2)\}-\{f(2-h)-f(2)\}}{3h}$$
$$=\lim_{h\to 0}\dfrac{f(2+h)-f(2)}{h}\cdot\dfrac{1}{3}-\lim_{h\to 0}\dfrac{f(2-h)-f(2)}{-h}\cdot\left(-\dfrac{1}{3}\right)$$
$$=\dfrac{1}{3}f'(2)+\dfrac{1}{3}f'(2)=\dfrac{2}{3}f'(2)$$
$$=\dfrac{2}{3}\cdot 6=4$$
답 **4**

0258 $\lim_{h\to 0}\dfrac{f(1+kh)-f(1)}{h}=\lim_{h\to 0}\dfrac{f(1+kh)-f(1)}{kh}\cdot k$
$$=kf'(1)=3k$$
즉, $3k=6$이므로 $k=2$ 답 **2**

0259 $\lim_{h\to 0}\dfrac{f(a+2h)-f(a-3h)}{h}$
$$=\lim_{h\to 0}\dfrac{\{f(a+2h)-f(a)\}-\{f(a-3h)-f(a)\}}{h}$$
$$=\lim_{h\to 0}\dfrac{f(a+2h)-f(a)}{2h}\cdot 2-\lim_{h\to 0}\dfrac{f(a-3h)-f(a)}{-3h}\cdot(-3)$$
$$=2f'(a)+3f'(a)=5f'(a)$$
답 ⑤

0260 $\lim_{h\to 0}\dfrac{f(a+3h)-f(a+h^2)}{h}$
$$=\lim_{h\to 0}\dfrac{\{f(a+3h)-f(a)\}-\{f(a+h^2)-f(a)\}}{h}$$
$$=\lim_{h\to 0}\dfrac{f(a+3h)-f(a)}{3h}\cdot 3-\lim_{h\to 0}\left\{\dfrac{f(a+h^2)-f(a)}{h^2}\cdot h\right\}$$
$$=3f'(a)+0\cdot f'(a)=3f'(a)$$
$$=3\cdot(-3)=-9$$
답 **−9**

0261 $\lim_{x\to 1}\dfrac{f(x^3)-f(1)}{x-1}$
$$=\lim_{x\to 1}\left\{\dfrac{f(x^3)-f(1)}{(x-1)(x^2+x+1)}\cdot(x^2+x+1)\right\}$$
$$=\lim_{x\to 1}\left\{\dfrac{f(x^3)-f(1)}{x^3-1}\cdot(x^2+x+1)\right\}$$
$$=3f'(1)=3\cdot 2=6$$
답 ③

0262 $\lim\limits_{x \to 3} \dfrac{f(x)-f(3)}{x-3}=f'(3)$이므로 $f'(3)=1$

$\therefore \lim\limits_{h \to 0} \dfrac{f(3+3h)-f(3)}{h} = \lim\limits_{h \to 0} \dfrac{f(3+3h)-f(3)}{3h} \cdot 3$

$\qquad\qquad\qquad\qquad = 3f'(3) = 3 \cdot 1 = 3$ **답 3**

0263 $\lim\limits_{x \to 1} \dfrac{x^2 f(1)-f(x^2)}{x-1}$

$= \lim\limits_{x \to 1} \dfrac{\{x^2 f(1)-f(1)\}-\{f(x^2)-f(1)\}}{x-1}$

$= \lim\limits_{x \to 1} \dfrac{x^2-1}{x-1} \cdot f(1) - \lim\limits_{x \to 1} \dfrac{f(x^2)-f(1)}{x-1}$

$= \lim\limits_{x \to 1} (x+1) \cdot f(1) - \lim\limits_{x \to 1} \left\{ \dfrac{f(x^2)-f(1)}{x^2-1} \cdot (x+1) \right\}$

$= 2f(1) - 2f'(1)$

$= 2 \cdot 3 - 2 \cdot 1 = 4$ **답 4**

0264 $\lim\limits_{x \to 1} \dfrac{\sqrt{f(x)}-3}{\sqrt{x}-1}$

$= \lim\limits_{x \to 1} \dfrac{\sqrt{f(x)}-\sqrt{f(1)}}{\sqrt{x}-1}$

$= \lim\limits_{x \to 1} \left[\dfrac{\{\sqrt{f(x)}-\sqrt{f(1)}\}\{\sqrt{f(x)}+\sqrt{f(1)}\}}{(\sqrt{x}-1)(\sqrt{x}+1)} \cdot \dfrac{\sqrt{x}+1}{\sqrt{f(x)}+\sqrt{f(1)}} \right]$

$= \lim\limits_{x \to 1} \dfrac{f(x)-f(1)}{x-1} \cdot \lim\limits_{x \to 1} \dfrac{\sqrt{x}+1}{\sqrt{f(x)}+\sqrt{f(1)}}$

$= f'(1) \cdot \dfrac{2}{2\sqrt{f(1)}} = 6 \cdot \dfrac{1}{3} = 2$ **답 2**

0265 주어진 식의 양변에 $x=0$, $y=0$을 대입하면

$f(0)=f(0)+f(0)-1 \qquad \therefore f(0)=1$

$f'(2) = \lim\limits_{h \to 0} \dfrac{f(2+h)-f(2)}{h}$

$\qquad = \lim\limits_{h \to 0} \dfrac{f(2)+f(h)-1-f(2)}{h}$

$\qquad = \lim\limits_{h \to 0} \dfrac{f(h)-1}{h} = \lim\limits_{h \to 0} \dfrac{f(h)-f(0)}{h} = f'(0)$

이때 $f'(2)=1$이므로 $f'(0)=1$

$\therefore f'(1) = \lim\limits_{h \to 0} \dfrac{f(1+h)-f(1)}{h}$

$\qquad = \lim\limits_{h \to 0} \dfrac{f(1)+f(h)-1-f(1)}{h}$

$\qquad = \lim\limits_{h \to 0} \dfrac{f(h)-1}{h} = \lim\limits_{h \to 0} \dfrac{f(h)-f(0)}{h}$

$\qquad = f'(0) = 1$ **답 ①**

0266 주어진 식의 양변에 $x=0$, $y=0$을 대입하면

$f(0)=f(0)+f(0) \qquad \therefore f(0)=0$

0267 주어진 식의 양변에 $x=0$, $y=0$을 대입하면

$\therefore f'(1) = \lim\limits_{h \to 0} \dfrac{f(1+h)-f(1)}{h}$

$\qquad = \lim\limits_{h \to 0} \dfrac{f(1)+f(h)-f(1)}{h}$

$\qquad = \lim\limits_{h \to 0} \dfrac{f(h)}{h} = \lim\limits_{h \to 0} \dfrac{f(h)-f(0)}{h}$

$\qquad = f'(0) = 3$ **답 3**

0267 주어진 식의 양변에 $x=0$, $y=0$을 대입하면

$f(0)=f(0)+f(0)-0 \qquad \therefore f(0)=0$

$f'(2a) = \lim\limits_{h \to 0} \dfrac{f(2a+h)-f(2a)}{h}$

$\qquad = \lim\limits_{h \to 0} \dfrac{f(2a)+f(h)-2ah-f(2a)}{h}$

$\qquad = \lim\limits_{h \to 0} \dfrac{f(h)-2ah}{h} = \lim\limits_{h \to 0} \dfrac{f(h)-f(0)}{h} - 2a$

$\qquad = f'(0) - 2a = 3 - 2a$

즉, $3-2a=7$이므로 $a=-2$ **답 -2**

0268 주어진 식의 양변에 $x=0$, $y=0$을 대입하면

$f(0)=2f(0)f(0) \qquad \therefore f(0)=\dfrac{1}{2} \ (\because f(0)>0)$

$f'(2) = \lim\limits_{h \to 0} \dfrac{f(2+h)-f(2)}{h}$

$\qquad = \lim\limits_{h \to 0} \dfrac{2f(2)f(h)-f(2)}{h} = \lim\limits_{h \to 0} \dfrac{2f(2)\left\{f(h)-\dfrac{1}{2}\right\}}{h}$

$\qquad = 2f(2) \cdot \lim\limits_{h \to 0} \dfrac{f(h)-f(0)}{h} = 2f(2)f'(0)$

$\qquad = 2f(2) \cdot 3 = 6f(2)$

$\therefore \dfrac{f'(2)}{f(2)} = \dfrac{6f(2)}{f(2)} = 6$ **답 ④**

0269 오른쪽 그림과 같이

A$(a, f(a))$, B$(b, f(b))$라 하자.

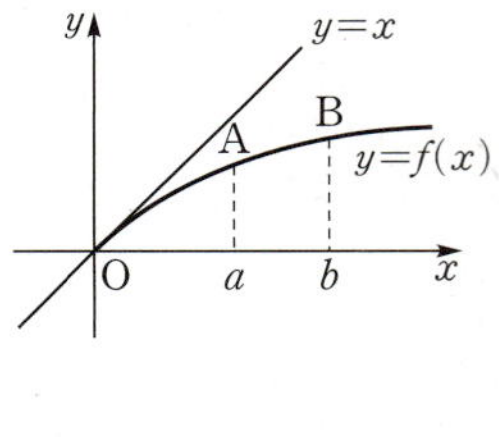

ㄱ. $f'(a)$는 점 A에서의 접선의 기울기이고, $f'(b)$는 점 B에서의 접선의 기울기이므로

$f'(a)>f'(b)$

ㄴ. 직선 AB의 기울기는 1보다 작으므로 $\dfrac{f(b)-f(a)}{b-a}<1$

이때 $b-a>0$이므로 $f(b)-f(a)<b-a$

ㄷ. $\dfrac{f(a)}{a}$ 는 원점과 점 A를 지나는 직선의 기울기이고, $\dfrac{f(b)}{b}$ 는 원점과 점 B를 지나는 직선의 기울기이므로

$\dfrac{f(a)}{a} > \dfrac{f(b)}{b}$

따라서 옳은 것은 ㄴ뿐이다.   **답 ㄴ**

0270 미분계수 $f'(a)$는 곡선
$y=f(x)$ 위의 점 $(a, f(a))$에서의
접선의 기울기이므로 ①~⑤의 값은
각각 오른쪽 그림의 접선의 기울기와
같다. 따라서 가장 큰 값은 ⑤이다.

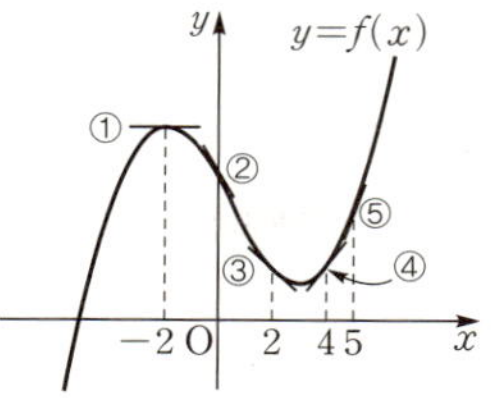

답 ⑤

0271 ㄱ. $f'(a)$는 점 A에서
의 접선의 기울기이고,
$f'(b)$는 점 B에서의 접선의
기울기이므로
$$f'(a) < f'(b)$$

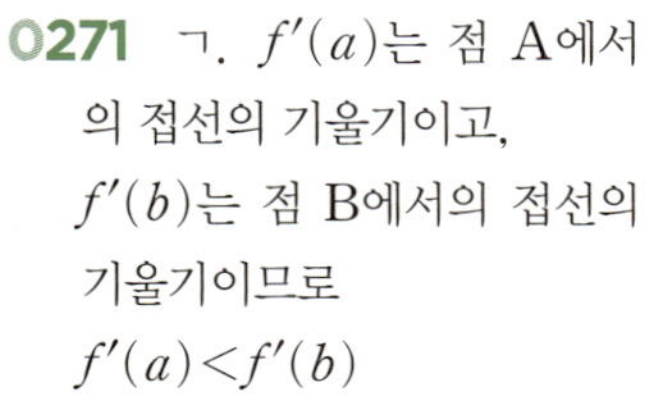

ㄴ. 직선 AB의 기울기가 점 B에
서의 접선의 기울기보다 작으므로
$$\frac{f(b)-f(a)}{b-a} < f'(b)$$

ㄷ. $a \le x \le b$에서 함수 $f(x)$의 그래프는 아래로 볼록하므로
$$f\left(\frac{a+b}{2}\right) < \frac{f(a)+f(b)}{2}$$

따라서 옳은 것은 ㄱ, ㄴ, ㄷ이다. 답 ㄱ, ㄴ, ㄷ

0272 ㄱ. $\lim\limits_{x \to 1} f(x) = f(1) = 1$이므로 $f(x)$는 $x=1$에서 연속이다.
$$\lim_{x \to 1} \frac{f(x)-f(1)}{x-1} = \lim_{x \to 1} \frac{x^2-1}{x-1}$$
$$= \lim_{x \to 1} (x+1) = 2$$
이므로 $f(x)$는 $x=1$에서 미분가능하다.

ㄴ. $\lim\limits_{x \to 1} f(x) = f(1) = 0$이므로 $f(x)$는 $x=1$에서 연속이다.
$$\lim_{x \to 1+} \frac{f(x)-f(1)}{x-1} = \lim_{x \to 1+} \frac{|x^2-x|}{x-1} = \lim_{x \to 1+} \frac{x^2-x}{x-1}$$
$$= \lim_{x \to 1+} x = 1$$
$$\lim_{x \to 1-} \frac{f(x)-f(1)}{x-1} = \lim_{x \to 1-} \frac{|x^2-x|}{x-1} = \lim_{x \to 1-} \frac{-x^2+x}{x-1}$$
$$= \lim_{x \to 1-} (-x) = -1$$
이므로 $f'(1)$이 존재하지 않는다. 따라서 $f(x)$는 $x=1$에서 미분가능하지 않다.

ㄷ. $\lim\limits_{x \to 1} f(x) = f(1) = 1$이므로 $f(x)$는 $x=1$에서 연속이다.
$$\lim_{x \to 1} \frac{f(x)-f(1)}{x-1} = \lim_{x \to 1} \frac{\frac{1}{x}-1}{x-1} = \lim_{x \to 1} \left(-\frac{1}{x}\right) = -1$$
이므로 $f(x)$는 $x=1$에서 미분가능하다.

따라서 $x=1$에서 미분가능한 함수는 ㄱ, ㄷ이다. 답 ㄱ, ㄷ

0273 $f(x) = (x+2)|x-1|$에서
$$\lim_{x \to 1+} f(x) = \lim_{x \to 1+} (x+2)(x-1) = 0$$
$$\lim_{x \to 1-} f(x) = \lim_{x \to 1-} (x+2)(-x+1) = 0$$
즉, $\lim\limits_{x \to 1} f(x) = f(1) = 0$이므로 $f(x)$는 $x=1$에서 연속이다.

⑦

$$\lim_{x \to 1+} \frac{f(x)-f(1)}{x-1} = \lim_{x \to 1+} \frac{(x+2)(x-1)}{x-1}$$
$$= \lim_{x \to 1+} (x+2) = 3$$
$$\lim_{x \to 1-} \frac{f(x)-f(1)}{x-1} = \lim_{x \to 1-} \frac{(x+2)(-x+1)}{x-1}$$
$$= \lim_{x \to 1-} (-x-2) = -3$$

이므로 $f(x)$는 $x=1$에서 미분가능하지 않다.

⊕

따라서 $f(x)$는 $x=1$에서 연속이지만 미분가능하지 않다.

⊕

답 연속이지만 미분가능하지 않다.

단계	채점요소	배점
⑦	연속성 조사하기	40 %
⊕	미분가능성 조사하기	50 %
⊕	답 구하기	10 %

0274 ① $\lim\limits_{x \to 0} f(x) = f(0) = 5$이므로 $f(x)$는 $x=0$에서 연속이다.
$$f'(0) = \lim_{x \to 0} \frac{f(x)-f(0)}{x} = \lim_{x \to 0} \frac{5-5}{x} = 0$$
이므로 $f(x)$는 $x=0$에서 미분가능하다.

② $\lim\limits_{x \to 0} f(x) = f(0) = 0$이므로 $f(x)$는 $x=0$에서 연속이다.
$$f'(0) = \lim_{x \to 0} \frac{f(x)-f(0)}{x} = \lim_{x \to 0} \frac{x|x|}{x} = \lim_{x \to 0} |x| = 0$$
이므로 $f(x)$는 $x=0$에서 미분가능하다.

③ $\lim\limits_{x \to 0} f(x) = f(0) = 0$이므로 $f(x)$는 $x=0$에서 연속이다.
$$\lim_{x \to 0+} \frac{f(x)-f(0)}{x} = \lim_{x \to 0+} \frac{|x|}{x} = \lim_{x \to 0+} \frac{x}{x} = 1$$
$$\lim_{x \to 0-} \frac{f(x)-f(0)}{x} = \lim_{x \to 0-} \frac{|x|}{x} = \lim_{x \to 0-} \frac{-x}{x} = -1$$
이므로 $f(x)$는 $x=0$에서 미분가능하지 않다.

④ $f(x) = \dfrac{|x|}{x}$는 $x=0$에서 불연속이고 미분가능하지 않다.

⑤ $\lim\limits_{x \to 0} f(x) = f(0) = 0$이므로 $f(x)$는 $x=0$에서 연속이다.
$$f'(0) = \lim_{x \to 0} \frac{f(x)-f(0)}{x} = \lim_{x \to 0} \frac{|x|^2}{x}$$
$$= \lim_{x \to 0} \frac{x^2}{x} = \lim_{x \to 0} x = 0$$
이므로 $f(x)$는 $x=0$에서 미분가능하다. 답 ③

0275 ㄱ. $\lim\limits_{x \to 0} f(x) = f(0) = 0$이므로 $f(x)$는 $x=0$에서 연속이다.
$$\lim_{x \to 0+} \frac{f(x)-f(0)}{x} = \lim_{x \to 0+} \frac{x}{x} = 1$$

$$\lim_{x \to 0-} \frac{f(x)-f(0)}{x} = \lim_{x \to 0+} \frac{-x}{x} = -1$$

이므로 $f(x)$는 $x=0$에서 미분가능하지 않다.

ㄴ. $\lim_{x \to 0} f(x) = f(0) = 2$이므로 $f(x)$는 $x=0$에서 연속이다.

$$\lim_{x \to 0+} \frac{f(x)-f(0)}{x} = \lim_{x \to 0+} \frac{(x^2-3x+2)-2}{x}$$
$$= \lim_{x \to 0+} \frac{x^2-3x}{x} = \lim_{x \to 0+} (x-3) = -3$$

$$\lim_{x \to 0-} \frac{f(x)-f(0)}{x} = \lim_{x \to 0-} \frac{(x^2+3x+2)-2}{x}$$
$$= \lim_{x \to 0-} \frac{x^2+3x}{x} = \lim_{x \to 0-} (x+3) = 3$$

이므로 $f(x)$는 $x=0$에서 미분가능하지 않다.

ㄷ. $\lim_{x \to 0} f(x) = f(0) = 1$이므로 $f(x)$는 $x=0$에서 연속이다.

$$\lim_{x \to 0+} \frac{f(x)-f(0)}{x} = \lim_{x \to 0+} \frac{(x+1)^2-1}{x}$$
$$= \lim_{x \to 0+} \frac{x^2+2x}{x} = \lim_{x \to 0+} (x+2) = 2$$

$$\lim_{x \to 0-} \frac{f(x)-f(0)}{x} = \lim_{x \to 0-} \frac{(2x+1)-1}{x} = \lim_{x \to 0-} \frac{2x}{x} = 2$$

이므로 $f(x)$는 $x=0$에서 미분가능하다.

따라서 $x=0$에서 연속이지만 미분가능하지 않은 함수는 ㄱ, ㄴ이다.

답 ㄱ, ㄴ

0276 함수 $y=f(x)$는 $x=-2$, $x=1$에서 불연속이므로 $m=2$

또, $x=-2$, $x=1$, $x=2$에서 미분가능하지 않으므로 $n=3$

$$\therefore m+n=5$$

답 5

0277 ① 점 $(3, f(3))$에서의 접선의 기울기는 음수이므로 $f'(3)<0$

② $\lim_{x \to 2+} f(x) = \lim_{x \to 2-} f(x)$이므로 $\lim_{x \to 2} f(x)$의 값이 존재한다.

③ $f'(x)=0$인 x의 값은 존재하지 않는다.

④ 함수 $f(x)$는 $x=2$, $x=4$에서 불연속이므로 불연속인 x의 값은 2개이다.

⑤ 함수 $f(x)$는 $x=1$, $x=2$, $x=4$에서 미분가능하지 않으므로 미분가능하지 않은 x의 값은 3개이다.

답 ⑤

0278 $\{f(x)\}^2=g(x)$로 놓으면 $y=g(x)$에서

$$y' = \lim_{h \to 0} \frac{g(x+h)-g(x)}{h} = \lim_{h \to 0} \frac{\{f(x+h)\}^2-\{f(x)\}^2}{h}$$
$$= \lim_{h \to 0} \frac{\{f(x+h)+f(x)\}\{f(x+h)-f(x)\}}{h}$$
$$= \lim_{h \to 0} \{\boxed{f(x+h)+f(x)}\} \cdot \lim_{h \to 0} \frac{\boxed{f(x+h)-f(x)}}{h}$$
$$= \boxed{2f(x)f'(x)}$$

답 ㈎ $f(x+h)+f(x)$ ㈏ $f(x+h)-f(x)$ ㈐ $2f(x)f'(x)$

0279 $x^2 f(x)=g(x)$로 놓으면 $y=g(x)$에서

$$y' = \lim_{h \to 0} \frac{g(x+h)-g(x)}{h}$$
$$= \lim_{h \to 0} \frac{(x+h)^2 f(x+h)-x^2 f(x)}{h}$$
$$= \lim_{h \to 0} \frac{(x+h)^2 \{\boxed{f(x+h)-f(x)}\} + f(x)\{(x+h)^2-x^2\}}{h}$$
$$= \lim_{h \to 0} (x+h)^2 \cdot \lim_{h \to 0} \frac{\boxed{f(x+h)-f(x)}}{h}$$
$$\qquad + f(x) \cdot \lim_{h \to 0} (\boxed{2x}+h)$$
$$= \boxed{x^2 f'(x)+2x f(x)}$$

답 ㈎ $f(x+h)-f(x)$ ㈏ $2x$ ㈐ $x^2 f'(x)+2x f(x)$

0280 $f'(x)=-x^2+x+1$이므로

$$f'(2)=-4+2+1=-1$$

답 ①

0281 $f'(x)=3x^2-6x+a$이므로

$$f'(1)=2에서 3-6+a=2 \quad \therefore a=5$$

답 ⑤

0282 $f'(x)=1+x+x^2+\cdots+x^{99}$이므로

$$f'(1)=\underbrace{1+1+1+\cdots+1}_{100개}=1 \cdot 100=100$$

답 100

0283 $f(1)=1$에서 $a+b+3=1$ $\quad \therefore a+b=-2$ $\quad \cdots \ \bigcirc$

$f'(x)=3ax^2+b$이므로

$f'(1)=4$에서 $3a+b=4$ $\quad \cdots \ \bigcirc\!\!\bigcirc$

$\bigcirc$, $\bigcirc\!\!\bigcirc$을 연립하여 풀면 $a=3$, $b=-5$

$$\therefore ab=-15$$

답 -15

0284 $f(x)=(x+1)(x+2)(x+3)$에서

$$f'(x)=(x+1)'(x+2)(x+3)+(x+1)(x+2)'(x+3)$$
$$\qquad +(x+1)(x+2)(x+3)'$$
$$=(x+2)(x+3)+(x+1)(x+3)+(x+1)(x+2)$$
$$\therefore f'(0)=6+3+2=11$$

답 ①

0285 $f(x)=(3x^2-1)^3=(3x^2-1)(3x^2-1)(3x^2-1)$ 이므로

$$f'(x)=(3x^2-1)'(3x^2-1)(3x^2-1)$$
$$\qquad +(3x^2-1)(3x^2-1)'(3x^2-1)$$
$$\qquad +(3x^2-1)(3x^2-1)(3x^2-1)'$$
$$=3(3x^2-1)^2(3x^2-1)'=18x(3x^2-1)^2$$
$$\therefore f'(1)=18 \cdot 4=72$$

답 72

0286 $g'(x)=(x^2+3x)'f(x)+(x^2+3x)f'(x)$
$$\qquad =(2x+3)f(x)+(x^2+3x)f'(x)$$
$$\therefore g'(1)=5f(1)+4f'(1)=5 \cdot 3+4 \cdot 2=23$$

답 23

0287 $f'(x)=(x-a)'(x^3+2x^2+8)$
$$+(x-a)(x^3+2x^2+8)'$$
$$=(x^3+2x^2+8)+(x-a)(3x^2+4x)$$
$$=4x^3+(6-3a)x^2-4ax+8$$

⑦

$f'(a)=11$에서 $a^3+2a^2+8=11$
$a^3+2a^2-3=0,\ (a-1)(a^2+3a+3)=0$
$\therefore a=1\ (\because a$는 실수$)$

⑭

따라서 $f'(x)=4x^3+3x^2-4x+8$이므로
$f'(-1)=-4+3+4+8=11$

⑮

답 **11**

단계	채점요소	배점
⑦	$f'(x)$ 구하기	40%
⑭	a의 값 구하기	30%
⑮	$f'(-1)$의 값 구하기	30%

0288 $\displaystyle\lim_{h\to0}\dfrac{f(1+h)-f(1-h)}{h}$
$$=\lim_{h\to0}\dfrac{\{f(1+h)-f(1)\}-\{f(1-h)-f(1)\}}{h}$$
$$=\lim_{h\to0}\dfrac{f(1+h)-f(1)}{h}-\lim_{h\to0}\dfrac{f(1-h)-f(1)}{-h}\cdot(-1)$$
$$=f'(1)+f'(1)=2f'(1)$$
$f'(x)=3x^2-4x$이므로
$f'(1)=3-4=-1$
$\therefore$ (주어진 식)$=2f'(1)=2\cdot(-1)=-2$

답 ①

0289 $\displaystyle\lim_{x\to1}\dfrac{\{f(x)\}^2-\{f(1)\}^2}{x-1}$
$$=\lim_{x\to1}\dfrac{\{f(x)+f(1)\}\{f(x)-f(1)\}}{x-1}$$
$$=\lim_{x\to1}\{f(x)+f(1)\}\cdot\lim_{x\to1}\dfrac{f(x)-f(1)}{x-1}$$
$$=2f(1)f'(1)$$
$f(x)=x^3-5x^2$에서 $f(1)=1-5=-4$
$f'(x)=3x^2-10x$이므로 $f'(1)=3-10=-7$
$\therefore$ (주어진 식)$=2f(1)f'(1)$
$$=2\cdot(-4)\cdot(-7)=56$$

답 **56**

0290 $\displaystyle\lim_{x\to2}\dfrac{2f(x)-xf(2)}{x-2}$
$$=\lim_{x\to2}\dfrac{\{2f(x)-2f(2)\}-\{xf(2)-2f(2)\}}{x-2}$$
$$=\lim_{x\to2}\dfrac{f(x)-f(2)}{x-2}\cdot2-\lim_{x\to2}\dfrac{(x-2)f(2)}{x-2}$$
$$=2f'(2)-f(2)$$

$f(x)=(3x-2)^3$에서 $f(2)=4^3=64$
$f'(x)=3(3x-2)^2\cdot3=9(3x-2)^2$이므로
$f'(2)=9\cdot4^2=144$
$\therefore$ (주어진 식)$=2f'(2)-f(2)$
$$=2\cdot144-64=224$$

답 **224**

0291 $f(1)=3,\ g(1)=3$이므로
$\displaystyle\lim_{h\to0}\dfrac{f(1+2h)-g(1-h)}{3h}$
$$=\lim_{h\to0}\dfrac{f(1+2h)-3+3-g(1-h)}{3h}$$
$$=\lim_{h\to0}\dfrac{\{f(1+2h)-f(1)\}-\{g(1-h)-g(1)\}}{3h}$$
$$=\lim_{h\to0}\dfrac{f(1+2h)-f(1)}{2h}\cdot\dfrac{2}{3}-\lim_{h\to0}\dfrac{g(1-h)-g(1)}{-h}\cdot\left(-\dfrac{1}{3}\right)$$
$$=\dfrac{2}{3}f'(1)+\dfrac{1}{3}g'(1)$$
$f'(x)=1+3x^2+5x^4$이므로 $f'(1)=9$
$g'(x)=2x+4x^3+6x^5$이므로 $g'(1)=12$
$\therefore$ (주어진 식)$=\dfrac{2}{3}f'(1)+\dfrac{1}{3}g'(1)$
$$=\dfrac{2}{3}\cdot9+\dfrac{1}{3}\cdot12=10$$

답 ⑤

0292 $\displaystyle\lim_{x\to1}\dfrac{f(x)}{x-1}=2$에서 (분모)$\to0$이고 극한값이 존재하므로 (분자)$\to0$이어야 한다.
즉, $\displaystyle\lim_{x\to1}f(x)=0$이므로 $f(1)=0$
$\therefore \displaystyle\lim_{x\to1}\dfrac{f(x)}{x-1}=\lim_{x\to1}\dfrac{f(x)-f(1)}{x-1}=f'(1)=2$
한편, $f(x)=x^3+2ax^2+bx-2b$에서
$f(1)=1+2a+b-2b=0\quad\therefore 2a-b=-1\quad\cdots\cdots\ ㉠$
$f'(x)=3x^2+4ax+b$이므로
$f'(1)=3+4a+b=2\quad\therefore 4a+b=-1\quad\cdots\cdots\ ㉡$
㉠, ㉡을 연립하여 풀면 $a=-\dfrac{1}{3},\ b=\dfrac{1}{3}$
$\therefore a+b=0$

답 ③

0293 $\displaystyle\lim_{x\to1}\dfrac{f(x)-f(1)}{x^2-1}=\lim_{x\to1}\left\{\dfrac{f(x)-f(1)}{x-1}\cdot\dfrac{1}{x+1}\right\}$
$$=\dfrac{1}{2}f'(1)$$
즉, $\dfrac{1}{2}f'(1)=\dfrac{5}{2}$이므로 $f'(1)=5$
한편, $f(x)=x^3+ax^2+b,\ f'(x)=3x^2+2ax$이므로
$f(-1)=-1+a+b=3\quad\cdots\cdots\ ㉠$
$f'(1)=3+2a=5\quad\therefore a=1$
$a=1$을 ㉠에 대입하면 $b=3$
$\therefore ab=3$

답 ⑤

0294 $\lim\limits_{x\to0}\dfrac{f(x)}{x}=-1$에서 (분모)$\to0$이고 극한값이 존재하므로 (분자)$\to0$이어야 한다.

즉, $\lim\limits_{x\to0}f(x)=0$이므로 $f(0)=0$ …… ㉠

$\lim\limits_{x\to1}\dfrac{f(x)}{x-1}=4$에서 (분모)$\to0$이고 극한값이 존재하므로 (분자)$\to0$이어야 한다.

즉, $\lim\limits_{x\to1}f(x)=0$이므로 $f(1)=0$ …… ㉡

㉠, ㉡에 의하여 삼차함수 $f(x)$는 $x(x-1)$을 인수로 가지므로 $f(x)=x(x-1)(ax+b)$로 놓으면   ㉮

$$\lim_{x\to0}\frac{f(x)}{x}=\lim_{x\to0}\frac{x(x-1)(ax+b)}{x}$$
$$=\lim_{x\to0}(x-1)(ax+b)=-b$$

즉, $-b=-1$이므로 $b=1$ ㉯

$$\lim_{x\to1}\frac{f(x)}{x-1}=\lim_{x\to1}\frac{x(x-1)(ax+1)}{x-1}$$
$$=\lim_{x\to1}x(ax+1)=a+1$$

즉, $a+1=4$이므로 $a=3$ ㉰

따라서 $f(x)=x(x-1)(3x+1)$이므로 방정식 $f(x)=0$의 세 근의 합은

$$0+1+\left(-\frac{1}{3}\right)=\frac{2}{3}$$
       ㉱

답 $\dfrac{2}{3}$

단계	채점요소	배점
㉮	$f(x)=x(x-1)(ax+b)$로 놓기	40%
㉯	b의 값 구하기	20%
㉰	a의 값 구하기	20%
㉱	방정식 $f(x)=0$의 모든 근의 합 구하기	20%

0295 $\lim\limits_{x\to2}\dfrac{f(x)-f(2)}{x-2}=f'(2)=-2$

$$\lim_{h\to0}\frac{f(1-2h)-f(1+2h)}{h}$$
$$=\lim_{h\to0}\frac{\{f(1-2h)-f(1)\}-\{f(1+2h)-f(1)\}}{h}$$
$$=\lim_{h\to0}\frac{f(1-2h)-f(1)}{-2h}\cdot(-2)-\lim_{h\to0}\frac{f(1+2h)-f(1)}{2h}\cdot2$$
$$=-2f'(1)-2f'(1)=-4f'(1)$$

즉, $-4f'(1)=8$이므로 $f'(1)=-2$

한편, $f(x)=x^4+ax^2+bx+1$에서 $f'(x)=4x^3+2ax+b$이므로

$f'(2)=32+4a+b=-2$ $\therefore 4a+b=-34$ …… ㉠

$f'(1)=4+2a+b=-2$ $\therefore 2a+b=-6$ …… ㉡

㉠, ㉡을 연립하여 풀면

$a=-14,\ b=22$

따라서 $f(x)=x^4-14x^2+22x+1$이므로

$f(1)=1-14+22+1=10$

답 **10**

0296 $f(x)=x^3+ax+b$로 놓으면 $f'(x)=3x^2+a$

점 $(1,\ 1)$에서의 접선의 기울기가 -3이므로

$f'(1)=3+a=-3$ $\therefore a=-6$

또, 점 $(1,\ 1)$은 곡선 $y=x^3-6x+b$ 위의 점이므로

$1=1-6+b$ $\therefore b=6$

$\therefore ab=-6\cdot6=-36$

답 ①

0297 $f(x)=x^2-3x+2$에서 $f'(x)=2x-3$

점 $(a,\ b)$에서의 접선의 기울기가 9이므로

$f'(a)=2a-3=9$ $\therefore a=6$

또, 점 $(6,\ b)$는 함수 $f(x)=x^2-3x+2$의 그래프 위의 점이므로

$b=f(6)=36-18+2=20$ 답 $a=6,\ b=20$

0298 점 $(1,\ 3)$은 함수 $f(x)=x^2+ax+1$의 그래프 위의 점이므로

$f(1)=1+a+1=3$ $\therefore a=1$

즉, $f(x)=x^2+x+1$에서 $f'(x)=2x+1$

점 $(1,\ 3)$에서의 접선의 기울기가 m이므로

$m=f'(1)=2+1=3$

$\therefore a+m=1+3=4$

답 ①

0299 $f(x)=(2x-1)^3(x^2+k)$로 놓으면

$$f'(x)=\{(2x-1)^3\}'(x^2+k)+(2x-1)^3(x^2+k)'$$
$$=3(2x-1)^2(2x-1)'(x^2+k)+(2x-1)^3\cdot2x$$
$$=6(2x-1)^2(x^2+k)+2x(2x-1)^3$$
$$=2(2x-1)^2(5x^2-x+3k)$$

x좌표가 1인 점에서의 접선의 기울기가 -16이므로

$f'(1)=2(4+3k)=-16$

$4+3k=-8$ $\therefore k=-4$

답 ④

0300 함수 $f(x)$가 $x=-1$에서 미분가능하므로 $x=-1$에서 연속이다. 즉, $\lim\limits_{x\to-1}f(x)=f(-1)$이므로

$-1+1-b=a+3$ $\therefore a+b=-3$ …… ㉠

또, $f'(-1)$이 존재하므로

$$\lim_{x\to-1+}\frac{f(x)-f(-1)}{x-(-1)}=\lim_{x\to-1+}\frac{(ax^2+3)-(a+3)}{x+1}$$
$$=\lim_{x\to-1+}\frac{a(x-1)(x+1)}{x+1}$$
$$=\lim_{x\to-1+}a(x-1)=-2a$$

$$\lim_{x \to -1-} \frac{f(x)-f(-1)}{x-(-1)}$$
$$= \lim_{x \to -1-} \frac{(x^3+x^2+bx)-(-1+1-b)}{x+1}$$
$$= \lim_{x \to -1-} \frac{(x+1)(x^2+b)}{x+1}$$
$$= \lim_{x \to -1-} (x^2+b)=1+b$$

즉, $-2a=1+b$ $\therefore 2a+b=-1$ $\cdots\cdots$ ㉡

㉠, ㉡을 연립하여 풀면 $a=2$, $b=-5$

$\therefore a-b=2-(-5)=7$ 답 **7**

 $g(x)=ax^2+3$, $h(x)=x^3+x^2+bx$로 놓으면

$g'(x)=2ax$, $h'(x)=3x^2+2x+b$

$x=1$에서 연속이므로 $g(-1)=h(-1)$

$a+3=-1+1-b$ $\therefore a+b=-3$

$x=1$에서 미분계수가 존재하므로 $g'(-1)=h'(-1)$

$-2a=3-2+b$ $\therefore 2a+b=-1$

따라서 $a=2$, $b=-5$이므로

$a-b=7$

0301 함수 $f(x)$가 $x=1$에서 미분가능하므로 $x=1$에서 연속이다. 즉, $\lim\limits_{x \to 1} f(x)=f(1)$이므로

$a+b=1$ $\cdots\cdots$ ㉠

또, $f'(1)$이 존재하므로

$$\lim_{x \to 1+} \frac{f(x)-f(1)}{x-1} = \lim_{x \to 1+} \frac{x^2-1}{x-1}$$
$$= \lim_{x \to 1+} \frac{(x+1)(x-1)}{x-1}$$
$$= \lim_{x \to 1+} (x+1)=2$$

$$\lim_{x \to 1-} \frac{f(x)-f(1)}{x-1} = \lim_{x \to 1-} \frac{(ax+b)-(a+b)}{x-1}$$
$$= \lim_{x \to 1-} \frac{a(x-1)}{x-1}=a$$

$\therefore a=2$

$a=2$를 ㉠에 대입하면 $b=-1$

$\therefore ab=2\cdot(-1)=-2$ 답 -2

0302 함수 $f(x)$가 모든 실수 x에서 미분가능하므로 $f(x)$는 $x=1$에서 미분가능하다.

따라서 $f(x)$는 $x=1$에서 연속이다. 즉, $\lim\limits_{x \to 1} f(x)=f(1)$이므로

$-b+3+1=1+a-2$ $\therefore a+b=5$ $\cdots\cdots$ ㉠

또, $f'(1)$이 존재하므로

$$\lim_{x \to 1+} \frac{f(x)-f(1)}{x-1} = \lim_{x \to 1+} \frac{(x^2+ax-2)-(1+a-2)}{x-1}$$
$$= \lim_{x \to 1+} \frac{(x-1)(x+1+a)}{x-1}$$
$$= \lim_{x \to 1+} (x+1+a)=2+a$$

$$\lim_{x \to 1-} \frac{f(x)-f(1)}{x-1}$$
$$= \lim_{x \to 1-} \frac{(-bx^2+3x+1)-(-b+3+1)}{x-1}$$
$$= \lim_{x \to 1-} \frac{(x-1)(-bx-b+3)}{x-1}$$
$$= \lim_{x \to 1-} (-bx-b+3)=-2b+3$$

즉, $2+a=-2b+3$ $\therefore a+2b=1$ $\cdots\cdots$ ㉡

㉠, ㉡을 연립하여 풀면 $a=9$, $b=-4$

$\therefore a-b=9-(-4)=13$ 답 **13**

0303 함수 $f(x)$가 $x=a$에서 미분가능하므로 $x=a$에서 연속이다. 즉, $\lim\limits_{x \to a} f(x)=f(a)$이므로

$a^3=a^2+a+b$ $\cdots\cdots$ ㉠

또, $f'(a)$가 존재하므로

$$\lim_{x \to a+} \frac{f(x)-f(a)}{x-a} = \lim_{x \to a+} \frac{(x^2+x+b)-(a^2+a+b)}{x-a}$$
$$= \lim_{x \to a+} \frac{(x-a)(x+a+1)}{x-a}$$
$$= \lim_{x \to a+} (x+a+1)=2a+1$$

$$\lim_{x \to a-} \frac{f(x)-f(a)}{x-a} = \lim_{x \to a-} \frac{x^3-a^3}{x-a}$$
$$= \lim_{x \to a-} \frac{(x-a)(x^2+ax+a^2)}{x-a}$$
$$= \lim_{x \to a-} (x^2+ax+a^2)=3a^2$$

즉, $2a+1=3a^2$, $3a^2-2a-1=0$

$(3a+1)(a-1)=0$ $\therefore a=1\ (\because a>0)$

$a=1$을 ㉠에 대입하면

$1=1+1+b$ $\therefore b=-1$

$\therefore a+b=1-1=0$ 답 ②

0304 다항식 x^3+ax^2+bx-5를 $(x+1)^2$으로 나눌 때의 몫을 $Q(x)$라 하면

$x^3+ax^2+bx-5=(x+1)^2 Q(x)$ $\cdots\cdots$ ㉠

㉠의 양변에 $x=-1$을 대입하면

$-1+a-b-5=0$ $\therefore a-b=6$ $\cdots\cdots$ ㉡

㉠의 양변을 x에 대하여 미분하면

$3x^2+2ax+b=2(x+1)Q(x)+(x+1)^2 Q'(x)$

위 식의 양변에 $x=-1$을 대입하면

$3-2a+b=0$ $\therefore 2a-b=3$ $\cdots\cdots$ ㉢

㉡, ㉢을 연립하여 풀면 $a=-3$, $b=-9$

$\therefore a+b=-3-9=-12$ 답 -12

 $f(x)=x^3+ax^2+bx-5$로 놓으면

$f(-1)=0$, $f'(-1)=0$

$f(-1)=0$에서 $-1+a-b-5=0$ $\therefore a-b=6$

$f'(x)=3x^2+2ax+b$이므로 $f'(-1)=0$에서

$3-2a+b=0$ $\therefore 2a-b=3$

0305 다항식 x^6-3x^2+a를 $(x-b)^2$으로 나눌 때의 몫을
$Q(x)$라 하면
$$x^6-3x^2+a=(x-b)^2Q(x) \qquad\qquad \cdots\cdots\ \text{㉠}$$
㉠의 양변에 $x=b$를 대입하면
$$b^6-3b^2+a=0 \qquad\qquad\qquad\qquad \cdots\cdots\ \text{㉡}$$
㉠의 양변을 x에 대하여 미분하면
$$6x^5-6x=2(x-b)Q(x)+(x-b)^2Q'(x)$$
위 식의 양변에 $x=b$를 대입하면
$$6b^5-6b=0,\ 6b(b^2+1)(b+1)(b-1)=0$$
$$\therefore\ b=1\ (\because\ b>0)$$
$b=1$을 ㉡에 대입하면 $1-3+a=0$ $\quad \therefore\ a=2$
$$\therefore\ a-b=2-1=1 \qquad\qquad\qquad\qquad \text{답 } \mathbf{1}$$

0306 다항식 $x^{10}-2x^3+1$을 $(x+1)^2$으로 나눌 때의 몫을
$Q(x)$, 나머지를 $R(x)=ax+b$ $(a,\ b$는 상수$)$라 하면
$$x^{10}-2x^3+1=(x+1)^2Q(x)+ax+b \qquad \cdots\cdots\ \text{㉠}$$
㉠의 양변에 $x=-1$을 대입하면
$$-a+b=4 \qquad\qquad\qquad\qquad\qquad \cdots\cdots\ \text{㉡}$$
㉠의 양변을 x에 대하여 미분하면
$$10x^9-6x^2=2(x+1)Q(x)+(x+1)^2Q'(x)+a$$
위 식의 양변에 $x=-1$을 대입하면 $a=-16$
$a=-16$을 ㉡에 대입하면 $b=-12$
따라서 $R(x)=-16x-12$이므로
$$R(1)=-28 \qquad\qquad\qquad\qquad\qquad \text{답 } ②$$

0307 다항식 $x^{10}+ax^3+b$를 $(x-1)^2$으로 나눌 때의 몫을
$Q(x)$라 하면 나머지가 $4x-9$이므로
$$x^{10}+ax^3+b=(x-1)^2Q(x)+4x-9 \qquad \cdots\cdots\ \text{㉠}$$
㉠의 양변에 $x=1$을 대입하면
$$1+a+b=4-9 \quad \therefore\ a+b=-6 \qquad \cdots\cdots\ \text{㉡}$$
㉠의 양변을 x에 대하여 미분하면
$$10x^9+3ax^2=2(x-1)Q(x)+(x-1)^2Q'(x)+4$$
위 식의 양변에 $x=1$을 대입하면
$$10+3a=4 \quad \therefore\ a=-2$$
$a=-2$를 ㉡에 대입하면 $b=-4$
$$\therefore\ ab=-2\cdot(-4)=8 \qquad\qquad\qquad \text{답 } \mathbf{8}$$

0308 $\displaystyle\lim_{x\to1}\dfrac{x^n-kx+2}{x-1}=15$에서 $($분모$)\to0$이고 극한값이
존재하므로 $($분자$)\to0$이어야 한다.
즉, $\displaystyle\lim_{x\to1}(x^n-kx+2)=0$이므로

$$1-k+2=0 \quad \therefore\ k=3$$
$f(x)=x^n-3x$로 놓으면 $f(1)=-2$이므로
$$\lim_{x\to1}\frac{x^n-3x+2}{x-1}=\lim_{x\to1}\frac{f(x)-f(1)}{x-1}=f'(1)=15$$
이때 $f'(x)=nx^{n-1}-3$이므로 $f'(1)=n-3$
즉, $n-3=15$에서 $n=18$
$$\therefore\ n+k=18+3=21 \qquad\qquad\qquad \text{답 } ④$$

0309 $f(x)=x^n-2x^2-3x$로 놓으면 $f(1)=-4$이므로
$$\lim_{x\to1}\frac{x^n-2x^2-3x+4}{x-1}=\lim_{x\to1}\frac{f(x)-f(1)}{x-1}=f'(1)=5$$
이때 $f'(x)=nx^{n-1}-4x-3$이므로 $f'(1)=n-7$
즉, $n-7=5$에서 $n=12$ $\qquad\qquad\qquad \text{답 } \mathbf{12}$

0310 $\displaystyle\lim_{x\to2}\dfrac{x^n+x-34}{x-2}=k$에서 $($분모$)\to0$이고 극한값이 존
재하므로 $($분자$)\to0$이어야 한다.
즉, $\displaystyle\lim_{x\to2}(x^n+x-34)=0$이므로
$$2^n+2-34=0,\ 2^n=32=2^5 \quad \therefore\ n=5$$
$f(x)=x^5+x$로 놓으면 $f(2)=34$이므로
$$\lim_{x\to2}\frac{x^n+x-34}{x-2}=\lim_{x\to2}\frac{f(x)-f(2)}{x-2}=f'(2)=k$$
이때 $f'(x)=5x^4+1$이므로 $k=f'(2)=5\cdot16+1=81$
$$\therefore\ n+k=5+81=86 \qquad\qquad\qquad \text{답 } \mathbf{86}$$

0311 $f(x)=x^9-x^8+x^7-x^6+x^5$으로 놓으면 $f(1)=1$이므로
$$\lim_{x\to1}\frac{x^9-x^8+x^7-x^6+x^5-1}{x-1}=\lim_{x\to1}\frac{f(x)-f(1)}{x-1}=f'(1)$$
이때 $f'(x)=9x^8-8x^7+7x^6-6x^5+5x^4$이므로
$$f'(1)=9-8+7-6+5=7$$
$$\therefore\ \lim_{x\to1}\frac{x^9-x^8+x^7-x^6+x^5-1}{x-1}=f'(1)=7 \qquad \text{답 } \mathbf{7}$$

0312 $f(x)$가 이차함수이므로
$f(x)=ax^2+bx+c$ $(a,\ b,\ c$는 상수, $a\neq0)$로 놓으면
$$f'(x)=2ax+b$$
$f(x),\ f'(x)$를 주어진 식에 대입하면
$$(x+2)(2ax+b)-(ax^2+bx+c)=3x^2+12x$$
$$ax^2+4ax+2b-c=3x^2+12x$$
이 등식이 모든 실수 x에 대하여 성립하므로
$$a=3,\ 2b-c=0 \qquad\qquad\qquad\qquad \cdots\cdots\ \text{㉠}$$
또, $f'(-1)=1$이므로 $-2a+b=1$ $\qquad\qquad \cdots\cdots\ \text{㉡}$
㉠, ㉡에서 $a=3,\ b=7,\ c=14$
따라서 $f'(x)=6x+7$이므로
$$f'(-2)=-12+7=-5 \qquad\qquad\qquad \text{답 } ②$$

0313 $f(x)$가 이차함수이므로

$f(x)=ax^2+bx+c$ (a, b, c는 상수, $a\neq0$)로 놓으면

$f'(x)=2ax+b$

$f(x)$, $f'(x)$를 주어진 식에 대입하면

$x(2ax+b)-(ax^2+bx+c)=x^2+3$

$ax^2-c=x^2+3$

이 등식이 모든 실수 x에 대하여 성립하므로

$a=1$, $c=-3$

또, $f'(1)=3$이므로 $2a+b=3$ $\quad\therefore b=1$

따라서 $f(x)=x^2+x-3$이므로

$f(2)=4+2-3=3$ 답 ⑤

0314 $f(x)f'(x)=9x+12$ $\quad\cdots\cdots$ ㉠

$f(x)$를 n차식이라 하면 $f'(x)$는 $(n-1)$차식이고 ㉠의 우변이 일차식이므로

$n+(n-1)=1$, $2n=2$ $\quad\therefore n=1$

따라서 $f(x)$는 일차식이므로 $f(x)=ax+b$ (a, b는 상수, $a\neq0$)로 놓으면 $f'(x)=a$

$f(x)$, $f'(x)$를 ㉠에 대입하면

$(ax+b)a=9x+12$

$a^2x+ab=9x+12$

이 등식이 모든 실수 x에 대하여 성립하므로

$a^2=9$, $ab=12$

$\therefore a=3$, $b=4$ 또는 $a=-3$, $b=-4$

(i) $a=3$, $b=4$일 때, $f(x)=3x+4$이므로

$\quad f(1)f(2)=7\cdot10=70$

(ii) $a=-3$, $b=-4$일 때, $f(x)=-3x-4$이므로

$\quad f(1)f(2)=-7\cdot(-10)=70$

(i), (ii)에서 $f(1)f(2)=70$ 답 **70**

0315 x의 값이 1에서 3까지 변할 때의 함수 $f(x)$의 평균변화율은

$$\frac{f(3)-f(1)}{3-1}=\frac{7-1}{2}=3$$

함수 $f(x)$의 $x=a$에서의 미분계수는

$$f'(a)=\lim_{h\to0}\frac{f(a+h)-f(a)}{h}$$

$$=\lim_{h\to0}\frac{\{(a+h)^2-(a+h)+1\}-(a^2-a+1)}{h}$$

$$=\lim_{h\to0}\frac{h^2+2ah-h}{h}$$

$$=\lim_{h\to0}(h+2a-1)=2a-1$$

즉, $2a-1=3$이므로 $a=2$ 답 ④

0316 $\lim_{h\to0}\dfrac{f(a+h)-g(a+h)}{h}$ → $f(a)=g(a)$이므로 식의 값은 변하지 않는다.

$$=\lim_{h\to0}\frac{\{f(a+h)-f(a)\}-\{g(a+h)-g(a)\}}{h}$$

$$=\lim_{h\to0}\frac{f(a+h)-f(a)}{h}-\lim_{h\to0}\frac{g(a+h)-g(a)}{h}$$

$$=f'(a)-g'(a)=1-g'(a)$$

즉, $1-g'(a)=3$이므로 $g'(a)=-2$ 답 **−2**

0317 점 $(1, f(1))$에서의 접선의 기울기가 -6이므로

$f'(1)=-6$

$$\therefore \lim_{x\to1}\frac{f(x)-f(1)}{x^3-1}=\lim_{x\to1}\left\{\frac{f(x)-f(1)}{x-1}\cdot\frac{1}{x^2+x+1}\right\}$$

$$=\frac{1}{3}f'(1)=\frac{1}{3}\cdot(-6)$$

$$=-2$$ 답 **−2**

0318 $\lim_{x\to2}\dfrac{f(x+2)-6}{x^2-4}=3$에서 (분모) $\to0$이고 극한값이 존재하므로 (분자) $\to0$이어야 한다.

즉, $\lim_{x\to2}\{f(x+2)-6\}=0$이므로 $f(4)=6$

$x-2=a$로 놓으면 $x\to2$일 때 $a\to4$이므로

$$\lim_{x\to2}\frac{f(x+2)-6}{x^2-4}=\lim_{x\to2}\frac{f(x+2)-6}{(x+2)(x-2)}$$

$$=\lim_{a\to4}\frac{f(a)-f(4)}{a(a-4)}$$

$$=\lim_{a\to4}\left\{\frac{f(a)-f(4)}{a-4}\cdot\frac{1}{a}\right\}=\frac{1}{4}f'(4)$$

즉, $\dfrac{1}{4}f'(4)=3$이므로 $f'(4)=12$

$$\therefore f(4)+f'(4)=6+12=18$$ 답 **18**

0319 $y=f(x)$의 그래프가 y축에 대하여 대칭이므로

$f(-x)=f(x)$

$$\therefore f'(-a)=\lim_{h\to0}\frac{f(-a+h)-f(-a)}{h}$$

$$=\lim_{h\to0}\frac{f(a-h)-f(a)}{h}$$

$$=\lim_{h\to0}\frac{f(a-h)-f(a)}{-h}\cdot(-1)$$

$$=-f'(a)$$

즉, $f'(2)=-3$에서 $f'(-2)=-f'(2)=3$

$$\therefore \lim_{x\to-2}\frac{f(x^2)-f(4)}{f(x)-f(-2)}$$

$$=\lim_{x\to-2}\left\{\frac{f(x^2)-f(4)}{x^2-4}\cdot\frac{x-(-2)}{f(x)-f(-2)}\cdot(x-2)\right\}$$

$$=f'(4)\cdot\frac{1}{f'(-2)}\cdot(-4)$$

$$=6\cdot\frac{1}{3}\cdot(-4)=-8$$ 답 ①

0320 $y=f(x)$의 그래프에서
$f(1)=0$, $f'(1)<0$, $f(2)<0$, $f'(2)=0$, $f(3)=0$, $f'(3)>0$
또, $g(x)=xf(x)$에서 $g'(x)=f(x)+xf'(x)$이므로
$g'(1)=f(1)+f'(1)<0$
$g'(2)=f(2)+2f'(2)<0$
$g'(3)=f(3)+3f'(3)>0$
ㄱ. $f(1)+g'(1)=g'(1)<0$
ㄴ. $g(2)g'(2)=2f(2)g'(2)>0$
ㄷ. $f(3)+g'(3)=g'(3)>0$
따라서 옳은 것은 ㄴ, ㄷ이다. 답 ㄴ, ㄷ

0321 ㄱ. $f(x)=\sqrt{(x-2)^2}=|x-2|$

$\lim\limits_{x\to2}f(x)=f(2)=0$이므로 $f(x)$는 $x=2$에서 연속이다.

$$\lim_{x\to2-}\frac{f(x)-f(2)}{x-2}=\lim_{x\to2-}\frac{|x-2|}{x-2}$$
$$=\lim_{x\to2-}\frac{-(x-2)}{x-2}=-1$$
$$\lim_{x\to2+}\frac{f(x)-f(2)}{x-2}=\lim_{x\to2+}\frac{|x-2|}{x-2}$$
$$=\lim_{x\to2+}\frac{x-2}{x-2}=1$$

이므로 $f(x)$는 $x=2$에서 미분가능하지 않다.

ㄴ. $\lim\limits_{x\to2}f(x)=f(2)=0$이므로 $f(x)$는 $x=2$에서 연속이다.

$$\lim_{x\to2}\frac{f(x)-f(2)}{x-2}=\lim_{x\to2}\frac{(x-2)|x-2|}{x-2}$$
$$=\lim_{x\to2}|x-2|=0$$

이므로 $f(x)$는 $x=2$에서 미분가능하다.

ㄷ. $f(x)=\dfrac{x^2-4}{|x-2|}$는 $x=2$에서 불연속이므로 미분가능하지

않다.

따라서 $x=2$에서 미분가능하지 않은 함수는 ㄱ, ㄷ이다. 답 ㄱ, ㄷ

0322 ① $\lim\limits_{x\to3+}f(x)=\lim\limits_{x\to3-}f(x)=2$이므로 $\lim\limits_{x\to3}f(x)=2$

② 점 $(4, f(4))$에서의 접선의 기울기는 음수이므로 $f'(4)<0$

③ 함수 $f(x)$는 $x=2$, $x=3$에서 불연속이므로 불연속인 x의
값은 2개이다.

④ 함수 $f(x)$는 $x=1$, $x=2$, $x=3$에서 미분가능하지 않으므로
미분가능하지 않은 x의 값은 3개이다.

⑤ $f'(x)=0$인 x의 값은 열린구간 $(-1, 1)$, $(4, 5)$에서 각각
한 개씩 존재하고, 열린구간 $(1, 2)$의 모든 점에서 $f'(x)=0$
이다. 답 ⑤

0323 주어진 식의 양변에 $x=0$, $y=0$을 대입하면
$f(0)=f(0)+f(0)-0 \quad \therefore f(0)=0$

$$\therefore f'(x)=\lim_{h\to0}\frac{f(x+h)-f(x)}{h}$$
$$=\lim_{h\to0}\frac{f(x)+f(h)-3xh-f(x)}{h}$$
$$=\lim_{h\to0}\frac{f(h)-3xh}{h}$$
$$=\lim_{h\to0}\frac{f(h)-f(0)}{h}-3x$$
$$=f'(0)-3x=-3x-2$$ 답 $f'(x)=-3x-2$

0324 $\lim\limits_{x\to2}\dfrac{f(x)-2}{x^2-4}=2$에서 (분모)$\to0$이고 극한값이 존재
하므로 (분자)$\to0$이어야 한다.

즉, $\lim\limits_{x\to2}\{f(x)-2\}=0$이므로 $f(2)=2$

$$\therefore \lim_{x\to2}\frac{f(x)-2}{x^2-4}=\lim_{x\to2}\frac{f(x)-f(2)}{x^2-4}$$
$$=\lim_{x\to2}\left\{\frac{f(x)-f(2)}{x-2}\cdot\frac{1}{x+2}\right\}=\frac{1}{4}f'(2)$$

즉, $\dfrac{1}{4}f'(2)=2$에서 $f'(2)=8$

또, $\lim\limits_{x\to2}\dfrac{g(x)-1}{x^3-8}=1$에서 (분모)$\to0$이고 극한값이 존재하므
로 (분자)$\to0$이어야 한다.

즉, $\lim\limits_{x\to2}\{g(x)-1\}=0$이므로 $g(2)=1$

$$\therefore \lim_{x\to2}\frac{g(x)-1}{x^3-8}=\lim_{x\to2}\frac{g(x)-g(2)}{x^3-8}$$
$$=\lim_{x\to2}\left\{\frac{g(x)-g(2)}{x-2}\cdot\frac{1}{x^2+2x+4}\right\}$$
$$=\frac{1}{12}g'(2)$$

즉, $\dfrac{1}{12}g'(2)=1$에서 $g'(2)=12$

따라서 함수 $y=f(x)g(x)$의 $x=2$에서의 미분계수는
$y'=f'(2)g(2)+f(2)g'(2)$
$=8\cdot1+2\cdot12=32$ 답 32

0325 $\dfrac{1}{n}=h$로 놓으면 $n\to\infty$일 때 $h\to0$이므로

$$\lim_{n\to\infty}n\left\{f\left(1+\frac{3}{n}\right)-f\left(1-\frac{2}{n}\right)\right\}$$
$$=\lim_{h\to0}\frac{f(1+3h)-f(1-2h)}{h}$$
$$=\lim_{h\to0}\frac{\{f(1+3h)-f(1)\}-\{f(1-2h)-f(1)\}}{h}$$
$$=\lim_{h\to0}\frac{f(1+3h)-f(1)}{3h}\cdot3-\lim_{h\to0}\frac{f(1-2h)-f(1)}{-2h}\cdot(-2)$$
$$=3f'(1)+2f'(1)=5f'(1)$$
$f'(x)=8x^3-3$이므로 $f'(1)=5$
$\therefore$ (주어진 식)$=5f'(1)=5\cdot5=25$ 답 25

0326 조건 ㈎에서 $\lim\limits_{x\to\infty}\dfrac{f(x)}{x^2-3x+2}=-3$이므로

$f(x)$의 최고차항은 $-3x^2$이다.

$f(x)=-3x^2+ax+b$ (a, b는 상수)라 하면

$f'(x)=-6x+a$

조건 ㈏에서 (분모) $\to 0$이고 극한값이 존재하므로 (분자) $\to 0$

이어야 한다.

즉, $\lim\limits_{x\to 1}\{f(x)-5\}=0$이므로 $f(1)=5$

$\therefore \lim\limits_{x\to 1}\dfrac{f(x)-5}{x-1}=\lim\limits_{x\to 1}\dfrac{f(x)-f(1)}{x-1}=f'(1)=-6+a$

즉, $-6+a=-8$이므로 $a=-2$

따라서 $f'(x)=-6x-2$이므로

$f'(-1)=6-2=4$ 답 **4**

0327 함수 $y=f(x)$의 그래프 위의 점 $(3,\,1)$에서의 접선의

기울기가 -1이므로

$f(3)=1,\ f'(3)=-1$

$g(x)=x^2+xf(x)$에서 $g'(x)=2x+f(x)+xf'(x)$

$\therefore g'(3)=2\cdot 3+f(3)+3f'(3)$

$\qquad\qquad =6+1+3\cdot(-1)=4$ 답 **4**

0328 다항식 x^5+ax^4+b를 $(x+1)^2$으로 나눌 때의 몫을

$Q(x)$라 하면

$x^5+ax^4+b=(x+1)^2Q(x)$ $\qquad\cdots\cdots$ ㉠

㉠의 양변에 $x=-1$을 대입하면

$-1+a+b=0$ $\quad\therefore a+b=1$ $\qquad\cdots\cdots$ ㉡

㉠의 양변을 x에 대하여 미분하면

$5x^4+4ax^3=2(x+1)Q(x)+(x+1)^2Q'(x)$

위 식의 양변에 $x=-1$을 대입하면

$5-4a=0$ $\quad\therefore a=\dfrac{5}{4}$

$a=\dfrac{5}{4}$를 ㉡에 대입하면

$\dfrac{5}{4}+b=1$ $\quad\therefore b=-\dfrac{1}{4}$

$\therefore a-b=\dfrac{5}{4}-\left(-\dfrac{1}{4}\right)=\dfrac{3}{2}$ 답 ⑤

0329 다항식 $f(x)$를 $(x-1)^2$으로 나누었을 때의 몫을

$Q(x)$, 나머지를 $R(x)=ax+b$ (a, b는 상수)라 하면

$f(x)=(x-1)^2Q(x)+ax+b$ $\qquad\cdots\cdots$ ㉠

㉠의 양변에 $x=1$을 대입하면

$f(1)=a+b=7$ $\qquad\cdots\cdots$ ㉡

㉠의 양변을 x에 대하여 미분하면

$f'(x)=2(x-1)Q(x)+(x-1)^2Q'(x)+a$

위 식의 양변에 $x=1$을 대입하면

$f'(1)=a=20$

$a=20$을 ㉡에 대입하면

$20+b=7$ $\quad\therefore b=-13$

따라서 $R(x)=20x-13$이므로

$R(2)=40-13=27$ 답 **27**

0330 조건 ㈎에서 주어진 식의 양변에 $x=0,\ y=0$을 대입하면

$f(0)=f(0)+f(0)-1$ $\quad\therefore f(0)=1$

$\qquad\qquad\qquad\qquad\qquad\qquad\qquad\qquad\qquad$ ㉮

$f'(1)=\lim\limits_{h\to 0}\dfrac{f(1+h)-f(1)}{h}$

$\qquad =\lim\limits_{h\to 0}\dfrac{f(1)+f(h)+2h-1-f(1)}{h}$

$\qquad =\lim\limits_{h\to 0}\dfrac{f(h)+2h-1}{h}=\lim\limits_{h\to 0}\dfrac{f(h)-f(0)}{h}+2$

$\qquad =f'(0)+2$

$\qquad\qquad\qquad\qquad\qquad\qquad\qquad\qquad\qquad$ ㉯

이때 $f'(1)=1$이므로

$f'(0)+2=1$ $\quad\therefore f'(0)=-1$

$\qquad\qquad\qquad\qquad\qquad\qquad\qquad\qquad\qquad$ ㉰

답 -1

단계	채점요소	배점
㉮	$f(0)$의 값 구하기	30%
㉯	$f'(1)$을 $f'(0)$으로 나타내기	40%
㉰	$f'(0)$의 값 구하기	30%

0331 함수 $f(x)$가 미분가능하므로 $x=1$에서 연속이다. 즉,

$\lim\limits_{x\to 1}f(x)=f(1)$이므로 $b+3=1+a$

$\therefore a-b=2$ $\qquad\cdots\cdots$ ㉠

$\qquad\qquad\qquad\qquad\qquad\qquad\qquad\qquad\qquad$ ㉮

또, $f'(1)$이 존재하므로

$\lim\limits_{x\to 1+}\dfrac{f(x)-f(1)}{x-1}=\lim\limits_{x\to 1+}\dfrac{(x^2+a)-(1+a)}{x-1}$

$\qquad\qquad\qquad\qquad =\lim\limits_{x\to 1+}\dfrac{x^2-1}{x-1}=\lim\limits_{x\to 1+}(x+1)=2$

$\lim\limits_{x\to 1-}\dfrac{f(x)-f(1)}{x-1}=\lim\limits_{x\to 1-}\dfrac{(bx+3)-(b+3)}{x-1}$

$\qquad\qquad\qquad\qquad =\lim\limits_{x\to 1-}\dfrac{b(x-1)}{x-1}=b$

$\therefore b=2$

$b=2$를 ㉠에 대입하면 $a=4$

$\qquad\qquad\qquad\qquad\qquad\qquad\qquad\qquad\qquad$ ㉯

$\therefore a+b=4+2=6$

$\qquad\qquad\qquad\qquad\qquad\qquad\qquad\qquad\qquad$ ㉰

답 **6**

단계	채점요소	배점
㉮	a, b의 관계식 구하기	40%
㉯	a, b의 값 구하기	50%
㉰	$a+b$의 값 구하기	10%

0332 $\lim\limits_{x\to 2}\dfrac{f(x)-a}{x-2}=4$에서 (분모)$\longrightarrow 0$이고 극한값이 존재하므로 (분자)$\longrightarrow 0$이어야 한다.

즉, $\lim\limits_{x\to 2}\{f(x)-a\}=0$이므로 $f(2)=a$

$\therefore \lim\limits_{x\to 2}\dfrac{f(x)-a}{x-2}=\lim\limits_{x\to 2}\dfrac{f(x)-f(2)}{x-2}=f'(2)=4$

㉮

한편, $f(x)$를 $(x-2)^2$으로 나눌 때의 몫을 $Q(x)$라 하면 나머지가 $bx+3$이므로

$f(x)=(x-2)^2 Q(x)+bx+3$ $\qquad$ ……㉠

㉯

㉠의 양변에 $x=2$를 대입하면

$f(2)=2b+3=a$ $\qquad$ ……㉡

㉠의 양변을 x에 대하여 미분하면

$f'(x)=2(x-2)Q(x)+(x-2)^2 Q'(x)+b$

위 식의 양변에 $x=2$를 대입하면

$f'(2)=b=4$

$b=4$를 ㉡에 대입하면 $a=11$

㉰

$\therefore a+b=11+4=15$

㉱

답 **15**

단계	채점요소	배점
㉮	$f(2)$를 a로 나타내고 $f'(2)$의 값 구하기	30%
㉯	$f(x)$의 식 세우기	20%
㉰	a, b의 값 구하기	40%
㉱	$a+b$의 값 구하기	10%

0333 $f(x)$의 최고차항을 ax^n ($a\neq 1$인 상수)으로 놓으면

$\{f(x)\}^2-f(x^2)$의 최고차항은 $a^2 x^{2n}-ax^{2n}=a(a-1)x^{2n}$

$x^3 f(x)$의 최고차항은 ax^{n+3}

이때 조건 ㉮에서 극한값이 존재하므로

$2n=n+3$ $\quad \therefore n=3$

$\lim\limits_{x\to\infty}\dfrac{\{f(x)\}^2-f(x^2)}{x^3 f(x)}=\dfrac{a(a-1)}{a}=a-1$

이므로 $a-1=4$ $\quad \therefore a=5$

따라서 $f(x)$의 최고차항이 $5x^3$이므로

$f(x)=5x^3+bx^2+cx+d$ (b, c, d는 상수)로 놓으면

$f'(x)=15x^2+2bx+c$

조건 ㉯에서 (분모)$\longrightarrow 0$이고 극한값이 존재하므로 (분자)$\longrightarrow 0$이어야 한다.

즉, $\lim\limits_{x\to 0}f'(x)=0$이므로

$f'(0)=0$ $\quad \therefore c=0$

$\lim\limits_{x\to 0}\dfrac{f'(x)}{x}=\lim\limits_{x\to 0}\dfrac{15x^2+2bx}{x}=\lim\limits_{x\to 0}(15x+2b)=2b$

이므로 $2b=4$ $\quad \therefore b=2$

따라서 $f'(x)=15x^2+4x$이므로

$f'(1)=15+4=19$

답 **19**

0334 함수 $f(x)$는 실수 전체의 집합에서 미분가능하므로 실수 전체의 집합에서 연속이다.

따라서 $f(x)$는 $x=-1$에서 연속이므로

$\lim\limits_{x\to-1+}f(x)=\lim\limits_{x\to-1-}f(x)$

$\therefore \lim\limits_{x\to-1+}f(x)=\lim\limits_{x\to1-}f(x)$ ($\because f(x+2)=f(x)$)

$-a+b-1+1=a+b+1+1$

$2a=-2$ $\quad \therefore a=-1$

$\therefore f(x)=-x^3+bx^2+x+1$ ($-1\leq x<1$)

함수 $f(x)$는 $x=-1$에서 미분가능하므로

$\lim\limits_{x\to-1+}\dfrac{f(x)-f(-1)}{x-(-1)}$

$=\lim\limits_{x\to-1+}\dfrac{(-x^3+bx^2+x+1)-(1+b)}{x-(-1)}$

$=\lim\limits_{x\to-1+}\dfrac{-(x^2-1)(x-b)}{x+1}$

$=\lim\limits_{x\to-1+}\{-(x-1)(x-b)\}$

$=-2(b+1)$

$x+2=t$로 놓으면 $x\to-1-$일 때 $t\to 1-$이므로

$\lim\limits_{x\to-1-}\dfrac{f(x)-f(-1)}{x-(-1)}$

$=\lim\limits_{t\to1-}\dfrac{f(t-2)-f(-1)}{t-1}$

$=\lim\limits_{t\to1-}\dfrac{f(t)-f(-1)}{t-1}$

$=\lim\limits_{t\to1-}\dfrac{(-t^3+bt^2+t+1)-(1+b)}{t-1}$

$=\lim\limits_{t\to1-}\dfrac{-(t^2-1)(t-b)}{t-1}$

$=\lim\limits_{t\to1-}\{-(t+1)(t-b)\}$

$=2(b-1)$

즉, $-2(b+1)=2(b-1)$이므로 $b=0$

따라서 $f(x)=-x^3+x+1$이므로 $f'(x)=-3x^2+1$

$\therefore f(101)+f'(101)=f(2\cdot51-1)+f'(2\cdot51-1)$

$\qquad\qquad\qquad\quad =f(-1)+f'(-1)$

$\qquad\qquad\qquad\quad =1+(-2)=-1$

답 -1

0335 $f(x)=\begin{cases} x+1 & (-2\leq x<0) \\ 0 & (x=0) \\ x-1 & (0<x\leq 2) \end{cases}$

$g(x)=\begin{cases} -1 & (-2\leq x\leq -1) \\ x & (-1<x<0,\ 0<x<1) \\ 1 & (x=0,\ 1\leq x\leq 2) \end{cases}$

ㄱ. $f(x)+g(x)=\begin{cases}2x+1 & (-1\leq x\leq 0) \\ 2x-1 & (0<x\leq 1)\end{cases}$ 에서

$\lim_{x\to 0+}\{f(x)+g(x)\}=\lim_{x\to 0+}(2x-1)=-1$

$\lim_{x\to 0-}\{f(x)+g(x)\}=\lim_{x\to 0-}(2x+1)=1$

이므로 $f(x)+g(x)$는 $x=0$에서 불연속이고 미분가능하지 않다.

ㄴ. $f(x)g(x)=\begin{cases}-x-1 & (-2\leq x\leq -1) \\ x^2+x & (-1<x\leq 0)\end{cases}$ 에서

$\lim_{x\to -1}f(x)g(x)=f(-1)g(-1)=0$이므로 $f(x)g(x)$는 $x=-1$에서 연속이다.

$\lim_{x\to -1+}\dfrac{f(x)g(x)-f(-1)g(-1)}{x-(-1)}$

$=\lim_{x\to -1+}\dfrac{x^2+x}{x+1}=\lim_{x\to -1+}\dfrac{x(x+1)}{x+1}$

$=\lim_{x\to -1+}x=-1$

$\lim_{x\to -1-}\dfrac{f(x)g(x)-f(-1)g(-1)}{x-(-1)}$

$=\lim_{x\to -1-}\dfrac{-x-1}{x+1}=\lim_{x\to -1-}\dfrac{-(x+1)}{x+1}$

$=-1$

이므로 $f(x)g(x)$는 $x=-1$에서 미분가능하다.

ㄷ. $(f\circ g)(x)=f(g(x))=\begin{cases}x-1 & (0<x<1) \\ 0 & (1\leq x\leq 2)\end{cases}$ 에서

$\lim_{x\to 1}(f\circ g)(x)=(f\circ g)(1)=0$이므로 $(f\circ g)(x)$는 $x=1$에서 연속이다.

$\lim_{x\to 1+}\dfrac{(f\circ g)(x)-(f\circ g)(1)}{x-1}$

$=\lim_{x\to 1+}\dfrac{0}{x-1}=0$

$\lim_{x\to 1-}\dfrac{(f\circ g)(x)-(f\circ g)(1)}{x-1}$

$=\lim_{x\to 1-}\dfrac{x-1}{x-1}=1$

이므로 $(f\circ g)(x)$는 $x=1$에서 미분가능하지 않다.

따라서 옳은 것은 ㄴ, ㄷ이다.　　　　　　답 ㄴ, ㄷ

04 | 도함수의 활용 (1)

📖 교과서 문제 정/복/하/기　　　　본문 55쪽

0336 $f(x)=x^2-1$로 놓으면 $f'(x)=2x$이므로

$f'(2)=2\cdot 2=4$

따라서 구하는 접선의 방정식은

$y-3=4(x-2)$

$\therefore y=4x-5$　　　　　　답 $y=4x-5$

0337 $f(x)=2x^2-3x+7$로 놓으면 $f'(x)=4x-3$이므로

$f'(1)=4\cdot 1-3=1$

따라서 구하는 접선의 방정식은

$y-6=1\cdot(x-1)$

$\therefore y=x+5$　　　　　　답 $y=x+5$

0338 $f(x)=\dfrac{1}{3}x^3+2x^2-4$로 놓으면 $f'(x)=x^2+4x$이므로

$f'(-3)=(-3)^2+4\cdot(-3)=-3$

따라서 구하는 접선의 방정식은

$y-5=-3(x+3)$

$\therefore y=-3x-4$　　　　　　답 $y=-3x-4$

0339 $f(x)=-x^3+6x+8$로 놓으면 $f'(x)=-3x^2+6$이므로

$f'(-1)=(-3)\cdot(-1)^2+6=3$

따라서 구하는 접선의 방정식은

$y-3=3(x+1)$

$\therefore y=3x+6$　　　　　　답 $y=3x+6$

0340 $f(x)=-x^2+3x+5$로 놓으면 $f'(x)=-2x+3$

접점의 좌표를 $(t,\ -t^2+3t+5)$라 하면 접선의 기울기가 1이므로

$f'(t)=-2t+3=1$　　$\therefore t=1$

따라서 구하는 접선은 점 $(1,\ 7)$을 지나고 기울기가 1인 직선이므로

$y-7=x-1$　　$\therefore y=x+6$　　　　　　답 $y=x+6$

0341 $f(x)=\dfrac{1}{2}x^2-5x+3$으로 놓으면 $f'(x)=x-5$

접점의 좌표를 $\left(t,\ \dfrac{1}{2}t^2-5t+3\right)$이라 하면 접선의 기울기가 1이므로

$f'(t)=t-5=1$　　$\therefore t=6$

따라서 구하는 접선은 점 $(6, -9)$를 지나고 기울기가 1인 직선이므로

$$y+9=x-6 \qquad \therefore y=x-15$$

답 $y=x-15$

0342 $f(x)=x^3-2x$로 놓으면 $f'(x)=3x^2-2$
접점의 좌표를 (t, t^3-2t)라 하면 접선의 기울기가 1이므로

$$f'(t)=3t^2-2=1 \qquad \therefore t=\pm1$$

(i) $t=1$일 때

점 $(1, -1)$을 지나고 기울기가 1인 직선이므로

$$y+1=x-1 \qquad \therefore y=x-2$$

(ii) $t=-1$일 때

점 $(-1, 1)$을 지나고 기울기가 1인 직선이므로

$$y-1=x+1 \qquad \therefore y=x+2$$

따라서 구하는 접선의 방정식은 $y=x-2$, $y=x+2$이다.

답 $y=x-2,\ y=x+2$

0343 $f(x)=-x^3+4x$로 놓으면 $f'(x)=-3x^2+4$이므로

$$f'(2)=(-3)\cdot2^2+4=-8$$

따라서 점 $(2, 0)$에서의 접선에 수직인 직선의 기울기는 $\dfrac{1}{8}$이므로 구하는 직선의 방정식은

$$y-0=\frac{1}{8}(x-2)$$

$$\therefore y=\frac{1}{8}x-\frac{1}{4}$$

답 $y=\dfrac{1}{8}x-\dfrac{1}{4}$

0344 $f(x)=x^3+5$로 놓으면 $f'(x)=3x^2$
접점의 좌표를 (t, t^3+5)라 하면 직선 $y=3x+1$에 평행한 접선의 기울기는 3이므로

$$f'(t)=3t^2=3 \qquad \therefore t=\pm1$$

(i) $t=1$일 때

점 $(1, 6)$을 지나고 기울기가 3인 직선이므로

$$y-6=3(x-1) \qquad \therefore y=3x+3$$

(ii) $t=-1$일 때

점 $(-1, 4)$를 지나고 기울기가 3인 직선이므로

$$y-4=3(x+1) \qquad \therefore y=3x+7$$

따라서 구하는 접선의 방정식은 $y=3x+3$, $y=3x+7$이다.

답 $y=3x+3,\ y=3x+7$

0345 $f(x)=x^2-x$로 놓으면 $f'(x)=2x-1$
접점의 좌표를 (t, t^2-t)라 하면 이 점에서의 접선의 기울기는 $f'(t)=2t-1$이므로 접선의 방정식은

$$y-(t^2-t)=(2t-1)(x-t)$$

$$\therefore y=(2t-1)x-t^2 \qquad\qquad \cdots\cdots\ \unicode{x29F8}$$

이 직선이 점 $(1, -1)$을 지나므로

$$-1=-t^2+2t-1,\ t^2-2t=0$$

$$t(t-2)=0 \qquad \therefore t=0\ \text{또는}\ t=2 \qquad \cdots\cdots\ \unicode{x29F8}\unicode{x29F8}$$

$\unicode{x29F8}\unicode{x29F8}$을 각각 $\unicode{x29F8}$에 대입하면

$$y=-x,\ y=3x-4$$

따라서 구하는 접선의 방정식은 $y=-x$, $y=3x-4$이다.

답 $y=-x,\ y=3x-4$

0346 $f(x)=x^3-x^2-2$로 놓으면 $f'(x)=3x^2-2x$
접점의 좌표를 (t, t^3-t^2-2)라 하면 이 점에서의 접선의 기울기는 $f'(t)=3t^2-2t$이므로 접선의 방정식은

$$y-(t^3-t^2-2)=(3t^2-2t)(x-t)$$

$$\therefore y=(3t^2-2t)x-2t^3+t^2-2 \qquad \cdots\cdots\ \unicode{x29F8}$$

이 직선이 점 $(-1, 2)$를 지나므로

$$2=-2t^3-2t^2+2t-2,\ t^3+t^2-t+2=0$$

$$(t+2)(t^2-t+1)=0 \qquad \therefore t=-2$$

이것을 $\unicode{x29F8}$에 대입하면

$$y=16x+18$$

따라서 구하는 접선의 방정식은 $y=16x+18$이다.

답 $y=16x+18$

0347 함수 $f(x)=x^2-4x$는 닫힌구간 $[-1, 5]$에서 연속이고 열린구간 $(-1, 5)$에서 미분가능하며 $f(-1)=f(5)=5$이므로 롤의 정리에 의하여 $f'(c)=0$인 c가 열린구간 $(-1, 5)$에 적어도 하나 존재한다.
이때 $f'(x)=2x-4$이므로

$$f'(c)=2c-4=0 \qquad \therefore c=2$$

답 2

0348 함수 $f(x)=3x-x^2$은 닫힌구간 $[1, 2]$에서 연속이고 열린구간 $(1, 2)$에서 미분가능하며 $f(1)=f(2)=2$이므로 롤의 정리에 의하여 $f'(c)=0$인 c가 열린구간 $(1, 2)$에 적어도 하나 존재한다.
이때 $f'(x)=3-2x$이므로

$$f'(c)=3-2c=0 \qquad \therefore c=\frac{3}{2}$$

답 $\dfrac{3}{2}$

0349 함수 $f(x)=x^3-x^2-5x-4$는 닫힌구간 $[-1, 3]$에서 연속이고 열린구간 $(-1, 3)$에서 미분가능하며 $f(-1)=f(3)=-1$이므로 롤의 정리에 의하여 $f'(c)=0$인 c가 열린구간 $(-1, 3)$에 적어도 하나 존재한다.
이때 $f'(x)=3x^2-2x-5$이므로

$$f'(c)=3c^2-2c-5=0$$

$$(3c-5)(c+1)=0 \qquad \therefore c=\frac{5}{3}\ (\because -1<c<3)$$

따라서 실수 c의 개수는 1이다.

답 1

0350 함수 $f(x)=x^2$은 닫힌구간 $[1, 3]$에서 연속이고 열린구간 $(1, 3)$에서 미분가능하므로 평균값 정리에 의하여

$$\frac{f(3)-f(1)}{3-1}=f'(c)$$인 c가 1과 3 사이에 적어도 하나 존재한다.

이때 $f'(x)=2x$이므로 $\dfrac{9-1}{3-1}=2c$

$2c=4$ $\therefore c=2$ 답 **2**

0351 함수 $f(x)=x^2-2x$는 닫힌구간 $[1,\,5]$에서 연속이고 열린구간 $(1,\,5)$에서 미분가능하므로 평균값 정리에 의하여 $\dfrac{f(5)-f(1)}{5-1}=f'(c)$인 c가 1과 5 사이에 적어도 하나 존재한다.

이때 $f'(x)=2x-2$이므로 $\dfrac{15-(-1)}{5-1}=2c-2$

$2c-2=4$ $\therefore c=3$ 답 **3**

0352 함수 $f(x)=\dfrac{1}{3}x^3-x^2$은 닫힌구간 $[-3,\,3]$에서 연속이고 열린구간 $(-3,\,3)$에서 미분가능하므로 평균값 정리에 의하여 $\dfrac{f(3)-f(-3)}{3-(-3)}=f'(c)$인 c가 -3과 3 사이에 적어도 하나 존재한다.

이때 $f'(x)=x^2-2x$이므로 $\dfrac{0-(-18)}{3-(-3)}=c^2-2c$

$c^2-2c-3=0,\ (c+1)(c-3)=0$

$\therefore c=-1\ (\because -3<c<3)$

따라서 실수 c의 개수는 1이다. 답 **1**

🖋 유형 익/히/기

본문 56~62쪽

0353 $f(x)=x^3+ax^2+b$로 놓으면 $f'(x)=3x^2+2ax$

점 $(2,\,6)$이 곡선 $y=f(x)$ 위의 점이므로

$f(2)=8+4a+b=6$

$\therefore 4a+b=-2$ $\cdots\cdots$ ㉠

점 $(2,\,6)$에서의 접선의 기울기가 8이므로

$f'(2)=12+4a=8$ $\therefore a=-1$

이것을 ㉠에 대입하면 $b=2$

$\therefore a+b=-1+2=1$ 답 **1**

0354 곡선 $y=f(x)$ 위의 점 $(2,\,f(2))$에서의 접선의 기울기가 -3이므로 $f'(2)=-3$

$$\therefore \lim_{h\to 0}\dfrac{f(2+5h)-f(2)}{h}=\lim_{h\to 0}\dfrac{f(2+5h)-f(2)}{5h}\cdot 5$$

$$=5f'(2)$$

$$=5\cdot(-3)=-15$$ 답 -15

0355 $f(x)=x^3+3ax^2+bx+c$로 놓으면

$f'(x)=3x^2+6ax+b$

점 $(-1,\,1)$이 곡선 $y=f(x)$ 위의 점이므로

$f(-1)=-1+3a-b+c=1$

$\therefore 3a-b+c=2$ $\cdots\cdots$ ㉠

점 $(-1,\,1)$에서의 접선의 기울기가 15이므로

$f'(-1)=3-6a+b=15$

$\therefore -6a+b=12$ $\cdots\cdots$ ㉡

x좌표가 2인 점에서의 접선의 기울기가 6이므로

$f'(2)=12+12a+b=6$

$\therefore 12a+b=-6$ $\cdots\cdots$ ㉢

㉡, ㉢을 연립하여 풀면 $a=-1,\ b=6$

이것을 ㉠에 대입하면 $c=11$

$\therefore a-b+c=-1-6+11=4$ 답 **4**

0356 $f(x)=-x^3+9x^2-20x+1$로 놓으면

$f'(x)=-3x^2+18x-20=-3(x-3)^2+7$이므로

$f'(x)$는 $x=3$일 때 최댓값 7을 갖는다.

$\therefore M=7$

이때 $f(3)=-27+81-60+1=-5$이므로 접점의 좌표는 $(3,\,-5)$이다.

$\therefore p=3,\ q=-5$

$\therefore p+q+M=3+(-5)+7=5$ 답 **5**

0357 $f(x)=x^3-x^2+ax+2$로 놓으면 $f'(x)=3x^2-2x+a$

점 $(1,\,3)$이 곡선 $y=f(x)$ 위의 점이므로

$f(1)=1-1+a+2=3$ $\therefore a=1$

점 $(1,\,3)$에서의 접선의 기울기는

$f'(1)=3-2+1=2$

따라서 점 $(1,\,3)$을 지나고 기울기가 2인 접선의 방정식은

$y-3=2(x-1)$ $\therefore y=2x+1$

$\therefore b=2,\ c=1$

$\therefore abc=1\cdot 2\cdot 1=2$ 답 ②

0358 $f(x)=-3x^2+7x-4$로 놓으면 $f'(x)=-6x+7$

점 $(0,\,-4)$에서의 접선의 기울기는 $f'(0)=7$이므로 직선 l의 방정식은

$y+4=7x$ $\therefore y=7x-4$ $\cdots\cdots$ ㉠

또, 점 $(2,\,-2)$에서의 접선의 기울기는 $f'(2)=-5$이므로 직선 m의 방정식은

$y+2=-5(x-2)$ $\therefore y=-5x+8$ $\cdots\cdots$ ㉡

㉠, ㉡을 연립하여 풀면

$x=1,\ y=3$

따라서 두 직선 $l,\ m$의 교점의 좌표는 $(1,\,3)$이다. 답 $(1,\,3)$

0359 $f(0)=f(3)=f(4)=a$ (a는 상수)라 하면
$f(x)$는 최고차항의 계수가 1인 삼차식이므로
$f(x)=x(x-3)(x-4)+a$로 놓을 수 있다.
이때 점 $(2, -1)$이 곡선 $y=f(x)$ 위의 점이므로
$f(2)=2\cdot(-1)\cdot(-2)+a=-1$ $\quad\therefore a=-5$
따라서 $f(x)=x(x-3)(x-4)-5=x^3-7x^2+12x-5$이므로
$f'(x)=3x^2-14x+12$에서 $f'(2)=-4$
따라서 점 $(2, -1)$을 지나고 기울기가 -4인 접선의 방정식은
$y+1=-4(x-2)$ $\quad\therefore y=-4x+7$ **답 $y=-4x+7$**

0360 $\lim\limits_{x\to-1}\dfrac{f(x)-3}{x+1}=-2$에서 $x\to-1$일 때, (분모) $\to 0$
이고 극한값이 존재하므로 (분자) $\to 0$이어야 한다.
즉, $\lim\limits_{x\to-1}\{f(x)-3\}=0$이므로 $f(-1)=3$

$\qquad\qquad\qquad\qquad\qquad\qquad\qquad\qquad$ ㉮

$\therefore \lim\limits_{x\to-1}\dfrac{f(x)-3}{x+1}=\lim\limits_{x\to-1}\dfrac{f(x)-f(-1)}{x-(-1)}$
$\qquad\qquad\qquad\qquad=f'(-1)=-2$

$\qquad\qquad\qquad\qquad\qquad\qquad\qquad\qquad$ ㉯

따라서 곡선 $y=f(x)$ 위의 점 $(-1, f(-1))$에서의 접선의 기울기는 -2이므로 점 $(-1, 3)$에서의 접선의 방정식은
$y-3=-2(x+1)$ $\quad\therefore y=-2x+1$

$\qquad\qquad\qquad\qquad\qquad\qquad\qquad\qquad$ ㉰

따라서 $a=-2$, $b=1$이므로
$a+b=-1$

$\qquad\qquad\qquad\qquad\qquad\qquad\qquad\qquad$ ㉱

$\qquad\qquad\qquad\qquad\qquad\qquad\qquad$ **답 -1**

단계	채점요소	배점
㉮	$f(-1)$의 값 구하기	30%
㉯	$f'(-1)$의 값 구하기	30%
㉰	접선의 방정식 구하기	30%
㉱	$a+b$의 값 구하기	10%

0361 $f(x)=x(x+1)(2-x)$로 놓으면
$f'(x)=(x+1)(2-x)+x(2-x)-x(x+1)$
$\qquad\quad=-3x^2+2x+2$
점 $(2, 0)$에서의 접선의 기울기는
$f'(2)=-12+4+2=-6$
이므로 이 점에서의 접선과 수직인 직선의 기울기는 $\dfrac{1}{6}$이다.
따라서 구하는 직선의 방정식은
$y-0=\dfrac{1}{6}(x-2)$ $\quad\therefore y=\dfrac{1}{6}x-\dfrac{1}{3}$
따라서 $m=\dfrac{1}{6}$, $n=-\dfrac{1}{3}$이므로 $m+n=-\dfrac{1}{6}$ **답 ③**

0362 $f(x)=2x-\dfrac{1}{3}x^3$으로 놓으면 $f'(x)=2-x^2$
접점의 좌표를 $\left(\alpha, 2\alpha-\dfrac{1}{3}\alpha^3\right)$이라 하면 직선 $x-2y+10=0$,
즉 $y=\dfrac{1}{2}x+5$와 수직인 접선의 기울기는 -2이므로
$f'(\alpha)=2-\alpha^2=-2$, $\alpha^2=4$ $\quad\therefore \alpha=-2$ 또는 $\alpha=2$
따라서 접점의 좌표는 $\left(-2, -\dfrac{4}{3}\right)$, $\left(2, \dfrac{4}{3}\right)$이므로 구하는 직선의 방정식은
$y+\dfrac{4}{3}=-2(x+2)$, $y-\dfrac{4}{3}=-2(x-2)$
$\therefore y=-2x-\dfrac{16}{3}$, $y=-2x+\dfrac{16}{3}$

$\qquad$ **답 $y=-2x-\dfrac{16}{3}$, $y=-2x+\dfrac{16}{3}$**

0363 $f(x)=x^3-ax$, $g(x)=x^2+bx+c$로 놓으면
$f'(x)=3x^2-a$, $g'(x)=2x+b$
두 곡선이 점 $(1, -1)$에서 만나므로
$f(1)=1-a=-1$ $\quad\therefore a=2$ $\qquad$ ……㉠
$g(1)=1+b+c=-1$ $\quad\therefore b+c=-2$ $\quad$ ……㉡
또, 점 $(1, -1)$에서의 두 접선이 서로 수직이므로
$f'(1)g'(1)=-1$에서
$(3-a)(2+b)=-1$ $\qquad\qquad\qquad$ ……㉢
㉠을 ㉢에 대입하면 $b=-3$
이것을 ㉡에 대입하면 $c=1$
$\therefore abc=-6$ $\qquad\qquad\qquad\qquad$ **답 -6**

0364 $f(x)=x^3+kx^2-3$으로 놓으면 $f'(x)=3x^2+2kx$
$f'(-1)=3-2k$, $f'(1)=3+2k$
x좌표가 -1인 점에서의 접선과 x좌표가 1인 점에서의 접선이 서로 수직이므로
$f'(-1)f'(1)=-1$에서 $(3-2k)(3+2k)=-1$
$9-4k^2=-1$, $k^2=\dfrac{5}{2}$
$\therefore k=\dfrac{\sqrt{10}}{2}$ ($\because k$는 양수) $\qquad$ **답 ④**

0365 $f(x)=x^3-4x^2+5$로 놓으면 $f'(x)=3x^2-8x$
점 $(1, 2)$에서의 접선의 기울기는 $f'(1)=-5$이므로 접선의 방정식은
$y-2=-5(x-1)$ $\quad\therefore y=-5x+7$
이 직선이 곡선과 만나는 점의 x좌표는
$-5x+7=x^3-4x^2+5$에서
$x^3-4x^2+5x-2=0$, $(x-1)^2(x-2)=0$
$\therefore x=1$ 또는 $x=2$
따라서 구하는 점의 좌표는 $(2, -3)$이므로
$a=2$, $b=-3$ $\quad\therefore a-b=5$ $\qquad$ **답 5**

0366 $f(x)=-x^3+3x^2+x-7$로 놓으면
$f'(x)=-3x^2+6x+1$
점 $\mathrm{P}(2,\ -1)$에서의 접선의 기울기는 $f'(2)=1$이므로 접선의
방정식은
$y+1=x-2$ $\quad\therefore y=x-3$
이때 점 Q의 좌표는 $(3,\ 0)$이다.
또, 직선 $y=x-3$이 주어진 곡선과 만나는 점의 x좌표는
$x-3=-x^3+3x^2+x-7$에서
$x^3-3x^2+4=0,\ (x-2)^2(x+1)=0$
$\therefore x=2$ 또는 $x=-1$
따라서 점 R의 좌표는 $(-1,\ -4)$이므로
$\overline{\mathrm{PQ}}=\sqrt{(3-2)^2+(0+1)^2}=\sqrt{2}$
$\overline{\mathrm{PR}}=\sqrt{(-1-2)^2+(-4+1)^2}=3\sqrt{2}$
$\therefore \overline{\mathrm{PQ}}:\overline{\mathrm{PR}}=\sqrt{2}:3\sqrt{2}=1:3$ 답 ②

0367 $f(x)=\dfrac{1}{3}x^3-2x^2+\dfrac{4}{3}x$로 놓으면
$f'(x)=x^2-4x+\dfrac{4}{3}$
점 $\mathrm{O}(0,\ 0)$에서의 접선의 기울기는 $f'(0)=\dfrac{4}{3}$이므로 접선의 방
정식은 $y=\dfrac{4}{3}x$
이 직선이 주어진 곡선과 만나는 점의 x좌표는
$\dfrac{4}{3}x=\dfrac{1}{3}x^3-2x^2+\dfrac{4}{3}x$에서 $x^3-6x^2=0,\ x^2(x-6)=0$
$\therefore x=0$ 또는 $x=6$
따라서 점 A의 좌표는 $(6,\ 8)$이고, 점 M은 $\overline{\mathrm{OA}}$의 중점이므로
$\overline{\mathrm{OM}}=\dfrac{1}{2}\overline{\mathrm{OA}}=\dfrac{\sqrt{6^2+8^2}}{2}=5$ 답 **5**

0368 $f(x)=3x^2-4x+1$로 놓으면 $f'(x)=6x-4$
접점의 좌표를 $(\alpha,\ 3\alpha^2-4\alpha+1)$이라 하면 직선 $x+y-3=0$,
즉 $y=-x+3$에 평행한 직선의 기울기는 -1이므로
$f'(\alpha)=6\alpha-4=-1$ $\quad\therefore \alpha=\dfrac{1}{2}$
따라서 접점의 좌표는 $\left(\dfrac{1}{2},\ -\dfrac{1}{4}\right)$이므로 구하는 직선의 방정식은
$y+\dfrac{1}{4}=-\left(x-\dfrac{1}{2}\right)$ $\quad\therefore y=-x+\dfrac{1}{4}$ 답 ②

0369 $f(x)=x^3-4x+a$로 놓으면 $f'(x)=3x^2-4$
점 P의 좌표를 $(t,\ t^3-4t+a)$라 하면
접선의 기울기는 $f'(t)=3t^2-4$이므로 접선의 방정식은
$y-(t^3-4t+a)=(3t^2-4)(x-t)$
$\therefore y=(3t^2-4)x-2t^3+a$
이 직선이 직선 $y=-x+b$와 일치해야 하므로
$3t^2-4=-1,\ t^2=1$ $\quad\therefore t=1$ 또는 $t=-1$ $\quad\cdots\cdots$ ㉠
$-2t^3+a=b$ $\qquad\qquad\qquad\qquad\qquad\cdots\cdots$ ㉡

이대 점 P는 제1사분면 위의 점이므로 ㉠에서 $t=1$
$t=1$을 ㉡에 대입하면 $-2+a=b$
$\therefore a-b=2$ 답 **2**

0370 $f(x)=x^3+6x^2+7x-1$로 놓으면
$f'(x)=3x^2+12x+7$
접점의 좌표를 $(\alpha,\ \alpha^3+6\alpha^2+7\alpha-1)$이라 하면 접선의 기울기가
-5이므로
$f'(\alpha)=3\alpha^2+12\alpha+7=-5$
$3\alpha^2+12\alpha+12=0,\ \alpha^2+4\alpha+4=0$
$(\alpha+2)^2=0$ $\quad\therefore \alpha=-2$
즉, 접점의 좌표는 $(-2,\ 1)$이므로 접선의 방정식은
$y-1=-5(x+2)$ $\quad\therefore y=-5x-9$
따라서 구하는 y절편은 -9이다. 답 -9

0371 $f(x)=-x^2+3x+2$로 놓으면 $f'(x)=-2x+3$
접점의 좌표를 $(\alpha,\ -\alpha^2+3\alpha+2)$라 하면 접선의 기울기는
$\tan 45°=1$이므로
$f'(\alpha)=-2\alpha+3=1$ $\quad\therefore \alpha=1$
따라서 접점의 좌표는 $(1,\ 4)$이다. 답 $(1,\ 4)$

0372 $f(x)=x^3-3x^2-9x+a$로 놓으면 $f'(x)=3x^2-6x-9$
접점의 좌표를 $(t,\ t^3-3t^2-9t+a)$라 하면 이 점에서의 접선의
기울기는 $f'(t)=3t^2-6t-9$이므로 접선의 방정식
$y-(t^3-3t^2-9t+a)=(3t^2-6t-9)(x-t)$
$\therefore y=(3t^2-6t-9)x-2t^3+3t^2+a$
이 직선이 직선 $y=-12x+11$과 일치해야 하므로
$3t^2-6t-9=-12$ $\qquad\qquad\qquad\qquad\cdots\cdots$ ㉠
$-2t^3+3t^2+a=11$ $\qquad\qquad\qquad\qquad\cdots\cdots$ ㉡
㉠에서 $3t^2-6t+3=0,\ t^2-2t+1=0$
$(t-1)^2=0$ $\quad\therefore t=1$
$t=1$을 ㉡에 대입하면 $-2+3+a=11$
$\therefore a=10$ 답 ④

0373 곡선 $y=x^2-4x+a$와 직선 $y=-2x+1$의 접점의
x좌표가 t이므로 $x=t$일 때 접선의 기울기는 -2이다.
$f(x)=x^2-4x+a$로 놓으면 $f'(x)=2x-4$이므로
$f'(t)=2t-4=-2$ $\quad\therefore t=1$
따라서 접점의 좌표가 $(1,\ -1)$이므로 $x=1,\ y=-1$을
$y=x^2-4x+a$에 대입하면
$-1=1-4+a$ $\quad\therefore a=2$
$\therefore at=2\cdot1=2$ 답 **2**

0374 $f(x)=x^3+ax+3$으로 놓으면 $f'(x)=3x^2+a$
곡선 $y=f(x)$ 위의 점 $(-1,\ c)$에서 직선 $y=4x+b$와 접하므로

$f(-1)=-1-a+3=c$ …… ㉠

$f'(-1)=3+a=4$ …… ㉡

㉠, ㉡에서 $a=1$, $c=1$

따라서 점 $(-1, 1)$에서의 접선의 방정식은

$y-1=4(x+1)$ $\therefore y=4x+5$

$\therefore b=5$

$\therefore abc=1\cdot5\cdot1=5$ 답 ④

0375 $f(x)=x^3+ax^2+2ax+1$로 놓으면

$f'(x)=3x^2+2ax+2a$

접점의 좌표를 $(t, t^3+at^2+2at+1)$이라 하면 이 점에서의 접선의 기울기는 $f'(t)=3t^2+2at+2a$이므로 접선의 방정식은

$y-(t^3+at^2+2at+1)=(3t^2+2at+2a)(x-t)$

$\therefore y=(3t^2+2at+2a)x-2t^3-at^2+1$

이 직선이 직선 $y=3x+1$과 일치해야 하므로

$3t^2+2at+2a=3$ …… ㉠

$-2t^3-at^2+1=1$ …… ㉡

㉡에서 $t^2(2t+a)=0$ $\therefore t=0$ 또는 $t=-\dfrac{a}{2}$

(i) $t=0$일 때, ㉠에 대입하면 $a=\dfrac{3}{2}$

(ii) $t=-\dfrac{a}{2}$일 때, ㉠에 대입하면

$3\cdot\left(-\dfrac{a}{2}\right)^2+2a\cdot\left(-\dfrac{a}{2}\right)+2a=3$

$a^2-8a+12=0$, $(a-2)(a-6)=0$

$\therefore a=2$ 또는 $a=6$

(i), (ii)에서 모든 상수 a의 값의 곱은 $\dfrac{3}{2}\cdot2\cdot6=18$ 답 **18**

0376 $f(x)=x^3-x+3$으로 놓으면 $f'(x)=3x^2-1$

접점의 좌표를 (t, t^3-t+3)이라 하면 이 점에서의 접선의 기울기는 $f'(t)=3t^2-1$이므로 접선의 방정식은

$y-(t^3-t+3)=(3t^2-1)(x-t)$

$\therefore y=(3t^2-1)x-2t^3+3$ …… ㉠

이 직선이 점 $(0, 1)$을 지나므로

$1=-2t^3+3$, $t^3=1$ $\therefore t=1$

$t=1$을 ㉠에 대입하면 접선의 방정식은 $y=2x+1$

따라서 구하는 y절편은 1이다.   답 **1**

0377 $f(x)=x^2+x$로 놓으면 $f'(x)=2x+1$

접점의 좌표를 (t, t^2+t)라 하면 이 점에서의 접선의 기울기는 $f'(t)=2t+1$이므로 접선의 방정식은

$y-(t^2+t)=(2t+1)(x-t)$

$\therefore y=(2t+1)x-t^2$

이 직선이 점 $(-1, -1)$을 지나므로

$-1=-(2t+1)-t^2$, $t^2+2t=0$

$t(t+2)=0$ $\therefore t=0$ 또는 $t=-2$

따라서 두 접선의 기울기의 곱은

$f'(0)f'(-2)=1\cdot(-3)=-3$ 답 **-3**

0378 $f(x)=x^3-5x^2+6x$로 놓으면 $f'(x)=3x^2-10x+6$

접점의 좌표를 (t, t^3-5t^2+6t)라 하면 이 점에서의 접선의 기울기는 $f'(t)=3t^2-10t+6$이므로 접선의 방정식은

$y-(t^3-5t^2+6t)=(3t^2-10t+6)(x-t)$

$\therefore y=(3t^2-10t+6)x-2t^3+5t^2$ …… ㉠

이 직선이 점 $(-1, 4)$를 지나므로

$4=-(3t^2-10t+6)-2t^3+5t^2$, $-2t^3+2t^2+10t-10=0$

$t^3-t^2-5t+5=0$, $(t-1)(t^2-5)=0$

그런데 접선의 기울기가 유리수이므로 $t=1$

$t=1$을 ㉠에 대입하면 접선의 방정식은 $y=-x+3$

따라서 $a=-1$, $b=3$이므로

$ab=-3$ 답 ③

0379 $f(x)=\dfrac{1}{4}x^2+1$로 놓으면 $f'(x)=\dfrac{1}{2}x$

접점의 좌표를 $\left(t, \dfrac{1}{4}t^2+1\right)$이라 하면 이 점에서의 접선의 기울기는 $f'(t)=\dfrac{1}{2}t$이므로 접선의 방정식은

$y-\left(\dfrac{1}{4}t^2+1\right)=\dfrac{1}{2}t(x-t)$

$\therefore y=\dfrac{1}{2}tx-\dfrac{1}{4}t^2+1$

이 직선이 점 $(0, a)$를 지나므로 $a=-\dfrac{1}{4}t^2+1$

$\therefore t^2+4(a-1)=0$ …… ㉠

이차방정식 ㉠의 두 근을 t_1, t_2라 하면 두 접선의 기울기는 $\dfrac{1}{2}t_1$, $\dfrac{1}{2}t_2$이고 두 접선이 서로 수직이므로

$\dfrac{1}{2}t_1\cdot\dfrac{1}{2}t_2=-1$ $\therefore t_1t_2=-4$ …… ㉡

또한, ㉠에서 이차방정식의 근과 계수의 관계에 의하여

$t_1t_2=4(a-1)$ …… ㉢

㉡, ㉢에서 $4(a-1)=-4$

$\therefore a=0$ 답 **0**

0380 $f(x)=x^3+2x^2$, $g(x)=-x^2+4$로 놓으면

$f'(x)=3x^2+4x$, $g'(x)=-2x$

두 곡선이 x좌표가 t인 점에서 공통인 접선을 갖는다고 하면

$f(t)=g(t)$에서 $t^3+2t^2=-t^2+4$

$t^3+3t^2-4=0$, $(t-1)(t+2)^2=0$

$\therefore t=1$ 또는 $t=-2$

$f'(t)=g'(t)$에서 $3t^2+4t=-2t$

$3t^2+6t=0$, $3t(t+2)=0$

$\therefore t=0$ 또는 $t=-2$

따라서 $t=-2$일 때, 즉 점 $(-2, 0)$에서 공통인 접선을 갖고
$f'(-2)=g'(-2)=4$이므로 공통인 접선의 방정식은
$y-0=4(x+2)$
$\therefore y=4x+8$ 답 ④

0381 $f(x)=x^2+ax+b$, $g(x)=-x^2+c$로 놓으면
$f'(x)=2x+a$, $g'(x)=-2x$
두 곡선 $y=f(x)$, $y=g(x)$가 점 $(1, 3)$을 지나므로
$f(1)=1+a+b=3$ $\therefore a+b=2$ …… ㉠
$g(1)=-1+c=3$ $\therefore c=4$
점 $(1, 3)$에서 두 곡선에 그은 접선의 기울기가 같으므로
$f'(1)=g'(1)$에서 $2+a=-2$ $\therefore a=-4$
이것을 ㉠에 대입하면 $b=6$
$\therefore a-b-c=-14$ 답 ①

0382 $f(x)=x^3+ax+1$, $g(x)=x^2$으로 놓으면
$f'(x)=3x^2+a$, $g'(x)=2x$
두 곡선이 x좌표가 t인 점에서 접한다고 하면
$f(t)=g(t)$에서
$t^3+at+1=t^2$ …… ㉠

─────────────────────────── ㉮

$f'(t)=g'(t)$에서
$3t^2+a=2t$ $\therefore a=2t-3t^2$ …… ㉡

─────────────────────────── ㉯

㉡을 ㉠에 대입하면
$t^3+(2t-3t^2)t+1=t^2$, $2t^3-t^2-1=0$
$(t-1)(2t^2+t+1)=0$
$\therefore t=1 \; (\because 2t^2+t+1>0)$
따라서 $t=1$을 ㉡에 대입하면 $a=-1$

─────────────────────────── ㉰

답 -1

단계	채점요소	배점
㉮	$f(t)=g(t)$임을 이용하여 식 세우기	30%
㉯	$f'(t)=g'(t)$임을 이용하여 식 세우기	30%
㉰	t와 a의 값 구하기	40%

0383 $f(x)=-\dfrac{1}{2}x^2$으로 놓으면 $f'(x)=-x$
점 $(2, -2)$에서의 접선의 기울기는 $f'(2)=-2$이므로 접선의
방정식은 $y+2=-2(x-2)$
$\therefore y=-2x+2$
오른쪽 그림과 같이 직선 $y=-2x+2$
가 x축, y축과 만나는 점의 좌표는 각
각 $(1, 0)$, $(0, 2)$이므로 구하는 도형
의 넓이는
$\dfrac{1}{2}\cdot 1\cdot 2=1$ 답 ①

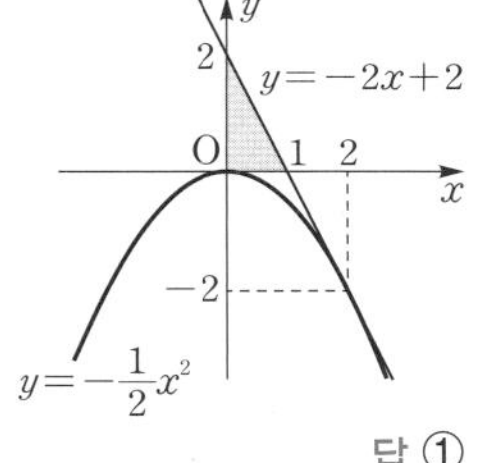

0384 $f(x)=x^3+a$로 놓으면 $f'(x)=3x^2$
$f(2)=8+a$, $f'(2)=12$이므로 x좌표가 2인 점에서의 접선의
방정식은
$y-(8+a)=12(x-2)$ $\therefore y=12x+a-16$
이때 접선 $y=12x+a-16$이 x축, y축과 만나는 점의 좌표는
각각 $\left(\dfrac{4}{3}-\dfrac{a}{12},\; 0\right)$, $(0,\; a-16)$이므로 x좌표가 2인 점에서의
접선과 x축, y축으로 둘러싸인 도형의 넓이는
$\dfrac{1}{2}\left(\dfrac{4}{3}-\dfrac{a}{12}\right)\cdot(16-a)=\dfrac{2}{3}$에서
$a^2-32a+240=0$, $(a-12)(a-20)=0$
$\therefore a=12$ 또는 $a=20$
그런데 $0<a<16$이므로 $a=12$ 답 12

0385 $f(x)=x^2+1$로 놓으면 $f'(x)=2x$
접점의 좌표를 (t, t^2+1)이라 하면 이 점에서의 접선의 기울기
는 $f'(t)=2t$이므로 접선의 방정식은
$y-(t^2+1)=2t(x-t)$
$\therefore y=2tx-t^2+1$
이 직선이 점 $(0, 0)$을 지나므로
$t^2-1=0$, $(t-1)(t+1)=0$
$\therefore t=1$ 또는 $t=-1$
따라서 두 접점의 좌표는
$(1, 2)$, $(-1, 2)$이므로 구하는 삼각형
의 넓이는 $\dfrac{1}{2}\cdot 2\cdot 2=2$ 답 ③

0386 $f(x)=-x^2-3x+4$로 놓으면 $f'(x)=-2x-3$
곡선이 x축과 만나는 점의 x좌표는
$-x^2-3x+4=0$, $(x+4)(x-1)=0$
$\therefore x=-4$ 또는 $x=1$
점 A는 x축의 음의 부분에서 만나므로 $A(-4, 0)$이다.
곡선이 y축과 만나는 점의 좌표는 $B(0, f(0))$, 즉 $B(0, 4)$이다.
이때 직선 AB의 기울기는 $\dfrac{0-4}{-4-0}=1$
한편, 직선 CD가 곡선과 만나는 접점의 좌표를 $(t, -t^2-3t+4)$
라 하면 이 점에서의 접선의 기울기는 $f'(t)=-2t-3$이고 직
선 AB의 기울기와 같으므로
$-2t-3=1$ $\therefore t=-2$
이때 접점의 좌표는 $(-2, 6)$이므로 직선 CD의 방정식은
$y-6=x+2$ $\therefore y=x+8$
따라서 $C(-8, 0)$, $D(0, 8)$이고, $\square ABDC$의 넓이는
$\triangle OCD$의 넓이에서 $\triangle OAB$의 넓이를 뺀 것과 같다.
$\therefore \square ABDC=\triangle OCD-\triangle OAB$
$\qquad =\dfrac{1}{2}\cdot 8\cdot 8-\dfrac{1}{2}\cdot 4\cdot 4=24$ 답 24

0387 $f(x)=(x+a)(x-a)=x^2-a^2$으로 놓으면
$f'(x)=2x$

곡선 $y=f(x)$가 x축과 만나는 점을 A$(-a,\,0)$, B$(a,\,0)$이라
하면 $f'(-a)=-2a$, $f'(a)=2a$
점 A$(-a,\,0)$에서의 접선의 방정
식은
$y=-2a(x+a)=-2ax-2a^2$
점 B$(a,\,0)$에서의 접선의 방정식
은
$y=2a(x-a)=2ax-2a^2$

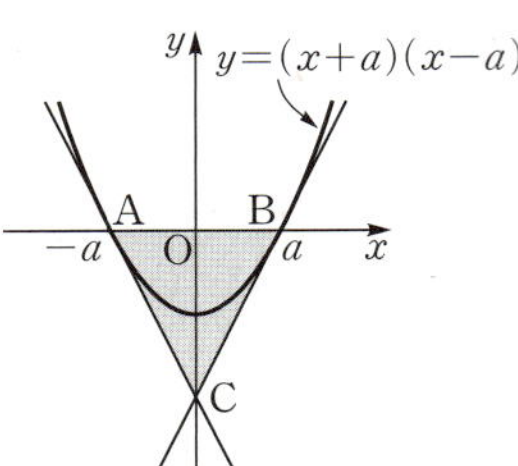

··· ㉮

두 접선의 교점을 C라 하면 점 C의 x좌표는
$-2ax-2a^2=2ax-2a^2$에서 $x=0$ $(\because a\neq 0)$
$\therefore$ C$(0,\,-2a^2)$

··· ㉯

이때 $\triangle$ACB의 넓이가 16이므로
$\dfrac{1}{2}\cdot\overline{AB}\cdot\overline{OC}=\dfrac{1}{2}\cdot 2a\cdot 2a^2=16$
$2a^3=16,\ a^3=8$
$\therefore a=2$

··· ㉰

답 2

단계	채점요소	배점
㉮	두 점 A, B에서의 접선의 방정식 구하기	40%
㉯	두 접선의 교점의 좌표 구하기	30%
㉰	a의 값 구하기	30%

0388 $f(x)=a(x-1)^2-2=ax^2-2ax+a-2$로 놓으면
$f'(x)=2ax-2a$
점 $(0,\,a-2)$에서의 접선의 기울기는 $f'(0)=-2a$이므로 접선
의 방정식은
$y-(a-2)=-2ax$ $\qquad \therefore y=-2ax+a-2$
이때 직선 $y=-2ax+a-2$의 x절편과 y절편은
$0=-2ax+a-2$에서 $x=\dfrac{a-2}{2a}$
$y=a-2$
따라서 P$\left(\dfrac{a-2}{2a},\,0\right)$, Q$(0,\,a-2)$이므로 삼각형 OPQ의 넓이
S는
$S=\dfrac{1}{2}\cdot\left|\dfrac{a-2}{2a}\right|\cdot|a-2|=\dfrac{(a-2)^2}{4a}$
$\therefore \displaystyle\lim_{a\to 0+}aS=\lim_{a\to 0+}\dfrac{(a-2)^2}{4}=1$

답 1

0389 원의 중심을 C$(0,\,a)$, 접점을
T$(1,\,1)$이라 하면 $\overline{CT}$와 접선 l은 수직
이다.
$f(x)=x^4$으로 놓으면 $f'(x)=4x^3$
점 T$(1,\,1)$에서의 접선의 기울기는
$f'(1)=4$이므로

(직선 CT의 기울기)$=\dfrac{1-a}{1-0}=-\dfrac{1}{4}$ $\qquad\therefore a=\dfrac{5}{4}$
$\therefore$ C$\left(0,\,\dfrac{5}{4}\right)$
이때 원의 반지름의 길이 r는
$r=\overline{CT}=\sqrt{1^2+\left(1-\dfrac{5}{4}\right)^2}=\dfrac{\sqrt{17}}{4}$
따라서 원의 넓이는
$\pi r^2=\dfrac{17}{16}\pi$

답 $\dfrac{17}{16}\pi$

0390 $f(x)=x^3$으로 놓으면 $f'(x)=3x^2$
곡선 위의 점 $(1,\,1)$에서의 접선의 기울기는 $f'(1)=3$
원의 중심이 x축 위에 있으므로 중심의 좌표를 $(a,\,0)$이라 하면
두 점 $(1,\,1)$, $(a,\,0)$을 지나는 직선은 접선과 수직이다.
$\dfrac{1-0}{1-a}=-\dfrac{1}{3}$ $\qquad\therefore a=4$
이때 원의 반지름의 길이 r는 두 점 $(1,\,1)$, $(4,\,0)$ 사이의 거리
와 같으므로
$r=\sqrt{(4-1)^2+1^2}=\sqrt{10}$
따라서 구하는 원의 반지름의 길이는 $\sqrt{10}$이다.

답 $\sqrt{10}$

0391 $f(x)=-x^2+4$로 놓으면 $f'(x)=-2x$
접점의 좌표를 $(t,\,-t^2+4)$라 하면
이 점에서의 접선의 기울기는
$f'(t)=-2t$
두 점 $(t,\,-t^2+4)$, $(0,\,0)$을 지나
는 직선은 접선과 수직이므로
$\dfrac{-t^2+4}{t}=\dfrac{1}{2t},\ t^2=\dfrac{7}{2}$
$\therefore t=-\dfrac{\sqrt{14}}{2}$ 또는 $t=\dfrac{\sqrt{14}}{2}$

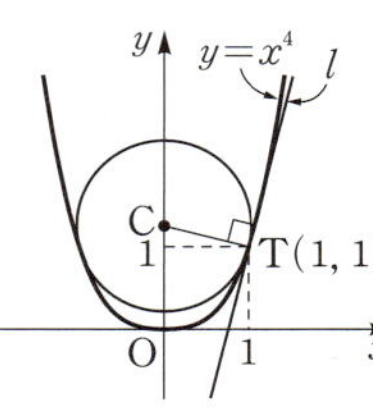

따라서 두 접점의 좌표는
$\left(-\dfrac{\sqrt{14}}{2},\,\dfrac{1}{2}\right)$, $\left(\dfrac{\sqrt{14}}{2},\,\dfrac{1}{2}\right)$

··· ㉮

이때 원의 반지름의 길이 r는 원점과 접점 사이의 거리이므로
$r=\sqrt{\left(\dfrac{\sqrt{14}}{2}\right)^2+\left(\dfrac{1}{2}\right)^2}=\dfrac{\sqrt{15}}{2}$

··· ㉯

따라서 원의 둘레의 길이는
$2\pi r=2\pi\cdot\dfrac{\sqrt{15}}{2}=\sqrt{15}\,\pi$

··· ㉰

답 $\sqrt{15}\,\pi$

단계	채점요소	배점
㉮	두 접점의 좌표 구하기	40%
㉯	원의 반지름의 길이 구하기	40%
㉰	원의 둘레의 길이 구하기	20%

0392 함수 $f(x)=(x+2)(x-3)^2$은 닫힌구간 $[-2, 3]$에서
연속이고 열린구간 $(-2, 3)$에서 미분가능하며
$f(-2)=f(3)=0$이므로 롤의 정리에 의하여
$f'(c)=0$인 c가 열린구간 $(-2, 3)$에 적어도 하나 존재한다.
이때 $f'(x)=(x-3)(3x+1)$이므로
$f'(c)=(c-3)(3c+1)=0$
$\therefore c=-\dfrac{1}{3}$ $(\because -2<c<3)$ 답 ①

0393 함수 $f(x)=-2x^2+4x$는 닫힌구간 $[-1, 3]$에서 연속
이고 열린구간 $(-1, 3)$에서 미분가능하며
$f(-1)=f(3)=-6$이므로 롤의 정리에 의하여
$f'(c)=0$인 c가 열린구간 $(-1, 3)$에 적어도 하나 존재한다.
이때 $f'(x)=-4x+4$이므로
$f'(c)=-4c+4=0$
$\therefore c=1$ 답 ④

0394 함수 $f(x)=-2x^3-4x^2+8x+3$은 닫힌구간
$[-a, a]$에서 롤의 정리를 만족시키므로 $f(-a)=f(a)$이다.
$2a^3-4a^2-8a+3=-2a^3-4a^2+8a+3$
$4a^3-16a=0,\ 4a(a-2)(a+2)=0$
$\therefore a=2$ $(\because a$는 자연수$)$
롤의 정리에 의하여 $f'(c)=0$인 c가 열린구간 $(-2, 2)$에 적어
도 하나 존재한다.
이때 $f'(x)=-6x^2-8x+8$이므로
$f'(c)=-6c^2-8c+8=-2(3c-2)(c+2)=0$
$\therefore c=\dfrac{2}{3}$ $(\because -2<c<2)$
$\therefore \dfrac{a}{c}=\dfrac{2}{\frac{2}{3}}=3$ 답 3

0395 함수 $f(x)=2x^2-4x+1$은 닫힌구간 $[1, 3]$에서 연속이
고 열린구간 $(1, 3)$에서 미분가능하므로 평균값 정리에 의하여
$\dfrac{f(3)-f(1)}{3-1}=f'(c)$
인 c가 열린구간 $(1, 3)$에 적어도 하나 존재한다.
이때 $f'(x)=4x-4$이므로 $\dfrac{7-(-1)}{3-1}=4c-4$
$4c-4=4$ $\quad\therefore c=2$ 답 2

0396 닫힌구간 $[a, b]$에서 평균값 정
리를 만족시키는 상수 c는 오른쪽 그림에
서 직선 AB의 기울기와 곡선 $y=f(x)$
의 접선의 기울기가 같은 점의 x좌표이다.
이때 직선 AB와 평행한 접선을 3개 그
을 수 있으므로 실수 c의 개수는 3이다. 답 3

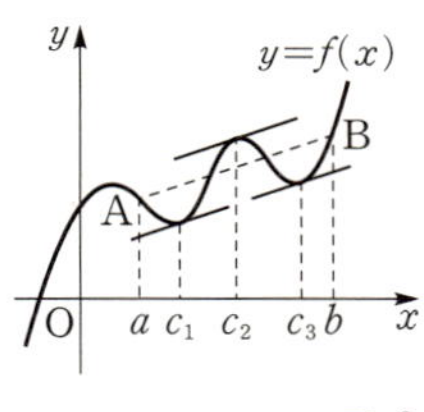

0397 $h(x)=f(x)-g(x)$라 하면 함수 $h(x)$는 닫힌구간
$[a, b]$에서 $\boxed{\text{연속}}$이고, 열린구간 (a, b)에서 $\boxed{\text{미분가능}}$하다.
$a<x<b$인 모든 실수 x에 대하여 $f'(x)=g'(x)$이므로
$h'(x)=f'(x)-g'(x)=\boxed{0}$
따라서 $h(x)$는 닫힌구간 $[a, b]$에서 상수함수이므로
$h(x)=f(x)-g(x)=k$ $(k$는 상수$)$
즉, $f(x)=g(x)+k$이다.
답 (가) **연속** (나) **미분가능** (다) **0**

0398 함수 $f(x)=-x^2+5x$에 대하여 닫힌구간 $[a, 1]$에서
평균값 정리를 만족시키는 실수 0이 존재하므로
$\dfrac{f(1)-f(a)}{1-a}=f'(0)$
이때 $f'(x)=-2x+5$이므로
$\dfrac{4-(-a^2+5a)}{1-a}=5,\ a^2=1$
$\therefore a=-1$ $(\because a<0)$ 답 ⑤

0399 $f(x)=2x^2$에서 $f'(x)=4x$
$f(x+h)-f(x)=hf'(x+\theta h)$에서
$2(x+h)^2-2x^2=4h(x+\theta h)$
$2h(2x+h)=4h(x+\theta h)$
$2x+h=2x+2\theta h$
$\therefore \theta=\dfrac{1}{2}$ $(\because h\neq 0)$ 답 ①

0400 함수 $f(x)$가 모든 실수 x에서 미분가능하므로 $f(x)$는
닫힌구간 $[x-5, x+1]$에서 연속이고 열린구간 $(x-5, x+1)$
에서 미분가능하다.
따라서 평균값 정리에 의하여
$\dfrac{f(x+1)-f(x-5)}{(x+1)-(x-5)}=f'(c)$ $(x-5<c<x+1)$
인 c가 적어도 하나 존재한다.
이때 $x\to\infty$이면 $c\to\infty$이므로
$$\lim_{x\to\infty}\{f(x+1)-f(x-5)\}=6\lim_{x\to\infty}\dfrac{f(x+1)-f(x-5)}{(x+1)-(x-5)}$$
$$=6\lim_{c\to\infty}f'(c)$$
$$=6\cdot(-2)=-12$$ 답 **-12**

🔖 유형 Up

0401 $f(x)=x^2$으로 놓으면 $f'(x)=2x$
곡선 $y=f(x)$의 접선 중에서 직선 $y=2x-11$과 평행한 접선의

접점의 좌표를 $(t,\ t^2)$이라 하면 이 점에서의 접선의 기울기가 2
이어야 하므로
$$f'(t)=2t=2 \qquad \therefore\ t=1$$
따라서 접점의 좌표는 $(1,\ 1)$이고, 점 $(1,\ 1)$과 직선 $y=2x-11$,
즉 $2x-y-11=0$ 사이의 거리가 구하는 최솟값이므로
$$\frac{|2-1-11|}{\sqrt{2^2+(-1)^2}}=2\sqrt{5} \qquad\qquad \text{답}\ \mathbf{2\sqrt{5}}$$

0402 $f(x)=x^3-2x$로 놓으면 $f'(x)=3x^2-2$
접점의 좌표를 $(t,\ t^3-2t)$라 하면 접선의 기울기가 10이므로
$$f'(t)=3t^2-2=10$$
$$3t^2-12=0,\ 3(t+2)(t-2)=0$$
$$\therefore\ t=-2\ \text{또는}\ t=2$$
즉, 접점의 좌표는 $(-2,\ -4),\ (2,\ 4)$이다.
따라서 두 점 A, B 사이의 거리는
$$\sqrt{(2+2)^2+(4+4)^2}=4\sqrt{5} \qquad\qquad \text{답}\ \mathbf{4\sqrt{5}}$$

0403 $f(x)=x^3-3x^2+2$로 놓으면 $f'(x)=3x^2-6x$
접점의 좌표를 $(t,\ t^3-3t^2+2)$라 하면 접선의 기울기가 9이므로
$$f'(t)=3t^2-6t=9$$
$$t^2-2t-3=0,\ (t+1)(t-3)=0$$
$$\therefore\ t=-1\ \text{또는}\ t=3$$
따라서 접점의 좌표는 $(-1,\ -2),\ (3,\ 2)$이므로 두 접선의 방
정식은
$$y+2=9(x+1) \qquad \therefore\ 9x-y+7=0 \qquad \cdots\cdots\ \bigcirc$$
$$y-2=9(x-3) \qquad \therefore\ 9x-y-25=0 \qquad \cdots\cdots\ \bigcirc\!\!\bigcirc$$
두 직선 $\bigcirc$, $\bigcirc\!\!\bigcirc$ 사이의 거리는 직선 $\bigcirc$ 위의 점 $(0,\ 7)$과 직선 $\bigcirc\!\!\bigcirc$
사이의 거리와 같으므로
$$\frac{|0-7-25|}{\sqrt{9^2+(-1)^2}}=\frac{32}{\sqrt{82}}=\frac{16\sqrt{82}}{41} \qquad\qquad \text{답}\ ②$$

0404 $f(x)=x^2+5x+8$로 놓으면 $f'(x)=2x+5$
직선 AB의 기울기는 $\dfrac{1-(-5)}{-5-1}=-1$이므로
직선 AB의 방정식은
$$y+5=-(x-1) \qquad \therefore\ x+y+4=0$$
곡선의 접점 중에서 직선 AB와 평행한 접선의 접점의 좌표를
$(t,\ t^2+5t+8)$이라 하면 이 점에서의 접선의 기울기가 -1이어
야 하므로
$$f'(t)=2t+5=-1 \qquad \therefore\ t=-3$$
따라서 접점의 좌표는 $(-3,\ 2)$이므로 $\mathrm{P}(-3,\ 2)$일 때 삼각형
ABP의 넓이가 최소이다.
직선 AB와 점 P 사이의 거리는
$$\frac{|-3+2+4|}{\sqrt{1^2+1^2}}=\frac{3}{\sqrt{2}}=\frac{3\sqrt{2}}{2}$$

이때 $\overline{\mathrm{AB}}=\sqrt{(1+5)^2+(-5-1)^2}=6\sqrt{2}$이므로
삼각형 ABP의 넓이의 최솟값은
$$\frac{1}{2}\cdot 6\sqrt{2}\cdot\frac{3\sqrt{2}}{2}=9 \qquad\qquad \text{답}\ \mathbf{9}$$

0405 $f(x)=x^3-4x^2+1$로 놓으면 $f'(x)=3x^2-8x$
접점의 좌표를 $(t,\ t^3-4t^2+1)$이라 하면 이 점에서의 접선의 기
울기는 $f'(t)=3t^2-8t$이므로 접선의 방정식은
$$y-(t^3-4t^2+1)=(3t^2-8t)(x-t)$$
$$\therefore\ y=(3t^2-8t)x-2t^3+4t^2+1$$
이 직선이 점 $(a,\ 1)$을 지나므로
$$1=(3t^2-8t)a-2t^3+4t^2+1$$
$$t\{2t^2-(4+3a)t+8a\}=0$$
$$\therefore\ t=0\ \text{또는}\ 2t^2-(4+3a)t+8a=0$$
이때 접선이 오직 한 개 존재하려면 이차방정식
$2t^2-(4+3a)t+8a=0$이 $t=0$을 중근으로 갖거나 실근을 갖지
않아야 한다.
(i) $2t^2-(4+3a)t+8a=0$이 $t=0$을 중근으로 갖는 경우
$\quad 2t^2=0$이므로 $4+3a=0,\ 8a=0$
$\quad$ 그런데 이를 만족시키는 a의 값이 존재하지 않으므로 이 이차
$\quad$방정식은 $t=0$을 중근으로 갖지 않는다.
(ii) $2t^2-(4+3a)t+8a=0$이 실근을 갖지 않는 경우
$\quad$ 이 이차방정식의 판별식을 D라 하면
$$D=(4+3a)^2-64a<0$$
$$9a^2-40a+16<0,\ (9a-4)(a-4)<0$$
$$\therefore\ \frac{4}{9}<a<4$$
(i), (ii)에서 $\dfrac{4}{9}<a<4$ $\qquad\qquad \text{답}\ ①$

0406 $f(x)=x^2-3x-1$로 놓으면 $f'(x)=2x-3$
접점의 좌표를 $(t,\ t^2-3t-1)$이라 하면 이 점에서의 접선의 기
울기는 $f'(t)=2t-3$이므로 접선의 방정식은
$$y-(t^2-3t-1)=(2t-3)(x-t)$$
$$\therefore\ y=(2t-3)x-t^2-1$$
이 직선이 점 $(a,\ -2)$를 지나므로
$$-2=(2t-3)a-t^2-1$$
$$\therefore\ t^2-2at+3a-1=0$$
위의 이차방정식의 두 근을 $t_1,\ t_2$라 하면 $t_1,\ t_2$는 각각 두 점 B,
C의 x좌표이다.
이때 이차방정식의 근과 계수의 관계에 의하여 $t_1+t_2=2a$이므
로 삼각형 ABC의 무게중심의 x좌표는
$$\frac{a+t_1+t_2}{3}=\frac{a+2a}{3}=3$$
$$\therefore\ a=3 \qquad\qquad \text{답}\ \mathbf{3}$$

0407 $f(x)=-x^2+3$으로 놓으면 $f'(x)=-2x$
접점의 좌표를 $(t,\ -t^2+3)$이라 하면 이 점에서의 접선의 기울
기는 $f'(t)=-2t$이므로 접선의 방정식은

$y-(-t^2+3)=-2t(x-t)$

$\therefore y=-2tx+t^2+3$

이 직선이 점 $P(1, 6)$을 지나므로

$6=-2t+t^2+3,\ t^2-2t-3=0$

$(t+1)(t-3)=0$

$\therefore t=-1$ 또는 $t=3$

따라서 접점의 좌표는

$Q(-1, 2),\ R(3, -6)$

$\therefore \overline{QR}=\sqrt{(-1-3)^2+(2+6)^2}=4\sqrt{5}$

직선 QR의 기울기는 $\dfrac{2-(-6)}{-1-3}=-2$이므로

직선 QR의 방정식은

$y-2=-2(x+1)$ $\quad \therefore 2x+y=0$

직선 QR와 점 $P(1, 6)$ 사이의 거리는

$\dfrac{|2\cdot1+6|}{\sqrt{2^2+1^2}}=\dfrac{8}{\sqrt{5}}=\dfrac{8\sqrt{5}}{5}$

따라서 삼각형 PQR의 넓이는

$\dfrac{1}{2}\cdot4\sqrt{5}\cdot\dfrac{8\sqrt{5}}{5}=16$

답 16

0408 $f(x)=x^3+6x^2+10x-4$로 놓으면

$f'(x)=3x^2+12x+10=3(x+2)^2-2$

따라서 접선의 기울기는 $x=-2$일 때 최솟값 -2를 갖는다.

$f(-2)=-8$이므로 기울기가 최소인 접선의 방정식은

$y+8=-2(x+2)$ $\quad \therefore y=-2x-12$

즉, $a=-2,\ b=-12$이므로

$ab=24$

답 24

0409 $f(x)=x^2-3x+1$로 놓으면

$f'(x)=2x-3$이므로 $f'(t)=2t-3$

점 (t, t^2-3t+1)에서의 접선의 방정식은

$y-(t^2-3t+1)=(2t-3)(x-t)$

$\therefore y=(2t-3)x-t^2+1$

$\therefore g(t)=-t^2+1$

$\therefore \displaystyle\lim_{t\to\infty}\dfrac{g(t+2)-g(t)}{t}=\lim_{t\to\infty}\dfrac{\{-(t+2)^2+1\}-(-t^2+1)}{t}$

$\qquad\qquad =\displaystyle\lim_{t\to\infty}\dfrac{-4t-4}{t}=-4$

답 ②

0410 $f(x)=ax^3-2x^2+1$로 놓으면 $f'(x)=3ax^2-4x$

점 $(1, b)$에서의 접선이 직선 $y=-\dfrac{1}{2}x+4$와 수직이므로 접선

의 기울기는 $f'(1)=3a-4=2$ $\quad \therefore a=2$

$b=f(1)=2-2+1=1$

$\therefore a+b=2+1=3$

답 3

0411 $f(x)=x^3-4x+a$로 놓으면 $f'(x)=3x^2-4$

접점의 좌표를 (t, t^3-4t+a)라 하면 이 점에서의 접선의 기울

기는 $f'(t)=3t^2-4$이므로 접선의 방정식은

$y-(t^3-4t+a)=(3t^2-4)(x-t)$

$\therefore y=(3t^2-4)x-2t^3+a$

이 직선이 직선 $y=ax-4$와 일치하므로

$a=3t^2-4$ $\qquad\qquad\qquad\cdots\cdots\ \bigcirc$

$-2t^3+a=-4$ $\qquad\qquad\ \cdots\cdots\ \bigcirc$

$\bigcirc$을 $\bigcirc$에 대입하면

$-2t^3+3t^2-4=-4,\ t^2(2t-3)=0$

$\therefore t=0$ 또는 $t=\dfrac{3}{2}$

(i) $t=0$일 때, $a=-4$

(ii) $t=\dfrac{3}{2}$일 때, $a=\dfrac{11}{4}$

따라서 모든 상수 a의 값의 곱은 $-4\cdot\dfrac{11}{4}=-11$

답 −11

0412 $f(x)=x^2-x$로 놓으면 $f'(x)=2x-1$

접점의 좌표를 (t, t^2-t)라 하면 이 점에서의 접선의 기울기는

$f'(t)=2t-1$이므로 접선의 방정식은

$y-(t^2-t)=(2t-1)(x-t)$

$\therefore y=(2t-1)x-t^2$

이 직선이 점 $(1, -1)$을 지나므로

$-1=2t-1-t^2,\ t^2-2t=0$

$t(t-2)=0$ $\quad \therefore t=0$ 또는 $t=2$

이때 접선의 기울기가 음수이어야 하므로 $t=0$

따라서 접선의 방정식은 $y=-x$이고 이 직선이 점 $(a, -5)$를

지나므로

$a=5$

답 ④

0413 $f(x)=x^3-x+3,\ g(x)=x^2+a$로 놓으면

$f'(x)=3x^2-1,\ g'(x)=2x$

두 곡선이 x좌표가 $t\ (t>0)$인 점에서 접한다고 하면

$f(t)=g(t)$에서 $t^3-t+3=t^2+a$ $\qquad \cdots\cdots\ \bigcirc$

$f'(t)=g'(t)$에서 $3t^2-1=2t$ $\qquad\qquad \cdots\cdots\ \bigcirc$

$\bigcirc$에서 $3t^2-2t-1=0,\ (3t+1)(t-1)=0$

$\therefore t=1\ (\because t>0)$

$t=1$을 $\bigcirc$에 대입하면 $a=2$

답 2

0414 $f(x)=x^2+2$로 놓으면 $f'(x)=2x$

접점의 좌표를 $(t,\ t^2+2)$라 하면 이 점에서의 접선의 기울기는 $f'(t)=2t$이므로 접선의 방정식은

$y-(t^2+2)=2t(x-t)$

$\therefore y=2tx-t^2+2$

이 직선이 점 $(1,\ -1)$을 지나므로

$-1=2t-t^2+2,\ t^2-2t-3=0$

$(t+1)(t-3)=0$

$\therefore t=-1$ 또는 $t=3$

따라서 두 접점을 $B(-1,\ 3)$, $C(3,\ 11)$이라 하면 삼각형 ABC의 넓이는

$12\cdot4-\left(\dfrac{1}{2}\cdot2\cdot4+\dfrac{1}{2}\cdot2\cdot12+\dfrac{1}{2}\cdot8\cdot4\right)$

$=48-(4+12+16)$

$=16$

답 ③

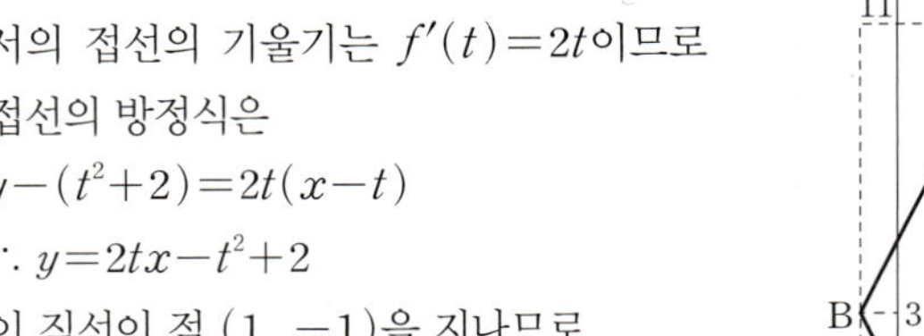

0415 함수 $f(x)=x^2-(a+b)x+ab$는 닫힌구간 $[a,\ b]$에서 연속이고 열린구간 $(a,\ b)$에서 미분가능하며 $f(a)=f(b)=0$이므로 롤의 정리에 의하여 $f'(c)=0$인 c가 열린구간 $(a,\ b)$에 적어도 하나 존재한다.

이때 $f'(x)=2x-(a+b)$이므로

$f'(c)=2c-(a+b)=0 \qquad \therefore c=\dfrac{a+b}{2}$

답 ④

0416 곡선의 접점 중에서 직선 OA와 평행한 접선의 접점의 좌표를 $(t,\ at(t-2)^2)$이라 하면 이 점에서의 접선의 기울기는

$f'(t)=3at^2-8at+4a$

삼각형 OAP의 넓이가 최대가 되는 점 P에서의 접선은 직선 OA와 평행하므로

$f'\left(\dfrac{1}{2}\right)=3a\cdot\left(\dfrac{1}{2}\right)^2-8a\cdot\dfrac{1}{2}+4a=1$

$\dfrac{3}{4}a=1 \qquad \therefore a=\dfrac{4}{3}$

답 ②

0417 점 $(2,\ a)$는 곡선 $y=f(x)$ 위의 한 점이므로

$a=f(2)=2^3-4\cdot2+5=5$

㉮

$f'(x)=3x^2-4$에서 $f'(2)=8$

즉, 점 $(2,\ 5)$에서 곡선 $y=f(x)$에 그은 접선의 방정식은

$y-5=8(x-2) \qquad \therefore y=8x-11 \qquad \cdots\cdots ㉠$

㉯

따라서 구하는 접선은 직선 ㉠과 직선 $y=x$에 대하여 대칭이므로

$x=8y-11 \qquad \therefore y=\dfrac{1}{8}x+\dfrac{11}{8}$

㉰

답 $y=\dfrac{1}{8}x+\dfrac{11}{8}$

단계	채점요소	배점
㉮	a의 값 구하기	30%
㉯	곡선 $y=f(x)$ 위의 점 $(2, 5)$에서의 접선의 방정식 구하기	30%
㉰	구하는 접선의 방정식 구하기	40%

0418 $f(x)=\dfrac{1}{4}x^2+a$로 놓으면 $f'(x)=\dfrac{1}{2}x$

접점의 좌표를 $\left(t,\ \dfrac{1}{4}t^2+a\right)$라 하면 이 점에서의 접선의 기울기는 $f'(t)=\dfrac{1}{2}t$이므로 접선의 방정식은

$y-\left(\dfrac{1}{4}t^2+a\right)=\dfrac{1}{2}t(x-t)$

$\therefore y=\dfrac{1}{2}tx-\dfrac{1}{4}t^2+a$

이 직선이 점 $(-4,\ 0)$을 지나므로

$0=\dfrac{1}{2}t\cdot(-4)-\dfrac{1}{4}t^2+a$

$\therefore t^2+8t-4a=0 \qquad \cdots\cdots ㉠$

㉮

이차방정식 ㉠의 두 근을 $t_1,\ t_2$라 하면 두 접선의 기울기는 $\dfrac{1}{2}t_1,\ \dfrac{1}{2}t_2$이고 두 접선이 서로 수직이므로

$\dfrac{1}{2}t_1\cdot\dfrac{1}{2}t_2=-1 \qquad \therefore t_1t_2=-4 \qquad \cdots\cdots ㉡$

㉯

또한, ㉠에서 이차방정식의 근과 계수의 관계에 의하여

$t_1t_2=-4a \qquad \cdots\cdots ㉢$

㉡, ㉢에서 $-4=-4a \qquad \therefore a=1$

㉰

답 1

단계	채점요소	배점
㉮	t, a의 관계식 세우기	40%
㉯	기울기의 곱을 이용하여 t_1, t_2의 관계식 세우기	30%
㉰	a의 값 구하기	30%

0419 $f(x)=x^3+(a+3)x^2-ax+7$로 놓으면

$f'(x)=3x^2+2(a+3)x-a$

접점의 좌표를 $(t,\ f(t))$라 하면 이 점에서의 접선의 기울기는

$f'(t)=3t^2+2(a+3)t-a$

이때 $3t^2+2(a+3)t-a=-\dfrac{1}{3}$, 즉

$3t^2+2(a+3)t-a+\dfrac{1}{3}=0$을 만족시키는 실수 t의 값이 존재하지 않아야 하므로 이 이차방정식의 판별식을 D라 하면

$\dfrac{D}{4}=(a+3)^2-3\cdot\left(-a+\dfrac{1}{3}\right)<0$

$a^2+6a+9+3a-1<0$

$a^2+9a+8<0,\ (a+1)(a+8)<0$

$\therefore -8<a<-1$

따라서 정수 a는 -7, -6, -5, -4, -3, -2의 6개이다.

답 **6**

0420 함수 $f(x)$는 닫힌구간 $[1, 7]$에서 연속이고 열린구간 $(1, 7)$에서 미분가능하므로 평균값 정리에 의하여
$$\frac{f(7)-f(1)}{7-1}=f'(c)$$
인 c가 열린구간 $(1, 7)$에 적어도 하나 존재한다.

조건 ㈐에서 $|f'(c)|=\left|\dfrac{f(7)-f(1)}{7-1}\right|\leq\dfrac{1}{3}$

$\left|\dfrac{a-2}{6}\right|\leq\dfrac{1}{3}$, $|a-2|\leq2$

$-2\leq a-2\leq2$ $\therefore 0\leq a\leq4$

따라서 a의 값이 될 수 없는 것은 ⑤ 5이다.

답 ⑤

0421 $f(x)=x^2$으로 놓으면 $f'(x)=2x$
곡선 위의 점 $(2, 4)$에서의 접선의 기울기가 $f'(2)=4$이므로 접선의 방정식은
$$y-4=4(x-2) \quad \therefore y=4x-4$$
이 접선과 x축과의 교점의 좌표는 $(1, 0)$이므로 $a_1=1$
또한, 곡선 위의 점 $(a_n, a_n{}^2)$에서의 접선의 기울기가 $f'(a_n)=2a_n$이므로 접선의 방정식은
$$y-a_n{}^2=2a_n(x-a_n)$$
$$\therefore y=2a_n x-a_n{}^2$$
이 접선과 x축과의 교점의 좌표는 $\left(\dfrac{1}{2}a_n, 0\right)$이므로
$$a_{n+1}=\dfrac{1}{2}a_n$$
즉,
$$a_2=\dfrac{1}{2}\cdot a_1=\dfrac{1}{2}$$
$$a_3=\dfrac{1}{2}\cdot a_2=\left(\dfrac{1}{2}\right)^2$$
$$a_4=\dfrac{1}{2}\cdot a_3=\left(\dfrac{1}{2}\right)^3$$
$$\vdots$$
이므로 $a_{11}=\left(\dfrac{1}{2}\right)^{10}$

답 ④

05 도함수의 활용 (2)

📖 교과서 문제 정/복/하/기

본문 67쪽

0422 $x_1<x_2$인 임의의 두 양수 x_1, x_2에 대하여
$$f(x_1)-f(x_2)=x_1{}^2-x_2{}^2=(x_1+x_2)(x_1-x_2)<0$$
이므로 $f(x_1)<f(x_2)$
따라서 함수 $f(x)$는 열린구간 $(0, \infty)$에서 증가한다.

답 **증가**

0423 $x_1<x_2$인 임의의 두 실수 x_1, x_2에 대하여
$$f(x_1)-f(x_2)=-x_1{}^3-(-x_2{}^3)$$
$$=-(x_1-x_2)(x_1{}^2+x_1x_2+x_2{}^2)>0$$
이므로 $f(x_1)>f(x_2)$
$\qquad\longrightarrow =\left(x_1+\dfrac{x_2}{2}\right)^2+\dfrac{3}{4}x_2{}^2>0$
따라서 함수 $f(x)$는 열린구간 $(-\infty, \infty)$에서 감소한다.

답 **감소**

0424 $x_1<x_2<3$인 임의의 두 실수 x_1, x_2에 대하여
$$f(x_1)-f(x_2)=(-x_1{}^2+6x_1)-(-x_2{}^2+6x_2)$$
$$=-(x_1{}^2-x_2{}^2)+6(x_1-x_2)$$
$$=-(x_1-x_2)(x_1+x_2-6)<0$$
이므로 $f(x_1)<f(x_2)$
$\qquad\longrightarrow x_1<3, x_2<3$이므로 $x_1+x_2-6<0$
따라서 함수 $f(x)$는 열린구간 $(-\infty, 3)$에서 증가한다.

답 **증가**

0425 $f(x)=3x-x^2$에서 $f'(x)=3-2x$
$f'(x)=0$에서 $x=\dfrac{3}{2}$

따라서 함수 $f(x)$는 반닫힌구간 $\left(-\infty, \dfrac{3}{2}\right]$에서 증가하고, 반닫힌 구간 $\left[\dfrac{3}{2}, \infty\right)$에서 감소한다.

x	$\cdots$	$\dfrac{3}{2}$	$\cdots$
$f'(x)$	$+$	0	$-$
$f(x)$	$\nearrow$		$\searrow$

답 **풀이 참조**

0426 $f(x)=x^2-x-2$에서 $f'(x)=2x-1$
$f'(x)=0$에서 $x=\dfrac{1}{2}$

따라서 함수 $f(x)$는 반닫힌 구간 $\left(-\infty, \dfrac{1}{2}\right]$에서 감소하고, 닫힌 구간 $\left[\dfrac{1}{2}, \infty\right)$에서 증가한다.

x	$\cdots$	$\dfrac{1}{2}$	$\cdots$
$f'(x)$	$-$	0	$+$
$f(x)$	$\searrow$		$\nearrow$

답 **풀이 참조**

0427 $f(x)=\dfrac{1}{3}x^3+x^2-4$에서 $f'(x)=x^2+2x=x(x+2)$
$f'(x)=0$에서 $x=-2$ 또는 $x=0$
따라서 함수 $f(x)$는

x	$\cdots$	-2	$\cdots$	0	$\cdots$
$f'(x)$	$+$	0	$-$	0	$+$
$f(x)$	$\nearrow$		$\searrow$		$\nearrow$

반닫힌 구간 $(-\infty,\ -2]$와 반닫힌 구간 $[0,\ \infty)$에서 증가하고, 닫힌구간 $[-2,\ 0]$에서 감소한다. **답 풀이 참조**

0428 함수 $f(x)$는 $x=-1$의 좌우에서 증가하다가 감소하므로 함수 $f(x)$는 $x=-1$에서 극대이며 극댓값은
$f(-1)=6$
또, $x=3$의 좌우에서 감소하다가 증가하므로 함수 $f(x)$는 $x=3$에서 극소이며 극솟값은 $f(3)=-26$
답 극댓값: 6, 극솟값: -26

0429 (1) 함수 $f(x)$는 $x=b$, $x=d$의 좌우에서 증가하다가 감소하므로 $x=b$, $x=d$에서 극댓값을 갖는다.
(2) 함수 $f(x)$는 $x=a$, $x=c$, $x=f$의 좌우에서 감소하다가 증가하므로 $x=a$, $x=c$, $x=f$에서 극솟값을 갖는다.
답 (1) $b,\ d$ (2) $a,\ c,\ f$

0430 함수 $f(x)$는 $x=5$에서 극댓값 3을 가지므로 $f(5)=3$
$x=2$에서 극솟값을 가지므로 $f'(2)=0$
$\therefore f(5)+f'(2)=3+0=3$ **답 3**

0431 $f(x)=x^3-12x$에서
$f'(x)=3x^2-12=3(x+2)(x-2)$
$f'(x)=0$에서 $x=-2$ 또는 $x=2$
따라서 함수 $f(x)$는 $x=-2$에서 극댓값 16, $x=2$에서 극솟값 -16을 갖는다.

x	$\cdots$	-2	$\cdots$	2	$\cdots$
$f'(x)$	$+$	0	$-$	0	$+$
$f(x)$	$\nearrow$	16	$\searrow$	-16	$\nearrow$

답 극댓값: 16, 극솟값: -16

0432 $f(x)=-x^3+3x+1$에서
$f'(x)=-3x^2+3=-3(x+1)(x-1)$
$f'(x)=0$에서 $x=-1$ 또는 $x=1$
따라서 함수 $f(x)$는 $x=1$에서 극댓값 3, $x=-1$에서 극솟값 -1을 갖는다.

x	$\cdots$	-1	$\cdots$	1	$\cdots$
$f'(x)$	$-$	0	$+$	0	$-$
$f(x)$	$\searrow$	-1	$\nearrow$	3	$\searrow$

답 극댓값: 3, 극솟값: -1

0433 $f(x)=x^4-2x^2$에서
$f'(x)=4x^3-4x=4x(x+1)(x-1)$
$f'(x)=0$에서 $x=-1$ 또는 $x=0$ 또는 $x=1$

x	$\cdots$	-1	$\cdots$	0	$\cdots$	1	$\cdots$
$f'(x)$	$-$	0	$+$	0	$-$	0	$+$
$f(x)$	$\searrow$	-1	$\nearrow$	0	$\searrow$	-1	$\nearrow$

따라서 함수 $f(x)$는 $x=0$에서 극댓값 0, $x=-1$과 $x=1$에서 극솟값 -1을 갖는다. **답 극댓값: 0, 극솟값: -1**

0434 $f(x)=-3x^4+4x^3-1$에서
$f'(x)=-12x^3+12x^2=-12x^2(x-1)$
$f'(x)=0$에서 $x=0$ 또는 $x=1$
따라서 함수 $f(x)$는 $x=1$에서 극댓값 0을 갖고, 극솟값은 없다.

x	$\cdots$	0	$\cdots$	1	$\cdots$
$f'(x)$	$+$	0	$+$	0	$-$
$f(x)$	$\nearrow$	-1	$\nearrow$	0	$\searrow$

답 극댓값: 0, 극솟값: 없다.

0435 $f(x)=-x^3+3x+2$에서
$f'(x)=-3x^2+3=-3(x+1)(x-1)$
$f'(x)=0$에서 $x=-1$ 또는 $x=1$

x	$\cdots$	-1	$\cdots$	1	$\cdots$
$f'(x)$	$-$	0	$+$	0	$-$
$f(x)$	$\searrow$	0	$\nearrow$	4	$\searrow$

따라서 함수 $y=f(x)$의 그래프는 오른쪽 그림과 같다.

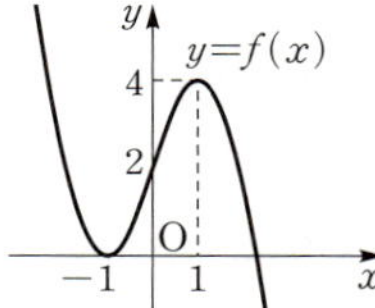

답 풀이 참조

0436 $f(x)=\dfrac{1}{3}x^3-x^2$에서
$f'(x)=x^2-2x=x(x-2)$
$f'(x)=0$에서 $x=0$ 또는 $x=2$

x	$\cdots$	0	$\cdots$	2	$\cdots$
$f'(x)$	$+$	0	$-$	0	$+$
$f(x)$	$\nearrow$	0	$\searrow$	$-\dfrac{4}{3}$	$\nearrow$

따라서 함수 $y=f(x)$의 그래프는 오른쪽 그림과 같다.

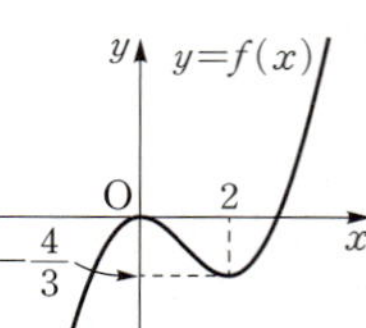

답 풀이 참조

0437 $f(x)=x^4-4x^3+4x^2+2$에서
$f'(x)=4x^3-12x^2+8x=4x(x-1)(x-2)$
$f'(x)=0$에서 $x=0$ 또는 $x=1$ 또는 $x=2$

x	$\cdots$	0	$\cdots$	1	$\cdots$	2	$\cdots$
$f'(x)$	$-$	0	$+$	0	$-$	0	$+$
$f(x)$	$\searrow$	2	$\nearrow$	3	$\searrow$	2	$\nearrow$

따라서 함수 $y=f(x)$의 그래프는 오른쪽 그림과 같다.

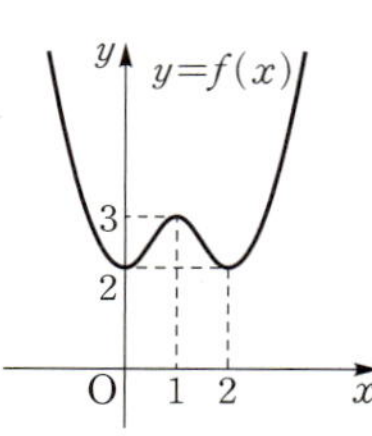

답 풀이 참조

0438 $f(x)=-x^3+3x^2$에서

$f'(x)=-3x^2+6x=-3x(x-2)$

$f'(x)=0$에서 $x=0$ 또는 $x=2$

x	-2	$\cdots$	0	$\cdots$	2	$\cdots$	3
$f'(x)$		$-$	0	$+$	0	$-$	
$f(x)$	20	$\searrow$	0	$\nearrow$	4	$\searrow$	0

따라서 함수 $f(x)$는 $x=-2$에서 최댓값 20, $x=0$과 $x=3$에서 최솟값 0을 갖는다.　　　　　답 **최댓값: 20, 최솟값: 0**

0439 $f(x)=x^3-6x^2+9x-2$에서

$f'(x)=3x^2-12x+9=3(x-1)(x-3)$

$f'(x)=0$에서 $x=1$ 또는 $x=3$

x	0	$\cdots$	1	$\cdots$	3	$\cdots$	4
$f'(x)$		$+$	0	$-$	0	$+$	
$f(x)$	-2	$\nearrow$	2	$\searrow$	-2	$\nearrow$	2

따라서 함수 $f(x)$는 $x=1$과 $x=4$에서 최댓값 2, $x=0$과 $x=3$에서 최솟값 -2를 갖는다.

답 **최댓값: 2, 최솟값: -2**

0440 $f(x)=\dfrac{1}{4}x^4-x^3$에서

$f'(x)=x^3-3x^2=x^2(x-3)$

$f'(x)=0$에서 $x=0$ 또는 $x=3$

따라서 함수 $f(x)$는
$x=-2$에서 최댓값 12,
$x=3$에서 최솟값
$-\dfrac{27}{4}$ 을 갖는다.

x	-2	$\cdots$	0	$\cdots$	3
$f'(x)$		$-$	0	$-$	0
$f(x)$	12	$\searrow$	0	$\searrow$	$-\dfrac{27}{4}$

답 **최댓값: 12, 최솟값: $-\dfrac{27}{4}$**

0441 $f(x)=3x^4-4x^3+1$에서

$f'(x)=12x^3-12x^2=12x^2(x-1)$

$f'(x)=0$에서 $x=0$ 또는 $x=1$

x	-1	$\cdots$	0	$\cdots$	1	$\cdots$	2
$f'(x)$		$-$	0	$-$	0	$+$	
$f(x)$	8	$\searrow$	1	$\searrow$	0	$\nearrow$	17

따라서 함수 $f(x)$는 $x=2$에서 최댓값 17, $x=1$에서 최솟값 0을 갖는다.　　　　　답 **최댓값: 17, 최솟값: 0**

본문 68~76쪽

0442 $f(x)=-x^3-3x^2+24x-2$에서

$f'(x)=-3x^2-6x+24=-3(x+4)(x-2)$

$f'(x)=0$에서 $x=-4$ 또는 $x=2$

x	$\cdots$	-4	$\cdots$	2	$\cdots$
$f'(x)$	$-$	0	$+$	0	$-$
$f(x)$	$\searrow$	-82	$\nearrow$	26	$\searrow$

따라서 함수 $f(x)$는 닫힌구간 $[-4, 2]$에서 증가하므로

$a=-4,\ b=2$

$\therefore a+b=-2$　　　　　답 -2

0443 $f(x)=x^3+ax^2+bx+c$에서

$f'(x)=3x^2+2ax+b$

함수 $f(x)$가 감소하는 구간이 닫힌구간 $[1, 2]$이므로 이차방정식 $f'(x)=0$의 두 근은 1, 2이다.

이차방정식의 근과 계수의 관계에 의하여

$1+2=-\dfrac{2a}{3},\ 1\cdot 2=\dfrac{b}{3}$

따라서 $a=-\dfrac{9}{2},\ b=6$이므로

$2a+b=-3$　　　　　답 -3

0444 $f(x)=2x^3+ax^2+36x+9$에서

$f'(x)=6x^2+2ax+36$

함수 $f(x)$가 감소하는 x의 값의 범위가 $b\le x\le 3$이므로 이차방정식 $f'(x)=0$의 두 근은 b, 3이다.

이차방정식의 근과 계수의 관계에 의하여

$b+3=-\dfrac{a}{3},\ 3b=6$

따라서 $b=2,\ a=-15$이므로

$b-a=17$　　　　　답 **17**

0445 $f(x)=-x^3+ax^2+bx+3$에서

$f'(x)=-3x^2+2ax+b$

함수 $f(x)$가 $-1\le x\le 2$에서 증가하고 $x\le -1$ 또는 $x\ge 2$에서 감소하므로 이차방정식 $f'(x)=0$의 두 근은 -1, 2이다.

이차방정식의 근과 계수의 관계에 의하여

$-1+2=\dfrac{2a}{3},\ (-1)\cdot 2=-\dfrac{b}{3}$

따라서 $a=\dfrac{3}{2},\ b=6$이므로

$ab=9$　　　　　답 **9**

0446 $f(x)=x^3-ax^2+(a+6)x+5$에서

$f'(x)=3x^2-2ax+a+6$

함수 $f(x)$가 실수 전체의 집합에서 증가하려면 모든 실수 x에 대하여 $f'(x)\ge 0$이어야 하므로 이차방정식 $f'(x)=0$의 판별식을 D라 할 때

$\dfrac{D}{4}=a^2-3(a+6)\leq0,\ a^2-3a-18\leq0$

$(a+3)(a-6)\leq0 \qquad \therefore\ -3\leq a\leq6$

따라서 정수 a의 최댓값은 6이다. 　　　　　　　　답 ③

0447 $f(x)=-x^3+ax^2-12x-1$에서

$f'(x)=-3x^2+2ax-12$

───────────────────────────────── ㉮

함수 $f(x)$가 실수 전체의 집합에서 감소하려면 모든 실수 x에 대하여 $f'(x)\leq0$이어야 하므로 이차방정식 $f'(x)=0$의 판별식을 D라 할 때

$\dfrac{D}{4}=a^2-36\leq0,\ (a+6)(a-6)\leq0$

$\therefore\ -6\leq a\leq6$

───────────────────────────────── ㉯

답 $-6\leq a\leq6$

단계	채점요소	배점
㉮	$f'(x)$ 구하기	30%
㉯	a의 값의 범위 구하기	70%

0448 $f(x)=ax^3+x^2-x$에서

$f'(x)=3ax^2+2x-1$

함수 $f(x)$가 열린구간 $(-\infty,\ \infty)$에서 감소하려면 모든 실수 x에 대하여 $f'(x)\leq0$이어야 하므로 $a<0$ $\qquad\cdots\cdots$ ㉠

이차방정식 $f'(x)=0$의 판별식을 D라 할 때

$\dfrac{D}{4}=1+3a\leq0 \qquad \therefore\ a\leq-\dfrac{1}{3} \qquad\cdots\cdots$ ㉡

㉠, ㉡에서 $a\leq-\dfrac{1}{3}$

따라서 정수 a의 최댓값은 -1이다. 　　　　　답 ③

0449 $f(x)=-x^3+ax^2+ax+7$에서

$f'(x)=-3x^2+2ax+a$

$x_1<x_2$인 임의의 두 실수 $x_1,\ x_2$에 대하여 $f(x_1)>f(x_2)$가 성립하려면 함수 $f(x)$가 실수 전체의 집합에서 감소해야 한다. 즉, 모든 실수 x에 대하여 $f'(x)\leq0$이어야 하므로 이차방정식 $f'(x)=0$의 판별식을 D라 할 때

$\dfrac{D}{4}=a^2+3a\leq0,\ a(a+3)\leq0$

$\therefore\ -3\leq a\leq0$ 　　　　　　　　　　답 ③

0450 $f(x)=x^3+2kx^2+4x$에서

$f'(x)=3x^2+4kx+4$

$x_1\neq x_2$이면 $f(x_1)\neq f(x_2)$를 만족시키도록 하는 함수 $f(x)$는 일대일함수이어야 하고, $f(x)$의 최고차항의 계수가 양수이므로 함수 $f(x)$는 실수 전체의 집합에서 증가해야 한다.

즉, 모든 실수 x에 대하여 $f'(x)\geq0$이어야 하므로 이차방정식 $f'(x)=0$의 판별식을 D라 할 때

$\dfrac{D}{4}=4k^2-12\leq0,\ k^2-3\leq0$

$(k+\sqrt{3})(k-\sqrt{3})\leq0 \qquad \therefore\ -\sqrt{3}\leq k\leq\sqrt{3}$ 　答 ③

0451 $f(x)=\dfrac{1}{3}x^3-ax^2+3ax$에서

$f'(x)=x^2-2ax+3a$

함수 $f(x)$의 최고차항의 계수가 양수이므로 $f(x)$의 역함수가 존재하려면 $f(x)$가 실수 전체의 집합에서 증가해야 한다.

즉, 모든 실수 x에 대하여 $f'(x)\geq0$이어야 하므로 이차방정식 $f'(x)=0$의 판별식을 D라 할 때

$\dfrac{D}{4}=a^2-3a\leq0,\ a(a-3)\leq0$

$\therefore\ 0\leq a\leq3$

따라서 실수 a의 최댓값은 3이다. 　　　　　답 3

0452 $f(x)=x^3-3x^2+ax+2$에서

$f'(x)=3x^2-6x+a$

함수 $f(x)$가 닫힌구간 $[1,\ 3]$에서 감소하려면 $1\leq x\leq3$에서 $f'(x)\leq0$이어야 하므로 오른쪽 그림에서

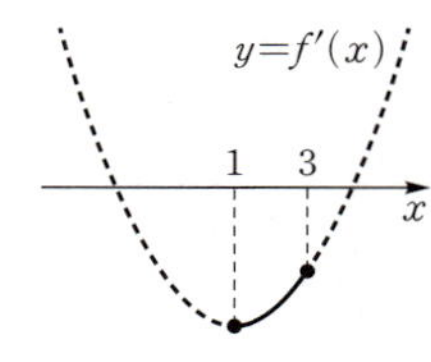

$f'(1)=a-3\leq0$에서 $a\leq3$ 　$\cdots\cdots$ ㉠

$f'(3)=a+9\leq0$에서 $a\leq-9$ 　$\cdots\cdots$ ㉡

㉠, ㉡을 동시에 만족시키는 실수 a의 값의 범위는 $a\leq-9$ 　　　　　　　　　　　　답 ①

0453 $f(x)=-x^3+x^2+ax-4$에서

$f'(x)=-3x^2+2x+a$

함수 $f(x)$가 닫힌구간 $[1,\ 2]$에서 증가하려면 $1\leq x\leq2$에서 $f'(x)\geq0$이어야 하므로 오른쪽 그림에서

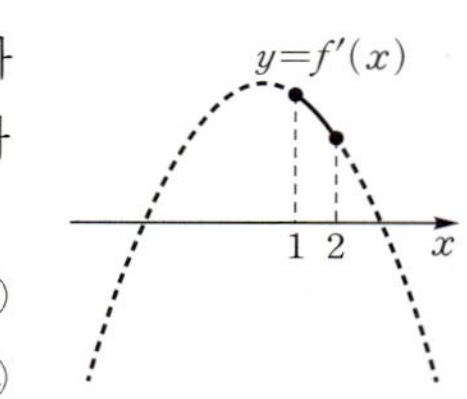

$f'(1)=-1+a\geq0$에서 $a\geq1$ 　$\cdots\cdots$ ㉠

$f'(2)=-8+a\geq0$에서 $a\geq8$ 　$\cdots\cdots$ ㉡

㉠, ㉡을 동시에 만족시키는 실수 a의 값의 범위는 $a\geq8$ 　　　　　　　　　　　　답 $a\geq8$

0454 $f(x)=x^3+kx^2-8x+4$에서

$f'(x)=3x^2+2kx-8$

함수 $f(x)$가 $-2\leq x\leq1$에서 감소하려면 이 구간에서 $f'(x)\leq0$이어야 하므로 오른쪽 그림에서

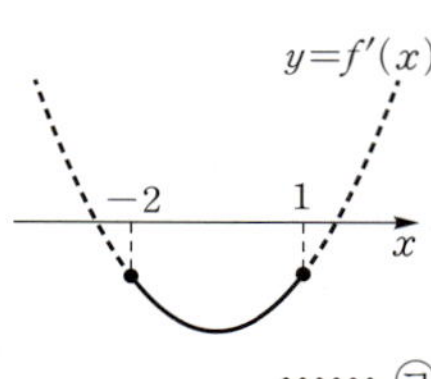

$f'(-2)=12-4k-8\leq0$에서

$k\geq1$ 　$\cdots\cdots$ ㉠

$f'(1)=3+2k-8\leq0$에서 $k\leq\dfrac{5}{2}$ 　$\cdots\cdots$ ㉡

㉠, ㉡을 동시에 만족시키는 실수 k의 값의 범위는 $1\leq k\leq\dfrac{5}{2}$

따라서 실수 k의 최댓값은 $\dfrac{5}{2}$, 최솟값은 1이므로 구하는 합은

$\dfrac{5}{2}+1=\dfrac{7}{2}$ 답 ④

0455 $f(x)=x^3+ax^2+3$에서

$f'(x)=3x^2+2ax$

함수 $f(x)$가 닫힌구간 $[1, 2]$에서 감소하고, 반닫힌 구간 $[3, \infty)$

에서 증가하려면 $1\leq x\leq2$일 때

$f'(x)\leq0$, $x\geq3$일 때 $f'(x)\geq0$이어야

하므로 오른쪽 그림에서

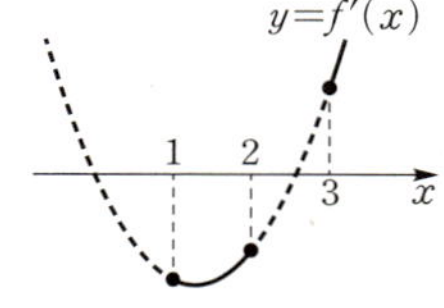

$f'(1)=3+2a\leq0$에서 $a\leq-\dfrac{3}{2}$ $\cdots$ ㉠

$f'(2)=12+4a\leq0$에서 $a\leq-3$ $\cdots$ ㉡

$f'(3)=27+6a\geq0$에서 $a\geq-\dfrac{9}{2}$ $\cdots$ ㉢

㉠, ㉡, ㉢을 동시에 만족시키는 실수 a의 값의 범위는

$-\dfrac{9}{2}\leq a\leq-3$ 답 $-\dfrac{9}{2}\leq a\leq-3$

0456 $f(x)=-2x^3+6x+1$에서

$f'(x)=-6x^2+6=-6(x+1)(x-1)$

$f'(x)=0$에서 $x=-1$ 또는 $x=1$

따라서 함수 $f(x)$는
$x=1$에서 극댓값 5,
$x=-1$에서 극솟값
-3을 가지므로

x	$\cdots$	-1	$\cdots$	1	$\cdots$
$f'(x)$	$-$	0	$+$	0	$-$
$f(x)$	↘	-3	↗	5	↘

$M=5$, $m=-3$

$\therefore M+m=2$ 답 ①

0457 $f(x)=x^4-4x^3+15$에서

$f'(x)=4x^3-12x^2=4x^2(x-3)$

$f'(x)=0$에서 $x=0$ 또는 $x=3$

따라서 함수 $f(x)$는
$x=3$에서 극솟값
-12를 가지므로

x	$\cdots$	0	$\cdots$	3	$\cdots$
$f'(x)$	$-$	0	$-$	0	$+$
$f(x)$	↘		↘	-12	↗

$a=3$, $b=-12$

$\therefore a+b=-9$ 답 ②

0458 $f(x)=-x^4+4x^3+2x^2-12x-7$에서

$f'(x)=-4x^3+12x^2+4x-12$

$\qquad =-4(x+1)(x-1)(x-3)$

$f'(x)=0$에서 $x=-1$ 또는 $x=1$ 또는 $x=3$

x	$\cdots$	-1	$\cdots$	1	$\cdots$	3	$\cdots$
$f'(x)$	$+$	0	$-$	0	$+$	0	$-$
$f(x)$	↗	극대	↘	극소	↗	극대	↘

따라서 함수 $f(x)$는 $x=-1$, $x=1$, $x=3$에서 극값을 가지므로 모든 x의 값의 합은

$(-1)+1+3=3$ 답 3

0459 $f(x)=x^3-3x^2-9x+8$에서

$f'(x)=3x^2-6x-9=3(x+1)(x-3)$

$f'(x)=0$에서 $x=-1$ 또는 $x=3$

따라서 함수 $f(x)$는
$x=-1$에서 극댓값 13,
$x=3$에서 극솟값 -19
를 가지므로

x	$\cdots$	-1	$\cdots$	3	$\cdots$
$f'(x)$	$+$	0	$-$	0	$+$
$f(x)$	↗	13	↘	-19	↗

$A(-1, 13)$, $B(3, -19)$

따라서 $\overline{AB}$의 중점의 좌표는

$\left(\dfrac{-1+3}{2}, \dfrac{13-19}{2}\right)$, 즉 $(1, -3)$이다. 답 $(1, -3)$

0460 $f(x)=x^3+ax^2+bx+3$에서

$f'(x)=3x^2+2ax+b$

$f'(2)=0$에서 $12+4a+b=0$ $\qquad \cdots\cdots$ ㉠

$f(2)=23$에서 $11+4a+2b=23$ $\qquad \cdots\cdots$ ㉡

㉠, ㉡을 연립하여 풀면 $a=-9$, $b=24$

따라서 $f(x)=x^3-9x^2+24x+3$이므로

$f'(x)=3x^2-18x+24=3(x-2)(x-4)$

$f'(x)=0$에서 $x=2$ 또는 $x=4$

x	$\cdots$	2	$\cdots$	4	$\cdots$
$f'(x)$	$+$	0	$-$	0	$+$
$f(x)$	↗	23	↘	19	↗

따라서 함수 $f(x)$는 $x=4$에서 극솟값 19를 갖는다. 답 ⑤

0461 $f(x)=-x^3+27x+a$에서

$f'(x)=-3x^2+27=-3(x+3)(x-3)$

$f'(x)=0$에서 $x=-3$ 또는 $x=3$

x	$\cdots$	-3	$\cdots$	3	$\cdots$
$f'(x)$	$-$	0	$+$	0	$-$
$f(x)$	↘	$a-54$	↗	$a+54$	↘

따라서 함수 $f(x)$는 $x=-3$에서 극솟값 $a-54$, $x=3$에서 극댓값 $a+54$를 갖는다.

이때 극댓값과 극솟값의 합이 10이므로

$(a+54)+(a-54)=10$

$2a=10$ $\qquad \therefore a=5$ 답 5

0462 $f(x)=-2x^3-6x^2+a$에서

$f'(x)=-6x^2-12x=-6x(x+2)$

$f'(x)=0$에서 $x=-2$ 또는 $x=0$

x	$\cdots$	-2	$\cdots$	0	$\cdots$
$f'(x)$	$-$	0	$+$	0	$-$
$f(x)$	↘	극소	↗	극대	↘

따라서 함수 $f(x)$는 $x=-2$에서 극솟값 1을 가지므로

$b=-2$, $f(-2)=16-24+a=1$ $\qquad \therefore a=9$

$\therefore a-b=9-(-2)=11$ 답 ③

0463 $f(x)=x^3+(2a+4)x^2-5x$에서

$f'(x)=3x^2+2(2a+4)x-5$

함수 $y=f(x)$의 그래프에서 극대인 점과 극소인 점의 x좌표를 각각 α, β라 하면 α, β는 이차방정식 $3x^2+2(2a+4)x-5=0$ 의 두 근이다.

이때 극대인 점과 극소인 점이 원점에 대하여 대칭이므로

$\alpha+\beta=0$

따라서 이차방정식의 근과 계수의 관계에 의하여

$\alpha+\beta=-\dfrac{2(2a+4)}{3}=0$

$\therefore a=-2$ 답 -2

0464 $f(x)$는 최고차항의 계수가 1이고 그래프가 원점을 지나는 삼차함수이므로 $f(x)=x^3+ax^2+bx\,(a,\,b$는 상수$)$로 놓으면

$f'(x)=3x^2+2ax+b$

함수 $f(x)$가 $x=-1$과 $x=3$에서 극값을 가지므로 이차방정식 $f'(x)=0$의 두 근은 -1과 3이다.

이차방정식의 근과 계수의 관계에 의하여

$-1+3=-\dfrac{2a}{3}$, $(-1)\cdot 3=\dfrac{b}{3}$ $\qquad \therefore a=-3,\ b=-9$

$\therefore f(x)=x^3-3x^2-9x$ ㉮

이때 $f'(x)=3x^2-6x-9=3(x+1)(x-3)$

$f'(x)=0$에서 $x=-1$ 또는 $x=3$

x	$\cdots$	-1	$\cdots$	3	$\cdots$
$f'(x)$	$+$	0	$-$	0	$+$
$f(x)$	↗	극대	↘	극소	↗

따라서 함수 $f(x)$는 $x=-1$에서 극댓값을 가지므로 극댓값은

$f(-1)=-1-3+9=5$ ㉯

답 5

단계	채점요소	배점
㉮	함수 $f(x)$ 구하기	60%
㉯	함수 $f(x)$의 극댓값 구하기	40%

0465 $f(x)=2x^3-\dfrac{3}{2}ax^2+1$에서

$f'(x)=6x^2-3ax=3x(2x-a)$

$f'(x)=0$에서 $x=0$ 또는 $x=\dfrac{a}{2}$

따라서 함수 $f(x)$는 $x=0$, $x=\dfrac{a}{2}$에서 극댓값 또는 극솟값을 갖는다.

이때 함수 $y=f(x)$의 그래프가 x축에 접하므로

$f(0)=0$ 또는 $f\left(\dfrac{a}{2}\right)=0$

그런데 $f(0)=1\neq 0$이므로 $f\left(\dfrac{a}{2}\right)=0$

$f\left(\dfrac{a}{2}\right)=2\left(\dfrac{a}{2}\right)^3-\dfrac{3}{2}a\left(\dfrac{a}{2}\right)^2+1=0$, $-\dfrac{1}{8}a^3+1=0$

$\therefore a=2$ 답 2

0466 함수 $f(x)$는 $x=3$에서 극값 1을 가지므로

$f(3)=1$, $f'(3)=0$

이때 $g(x)=(-2x+1)f(x)$에서

$g(3)=-5f(3)=(-5)\cdot 1=-5$

$g'(x)=-2f(x)+(-2x+1)f'(x)$에서

$g'(3)=-2f(3)-5f'(3)=-2$

따라서 곡선 $y=g(x)$ 위의 $x=3$인 점에서의 접선의 방정식은

$y-(-5)=-2(x-3)$ $\qquad \therefore 2x+y-1=0$

따라서 원점과 직선 $2x+y-1=0$ 사이의 거리는

$\dfrac{|-1|}{\sqrt{2^2+1^2}}=\dfrac{1}{\sqrt{5}}=\dfrac{\sqrt{5}}{5}$ 답 $\dfrac{\sqrt{5}}{5}$

0467 조건 ㈎에서 $f(0)=0$이므로

$f(x)=xg(x)\,(g(x)$는 다항함수$)$라 하면

$\displaystyle\lim_{x\to 0}\dfrac{f(x)}{x}=\lim_{x\to 0}\dfrac{xg(x)}{x}=g(0)=-2$ …… ㉠

조건 ㈏에서 $f'(1)=0$, $f(1)=-3$

한편 $f(x)=xg(x)$에서 $f'(x)=g(x)+xg'(x)$이므로

$f'(1)=g(1)+g'(1)=0$ …… ㉡

$f(1)=g(1)=-3$ …… ㉢

㉠, ㉡, ㉢을 모두 만족시키는 차수가 가장 낮은 다항함수 $g(x)$는 이차함수이므로 $g(x)=ax^2+bx+c\,(a\neq 0,\,a,\,b,\,c$는 상수$)$로 놓으면

$g(0)=c=-2$

$g(1)=a+b+c=-3$ $\qquad \therefore a+b=-1$ …… ㉣

$g'(x)=2ax+b$에서 $g'(1)=2a+b=3\,(\because ㉡,\,㉢)$ …… ㉤

㉣, ㉤을 연립하여 풀면 $a=4$, $b=-5$

$\therefore g(x)=4x^2-5x-2$

$\therefore f(x)=x(4x^2-5x-2)=4x^3-5x^2-2x$

답 $f(x)=4x^3-5x^2-2x$

0468 $y=f'(x)$의 그래프가 x축과 만나는 점의 x좌표가 0, 4 이므로 $f'(x)=0$에서 $x=0$ 또는 $x=4$

x	$\cdots$	0	$\cdots$	4	$\cdots$
$f'(x)$	$+$	0	$-$	0	$+$
$f(x)$	↗	극대	↘	극소	↗

따라서 함수 $f(x)$는 $x=0$에서 극댓값을 가지므로 구하는 극댓값은 $f(0)=10$ 답 ③

0469 $f(x)=ax^3+bx^2+cx+d\,(a\neq 0,\,a,\,b,\,c,\,d$는 상수$)$로 놓으면

$f'(x)=3ax^2+2bx+c$

$y=f'(x)$의 그래프가 y축과 만나는 점의 y좌표가 3이므로
$f'(0)=c=3$
$y=f'(x)$의 그래프가 x축과 만나는 점의 x좌표가 -3, 1이므로
이차방정식 $f'(x)=0$의 두 근은 -3과 1이다.
이차방정식의 근과 계수의 관계에 의하여
$-3+1=-\dfrac{2b}{3a}$, $(-3)\cdot 1=\dfrac{c}{3a}=\dfrac{1}{a}$
$\therefore a=-\dfrac{1}{3}$, $b=-1$
이때 $f'(x)=0$에서 $x=-3$ 또는 $x=1$
따라서 함수 $f(x)$는
$x=-3$에서 극솟값,
$x=1$에서 극댓값을
갖는다.

x	$\cdots$	-3	$\cdots$	1	$\cdots$
$f'(x)$	$-$	0	$+$	0	$-$
$f(x)$	$\searrow$	극소	$\nearrow$	극대	$\searrow$

이때 $f(x)=-\dfrac{1}{3}x^3-x^2+3x+d$이므로 구하는 차는
$f(1)-f(-3)=\left(-\dfrac{1}{3}-1+3+d\right)-(9-9-9+d)$
$=\dfrac{32}{3}$

답 $\dfrac{32}{3}$

0470 $f(x)=ax^3+bx^2+cx+d$ ($a\neq 0$, a, b, c, d는 상수)
로 놓으면 $f'(x)=3ax^2+2bx+c$
$y=f'(x)$의 그래프에서 $f'(0)=0$, $f'(-2)=0$이므로
$f'(0)=c=0$
$f'(-2)=12a-4b=0$ $\therefore b=3a$ $\cdots\cdots$ ㉠
이때 $f'(x)=0$에서 $x=-2$ 또는 $x=0$
따라서 함수 $f(x)$는
$x=0$에서 극솟값 -2,
$x=-2$에서 극댓값 6
을 가지므로

x	$\cdots$	-2	$\cdots$	0	$\cdots$
$f'(x)$	$+$	0	$-$	0	$+$
$f(x)$	$\nearrow$	극대	$\searrow$	극소	$\nearrow$

$f(0)=d=-2$
$f(-2)=-8a+4b-2=6$ $\therefore 2a-b=-2$ $\cdots\cdots$ ㉡
㉠, ㉡을 연립하여 풀면 $a=2$, $b=6$
따라서 $f(x)=2x^3+6x^2-2$이므로
$f(1)=2+6-2=6$

답 **6**

0471 ① $x>-1$일 때, $f'(x)\geq 0$이므로 $f(x)$는 증가한다.
② $x=-1$의 좌우에서 $f'(x)$의 부호가 음에서 양으로 바뀌므로
$f(x)$는 $x=-1$에서 극소이다.
③ $f'(2)=0$이므로 $f(x)$는 $x=2$에서 미분가능하다.
④ $x=2$의 좌우에서 $f'(x)$의 부호가 바뀌지 않으므로 $f(x)$는
$x=2$에서 극값을 갖지 않는다. 따라서 $f(x)$의 극값은
$x=-1$에서의 극솟값 1개뿐이다.
⑤ 열린구간 $(2, 4)$에서 $f'(x)>0$이므로 $f(x)$는 증가한다.

답 ③

0472 오른쪽 그림에서 $x=x_2$의
좌우에서 $f'(x)$의 부호가 양에서
음으로 바뀌므로 함수 $f(x)$는
$x=x_2$에서 극댓값을 갖는다.
$\therefore m=1$

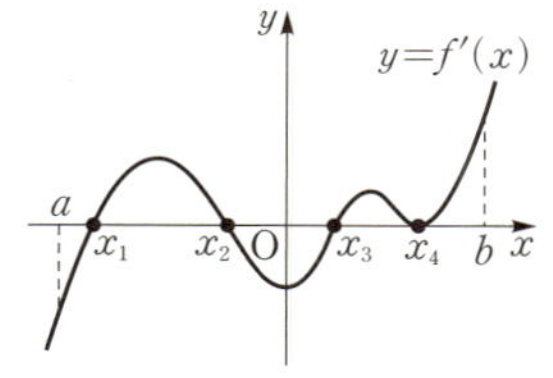

또, $x=x_1$, $x=x_3$의 좌우에서 $f'(x)$의 부호가 음에서 양으로
바뀌므로 함수 $f(x)$는 $x=x_1$, $x=x_3$에서 극솟값을 갖는다.
$\therefore n=2$
$\therefore m-n=-1$

답 -1

0473 주어진 그래프에서 $f'(x)$의 부호가 양에서 음으로 바뀌
는 점의 x좌표는 -4, 7이므로 함수 $f(x)$는 $x=-4$, $x=7$에
서 극댓값을 갖는다.
따라서 구하는 모든 x의 값의 합은
$-4+7=3$

답 **3**

0474 ㄱ. $x=a$의 좌우에서 $f'(x)$의 부호가 음에서 양으로 바
뀌므로 함수 $f(x)$는 $x=a$에서 극솟값을 갖는다.
ㄴ. $x=e$의 좌우에서 $f'(x)$의 부호가 양에서 음으로 바뀌므로
함수 $f(x)$는 $x=e$에서 극댓값을 갖는다.
ㄷ. $x=a$, $x=e$, $x=g$에서 극값을 가지므로 극값을 갖는 점은
3개이다.
따라서 옳은 것은 ㄱ, ㄴ, ㄷ이다.

답 ⑤

0475 ㄱ. 열린구간 (α, β)에서 $f'(x)>0$이므로 함수 $f(x)$
는 증가한다.
ㄴ. $x=\beta$, $x=\gamma$의 좌우에서 $f'(x)$의 부호가 바뀌므로 함수
$f(x)$는 $x=\beta$, $x=\gamma$에서 극값을 갖는다. 즉, 함수 $f(x)$가
극값을 갖는 점은 2개이다.
ㄷ. $x=\beta$의 좌우에서 $f'(x)$의 부호가 양에서 음으로 바뀌므로
함수 $f(x)$는 $x=\beta$에서 극댓값을 갖는다.
따라서 옳은 것은 ㄷ뿐이다.

답 ㄷ

0476 $f(x)=x^3+ax^2+12x+2$에서
$f'(x)=3x^2+2ax+12$
함수 $f(x)$가 극값을 가지려면 이차방정식 $f'(x)=0$이 서로 다
른 두 실근을 가져야 하므로 $f'(x)=0$의 판별식을 D라 하면
$\dfrac{D}{4}=a^2-36>0$, $(a+6)(a-6)>0$
$\therefore a<-6$ 또는 $a>6$

답 ①

0477 $f(x)=x^3+3x^2+ax-1$에서
$f'(x)=3x^2+6x+a$
함수 $f(x)$가 극댓값과 극솟값을 모두 가지려면 이차방정식

$f'(x)=0$이 서로 다른 두 실근을 가져야 하므로 $f'(x)=0$의 판별식을 D라 하면

$$\frac{D}{4}=9-3a>0 \qquad \therefore a<3$$

답 $a<3$

0478 $f(x)=3x^3+(k+2)x^2+kx+1$에서

$f'(x)=9x^2+2(k+2)x+k$

함수 $f(x)$가 극값을 가지려면 이차방정식 $f'(x)=0$이 서로 다른 두 실근을 가져야 하므로 $f'(x)=0$의 판별식을 D라 하면

$$\frac{D}{4}=(k+2)^2-9k>0,\ k^2-5k+4>0$$

$(k-1)(k-4)>0 \qquad \therefore k<1$ 또는 $k>4$

따라서 $\alpha=1$, $\beta=4$이므로

$\alpha+\beta=5$

답 ③

0479 $f(x)=x^3+3ax^2+ax-2$에서

$f'(x)=3x^2+6ax+a$

함수 $f(x)$가 극값을 가지려면 이차방정식 $f'(x)=0$이 서로 다른 두 실근을 가져야 하므로 $f'(x)=0$의 판별식을 D라 하면

$$\frac{D}{4}=9a^2-3a>0,\ 3a(3a-1)>0$$

$$\therefore a<0 \text{ 또는 } a>\frac{1}{3}$$

따라서 자연수 a의 최솟값은 1이다.

답 ①

0480 $f(x)=x^3+ax^2+3x+4$에서

$f'(x)=3x^2+2ax+3$

함수 $f(x)$가 극값을 갖지 않으려면 이차방정식 $f'(x)=0$이 중근 또는 허근을 가져야 하므로 $f'(x)=0$의 판별식을 D라 하면

$$\frac{D}{4}=a^2-9\leq0,\ (a+3)(a-3)\leq0$$

$$\therefore -3\leq a\leq3$$

답 ④

0481 $f(x)=x^3-\frac{3}{2}(a-1)x^2-3ax+2$에서

$f'(x)=3x^2-3(a-1)x-3a$

함수 $f(x)$가 극값을 갖지 않으려면 이차방정식 $f'(x)=0$이 중근 또는 허근을 가져야 하므로 $f'(x)=0$의 판별식을 D라 하면

$D=9(a-1)^2+36a\leq0,\ 9(a+1)^2\leq0$

$$\therefore a=-1$$

답 ①

0482 $f(x)=x^3-3(a-1)x^2-3(b^2-9)x+a$에서

$f'(x)=3x^2-6(a-1)x-3(b^2-9)$

함수 $f(x)$가 극값을 갖지 않으려면 이차방정식 $f'(x)=0$이 중근 또는 허근을 가져야 하므로 $f'(x)=0$의 판별식을 D라 하면

$$\frac{D}{4}=\{3(a-1)\}^2+3\{3(b^2-9)\}\leq0$$

$9(a-1)^2+9(b^2-9)\leq0$

$(a-1)^2+b^2\leq9$

⑦

(i) $a=1$일 때

$b^2\leq9$, $-3\leq b\leq3$이므로 $b=1$, 2, 3

따라서 순서쌍 (a, b)는 $(1, 1)$, $(1, 2)$, $(1, 3)$의 3개

(ii) $a=2$일 때

$b^2\leq8$, $-2\sqrt{2}\leq b\leq2\sqrt{2}$이므로 $b=1$, 2

따라서 순서쌍 (a, b)는 $(2, 1)$, $(2, 2)$의 2개

(iii) $a=3$일 때

$b^2\leq5$, $-\sqrt{5}\leq b\leq\sqrt{5}$이므로 $b=1$, 2

따라서 순서쌍 (a, b)는 $(3, 1)$, $(3, 2)$의 2개

(iv) $a=4$일 때

$b^2\leq0$이므로 순서쌍 (a, b)는 없다.

④

(i)~(iv)에서 순서쌍 (a, b)의 개수는

$3+2+2=7$

⑤

답 **7**

단계	채점요소	배점
⑦	극값을 갖지 않을 조건을 이용하여 a, b 사이의 관계식 구하기	30%
④	순서쌍 (a, b) 구하기	60%
⑤	순서쌍 (a, b)의 개수 구하기	10%

0483 $f(x)=x^3+px^2+(p-1)x$에서

$f'(x)=3x^2+2px+p-1$

함수 $f(x)$가 $-1<x<1$에서 극댓값과 극솟값을 모두 가지려면 이차방정식 $f'(x)=0$이 $-1<x<1$에서 서로 다른 두 실근을 가져야 한다.

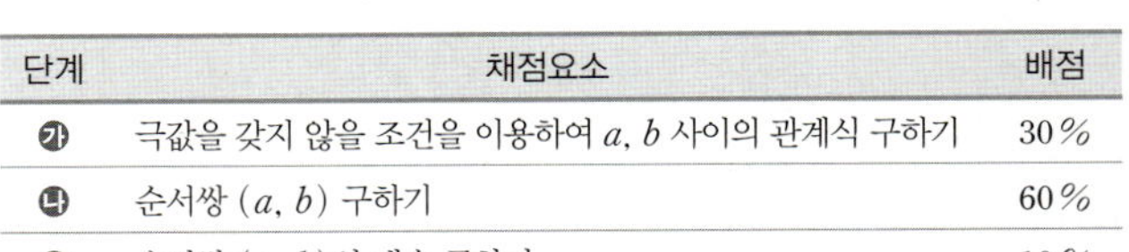

(i) 이차방정식 $f'(x)=0$의 판별식을 D라 하면

$$\frac{D}{4}=p^2-3(p-1)>0$$에서

$$p^2-3p+3=\left(p-\frac{3}{2}\right)^2+\frac{3}{4}>0$$이므로 모든 실수 p에 대하여 성립한다.

(ii) $f'(-1)=2-p>0$에서 $p<2$

(iii) $f'(1)=3p+2>0$에서 $p>-\frac{2}{3}$

(iv) 이차함수 $y=f'(x)$의 그래프의 축의 방정식이 $x=-\frac{p}{3}$이므로

$$-1<-\frac{p}{3}<1 \qquad \therefore -3<p<3$$

(i)~(iv)에서 실수 p의 값의 범위는 $-\frac{2}{3}<p<2$

따라서 정수 p는 0, 1의 2개이다.

답 **2**

0484 $f(x)=2x^3+3x^2+kx-5$에서
$f'(x)=6x^2+6x+k$
이차방정식 $f'(x)=0$의 두 실근을 α, β
$(\alpha<\beta)$라 하면
$-2<\alpha<0,\ \beta>0$
이어야 하므로
(i) $f'(-2)=24-12+k>0$　∴ $k>-12$
(ii) $f'(0)=k<0$
(i), (ii)에서 실수 k의 값의 범위는 $-12<k<0$이므로
$a=-12,\ b=0$
∴ $a^2+b^2=(-12)^2+0^2=144$　　　　답 **144**

0485 $f(x)=x^3-3ax^2+3ax-1$에서
$f'(x)=3x^2-6ax+3a$
함수 $f(x)$가 극값을 가지려면 이차방정식 $f'(x)=0$이 서로 다른 두 실근을 가져야 하므로 $f'(x)=0$의 판별식을 D라 하면
$\dfrac{D}{4}=9a^2-9a>0,\ 9a(a-1)>0$
∴ $a<0$ 또는 $a>1$　　　　……㉠
이차방정식 $f'(x)=0$의 두 실근을 α, β $(\alpha<\beta)$라 하면
$f'(x)=3(x-\alpha)(x-\beta)$
즉, $f(x)$는 $x=\beta$에서 극솟값을 가지므로 $1<\beta<2$이어야 한다.
(i) $f'(1)=3-6a+3a<0$
　　∴ $a>1$　　　　……㉡
(ii) $f'(2)=12-12a+3a>0$
　　∴ $a<\dfrac{4}{3}$　　　　……㉢
㉠, ㉡, ㉢을 동시에 만족시키는 a의 값의 범위는
$1<a<\dfrac{4}{3}$　　　　답 ④

0486 $f(x)=-x^4+4x^3+4ax^2$에서
$f'(x)=-4x^3+12x^2+8ax=-4x(x^2-3x-2a)$
함수 $f(x)$가 극솟값을 가지려면 방정식 $f'(x)=0$이 서로 다른 세 실근을 가져야 하므로 이차방정식 $x^2-3x-2a=0$이 0이 아닌 서로 다른 두 실근을 가져야 한다.
이차방정식 $x^2-3x-2a=0$의 판별식을 D라 하면
$a\neq0,\ D=9+8a>0$에서 $-\dfrac{9}{8}<a<0$ 또는 $a>0$
따라서 $\alpha=-\dfrac{9}{8},\ \beta=0$이므로
$\alpha+\beta=-\dfrac{9}{8}$　　　　답 $-\dfrac{9}{8}$

0487 $f(x)=3x^4-8x^3+6ax^2+7$에서
$f'(x)=12x^3-24x^2+12ax=12x(x^2-2x+a)$
함수 $f(x)$가 극댓값과 극솟값을 모두 가지려면 삼차방정식 $f'(x)=0$이 서로 다른 세 실근을 가져야 하므로 이차방정식

$x^2-2x+a=0$이 0이 아닌 서로 다른 두 실근을 가져야 한다.
이차방정식 $x^2-2x+a=0$의 판별식을 D라 하면
$a\neq0,\ \dfrac{D}{4}=1-a>0$에서
$a<0$ 또는 $0<a<1$　　　　답 $a<0$ 또는 $0<a<1$

0488 $f(x)=-3x^4-8x^3+6(k+3)x^2-12kx$에서
$f'(x)=-12x^3-24x^2+12(k+3)x-12k$
　　　$=-12(x-1)(x^2+3x-k)$
사차함수 $f(x)$가 극솟값을 갖지 않으려면 삼차방정식 $f'(x)=0$이 한 실근과 두 허근 또는 한 실근과 중근 또는 삼중근을 가져야 한다.
이차방정식 $x^2+3x-k=0$의 판별식을 D라 하면
(i) $-12(x-1)(x^2+3x-k)=0$이 한 실근과 두 허근을 갖는 경우
　　이차방정식 $x^2+3x-k=0$이 허근을 가져야 하므로
　　$D=9+4k<0$　　∴ $k<-\dfrac{9}{4}$
(ii) $-12(x-1)(x^2+3x-k)=0$이 한 실근과 중근을 갖는 경우
　　이차방정식 $x^2+3x-k=0$이 $x=1$을 근으로 갖거나 1이 아닌 실수를 중근으로 가져야 한다.
　　$x^2+3x-k=0$이 $x=1$을 근으로 가지면
　　$1+3-k=0$　　∴ $k=4$
　　$x^2+3x-k=0$이 1이 아닌 실수를 중근으로 가지면
　　$D=9+4k=0$　　∴ $k=-\dfrac{9}{4}$
(i), (ii)에서 구하는 실수 k의 값의 범위는
$k=4$ 또는 $k\leq-\dfrac{9}{4}$

답 $k=4$ 또는 $k\leq-\dfrac{9}{4}$

0489 사차함수 $f(x)$가 극댓값을 갖지 않으려면 삼차방정식 $f'(x)=0$이 한 실근과 두 허근 또는 한 실근과 중근 또는 삼중근을 가져야 한다.
이차방정식 $x^2+ax+2a=0$의 판별식을 D라 하면
(i) $f'(x)=0$이 한 실근과 두 허근을 갖는 경우
　　이차방정식 $x^2+ax+2a=0$이 허근을 가져야 하므로
　　$D=a^2-8a<0,\ a(a-8)<0$
　　∴ $0<a<8$
(ii) $f'(x)=0$이 한 실근과 중근을 갖는 경우
　　이차방정식 $x^2+ax+2a=0$이 $x=-1$을 근으로 갖거나 -1이 아닌 실수를 중근으로 가져야 한다.
　　$x^2+ax+2a=0$이 $x=-1$을 근으로 가지면
　　$1-a+2a=0$　　∴ $a=-1$
　　이차방정식 $x^2+ax+2a=0$이 -1이 아닌 실수를 중근으로 가지면 $D=a(a-8)=0$　　∴ $a=0$ 또는 $a=8$
(i), (ii)에서 a의 값의 범위는 $a=-1$ 또는 $0\leq a\leq8$이므로 정수 a는 $-1,\ 0,\ 1,\ 2,\ 3,\ 4,\ 5,\ 6,\ 7,\ 8$의 10개이다.　　답 **10**

0490 $f(x)=2x^3+3x^2-12x+3$에서

$f'(x)=6x^2+6x-12=6(x+2)(x-1)$

$f'(x)=0$에서 $x=-2$ 또는 $x=1$

x	-2	$\cdots$	1	$\cdots$	2
$f'(x)$	0	$-$	0	$+$	
$f(x)$	23	$\searrow$	-4	$\nearrow$	7

따라서 함수 $f(x)$는 $x=-2$에서 최댓값 23, $x=1$에서 최솟값 -4를 가지므로 $M=23$, $m=-4$

$\therefore M+m=23+(-4)=19$ 답 ②

0491 $f(x)=x^4-2x^2-2$에서

$f'(x)=4x^3-4x=4x(x+1)(x-1)$

$f'(x)=0$에서 $x=1$ 또는 $x=0$ 또는 $x=1$

x	$\cdots$	-1	$\cdots$	0	$\cdots$	1	$\cdots$
$f'(x)$	$-$	0	$+$	0	$-$	0	$+$
$f(x)$	$\searrow$	-3	$\nearrow$	-2	$\searrow$	-3	$\nearrow$

따라서 함수 $f(x)$는 $x=-1$과 $x=1$에서 최솟값 -3을 가지므로 $\alpha=-1$, $\beta=1$, $\gamma=-3$

$\therefore \alpha^2+\beta^2+\gamma^2=(-1)^2+1^2+(-3)^2=11$ 답 **11**

0492 $f(x)=3x^4-8x^3+6x^2+1$에서

$f'(x)=12x^3-24x^2+12x=12x(x-1)^2$

$f'(x)=0$에서 $x=0$ 또는 $x=1$

x	-1	$\cdots$	0	$\cdots$	1	$\cdots$	2
$f'(x)$		$-$	0	$+$	0	$+$	
$f(x)$	18	$\searrow$	1	$\nearrow$	2	$\nearrow$	9

따라서 함수 $f(x)$는 $x=-1$에서 최댓값 18, $x=0$에서 최솟값 1을 가지므로 $M=18$, $m=1$

$\therefore Mm=18$ 답 **18**

0493 $x^2-4x+2=t$로 놓으면

$t=x^2-4x+2=(x-2)^2-2$

$0 \le x \le 4$에서 t의 값의 범위는 $-2 \le t \le 2$

$g(t)=t^3-12t+1$로 놓으면

$g'(t)=3t^2-12=3(t+2)(t-2)$

$g'(t)=0$에서 $t=-2$ 또는 $t=2$

따라서 함수 $g(t)$는 $t=-2$에서 최댓값 17, $t=2$에서 최솟값 -15를 가지므로

t	-2	$\cdots$	2
$g'(t)$	0	$-$	0
$g(t)$	17	$\searrow$	-15

$M=17$, $m=-15$

$\therefore M+m=2$ 답 **2**

0494 $f(x)=3x^4-4x^3+6x^2-12x+a$에서

$f'(x)=12x^3-12x^2+12x-12=12(x-1)(x^2+1)$

$f'(x)=0$에서 $x=1 \, (\because x^2+1>0)$

따라서 함수 $f(x)$는 $x=1$에서 최솟값 $-7+a$를 가지므로

$-7+a=1$

$\therefore a=8$

x	$\cdots$	1	$\cdots$
$f'(x)$	$-$	0	$+$
$f(x)$	$\searrow$	$-7+a$	$\nearrow$

답 ⑤

0495 $f(x)=ax^3-6ax^2+b$에서

$f'(x)=3ax^2-12ax=3ax(x-4)$

$f'(x)=0$에서 $x=0 \, (\because -1 \le x \le 2)$

x	-1	$\cdots$	0	$\cdots$	2
$f'(x)$		$+$	0	$-$	
$f(x)$	$-7a+b$	$\nearrow$	b	$\searrow$	$-16a+b$

$a>0$이므로 $-7a+b>-16a+b$

따라서 함수 $f(x)$는 $x=0$에서 최댓값 b, $x=2$에서 최솟값 $-16a+b$를 가지므로

$b=3$, $-16a+b=-13$

따라서 $a=1$, $b=3$이므로

$a+b=4$ 답 ④

0496 $f(x)=x^3+ax^2+bx+5$에서 $f'(x)=3x^2+2ax+b$

닫힌구간 $[0, 3]$에서 삼차함수 $f(x)$는 $x=2$에서 최솟값 3을 가지므로 $x=2$에서 극솟값 3을 가져야 한다.

$f'(2)=12+4a+b=0$, $4a+b=-12$ $\cdots\cdots$ ㉠

$f(2)=8+4a+2b+5=3$, $2a+b=-5$ $\cdots\cdots$ ㉡

㉠, ㉡을 연립하여 풀면 $a=-\dfrac{7}{2}$, $b=2$

따라서 $f(x)=x^3-\dfrac{7}{2}x^2+2x+5$이므로

$f(1)=1-\dfrac{7}{2}+2+5=\dfrac{9}{2}$ 답 $\dfrac{9}{2}$

0497 $f(x)=x^3+ax^2+bx+c$에서

$f'(x)=3x^2+2ax+b$

$f'(1)=f'(3)=0$에서

$3+2a+b=0$ $\cdots\cdots$ ㉠

$27+6a+b=0$ $\cdots\cdots$ ㉡

㉠, ㉡을 연립하여 풀면 $a=-6$, $b=9$

x	0	$\cdots$	1	$\cdots$	2
$f'(x)$		$+$	0	$-$	
$f(x)$		$\nearrow$	극대	$\searrow$	

닫힌구간 $[0, 2]$에서 함수 $f(x)$는 $x=1$일 때 극대이면서 최대이므로 최댓값은 $f(1)=6$

$a+b+c+1=6$ $\therefore c=2$

$\therefore f(x)=x^3-6x^2+9x+2$

따라서 $f(0)=2$, $f(2)=4$이므로 함수 $f(x)$의 최솟값은 2이다.

⒟

답 **2**

단계	채점요소	배점
㉮	$f'(1)=f'(3)=0$에서 a, b의 값 구하기	30%
㉯	c의 값과 $f(x)$ 구하기	40%
㉰	함수 $f(x)$의 최솟값 구하기	30%

0498 오른쪽 그림과 같이 직사각형 ABCD의 한 꼭짓점 D의 좌표를 $(a, 0)$ $(0<a<2)$이라 하면 A$(-a, 0)$, B$(-a, a^2-4)$, C(a, a^2-4)

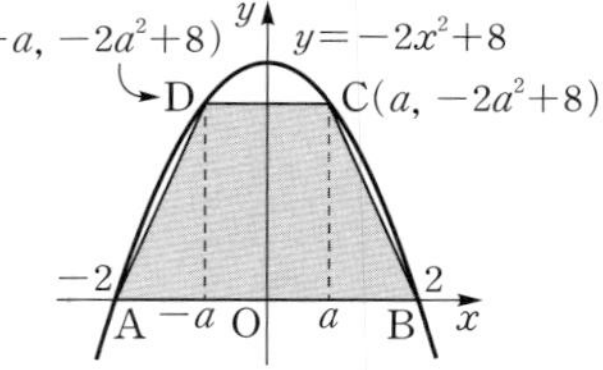

직사각형 ABCD의 넓이를 $S(a)$라 하면
$$S(a)=2a(-a^2+4)=-2a^3+8a$$
$$S'(a)=-6a^2+8=-2(3a^2-4)$$
$S'(a)=0$에서 $a=\dfrac{2\sqrt{3}}{3}$ $(\because 0<a<2)$

따라서 함수 $S(a)$는 $a=\dfrac{2\sqrt{3}}{3}$일 때 극대이면서 최대이므로 구하는 직사각형의 넓이의 최댓값은

a	(0)	$\cdots$	$\dfrac{2\sqrt{3}}{3}$	$\cdots$	(2)
$S'(a)$		$+$	0	$-$	
$S(a)$		↗	극대	↘	

$$S\left(\frac{2\sqrt{3}}{3}\right)=-2\cdot\left(\frac{2\sqrt{3}}{3}\right)^3+8\cdot\frac{2\sqrt{3}}{3}=\frac{32\sqrt{3}}{9}$$

답 $\dfrac{32\sqrt{3}}{9}$

0499 곡선 $y=-x^2+3$ 위의 한 점의 좌표를 $(t, -t^2+3)$으로 놓으면 이 점과 점 $(5, 4)$ 사이의 거리는
$$\sqrt{(t-5)^2+(-t^2+3-4)^2}=\sqrt{t^4+3t^2-10t+26}$$
$f(t)=t^4+3t^2-10t+26$으로 놓으면
$$f'(t)=4t^3+6t-10=2(t-1)(2t^2+2t+5)$$
$f'(t)=0$에서 $t=1$ $(\because 2t^2+2t+5>0)$

따라서 함수 $f(t)$는 $t=1$일 때 극소이면서 최소이므로 최솟값은 $f(1)=20$

t	$\cdots$	1	$\cdots$
$f'(t)$	$-$	0	$+$
$f(t)$	↘	극소	↗

따라서 구하는 거리의 최솟값은
$$\sqrt{f(1)}=\sqrt{20}=2\sqrt{5}$$

답 $2\sqrt{5}$

0500 A제품 x개를 판매하여 얻는 이익을 $g(x)$원이라 하면
$$g(x)=1000x-f(x)$$
$$=-x^3+180x^2-4000 \ (\text{단}, x>0)$$
$$g'(x)=-3x^2+360x=-3x(x-120)$$
$g'(x)=0$에서 $x=120$ $(\because x>0)$

따라서 함수 $g(x)$는 $x=120$일 때 극대이면서 최대이므로 이익을 최대로 하기 위해 하

x	(0)	$\cdots$	120	$\cdots$
$g'(x)$		$+$	0	$-$
$g(x)$		↗	극대	↘

루에 생산해야 할 제품의 개수는 120이다.

답 **120**

0501 잘라 내는 정사각형의 한 변의 길이를 x라 하고 상자의 부피를 $V(x)$라 하면
$$V(x)=x(12-2x)^2 \ (\text{단}, 0<x<6)$$
$$V'(x)=(12-2x)^2+x\cdot2(12-2x)(-2)$$
$$=12x^2-96x+144=12(x-2)(x-6)$$
$V'(x)=0$에서 $x=2$ $(\because 0<x<6)$

따라서 함수 $V(x)$는 $x=2$일 때 극대이면서 최대이므로 구하는 부피의 최댓값은

x	(0)	$\cdots$	2	$\cdots$	(6)
$V'(x)$		$+$	0	$-$	
$V(x)$		↗	극대	↘	

$$V(2)=2(12-4)^2=128$$

답 **128**

0502 $-2x^2+8=0$에서 $-2(x+2)(x-2)=0$ 이므로 $x=-2$ 또는 $x=2$
$$\therefore \text{A}(-2, 0),\ \text{B}(2, 0)$$
오른쪽 그림과 같이 사다리꼴 ABCD의 한 꼭짓점 C의 좌표를 C$(a, -2a^2+8)$ $(0<a<2)$이라 하면 D$(-a, -2a^2+8)$

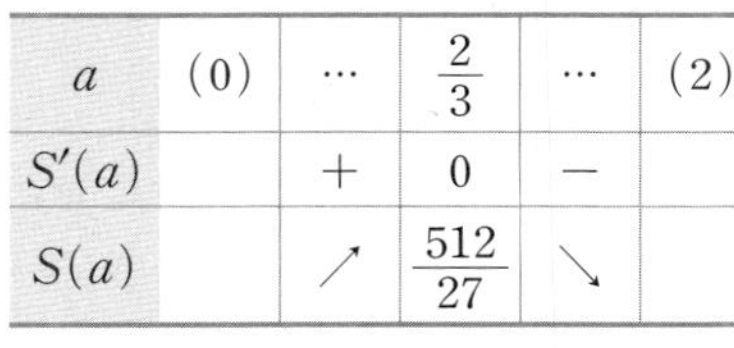

㉮

사다리꼴 ABCD의 넓이를 $S(a)$라 하면
$$S(a)=\frac{1}{2}(2a+4)(-2a^2+8)=-2a^3-4a^2+8a+16$$

㉯

$$S'(a)=-6a^2-8a+8=-2(3a-2)(a+2)$$
$S'(a)=0$에서 $a=\dfrac{2}{3}$ $(\because 0<a<2)$

따라서 함수 $S(a)$는 $a=\dfrac{2}{3}$일 때 극대이면서 최대이므로 구하는 넓이의 최댓값은

a	(0)	$\cdots$	$\dfrac{2}{3}$	$\cdots$	(2)
$S'(a)$		$+$	0	$-$	
$S(a)$		↗	$\dfrac{512}{27}$	↘	

$$M=S\left(\frac{2}{3}\right)=\frac{512}{27}$$

㉰

$$\therefore 27M=512$$

㉱

답 **512**

단계	채점요소	배점
㉮	네 점 A, B, C, D의 좌표 구하기	30%
㉯	사다리꼴 ABCD의 넓이 $S(a)$ 구하기	30%
㉰	M의 값 구하기	30%
㉱	$27M$의 값 구하기	10%

0503 원기둥의 밑면의 반지름의 길이를 $r\,(0<r<3)$라 하고 높이를 $h\,(0<h<15)$라 하면 오른쪽 그림에서

$15:3=(15-h):r$

$3(15-h)=15r$ $\quad \therefore h=15-5r$

원기둥의 부피를 $V(r)$라 할 때

$V(r)=\pi r^2 h=\pi r^2(15-5r)=\pi(15r^2-5r^3)$에서

$V'(r)=\pi(30r-15r^2)=15\pi r(2-r)$

$V'(r)=0$에서 $r=2\,(\because 0<r<3)$

따라서 함수 $V(r)$는 $r=2$일 때 극대이면서 최대이므로 구하는 원기둥의 부피의 최댓값은

r	(0)	$\cdots$	2	$\cdots$	(3)
$V'(r)$		$+$	0	$-$	
$V(r)$		$\nearrow$	극대	$\searrow$	

$V(2)=\pi\cdot 2^2\cdot(15-5\cdot 2)=20\pi$

답 20π

0504 사각기둥의 밑면의 한 변의 길이를 a, 높이를 x라 하면 피타고라스 정리에 의해

$a=\sqrt{144-x^2}$ (단, $0<x<12$)

사각기둥의 부피를 $V(x)$라 할 때

$V(x)=x(\sqrt{144-x^2})^2=x(144-x^2)$

$V'(x)=(144-x^2)+x\cdot(-2x)$

$\qquad =-3x^2+144=-3(x^2-48)$

$\qquad =-3(x+4\sqrt{3})(x-4\sqrt{3})$

$V'(x)=0$에서 $x=4\sqrt{3}\,(\because 0<x<12)$

따라서 함수 $V(x)$는 $x=4\sqrt{3}$일 때 극대이면서 최대이므로 사각기둥의 부피가 최대가 되게 하는 밑면의 넓이는

x	(0)	$\cdots$	$4\sqrt{3}$	$\cdots$	(12)
$V'(x)$		$+$	0	$-$	
$V(x)$		$\nearrow$	극대	$\searrow$	

$a^2=144-(4\sqrt{3})^2=96$

답 ⑤

유형 Up

본문 77쪽

0505 함수 $f(x)=ax^3+bx^2+cx+d$의 그래프에서

$x\to\infty$일 때, $f(x)\to\infty$이므로 $a>0$

$f(0)>0$이므로 $d>0$

$f'(x)=3ax^2+2bx+c$에서 이차방정식 $f'(x)=0$의 서로 다른 두 실근이 α, β이고 $\alpha<0$, $\beta>0$, $|\beta|>|\alpha|$이므로 이차방정식의 근과 계수의 관계에 의하여

$\alpha+\beta=-\dfrac{2b}{3a}>0$ $\quad\therefore b<0$

$\alpha\beta=\dfrac{c}{3a}<0$ $\quad\therefore c<0$

$\therefore ab<0,\ ac<0,\ bd<0,\ cd<0$

따라서 옳은 것은 ④이다.

답 ④

0506 함수 $f(x)=ax^3+bx^2+cx+d$의 그래프에서

$x\to\infty$일 때, $f(x)\to-\infty$이므로 $a<0$

$f(0)>0$이므로 $d>0$

$f'(x)=3ax^2+2bx+c$에서 이차방정식 $f'(x)=0$의 서로 다른 두 실근이 α, β이고 $\alpha<0$, $\beta<0$이므로 이차방정식의 근과 계수의 관계에 의하여

$\alpha+\beta=-\dfrac{2b}{3a}<0$ $\quad\therefore b<0$

$\alpha\beta=\dfrac{c}{3a}>0$ $\quad\therefore c<0$

따라서 그 값이 항상 양수인 것은 ④이다.

답 ④

0507 $y=f'(x)$의 그래프가 x축과 만나는 점의 x좌표는 -1, 1이다.

따라서 함수 $f(x)$는 증가하다가 $x=-1$에서 극댓값을 갖고, $x=-1$에서부터 계속

x	$\cdots$	-1	$\cdots$	1	$\cdots$
$f'(x)$	$+$	0	$-$	0	$-$
$f(x)$	$\nearrow$	극대	$\searrow$		$\searrow$

감소하므로 함수 $y=f(x)$의 그래프의 개형이 될 수 있는 것은 ④이다.

답 ④

0508 $y=f'(x)$의 그래프가 x축과 만나는 점의 x좌표는 a, b, c이다.

x	$\cdots$	a	$\cdots$	b	$\cdots$	c	$\cdots$
$f'(x)$	$+$	0	$-$	0	$-$	0	$+$
$f(x)$	$\nearrow$	극대	$\searrow$		$\searrow$	극소	$\nearrow$

따라서 함수 $f(x)$는 $x=a$에서 극댓값을 갖고, $x=c$에서 극솟값을 가지므로 함수 $y=f(x)$의 그래프의 개형이 될 수 있는 것은 ③이다.

답 ③

시험에 **꼭** 나오는 문제　　본문 78~81쪽

0509 $f(x)=x^3+ax^2+9x-1$에서

$f'(x)=3x^2+2ax+9$

함수 $f(x)$가 감소하는 x의 값의 범위가 $1\le x\le b$이므로 이차방정식 $f'(x)=0$의 두 근은 1, b이다.

이차방정식의 근과 계수의 관계에 의하여

$b+1=-\dfrac{2a}{3}$, $b=3$

따라서 $a=-6$, $b=3$이므로

$a+b=-3$

답 -3

0510 ㄱ. $f(x)=x^3+3x^2+3x$에서

$f'(x)=3x^2+6x+3=3(x+1)^2\geq0$

따라서 함수 $f(x)$는 열린구간 $(-\infty,\infty)$에서 증가한다.

ㄴ. $g(x)=\dfrac{1}{3}x^3-2x^2+5x+4$에서

$g'(x)=x^2-4x+5=(x-2)^2+1>0$

따라서 함수 $g(x)$는 열린구간 $(-\infty,\infty)$에서 증가한다.

ㄷ. $h(x)=2x^3+6x^2-18x+1$에서

$h'(x)=6x^2+12x-18=6(x+3)(x-1)$

따라서 $x\leq-3$ 또는 $x\geq1$일 때만 $h'(x)\geq0$이므로 함수 $h(x)$는 열린구간 $(-\infty,\infty)$에서 증가하는 것은 아니다.

따라서 열린구간 $(-\infty,\infty)$에서 증가하는 함수는 ㄱ, ㄴ이다.

답 ③

0511 $f(x)=-x^3-ax^2+2ax+15$에서

$f'(x)=-3x^2-2ax+2a$

함수 $f(x)$가 실수 전체의 집합에서 감소하려면 모든 실수 x에 대하여 $f'(x)\leq0$이어야 하므로 이차방정식 $f'(x)=0$의 판별식을 D라 할 때

$\dfrac{D}{4}=a^2+6a\leq0,\ a(a+6)\leq0$

$\therefore\ -6\leq a\leq0$

답 ③

0512 $f(x)=2x^3+ax^2$에서 $f'(x)=6x^2+2ax$

함수 $f(x)$가 닫힌구간 $[1,3]$에서 증가하려면 $1\leq x\leq3$에서 $f'(x)\geq0$이어야 하므로 오른쪽 그림에서

$f'(1)=6+2a\geq0\quad\therefore\ a\geq-3$

$f'(3)=54+6a\geq0\quad\therefore\ a\geq-9$

$\therefore\ a\geq-3$

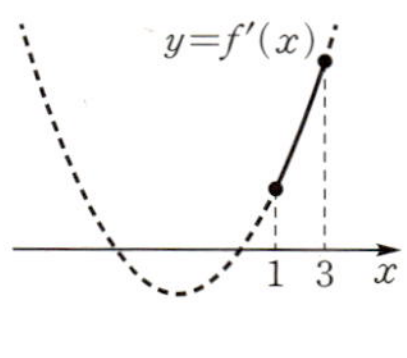

따라서 실수 a의 최솟값은 -3이다.

답 ②

0513 $f(x)=2x^3-9x^2+12x+2$에서

$f'(x)=6x^2-18x+12$

$\quad\quad=6(x-1)(x-2)$

$f'(x)=0$에서 $x=1$ 또는 $x=2$

따라서 함수 $f(x)$는
$x=1$에서 극댓값 7,
$x=2$에서 극솟값 6을
가지므로

x	$\cdots$	1	$\cdots$	2	$\cdots$
$f'(x)$	+	0	−	0	+
$f(x)$	↗	7	↘	6	↗

$M=7,\ m=6$

$\therefore\ Mm=42$

답 **42**

0514 $f(x)=x^4-4x^3+4x^2+2$에서

$f'(x)=4x^3-12x^2+8x=4x(x-1)(x-2)$

$f'(x)=0$에서 $x=0$ 또는 $x=1$ 또는 $x=2$

x	$\cdots$	0	$\cdots$	1	$\cdots$	2	$\cdots$
$f'(x)$	−	0	+	0	−	0	+
$f(x)$	↘	2	↗	3	↘	2	↗

따라서 함수 $f(x)$는 $x=0$과 $x=2$에서 극솟값 2, $x=1$에서 극댓값 3을 갖는다.

$A(0,2)$, $B(1,3)$, $C(2,2)$라 하면 이때 $\triangle ABC$의 넓이는

$\dfrac{1}{2}\cdot2\cdot1=1$

답 ②

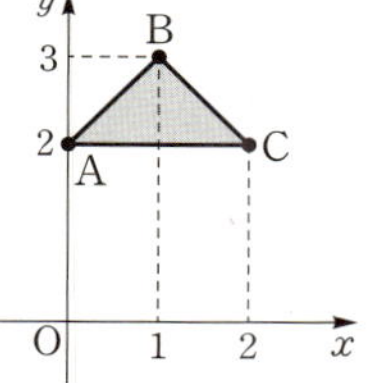

0515 $f(x)=-x^3-x^2+x+\dfrac{1}{3}$에서

$f'(x)=-3x^2-2x+1=-(3x-1)(x+1)$

$f'(x)=0$에서 $x=-1$ 또는 $x=\dfrac{1}{3}$

따라서 함수 $f(x)$는
$x=-1$에서 극솟값
$-\dfrac{2}{3}$를 갖그,
$x=\dfrac{1}{3}$에서 극댓값
$\dfrac{14}{27}$를 갖는다.

x	$\cdots$	-1	$\cdots$	$\dfrac{1}{3}$	$\cdots$
$f'(x)$	−	0	+	0	−
$f(x)$	↘	$-\dfrac{2}{3}$	↗	$\dfrac{14}{27}$	↘

$g(x)=|f(x)|$이므로 $g(x)$는 $x=-1$에서 극댓값 $\dfrac{2}{3}$, $x=\dfrac{1}{3}$에서 극댓값 $\dfrac{14}{27}$를 가지므로 $g(x)$의 모든 극댓값의 합은

$\dfrac{2}{3}+\dfrac{14}{27}=\dfrac{32}{27}$

답 $\dfrac{32}{27}$

0516 $f(x)=x^3+ax^2+bx+c$ (a, b, c는 상수)로 놓으면

$f'(x)=3x^2+2ax+b$

조건 ㉮에서 $f(1)=1+a+b+c=3$

$\therefore\ a+b+c=2$ $\quad\quad\cdots\cdots\ ㉠$

$f'(1)=3+2a+b=0\quad\therefore\ 2a+b=-3$ $\quad\cdots\cdots\ ㉡$

조건 ㉯에서 $f'(2)=12+4a+b=-7$

$\therefore\ 4a+b=-19$ $\quad\quad\cdots\cdots\ ㉢$

㉡, ㉢을 연립하여 풀면 $a=-8$, $b=13$

이를 ㉠에 대입하면 $c=-3$

따라서 $f(x)=x^3-8x^2+13x-3$이므로

$f(3)=27-72+39-3=-9$

답 -9

0517 $f(x)=x^3-3kx^2-9k^2x+1$에서

$f'(x)=3x^2-6kx-9k^2=3(x+k)(x-3k)$

$f'(x)=0$에서 $x=-k$ 또는 $x=3k$

$k>0$이므로 함수 $f(x)$는 $x=-k$에서 극댓값을 갖고, $x=3k$에서 극솟값을 갖는다.

x	$\cdots$	$-k$	$\cdots$	$3k$	$\cdots$
$f'(x)$	+	0	−	0	+
$f(x)$	↗	극대	↘	극소	↗

이때 극댓값과 극솟값의 차가 32이므로
$f(-k)-f(3k)=32$에서
$(-k^3-3k^3+9k^3+1)-(27k^3-27k^3-27k^3+1)=32$
$32k^3=32,\ k^3=1$
$\therefore k=1$ 답 **1**

0518 조건 ㈎에서 $f(x)$는 삼차함수이고 삼차항의 계수는 1
이므로 $f'(x)$는 이차함수이고 이차항의 계수는 3이다.
이때 조건 ㈏에서 $x=-1$과 $x=2$에서 극값을 가지므로
$f'(-1)=f'(2)=0$
에서 $f'(x)$는 $x+1$과 $x-2$를 인수로 갖는다.
$\therefore f'(x)=3(x+1)(x-2)$
$$\therefore \lim_{h\to 0}\frac{f(3+h)-f(3-h)}{h}$$
$$=\lim_{h\to 0}\frac{\{f(3+h)-f(3)\}-\{f(3-h)-f(3)\}}{h}$$
$$=\lim_{h\to 0}\frac{f(3+h)-f(3)}{h}+\lim_{h\to 0}\frac{f(3-h)-f(3)}{-h}$$
$$=f'(3)+f'(3)$$
$$=2f'(3)$$
$$=2\cdot 12=24$$
답 ⑤

0519 $y=f'(x)$의 그래프가 x축과 만나는 점의 x좌표는 $-1,\ 1$이다.

x	$\cdots$	-1	$\cdots$	1	$\cdots$
$f'(x)$	$+$	0	$-$	0	$+$
$f(x)$	↗	극대	↘	극소	↗

③ $f(x)$는 $-1<x<1$에서 감소한다.
①, ②, ④, ⑤ $f(x)$는 $x=-1$에서 극댓값을 갖고, $x=1$에서
극솟값을 갖는다. 답 ④

0520 $y=f'(x)$의 그래프가 x축과 만나는 점의 x좌표는 $1,\ 5$이다.

x	$\cdots$	1	$\cdots$	5	$\cdots$
$f'(x)$	$+$	0	$-$	0	$+$
$f(x)$	↗	극대	↘	극소	↗

이때 $f(3)=0$이고
$x=1$에서 극댓값 $f(1)$을 가지므로 $f(1)>0$
$x=5$에서 극솟값 $f(5)$를 가지므로 $f(5)<0$
$\therefore f(1)>f(5),\ f(1)f(5)<0$
따라서 옳은 것은 ㄱ, ㄷ이다. 답 ㄱ, ㄷ

0521 $f(x)=x^3-ax^2+(a+6)x+1$에서
$f'(x)=3x^2-2ax+a+6$
함수 $f(x)$가 극값을 갖지 않으려면 이차방정식 $f'(x)=0$이 중
근 또는 허근을 가져야 하므로 $f'(x)=0$의 판별식을 D라 하면

$\dfrac{D}{4}=a^2-3(a+6)\leq 0$
$a^2-3a-18\leq 0,\ (a+3)(a-6)\leq 0$
$\therefore -3\leq a\leq 6$
따라서 정수 a는 $-3,\ -2,\ -1,\ \cdots,\ 4,\ 5,\ 6$의 10개이다. 답 ④

0522 $f(x)=x^3-(a+2)x^2+ax$에서
$f'(x)=3x^2-2(a+2)x+a$
이차방정식 $f'(x)=0$의 두 근을 $\alpha,\ \beta\ (\alpha<\beta)$라 하면
$-1<\alpha<0,\ \beta>0$
이어야 하므로 오른쪽 그림에서
$f'(-1)=3+2(a+2)+a>0$
$\therefore a>-\dfrac{7}{3}$
$f'(0)=a<0$
$\therefore -\dfrac{7}{3}<a<0$
따라서 정수 a는 $-2,\ -1$이므로 모든 정수 a의 값의 곱은
$-2\cdot(-1)=2$ 답 ①

0523 $f(x)=x^4-4x^3+2ax^2+1$에서
$f'(x)=4x^3-12x^2+4ax=4x(x^2-3x+a)$
최고차항의 계수가 양수인 사차함수 $f(x)$가 극댓값을 가지려면
삼차방정식 $f'(x)=0$이 서로 다른 세 실근을 가져야 하므로 이차
방정식 $x^2-3x+a=0$이 0이 아닌 서로 다른 두 실근을 가져야
한다. 이차방정식 $x^2-3x+a=0$의 판별식을 D라 하면
$a\neq 0,\ D=9-4a>0$에서
$a<0$ 또는 $0<a<\dfrac{9}{4}$
따라서 정수 a의 최댓값은 2이다. 답 ③

0524 $f(x)=2x^3-3x^2-12x+k$에서
$f'(x)=6x^2-6x-12=6(x+1)(x-2)$
$f'(x)=0$에서 $x=-1$ 또는 $x=2$

x	-2	$\cdots$	-1	$\cdots$	2	$\cdots$	3
$f'(x)$		$+$	0	$-$	0	$+$	
$f(x)$	$-4+k$	↗	$7+k$	↘	$-20+k$	↗	$-9+k$

따라서 함수 $f(x)$는 $x=-1$에서 최댓값 $7+k$, $x=2$에서 최솟
값 $-20+k$를 가지므로
$M=7+k,\ m=-20+k$
$\therefore M-m=7+k-(-20+k)=27$ 답 27

0525 $f(x)=-x^4+4a^3x-20$에서
$f'(x)=-4x^3+4a^3=-4(x-a)(x^2+ax+a^2)$
$f'(x)=0$에서 $x=a\ (\because x^2+ax+a^2>0)$

따라서 함수 $f(x)$는 $x=a$에서
최댓값 $3a^4-20$을 가지므로
$3a^4-20=a^4+12$
$a^4=16$
$\therefore a=2$ ($\because a$는 양수)

x	$\cdots$	a	$\cdots$
$f'(x)$	$+$	0	$-$
$f(x)$	$\nearrow$	$3a^4-20$	$\searrow$

답 **2**

0526 $f(x)=ax(x-3)^2+b=ax^3-6ax^2+9ax+b$이므로
$f'(x)=3ax^2-12ax+9a=3a(x-3)(x-1)$
$f'(x)=0$에서 $x=1$ 또는 $x=3$

x	0	$\cdots$	1	$\cdots$	3	$\cdots$	5
$f'(x)$		$+$	0	$-$	0	$+$	
$f(x)$	b	$\nearrow$	$4a+b$	$\searrow$	b	$\nearrow$	$20a+b$

따라서 함수 $f(x)$는 $x=5$에서 최댓값 $20a+b$, $x=0$과 $x=3$
에서 최솟값 b를 가지므로
$20a+b=15$, $b=-5$
따라서 $a=1$, $b=-5$이므로
$a^2+b^2=26$

답 **26**

0527 $f(x)=x^2-4x+4$에서 $f'(x)=2x-4$
$f'(a)=2a-4$이므로 점 (a, b)에서의 접선의 방정식은
$y-b=(2a-4)(x-a)$ $\therefore y=(2a-4)x-2a^2+4a+b$
이때 점 (a, b)는 곡선 $y=f(x)$ 위의 점이므로 $b=a^2-4a+4$
$\therefore y=(2a-4)x-a^2+4$

따라서 접선의 x절편은 $\dfrac{a^2-4}{2a-4}=\dfrac{a+2}{2}$이고, 접선의 y절편은
$-a^2+4$이다.
삼각형의 넓이를 $S(a)$라 하면
$S(a)=\dfrac{1}{2}\cdot\dfrac{a+2}{2}\cdot(-a^2+4)=\dfrac{1}{4}(-a^3-2a^2+4a+8)$에서
$S'(a)=\dfrac{1}{4}(-3a^2-4a+4)=-\dfrac{1}{4}(a+2)(3a-2)$
$S'(a)=0$에서
$a=\dfrac{2}{3}$ ($\because 0<a<2$)

a	(0)	$\cdots$	$\dfrac{2}{3}$	$\cdots$	(2)
$S'(a)$		$+$	0	$-$	
$S(a)$		$\nearrow$	극대	$\searrow$	

따라서 함수 $S(a)$는
$a=\dfrac{2}{3}$일 때 극대이면서 최대이므로
$b=\left(\dfrac{2}{3}\right)^2-4\cdot\dfrac{2}{3}+4=\dfrac{16}{9}$
$\therefore b-a=\dfrac{16}{9}-\dfrac{2}{3}=\dfrac{10}{9}$

답 **③**

0528 삼각기둥의 밑면의 넓이는
$\dfrac{\sqrt{3}}{4}(10-2x)^2=\sqrt{3}(x-5)^2$
이때 상자의 높이는
$x\cdot\tan 30°=\dfrac{1}{\sqrt{3}}x$이므로 상자의

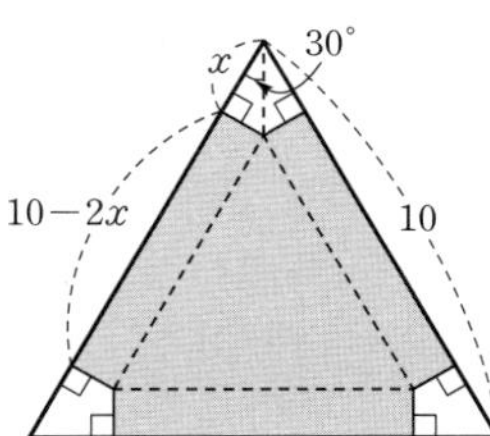

부피를 $V(x)$라 하면
$V(x)=\sqrt{3}(x-5)^2\cdot\dfrac{1}{\sqrt{3}}x=x(x-5)^2=x^3-10x^2+25x$
$V'(x)=3x^2-20x+25=(3x-5)(x-5)$
$V'(x)=0$에서 $x=\dfrac{5}{3}$ ($\because 0<x<5$)
따라서 함수 $V(x)$는
$x=\dfrac{5}{3}$일 때 극대이면
서 최대이므로
$a=\dfrac{5}{3}$
$\therefore 3a=5$

x	(0)	$\cdots$	$\dfrac{5}{3}$	$\cdots$	(5)
$V'(x)$		$+$	0	$-$	
$V(x)$		$\nearrow$	극대	$\searrow$	

답 **5**

0529 함수 $f(x)=ax^3+bx^2+cx+d$의 그래프에서
$x\to\infty$일 때, $f(x)\to\infty$이므로 $a>0$
$f'(x)=3ax^2+2bx+c$에서 이차방정식 $f'(x)=0$의 서로 다른
두 실근이 α, β이고 $\alpha<0$, $\beta>0$, $|\beta|>|\alpha|$이므로 이차방정식
의 근과 계수의 관계에 의하여
$\alpha+\beta=-\dfrac{2b}{3a}>0$, $\alpha\beta=\dfrac{c}{3a}<0$
이때 $a>0$이므로 $b<0$, $c<0$
$\therefore |b+c|-|b|+|c|=-(b+c)-(-b)+(-c)=-2c$

답 **②**

0530 $y=xf'(x)$의 그래프가 x축과 만나는 점의 x좌표는
-1, 0이다.
(i) $x<-1$일 때, $xf'(x)<0$이므로 $f'(x)>0$
(ii) $-1<x<0$일 때, $xf'(x)>0$이므로 $f'(x)<0$
(iii) $x>0$일 때, $xf'(x)>0$이므로 $f'(x)>0$

x	$\cdots$	-1	$\cdots$	0	$\cdots$
$f'(x)$	$+$	0	$-$	0	$+$
$f(x)$	$\nearrow$	극대	$\searrow$	극소	$\nearrow$

ㄱ. 함수 $f(x)$는 $x>0$에서 증가한다.
ㄴ. 함수 $f(x)$는 $x=-1$에서 극댓값을 갖는다.
ㄷ. 함수 $f(x)$는 $x=0$에서 극솟값을 갖는다.
따라서 옳은 것은 ㄱ뿐이다.

답 **ㄱ**

0531 함수 $f(x)$의 역함수가 존재하려면 $f(x)$가 일대일 대응
이어야 하므로 실수 전체의 집합에서 $f(x)$는 증가하거나 감소해
야 한다. 그런데 $f(x)$의 최고차항의 계수가 양수이므로 $f(x)$는
증가해야 한다.

㉮

즉, 모든 실수 x에 대하여 $f'(x)\geq0$이어야 하므로
$f'(x)=3x^2-4ax+a\geq0$

㉯

이차방정식 $f'(x)=0$의 판별식을 D라 할 때

$\dfrac{D}{4}=4a^2-3a\leq0,\ a(4a-3)\leq0$

$\therefore\ 0\leq a\leq\dfrac{3}{4}$

$\cdots\cdots$ 다

답 $0\leq a\leq\dfrac{3}{4}$

단계	채점요소	배점
가	함수 $f(x)$가 증가해야 함을 알기	30%
나	$f'(x)$의 조건 알기	30%
다	a의 값의 범위 구하기	40%

0532 $f(x)=x^3-6x^2+k$에서
$f'(x)=3x^2-12x=3x(x-4)$

$\cdots\cdots$ 가

$f'(x)=0$에서 $x=0$ 또는 $x=4$

x	$\cdots$	0	$\cdots$	4	$\cdots$
$f'(x)$	$+$	0	$-$	0	$+$
$f(x)$	↗	k	↘	$k-32$	↗

함수 $f(x)$는 $x=0$에서 극댓값 k, $x=4$에서 극솟값 $k-32$를 갖는다.

$\cdots\cdots$ 나

이때 극댓값과 극솟값의 절댓값이 같고 그 부호가 서로 다르므로
$f(0)=-f(4)$에서
$k=-(k-32),\ 2k=32$
$\therefore\ k=16$

$\cdots\cdots$ 다

답 **16**

단계	채점요소	배점
가	$f'(x)$ 구하기	20%
나	극댓값과 극솟값을 k에 대한 식으로 나타내기	40%
다	k의 값 구하기	40%

0533 $f(x)=x^3-3kx^2+kx$에서
$f'(x)=3x^2-6kx+k$
함수 $f(x)$가 $x>0$에서 극댓값과 극솟값을 모두 가지려면 이차
방정식 $f'(x)=0$이 $x>0$에서 서로 다른 두 실근을 가져야 한다.
(i) 이차방정식 $f'(x)=0$의 판별식을 D라 하면

$\dfrac{D}{4}=9k^2-3k>0,\ 3k(3k-1)>0$

$\therefore\ k<0$ 또는 $k>\dfrac{1}{3}$

$\cdots\cdots$ 가

(ii) $f'(0)=k>0$

$\cdots\cdots$ 나

(iii) 이차함수 $y=f'(x)$의 그래프의 축의 방정식은 $x=k$이므로
$k>0$

$\cdots\cdots$ 다

(i), (ii), (iii)에서 실수 k의 값의 범위는 $k>\dfrac{1}{3}$

$\cdots\cdots$ 라

답 $k>\dfrac{1}{3}$

단계	채점요소	배점
가	판별식을 이용하여 k의 값의 범위 구하기	30%
나	$f'(0)$의 값을 이용하여 k의 값의 범위 구하기	30%
다	축의 방정식을 이용하여 k의 값의 범위 구하기	30%
라	k의 값의 범위 구하기	10%

0534 $g(x)=x^2+2x=(x+1)^2-1$이므로 $g(x)=t$로 놓으면 $t\geq-1$이고
$(f\circ g)(x)=f(g(x))=f(t)=-t^3+3t$

$\cdots\cdots$ 가

$f'(t)=-3t^2+3=-3(t+1)(t-1)$
$f'(t)=0$에서 $t=-1$ 또는 $t=1$

$\cdots\cdots$ 나

t	-1	$\cdots$	1	$\cdots$
$f'(t)$	0	$+$	0	$-$
$f(t)$	-2	↗	2	↘

따라서 함수 $f(t)$는 $t=1$에서 최댓값 2를 가지므로
$(f\circ g)(x)$의 최댓값은 2이다.

$\cdots\cdots$ 다

답 **2**

단계	채점요소	배점
가	$g(x)=t$로 놓고 $(f\circ g)(x)$를 t에 대한 식으로 나타내기	30%
나	$f'(t)=0$을 만족시키는 t의 값 구하기	30%
다	$(f\circ g)(x)$의 최댓값 구하기	40%

0535 반구의 반지름의 길이를 R라 하자. 반구를 중심 O를 포함하여 밑면에 수직으로 자르면 단면은 오른쪽 그림과 같다.

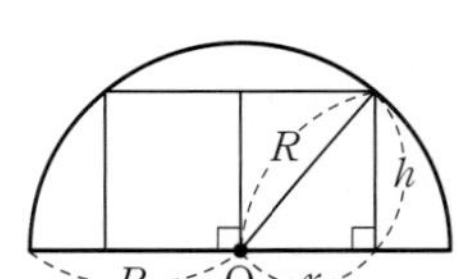

$h=\sqrt{R^2-r^2}$이므로 원기둥의 부피는
$\pi r^2 h=\pi r^2\sqrt{R^2-r^2}=\pi\sqrt{r^4R^2-r^6}$
$f(r)=r^4R^2-r^6$으로 놓으면
$f'(r)=4r^3R^2-6r^5=2r^3(2R^2-3r^2)$
$\qquad=2r^3(\sqrt{2}R+\sqrt{3}r)(\sqrt{2}R-\sqrt{3}r)$
$f'(r)=0$에서 $r=\sqrt{\dfrac{2}{3}}R\ (\because\ 0<r<R)$

즉, $r=\sqrt{\dfrac{2}{3}}R$일 때 원기둥의 부피가 최대이다.

$\therefore\ \dfrac{h}{r}=\dfrac{\sqrt{R^2-r^2}}{r}=\dfrac{\sqrt{R^2-\frac{2}{3}R^2}}{\sqrt{\frac{2}{3}}R}=\dfrac{\frac{1}{\sqrt{3}}R}{\sqrt{\frac{2}{3}}R}$

$\qquad=\dfrac{1}{\sqrt{2}}=\dfrac{\sqrt{2}}{2}$

답 $\dfrac{\sqrt{2}}{2}$

0536 조건 ㈎와 ㈏에서 최고차항의 계수가 1인 사차함수 $f(x)$와 그 도함수 $f'(x)$의 그래프의 개형은 오른쪽 그림과 같다.

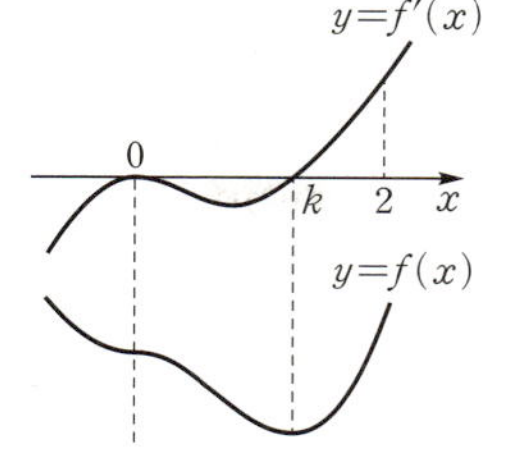

ㄱ. 방정식 $f'(x)=0$은 열린구간 $(0, 2)$에서 실근 $x=k$를 갖는다.

ㄴ. 함수 $f(x)$는 $x=k$에서 극솟값을 갖는다.

ㄷ. $f(0)=0$에서 $f(x)=x^3(x+a)$ (a는 상수)로 놓으면

$f(x)=x^4+ax^3$에서 $f'(x)=4x^3+3ax^2$

$f'(2)=32+12a=16$ $\therefore a=-\dfrac{4}{3}$

$f'(x)=4x^3-4x^2=4x^2(x-1)$이므로

$f'(x)=0$에서 $x=0$ 또는 $x=1$

x	$\cdots$	0	$\cdots$	1	$\cdots$
$f'(x)$	$-$	0	$-$	0	$+$
$f(x)$	$\searrow$		$\searrow$	극소	$\nearrow$

따라서 함수 $f(x)=x^3\left(x-\dfrac{4}{3}\right)$이므로 $x=1$에서 최솟값

$f(1)=1-\dfrac{4}{3}=-\dfrac{1}{3}$을 가진다. 즉, 모든 실수 x에 대하여

$f(x)\geq -\dfrac{1}{3}$이다.

따라서 옳은 것은 ㄱ, ㄷ이다.　　　　　　**답 ③**

0537 $x\longrightarrow \infty$일 때, $f(x)\longrightarrow \infty$이고

$f(-4)=f(-1)=f(2)=0$이므로

$f(x)=a(x+4)(x+1)(x-2)$ $(a>0)$로 놓으면

$f'(x)=3a(x^2+2x-2)=3a(x+1+\sqrt{3})(x+1-\sqrt{3})$

$f'(x)=0$에서 $x=-1-\sqrt{3}$ 또는 $x=-1+\sqrt{3}$이므로

$y=f(x)$와 $y=f'(x)$의 그래프는 다음 그림과 같다.

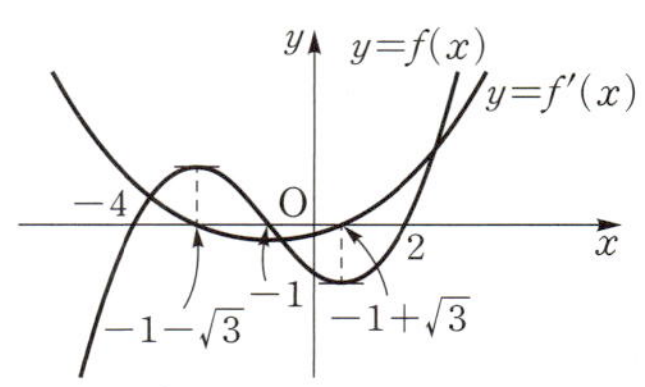

(i) $f(x)-f'(x)<0$에서 $f(x)<f'(x)$

(ii) $f(x)f'(x)<0$에서

$f(x)>0,\ f'(x)<0$ 또는 $f(x)<0,\ f'(x)>0$

(i), (ii)를 동시에 만족시키는 x의 값의 범위는

$x<-4$ 또는 $-1+\sqrt{3}<x<2$

따라서 집합 S에 대하여 옳은 것은 ④이다.　　**답 ④**

---

06 | 도함수의 활용 (3)

📖 교과서 문제 정/복/하기　　　본문 83쪽

0538 $f(x)=x^3-6x^2+2$로 놓으면

$f'(x)=3x^2-12x=3x(x-4)$

$f'(x)=0$에서 $x=0$ 또는 $x=4$

x	$\cdots$	0	$\cdots$	4	$\cdots$
$f'(x)$	$+$	0	$-$	0	$+$
$f(x)$	$\nearrow$	2	$\searrow$	-30	$\nearrow$

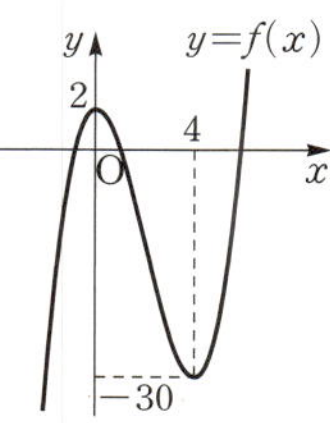

따라서 $y=f(x)$의 그래프는 오른쪽 그림과 같으므로 주어진 방정식은 서로 다른 세 실근을 갖는다.

답 3

0539 $f(x)=x^3-3x^2-4$로 놓으면

$f'(x)=3x^2-6x=3x(x-2)$

$f'(x)=0$에서 $x=0$ 또는 $x=2$

x	$\cdots$	0	$\cdots$	2	$\cdots$
$f'(x)$	$+$	0	$-$	0	$+$
$f(x)$	$\nearrow$	-4	$\searrow$	-8	$\nearrow$

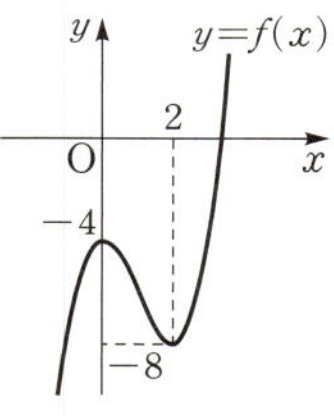

따라서 $y=f(x)$의 그래프는 오른쪽 그림과 같으므로 주어진 방정식은 한 실근을 갖는다.

답 1

0540 $f(x)=-x^4+2x^2+2$로 놓으면

$f'(x)=-4x^3+4x=-4x(x+1)(x-1)$

$f'(x)=0$에서 $x=-1$ 또는 $x=0$ 또는 $x=1$

x	$\cdots$	-1	$\cdots$	0	$\cdots$	1	$\cdots$
$f'(x)$	$+$	0	$-$	0	$+$	0	$-$
$f(x)$	$\nearrow$	3	$\searrow$	2	$\nearrow$	3	$\searrow$

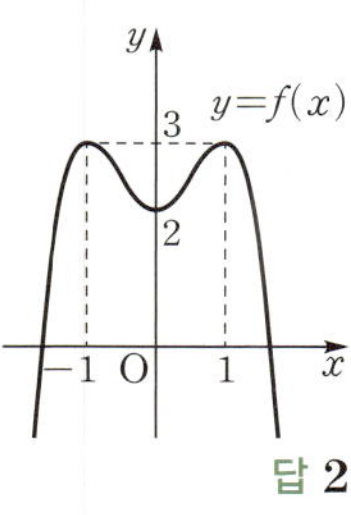

따라서 $y=f(x)$의 그래프는 오른쪽 그림과 같으므로 주어진 방정식은 서로 다른 두 실근을 갖는다.

답 2

0541 $3x^4+6x^2=8x^3+1$에서 $3x^4-8x^3+6x^2-1=0$

$f(x)=3x^4-8x^3+6x^2-1$로 놓으면

$f'(x)=12x^3-24x^2+12x=12x(x-1)^2$

$f'(x)=0$에서 $x=0$ 또는 $x=1$

x	$\cdots$	0	$\cdots$	1	$\cdots$
$f'(x)$	$-$	0	$+$	0	$+$
$f(x)$	$\searrow$	-1	$\nearrow$	0	$\nearrow$

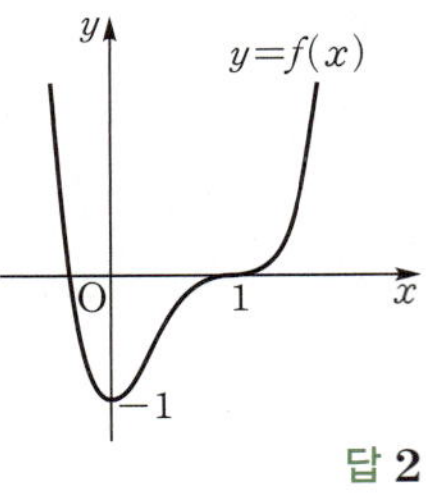

따라서 $y=f(x)$의 그래프는 오른쪽 그림과 같으므로 주어진 방정식은 서로 다른 두 실근을 갖는다.

답 **2**

0542 $f(x)=x^3-6x^2-15x+k$로 놓으면
$f'(x)=3x^2-12x-15=3(x+1)(x-5)$
$f'(x)=0$에서 $x=-1$ 또는 $x=5$

(1) 삼차방정식이 서로 다른 세 실근을 가지려면
　　$f(-1)f(5)<0$이어야 하므로
　　$(k+8)(k-100)<0$ $\quad\therefore -8<k<100$

(2) 삼차방정식이 한 실근과 중근을 가지려면
　　$f(-1)f(5)=0$이어야 하므로
　　$(k+8)(k-100)=0$ $\quad\therefore k=-8$ 또는 $k=100$

(3) 삼차방정식이 한 실근과 두 허근을 가지려면
　　$f(-1)f(5)>0$이어야 하므로
　　$(k+8)(k-100)>0$ $\quad\therefore k<-8$ 또는 $k>100$

답 (1) $-8<k<100$ (2) $k=-8$ 또는 $k=100$
(3) $k<-8$ 또는 $k>100$

0543 $f(x)=3x^4-8x^3+18$로 놓으면
$f'(x)=12x^3-24x^2=12x^2(x-2)$
$f'(x)=0$에서 $x=0$ 또는 $x=2$

x	$\cdots$	0	$\cdots$	2	$\cdots$
$f'(x)$	$-$	0	$-$	0	$+$
$f(x)$	$\searrow$	18	$\searrow$	2	$\nearrow$

함수 $f(x)$는 $x=\boxed{2}$에서 극소이면서 최소이므로 모든 실수 x에 대하여 $f(x)$의 최솟값은 $\boxed{2}$이다.
즉, $f(x)\boxed{>}0$이므로
$3x^4-8x^3+18>0$

답 (개) **2** (내) **2** (대) **>**

0544 $f(x)=2x^3-3x^2+3$으로 놓으면
$f'(x)=6x^2-6x=6x(x-1)$
$f'(x)=0$에서 $x=0$ 또는 $x=1$

x	(0)	$\cdots$	1	$\cdots$
$f'(x)$		$-$	0	$+$
$f(x)$		$\searrow$	2	$\nearrow$

$x>0$일 때 함수 $f(x)$의 최솟값은 2이므로
$f(x)\geq 2>0$, 즉 $2x^3-3x^2+3>0$
따라서 $x>0$일 때 부등식 $2x^3-3x^2+3>0$이 성립한다.

답 **풀이 참조**

0545 $f(x)=\dfrac{1}{4}x^4-x^3+x^2+k$로 놓으면
$f'(x)=x^3-3x^2+2x=x(x-1)(x-2)$
$f'(x)=0$에서 $x=0$ 또는 $x=1$ 또는 $x=2$

x	$\cdots$	0	$\cdots$	1	$\cdots$	2	$\cdots$
$f'(x)$	$-$	0	$+$	0	$-$	0	$+$
$f(x)$	$\searrow$	k	$\nearrow$	$k+\dfrac{1}{4}$	$\searrow$	k	$\nearrow$

따라서 함수 $f(x)$는 $x=0$ 또는 $x=2$일 때 극소이면서 최소이므로 모든 실수 x에 대하여 $f(x)\geq 0$이려면 $k\geq 0$

답 $\boldsymbol{k\geq 0}$

0546 $v=\dfrac{dx}{dt}=3t^2-8t$, $a=\dfrac{dv}{dt}=6t-8$이므로
시각 $t=2$에서의 점 P의 속도와 가속도는
$v=3\cdot 2^2-8\cdot 2=-4$, $a=6\cdot 2-8=4$

답 $\boldsymbol{v=-4},\ \boldsymbol{a=4}$

0547 $v=\dfrac{dx}{dt}=3t^2-6t+2$, $a=\dfrac{dv}{dt}=6t-6$이므로
시각 $t=1$에서의 점 P의 속도와 가속도는
$v=3\cdot 1^2-6\cdot 1+2=-1$, $a=6\cdot 1-6=0$

답 $\boldsymbol{v=-1},\ \boldsymbol{a=0}$

0548 $v=\dfrac{dx}{dt}=4t^3-4$, $a=\dfrac{dv}{dt}=12t^2$이므로
시각 $t=2$에서의 점 P의 속도와 가속도는
$v=4\cdot 2^3-4=28$, $a=12\cdot 2^2=48$

답 $\boldsymbol{v=28},\ \boldsymbol{a=48}$

0549 $\dfrac{dl}{dt}=2t+4$이므로
시각 $t=2$에서의 물체의 길이의 변화율은
$2\cdot 2+4=8$

답 **8**

0550 (1) 구의 겉넓이를 S라 하면
　　$S=4\pi(0.2t)^2=0.16\pi t^2$
　　$\therefore \dfrac{dS}{dt}=0.32\pi t$
　　따라서 시각 $t=15$에서의 구의 겉넓이의 변화율은
　　$0.32\pi\cdot 15=4.8\pi$

(2) 구의 부피를 V라 하면
　　$V=\dfrac{4}{3}\pi(0.2t)^3=\dfrac{0.032}{3}\pi t^3$
　　$\therefore \dfrac{dV}{dt}=0.032\pi t^2$
　　따라서 시각 $t=20$에서의 구의 부피의 변화율은
　　$0.032\pi\cdot 20^2=12.8\pi$

답 (1) $\boldsymbol{4.8\pi}$ (2) $\boldsymbol{12.8\pi}$

0551　$x^3-3x^2+2-k=0$에서 $x^3-3x^2+2=k$　……　㉠

방정식 ㉠이 서로 다른 세 실근을 가지려면 곡선 $y=x^3-3x^2+2$
와 직선 $y=k$가 서로 다른 세 점에서 만나야 한다.
$f(x)=x^3-3x^2+2$로 놓으면 $f'(x)=3x^2-6x=3x(x-2)$
$f'(x)=0$에서 $x=0$ 또는 $x=2$

x	$\cdots$	0	$\cdots$	2	$\cdots$
$f'(x)$	+	0	−	0	+
$f(x)$	↗	2	↘	−2	↗

함수 $y=f(x)$의 그래프는 오른쪽 그림
과 같으므로 곡선 $y=f(x)$와 직선
$y=k$가 서로 다른 세 점에서 만나려면
$-2<k<2$
따라서 정수 k는 -1, 0, 1이므로
3개이다.

답 **3**

0552　$x^4-4x^3-2x^2+12x-a=0$에서
$x^4-4x^3-2x^2+12x=a$　……　㉠

방정식 ㉠이 서로 다른 네 실근을 가지려면 곡선
$y=x^4-4x^3-2x^2+12x$와 직선 $y=a$가 서로 다른 네 점에서 만
나야 한다.
$f(x)=x^4-4x^3-2x^2+12x$로 놓으면
$f'(x)=4x^3-12x^2-4x+12=4(x+1)(x-1)(x-3)$
$f'(x)=0$에서 $x=-1$ 또는 $x=1$ 또는 $x=3$

x	$\cdots$	-1	$\cdots$	1	$\cdots$	3	$\cdots$
$f'(x)$	−	0	+	0	−	0	+
$f(x)$	↘	−9	↗	7	↘	−9	↗

함수 $y=f(x)$의 그래프는 오른쪽
그림과 같으므로 곡선 $y=f(x)$와
직선 $y=a$가 서로 다른 네 점에서
만나려면
$-9<a<7$

답 **$-9<a<7$**

0553　$x^4+4x^3+28=8x^2+k$에서
$x^4+4x^3-8x^2+28=k$　……　㉠

방정식 ㉠이 오직 하나의 실근을 가지려면 곡선
$y=x^4+4x^3-8x^2+28$과 직선 $y=k$가 오직 한 점에서 만나야
한다.
$f(x)=x^4+4x^3-8x^2+28$로 놓으면
$f'(x)=4x^3+12x^2-16x=4x(x+4)(x-1)$
$f'(x)=0$에서 $x=-4$ 또는 $x=0$ 또는 $x=1$

x	$\cdots$	-4	$\cdots$	0	$\cdots$	1	$\cdots$
$f'(x)$	−	0	+	0	−	0	+
$f(x)$	↘	−100	↗	28	↘	25	↗

함수 $y=f(x)$의 그래프는 오른쪽 그림과
같으므로 곡선 $y=f(x)$와 직선 $y=k$가
오직 한 점에서 만나려면
$k=-100$

답 **-100**

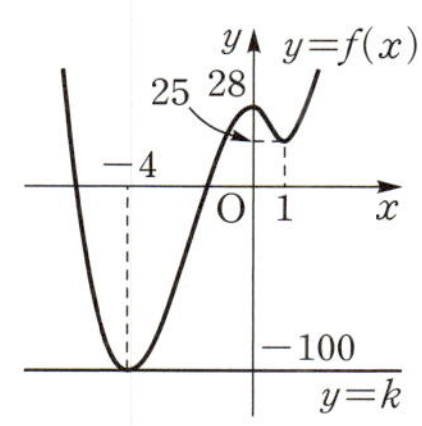

0554　$f(x)-k=0$에서 $f(x)=k$　……　㉠

방정식 ㉠이 서로 다른 세 실근을 가지려면 곡선 $y=f(x)$와 직
선 $y=k$가 서로 다른 세 점에서 만나야 한다.
$y=f'(x)$의 그래프가 x축과 만나는 점의 x좌표가 -2, 1이므로
$f'(x)=0$에서 $x=-2$ 또는 $x=1$

x	$\cdots$	-2	$\cdots$	1	$\cdots$
$f'(x)$	−	0	+	0	−
$f(x)$	↘	−1	↗	2	↘

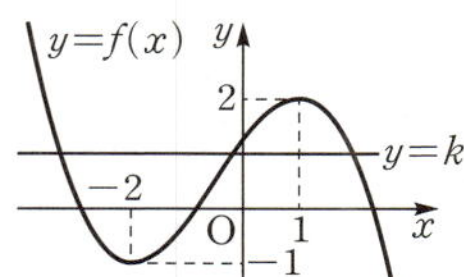

함수 $y=f(x)$의 그래프는 오른쪽 그
림과 같으므로 곡선 $y=f(x)$와 직선 $y=k$가 서로 다른 세 점에
서 만나려면 $-1<k<2$

답 **$-1<k<2$**

0555　$x^3-\dfrac{3}{2}x^2-a=0$에서 $x^3-\dfrac{3}{2}x^2=a$　……　㉠

방정식 ㉠이 한 개의 음근과 서로 다른 두 개의 양근을 가지려면
곡선 $y=x^3-\dfrac{3}{2}x^2$과 직선 $y=a$의 교점의 x좌표가 한 개는 음수
이고 다른 두 개는 양수이어야 한다.

$f(x)=x^3-\dfrac{3}{2}x^2$으로 놓으면
$f'(x)=3x^2-3x=3x(x-1)$
$f'(x)=0$에서 $x=0$ 또는 $x=1$

x	$\cdots$	0	$\cdots$	1	$\cdots$
$f'(x)$	+	0	−	0	+
$f(x)$	↗	0	↘	$-\dfrac{1}{2}$	↗

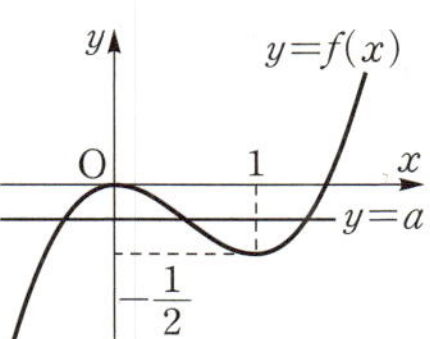

함수 $y=f(x)$의 그래프는 오른쪽 그림
과 같으므로 곡선 $y=f(x)$와 직선 $y=a$의 교점의 x좌표가 한
개는 음수이고 서로 다른 두 개는 양수가 되는 실수 a의 값의 범
위는 $-\dfrac{1}{2}<a<0$

답 **$-\dfrac{1}{2}<a<0$**

0556　$2x^3-3x^2-12x+1-k=0$에서
$2x^3-3x^2-12x+1=k$　……　㉠

방정식 ㉠이 한 개의 양근과 서로 다른 두 개의 음근을 가지려면
곡선 $y=2x^3-3x^2-12x+1$과 직선 $y=k$의 교점의 x좌표가 한
개는 양수이고 다른 두 개는 음수이어야 한다.
$f(x)=2x^3-3x^2-12x+1$로 놓으면
$f'(x)=6x^2-6x-12=6(x+1)(x-2)$
$f'(x)=0$에서 $x=-1$ 또는 $x=2$

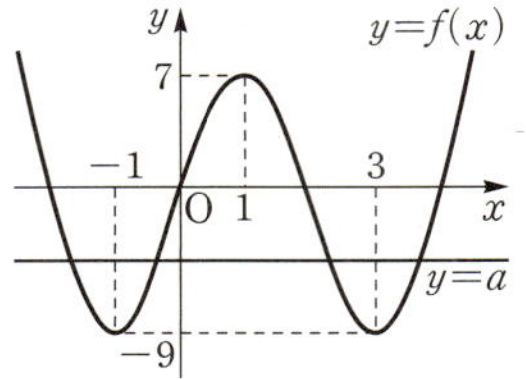

x	$\cdots$	-1	$\cdots$	2	$\cdots$
$f'(x)$	$+$	0	$-$	0	$+$
$f(x)$	$\nearrow$	8	$\searrow$	-19	$\nearrow$

함수 $y=f(x)$의 그래프는 오른쪽 그림
과 같으므로 곡선 $y=f(x)$와 직선 $y=k$
의 교점의 x좌표가 한 개는 양수이고 서
로 다른 두 개는 음수가 되는 실수 k의
값의 범위는
$1<k<8$ 답 ④

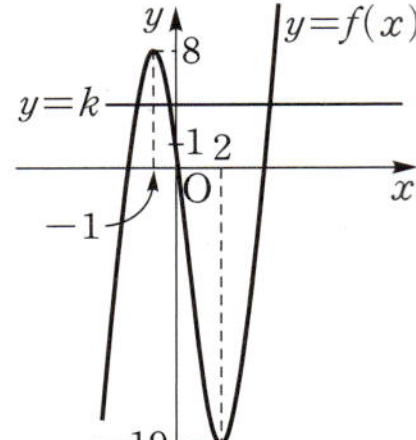

0557 $x^3-5x^2+7x=x^2-2x+a$에서
$x^3-6x^2+9x=a$ $\cdots\cdots$ ㉠
방정식 ㉠이 서로 다른 세 개의 양근을 가지려면 곡선
$y=x^3-6x^2+9x$와 직선 $y=a$의 교점의 x좌표가 서로 다른 세
양수이어야 한다.
$f(x)=x^3-6x^2+9x$로 놓으면
$f'(x)=3x^2-12x+9=3(x-1)(x-3)$
$f'(x)=0$에서 $x=1$ 또는 $x=3$

x	$\cdots$	1	$\cdots$	3	$\cdots$
$f'(x)$	$+$	0	$-$	0	$+$
$f(x)$	$\nearrow$	4	$\searrow$	0	$\nearrow$

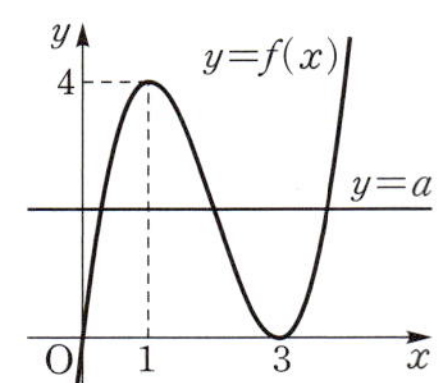

함수 $y=f(x)$의 그래프는 오른쪽 그림
과 같으므로 곡선 $y=f(x)$와 직선 $y=a$
의 교점의 x좌표가 서로 다른 세 양수가 되는 실수 a의 값의 범위
는 $0<a<4$
따라서 정수 a는 1, 2, 3으로 3개이다.   답 3

0558 $x^4-4x^3-2x^2+12x-k=0$에서
$x^4-4x^3-2x^2+12x=k$ $\cdots\cdots$ ㉠
방정식 ㉠이 서로 다른 두 개의 양근과 서로 다른 두 개의 음근을
가지려면 곡선 $y=x^4-4x^3-2x^2+12x$와 직선 $y=k$의 교점의
x좌표가 두 개는 양수이고 두 개는 음수이어야 한다.
$f(x)=x^4-4x^3-2x^2+12x$로 놓으면
$f'(x)=4x^3-12x^2-4x+12=4(x+1)(x-1)(x-3)$
$f'(x)=0$에서 $x=-1$ 또는 $x=1$ 또는 $x=3$

x	$\cdots$	-1	$\cdots$	1	$\cdots$	3	$\cdots$
$f'(x)$	$-$	0	$+$	0	$-$	0	$+$
$f(x)$	$\searrow$	-9	$\nearrow$	7	$\searrow$	-9	$\nearrow$

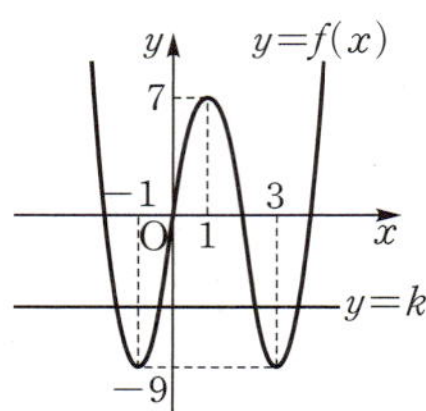

함수 $y=f(x)$의 그래프는 오른쪽 그림
과 같으므로 곡선 $y=f(x)$와 직선 $y=k$
의 교점의 x좌표가 서로 다른 두 개는 양
수, 서로 다른 두 개는 음수가 되는 실수
k의 값의 범위는
$-9<k<0$
따라서 정수 k는 -8, -7, $\cdots$, -1로 8개이다.   답 8

0559 $f(x)=x^3-3x^2+1-k$로 놓으면
$f'(x)=3x^2-6x=3x(x-2)$
$f'(x)=0$에서 $x=0$ 또는 $x=2$
삼차방정식 $f(x)=0$이 서로 다른 세 실근을 가지려면
$f(0)f(2)<0$, 즉 $(1-k)(-3-k)<0$에서
$(k-1)(k+3)<0$ $\therefore -3<k<1$
따라서 정수 k는 -2, -1, 0이므로 3개이다.   답 3

0560 $f(x)=2x^3-3x^2+a$로 놓으면
$f'(x)=6x^2-6x=6x(x-1)$
$f'(x)=0$에서 $x=0$ 또는 $x=1$
삼차방정식 $f(x)=0$이 한 실근과 두 허근을 가지려면
$f(0)f(1)>0$, 즉 $a(a-1)>0$에서
$a<0$ 또는 $a>1$ 답 $a<0$ 또는 $a>1$

0561 $f(x)=2x^3-6x^2+k$로 놓으면
$f'(x)=6x^2-12x=6x(x-2)$
$f'(x)=0$에서 $x=0$ 또는 $x=2$
삼차방정식 $f(x)=0$이 서로 다른 두 실근을 가지려면
$f(0)f(2)=0$, 즉 $k(k-8)=0$에서 $k=0$ 또는 $k=8$
따라서 모든 실수 k의 값의 합은 $0+8=8$ 답 8

0562 $x^3-2=12x+k$에서 $x^3-12x-2-k=0$
$f(x)=x^3-12x-2-k$로 놓으면
$f'(x)=3x^2-12=3(x+2)(x-2)$
$f'(x)=0$에서 $x=-2$ 또는 $x=2$
삼차방정식 $f(x)=0$이 한 개의 실근을 가지려면
$f(-2)f(2)>0$, 즉 $(14-k)(-18-k)>0$에서
$(k-14)(k+18)>0$ $\therefore k<-18$ 또는 $k>14$
따라서 $\alpha=-18$, $\beta=14$이므로 $\beta-\alpha=32$ 답 ⑤

0563 주어진 곡선과 직선이 서로 다른 세 점에서 만나려면
방정식 $x^3-11x=x+k$, 즉 $x^3-12x-k=0$이 서로 다른 세 실
근을 가져야 한다.
$f(x)=x^3-12x-k$로 놓으면
$f'(x)=3x^2-12=3(x+2)(x-2)$
$f'(x)=0$에서 $x=-2$ 또는 $x=2$
삼차방정식 $f(x)=0$이 서로 다른 세 실근을 가지려면
$f(-2)f(2)<0$, 즉 $(16-k)(-16-k)<0$에서
$(k-16)(k+16)<0$
$\therefore -16<k<16$ 답 $-16<k<16$

다른풀이 주어진 곡선과 직선이 서로 다른 세 점에서 만나려면 방
정식 $x^3-12x=k$가 서로 다른 세 실근을 가져야 한다. 즉, 곡선
$y=x^3-12x$와 직선 $y=k$가 서로 다른 세 점에서 만나야 한다.
$f(x)=x^3-12x$로 놓으면

$f'(x)=3x^2-12=3(x+2)(x-2)$

$f'(x)=0$에서 $x=-2$ 또는 $x=2$

x	$\cdots$	-2	$\cdots$	2	$\cdots$
$f'(x)$	$+$	0	$-$	0	$+$
$f(x)$	$\nearrow$	16	$\searrow$	-16	$\nearrow$

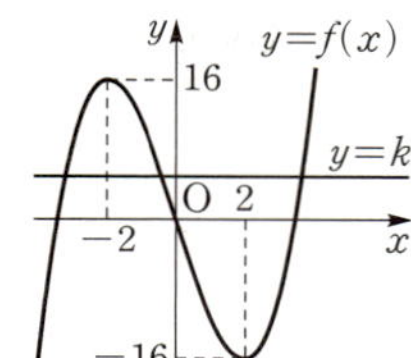

함수 $y=f(x)$의 그래프는 오른쪽 그림과
같으므로 곡선 $y=f(x)$와 직선 $y=k$가
서로 다른 세 점에서 만나려면 $-16<k<16$

0564 주어진 두 곡선이 서로 다른 두 점에서 만나려면 방정식
$x^3-5x^2+3x+k=-2x^2+3x$, 즉 $x^3-3x^2+k=0$이 서로 다
른 두 실근을 가져야 한다.

$f(x)=x^3-3x^2+k$로 놓으면 $f'(x)=3x^2-6x=3x(x-2)$

$f'(x)=0$에서 $x=0$ 또는 $x=2$

삼차방정식 $f(x)=0$이 서로 다른 두 실근을 가지려면

$f(0)f(2)=0$, 즉 $k(k-4)=0$에서 $k=4$ $(\because k>0)$ **답 4**

0565 주어진 두 곡선이 오직 한 점에서 만나려면 방정식
$x^3+2x^2-5x+k=-x^2+4x+2$, 즉 $x^3+3x^2-9x+k-2=0$
이 한 실근과 두 허근을 가져야 한다. ……㉮

$f(x)=x^3+3x^2-9x+k-2$로 놓으면

$f'(x)=3x^2+6x-9=3(x+3)(x-1)$

$f'(x)=0$에서 $x=-3$ 또는 $x=1$ ……㉯

삼차방정식 $f(x)=0$이 한 실근과 두 허근을 가지려면

$f(-3)f(1)>0$, 즉 $(25+k)(k-7)>0$에서

$k<-25$ 또는 $k>7$ ……㉰

따라서 자연수 k의 최솟값은 8이다. ……㉱

답 8

단계	채점요소	배점
㉮	방정식이 오직 하나의 실근을 가져야 함을 알기	20%
㉯	$f'(x)=0$인 x의 값 구하기	30%
㉰	k의 값의 범위 구하기	40%
㉱	자연수 k의 최솟값 구하기	10%

0566 주어진 두 곡선이 한 점에서 만나고 다른 한 점에서 접하
려면 방정식 $-2x^3-x^2+6x+3=2x^2-6x+k$, 즉
$2x^3+3x^2-12x-3+k=0$이 중근과 한 실근을 가져야 한다.

$f(x)=2x^3+3x^2-12x-3+k$로 놓으면

$f'(x)=6x^2+6x-12=6(x+2)(x-1)$

$f'(x)=0$에서 $x=-2$ 또는 $x=1$

삼차방정식 $f(x)=0$이 중근과 한 실근을 가지려면

$f(-2)f(1)=0$, 즉 $(k+17)(k-10)=0$에서

$k=-17$ 또는 $k=10$

따라서 모든 실수 k의 값의 합은 $-17+10=-7$ **답 -7**

0567 (i) $a=0$일 때,

$x^4+48\geq0$이므로 주어진 부등식은 항상 성립한다.

(ii) $a\neq0$일 때,

$f(x)=x^4-4a^3x+48$로 놓으면

$f'(x)=4x^3-4a^3=4(x-a)(x^2+ax+a^2)$

이때 $x^2+ax+a^2=\left(x+\dfrac{a}{2}\right)^2+\dfrac{3}{4}a^2\geq0$이므로

$f'(x)=0$에서 $x=a$

함수 $f(x)$는 $x=a$에서 극소
이면서 최소이므로 최솟값은

x	$\cdots$	a	$\cdots$
$f'(x)$	$-$	0	$+$
$f(x)$	$\searrow$	극소	$\nearrow$

$f(a)=a^4-4a^4+48$
$\quad=-3a^4+48$

모든 실수 x에 대하여 $f(x)>0$이려면 $f(a)>0$이어야 하므로

$-3a^4+48>0$, $a^4-16<0$

$(a+2)(a-2)(a^2+4)<0$

$\therefore -2<a<0$ 또는 $0<a<2$ $(\because a\neq0)$

(i), (ii)에서 $-2<a<2$ **답 ③**

0568 $x^4-4x+a^2>2ax(2-x)$에서

$x^4+2ax^2-4(a+1)x+a^2>0$

$f(x)=x^4+2ax^2-4(a+1)x+a^2$으로 놓으면

$f'(x)=4x^3+4ax-4(a+1)=4(x-1)(x^2+x+a+1)$

이때 $x^2+x+a+1=\left(x+\dfrac{1}{2}\right)^2+a+\dfrac{3}{4}>0$ $(\because a>0)$이므로

$f'(x)=0$에서 $x=1$

함수 $f(x)$는 $x=1$에서 극소이면
서 최소이므로 최솟값은

x	$\cdots$	1	$\cdots$
$f'(x)$	$-$	0	$+$
$f(x)$	$\searrow$	극소	$\nearrow$

$f(1)=1+2a-4(a+1)+a^2$
$\quad=a^2-2a-3$

모든 실수 x에 대하여 $f(x)>0$이려면 $f(1)>0$이어야 하므로

$a^2-2a-3>0$, $(a-3)(a+1)>0$

$\therefore a>3$ $(\because a>0)$

따라서 양의 정수 a의 최솟값은 4이다. **답 ④**

0569 $f(x)=\dfrac{1}{4}x^4-x^3+\dfrac{5}{2}x^2-3x+k$로 놓으면

$f'(x)=x^3-3x^2+5x-3=(x-1)(x^2-2x+3)$

이때 $x^2-2x+3=(x-1)^2+2>0$이므로

$f'(x)=0$에서 $x=1$

함수 $f(x)$는 $x=1$에서 극소이
면서 최소이므로 최솟값은

x	$\cdots$	1	$\cdots$
$f'(x)$	$-$	0	$+$
$f(x)$	$\searrow$	극소	$\nearrow$

$f(1)=k-\dfrac{5}{4}$

모든 실수 x에 대하여 $f(x)\geq0$이려면 $f(1)\geq0$이어야 하므로

$k-\dfrac{5}{4}\geq0$ $\quad\therefore k\geq\dfrac{5}{4}$ **답 $k\geq\dfrac{5}{4}$**

0570 $3x^4+4a^3 \geq 4x^3+3a^4$에서

$3x^4-4x^3-3a^4+4a^3 \geq 0$

$f(x)=3x^4-4x^3-3a^4+4a^3$으로 놓으면

$f'(x)=12x^3-12x^2=12x^2(x-1)$

$f'(x)=0$에서 $x=0$ 또는 $x=1$

x	$\cdots$	0	$\cdots$	1	$\cdots$
$f'(x)$	$-$	0	$-$	0	$+$
$f(x)$	$\searrow$		$\searrow$	극소	$\nearrow$

함수 $f(x)$는 $x=1$에서 극소이면서 최소이므로 최솟값은

$f(1)=-3a^4+4a^3-1$

모든 실수 x에 대하여 $f(x) \geq 0$이려면 $-3a^4+4a^3-1 \geq 0$

이때 $g(a)=-3a^4+4a^3-1$로 놓으면

$g'(a)=-12a^3+12a^2=-12a^2(a-1)$

$g'(a)=0$에서 $a=0$ 또는 $a=1$

a	$\cdots$	0	$\cdots$	1	$\cdots$
$g'(a)$	$+$	0	$+$	0	$-$
$g(a)$	$\nearrow$	-1	$\nearrow$	0	$\searrow$

$g(a)$는 $a=1$일 때 최댓값 0을 가지므로 $g(a) \geq 0$을 만족시키는 실수 a의 값은 1이다.
 답 **1**

0571 $x^3+k>3x^2$에서 $x^3-3x^2+k>0$

$f(x)=x^3-3x^2+k$로 놓으면

$f'(x)=3x^2-6x=3x(x-2)$

$x>2$일 때 $f'(x)>0$이므로 함수 $f(x)$는 열린구간 $(2, \infty)$에서 증가한다.

따라서 $x>2$일 때 $f(x)>0$이려면 $f(2) \geq 0$이어야 하므로

$8-12+k \geq 0$ $\quad \therefore k \geq 4$

따라서 실수 k의 최솟값은 4이다.
 답 ②

0572 $f(x)=x^3-\dfrac{3}{2}x^2-6x+k$로 놓으면

$f'(x)=3x^2-3x-6=3(x+1)(x-2)$

$0<x<2$일 때 $f'(x)<0$이므로 함수 $f(x)$는 열린구간 $(0, 2)$에서 감소한다.

따라서 $0<x<2$일 때 $f(x)>0$이려면 $f(2) \geq 0$이어야 하므로

$8-6-12+k \geq 0$ $\quad \therefore k \geq 10$
 답 **$k \geq 10$**

0573 $h(x)=f(x)-g(x)$로 놓으면

$h(x)=4x^3-x^2-2x-(2x^2+4x-k)=4x^3-3x^2-6x+k$

$h'(x)=12x^2-6x-6=6(2x+1)(x-1)$

$h'(x)=0$에서 $x=-\dfrac{1}{2}$ 또는 $x=1$

$x \geq 2$일 때 $h'(x)>0$이므로 함수 $h(x)$는 반닫힌 구간 $[2, \infty)$에서 증가한다.

따라서 $x \geq 2$일 때 $h(x) \geq 0$이려면 $h(2) \geq 0$이어야 하므로

$32-12-12+k \geq 0$ $\quad \therefore k \geq -8$

따라서 실수 k의 최솟값은 -8이다.
 답 -8

0574 $x^3-x^2-2x+1 \geq -x^2+x-k$에서 $x^3-3x+1+k \geq 0$

$f(x)=x^3-3x+1+k$로 놓으면

$f'(x)=3x^2-3=3(x+1)(x-1)$

$f'(x)=0$에서 $x=-1$ 또는 $x=1$

x	0	$\cdots$	1	$\cdots$	2
$f'(x)$		$-$	0	$+$	
$f(x)$	$k+1$	$\searrow$	$k-1$	$\nearrow$	$k+3$

닫힌구간 $[0, 2]$에서 함수 $f(x)$는 $x=1$일 때 극소이면서 최소이므로 최솟값은 $k-1$이다.

즉, $f(x) \geq 0$이려면 $k-1 \geq 0$ $\quad \therefore k \geq 1$

따라서 실수 k의 최솟값은 1이다.
 답 **1**

0575 $x^3-3x+2>6x+k$에서 $x^3-9x+2-k>0$

$f(x)=x^3-9x+2-k$로 놓으면

$f'(x)=3x^2-9=3(x+\sqrt{3})(x-\sqrt{3})$

$f'(x)=0$에서 $x=-\sqrt{3}$ 또는 $x=\sqrt{3}$

x	(0)	$\cdots$	$\sqrt{3}$	$\cdots$	(2)
$f'(x)$		$-$	0	$+$	
$f(x)$		$\searrow$	$-6\sqrt{3}+2-k$	$\nearrow$	

$0<x<2$일 때 함수 $f(x)$는 $x=\sqrt{3}$에서 극소이면서 최소이므로 최솟값은 $-6\sqrt{3}+2-k$이다.

즉, $f(x)>0$이려면 $-6\sqrt{3}+2-k>0$

$\therefore k<-6\sqrt{3}+2<-8$

따라서 정수 k의 최댓값은 -9이다.
 답 ②

0576 $h(x)=f(x)-g(x)$로 놓으면

$h(x)=5x^3-10x^2+k-(5x^2+2)=5x^3-15x^2+k-2$

$h'(x)=15x^2-30x=15x(x-2)$

$h'(x)=0$에서 $x=0$ 또는 $x=2$

x	(0)	$\cdots$	2	$\cdots$	(3)
$h'(x)$		$-$	0	$+$	
$h(x)$		$\searrow$	$k-22$	$\nearrow$	

$0<x<3$일 때 함수 $h(x)$는 $x=2$일 때 극소이면서 최소이므로 최솟값은 $k-22$이다.

즉, $h(x)>0$이려면 $k-22>0$ $\quad \therefore k>22$
 답 **$k>22$**

0577 점 P가 원점을 지날 때는 $x=0$일 때이므로

$t^3-5t^2+6t=0$, $t(t-2)(t-3)=0$

$\therefore t=0$ 또는 $t=2$ 또는 $t=3$

따라서 점 P는 $t=3$일 때 마지막으로 원점을 통과한다.

점 P의 속도를 v라 하면

$v=\dfrac{dx}{dt}=3t^2-10t+6$

따라서 $t=3$에서의 점 P의 속도는 $3 \cdot 3^2-10 \cdot 3+6=3$
 답 **3**

0578 점 P의 속도를 v라 하면

$$v=\frac{dx}{dt}=3t^2-6t-14$$

속도 v가 10이므로 $3t^2-6t-14=10$에서

$3t^2-6t-24=0$, $3(t+2)(t-4)=0$

이때 $t>0$이므로 $t=4$

따라서 시각 $t=4$에서의 점 P의 위치는

$4^3-3\cdot4^2-14\cdot4=-40$ 답 ②

0579 점 P의 속도를 v라 하면

$$v=\frac{dx}{dt}=3t^2+6t+1$$

속도 v가 25이므로 $3t^2+6t+1=25$에서

$3t^2+6t-24=0$, $3(t+4)(t-2)=0$

이때 $t>0$이므로 $t=2$

점 P의 가속도를 a라 하면

$$a=\frac{dv}{dt}=6t+6$$

따라서 시각 $t=2$에서의 점 P의 가속도는

$6\cdot2+6=18$ 답 18

0580 두 점 P, Q의 속도를 각각 v_P, v_Q라 하면

$$v_\text{P}=2t^2+4t,\quad v_\text{Q}=8t+30$$

───────────────────────────────── ㉮

이때 두 점 P, Q의 속도가 같아지려면 $v_\text{P}=v_\text{Q}$이므로

$2t^2+4t=8t+30$, $t^2-2t-15=0$

$(t+3)(t-5)=0$ $\quad\therefore t=5\ (\because t>0)$

───────────────────────────────── ㉯

$x_\text{P}(5)=\frac{2}{3}\cdot5^3+2\cdot5^2-\frac{1}{3}=133$,

$x_\text{Q}(5)=4\cdot5^2+30\cdot5=250$이므로 두 점 P, Q 사이의 거리는

$250-133=117$

───────────────────────────────── ㉰

답 117

단계	채점요소	배점
㉮	두 점 P, Q의 속도 구하기	40 %
㉯	속도가 같아지는 시각 구하기	30 %
㉰	두 점 P, Q 사이의 거리 구하기	30 %

0581 점 P의 속도를 v, 가속도를 a라 하면

$$v=\frac{dx}{dt}=-4t^3+14t^2-8t-1$$

$$a=\frac{dv}{dt}=-12t^2+28t-8$$

점 P의 속도가 증가하면 $a>0$이므로

$-12t^2+28t-8>0$, $(3t-1)(t-2)<0$

$\therefore \frac{1}{3}<t<2$ 답 ②

0582 점 P의 속도를 v라 하면

$$v=\frac{dx}{dt}=-t^2+6t+16=-(t-3)^2+25$$

$0\le t\le5$일 때, v는 시각 $t=3$에서 최댓값 25를 갖는다.

따라서 $M=25$, $a=3$이므로 $M-a=22$ 답 22

0583 점 P의 속도를 v라 하면

$$v=\frac{dx}{dt}=\frac{3}{4}t^2-3t-1=\frac{3}{4}(t-2)^2-4$$

즉, $0\le t\le6$에서 $-4\le v\le8$이므로

$0\le|v|\le8$

따라서 점 P의 속력의 최댓값은 8이다. 답 8

0584 두 점 P, Q가 만나는 시각은 $x_\text{P}(t)=x_\text{Q}(t)$일 때이므로

$2t^3+t^2=t^3+2t$, $t(t+2)(t-1)=0$ $\quad\therefore t=1(\because t>0)$

두 점 P, Q는 출발 후 시각 $t=1$에서 다시 만난다.

두 점 P, Q의 속도를 각각 $v_\text{P}(t)$, $v_\text{Q}(t)$라 하면

$$v_\text{P}(t)=\frac{dx_\text{P}}{dt}=6t^2+2t,\quad v_\text{Q}(t)=\frac{dx_\text{Q}}{dt}=3t^2+2$$에서

$v_\text{P}(1)=6+2=8$, $v_\text{Q}(1)=3+2=5$

따라서 $\alpha=8$, $\beta=5$이므로 $\alpha\beta=40$ 답 40

0585 점 P의 속도를 v라 하면

$$v=\frac{dx}{dt}=-3t^2+10t-3=-(3t-1)(t-3)$$

운동 방향을 바꾸는 순간의 속도는 0이므로

$v=0$에서 $t=\frac{1}{3}$ 또는 $t=3$

즉, 점 P는 시각 $t=\frac{1}{3}$에서 첫 번째로 운동 방향을 바꾸고, 시각 $t=3$에서 두 번째로 운동 방향을 바꾼다.

점 P의 가속도를 a라 하면

$$a=\frac{dv}{dt}=-6t+10$$

따라서 시각 $t=3$에서의 점 P의 가속도는

$-6\cdot3+10=-8$ 답 −8

0586 두 점 P, Q의 속도를 각각 $v_\text{P}(t)$, $v_\text{Q}(t)$라 하면

$$v_\text{P}(t)=8t-3,\quad v_\text{Q}(t)=4t-8$$

두 점 P, Q가 서로 반대 방향으로 움직이면 $v_\text{P}(t)v_\text{Q}(t)<0$이므로

$(8t-3)(4t-8)<0$, $(8t-3)(t-2)<0$

$\therefore \frac{3}{8}<t<2$ 답 ②

0587 점 P의 속도를 v라 하면

$$v=\frac{dx}{dt}=3t^2-18t+24=3(t-2)(t-4)$$

───────────────────────────────── ㉮

운동 방향을 바꾸는 순간의 속도는 0이므로 $v=0$에서

$t=2$ 또는 $t=4$

즉, 점 P는 시각 $t=2$에서 첫 번째로 운동 방향을 바꾸고, 시각 $t=4$에서 두 번째로 운동 방향을 바꾼다.

────────────────────────────────────── ❸

시각 $t=2$에서의 점 P의 위치 A는 $2^3-9\cdot2^2+24\cdot2=20$
시각 $t=4$에서의 점 P의 위치 B는 $4^3-9\cdot4^2+24\cdot4=16$
따라서 두 점 A, B 사이의 거리는 $20-16=4$이다.

────────────────────────────────────── ❹

답 4

단계	채점요소	배점
❷	점 P의 속도 구하기	30%
❸	운동 방향을 바꿀 때의 시각 구하기	20%
❹	두 점 A, B 사이의 거리 구하기	50%

0588 자동차가 제동을 건 지 t초 후의 속도를 v라 하면
$$v=\frac{dx}{dt}=18-0.9t$$
자동차가 정지할 때의 속도는 0이므로 $v=0$에서
$18-0.9t=0$ $\therefore t=20$
따라서 20초 동안 자동차가 움직인 거리는
$18\cdot20-0.45\cdot20^2=180(\text{m})$ 답 180 m

0589 열차가 제동을 건 지 t초 후의 속도를 v라 하면
$$v=\frac{dx}{dt}=a-6t$$
이때 열차가 제동을 건 지 2초 후에 정지하므로 $t=2$일 때의 속도가 0이다.
즉, $a-6\cdot2=0$에서 $a=12$ 답 12

0590 기차가 제동을 건 지 t초 후의 속도를 v라 하면
$$v=\frac{dx}{dt}=9-3t^2$$
기차가 정지할 때의 속도는 0이므로 $v=0$에서
$9-3t^2=0$ $\therefore t=\sqrt{3}\ (\because t>0)$
이때까지 기차가 움직인 거리는
$9\sqrt{3}-(\sqrt{3})^3=6\sqrt{3}(\text{m})$
따라서 목적지로부터 $6\sqrt{3}$ m의 지점에서 제동을 걸어야 한다.
답 ④

0591 물체의 t초 후의 속도를 v라 하면
$$v=\frac{dh}{dt}=20-10t$$
최고 지점에 도달했을 때의 속도는 0이므로 $v=0$에서
$20-10t=0$ $\therefore t=2$
따라서 2초 후 이 물체의 지면으로부터 높이는
$40+20\cdot2-5\cdot2^2=60(\text{m})$ 답 ②

0592 물체의 t초 후의 속도를 v라 하면
$$v=\frac{dh}{dt}=a-10t$$
최고 지점에 도달했을 때의 속도는 0이므로 $v=0$에서
$a-10t=0$ $\therefore t=\frac{a}{10}$
즉, $t=\frac{a}{10}$일 때 물체의 높이가 최대이므로
$a\cdot\frac{a}{10}-5\cdot\left(\frac{a}{10}\right)^2\geq45,\ \frac{a^2}{20}\geq45$
$\therefore a\geq30\ (\because a>0)$
따라서 상수 a의 최솟값은 30이다. 답 30

0593 돌의 t초 후의 속도를 v라 하면
$$v=\frac{dh}{dt}=40-10t$$
ㄱ. $t=2$일 때, 속도 v는 $v=40-10\cdot2=20(\text{m/s})$
ㄴ. 최고 높이에 도달했을 때의 속도는 0이므로 $v=0$에서
$40-10t=0$ $\therefore t=4$
ㄷ. 지면에 떨어질 때의 높이는 0이므로 $h=0$에서
$45+40t-5t^2=0,\ t^2-8t-9=0$
$(t+1)(t-9)=0$ $\therefore t=9\ (\because t>0)$
즉, 9초 후 돌이 지면에 떨어지는 순간의 속도는
$v=40-10\cdot9=-50(\text{m/s})$
따라서 옳은 것은 ㄱ, ㄴ, ㄷ이다. 답 ㄱ, ㄴ, ㄷ

0594 가로등 밑에서 사람까지의 거리를 x m, 그림자의 앞 끝까지의 거리를 y m라 하면

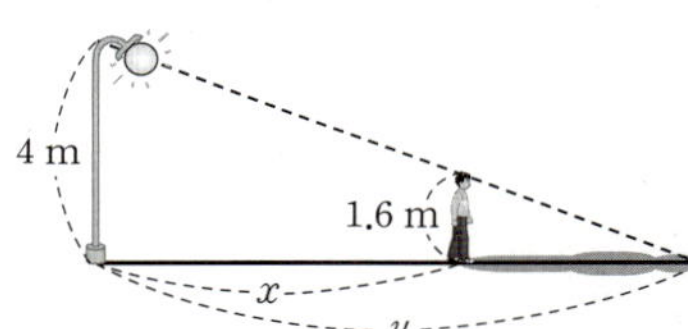

$4:1.6=y:(y-x)$
$1.6y=4(y-x)$ $\therefore y=\frac{5}{3}x$
그런데 $x=100t$이므로 $y=\frac{500}{3}t$
$\therefore \frac{dy}{dt}=\frac{500}{3}$
따라서 그림자의 앞 끝이 움직이는 속도는 $\frac{500}{3}$ m/min이다.
답 ③

0595 t초 후의 고무 풍선의 반지름의 길이가 $(4+t)$cm이므로

────────────────────────────────────── ❷

고무 풍선의 부피를 $V\text{cm}^3$라 하면
$$V=\frac{4}{3}\pi(4+t)^3=\frac{4}{3}\pi(t^3+12t^2+48t+64)$$

────────────────────────────────────── ❸

$$\therefore \frac{dV}{dt}=\frac{4}{3}\pi(3t^2+24t+48)$$
$$=4\pi(t+4)^2$$

────────────────────────────────────── ❹

따라서 $t=6$일 때 고무 풍선의 부피의 변화율은
$$4\pi(6+4)^2=400\pi(\text{cm}^3/\text{s})$$

------ 라

답 400π cm^3/s

단계	채점요소	배점
㉮	t초 후의 풍선의 반지름의 길이 구하기	20%
㉯	부피 V를 t에 대한 식으로 나타내기	20%
㉰	$\dfrac{dV}{dt}$ 구하기	30%
㉱	$t=6$일 때 부피의 변화율 구하기	30%

0596 t초 후의 수면의 반지름의 길이를 r cm, 높이를 h cm 라 하면 $h=t$이므로 높이가 5 cm가 되는 시각은
$$t=5$$
또, 오른쪽 그림에서 $6:18=r:h$

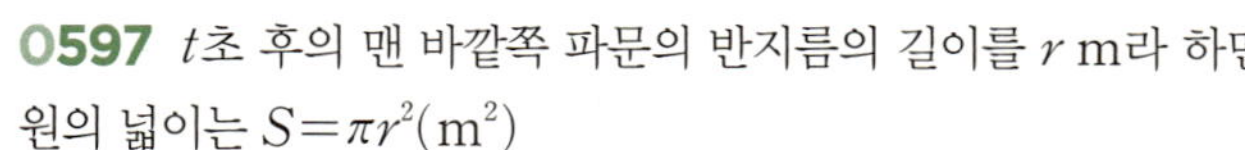

$$\therefore r=\frac{1}{3}h$$
물의 부피를 V cm^{3}라 하면
$$V=\frac{1}{3}\pi r^2 h=\frac{1}{3}\pi\cdot\left(\frac{1}{3}h\right)^2\cdot h$$
$$=\frac{1}{27}\pi h^3=\frac{1}{27}\pi t^3$$
$$\therefore \frac{dV}{dt}=\frac{1}{9}\pi t^2$$
따라서 $t=5$일 때 물의 부피의 변화율은
$$\frac{1}{9}\pi\cdot 5^2=\frac{25}{9}\pi(\text{cm}^3/\text{s})$$

답 $\dfrac{25}{9}\pi$ cm^3/s

0597 t초 후의 맨 바깥쪽 파문의 반지름의 길이를 r m라 하면 원의 넓이는 $S=\pi r^2(\text{m}^2)$
이때 반지름의 길이의 일정한 증가율을 k라 하면
$$r=kt \qquad \therefore S=\pi(kt)^2=\pi k^2 t^2$$
$$\therefore \frac{dS}{dt}=2\pi k^2 t$$
$t=2$일 때의 파문의 넓이의 증가율은 $4\pi k^2=\pi$이므로 $k^2=\dfrac{1}{4}$
따라서 $t=3$일 때 파문의 넓이의 증가율은
$$2\pi\cdot\frac{1}{4}\cdot 3=\frac{3}{2}\pi(\text{m}^2/\text{s})$$

답 ②

0598 점 P가 출발한 지 t초 후의 두 점 P, Q의 좌표는 P$(3t,\ 0)$, Q$(0,\ 4(t-2))$이므로 △OPQ의 넓이를 S라 하면
$$S=\frac{1}{2}\cdot 3t\cdot 4(t-2)=6t(t-2)=6t^2-12t\ (t>2)$$
$$\therefore \frac{dS}{dt}=12t-12$$
$t=5$일 때 삼각형의 넓이의 변화율은
$$12\cdot 5-12=48$$

답 48

0599 t초 후의 두 점 P, Q의 좌표는 각각 $(t,\ 0)$, $(0,\ 2t)$이 므로 두 점 P, Q를 지나는 직선의 방정식은
$$\frac{x}{t}+\frac{y}{2t}=1 \qquad\cdots\cdots\ \text{㉠}$$
직선 ㉠과 직선 $y=2x$의 교점 R의 좌표는
$$\frac{x}{t}+\frac{2x}{2t}=1\text{에서 } x=\frac{t}{2},\ y=t$$
즉, R$\left(\dfrac{t}{2},\ t\right)$이므로 $\overline{\text{OR}}=l$이라 하면
$$l=\sqrt{\left(\frac{t}{2}\right)^2+t^2}=\frac{\sqrt{5}}{2}t \qquad \therefore \frac{dl}{dt}=\frac{\sqrt{5}}{2}$$
따라서 선분 OR의 길이의 변화율은 $\dfrac{\sqrt{5}}{2}$이다.

답 $\dfrac{\sqrt{5}}{2}$

0600 비가 내리기 전 측정기의 각 모서리의 길이는 $10-5=5(\text{mm})$이고, 낮 12시부터 t시간이 지난 후의 측정기의 각 모서리의 길이는 $(5+5t)$ mm이므로 이때의 측정기의 부피를 V mm^{3}라 하면
$$V=(5+5t)^3=125(t^3+3t^2+3t+1)$$
$$\therefore \frac{dV}{dt}=125(3t^2+6t+3)=375(t+1)^2$$
측정기의 부피의 변화율이 13500 mm^3/h가 되는 순간은 $375(t+1)^2=13500$에서
$$(t+1)^2=36 \qquad \therefore t=5\ (\because t>0)$$
따라서 강수량의 변화율이 13500 mm^3/h가 되는 순간은 낮 12시부터 5시간이 지난 후인 오후 5시이다.

답 ②

유형 up

본문 91쪽

0601 점 P의 시각 t에서의 가속도를 $a(t)$라 하면
$a(t)=\dfrac{dv}{dt}$이므로 점 P의 시각 t에서의 가속도는 시각 t에서의 $y=v(t)$의 그래프의 접선의 기울기와 같다. 이때
$$a(t_1)<0,\ a(t_2)=0,\ a(t_3)>0,\ a(t_4)=0,\ a(t_5)<0$$
이므로 시각 t_3에서의 가속도가 가장 크다.

답 ③

0602 ㄱ. 시각 $t=5$의 좌우에서 $v(t)$의 부호가 바뀌지 않으므로 시각 $t=5$에서 운동 방향을 바꾸지 않는다.

ㄴ. 시각 $t=2$, $t=4$에서 운동 방향을 바꾼다.

ㄷ. 시각 $2<t<4$에서 수직선 위를 음의 방향으로 움직인다.

ㄹ. 시각 $4<t<5$에서 $y=v(t)$는 증가하는 함수가 아니다.

따라서 옳은 것은 ㄷ이다.

답 ㄷ

0603 ㄱ. 시각 $t=a$에서 점 P의 속도는 0이다.

ㄴ. 시각 $t=a$, $t=c$, $t=e$에서 운동 방향을 바꾼다.

ㄷ. 시각 $t=c$에서 속도는 0이다.

ㄹ. 시각 $t=a$일 때 원점에서 가장 멀리 떨어져 있다.

따라서 옳은 것은 ㄴ, ㄷ이다. **답 ②**

0604 ㄱ. 시각 $t=a$에서 점 P의 속도는 0이므로 점 Q의 속도가 더 크다.

ㄴ. 점 P와 점 Q는 시각 $t=b$에서 위치가 같으므로 만난다.

ㄷ. $t=c$일 때, 두 곡선 $y=x_{\mathrm{P}}(t)$, $y=x_{\mathrm{Q}}(t)$ 위의 점에서의 접선의 기울기가 모두 음수이므로 두 점 P, Q는 서로 같은 방향으로 움직인다.

따라서 옳은 것은 ㄴ, ㄷ이다. **답 ㄴ, ㄷ**

시험에 꼭 나오는 문제
본문 92~95쪽

0605 $\dfrac{3}{4}x^4-x^3-3x^2+k=0$에서

$$\dfrac{3}{4}x^4-x^3-3x^2=-k \qquad \cdots\cdots \ \㉠$$

방정식 ㉠이 서로 다른 네 개의 실근을 가지려면 곡선 $y=\dfrac{3}{4}x^4-x^3-3x^2$과 직선 $y=-k$가 서로 다른 네 점에서 만나야 한다.

$f(x)=\dfrac{3}{4}x^4-x^3-3x^2$으로 놓으면

$f'(x)=3x^3-3x^2-6x=3x(x+1)(x-2)$

$f'(x)=0$에서 $x=-1$ 또는 $x=0$ 또는 $x=2$

x	$\cdots$	-1	$\cdots$	0	$\cdots$	2	$\cdots$
$f'(x)$	$-$	0	$+$	0	$-$	0	$+$
$f(x)$	$\searrow$	$-\dfrac{5}{4}$	$\nearrow$	0	$\searrow$	-8	$\nearrow$

함수 $y=f(x)$의 그래프는 오른쪽 그림과 같으므로 곡선 $y=f(x)$와 직선 $y=-k$가 서로 다른 네 점에서 만나려면

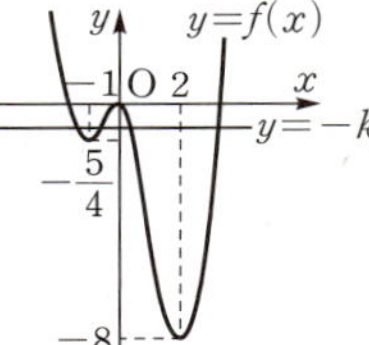

$-\dfrac{5}{4}<-k<0 \qquad \therefore 0<k<\dfrac{5}{4}$

따라서 실수 k의 값으로 적당한 것은 ②이다. **답 ②**

0606 $y=f'(x)$의 그래프가 x축과 만나는 점의 x좌표가 0, a, b, c이므로

$f'(x)=0$에서 $x=0$ 또는 $x=a$ 또는 $x=b$ 또는 $x=c$

x	$\cdots$	0	$\cdots$	a	$\cdots$	b	$\cdots$	c	$\cdots$
$f'(x)$	$+$	0	$+$	0	$+$	0	$-$	0	$+$
$f(x)$	$\nearrow$		$\nearrow$		$\nearrow$	극대	$\searrow$	극소	$\nearrow$

함수 $y=f(x)$의 그래프는 오른쪽 그림과 같다.

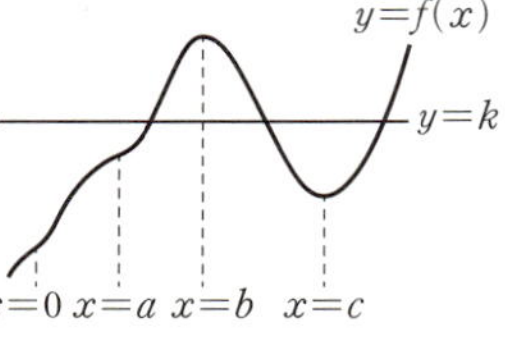

방정식 $f(x)=k$의 실근은 함수 $y=f(x)$의 그래프와 직선 $y=k$의 교점의 x좌표와 같으므로 방정식 $f(x)=k$의 서로 다른 실근의 개수의 최댓값은 3이다. **답 ③**

0607 $y=f'(x)$의 그래프가 x축과 만나는 점의 x좌표가 -1, 3, 5이므로

$f'(x)=0$에서 $x=-1$ 또는 $x=3$ 또는 $x=5$

x	$\cdots$	-1	$\cdots$	3	$\cdots$	5	$\cdots$
$f'(x)$	$-$	0	$+$	0	$-$	0	$+$
$f(x)$	$\searrow$	-2	$\nearrow$		$\searrow$	1	$\nearrow$

따라서 함수 $y=f(x)$의 그래프가 오른쪽 그림과 같다.

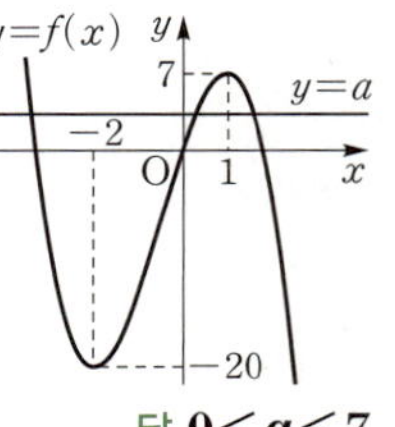

이때 방정식 $f(x)+x+1=0$의 실근은 함수 $y=f(x)$의 그래프와 직선 $y=-x-1$의 교점 A, B의 x좌표와 같으므로 1개의 양근과 1개의 음근을 갖는다. **답 ①**

0608 $2x^3+3x^2-12x+a=0$에서

$$-2x^3-3x^2+12x=a \qquad \cdots\cdots \ \ ㉠$$

방정식 ㉠이 한 개의 음근과 두 개의 양근을 가지려면 곡선 $y=-2x^3-3x^2+12x$와 직선 $y=a$의 교점의 x좌표가 한 개는 음수이고 다른 두 개는 양수이어야 한다.

$f(x)=-2x^3-3x^2+12x$로 놓으면

$f'(x)=-6x^2-6x+12=-6(x+2)(x-1)$

$f'(x)=0$에서 $x=-2$ 또는 $x=1$

x	$\cdots$	-2	$\cdots$	1	$\cdots$
$f'(x)$	$-$	0	$+$	0	$-$
$f(x)$	$\searrow$	-20	$\nearrow$	7	$\searrow$

함수 $y=f(x)$의 그래프는 오른쪽 그림과 같으므로 곡선 $y=f(x)$와 직선 $y=a$의 교점의 x좌표가 한 개는 음수이고 다른 두 개는 양수가 되는 실수 a의 값의 범위는

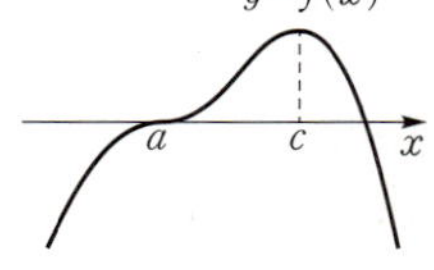

$0<a<7$ **답 $0<a<7$**

0609 $f(x)=2x^3-3ax^2+a$로 놓으면

$f'(x)=6x^2-6ax=6x(x-a)$

$f'(x)=0$에서 $x=0$ 또는 $x=a$

삼차방정식 $f(x)=0$이 중근과 다른 한 실근을 가지려면

$f(0)f(a)=0$, 즉 $a(a-a^3)=0$에서

$a^2(a+1)(a-1)=0 \qquad \therefore a=1 \ (\because a>0)$ **답 ①**

0610 $y=f'(x)$의 그래프가 x축과 만나는 점의 x좌표가 a, c이므로 $f'(x)=0$에서 $x=a$ 또는 $x=c$

이때 $x=a$에서는 극값을 갖지 않고, $x=c$에서는 극값을 갖는다.

ㄱ. $f(a)=0$
즉, $f(x)=0$은 서로 다른 두 실근을 갖는다.

ㄴ. $f(a)f(c)<0$
즉, $f(x)=0$은 서로 다른 두 실근을
갖는다.

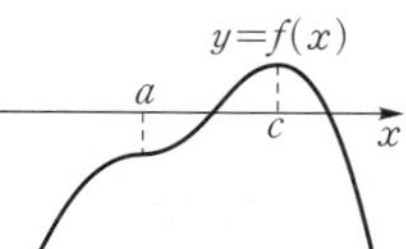

ㄷ. $f(a)f(c)>0$
$\Rightarrow f(a)>0, f(c)>0$ 또는 $f(a)<0, f(c)<0$

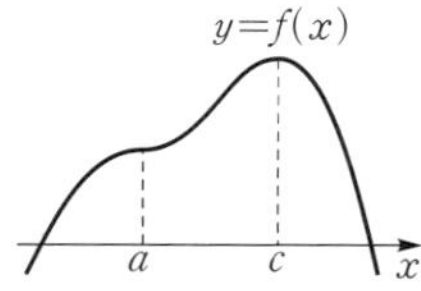 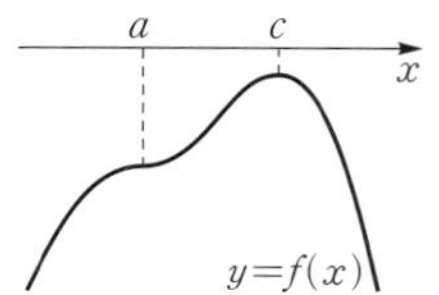

즉, $f(x)=0$은 서로 다른 두 실근을 갖거나 실근을 갖지 않는다.

따라서 옳은 것은 ㄱ, ㄴ이다.　　　　　답 **ㄱ, ㄴ**

0611 주어진 곡선과 직선이 서로 다른 세 점에서 만나려면 방정식 $x^3-x=2x+k$, 즉 $x^3-3x-k=0$이 서로 다른 세 실근을 가져야 한다.

$f(x)=x^3-3x-k$로 놓으면
$f'(x)=3x^2-3=3(x+1)(x-1)$
$f'(x)=0$에서 $x=-1$ 또는 $x=1$
삼차방정식 $f(x)=0$이 서로 다른 세 실근을 가지려면
$f(-1)f(1)<0$, 즉 $(2-k)(-2-k)<0$에서
$(k+2)(k-2)<0$　　$\therefore -2<k<2$　　답 ③

0612 $f(x)=x^3-3x^2-2$로 놓으면 $f'(x)=3x^2-6x$
점 $(0, a)$에서 곡선 $y=x^3-3x^2-2$에 그은 접선의 접점의 좌표를 (t, t^3-3t^2-2)라 하면 접선의 방정식은
$y-(t^3-3t^2-2)=(3t^2-6t)(x-t)$
이 직선이 점 $(0, a)$를 지나므로
$a-(t^3-3t^2-2)=(3t^2-6t)(-t)$
$\therefore 2t^3-3t^2+2+a=0$　　　　　$\cdots\cdots$ ㉠
점 $(0, a)$에서 주어진 곡선에 오직 한 개의 접선만을 그을 수 있으려면 t에 대한 삼차방정식 ㉠이 오직 하나의 실근만을 가져야 한다.
$f(t)=2t^3-3t^2+2+a$로 놓으면 $f'(t)=6t^2-6t=6t(t-1)$
$f'(t)=0$에서 $t=0$ 또는 $t=1$
삼차방정식 ㉠이 오직 하나의 실근을 가지려면
$f(0)f(1)>0$이어야 하므로
$(a+2)(a+1)>0$　　$\therefore a<-2$ 또는 $a>-1$　　답 ①

0613 $x^4-8x+a\geq 4x^3-6x^2$에서
$f(x)=x^4-4x^3+6x^2-8x+a$로 놓으면
$f'(x)=4x^3-12x^2+12x-8=4(x-2)(x^2-x+1)$
$f'(x)=0$에서 $x=2$ $(\because x^2-x+1>0)$
함수 $f(x)$는 $x=2$에서 극소이면서 최소이므로 최솟값은
$f(2)=a-8$

x	$\cdots$	2	$\cdots$
$f'(x)$	$-$	0	$+$
$f(x)$	$\searrow$	극소	$\nearrow$

모든 실수 x에 대하여 $f(x)\geq 0$이려면
$f(2)\geq 0$이어야 하므로
$a-8\geq 0$　　$\therefore a\geq 8$
따라서 실수 a의 최솟값은 8이다.　　　　　답 ⑤

0614 $x^4-4x\geq -x^2+2x-a$에서 $x^4+x^2-6x+a\geq 0$
$h(x)=x^4+x^2-6x+a$로 놓으면
$h'(x)=4x^3+2x-6=2(x-1)(2x^2+2x+3)$
이때 $2x^2+2x+3=2\left(x+\dfrac{1}{2}\right)^2+\dfrac{5}{2}>0$이므로
$h'(x)=0$에서 $x=1$
함수 $h(x)$는 $x=1$에서 극소이면서 최소이므로 최솟값은
$h(1)=a-4$

x	$\cdots$	1	$\cdots$
$h'(x)$	$-$	0	$+$
$h(x)$	$\searrow$	극소	$\nearrow$

모든 실수 x에 대하여 $h(x)\geq 0$이려면 $h(1)\geq 0$이어야 하므로
$a-4\geq 0$　　$\therefore a\geq 4$　　　　　답 $a\geq 4$

0615 $2x^3+k\geq 3x^2$에서 $2x^3-3x^2+k\geq 0$
$f(x)=2x^3-3x^2+k$로 놓으면 $f'(x)=6x^2-6x=6x(x-1)$
$f'(x)=0$에서 $x=0$ 또는 $x=1$
$x\geq 0$일 때, 함수 $f(x)$는 $x=1$에서 극소이면서 최소이므로 최솟값은
$f(1)=k-1$

x	0	$\cdots$	1	$\cdots$
$f'(x)$	0	$-$	0	$+$
$f(x)$	k	$\searrow$	$k-1$	$\nearrow$

따라서 $x\geq 0$일 때, $f(x)\geq 0$이려면 $f(1)\geq 0$이어야 하므로
$k-1\geq 0$　　$\therefore k\geq 1$　　　　　답 $k\geq 1$

0616 $4x^2-3x<x^3+kx$에서 $-x^3+4x^2-3x<kx$
$f(x)=-x^3+4x^2-3x=-x(x-1)(x-3)$으로 놓으면
$f(x)=0$에서 $x=0$ 또는 $x=1$ 또는 $x=3$
따라서 $f(x)$의 그래프는 그림과 같다.
이때 곡선 $y=f(x)$와 $x=t$에서 접하는 접선의 방정식은
$y=(-3t^2+8t-3)(x-t)$
$\qquad +(-t^3+4t^2-3t)$

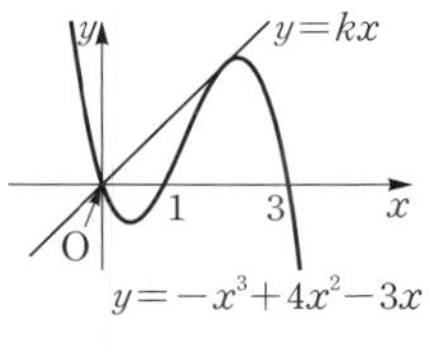

이 원점을 지나므로
$2t^3-4t^2=0, 2t^2(t-2)=0$　　$\therefore t=2 \ (\because t>0)$
즉, 접점 $(2, 2)$에서의 접선의 방정식은 $y=x$
따라서 $4x^2-3x<x^3+kx$가 성립하려면 $k>1$이어야 한다.
　　　　　답 ②

0617 두 점 P, Q의 시각 t에서의 속도 $v_P(t)$, $v_Q(t)$는
$v_P(t)=t^2+4$, $v_Q(t)=4t$이므로
속도가 같아지는 시각은
$t^2+4=4t$에서 $t^2-4t+4=0$
$(t-2)^2=0$　　$\therefore t=2$

따라서 두 점 P, Q의 시각 $t=2$에서의 위치는 각각

$x_{\mathrm{P}}(2)=\dfrac{1}{3}\cdot2^3+4\cdot2-\dfrac{2}{3}=\dfrac{8}{3}+8-\dfrac{2}{3}=10$

$x_{\mathrm{Q}}(2)=2\cdot2^2-10=8-10=-2$

이므로 두 점 P, Q 사이의 거리는 $10-(-2)=12$ **답 12**

0618 시각 t에서의 중점 M의 위치를 x라 하면

$x=\dfrac{1}{2}\{(2t^3-2t^2+3t)+(-4t^2-t)\}=t^3-3t^2+t$

시각 t에서의 중점 M의 속도를 v라 하면

$v=\dfrac{dx}{dt}=3t^2-6t+1$

따라서 시각 $t=3$에서의 속도는

$3\cdot3^2-6\cdot3+1=10$ **답 ①**

0619 시각 t에서의 점 P의 속도를 v라 하면

$v=\dfrac{dx}{dt}=3t^2-12$

운동 방향이 바뀌는 순간은 $v=0$이므로

$3t^2-12=0$에서 $t=2$ $(\because t>0)$

이때 점 P가 원점에 위치하므로

$2^3-12\cdot2+k=0$ $\therefore k=16$ **답 ④**

0620 ㄱ. $x(1)=\dfrac{1}{3}-4+7=\dfrac{10}{3}$,

$\quad x(3)=\dfrac{1}{3}\cdot3^3-4\cdot3^2+7\cdot3=-6$이므로 시각 $t=1$, $t=3$에

서의 점 P의 위치는 같지 않다.

ㄴ. 시각 t에서의 속도를 v라 하면 $v=\dfrac{dx}{dt}=t^2-8t+7$

따라서 시각 $t=0$에서의 속도는 7이다.

ㄷ. 시각 t에서의 가속도를 a라 하면 $a=\dfrac{dv}{dt}=2t-8$

따라서 시각 $t=3$에서의 가속도는 $2\cdot3-8=-2$

ㄹ. $v=0$에서 $t^2-8t+7=(t-1)(t-7)=0$

$\quad\therefore t=1$ 또는 $t=7$

따라서 점 P는 움직이는 동안 시각 $t=1$, $t=7$에서 운동 방

향을 바꾼다.

따라서 옳은 것은 ㄷ, ㄹ이다. **답 ③**

0621 ㄱ. t초 후의 속도를 v라 하면 $v=\dfrac{dh}{dt}=30-10t$

최고 높이에서 물체의 속력은 0이므로 $v=0$에서 $t=3$

따라서 최고 높이에 도달하는 데 걸리는 시간은 3초이다.

ㄴ. 물체의 최고 높이는 $t=3$일 때의 높이이므로

$\quad 35+30\cdot3-5\cdot3^2=80\,(\mathrm{m})$

ㄷ. 물체가 지면에 떨어질 때의 높이는 0이므로

$\quad 35+30t-5t^2=0$, $t^2-6t-7=0$, $(t+1)(t-7)=0$

$\quad\therefore t=7$ $(\because t>0)$

따라서 걸리는 시간은 7초이다.

ㄹ. 물체의 가속도를 a라 하면 $a=\dfrac{dv}{dt}=-10$으로 일정하다.

따라서 옳은 것은 ㄱ, ㄹ이다. **답 ㄱ, ㄹ**

0622 가로등 밑에서 사람까지의 거리를 x m, 그림자의 앞 끝
까지의 거리를 y m, 사람의 키를 h m라 하면

$x=60t$

오른쪽 그림에서

$y:(y-x)=3:h$

$3(y-x)=hy$

$(3-h)y=3x$

$y=\dfrac{3x}{3-h}$ $\therefore y=\dfrac{180}{3-h}t$

$\therefore \dfrac{dy}{dt}=\dfrac{180}{3-h}$

해성이의 키는 180 cm이므로

$v_1=\dfrac{180}{3-1.8}=\dfrac{180}{1.2}=150\,(\mathrm{m/min})$

유빈이의 키는 150 cm이므로

$v_2=\dfrac{180}{3-1.5}=120\,(\mathrm{m/min})$

$\therefore v_1:v_2=5:4$ **답 ③**

0623 t초 후의 정삼각형의 한 변의 길이는 $(2+2t)$ cm이므
로 정삼각형의 넓이를 S cm^{2}라 하면

$S=\dfrac{\sqrt{3}}{4}(2t+2)^2=\sqrt{3}(t+1)^2=\sqrt{3}(t^2+2t+1)$

$\therefore \dfrac{dS}{dt}=2\sqrt{3}(t+1)$

따라서 $t=5$일 때, 정삼각형의 넓이의 변화율은

$2\sqrt{3}(5+1)=12\sqrt{3}\,(\mathrm{cm}^2/\mathrm{s})$ **답 $12\sqrt{3}\ \mathbf{cm^2/s}$**

0624 t초 후의 수면의 반지름의 길이를 r cm, 높이를 h cm
라 하면 $h=0.5t$이므로 높이가 4 cm가 되는 시각은

$4=0.5t$ $\therefore t=8\,(초)$

또, 오른쪽 그림에서 $4:8=r:h$

$\therefore r=\dfrac{1}{2}h$

t초 후의 물의 부피를 V cm^{3}라 하면

$V=\dfrac{1}{3}\pi r^2h=\dfrac{1}{3}\pi\left(\dfrac{1}{2}h\right)^2\cdot h$

$\quad=\dfrac{\pi}{12}h^3=\dfrac{\pi}{12}\left(\dfrac{1}{2}t\right)^3$

$\quad=\dfrac{\pi}{96}t^3$

$\therefore \dfrac{dV}{dt}=\dfrac{\pi}{32}t^2$

따라서 $t=8$일 때 물의 부피의 변화율은

$\dfrac{\pi}{32}\cdot8^2=2\pi\,(\mathrm{cm}^3/\mathrm{s})$ **답 ①**

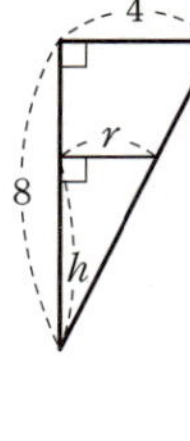

0625 ㄱ. 출발 후 2초까지 점 P는 양의 방향으로 이동했으므로 위치는 원점이 아니다.

ㄴ. $t=2$에서 점 P의 속도는 0이고 양의 방향에서 음의 방향으로 움직이는 방향이 바뀐다.

ㄷ. $t=2$, $t=5$에서 $v=0$이고, $t=2$, $t=5$의 양 옆으로 속도의 부호가 바뀌므로 운동 방향이 2번 바뀐다.

따라서 옳은 것은 ㄴ, ㄷ이다. **답 ⑤**

0626 $x^3-3x^2-k=0$에서 $x^3-3x^2=k$ ...... ㉠

방정식 ㉠의 서로 다른 실근의 개수를 구하려면 곡선 $y=x^3-3x^2$과 직선 $y=k$의 교점의 개수를 구하면 된다.

$f(x)=x^3-3x^2$으로 놓으면

$f'(x)=3x^2-6x=3x(x-2)$

$f'(x)=0$에서 $x=0$ 또는 $x=2$

······ ㉮

x	$\cdots$	0	$\cdots$	2	$\cdots$
$f'(x)$	$+$	0	$-$	0	$+$
$f(x)$	↗	0	↘	-4	↗

함수 $y=f(x)$의 그래프는 오른쪽 그림과 같으므로 $x=0$에서 극댓값 0, $x=2$에서 극솟값 -4를 갖는다.

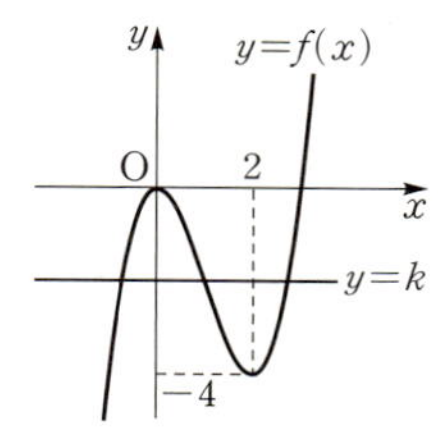

이때 $-4<k<0$에서 곡선 $y=f(x)$와 직선 $y=k$의 교점의 개수가 3이므로 주어진 방정식의 서로 다른 실근의 개수는 3이다.

······ ㉰

답 3

단계	채점요소	배점
㉮	$f'(x)=0$인 x의 값 구하기	20 %
㉯	$y=f(x)$의 그래프 그리기	40 %
㉰	방정식의 서로 다른 실근의 개수 구하기	40 %

0627 $h(x)=f(x)-g(x)$로 놓으면

$h(x)=2x^3-3x^2-(x^3-a)=x^3-3x^2+a$에서

$h'(x)=3x^2-6x=3x(x-2)$

$h'(x)=0$에서 $x=2$ ($\because 1<x<3$)

······ ㉮

x	(1)	$\cdots$	2	$\cdots$	(3)
$h'(x)$		$-$	0	$+$	
$h(x)$		↘	극소	↗	

$1<x<3$에서 $h(x)$는 $x=2$에서 극소이면서 최소이므로 최솟값은

$h(2)=2^3-3\cdot2^2+a=a-4$

······ ㉯

$1<x<3$에서 $h(x)\geq0$이려면 $h(2)\geq0$이어야 하므로

$a-4\geq0$ $\therefore a\geq4$

따라서 상수 a의 최솟값은 4이다.

······ ㉰

답 4

단계	채점요소	배점
㉮	$h'(x)=0$인 x의 값 구하기	30 %
㉯	$h(x)$의 최솟값 구하기	40 %
㉰	a의 최솟값 구하기	30 %

0628 시각 t에서 두 점 P, Q의 속도는

$v_P(t)=2t-6$, $v_Q(t)=t+4$

······ ㉮

두 점 P, Q가 서로 같은 방향으로 움직이려면

$v_P(t)v_Q(t)>0$

······ ㉯

즉, $(2t-6)(t+4)>0$에서 $t>3$ ($\because t>0$)

······ ㉰

답 $t>3$

단계	채점요소	배점
㉮	두 점 P, Q의 속도 구하기	40 %
㉯	같은 방향으로 움직일 때의 조건 알기	40 %
㉰	t의 값의 범위 구하기	20 %

0629 t분 동안 사람이 움직인 거리는 $90t$ m이고 시각 t분에서 그림자의 길이를 x m라 하면

오른쪽 그림에서

$3:1.5=(x+90t):x$

······ ㉮

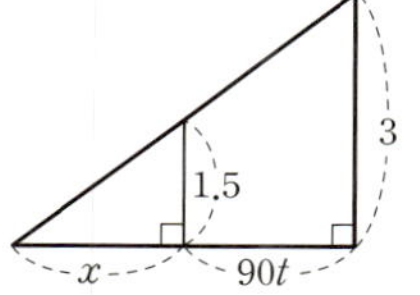

$1.5(x+90t)=3x$

$\therefore x=90t$

······ ㉯

$\therefore \dfrac{dx}{dt}=90$

따라서 그림자의 길이의 변화율은 90 m/min이다.

······ ㉰

답 90 m/min

단계	채점요소	배점
㉮	비례식 세우기	40 %
㉯	x를 t에 대한 식으로 나타내기	40 %
㉰	그림자의 길이의 변화율 구하기	20 %

0630 두 함수 $f(x)$, $g(x)$의 그래프가 서로 다른 두 점에서 만나려면 다음 그림과 같이 두 그래프가 한 점에서 접해야 한다.

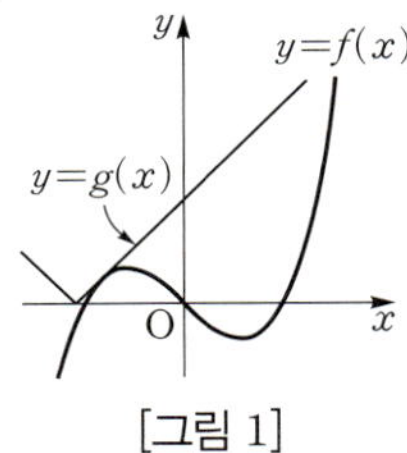

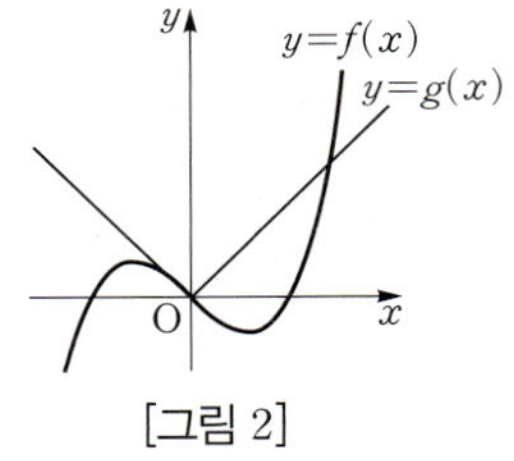

[그림 1]　　　[그림 2]

(i) 두 함수의 그래프가 [그림 1]과 같이 접할 때,

$g(x)=x-a$이므로 접점의 x좌표를 $t\ (t<0)$라 하면

$f'(t)=g'(t)$에서 $18t^2-1=1$

$t^2=\dfrac{1}{9}$　　$\therefore t=-\dfrac{1}{3}\ (\because t<0)$

또 $f\left(-\dfrac{1}{3}\right)=g\left(-\dfrac{1}{3}\right)$이므로 $\dfrac{1}{9}=-\dfrac{1}{3}-a$

$\therefore a=-\dfrac{4}{9}$

(ii) 두 함수의 그래프가 [그림 2]와 같이 접할 때,

$g(x)=-x+a$이므로 접점의 x좌표를 s라 하면

$f'(s)=g'(s)$에서 $18s^2-1=-1$

$s^2=0$　　$\therefore s=0$

또 $f(0)=g(0)$이므로 $a=0$

(i), (ii)에 의하여 모든 실수 a의 값의 합은

$-\dfrac{4}{9}+0=-\dfrac{4}{9}$　　　　　　답 ④

0631 직각삼각형 OAB에서

$\overline{\mathrm{OA}}=1$, $\angle\mathrm{OBA}=30°$이므로

$\overline{\mathrm{OB}}=2$

따라서 공이 경사면과 처음으로 충돌하는 순간의 공의 중심의 높이는 2이므로

$h(t)=74-8t^2=2$, $8t^2=72$

$\therefore t=3\ (\because t>0)$

이때 $v(t)=h'(t)=-16t$이므로

$v(3)=-48(\mathrm{m/s})$　　　　답 **-48 m/s**

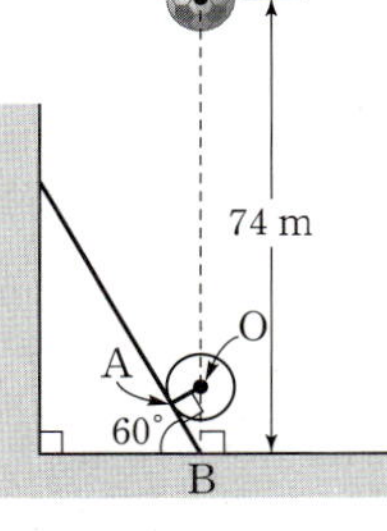

0632 선분 OQ가 밑면의 반지름의 길이 t이고,

선분 PQ의 높이는 $f(t)=-t^2-4t$이므로

만들 수 있는 원뿔의 부피를 $V(t)$라 하면

$V(t)=\dfrac{1}{3}\pi t^2\cdot(-t^2-4t)=-\dfrac{1}{3}\pi t^3(t+4)$

$V'(t)=-\dfrac{1}{3}\pi(4t^3+12t^2)=-\dfrac{4}{3}\pi t^2(t+3)$

$V'(t)=0$에서 $t=-3$ 또는 $t=0$

t	$\cdots$	-3	$\cdots$	0	$\cdots$
$V'(t)$	$+$	0	$-$	0	$-$
$V(t)$	↗	극대	↘		↘

따라서 $t=-3$일 때 원뿔의 부피가 최대가 되므로

$V(-3)=-\dfrac{1}{3}\pi\cdot(-3)^3\cdot(-3+4)=9\pi$　　　답 **9π**

07 | 부정적분

📖 **교과서 문제** 정/복/하/기　　　　본문 99쪽

0633 $f(x)=(3x^2+4x+C)'=6x+4$　　답 **$f(x)=6x+4$**

0634 $f(x)=(x^3-x^2+C)'=3x^2-2x$

답 **$f(x)=3x^2-2x$**

0635 $f(x)=\left(\dfrac{1}{4}x^4+\dfrac{1}{3}x^3+\dfrac{1}{2}x^2+C\right)'$

$\qquad=x^3+x^2+x$　　　　답 **$f(x)=x^3+x^2+x$**

0636 $\dfrac{d}{dx}\left\{\displaystyle\int f(x)dx\right\}=f(x)$이므로

$\dfrac{d}{dx}\left(\displaystyle\int x^2dx\right)=x^2$　　　　　답 **x^2**

0637 $\displaystyle\int\left\{\dfrac{d}{dx}f(x)\right\}dx=f(x)+C$이므로

$\displaystyle\int\left(\dfrac{d}{dx}x^2\right)dx=x^2+C$　　　답 **x^2+C**

0638 $\dfrac{d}{dx}\left\{\displaystyle\int f(x)dx\right\}=f(x)$이므로

$\dfrac{d}{dx}\left\{\displaystyle\int(x^3+2x)dx\right\}=x^3+2x$　　답 **x^3+2x**

0639 $\displaystyle\int\left\{\dfrac{d}{dx}f(x)\right\}dx=f(x)+C$이므로

$\displaystyle\int\left\{\dfrac{d}{dx}(x^3+2x)\right\}dx=x^3+2x+C$　答 **x^3+2x+C**

0640 $\displaystyle\int dx=\int 1\,dx=x+C$　　　答 **$x+C$**

0641 $\displaystyle\int x^3dx=\dfrac{1}{4}x^4+C$　　　答 **$\dfrac{1}{4}x^4+C$**

0642 $\displaystyle\int x^{21}dx=\dfrac{1}{22}x^{22}+C$　　답 **$\dfrac{1}{22}x^{22}+C$**

0643 $\displaystyle\int x^{n-1}dx=\dfrac{1}{n}x^n+C$　　답 **$\dfrac{1}{n}x^n+C$**

0644 $\displaystyle\int (3x-4)dx=\int 3x\,dx-\int 4\,dx$

$\qquad\qquad =3\int x\,dx-\int 4\,dx$

$\qquad\qquad =\dfrac{3}{2}x^2-4x+C$ $\qquad$ 답 $\dfrac{3}{2}x^2-4x+C$

0645 $\displaystyle\int (5x^2-2x+1)dx=\int 5x^2dx-\int 2x\,dx+\int dx$

$\qquad\qquad =5\int x^2dx-2\int x\,dx+\int dx$

$\qquad\qquad =\dfrac{5}{3}x^3-x^2+x+C$

$\qquad\qquad$ 답 $\dfrac{5}{3}x^3-x^2+x+C$

0646 $\displaystyle\int (x-1)(x+2)dx=\int (x^2+x-2)dx$

$\qquad\qquad =\int x^2dx+\int x\,dx-\int 2\,dx$

$\qquad\qquad =\dfrac{1}{3}x^3+\dfrac{1}{2}x^2-2x+C$

$\qquad\qquad$ 답 $\dfrac{1}{3}x^3+\dfrac{1}{2}x^2-2x+C$

0647 $\displaystyle\int (2x-3)^2dx=\int (4x^2-12x+9)dx$

$\qquad\qquad =\int 4x^2dx-\int 12x\,dx+\int 9\,dx$

$\qquad\qquad =4\int x^2dx-12\int x\,dx+\int 9\,dx$

$\qquad\qquad =\dfrac{4}{3}x^3-6x^2+9x+C$

$\qquad\qquad$ 답 $\dfrac{4}{3}x^3-6x^2+9x+C$

0648 $\displaystyle\int (x-3)(x^2+3x+9)dx=\int (x^3-27)dx$

$\qquad\qquad =\int x^3dx-\int 27dx$

$\qquad\qquad =\dfrac{1}{4}x^4-27x+C$

$\qquad\qquad$ 답 $\dfrac{1}{4}x^4-27x+C$

0649 $\displaystyle\int \dfrac{x^2-4}{x+2}dx=\int (x-2)dx=\int x\,dx-\int 2\,dx$

$\qquad\qquad =\dfrac{1}{2}x^2-2x+C$ $\qquad$ 답 $\dfrac{1}{2}x^2-2x+C$

0650 $\displaystyle\int \dfrac{x^3+1}{x+1}dx=\int (x^2-x+1)dx$

$\qquad\qquad =\int x^2dx-\int x\,dx+\int dx$

$\qquad\qquad =\dfrac{1}{3}x^3-\dfrac{1}{2}x^2+x+C$

$\qquad\qquad$ 답 $\dfrac{1}{3}x^3-\dfrac{1}{2}x^2+x+C$

0651 $\displaystyle\int (x+1)^2dx-\int (x-1)^2dx$

$\qquad =\int (x^2+2x+1)dx-\int (x^2-2x+1)dx$

$\qquad =\int 4x\,dx=4\int x\,dx$

$\qquad =2x^2+C$ $\qquad$ 답 $2x^2+C$

0652 $\displaystyle\int \dfrac{x^3}{x-2}dx-\int \dfrac{8}{x-2}dx$

$\qquad =\int \dfrac{x^3-8}{x-2}dx=\int (x^2+2x+4)dx$

$\qquad =\int x^2dx+\int 2x\,dx+\int 4\,dx$

$\qquad =\int x^2dx+2\int x\,dx+\int 4\,dx$

$\qquad =\dfrac{1}{3}x^3+x^2+4x+C$ $\qquad$ 답 $\dfrac{1}{3}x^3+x^2+4x+C$

유형 익/히/기

본문 100~105쪽

0653 $(x-3)f(x)=(x^3-27x)'=3x^2-27$

$\qquad\qquad\qquad =3(x+3)(x-3)$

따라서 $f(x)=3(x+3)$이므로

$f(-1)=3\cdot 2=6$ $\qquad$ 답 ④

0654 $F(x)=x^3+x^2+1$로 놓으면

$f(x)=F'(x)=3x^2+2x$ $\qquad$ 답 ②

0655 $F(x)=\{f(x)g(x)\}'=f'(x)g(x)+f(x)g'(x)$

$\qquad\qquad =4x(4x+3)+(2x^2-1)\cdot 4$

$\qquad\qquad =24x^2+12x-4$

$\therefore F(0)=-4$ $\qquad$ 답 -4

0656 $f(x)=F'(x)=3x^2+2ax+2$이므로

$f(0)=2=b$

$\qquad\qquad\qquad\qquad\qquad\qquad\qquad$ ㉮

$f'(x)=6x+2a$이므로

$f'(0)=2a=3$ $\quad\therefore a=\dfrac{3}{2}$

$\qquad\qquad\qquad\qquad\qquad\qquad\qquad$ ㉯

$\therefore ab=\dfrac{3}{2}\cdot 2=3$

$\qquad\qquad\qquad\qquad\qquad\qquad\qquad$ ㉰

$\qquad\qquad\qquad\qquad\qquad\qquad$ 답 3

단계	채점요소	배점
㉮	b의 값 구하기	40%
㉯	a의 값 구하기	40%
㉰	ab의 값 구하기	20%

0657 $\dfrac{d}{dx}\left\{\int(ax^3+2x^2+bx-7)dx\right\}=ax^3+2x^2+bx-7$

이므로 $ax^3+2x^2+bx-7=x^3+cx^2+3x+d$

위의 등식이 모든 실수 x에 대하여 성립하므로

$a=1,\ b=3,\ c=2,\ d=-7$

$\therefore a+b+c+d=-1$ 답 ③

0658 $\dfrac{d}{dx}\left\{\int xf(x)dx\right\}=xf(x)$이므로

$xf(x)=x^4+x^3+x^2+x=x(x^3+x^2+x+1)$

따라서 $f(x)=x^3+x^2+x+1$이므로

$f(3)=27+9+3+1=40$ 답 **40**

0659 $F(x)=\int\left\{\dfrac{d}{dx}(x^3-2x)\right\}dx=x^3-2x+C$

$F(0)=2$이므로 $C=2$

따라서 $F(x)=x^3-2x+2$이므로

$F(2)=8-4+2=6$ 답 **6**

0660 $\int\left\{\dfrac{d}{dx}f(x)\right\}dx=f(x)+C_1$이므로

$f(x)+C_1=x^3-6x+C$

$\therefore f(x)=x^3-6x+C-C_1$

$f(3)=10$이므로 $27-18+C-C_1=10$ $\therefore C-C_1=1$

따라서 $f(x)=x^3-6x+1$이므로

$f(-1)=-1+6+1=6$ 답 ⑤

0661 $F(x)=\dfrac{d}{dx}\left\{\int xf(x)dx\right\}=xf(x)=2x^2+x$

$G(x)=\int\left\{\dfrac{d}{dx}xf(x)\right\}dx=xf(x)+C=2x^2+x+C$

$G(1)=5$이므로 $2+1+C=5$ $\therefore C=2$

따라서 $F(x)=2x^2+x,\ G(x)=2x^2+x+2$이므로

$F(-1)+G(-1)=1+3=4$ 답 **4**

0662 $f(x)=\int\left\{\dfrac{d}{dx}(x^2-4x)\right\}dx=x^2-4x+C$

$\qquad\qquad =(x-2)^2+C-4$

함수 $f(x)$의 최솟값이 -8이므로

$C-4=-8$ $\therefore C=-4$

따라서 $f(x)=x^2-4x-4$이므로

$f(5)=25-20-4=1$ 답 **1**

0663 $F(x)=\int\left[\dfrac{d}{dx}\int\left\{\dfrac{d}{dx}f(x)\right\}dx\right]dx$

$\qquad =\int\left[\dfrac{d}{dx}\{f(x)+C_1\}\right]dx$

$\qquad =f(x)+C_2$

$\qquad =10x^{10}+9x^9+\cdots+2x^2+x+C_2$

$F(0)=-5$이므로 $C_2=-5$

따라서 $F(x)=10x^{10}+9x^9+\cdots+2x^2+x-5$이므로

$F(1)=10+9+\cdots+2+1-5=50$ 답 ③

0664 $\dfrac{d}{dx}\{f(x)g(x)\}=3x^2$에서

$\int\left[\dfrac{d}{dx}\{f(x)g(x)\}\right]dx=\int 3x^2dx$

$\therefore f(x)g(x)=x^3+C$

$f(2)=0,\ g(2)=12$이므로

$f(2)g(2)=8+C=0$ $\therefore C=-8$

즉, $f(x)g(x)=x^3-8=(x-2)(x^2+2x+4)$이므로

$\begin{cases}f(x)=x-2\\g(x)=x^2+2x+4\end{cases}$ 또는 $\begin{cases}f(x)=x^2+2x+4\\g(x)=x-2\end{cases}$

그런데 $f(2)=0,\ g(2)=12$이므로

$f(x)=x-2,\ g(x)=x^2+2x+4$

$\therefore f(0)+g(1)=-2+7=5$ 답 **5**

0665 $\dfrac{d}{dx}\{f(x)+g(x)\}=4$에서

$\int\left[\dfrac{d}{dx}\{f(x)+g(x)\}\right]dx=\int 4\,dx$

$\therefore f(x)+g(x)=4x+C_1$

또, $\dfrac{d}{dx}\{f(x)-g(x)\}=4x$에서

$\int\left[\dfrac{d}{dx}\{f(x)-g(x)\}\right]dx=\int 4x\,dx$

$\therefore f(x)-g(x)=2x^2+C_2$

$f(0)=3,\ g(0)=-4$이므로

$f(0)+g(0)=C_1=-1,\ f(0)-g(0)=C_2=7$

즉, $f(x)+g(x)=4x-1,\ f(x)-g(x)=2x^2+7$이므로

$f(x)=x^2+2x+3,\ g(x)=-x^2+2x-4$

$\therefore f(1)+g(-1)=6+(-7)=-1$ 답 **−1**

0666 $\dfrac{d}{dx}\{f(x)+g(x)\}=4x+2$에서

$\int\left[\dfrac{d}{dx}\{f(x)+g(x)\}\right]dx=\int(4x+2)dx$

$\therefore f(x)+g(x)=2x^2+2x+C_1$

또, $\dfrac{d}{dx}\{f(x)g(x)\}=12x^2+4x+4$에서

$\int\left[\dfrac{d}{dx}\{f(x)g(x)\}\right]dx=\int(12x^2+4x+4)dx$

$\therefore f(x)g(x)=4x^3+2x^2+4x+C_2$

$f(0)=2$, $g(0)=1$이므로

$f(0)+g(0)=C_1=3$, $f(0)g(0)=C_2=2$

즉, $f(x)+g(x)=2x^2+2x+3=(2x^2+2)+(2x+1)$,

$f(x)g(x)=4x^3+2x^2+4x+2=(2x^2+2)(2x+1)$이므로

$\begin{cases} f(x)=2x^2+2 \\ g(x)=2x+1 \end{cases}$ 또는 $\begin{cases} f(x)=2x+1 \\ g(x)=2x^2+2 \end{cases}$

그런데 $f(0)=2$, $g(0)=1$이므로

$f(x)=2x^2+2$, $g(x)=2x+1$

$\therefore f(1)-g(2)=4-5=-1$ **답 -1**

0667 $f(x)=\displaystyle\int \frac{x^2}{x-1}dx - \int \frac{1}{x-1}dx$

$=\displaystyle\int \frac{x^2-1}{x-1}dx = \int \frac{(x-1)(x+1)}{x-1}dx$

$=\displaystyle\int (x+1)dx = \frac{1}{2}x^2+x+C$

$f(0)=1$이므로 $C=1$

따라서 $f(x)=\dfrac{1}{2}x^2+x+1$이므로

$f(2)=2+2+1=5$ **답 5**

0668 $f(x)=\displaystyle\int (1-x)^3 dx - \int (1+x)^3 dx$

$=\displaystyle\int (1-3x+3x^2-x^3)dx$

$\qquad\qquad -\displaystyle\int (1+3x+3x^2+x^3)dx$

$=\displaystyle\int (-2x^3-6x)dx$

$=-\dfrac{1}{2}x^4-3x^2+C$

$f(0)=\dfrac{1}{2}$이므로 $C=\dfrac{1}{2}$

따라서 $f(x)=-\dfrac{1}{2}x^4-3x^2+\dfrac{1}{2}$이므로

$f(1)=-\dfrac{1}{2}-3+\dfrac{1}{2}=-3$ **답 -3**

0669 $\displaystyle\int \frac{9}{x}dx + \int \frac{(2x+3)(2x-3)}{x}dx$

$=\displaystyle\int \frac{9}{x}dx + \int \frac{4x^2-9}{x}dx = \int \frac{9}{x}dx + \int \left(4x-\frac{9}{x}\right)dx$

$=\displaystyle\int 4x\,dx = 2x^2+C$

따라서 $a=2$, $b=0$이므로 $a+b=2$ **답 ②**

0670 $f(x)=\displaystyle\int (1+2x+3x^2+\cdots+9x^8)dx$

$=x+x^2+x^3+\cdots+x^9+C$

$f(1)=10$이므로 $9+C=10$ $\therefore C=1$

따라서 $f(x)=1+x+x^2+x^3+\cdots+x^9$이므로

$f(-1)=1-1+1-1+\cdots-1=0$ **답 0**

0671 $f(x)=\displaystyle\int f'(x)dx = \int (3x^2+2ax+1)dx$

$=x^3+ax^2+x+C$

$f(0)=1$, $f(1)=2$이므로

$f(0)=C=1$

$f(1)=1+a+1+1=2$ $\therefore a=-1$

따라서 $f(x)=x^3-x^2+x+1$이므로

$f(2)=8-4+2+1=7$ **답 7**

0672 $f'(x)=3x^2-1$이므로

$f(x)=\displaystyle\int f'(x)dx = \int (3x^2-1)dx$

$=x^3-x+C$

$f(0)=2$이므로 $C=2$

따라서 $f(x)=x^3-x+2$이므로

$f(1)=1-1+2=2$ **답 2**

0673 $f(x)=\displaystyle\int f'(x)dx = \int \frac{x^3-27}{x^2+3x+9}dx$

$=\displaystyle\int \frac{(x-3)(x^2+3x+9)}{x^2+3x+9}dx$

$=\displaystyle\int (x-3)dx = \frac{1}{2}x^2-3x+C$

$f(0)=1$이므로 $C=1$

따라서 $f(x)=\dfrac{1}{2}x^2-3x+1$이므로

$f(-2)=2+6+1=9$ **답 9**

0674 조건 ㈏에서 $x \longrightarrow 1$일 때 (분모) $\longrightarrow 0$이고 극한값이 존재하므로 (분자) $\longrightarrow 0$이어야 한다. 즉, $f(1)=0$이므로

$\displaystyle\lim_{x\to 1} \frac{f(x)}{x-1} = \lim_{x\to 1} \frac{f(x)-f(1)}{x-1} = f'(1)=2+a$

즉, $a+2=2a-1$이므로 $a=3$

$\therefore f(x)=\displaystyle\int (2x+3)dx = x^2+3x+C$

$f(1)=0$이므로 $1+3+C=0$ $\therefore C=-4$

따라서 $f(x)=x^2+3x-4$이므로

$a+f(2)=3+(4+6-4)=9$ **답 9**

0675 $F(x)=xf(x)+2x^3-x^2+1$의 양변을 x에 대하여 미분하면

$f(x)=f(x)+xf'(x)+6x^2-2x$

$xf'(x)=-6x^2+2x$ $\therefore f'(x)=-6x+2$

$\therefore f(x)=\displaystyle\int (-6x+2)dx = -3x^2+2x+C$

$f(1)=2$이므로 $-3+2+C=2$ $\therefore C=3$

$\therefore f(x)=-3x^2+2x+3$ **답 ②**

0676 $\int f(x)dx=xf(x)-2x^3+3x^2$의 양변을 x에 대하여 미분하면

$f(x)=f(x)+xf'(x)-6x^2+6x$

$xf'(x)=6x^2-6x$ $\therefore f'(x)=6x-6$

$\therefore f(x)=\int(6x-6)dx=3x^2-6x+C$

$f(1)=3$이므로 $3-6+C=3$ $\therefore C=6$

따라서 $f(x)=3x^2-6x+6$이므로

$f(-1)=3+6+6=15$ 답 **15**

0677 $(x-1)f(x)-F(x)=4x^3-6x^2$의 양변을 x에 대하여 미분하면

$f(x)+(x-1)f'(x)-f(x)=12x^2-12x$

$(x-1)f'(x)=12x(x-1)$ $\therefore f'(x)=12x$

㉮

$\therefore f(x)=\int 12x\,dx=6x^2+C$

$f(1)=2$이므로 $6+C=2$ $\therefore C=-4$

따라서 $f(x)=6x^2-4$이므로

㉯

$f(-2)=24-4=20$

㉰

답 **20**

단계	채점요소	배점
㉮	$f'(x)$ 구하기	40%
㉯	$f(x)$ 구하기	40%
㉰	$f(-2)$의 값 구하기	20%

0678 $\int(x-2)f(x)dx+2F(x)=-\dfrac{1}{2}x^4+\dfrac{8}{3}x^3+x^2+C$

의 양변을 x에 대하여 미분하면

$(x-2)f(x)+2f(x)=-2x^3+8x^2+2x$

$xf(x)=-2x^3+8x^2+2x$

$\therefore f(x)=-2x^2+8x+2=-2(x-2)^2+10$

따라서 함수 $f(x)$는 $x=2$에서 최댓값 10을 가지므로

$a=2,\ M=10$ $\therefore aM=20$ 답 **20**

0679 $f(x)+\int xf(x)dx=\dfrac{1}{4}x^4+\dfrac{2}{3}x^3-\dfrac{5}{2}x^2+2x$의 양변

을 x에 대하여 미분하면

$f'(x)+xf(x)=x^3+2x^2-5x+2$ …… ㉠

$f(x)$를 n차함수라 하면 $xf(x)$는 $(n+1)$차함수이므로

$n+1=3$ $\therefore n=2$

즉, $f(x)$가 이차함수이므로 $f(x)=ax^2+bx+c$ ($a,\ b,\ c$는 상수, $a\neq0$)로 놓을 수 있다.

$f(x)=ax^2+bx+c,\ f'(x)=2ax+b$를 ㉠에 대입하면

$2ax+b+x(ax^2+bx+c)=x^3+2x^2-5x+2$

$\therefore ax^3+bx^2+(2a+c)x+b=x^3+2x^2-5x+2$

이 등식이 모든 실수 x에 대하여 성립하므로

$a=1,\ b=2,\ 2a+c=-5$ $\therefore a=1,\ b=2,\ c=-7$

따라서 $f(x)=x^2+2x-7$이므로

$f(3)=9+6-7=8$ 답 ④

0680 $3\int f(x)dx=xf(x)-2f(x)$의 양변을 x에 대하여 미분하면

$3f(x)=f(x)+xf'(x)-2f'(x)$

$\therefore 2f(x)=(x-2)f'(x)$ …… ㉠

$f(x)$의 최고차항을 ax^n ($a\neq0$인 상수, n은 자연수)이라 하면

$2f(x)$의 최고차항은 $2ax^n$, $(x-2)f'(x)$의 최고차항은 anx^n

이므로

$2a=an,\ a(n-2)=0$ $\therefore n=2$ ($\because a\neq0$)

즉, $f(x)$가 이차함수이고 $f(0)=2$이므로 $f(x)=ax^2+bx+2$ ($a,\ b$는 상수, $a\neq0$)로 놓을 수 있다.

$f(x)=ax^2+bx+2,\ f'(x)=2ax+b$를 ㉠에 대입하면

$2(ax^2+bx+2)=(x-2)(2ax+b)$

$\therefore 2ax^2+2bx+4=2ax^2+(b-4a)x-2b$

이 등식이 모든 실수 x에 대하여 성립하므로

$2b=b-4a,\ 4=-2b$ $\therefore a=\dfrac{1}{2},\ b=-2$

따라서 $f(x)=\dfrac{1}{2}x^2-2x+2$이므로

$f(4)=8-8+2=2$ 답 ②

0681 $f'(x)=\begin{cases}2x+4 & (x\geq0)\\ -x^2+4 & (x<0)\end{cases}$에서

$f(x)=\begin{cases}x^2+4x+C_1 & (x\geq0)\\ -\dfrac{1}{3}x^3+4x+C_2 & (x<0)\end{cases}$

$f(2)=6$이므로 $4+8+C_1=6$ $\therefore C_1=-6$

$f(x)$는 $x=0$에서 연속이므로

$\displaystyle\lim_{x\to0-}\left(-\dfrac{1}{3}x^3+4x+C_2\right)=f(0)$ $\therefore C_2=C_1=-6$

따라서 $f(x)=\begin{cases}x^2+4x-6 & (x\geq0)\\ -\dfrac{1}{3}x^3+4x-6 & (x<0)\end{cases}$이므로

$f(-3)=9-12-6=-9$ 답 -9

0682 $f'(x)=\begin{cases}2x+2 & (x\geq1)\\ 3x^2+1 & (x<1)\end{cases}$에서

$f(x)=\begin{cases}x^2+2x+C_1 & (x\geq1)\\ x^3+x+C_2 & (x<1)\end{cases}$

$f(x)$는 $x=1$에서 연속이므로

$\displaystyle\lim_{x\to1-}(x^3+x+C_2)=f(1)$

$1+1+C_2=1+2+C_1$ $\therefore C_2-C_1=1$

$$\therefore f(0)-f(2)=C_2-(4+4+C_1)=(C_2-C_1)-8$$
$$=1-8=-7 \qquad \text{답 } -7$$

0683 $f'(x)=x^2-|x|$에서
$$f'(x)=\begin{cases}x^2-x & (x\geq0)\\ x^2+x & (x<0)\end{cases}$$
$$\therefore f(x)=\begin{cases}\dfrac{1}{3}x^3-\dfrac{1}{2}x^2+C_1 & (x\geq0)\\[2mm] \dfrac{1}{3}x^3+\dfrac{1}{2}x^2+C_2 & (x<0)\end{cases}$$

$f(1)=0$이므로 $\dfrac{1}{3}-\dfrac{1}{2}+C_1=0 \qquad \therefore C_1=\dfrac{1}{6}$

$f(x)$는 $x=0$에서 연속이므로
$$\lim_{x\to0-}\left(\dfrac{1}{3}x^3+\dfrac{1}{2}x^2+C_2\right)=f(0) \qquad \therefore C_2=\dfrac{1}{6}$$

따라서 $f(x)=\begin{cases}\dfrac{1}{3}x^3-\dfrac{1}{2}x^2+\dfrac{1}{6} & (x\geq0)\\[2mm] \dfrac{1}{3}x^3+\dfrac{1}{2}x^2+\dfrac{1}{6} & (x<0)\end{cases}$ 이므로

$$f(-2)+f(2)=\left(-\dfrac{8}{3}+2+\dfrac{1}{6}\right)+\left(\dfrac{8}{3}-2+\dfrac{1}{6}\right)=\dfrac{1}{3} \qquad \text{답 } \dfrac{1}{3}$$

0684 $f'(x)=\begin{cases}2x+k & (x>1)\\ 6 & (x<1)\end{cases}$에서

$$f(x)=\begin{cases}x^2+kx+C_1 & (x\geq1)\\ 6x+C_2 & (x<1)\end{cases}$$

$f(0)=-2$이므로 $C_2=-2$

$f(2)=6$이므로 $4+2k+C_1=6 \qquad \therefore 2k+C_1=2$ ...... ㉠

$f(x)$는 $x=1$에서 연속이므로
$$\lim_{x\to1+}(x^2+kx+C_1)=\lim_{x\to1-}(6x-2)$$
$$1+k+C_1=4 \qquad \therefore k+C_1=3 \quad\text{...... ㉡}$$

㉠, ㉡을 연립하여 풀면 $k=-1,\ C_1=4$

따라서 $f(x)=\begin{cases}x^2-x+4 & (x\geq1)\\ 6x-2 & (x<1)\end{cases}$ 이므로

$$k+f(1)=-1+4=3 \qquad \text{답 } 3$$

0685 $f'(x)=3x^2+5$이므로
$$f(x)=\int(3x^2+5)dx=x^3+5x+C$$
곡선 $y=f(x)$가 점 $(0,\ 3)$을 지나므로
$$f(0)=C=3$$
따라서 $f(x)=x^3+5x+3$이므로
$$f(1)=1+5+3=9 \qquad \text{답 } ⑤$$

0686 $f'(x)=-4x+2$이므로
$$f(x)=\int(-4x+2)dx=-2x^2+2x+C$$
곡선 $y=f(x)$가 점 $(1,\ 2)$를 지나므로
$$f(1)=C=2$$

따라서 $f(x)=-2x^2+2x+2$이므로
$$k=f(2)=-8+4+2=-2 \qquad \text{답 } -2$$

0687 $f'(x)=4x+6$이므로
$$f(x)=\int(4x+6)dx=2x^2+6x+C$$
곡선 $y=f(x)$가 점 $(1,\ 3)$을 지나므로
$$f(1)=2+6+C=3 \qquad \therefore C=-5$$
$$\therefore f(x)=2x^2+6x-5$$
따라서 방정식 $f(x)=0$, 즉 $2x^2+6x-5=0$의 모든 근의 곱은 근과 계수의 관계에 의하여 $-\dfrac{5}{2}$이다. $\qquad \text{답 } -\dfrac{5}{2}$

0688 $f(x)=\int(kx^2-4x+4)dx$의 양변을 x에 대하여 미분하면
$$f'(x)=kx^2-4x+4$$
㉮

곡선 $y=f(x)$ 위의 점 $(1,\ 2)$에서의 접선의 기울기가 6이므로
$$f'(1)=k=6$$
㉯

$$\therefore f(x)=\int(6x^2-4x+4)dx=2x^3-2x^2+4x+C$$
곡선 $y=f(x)$가 점 $(1,\ 2)$를 지나므로
$$f(1)=2-2+4+C=2 \qquad \therefore C=-2$$
따라서 $f(x)=2x^3-2x^2+4x-2$이므로
㉰

$$f(2)=16-8+8-2=14$$
㉱

답 14

단계	채점요소	배점
㉮	$f'(x)$ 구하기	20 %
㉯	k의 값 구하기	30 %
㉰	$f(x)$ 구하기	40 %
㉱	$f(2)$의 값 구하기	10 %

0689 $\displaystyle\lim_{h\to0}\dfrac{f(-2+h)-f(-2-h)}{h}$
$$=\lim_{h\to0}\dfrac{\{f(-2+h)-f(-2)\}-\{f(-2-h)-f(-2)\}}{h}$$
$$=\lim_{h\to0}\dfrac{f(-2+h)-f(-2)}{h}+\lim_{h\to0}\dfrac{f(-2-h)-f(-2)}{-h}$$
$$=f'(-2)+f'(-2)$$
$$=2f'(-2)$$

$f(x)=\int(x^3-2x+2)dx$의 양변을 x에 대하여 미분하면
$$f'(x)=x^3-2x+2$$
$$\therefore f'(-2)=-8+4+2=-2$$
따라서 구하는 값은
$$2f'(-2)=2\cdot(-2)=-4 \qquad \text{답 } -4$$

0690 $\displaystyle\lim_{x\to-2}\frac{f(x)-f(-2)}{x+2}=\lim_{x\to-2}\frac{f(x)-f(-2)}{x-(-2)}$

$\qquad\qquad\qquad\qquad\quad=f'(-2)=4$

$f(x)=\displaystyle\int(x^2-2x+k)dx$의 양변을 x에 대하여 미분하면

$f'(x)=x^2-2x+k$

$f'(-2)=4$이므로 $4+4+k=4$ $\qquad\therefore k=-4$

$f(x)=\displaystyle\int(x^2-2x-4)dx=\frac{1}{3}x^3-x^2-4x+C$

$f(0)=3$이므로 $C=3$

따라서 $f(x)=\dfrac{1}{3}x^3-x^2-4x+3$이므로

$f(3)=9-9-12+3=-9$ 답 ①

0691 조건 ㈏에서 $\displaystyle\lim_{x\to a}\frac{f(x)-f(a)}{x-a}=f'(a)$이므로 모든 실

수 a에 대하여 $f'(a)=6a^2-4a-5$가 성립한다.

즉, $f'(x)=6x^2-4x-5$이므로

$f(x)=\displaystyle\int(6x^2-4x-5)dx=2x^3-2x^2-5x+C$

조건 ㈎에서 $f(0)=4$이므로 $C=4$

$\therefore f(x)=2x^3-2x^2-5x+4$

따라서 방정식 $f(x)=0$, 즉 $2x^3-2x^2-5x+4=0$의 모든 근의

곱은 근과 계수의 관계에 의하여 $-\dfrac{4}{2}=-2$이다. 답 **−2**

0692 $f(x+y)=f(x)+f(y)-2xy$에 $x=0$, $y=0$을 대입

하면

$f(0)=f(0)+f(0)-0$ $\qquad\therefore f(0)=0$

$f'(0)=4$이므로

$f'(0)=\displaystyle\lim_{h\to0}\frac{f(0+h)-f(0)}{h}=\lim_{h\to0}\frac{f(h)}{h}=4$

$f'(x)=\displaystyle\lim_{h\to0}\frac{f(x+h)-f(x)}{h}$

$\qquad=\displaystyle\lim_{h\to0}\frac{f(x)+f(h)-2xh-f(x)}{h}$

$\qquad=\displaystyle\lim_{h\to0}\frac{f(h)}{h}-2x$

$\qquad=-2x+4$

$\therefore f(x)=\displaystyle\int(-2x+4)dx=-x^2+4x+C$

이때 $f(0)=0$이므로 $C=0$

따라서 $f(x)=-x^2+4x$이므로

$f(3)=-9+12=3$ 답 **3**

0693 $f(x+y)=f(x)+f(y)+xy+1$에 $x=0$, $y=0$을 대

입하면

$f(0)=f(0)+f(0)+0+1$ $\qquad\therefore f(0)=-1$

$f'(x)=\displaystyle\lim_{h\to0}\frac{f(x+h)-f(x)}{h}$

$\qquad=\displaystyle\lim_{h\to0}\frac{f(x)+f(h)+xh+1-f(x)}{h}$

$\qquad=\displaystyle\lim_{h\to0}\frac{f(h)+1}{h}+x$

$\qquad=x+2 \;(\because ㈎)$

$\therefore f(x)=\displaystyle\int(x+2)dx=\frac{1}{2}x^2+2x+C$

이때 $f(0)=-1$이므로 $C=-1$

따라서 $f(x)=\dfrac{1}{2}x^2+2x-1$이므로

$f(1)=\dfrac{1}{2}+2-1=\dfrac{3}{2}$ 답 $\dfrac{3}{2}$

0694 $f(x+y)=f(x)+f(y)+x^2y+xy^2-3$에 $x=0$, $y=0$

을 대입하면

$f(0)=f(0)+f(0)+0+0-3$ $\qquad\therefore f(0)=3$

$f'(0)=3$이므로

$f'(0)=\displaystyle\lim_{h\to0}\frac{f(0+h)-f(0)}{h}=\lim_{h\to0}\frac{f(h)-3}{h}=3$

$f'(x)=\displaystyle\lim_{h\to0}\frac{f(x+h)-f(x)}{h}$

$\qquad=\displaystyle\lim_{h\to0}\frac{f(x)+f(h)+x^2h+xh^2-3-f(x)}{h}$

$\qquad=\displaystyle\lim_{h\to0}\frac{f(h)-3}{h}+x^2$

$\qquad=x^2+3$

$\therefore f(x)=\displaystyle\int(x^2+3)dx=\frac{1}{3}x^3+3x+C$

이때 $f(0)=3$이므로 $C=3$

$\therefore f(x)=\dfrac{1}{3}x^3+3x+3$ 답 $f(x)=\dfrac{1}{3}x^3+3x+3$

0695 $f'(x)=kx(x+2)$ $(k<0)$로 놓으면

$f'(x)=0$에서 $x=-2$ 또는 $x=0$

x	$\cdots$	-2	$\cdots$	0	$\cdots$
$f'(x)$	$-$	0	$+$	0	$-$
$f(x)$	↘	극소	↗	극대	↘

따라서 함수 $f(x)$는 $x=-2$에서 극솟값을 갖고, $x=0$에서 극

댓값을 갖는다. 이때

$f(x)=\displaystyle\int kx(x+2)dx=\int(kx^2+2kx)dx$

$\qquad=\dfrac{k}{3}x^3+kx^2+C$

이고 $f(-2)=-1$, $f(0)=3$이므로

$$f(-2)=-\frac{8}{3}k+4k+C=\frac{4}{3}k+C=-1$$

$$f(0)=C=3$$

$$\therefore k=-3,\ C=3$$

따라서 $f(x)=-x^3-3x^2+3$이므로

$$a=-1,\ b=-3,\ c=0,\ d=3$$

$$\therefore a+d=2$$

답 ⑤

0696 $f'(x)=x^2+2x-8=(x+4)(x-2)$이므로

$f'(x)=0$에서 $x=-4$ 또는 $x=2$

x	$\cdots$	-4	$\cdots$	2	$\cdots$
$f'(x)$	$+$	0	$-$	0	$+$
$f(x)$	↗	극대	↘	극소	↗

따라서 함수 $f(x)$는 $x=-4$에서 극댓값을 갖고, $x=2$에서 극솟값을 갖는다. 이때

$$f(x)=\int(x^2+2x-8)dx=\frac{1}{3}x^3+x^2-8x+C$$

이고 $f(2)=-8$이므로

$$f(2)=\frac{8}{3}+4-16+C=-8 \quad \therefore C=\frac{4}{3}$$

따라서 $f(x)=\frac{1}{3}x^3+x^2-8x+\frac{4}{3}$이므로 극댓값은

$$f(-4)=-\frac{64}{3}+16+32+\frac{4}{3}=28$$

답 28

0697 $f'(x)=x(x-4)$이므로

$f'(x)=0$에서 $x=0$ 또는 $x=4$

x	$\cdots$	0	$\cdots$	4	$\cdots$
$f'(x)$	$+$	0	$-$	0	$+$
$f(x)$	↗	극대	↘	극소	↗

따라서 함수 $f(x)$는 $x=0$에서 극댓값을 갖고, $x=4$에서 극솟값을 갖는다. 이때

$$f(x)=\int x(x-4)dx=\int(x^2-4x)dx$$
$$=\frac{1}{3}x^3-2x^2+C$$

이므로 $f(0)=C$, $f(4)=\frac{64}{3}-32+C=C-\frac{32}{3}$

극댓값이 극솟값의 3배이므로

$$C=3\left(C-\frac{32}{3}\right) \quad \therefore C=16$$

따라서 $f(x)=\frac{1}{3}x^3-2x^2+16$이므로

$$f(3)=9-18+16=7$$

답 ④

0698 삼차함수 $f(x)$의 최고차항이 $2x^3$이므로 $f'(x)$의 최고차항은 $6x^2$이다. 또, $f'(-1)=f'(3)=0$이므로

$$f'(x)=6(x+1)(x-3)$$

$f'(x)=0$에서 $x=-1$ 또는 $x=3$

x	$\cdots$	-1	$\cdots$	3	$\cdots$
$f'(x)$	$+$	0	$-$	0	$+$
$f(x)$	↗	극대	↘	극소	↗

따라서 함수 $f(x)$는 $x=-1$에서 극댓값을 갖고, $x=3$에서 극솟값을 갖는다. 이때

$$f(x)=\int 6(x+1)(x-3)dx=\int(6x^2-12x-18)dx$$
$$=2x^3-6x^2-18x+C$$

이고 $f(-1)=24$이므로

$$f(-1)=-2-6+18+C=24 \quad \therefore C=14$$

따라서 $f(x)=2x^3-6x^2-18x+14$이므로 극솟값은

$$f(3)=54-54-54+14=-40$$

답 -40

0699 $f'(x)=(x+1)(3x-1)$이므로

$f'(x)=0$에서 $x=-1$ 또는 $x=\frac{1}{3}$

x	$\cdots$	-1	$\cdots$	$\frac{1}{3}$	$\cdots$
$f'(x)$	$+$	0	$-$	0	$+$
$f(x)$	↗	극대	↘	극소	↗

따라서 함수 $f(x)$는 $x=-1$에서 극댓값을 갖고, $x=\frac{1}{3}$에서 극솟값을 갖는다. 이때

$$f(x)=\int(x+1)(3x-1)dx=\int(3x^2+2x-1)dx$$
$$=x^3+x^2-x+C$$

이므로

$$f(-1)=-1+1+1+C=C+1$$
$$f\left(\frac{1}{3}\right)=\frac{1}{27}+\frac{1}{9}-\frac{1}{3}+C=C-\frac{5}{27}$$

$y=f(x)$의 그래프가 x축에 접하면

(극댓값)$=0$ 또는 (극솟값)$=0$이므로

$$C+1=0 \text{ 또는 } C-\frac{5}{27}=0 \quad \therefore C=-1 \text{ 또는 } C=\frac{5}{27}$$

$$\therefore f(x)=x^3+x^2-x-1 \text{ 또는 } f(x)=x^3+x^2-x+\frac{5}{27}$$

답 $f(x)=x^3+x^2-x-1$
또는 $f(x)=x^3+x^2-x+\frac{5}{27}$

0700 $f'(x)=k(x+1)(x-1)$ $(k>0)$로 놓으면

$f'(0)=-2$에서 $-k=-2$ $\quad \therefore k=2$

$$\therefore f'(x)=2(x+1)(x-1)=2x^2-2$$

이때

$$f(x)=\int(2x^2-2)dx=\frac{2}{3}x^3-2x+C$$

이고 $f(0)=0$이므로 $C=0$

$$\therefore f(x)=\frac{2}{3}x^3-2x$$

한편, $f'(x)=0$에서 $x=-1$ 또는 $x=1$

x	$\cdots$	-1	$\cdots$	1	$\cdots$
$f'(x)$	$+$	0	$-$	0	$+$
$f(x)$	$\nearrow$	극대	$\searrow$	극소	$\nearrow$

즉, 함수 $f(x)$의 극댓값은

$f(-1)=-\dfrac{2}{3}+2=\dfrac{4}{3}$, 극솟값은

$f(1)=\dfrac{2}{3}-2=-\dfrac{4}{3}$이므로

$y=f(x)$의 그래프는 오른쪽 그림과

같다.

따라서 방정식 $f(x)=k$가 서로 다른 세 실근을 갖기 위한 실수

k의 값의 범위는

$$-\dfrac{4}{3}<k<\dfrac{4}{3}$$

답 $-\dfrac{4}{3}<k<\dfrac{4}{3}$

0701 $xf(x)=\left(\dfrac{5}{6}x^3-\dfrac{1}{4}x^2+C\right)'=\dfrac{5}{2}x^2-\dfrac{1}{2}x$

따라서 $f(x)=\dfrac{5}{2}x-\dfrac{1}{2}$이므로

$f(2)=5-\dfrac{1}{2}=\dfrac{9}{2}$

답 $\dfrac{9}{2}$

0702 $f(x)=\displaystyle\int\left\{\dfrac{d}{dx}(3x^3-ax^2)\right\}dx=3x^3-ax^2+C$ $\cdots$ ㉠

$f(1)=6$이므로 $3-a+C=6$ $\quad\therefore a-C=-3$ $\quad\cdots\cdots$ ㉡

또, $\displaystyle\lim_{x\to1}\dfrac{f(x)-f(1)}{x-1}=f'(1)$이므로 $f'(1)=-1$

㉠의 양변을 x에 대하여 미분하면

$f'(x)=9x^2-2ax$

이때 $f'(1)=-1$이므로 $9-2a=-1$ $\quad\therefore a=5$

$a=5$를 ㉡에 대입하면 $C=8$이므로

$f(x)=3x^3-5x^2+8$

$\therefore f(2)=24-20+8=12$

답 12

0703 $f(x)=\displaystyle\int\left(\dfrac{1}{2}x^3+2x+1\right)dx-\int\left(\dfrac{1}{2}x^3+x\right)dx$

$\qquad\quad =\displaystyle\int(x+1)dx=\dfrac{1}{2}x^2+x+C$

$f(0)=1$이므로 $C=1$

따라서 $f(x)=\dfrac{1}{2}x^2+x+1$이므로

$f(4)=8+4+1=13$

답 ④

0704 $f(x)=\displaystyle\int x^{20}dx+2\int(x^6-x)dx$

$\qquad\quad =\displaystyle\int(x^{20}+2x^6-2x)dx$

$\qquad\quad =\dfrac{1}{21}x^{21}+\dfrac{2}{7}x^7-x^2+C$

$f(0)=\dfrac{2}{3}$이므로 $C=\dfrac{2}{3}$

따라서 $f(x)=\dfrac{1}{21}x^{21}+\dfrac{2}{7}x^7-x^2+\dfrac{2}{3}$이므로

$f(1)=\dfrac{1}{21}+\dfrac{2}{7}-1+\dfrac{2}{3}=0$

답 0

0705 $f'(x)=12x^2+4x-2$이므로

$f(x)=\displaystyle\int(12x^2+4x-2)dx=4x^3+2x^2-2x+C$

$f(x)$가 $x-1$로 나누어떨어지므로

$f(1)=4+2-2+C=0$ $\quad\therefore C=-4$

따라서 $f(x)=4x^3+2x^2-2x-4$이므로

$f(-1)=-4+2+2-4=-4$

답 ①

0706 $\displaystyle\int g(x)dx=x^3f(x)+x+C$의 양변을 x에 대하여 미분하면

$g(x)=3x^2f(x)+x^3f'(x)+1$

$\therefore g(2)=12f(2)+8f'(2)+1$

$\qquad\quad\ =12-8+1=5$

답 ⑤

0707 $\displaystyle\int(3x+2)f'(x)dx=x^3-2x^2-4x+C$의 양변을 x에 대하여 미분하면

$(3x+2)f'(x)=3x^2-4x-4=(3x+2)(x-2)$

$f'(x)=x-2$

$\therefore f(x)=\displaystyle\int(x-2)dx=\dfrac{1}{2}x^2-2x+C_1$

이때 함수 $f(x)$의 그래프의 y절편이 1이므로 $C_1=1$

따라서 $f(x)=\dfrac{1}{2}x^2-2x+1$이므로 $f(x)$의 모든 계수의 합은

$\dfrac{1}{2}-2+1=-\dfrac{1}{2}$

답 $-\dfrac{1}{2}$

0708 $f'(x)=\begin{cases}2x-1 & (x\geq1)\\ -3x^2+4x & (x<1)\end{cases}$에서

$f(x)=\begin{cases}x^2-x+C_1 & (x\geq1)\\ -x^3+2x^2+C_2 & (x<1)\end{cases}$

$f(0)=1$이므로 $C_2=1$

$f(x)$는 $x=1$에서 연속이므로

$\displaystyle\lim_{x\to1-}(-x^3+2x^2+1)=f(1)$

$-1+2+1=1-1+C_1$ $\quad\therefore C_1=2$

따라서 $f(x)=\begin{cases}x^2-x+2 & (x\geq1)\\ -x^3+2x^2+1 & (x<1)\end{cases}$이므로

$f(2)=4-2+2=4$

답 4

0709 $f'(x)=\begin{cases}2 & (x\geq1)\\ 2x & (x<1)\end{cases}$에서

$f(x)=\begin{cases}2x+C_1 & (x\geq1)\\ x^2+C_2 & (x<1)\end{cases}$

$y=f(x)$의 그래프가 원점을 지나므로

$f(0)=C_2=0$

$f(x)$는 $x=1$에서 연속이므로

$\lim\limits_{x\to1-}x^2=f(1)$

$1=2+C_1$ $\therefore C_1=-1$

따라서 $f(x)=\begin{cases}2x-1 & (x\geq1)\\ x^2 & (x<1)\end{cases}$이므로

$f(4)=8-1=7$

답 7

0710 $f'(x)=3x^2-12$이므로

$f(x)=\int(3x^2-12)dx=x^3-12x+C$

곡선 $y=f(x)$가 점 $(0,\,4)$를 지나므로

$f(0)=C=4$

따라서 $f(x)=x^3-12x+4$이므로

$f(2)=8-24+4=-12$

답 −12

0711 곡선 $y=f(x)$ 위의 임의의 점 $(x,\,y)$에서의 접선의 기울기가 x^2에 정비례하므로 $f'(x)=ax^2$ $(a\neq0)$으로 놓으면

$f(x)=\int ax^2dx=\dfrac{a}{3}x^3+C$

곡선 $y=f(x)$가 두 점 $(1,\,3)$, $(-1,\,1)$을 지나므로

$f(1)=\dfrac{a}{3}+C=3$, $f(-1)=-\dfrac{a}{3}+C=1$

$\therefore a=3,\ C=2$

따라서 $f(x)=x^3+2$이므로

$f(3)=27+2=29$

답 29

0712 $\lim\limits_{h\to0}\dfrac{f(x+3h)-f(x-h)}{h}$

$=\lim\limits_{h\to0}\dfrac{\{f(x+3h)-f(x)\}-\{f(x-h)-f(x)\}}{h}$

$=\lim\limits_{h\to0}\dfrac{f(x+3h)-f(x)}{3h}\cdot3+\lim\limits_{h\to0}\dfrac{f(x-h)-f(x)}{-h}$

$=3f'(x)+f'(x)$

$=4f'(x)$

즉, $4f'(x)=12x^2+8x-8$에서

$f'(x)=3x^2+2x-2$

$\therefore f(x)=\int(3x^2+2x-2)dx=x^3+x^2-2x+C$

$f(1)=3$이므로 $1+1-2+C=3$ $\therefore C=3$

따라서 $f(x)=x^3+x^2-2x+3$이므로

$f(-1)=-1+1+2+3=5$

답 5

0713 $\lim\limits_{x\to1}\dfrac{f(x)-f(1)}{x^3-1}=\lim\limits_{x\to1}\dfrac{f(x)-f(1)}{(x-1)(x^2+x+1)}$

$\qquad\qquad=\lim\limits_{x\to1}\left\{\dfrac{f(x)-f(1)}{x-1}\cdot\dfrac{1}{x^2+x+1}\right\}$

$\qquad\qquad=\dfrac{1}{3}f'(1)$

$f(x)=\int(5x^3-x^2+4x+7)dx$의 양변을 x에 대하여 미분하면

$f'(x)=5x^3-x^2+4x+7$ $\therefore f'(1)=5-1+4+7=15$

따라서 구하는 값은 $\dfrac{1}{3}f'(1)=\dfrac{1}{3}\cdot15=5$

답 ⑤

0714 $f'(x)=ax(x-2)$ $(a>0)$로 놓으면

$f'(x)=0$에서 $x=0$ 또는 $x=2$

x	$\cdots$	0	$\cdots$	2	$\cdots$
$f'(x)$	$+$	0	$-$	0	$+$
$f(x)$	$\nearrow$	극대	$\searrow$	극소	$\nearrow$

따라서 함수 $f(x)$는 $x=0$에서 극댓값을 갖고, $x=2$에서 극솟값을 갖는다. 이때

$f(x)=\int ax(x-2)dx=\int(ax^2-2ax)dx$

$\qquad=\dfrac{a}{3}x^3-ax^2+C$

이고 $f(0)=4$, $f(2)=-4$이므로

$f(0)=C=4$

$f(2)=\dfrac{8}{3}a-4a+C=-\dfrac{4}{3}a+4=-4$

$\therefore a=6,\ C=4$

따라서 $f(x)=2x^3-6x^2+4$이므로

$f(1)=2-6+4=0$

답 ①

0715 $f(x)=\int(6x^2+ax-12)dx$의 양변을 x에 대하여 미분하면

$f'(x)=6x^2+ax-12$

$f(x)$가 $x=1$에서 극솟값 3을 가지므로

$f'(1)=0$, $f(1)=3$

$f'(1)=0$에서 $6+a-12=0$ $\therefore a=6$

$\therefore f'(x)=6x^2+6x-12=6(x+2)(x-1)$

$f'(x)=0$에서 $x=-2$ 또는 $x=1$

x	$\cdots$	-2	$\cdots$	1	$\cdots$
$f'(x)$	$+$	0	$-$	0	$+$
$f(x)$	$\nearrow$	극대	$\searrow$	극소	$\nearrow$

$f(x)=\int(6x^2+6x-12)dx=2x^3+3x^2-12x+C$

이고 $f(1)=3$이므로

$2+3-12+C=3$ $\therefore C=10$

따라서 $f(x)=2x^3+3x^2-12x+10$이므로 극댓값은

$f(-2)=-16+12+24+10=30$

답 30

0716 $\dfrac{d}{dx}\{f(x)+g(x)\}=2x+1$에서

$\int\left[\dfrac{d}{dx}\{f(x)+g(x)\}\right]dx=\int(2x+1)dx$

$$\therefore f(x)+g(x)=x^2+x+C_1$$

.... ㉮

$$\frac{d}{dx}\{f(x)g(x)\}=3x^2-6x+2\text{에서}$$

$$\int\left[\frac{d}{dx}\{f(x)g(x)\}\right]dx=\int(3x^2-6x+2)dx$$

$$\therefore f(x)g(x)=x^3-3x^2+2x+C_2$$

.... ㉯

이때 $f(0)=-3$, $g(0)=2$이므로

$$f(0)+g(0)=-3+2=C_1 \qquad \therefore C_1=-1$$

$$f(0)g(0)=(-3)\cdot2=C_2 \qquad \therefore C_2=-6$$

.... ㉰

$$f(x)+g(x)=x^2+x-1=(x-3)+(x^2+2),$$

$$f(x)g(x)=x^3-3x^2+2x-6=(x-3)(x^2+2)\text{이므로}$$

$$\begin{cases}f(x)=x-3\\g(x)=x^2+2\end{cases}\text{또는}\begin{cases}f(x)=x^2+2\\g(x)=x-3\end{cases}$$

그런데 $f(0)=-3$, $g(0)=2$이므로

$$f(x)=x-3,\ g(x)=x^2+2$$

.... ㉱

$$\therefore f(1)+g(2)=(1-3)+(4+2)=4$$

.... ㉲

답 4

단계	채점요소	배점
㉮	$f(x)+g(x)$를 적분상수 C_1을 써서 나타내기	20%
㉯	$f(x)g(x)$를 적분상수 C_2를 써서 나타내기	20%
㉰	적분상수 C_1, C_2의 값 구하기	20%
㉱	$f(x)$, $g(x)$ 구하기	20%
㉲	$f(1)+g(2)$의 값 구하기	20%

0717 $xf(x)-F(x)=\dfrac{1}{3}x^3+3x^2$의 양변을 x에 대하여 미분하면

$$f(x)+xf'(x)-f(x)=x^2+6x$$

$$xf'(x)=x(x+6) \qquad \therefore f'(x)=x+6$$

.... ㉮

$$\therefore f(x)=\int(x+6)dx=\frac{1}{2}x^2+6x+C$$

$$f(1)=\frac{1}{2}\text{이므로}\ \frac{1}{2}+6+C=\frac{1}{2} \qquad \therefore C=-6$$

$$\therefore f(x)=\frac{1}{2}x^2+6x-6$$

.... ㉯

따라서 방정식 $f(x)=0$, 즉 $\dfrac{1}{2}x^2+6x-6=0$의 모든 근의 곱은 근과 계수의 관계에 의하여 -12이다.

.... ㉰

답 -12

단계	채점요소	배점
㉮	$f'(x)$ 구하기	40%
㉯	$f(x)$ 구하기	40%
㉰	방정식 $f(x)=0$의 모든 근의 곱 구하기	20%

0718 $f(x+y)=f(x)+f(y)+3xy$에 $x=0$, $y=0$을 대입하면

$$f(0)=f(0)+f(0)+0 \qquad \therefore f(0)=0$$

.... ㉮

$$f'(0)=\lim_{h\to0}\frac{f(0+h)-f(0)}{h}=\lim_{h\to0}\frac{f(h)}{h}=3$$

$$f'(x)=\lim_{h\to0}\frac{f(x+h)-f(x)}{h}$$

$$=\lim_{h\to0}\frac{f(x)+f(h)+3xh-f(x)}{h}$$

$$=\lim_{h\to0}\frac{f(h)}{h}+3x=3x+3$$

.... ㉯

$$\therefore f(x)=\int(3x+3)dx=\frac{3}{2}x^2+3x+C$$

이때 $f(0)=0$이므로 $C=0$

따라서 $f(x)=\dfrac{3}{2}x^2+3x$이므로

.... ㉰

$$f(2)=6+6=12$$

.... ㉱

답 12

단계	채점요소	배점
㉮	$f(0)$의 값 구하기	30%
㉯	$f'(x)$ 구하기	30%
㉰	$f(x)$ 구하기	30%
㉱	$f(2)$의 값 구하기	10%

0719 조건 ㈎에서 $\displaystyle\lim_{x\to\infty}\frac{f'(x)}{x}=2$이므로 $f'(x)$는 일차항의 계수가 2인 일차식이다.

즉, $f'(x)=2x+k$ (k는 상수)로 놓을 수 있다.

조건 ㈏에서 $x\longrightarrow3$일 때 (분모) $\longrightarrow0$이고 극한값이 존재하므로 (분자) $\longrightarrow0$이어야 한다. 즉, $f(3)=0$이므로

$$\lim_{x\to3}\frac{f(x)}{x-3}=\lim_{x\to3}\frac{f(x)-f(3)}{x-3}=f'(3)=6+k$$

즉, $6+k=2$이므로 $k=-4$

$$\therefore f'(x)=2x-4$$

$$f(x)=\int(2x-4)dx=x^2-4x+C$$

이때 $f(3)=0$이므로 $9-12+C=0 \qquad \therefore C=3$

$$\therefore f(x)=x^2-4x+3=(x-1)(x-3)$$

따라서 방정식 $f(x)=0$, 즉 $(x-1)(x-3)=0$의 해는

$$x=1\text{ 또는 }x=3$$

답 $x=1$ 또는 $x=3$

0720 최고차항의 계수가 1인 삼차함수 $f(x)$에 대하여 방정식
$f(x)=0$의 해가 $x=0$ 또는 $x=\alpha$ (중근)이므로
$f(x)=x(x-\alpha)^2$
조건 ㈎에서 $g'(x)=f(x)+xf'(x)=\{xf(x)\}'$이므로

$$g(x)=\int g'(x)dx=\int\{xf(x)\}'dx$$
$$=xf(x)+C=x^2(x-\alpha)^2+C$$
$$\therefore g'(x)=2x(x-\alpha)^2+2x^2(x-\alpha)$$
$$=2x(x-\alpha)\{(x-\alpha)+x\}$$
$$=2x(x-\alpha)(2x-\alpha)$$

$g'(x)=0$에서 $x=0$ 또는 $x=\dfrac{\alpha}{2}$ 또는 $x=\alpha$

x	$\cdots$	0	$\cdots$	$\dfrac{\alpha}{2}$	$\cdots$	α	$\cdots$
$g'(x)$	$-$	0	$+$	0	$-$	0	$+$
$g(x)$	$\searrow$	극소	$\nearrow$	극대	$\searrow$	극소	$\nearrow$

따라서 함수 $g(x)$는 $x=0$, $x=\alpha$에서 극솟값을 갖고, $x=\dfrac{\alpha}{2}$에
서 극댓값을 갖는다.
조건 ㈏에서 $g(x)$의 극댓값이 81이고 극솟값이 0이므로
$g(0)=g(\alpha)=C=0$
$g\left(\dfrac{\alpha}{2}\right)=\left(\dfrac{\alpha}{2}\right)^2\left(\dfrac{\alpha}{2}-\alpha\right)^2+C=\dfrac{\alpha^4}{16}=81$
$\alpha^4=6^4$ $\quad\therefore \alpha=6\ (\because \alpha>0)$
따라서 $g(x)=x^2(x-6)^2$이므로
$g\left(\dfrac{\alpha}{3}\right)=g(2)=4\cdot16=64$ 답 ⑤

0721 ㄱ. [반례] $f(x)=x+1$, $g(x)=x-1$이면
　$f'(x)=g'(x)=1$이므로 $f'(x)=g'(x)$이지만
　$f(x)\ne g(x)$이다.
ㄴ. 주어진 식의 우변을 x에 대하여 미분하면
$$\dfrac{d}{dx}[\{f(x)\}^2+C]=2f(x)f'(x)$$
$$\therefore \int f'(x)f(x)dx\ne\{f(x)\}^2+C$$
ㄷ. 주어진 식의 좌변을 정리하면
$$\int g(x)dx+\int xg'(x)dx=\int\{g(x)+xg'(x)\}dx$$
주어진 식의 우변을 x에 대하여 미분하면
$$\dfrac{d}{dx}\{xg(x)+C\}=g(x)+xg'(x)$$
$$\therefore \int g(x)dx+\int xg'(x)dx=xg(x)+C$$
따라서 옳은 것은 ㄷ뿐이다. 답 ㄷ

08 정적분

📖 교과서 문제 정복하기
본문 111쪽

0722 $\displaystyle\int_0^1 2x\,dx=\Big[x^2\Big]_0^1=1$ 답 **1**

0723 $\displaystyle\int_1^3(2y-1)dy=\Big[y^2-y\Big]_1^3$
$$=(9-3)-(1-1)=6$$ 답 **6**

0724 $\displaystyle\int_1^2(x^2-2x+6)dx=\Big[\dfrac{1}{3}x^3-x^2+6x\Big]_1^2$
$$=\left(\dfrac{8}{3}-4+12\right)-\left(\dfrac{1}{3}-1+6\right)$$
$$=\dfrac{16}{3}$$ 답 $\dfrac{16}{3}$

0725 $\displaystyle\int_1^2(x-1)(x-2)dx=\int_1^2(x^2-3x+2)dx$
$$=\Big[\dfrac{1}{3}x^3-\dfrac{3}{2}x^2+2x\Big]_1^2$$
$$=\left(\dfrac{8}{3}-6+4\right)-\left(\dfrac{1}{3}-\dfrac{3}{2}+2\right)$$
$$=-\dfrac{1}{6}$$ 답 $-\dfrac{1}{6}$

0726 $\displaystyle\int_2^2(x^3-x^2+4)dx=0$ 답 **0**

0727 $\displaystyle\int_1^{-2}(x^3+3x^2)dx=-\int_{-2}^1(x^3+3x^2)dx$
$$=-\Big[\dfrac{1}{4}x^4+x^3\Big]_{-2}^1$$
$$=-\left\{\left(\dfrac{1}{4}+1\right)-(4-8)\right\}$$
$$=-\dfrac{21}{4}$$ 답 $-\dfrac{21}{4}$

0728 $\displaystyle\int_3^1(3x^2-x+1)dx$
$$=-\int_1^3(3x^2-x+1)dx=-\Big[x^3-\dfrac{1}{2}x^2+x\Big]_1^3$$
$$=-\left\{\left(27-\dfrac{9}{2}+3\right)-\left(1-\dfrac{1}{2}+1\right)\right\}=-24$$ 답 -24

0729 $\displaystyle\int_0^2(x^2-1)dx+\int_0^2(x^2+1)dx$
$$=\int_0^2(x^2-1+x^2+1)dx=\int_0^2 2x^2dx$$
$$=\Big[\dfrac{2}{3}x^3\Big]_0^2=\dfrac{16}{3}$$ 답 $\dfrac{16}{3}$

0730 $\displaystyle\int_{-1}^{3}(3x^2+x-2)dx-\int_{-1}^{3}(x+3)dx$

$=\displaystyle\int_{-1}^{3}(3x^2+x-2-x-3)dx=\int_{-1}^{3}(3x^2-5)dx$

$=\Big[x^3-5x\Big]_{-1}^{3}=12-4=8$ 답 **8**

0731 $\displaystyle\int_{-2}^{1}(x+1)^3dx-\int_{-2}^{1}(x-1)^3dx$

$=\displaystyle\int_{-2}^{1}(x^3+3x^2+3x+1)dx-\int_{-2}^{1}(x^3-3x^2+3x-1)dx$

$=\displaystyle\int_{-2}^{1}(x^3+3x^2+3x+1-x^3+3x^2-3x+1)dx$

$=\displaystyle\int_{-2}^{1}(6x^2+2)dx=\Big[2x^3+2x\Big]_{-2}^{1}=4-(-20)=24$ 답 **24**

0732 $\displaystyle\int_{-1}^{0}(x^2+1)dx+\int_{0}^{2}(x^2+1)dx$

$=\displaystyle\int_{-1}^{2}(x^2+1)dx=\Big[\frac{1}{3}x^3+x\Big]_{-1}^{2}=\frac{14}{3}-\Big(-\frac{4}{3}\Big)=6$ 답 **6**

0733 $\displaystyle\int_{-1}^{0}(2x^2-x+1)dx+\int_{0}^{-1}(2x^2-x+1)dx$

$=\displaystyle\int_{-1}^{-1}(2x^2-x+1)dx=0$ 답 **0**

0734 $\displaystyle\int_{-2}^{-1}(x^2-4x+5)dx+\int_{-1}^{1}(y^2-4y+5)dy$

$=\displaystyle\int_{-2}^{-1}(x^2-4x+5)dx+\int_{-1}^{1}(x^2-4x+5)dx$

$=\displaystyle\int_{-2}^{1}(x^2-4x+5)dx=\Big[\frac{1}{3}x^3-2x^2+5x\Big]_{-2}^{1}$

$=\dfrac{10}{3}-\Big(-\dfrac{62}{3}\Big)=24$ 답 **24**

0735 $\displaystyle\int_{0}^{1}(x^3-3x^2)dx+\int_{2}^{1}(3x^2-x^3)dx$

$=\displaystyle\int_{0}^{1}(x^3-3x^2)dx+\int_{1}^{2}(x^3-3x^2)dx$

$=\displaystyle\int_{0}^{2}(x^3-3x^2)dx=\Big[\frac{1}{4}x^4-x^3\Big]_{0}^{2}=-4$ 답 **−4**

0736 $\displaystyle\int_{-1}^{1}(x^5-x^3+3x^2+5x+1)dx$

$=2\displaystyle\int_{0}^{1}(3x^2+1)dx=2\Big[x^3+x\Big]_{0}^{1}=2\cdot2=4$ 답 **4**

0737 $\displaystyle\int_{-2}^{2}(x^7-4x^3+3x^2-1)dx$

$=2\displaystyle\int_{0}^{2}(3x^2-1)dx=2\Big[x^3-x\Big]_{0}^{2}=2\cdot6=12$ 답 **12**

0738 주어진 식의 양변을 x에 대하여 미분하면

$f(x)=2x-2$ 답 $\boldsymbol{f(x)=2x-2}$

0739 주어진 식의 양변을 x에 대하여 미분하면

$f(x)=3x^2+2x-1$ 답 $\boldsymbol{f(x)=3x^2+2x-1}$

0740 $F'(x)=x^2-2x-1$이라 하면

$\displaystyle\lim_{h\to0}\frac{1}{h}\int_{0}^{h}(x^2-2x-1)dx=\lim_{h\to0}\frac{F(h)-F(0)}{h}$

$=F'(0)=-1$ 답 **−1**

0741 $F'(t)=2t^2+3$이라 하면

$\displaystyle\lim_{x\to1}\frac{1}{x-1}\int_{1}^{x}(2t^2+3)dt=\lim_{x\to1}\frac{F(x)-F(1)}{x-1}$

$=F'(1)=5$ 답 **5**

0742 $\displaystyle\int_{-1}^{2}(6t+5)(1-2t)dt+\int_{3}^{3}(6t-5)(1+2t)dt$

$=\displaystyle\int_{-1}^{2}(6t+5)(1-2t)dt+0=\int_{-1}^{2}(-12t^2-4t+5)dt$

$=\Big[-4t^3-2t^2+5t\Big]_{-1}^{2}=-27$ 답 ①

0743 $\displaystyle\int_{0}^{2}x^2f(x)dx=\int_{0}^{2}x^2(5x^2-8x+3)dx$

$=\displaystyle\int_{0}^{2}(5x^4-8x^3+3x^2)dx$

$=\Big[x^5-2x^4+x^3\Big]_{0}^{2}=8$ 답 **8**

0744 $\displaystyle\int_{-2}^{1}\{f'(x)+3x^2\}dx=\Big[f(x)+x^3\Big]_{-2}^{1}$

$=\{f(1)+1\}-\{f(-2)-8\}$

$=f(1)+4\ (\because f(-2)=5)$

즉, $f(1)+4=2$이므로 $f(1)=-2$ 답 **−2**

0745 $\displaystyle\int_{0}^{2}(-6x^2+6kx-5)dx=\Big[-2x^3+3kx^2-5x\Big]_{0}^{2}$

$=12k-26$

즉, $12k-26<10$이므로 $k<3$

따라서 정수 k의 최댓값은 2이다.   답 **2**

0746 $\displaystyle\int_{0}^{a}(3x^2+2x-2)dx=\Big[x^3+x^2-2x\Big]_{0}^{a}$

$=a^3+a^2-2a$

즉, $a^3+a^2-2a=0$이므로

$a(a+2)(a-1)=0$ $\therefore a=1\ (\because a>0)$ 답 **1**

0747 $\displaystyle\int_{0}^{1}(6a^2x^2-8ax-3)dx=\Big[2a^2x^3-4ax^2-3x\Big]_{0}^{1}$

$=2a^2-4a-3$

$=2(a-1)^2-5$

따라서 주어진 정적분은 $a=1$일 때 최솟값 -5를 가지므로
$m=1$, $n=-5$

$$\qquad\qquad\qquad\qquad\qquad\qquad\qquad\qquad ❹$$

$\therefore m+n=1+(-5)=-4$

$$\qquad\qquad\qquad\qquad\qquad\qquad\qquad\qquad ❺$$

답 -4

단계	채점요소	배점
㉮	주어진 정적분을 간단히 나타내기	40%
㉯	m, n의 값 구하기	40%
㉰	$m+n$의 값 구하기	20%

0748 함수 $f(x)=ax^2+bx+c$의 그래프가 두 점 $(-1,\ 1)$, $(1,\ 1)$을 지나므로

$f(-1)=a-b+c=1$ $\qquad\qquad$ ······ ㉠

$f(1)=a+b+c=1$ $\qquad\qquad$ ······ ㉡

㉠$-$㉡을 하면 $-2b=0$ $\qquad\therefore b=0$

$b=0$을 ㉠에 대입하면 $a+c=1$ $\qquad\therefore c=1-a$

따라서 $f(x)=ax^2+1-a$이므로

$$\int_0^1 f(x)dx=\int_0^1 (ax^2+1-a)dx$$
$$=\left[\frac{a}{3}x^3+(1-a)x\right]_0^1$$
$$=-\frac{2}{3}a+1$$

즉, $-\dfrac{2}{3}a+1=-1$이므로 $a=3$

답 ④

0749 $\displaystyle\int_0^1 \frac{1}{x+1}dx-\int_1^0 \frac{y^3}{y+1}dy$

$$=\int_0^1 \frac{1}{x+1}dx+\int_0^1 \frac{x^3}{x+1}dx=\int_0^1 \frac{x^3+1}{x+1}dx$$
$$=\int_0^1 \frac{(x+1)(x^2-x+1)}{x+1}dx=\int_0^1 (x^2-x+1)dx$$
$$=\left[\frac{1}{3}x^3-\frac{1}{2}x^2+x\right]_0^1=\frac{5}{6}$$

답 $\dfrac{5}{6}$

0750 $A+B=\displaystyle\int_0^1 (3x+1)^2 dx+\int_1^0 (3y-1)^2 dy$

$$=\int_0^1 (3x+1)^2 dx-\int_0^1 (3x-1)^2 dx$$
$$=\int_0^1 \{(9x^2+6x+1)-(9x^2-6x+1)\}dx$$
$$=\int_0^1 12x\,dx=\left[6x^2\right]_0^1=6$$

답 **6**

0751 $\displaystyle\int_0^2 (x+k)^2 dx-\int_0^2 (x-k)^2 dx$

$$=\int_0^2 \{(x^2+2kx+k^2)-(x^2-2kx+k^2)\}dx$$
$$=\int_0^2 4kx\,dx=\left[2kx^2\right]_0^2=8k$$

즉, $8k=16$이므로 $k=2$

답 ④

0752 $\displaystyle\int_3^1 f(x)dx=-2$에서 $\displaystyle\int_1^3 f(x)dx=2$

$$\therefore \int_1^3 \{f(x)-2\}^2 dx$$
$$=\int_1^3 [\{f(x)\}^2-4f(x)+4]dx$$
$$=\int_1^3 \{f(x)\}^2 dx-4\int_1^3 f(x)dx+\int_1^3 4\,dx$$
$$=6-4\cdot 2+8=6$$

답 **6**

0753 $\displaystyle\int_1^2 \frac{x^2}{x^2+1}dx-\int_3^2 \frac{x^2}{x^2+1}dx+\int_1^3 \frac{1}{x^2+1}dx$

$$=\int_1^2 \frac{x^2}{x^2+1}dx+\int_2^3 \frac{x^2}{x^2+1}dx+\int_1^3 \frac{1}{x^2+1}dx$$
$$=\int_1^3 \frac{x^2}{x^2+1}dx+\int_1^3 \frac{1}{x^2+1}dx$$
$$=\int_1^3 \frac{x^2+1}{x^2+1}dx=\int_1^3 dx=\left[x\right]_1^3=2$$

답 **2**

0754 $\displaystyle\int_{-1}^1 (2x^3+6x^2-2)dx+\int_1^2 (2y^3+6y^2-2)dy$

$$=\int_{-1}^1 (2x^3+6x^2-2)dx+\int_1^2 (2x^3+6x^2-2)dx$$
$$=\int_{-1}^2 (2x^3+6x^2-2)dx$$
$$=\left[\frac{1}{2}x^4+2x^3-2x\right]_{-1}^2=\frac{39}{2}$$

답 $\dfrac{39}{2}$

0755 $\displaystyle\int_2^5 f(x)dx-\int_3^5 f(x)dx+\int_1^2 f(x)dx$

$$=\int_2^5 f(x)dx+\int_5^3 f(x)dx+\int_1^2 f(x)dx$$
$$=\int_2^3 f(x)dx+\int_1^2 f(x)dx=\int_1^3 f(x)dx$$
$$=\int_1^3 (x^2-2x)dx=\left[\frac{1}{3}x^3-x^2\right]_1^3=\frac{2}{3}$$

답 $\dfrac{2}{3}$

0756 $\displaystyle\int_{-1}^3 f(x)dx=\int_{-1}^2 f(x)dx+\int_2^3 f(x)dx$

$$=\int_{-1}^2 f(x)dx+\int_2^1 f(x)dx+\int_1^3 f(x)dx$$
$$=\int_{-1}^2 f(x)dx-\int_1^2 f(x)dx+\int_1^3 f(x)dx$$
$$=2-8+4=-2$$

답 -2

0757 $\displaystyle\int_0^2 f(x)dx=\int_0^1 f(x)dx+\int_1^2 f(x)dx$

$$=\int_0^1 x\,dx+\int_1^2 (x-2)^2 dx$$
$$=\int_0^1 x\,dx+\int_1^2 (x^2-4x+4)dx$$
$$=\left[\frac{1}{2}x^2\right]_0^1+\left[\frac{1}{3}x^3-2x^2+4x\right]_1^2$$
$$=\frac{1}{2}+\frac{1}{3}=\frac{5}{6}$$

답 $\dfrac{5}{6}$

0758 $f(x)=\begin{cases} 12 & (x\geq 0) \\ 3x+12 & (x\leq 0) \end{cases}$

$\therefore \displaystyle\int_{-4}^{4} xf(x)dx=\int_{-4}^{0}(3x^2+12x)dx+\int_{0}^{4}12x\,dx$

$\qquad\qquad\qquad = \Big[x^3+6x^2\Big]_{-4}^{0}+\Big[6x^2\Big]_{0}^{4}$

$\qquad\qquad\qquad = -32+96=64$ 답 **64**

0759 $\displaystyle\int_{0}^{2}|x^2-1|dx-2\int_{2}^{0}|1-x^2|dx$

$=\displaystyle\int_{0}^{2}|x^2-1|dx+2\int_{0}^{2}|x^2-1|dx$

$=3\displaystyle\int_{0}^{2}|x^2-1|dx$

한편, $|x^2-1|=\begin{cases} x^2-1 & (x\leq -1 \text{ 또는 } x\geq 1) \\ -x^2+1 & (-1\leq x\leq 1) \end{cases}$ 이므로

$\displaystyle\int_{0}^{2}|x^2-1|dx=\int_{0}^{1}(-x^2+1)dx+\int_{1}^{2}(x^2-1)dx$

$\qquad\qquad\quad = \Big[-\dfrac{1}{3}x^3+x\Big]_{0}^{1}+\Big[\dfrac{1}{3}x^3-x\Big]_{1}^{2}$

$\qquad\qquad\quad = \dfrac{2}{3}+\dfrac{4}{3}=2$

$\therefore$ (주어진 식)$=3\displaystyle\int_{0}^{2}|x^2-1|dx=3\cdot 2=6$ 답 **6**

0760 $|x^2+x-2|=\begin{cases} x^2+x-2 & (x\leq -2 \text{ 또는 } x\geq 1) \\ -x^2-x+2 & (-2\leq x\leq 1) \end{cases}$

$\therefore \displaystyle\int_{0}^{2}|x^2+x-2|dx$

$=\displaystyle\int_{0}^{1}(-x^2-x+2)dx+\int_{1}^{2}(x^2+x-2)dx$

$=\Big[-\dfrac{1}{3}x^3-\dfrac{1}{2}x^2+2x\Big]_{0}^{1}+\Big[\dfrac{1}{3}x^3+\dfrac{1}{2}x^2-2x\Big]_{1}^{2}$

$=\dfrac{7}{6}+\dfrac{11}{6}=3$ 답 **3**

0761 $|x|=\begin{cases} x & (x\geq 0) \\ -x & (x\leq 0) \end{cases}$

$\therefore \displaystyle\int_{-2}^{3}(|x|-2k)dx=\int_{-2}^{0}(-x-2k)dx+\int_{0}^{3}(x-2k)dx$

$\qquad\qquad\qquad = \Big[-\dfrac{1}{2}x^2-2kx\Big]_{-2}^{0}+\Big[\dfrac{1}{2}x^2-2kx\Big]_{0}^{3}$

$\qquad\qquad\qquad = (2-4k)+\Big(\dfrac{9}{2}-6k\Big)=-10k+\dfrac{13}{2}$

즉, $-10k+\dfrac{13}{2}=-\dfrac{7}{2}$ 이므로 $k=1$ 답 ①

0762 $|x-2|=\begin{cases} x-2 & (x\geq 2) \\ -x+2 & (x\leq 2) \end{cases}$

$\therefore \displaystyle\int_{0}^{a}x|x-2|dx=\int_{0}^{2}x(-x+2)dx+\int_{2}^{a}x(x-2)dx$

$\qquad\qquad\qquad = \int_{0}^{2}(-x^2+2x)dx+\int_{2}^{a}(x^2-2x)dx$

$\qquad\qquad\qquad = \Big[-\dfrac{1}{3}x^3+x^2\Big]_{0}^{2}+\Big[\dfrac{1}{3}x^3-x^2\Big]_{2}^{a}$

$\qquad\qquad\qquad = \dfrac{4}{3}+\Big(\dfrac{a^3}{3}-a^2+\dfrac{4}{3}\Big)=\dfrac{a^3}{3}-a^2+\dfrac{8}{3}$

즉, $\dfrac{a^3}{3}-a^2+\dfrac{8}{3}=8$ 이므로

$a^3-3a^2-16=0,\ (a-4)(a^2+a+4)=0$

$\therefore a=4\ (\because a$는 실수$)$ 답 ②

0763 $f(x)=|x-3|,\ g(x)=x^2+2$ 에서

$(f\circ g)(x)=f(g(x))=f(x^2+2)$

$\qquad\qquad = |(x^2+2)-3|=|x^2-1|$

$\qquad\qquad = \begin{cases} x^2-1 & (x\leq -1 \text{ 또는 } x\geq 1) \\ -x^2+1 & (-1\leq x\leq 1) \end{cases}$

$\therefore \displaystyle\int_{-2}^{1}(f\circ g)(x)dx=\int_{-2}^{-1}(x^2-1)dx+\int_{-1}^{1}(-x^2+1)dx$

$\qquad\qquad\qquad = \Big[\dfrac{1}{3}x^3-x\Big]_{-2}^{-1}+\Big[-\dfrac{1}{3}x^3+x\Big]_{-1}^{1}$

$\qquad\qquad\qquad = \dfrac{4}{3}+\dfrac{4}{3}=\dfrac{8}{3}$ 답 $\dfrac{8}{3}$

0764 함수 $y=f(x)$의 그래프는 오른쪽 그림과 같다.

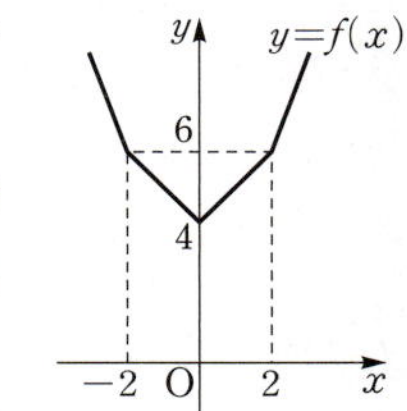

        ㉮

함수 $f(x)$는 $x=0$일 때 최솟값을 가지므로 $a=f(0)=4$

        ㉯

$\therefore \displaystyle\int_{2}^{a}f(x)dx=\int_{2}^{4}(x+2+x-2)dx=\int_{2}^{4}3x\,dx$

$\qquad\qquad\quad = \Big[\dfrac{3}{2}x^2\Big]_{2}^{4}=18$

        ㉰

답 **18**

단계	채점요소	배점
㉮	함수 $y=f(x)$의 그래프 그리기	40 %
㉯	a의 값 구하기	20 %
㉰	정적분의 값 구하기	40 %

0765 $\displaystyle\int_{-2}^{4}(5x^4-x^3+3x+1)dx+\int_{4}^{2}(5x^4-x^3+3x+1)dx$

$=\displaystyle\int_{-2}^{2}(5x^4-x^3+3x+1)dx=2\int_{0}^{2}(5x^4+1)dx$

$=2\Big[x^5+x\Big]_{0}^{2}=2\cdot 34=68$ 답 ①

0766 $\displaystyle\int_{-a}^{a}(2x^3-3x+4)dx=2\int_{0}^{a}4\,dx=2\Big[4x\Big]_{0}^{a}=8a$

즉, $8a=16$ 이므로 $a=2$ 답 **2**

0767 $\displaystyle\int_{-1}^{1}xf(x)dx=\int_{-1}^{1}(ax^2+bx)dx=2\int_{0}^{1}ax^2\,dx$

$\qquad\qquad\qquad = 2\Big[\dfrac{a}{3}x^3\Big]_{0}^{1}=\dfrac{2}{3}a$

즉, $\dfrac{2}{3}a=1$ 이므로 $a=\dfrac{3}{2}$

$$\int_{-1}^{1} x^2 f(x)\,dx = \int_{-1}^{1}(ax^3+bx^2)\,dx = 2\int_0^1 bx^2\,dx$$
$$= 2\left[\frac{b}{3}x^3\right]_0^1 = \frac{2}{3}b$$

즉, $\dfrac{2}{3}b=-1$이므로 $b=-\dfrac{3}{2}$

$\therefore a+2b=\dfrac{3}{2}+(-3)=-\dfrac{3}{2}$ 답 $-\dfrac{3}{2}$

0768 $\displaystyle\int_{-1}^{1}(1+2x+3x^2+\cdots+2nx^{2n-1})\,dx$

$= 2\displaystyle\int_0^1 \{1+3x^2+5x^4+\cdots+(2n-1)x^{2n-2}\}\,dx$

$= 2\left[x+x^3+x^5+\cdots+x^{2n-1}\right]_0^1$

$= 2(\underbrace{1+1+1+\cdots+1}_{n개})=2n$

즉, $2n=100$이므로 $n=50$ 답 **50**

0769 $f(-x)=-f(x)$에서 $f(x)$는 기함수이므로 $x^2 f(x)$는 기함수, $xf(x)$는 우함수이다.

$\therefore \displaystyle\int_{-2}^{2}(5x^2+2x+1)f(x)\,dx$

$= 5\displaystyle\int_{-2}^{2} x^2 f(x)\,dx + 2\int_{-2}^{2} xf(x)\,dx + \int_{-2}^{2} f(x)\,dx$

$= 4\displaystyle\int_0^2 xf(x)\,dx = 4\cdot 2 = 8$ 답 **8**

0770 $f(-x)=f(x)$에서 $f(x)$는 우함수이므로

$\displaystyle\int_{-4}^{4} f(x)\,dx = 2\int_0^4 f(x)\,dx = 14 \quad \therefore \int_0^4 f(x)\,dx = 7$

$\therefore \displaystyle\int_2^4 f(x)\,dx = \int_2^0 f(x)\,dx + \int_0^4 f(x)\,dx$

$= -\displaystyle\int_0^2 f(x)\,dx + \int_0^4 f(x)\,dx$

$= -5+7 = 2$ 답 **2**

0771 $f(x)$는 기함수, $g(x)$는 우함수이므로

$f(-x)g(-x)=-f(x)g(x)$

즉, $f(x)g(x)$는 기함수이다.

$\therefore \displaystyle\int_{-a}^{a}\{f(x)+g(x)\}\,dx + \int_{-a}^{a} f(x)g(x)\,dx$

$= \displaystyle\int_{-a}^{a} f(x)\,dx + \int_{-a}^{a} g(x)\,dx + \int_{-a}^{a} f(x)g(x)\,dx$

$= 2\displaystyle\int_0^a g(x)\,dx = 2\cdot 5 = 10$ 답 **10**

0772 $\displaystyle\int_0^2 f(t)\,dt = k$ (k는 상수) $\quad\cdots\cdots\ \boldsymbol{\bigcirc}$

로 놓으면 $f(x)=3x^2+2x+k$

이것을 $\boldsymbol{\bigcirc}$에 대입하면

$\displaystyle\int_0^2 (3t^2+2t+k)\,dt = k,\ \left[t^3+t^2+kt\right]_0^2 = k$

$12+2k=k \quad \therefore k=-12$

따라서 $f(x)=3x^2+2x-12$이므로

$f(2)=12+4-12=4$ 답 ⑤

0773 $\displaystyle\int_0^3 tf'(t)\,dt = k$ (k는 상수) $\quad\cdots\cdots\ \boldsymbol{\bigcirc}$

로 놓으면 $f(x)=4x+k$

$\therefore f'(x)=4$

이것을 $\boldsymbol{\bigcirc}$에 대입하면

$\displaystyle\int_0^3 4t\,dt = k,\ \left[2t^2\right]_0^3 = k \quad \therefore k=18$

따라서 $f(x)=4x+18$이므로

$f(-3)=-12+18=6$ 답 ②

0774 $\displaystyle\int_1^2 f(t)\,dt = k$ (k는 상수) $\quad\cdots\cdots\ \boldsymbol{\bigcirc}$

로 놓으면 $f(x)=\dfrac{12}{7}x^2-2kx+k^2$

이것을 $\boldsymbol{\bigcirc}$에 대입하면

$\displaystyle\int_1^2 \left(\frac{12}{7}t^2-2kt+k^2\right)dt = k,\ \left[\frac{4}{7}t^3-kt^2+k^2 t\right]_1^2 = k$

$4-3k+k^2=k,\ k^2-4k+4=0$

$(k-2)^2=0 \quad \therefore k=2$

$\therefore 10\displaystyle\int_1^2 f(x)\,dx = 10k = 20$ 답 **20**

0775 $f(x)=3x^2+\displaystyle\int_0^1 (2x-1)f(t)\,dt$

$\qquad\quad = 3x^2+2x\displaystyle\int_0^1 f(t)\,dt - \int_0^1 f(t)\,dt$

이때 $\displaystyle\int_0^1 f(t)\,dt = k$ (k는 상수) $\quad\cdots\cdots\ \boldsymbol{\bigcirc}$

로 놓으면 $f(x)=3x^2+2kx-k$

이것을 $\boldsymbol{\bigcirc}$에 대입하면

$\displaystyle\int_0^1 (3t^2+2kt-k)\,dt = k,\ \left[t^3+kt^2-kt\right]_0^1 = k$

$1+k-k=k \quad \therefore k=1$

$\therefore \displaystyle\int_0^1 f(x)\,dx = k = 1$ 답 **1**

0776 $a=-\displaystyle\int_0^2 f(t)\,dt,\ b=2\int_0^1 f(t)\,dt$이므로

$a=-\displaystyle\int_0^2 (t^2+at+b)\,dt = -\left[\frac{1}{3}t^3+\frac{a}{2}t^2+bt\right]_0^2$

$= -\left(\dfrac{8}{3}+2a+2b\right) = -\dfrac{8}{3}-2a-2b$

$\therefore 3a+2b=-\dfrac{8}{3} \quad\cdots\cdots\ \boldsymbol{\bigcirc}$

$b=2\displaystyle\int_0^1 (t^2+at+b)\,dt = 2\left[\frac{1}{3}t^3+\frac{a}{2}t^2+bt\right]_0^1$

$= 2\left(\dfrac{1}{3}+\dfrac{a}{2}+b\right) = \dfrac{2}{3}+a+2b$

$\therefore a+b=-\dfrac{2}{3} \quad\cdots\cdots\ \boldsymbol{\bigcirc\!\bigcirc}$

$\boldsymbol{\bigcirc}$, $\boldsymbol{\bigcirc\!\bigcirc}$을 연립하여 풀면 $a=-\dfrac{4}{3},\ b=\dfrac{2}{3}$

$\therefore a-b=-2$ 답 -2

0777 $\int_3^x f(t)dt = x^2 - ax - 3$ …… ㉠

㉠의 양변에 $x=3$을 대입하면

$9 - 3a - 3 = 0$ $\therefore a = 2$

㉠의 양변을 x에 대하여 미분하면

$f(x) = 2x - 2$

$\therefore f(4) = 8 - 2 = 6$ 답 ①

0778 $f(x) = \int_1^x (2t-3)(t^2+1)dt$의 양변을 x에 대하여

미분하면

$f'(x) = (2x-3)(x^2+1)$

$\therefore \lim_{h \to 0} \frac{f(1+2h) - f(1)}{h} = \lim_{h \to 0} \frac{f(1+2h) - f(1)}{2h} \cdot 2$

$\qquad = 2f'(1) = 2 \cdot (-2) = -4$

답 -4

0779 $\int_a^x f(t)dt = x^2 - 2x - 8$ …… ㉠

㉠의 양변에 $x=a$를 대입하면

$a^2 - 2a - 8 = 0$, $(a-4)(a+2) = 0$ $\therefore a = 4 \ (\because a>0)$

— ㉮

㉠의 양변을 x에 대하여 미분하면

$f(x) = 2x - 2$

$\therefore f(a) = f(4) = 8 - 2 = 6$

— ㉯

$\therefore a + f(a) = 4 + 6 = 10$

— ㉰

답 **10**

단계	채점요소	배점
㉮	a의 값 구하기	50 %
㉯	$f(a)$의 값 구하기	40 %
㉰	$a + f(a)$의 값 구하기	10 %

0780 $f(x) = \int_x^{x+2} (t^3 - t)dt$의 양변을 x에 대하여 미분하면

$f'(x) = \{(x+2)^3 - (x+2)\} - (x^3 - x) = 6x^2 + 12x + 6$

이때 $f(x) = \int (6x^2 + 12x + 6)dx = 2x^3 + 6x^2 + 6x + C$이므로

$f(-1) = -2 + 6 - 6 + C = 0$ $\therefore C = 2$

따라서 $f(x) = 2x^3 + 6x^2 + 6x + 2$이므로

$f(1) = 2 + 6 + 6 + 2 = 16$ 답 ④

0781 $xf(x) = 6x^4 - 4x^3 + 12x^2 + \int_1^x f(t)dt$ …… ㉠

㉠의 양변에 $x=1$을 대입하면

$f(1) = 6 - 4 + 12 = 14$

㉠의 양변을 x에 대하여 미분하면

$f(x) + xf'(x) = 24x^3 - 12x^2 + 24x + f(x)$

$xf'(x) = 24x^3 - 12x^2 + 24x$ $\therefore f'(x) = 24x^2 - 12x + 24$

이때 $f(x) = \int (24x^2 - 12x + 24)dx = 8x^3 - 6x^2 + 24x + C$

이므로

$f(1) = 8 - 6 + 24 + C = 14$ $\therefore C = -12$

따라서 $f(x) = 8x^3 - 6x^2 + 24x - 12$이므로

$f(2) = 64 - 24 + 48 - 12 = 76$ 답 **76**

0782 $\int_a^x (x-t)f(t)dt = x^3 - 2x^2 - 3x - 4$에서

$x\int_a^x f(t)dt - \int_a^x tf(t)dt = x^3 - 2x^2 - 3x - 4$

위의 등식의 양변을 x에 대하여 미분하면

$\int_a^x f(t)dt + xf(x) - xf(x) = 3x^2 - 4x - 3$

$\therefore \int_a^x f(t)dt = 3x^2 - 4x - 3$

위의 등식의 양변을 다시 x에 대하여 미분하면

$f(x) = 6x - 4$

$\therefore f(2) = 12 - 4 = 8$ 답 ④

0783 $\int_2^x (x-t)f(t)dt = -2x^3 + 4ax + b$의 양변에 $x=2$를

대입하면

$-16 + 8a + b = 0$ $\therefore 8a + b = 16$ …… ㉠

$\int_2^x (x-t)f(t)dt = -2x^3 + 4ax + b$에서

$x\int_2^x f(t)dt - \int_2^x tf(t)dt = -2x^3 + 4ax + b$

위의 등식의 양변을 x에 대하여 미분하면

$\int_2^x f(t)dt + xf(x) - xf(x) = -6x^2 + 4a$

$\therefore \int_2^x f(t)dt = -6x^2 + 4a$

위의 등식의 양변에 $x=2$를 대입하면

$-24 + 4a = 0$ $\therefore a = 6$

㉠에 $a=6$을 대입하면 $48 + b = 16$ $\therefore b = -32$

$\therefore a - b = 6 - (-32) = 38$ 답 **38**

0784 $\int_0^x (x-t)f'(t)dt = \frac{2}{3}x^3$에서

$x\int_0^x f'(t)dt - \int_0^x tf'(t)dt = \frac{2}{3}x^3$

위의 등식의 양변을 x에 대하여 미분하면

$\int_0^x f'(t)dt + xf(x) - xf(x) = 2x^2$

$\therefore \int_0^x f'(t)dt = 2x^2$

위의 등식의 양변을 다시 x에 대하여 미분하면

$f'(x) = 4x$

이때 $f(x) = \int 4x\,dx = 2x^2 + C$이므로

$f(0) = C = 2$

따라서 $f(x) = 2x^2 + 2$이므로

$f(1) = 2 + 2 = 4$ 답 **4**

0785 $F'(x)=f(x)$로 놓으면

$$\lim_{x\to 2}\frac{1}{x-2}\int_2^x f(t)dt=\lim_{x\to 2}\frac{F(x)-F(2)}{x-2}=F'(2)=f(2)$$
$$=8-8+3=3 \qquad \text{답 ③}$$

0786 $f(x)=x^3-x^2+2$, $F'(x)=f(x)$로 놓으면

$$\lim_{h\to 0}\frac{1}{h}\int_1^{1+2h}(x^3-x^2+2)dx$$
$$=\lim_{h\to 0}\frac{1}{h}\int_1^{1+2h}f(x)dx=\lim_{h\to 0}\frac{F(1+2h)-F(1)}{h}$$
$$=\lim_{h\to 0}\frac{F(1+2h)-F(1)}{2h}\cdot 2=2F'(1)=2f(1)$$
$$=2(1-1+2)=4 \qquad \text{답 ④}$$

0787 $F'(x)=f(x)$로 놓으면

$$\lim_{x\to 1}\frac{1}{x-1}\int_1^x f(t)dt=\lim_{x\to 1}\frac{F(x)-F(1)}{x-1}=F'(1)=f(1)$$
$$=6+a$$

즉, $6+a=2$이므로 $a=-4$ $\qquad \text{답} -4$

0788 $F'(x)=f(x)$로 놓으면

$$\lim_{x\to 2}\frac{1}{x^2-4}\int_2^x f(t)dt=\lim_{x\to 2}\frac{F(x)-F(2)}{x^2-4}$$
$$=\lim_{x\to 2}\frac{F(x)-F(2)}{x-2}\cdot\frac{1}{x+2}$$
$$=\frac{1}{4}F'(2)=\frac{1}{4}f(2)$$
$$=\frac{1}{4}(8-8+12)=3 \qquad \text{답 3}$$

0789 $F'(x)=f(x)$로 놓으면

$$\lim_{x\to 1}\frac{1}{x-1}\int_1^{x^3}f(t)dt=\lim_{x\to 1}\frac{F(x^3)-F(1)}{x-1}$$
$$=\lim_{x\to 1}\frac{F(x^3)-F(1)}{x^3-1}\cdot(x^2+x+1)$$
$$=3F'(1)=3f(1)$$
$$=3(1+2-3+1)=3 \qquad \text{답 3}$$

0790 $F'(x)=f(x)$로 놓으면

$$\lim_{h\to 0}\frac{1}{h}\int_{2-3h}^{2+h}f(x)dx$$
$$=\lim_{h\to 0}\frac{F(2+h)-F(2-3h)}{h}$$
$$=\lim_{h\to 0}\frac{\{F(2+h)-F(2)\}-\{F(2-3h)-F(2)\}}{h}$$
$$=\lim_{h\to 0}\frac{F(2+h)-F(2)}{h}-\lim_{h\to 0}\frac{F(2-3h)-F(2)}{-3h}\cdot(-3)$$
$$=F'(2)+3F'(2)=4F'(2)$$
$$=4f(2)=40-8k$$

즉, $40-8k=24$이므로 $k=2$ $\qquad \text{답 2}$

0791 조건 ⑷에서 양변을 h로 나누면

$$\frac{g(x+h)-g(x)}{h}=\frac{1}{h}\int_x^{x+h}f(t)dt$$
$$\lim_{h\to 0}\frac{g(x+h)-g(x)}{h}=\lim_{h\to 0}\frac{1}{h}\int_x^{x+h}f(t)dt$$
$F'(x)=f(x)$로 놓으면
$$\lim_{h\to 0}\frac{g(x+h)-g(x)}{h}=\lim_{h\to 0}\frac{F(x+h)-F(x)}{h}$$
$$\therefore g'(x)=F'(x)=f(x)=3x^2-2x+1$$

———————————————————————— ㉮

이때 $g(x)=\int(3x^2-2x+1)dx=x^3-x^2+x+C$이므로

$g(0)=C=2$

$\therefore g(x)=x^3-x^2+x+2$

———————————————————————— ㉯

$\therefore g'(2)+g(2)=9+8=17$

———————————————————————— ㉰

답 17

단계	채점요소	배점
㉮	$g'(x)$ 구하기	40%
㉯	$g(x)$ 구하기	40%
㉰	$g'(2)+g(2)$의 값 구하기	20%

본문 119~120쪽

유형 up

0792 $f(x+3)=f(x)$이므로

$$\int_{-1}^2 f(x)dx=\int_2^5 f(x)dx=\int_5^8 f(x)dx=\int_8^{11}f(x)dx=3$$
$$\therefore \int_{-1}^{11}f(x)dx$$
$$=\int_{-1}^2 f(x)dx+\int_2^5 f(x)dx+\int_5^8 f(x)dx+\int_8^{11}f(x)dx$$
$$=4\int_{-1}^2 f(x)dx=4\cdot 3=12 \qquad \text{답 12}$$

0793 $f(x+2)=f(x)$이므로

$$\int_0^2 f(x)dx=\int_2^4 f(x)dx=\cdots=\int_8^{10}f(x)dx=10$$

또 $f(-x)=f(x)$에서 $f(x)$는 우함수이므로

$$\int_{-10}^{10}f(x)dx$$
$$=2\int_0^{10}f(x)dx$$
$$=2\left\{\int_0^2 f(x)dx+\int_2^4 f(x)dx+\cdots+\int_8^{10}f(x)dx\right\}$$
$$=2\cdot 5\int_0^2 f(x)dx=2\cdot 5\cdot 10=100 \qquad \text{답 100}$$

0794 $f(x+1)=f(x)$이므로

$$\int_{-2}^{-1}f(x)dx=\int_{-1}^{0}f(x)dx=\int_{0}^{1}f(x)dx=\int_{1}^{2}f(x)dx$$

$$\therefore \int_{-2}^{2}f(x)dx$$

$$=\int_{-2}^{-1}f(x)dx+\int_{-1}^{0}f(x)dx+\int_{0}^{1}f(x)dx+\int_{1}^{2}f(x)dx$$

$$=4\int_{0}^{1}f(x)dx=4\int_{0}^{1}(-x^2+x)dx$$

$$=4\left[-\frac{1}{3}x^3+\frac{1}{2}x^2\right]_{0}^{1}=4\cdot\frac{1}{6}=\frac{2}{3}$$

답 $\dfrac{2}{3}$

0795 $f(x)=\displaystyle\int_{-3}^{x}(3t^2+at+b)dt$의 양변을 x에 대하여 미

분하면 $f'(x)=3x^2+ax+b$

함수 $f(x)$가 $x=5$에서 극솟값 -32를 가지므로

$f'(5)=0$, $f(5)=-32$

$f'(5)=0$에서 $75+5a+b=0$

$\therefore 5a+b=-75$ $\qquad\qquad$ …… ㉠

$f(5)=-32$에서

$$\int_{-3}^{5}(3t^2+at+b)dt=\left[t^3+\frac{a}{2}t^2+bt\right]_{-3}^{5}$$

$$=125+\frac{25}{2}a+5b-\left(-27+\frac{9}{2}a-3b\right)$$

$$=152+8a+8b=-32$$

$\therefore a+b=-23$ $\qquad\qquad$ …… ㉡

㉠, ㉡을 연립하여 풀면 $a=-13$, $b=-10$

$\therefore ab=130$

답 ③

0796 $f(x)=\displaystyle\int_{x}^{x+a}t(t-2)dt$의 양변을 x에 대하여 미분하면

$f'(x)=(x+a)(x+a-2)-x(x-2)$

$\qquad\quad=2ax+a^2-2a$

함수 $f(x)$가 $x=-1$에서 극솟값을 가지므로

$f'(-1)=0$에서 $a^2-4a=0$, $a(a-4)=0$

$\therefore a=4 \ (\because a>0)$

답 ④

0797 $f(x)=\displaystyle\int_{-1}^{x}t(t-1)dt$의 양변을 x에 대하여 미분하면

$f'(x)=x(x-1)$

$f'(x)=0$에서 $x=0$ 또는 $x=1$

x	$\cdots$	0	$\cdots$	1	$\cdots$
$f'(x)$	$+$	0	$-$	0	$+$
$f(x)$	↗	극대	↘	극소	↗

따라서 함수 $f(x)$는 $x=0$에서 극대, $x=1$에서 극소이므로

$$M=f(0)=\int_{-1}^{0}t(t-1)dt=\int_{-1}^{0}(t^2-t)dt$$

$$=\left[\frac{1}{3}t^3-\frac{1}{2}t^2\right]_{-1}^{0}=\frac{5}{6}$$

$$m=f(1)=\int_{-1}^{1}t(t-1)dt=\int_{-1}^{1}(t^2-t)dt$$

$$=\left[\frac{1}{3}t^3-\frac{1}{2}t^2\right]_{-1}^{1}=-\frac{1}{6}-\left(-\frac{5}{6}\right)=\frac{2}{3}$$

$\therefore M+m=\dfrac{5}{6}+\dfrac{2}{3}=\dfrac{3}{2}$

답 ②

0798 주어진 그래프에서

$F(x)=ax(x-2)=ax^2-2ax\ (a>0)$

로 놓을 수 있다.

$F(x)=\displaystyle\int_{2}^{x}f(t)dt$의 양변을 x에 대하여 미분하면

$F'(x)=f(x)$ $\qquad \therefore f(x)=2ax-2a$

$y=f(x)$의 그래프가 점 $(2, 4)$를 지나므로

$f(2)=4a-2a=4$ $\qquad \therefore a=2$

따라서 $f(x)=4x-4$이므로

$f(3)=12-4=8$

답 ④

0799 주어진 그래프에서 $f(x)=a(x+1)(x-3)\ (a<0)$으

로 놓으면 $f(0)=3$이므로

$-3a=3$ $\qquad \therefore a=-1$

$\therefore f(x)=-(x+1)(x-3)=-x^2+2x+3$

$F(x)=\displaystyle\int_{-1}^{x}f(t)dt$의 양변을 x에 대하여 미분하면

$F'(x)=f(x)=-(x+1)(x-3)$

$F'(x)=0$에서 $x=-1$ 또는 $x=3$

x	$\cdots$	-1	$\cdots$	3	$\cdots$
$F'(x)$	$-$	0	$+$	0	$-$
$F(x)$	↘	극소	↗	극대	↘

따라서 함수 $F(x)$는 $x=3$에서 극댓값을 갖는다.

$$F(x)=\int_{-1}^{x}f(t)dt=\int_{-1}^{x}(-t^2+2t+3)dt$$

$$=\left[-\frac{1}{3}t^3+t^2+3t\right]_{-1}^{x}=-\frac{1}{3}x^3+x^2+3x+\frac{5}{3}$$

이므로 $F(x)$의 극댓값은

$F(3)=-9+9+9+\dfrac{5}{3}=\dfrac{32}{3}$

답 $\dfrac{32}{3}$

0800 $f(x)=\displaystyle\int_{0}^{x}(t-a)(t-2)dt$의 양변을 x에 대하여 미분

하면 $f'(x)=(x-a)(x-2)$

$f'(x)=0$에서 $x=a$ 또는 $x=2$

즉, 함수 $f(x)$는 $x=a$에서 극대, $x=2$에서 극소이다.

㉮

함수 $f(x)$가 $x=2$에서 극솟값 $\dfrac{2}{3}$를 가지므로

$$f(2)=\int_{0}^{2}(t-a)(t-2)dt=\int_{0}^{2}\{t^2-(a+2)t+2a\}dt$$

$$=\left[\frac{1}{3}t^3-\frac{a+2}{2}t^2+2at\right]_{0}^{2}=2a-\frac{4}{3}=\frac{2}{3}$$

$\therefore a=1$

㉯

따라서 함수 $f(x)$는 $x=1$에서 극대이므로 극댓값은
$$f(1)=\int_0^1 (t-1)(t-2)dt=\int_0^1 (t^2-3t+2)dt$$
$$=\left[\frac{1}{3}t^3-\frac{3}{2}t^2+2t\right]_0^1=\frac{5}{6}$$

답 $\dfrac{5}{6}$

단계	채점요소	배점
㉮	극댓값을 갖는 x의 값 구하기	30 %
㉯	a의 값 구하기	40 %
㉰	극댓값 구하기	30 %

0801 $f(x)=\displaystyle\int_x^{x+1}(t^3-t)dt$의 양변을 x에 대하여 미분하면
$$f'(x)=\{(x+1)^3-(x+1)\}-(x^3-x)$$
$$=3x(x+1)$$
$f'(x)=0$에서 $x=-1$ 또는 $x=0$

x	-1	$\cdots$	0	$\cdots$	1
$f'(x)$	0	$-$	0	$+$	
$f(x)$		$\searrow$	극소	$\nearrow$	

$$f(-1)=\int_{-1}^0 (t^3-t)dt=\left[\frac{1}{4}t^4-\frac{1}{2}t^2\right]_{-1}^0=\frac{1}{4}$$
$$f(0)=\int_0^1 (t^3-t)dt=\left[\frac{1}{4}t^4-\frac{1}{2}t^2\right]_0^1=-\frac{1}{4}$$
$$f(1)=\int_1^2 (t^3-t)dt=\left[\frac{1}{4}t^4-\frac{1}{2}t^2\right]_1^2=\frac{9}{4}$$

따라서 $-1\le x\le 1$에서 함수 $f(x)$의 최댓값 $M=\dfrac{9}{4}$, 최솟값
$m=-\dfrac{1}{4}$이므로
$$M+m=\frac{9}{4}+\left(-\frac{1}{4}\right)=2$$

답 **2**

0802 $\displaystyle\int_0^x (x-t)f(t)dt=\frac{3}{4}x^4-x^2$에서
$$x\int_0^x f(t)dt-\int_0^x tf(t)dt=\frac{3}{4}x^4-x^2$$
위의 등식의 양변을 x에 대하여 미분하면
$$\int_0^x f(t)dt+xf(x)-xf(x)=3x^3-2x$$
$$\therefore \int_0^x f(t)dt=3x^3-2x$$
위의 등식의 양변을 다시 x에 대하여 미분하면
$$f(x)=9x^2-2$$
따라서 함수 $f(x)$는 $x=0$일 때 최솟값 -2를 갖는다.

답 -2

0803 주어진 그래프에서 $f(x)=a(x-1)(x-4)\ (a>0)$로
놓을 수 있다.

$g(x)=\displaystyle\int_x^{x+1}f(t)dt$의 양변을 x에 대하여 미분하면
$$g'(x)=f(x+1)-f(x)$$
$$=ax(x-3)-a(x-1)(x-4)$$
$$=2a(x-2)$$
$g'(x)=0$에서 $x=2$

x	$\cdots$	2	$\cdots$
$g'(x)$	$-$	0	$+$
$g(x)$	$\searrow$	극소	$\nearrow$

따라서 함수 $g(x)$는 $x=2$일 때 극소이면서 최소이므로 $g(x)$의
최솟값은 $g(2)$이다.

답 ②

시험에 **꼭** 나오는 문제　　본문 121~123쪽

0804 $\displaystyle\int_0^1 (ax^2+1)dx=\left[\frac{a}{3}x^3+x\right]_0^1=\frac{a}{3}+1$

즉, $\dfrac{a}{3}+1=4$이므로 $a=9$

답 ②

0805 $\displaystyle\int_0^2 (4x+2)dx-\int_k^2 (4t+2)dt$
$$=\int_0^2 (4x+2)dx-\int_k^2 (4x+2)dx$$
$$=\int_0^2 (4x+2)dx+\int_2^k (4x+2)dx$$
$$=\int_0^k (4x+2)dx=\left[2x^2+2x\right]_0^k=2k^2+2k$$
즉, $2k^2+2k=84$이므로
$$k^2+k-42=0,\ (k+7)(k-6)=0$$
$$\therefore k=6\ (\because k>0)$$

답 **6**

0806 $\displaystyle\int_{-2}^2 f(x)dx=\int_{-2}^0 f(x)dx+\int_0^2 f(x)dx$이므로
$$\int_{-2}^2 f(x)dx=\int_{-2}^0 f(x)dx$$에서 $\int_0^2 f(x)dx=0$
$$\therefore \int_{-2}^2 f(x)dx=\int_{-2}^0 f(x)dx=\int_0^2 f(x)dx=0$$
한편, $f(0)=1$이므로
$f(x)=ax^2+bx+1\ (a,\ b$는 상수, $a\ne0)$이라 하면
$$\int_0^2 f(x)dx=\int_0^2 (ax^2+bx+1)dx=\left[\frac{a}{3}x^3+\frac{b}{2}x^2+x\right]_0^2$$
$$=\frac{8}{3}a+2b+2$$
$$\int_{-2}^0 f(x)dx=\int_{-2}^0 (ax^2+bx+1)dx=\left[\frac{a}{3}x^3+\frac{b}{2}x^2+x\right]_{-2}^0$$
$$=\frac{8}{3}a-2b+2$$
즉, $\dfrac{8}{3}a+2b+2=0$, $\dfrac{8}{3}a-2b+2=0$이므로 두 식을 연립하여
풀면

$a=-\dfrac{3}{4}$, $b=0$

따라서 $f(x)=-\dfrac{3}{4}x^2+1$이므로

$f(2)=-3+1=-2$ 답 -2

0807 $\displaystyle\int_{-2}^{2}f(x)dx=\int_{-2}^{1}x^2dx+\int_{1}^{2}(2x-x^2)dx$

$\qquad=\left[\dfrac{1}{3}x^3\right]_{-2}^{1}+\left[x^2-\dfrac{1}{3}x^3\right]_{1}^{2}$

$\qquad=3+\dfrac{2}{3}=\dfrac{11}{3}$ 답 $\dfrac{11}{3}$

0808 $0<a<1$이므로

$f(a)=\displaystyle\int_{0}^{1}(x+a)|x-a|dx$

$\qquad=\displaystyle\int_{0}^{a}(a^2-x^2)dx+\int_{a}^{1}(x^2-a^2)dx$

$\qquad=\left[a^2x-\dfrac{1}{3}x^3\right]_{0}^{a}+\left[\dfrac{1}{3}x^3-a^2x\right]_{a}^{1}=\dfrac{4}{3}a^3-a^2+\dfrac{1}{3}$

$f'(a)=4a^2-2a=2a(2a-1)$

$f'(a)=0$에서 $a=\dfrac{1}{2}$ $(\because 0<a<1)$

x	(0)	$\cdots$	$\dfrac{1}{2}$	$\cdots$	(1)
$f'(a)$		$-$	0	$+$	
$f(a)$		$\searrow$	극소	$\nearrow$	

따라서 함수 $f(a)$는 $a=\dfrac{1}{2}$일 때 극소이면서 최소이므로 최솟값은

$f\left(\dfrac{1}{2}\right)=\dfrac{1}{6}-\dfrac{1}{4}+\dfrac{1}{3}=\dfrac{1}{4}$ 답 ②

0809 $f(3+x)=f(3-x)$에서 함수 $f(x)$의 그래프는 직선 $x=3$에 대하여 대칭이므로

$\displaystyle\int_{0}^{6}f(x)dx=2\int_{3}^{6}f(x)dx=2\left\{\int_{3}^{9}f(x)dx+\int_{9}^{6}f(x)dx\right\}$

$\qquad=2\left\{\displaystyle\int_{3}^{9}f(x)dx-\int_{6}^{9}f(x)dx\right\}$

$\qquad=2(8-2)=12$ 답 12

0810 $f(x)=x^2+\displaystyle\int_{0}^{1}(2x+1)f(t)dt$

$\qquad=x^2+2x\displaystyle\int_{0}^{1}f(t)dt+\int_{0}^{1}f(t)dt$

이때 $\displaystyle\int_{0}^{1}f(t)dt=k$ (k는 상수) $\qquad\cdots\cdots$ ㉠

로 놓으면 $f(x)=x^2+2kx+k$

이것을 ㉠에 대입하면

$\displaystyle\int_{0}^{1}(t^2+2kt+k)dt=k$, $\left[\dfrac{1}{3}t^3+kt^2+kt\right]_{0}^{1}=k$

$\dfrac{1}{3}+2k=k$ $\qquad\therefore k=-\dfrac{1}{3}$

$\therefore \displaystyle\int_{0}^{1}f(x)dx=k=-\dfrac{1}{3}$ 답 ②

0811 $f(x)=\displaystyle\int_{0}^{x}(2at+1)dt$의 양변을 x에 대하여 미분하면

$f'(x)=2ax+1$

이때 $f'(2)=17$이므로 $4a+1=17$ $\quad\therefore a=4$ 답 4

0812 $\displaystyle\int_{0}^{x}(x-t)f(t)dt=2x^4-3x^2$에서

$x\displaystyle\int_{0}^{x}f(t)dt-\int_{0}^{x}tf(t)dt=2x^4-3x^2$

위의 등식의 양변을 x에 대하여 미분하면

$\displaystyle\int_{0}^{x}f(t)dt+xf(x)-xf(x)=8x^3-6x$

$\therefore \displaystyle\int_{0}^{x}f(t)dt=8x^3-6x$

위의 등식에 $x=2$를 대입하면

$\displaystyle\int_{0}^{2}f(t)dt=64-12=52$ $\quad\therefore \displaystyle\int_{0}^{2}f(x)dx=52$ 답 52

0813 $F'(x)=f(x)$로 놓으면 조건 ㈎에서

$\displaystyle\lim_{x\to2}\dfrac{1}{x-2}\int_{2}^{x}f(t)dt=\lim_{x\to2}\dfrac{F(x)-F(2)}{x-2}=F'(2)$

$\qquad\qquad=f(2)=8a-b+4$

즉, $8a-b+4=2$이므로 $8a-b=-2$ $\qquad\cdots\cdots$ ㉠

조건 ㈏에서

$\displaystyle\int_{0}^{1}f(x)dx=\int_{0}^{1}(x^2+4ax-b)dx$

$\qquad=\left[\dfrac{1}{3}x^3+2ax^2-bx\right]_{0}^{1}=2a-b+\dfrac{1}{3}$

즉, $2a-b+\dfrac{1}{3}=1$이므로 $2a-b=\dfrac{2}{3}$ $\qquad\cdots\cdots$ ㉡

㉠, ㉡을 연립하여 풀면 $a=-\dfrac{4}{9}$, $b=-\dfrac{14}{9}$

$\therefore a-b=-\dfrac{4}{9}-\left(-\dfrac{14}{9}\right)=\dfrac{10}{9}$ 답 $\dfrac{10}{9}$

0814 $f(x)=f(x+2)$이므로

$\displaystyle\int_{-1}^{1}f(x)dx=\int_{1}^{3}f(x)dx=\cdots=\int_{11}^{13}f(x)dx$

$\therefore \displaystyle\int_{1}^{13}f(x)dx$

$\qquad=\displaystyle\int_{1}^{3}f(x)dx+\int_{3}^{5}f(x)dx+\cdots+\int_{11}^{13}f(x)dx$

$\qquad=6\displaystyle\int_{-1}^{1}f(x)dx=6\int_{-1}^{1}(-x^2+1)dx$

$\qquad=6\left[-\dfrac{1}{3}x^3+x\right]_{-1}^{1}=6\cdot\dfrac{4}{3}=8$ 답 8

0815 $f(x)=\displaystyle\int_{0}^{x}(3t^2-6t)dt$의 양변을 x에 대하여 미분하면

$f'(x)=3x^2-6x=3x(x-2)$

$f'(x)=0$에서 $x=0$ 또는 $x=2$

x	$\cdots$	0	$\cdots$	2	$\cdots$
$f'(x)$	$+$	0	$-$	0	$+$
$f(x)$	$\nearrow$	극대	$\searrow$	극소	$\nearrow$

따라서 함수 $f(x)$는 $x=2$에서 극소이므로 극솟값은

$$f(2)=\int_0^2(3t^2-6t)dt=\Big[t^3-3t^2\Big]_0^2=-4$$

즉, $\alpha=2$, $\beta=-4$이므로 $\alpha+\beta=-2$ 답 ①

0816 $-2<x<-1$에서 $f(x)$는 증가하므로 $f'(x)>0$
$-1<x<1$에서 $f(x)$는 감소하므로 $f'(x)<0$

$$\therefore \int_{-2}^1|f'(x)|dx$$

$$=\int_{-2}^{-1}f'(x)dx-\int_{-1}^1f'(x)dx=\Big[f(x)\Big]_{-2}^{-1}-\Big[f(x)\Big]_{-1}^1$$

$$=\{f(-1)-f(-2)\}-\{f(1)-f(-1)\}$$

$$=(4-1)-(1-4)=6$$ 답 ②

0817 $\displaystyle\int_0^1(x-k)^2f(x)dx$

$$=\int_0^1(x^2-2kx+k^2)f(x)dx$$

$$=\int_0^1x^2f(x)dx-2k\int_0^1xf(x)dx+k^2\int_0^1f(x)dx$$

$$=k^2-6k+\int_0^1x^2f(x)dx=(k-3)^2-9+\int_0^1x^2f(x)dx$$

이때 정적분 $\displaystyle\int_0^1x^2f(x)dx$는 상수이므로 $k=3$일 때 주어진 정적분의 값이 최소가 된다. 답 ③

0818 조건 ㈎에서 $f(-x)=f(x)$이므로 $f(x)$는 우함수,
$g(-x)=-g(x)$이므로 $g(x)$는 기함수이다. ㉮

$$\therefore \int_{-3}^3\{2f(x)-3g(x)\}dx$$

$$=2\int_{-3}^3f(x)dx-3\int_{-3}^3g(x)dx$$

$$=4\int_0^3f(x)dx$$ ㉯

$$=4\cdot4=16$$ ㉰

답 16

단계	채점요소	배점
㉮	두 함수 $f(x)$, $g(x)$ 파악하기	40%
㉯	우함수, 기함수의 특성을 이용하여 정적분 간단히 하기	40%
㉰	정적분의 값 구하기	20%

0819 주어진 등식의 양변에 $x=1$을 대입하면
$0=1-1+a+5-2$ $\quad\therefore a=-3$ ㉮

$$\int_1^x(x-t)f'(t)dt=x^4-x^3-3x^2+5x-2$$에서

$$x\int_1^xf'(t)dt-\int_1^xtf'(t)dt=x^4-x^3-3x^2+5x-2$$

위의 등식의 양변을 x에 대하여 미분하면

$$\int_1^xf'(t)dt+xf'(x)-xf'(x)=4x^3-3x^2-6x+5$$

$$\therefore \int_1^xf'(t)dt=4x^3-3x^2-6x+5$$

위의 등식의 양변을 다시 x에 대하여 미분하면

$$f'(x)=12x^2-6x-6$$ ㉯

$$\therefore f(x)=\int(12x^2-6x-6)dx=4x^3-3x^2-6x+C$$

이때 $f'(x)=12x^2-6x-6=6(2x+1)(x-1)=0$에서

$$x=-\frac{1}{2}$$ 또는 $x=1$

x	$\cdots$	$-\dfrac{1}{2}$	$\cdots$	1	$\cdots$
$f'(x)$	$+$	0	$-$	0	$+$
$f(x)$	↗	극대	↘	극소	↗

따라서 함수 $f(x)$는 $x=-\dfrac{1}{2}$에서 극댓값 M, $x=1$에서 극솟값 m을 가지므로

$$M=f\left(-\frac{1}{2}\right)=-\frac{1}{2}-\frac{3}{4}+3+C=\frac{7}{4}+C$$

$$m=f(1)=4-3-6+C=-5+C$$ ㉰

$$\therefore M-m=\left(\frac{7}{4}+C\right)-(-5+C)=\frac{27}{4}$$ ㉱

답 $\dfrac{27}{4}$

단계	채점요소	배점
㉮	a의 값 구하기	20%
㉯	$f'(x)$ 구하기	30%
㉰	$f(x)$의 극댓값, 극솟값 구하기	40%
㉱	$M-m$의 값 구하기	10%

0820 주어진 그래프에서
$$f(x)=a(x-2)(x-7)\ (a<0)$$
로 놓을 수 있다. ㉮

$g(x)=\displaystyle\int_x^{x+1}f(t)dt$의 양변을 x에 대하여 미분하면

$$g'(x)=f(x+1)-f(x)$$

$$=a(x-1)(x-6)-a(x-2)(x-7)$$

$$=2a(x-4)$$ ㉯

$g'(x)=0$에서 $x=4$

x	$\cdots$	4	$\cdots$
$g'(x)$	$+$	0	$-$
$g(x)$	$\nearrow$	극대	$\searrow$

따라서 함수 $g(x)$는 $x=4$일 때 극대이면서 최대이므로
$k=4$

$\cdots$ 🐶

답 **4**

단계	채점요소	배점
㉮	그래프를 이용하여 $f(x)$의 식 세우기	20%
㉯	$g'(x)$ 구하기	40%
㉰	k의 값 구하기	40%

0821 $f(x)=\begin{cases} 1 & (\,|x|\geq1) \\ |x| & (\,|x|\leq1) \end{cases}$의 양변에 x 대신 $2-x$를 대입

하면
$$f(2-x)=\begin{cases} 1 & (\,|2-x|\geq1) \\ |2-x| & (\,|2-x|\leq1) \end{cases}$$

이때 $|2-x|=|x-2|$이므로

$|2-x|\geq1$에서 $|x-2|\geq1$ $\quad\therefore x\leq1$ 또는 $x\geq3$

$|2-x|\leq1$에서 $|x-2|\leq1$ $\quad\therefore 1\leq x\leq3$

즉, $f(2-x)=\begin{cases} 1 & (x\leq1 \text{ 또는 } x\geq3) \\ |2-x| & (1\leq x\leq3) \end{cases}$ 이므로

$$\int_0^2 x^2 f(2-x)dx=\int_0^1 x^2 f(2-x)dx+\int_1^2 x^2 f(2-x)dx$$
$$=\int_0^1 x^2 dx+\int_1^2 x^2|2-x|dx$$
$$=\int_0^1 x^2 dx+\int_1^2 x^2(2-x)dx$$
$$=\left[\frac{1}{3}x^3\right]_0^1+\left[\frac{2}{3}x^3-\frac{1}{4}x^4\right]_1^2$$
$$=\frac{1}{3}+\left(\frac{4}{3}-\frac{5}{12}\right)=\frac{5}{4}$$

따라서 $p=5$, $q=4$이므로
$p+q=5+4=9$

답 **9**

0822 $f(x)$의 차수를 2 이상의 자연수 n이라 하면 주어진 등식의 좌변의 차수는 n^2, 우변의 차수는 $n+1$이므로
$n^2=n+1$ $\quad\therefore n^2-n-1=0$

그런데 위의 식을 만족시키는 2 이상의 자연수 n은 존재하지 않으므로 $f(x)$는 일차 이하의 다항식이다.

이때 $f(x)=ax+b$ (a, b는 상수)로 놓으면
$f(f(x))=f(ax+b)=a(ax+b)+b=a^2x+ab+b$

이므로 주어진 등식에 대입하면
$$a^2x+ab+b=-x^2+4x+\int_0^x f(t)dt$$

위의 등식의 양변을 x에 대하여 미분하면
$a^2=-2x+4+f(x)$ $\quad\therefore f(x)=2x+a^2-4$

즉, $ax+b=2x+a^2-4$이므로
$a=2$, $b=0$

따라서 $f(x)=2x$이므로
$$\int_2^4 f(x)dx=\int_2^4 2x\,dx=\left[x^2\right]_2^4=12$$

답 **12**

0823 $g(x)=\displaystyle\int_{-1}^x (t-1)f(t)dt$에서

(ⅰ) $x<1$일 때, $f(x)=-1$이므로
$$g(x)=\int_{-1}^x (1-t)dt=\left[t-\frac{1}{2}t^2\right]_{-1}^x=-\frac{1}{2}x^2+x+\frac{3}{2}$$

(ⅱ) $x\geq1$일 때, $f(x)=-x+2$이므로
$$g(x)=\int_{-1}^1 (1-t)dt+\int_1^x (t-1)(-t+2)dt$$
$$=\left[t-\frac{1}{2}t^2\right]_{-1}^1+\left[-\frac{1}{3}t^3+\frac{3}{2}t^2-2t\right]_1^x$$
$$=-\frac{1}{3}x^3+\frac{3}{2}x^2-2x+\frac{17}{6}$$

(ⅰ), (ⅱ)에서 $g(x)=\begin{cases} -\dfrac{1}{2}x^2+x+\dfrac{3}{2} & (x<1) \\ -\dfrac{1}{3}x^3+\dfrac{3}{2}x^2-2x+\dfrac{17}{6} & (x\geq1) \end{cases}$

한편, $g(x)=\displaystyle\int_{-1}^x (t-1)f(t)dt$의 양변을
x에 대하여 미분하면
$g'(x)=(x-1)f(x)$
$\qquad=\begin{cases} -(x-1) & (x<1) \\ (x-1)(-x+2) & (x>1) \end{cases}$

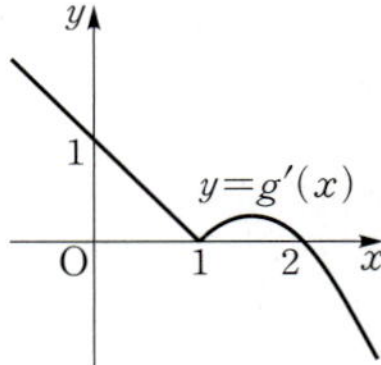

ㄱ. $1<x<2$일 때,
$\quad g'(x)=-(x-1)(x-2)>0$
$\quad$이므로 $g(x)$는 열린구간 $(1,\,2)$에서 증가한다.

ㄴ. $\displaystyle\lim_{x\to1-}\{-(x-1)\}=\lim_{x\to1+}(x-1)(-x+2)=0$
$\quad$즉, $g'(1)=0$이므로 $g(x)$는 $x=1$에서 미분가능하다.

ㄷ. $y=g(x)$의 그래프가 오른쪽 그림과 같으므로 방정식 $g(x)=k$가 서로 다른 세 실근을 갖도록 하는 실수 k는 존재하지 않는다.

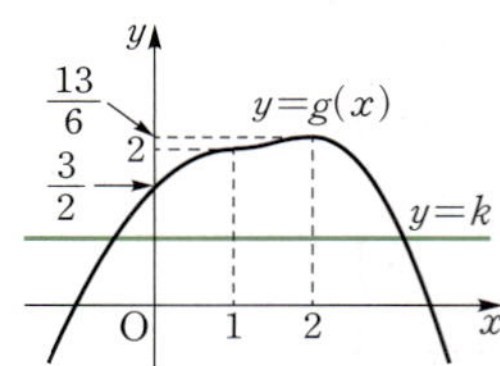

따라서 옳은 것은 ㄱ, ㄴ이다.

답 ③

09 정적분의 활용

📖 교과서 문제 정/복/하/기

0824 $\displaystyle\int_0^2 -(x^2-2x)\,dx = -\left[\frac{1}{3}x^3-x^2\right]_0^2$
$$= -\left(\frac{8}{3}-4\right) = \frac{4}{3}$$
답 $\dfrac{4}{3}$

0825 곡선 $y=1-x^2$과 x축의 교점의
x좌표는 $1-x^2=0$에서
$(1+x)(1-x)=0$
$\therefore x=-1$ 또는 $x=1$
따라서 구하는 넓이는

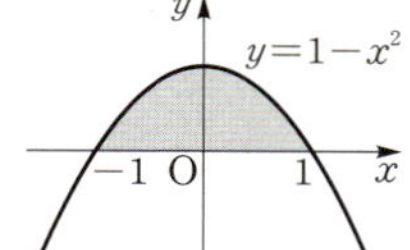

$$\int_{-1}^1 (1-x^2)\,dx = \left[x-\frac{1}{3}x^3\right]_{-1}^1$$
$$= \left(1-\frac{1}{3}\right)-\left(-1+\frac{1}{3}\right) = \frac{4}{3}$$
답 $\dfrac{4}{3}$

0826 곡선 $y=x^3-x$와 x축의 교점
의 x좌표는 $x^3-x=0$에서
$x(x^2-1)=0$
$x(x+1)(x-1)=0$
$\therefore x=-1$ 또는 $x=0$ 또는 $x=1$
따라서 구하는 넓이는

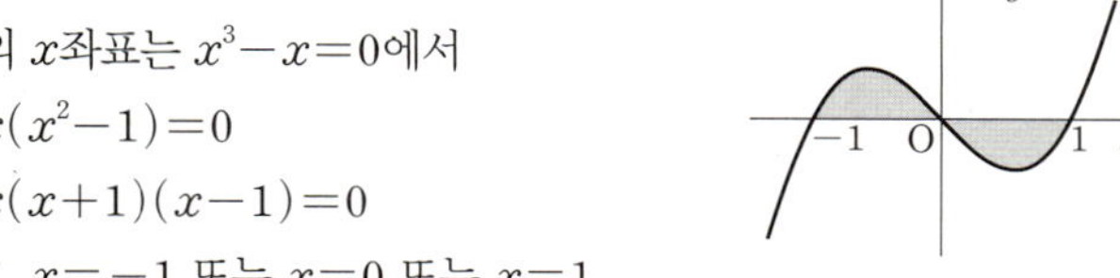

$$\int_{-1}^1 |x^3-x|\,dx = \int_{-1}^0 (x^3-x)\,dx - \int_0^1 (x^3-x)\,dx$$
$$= \left[\frac{1}{4}x^4-\frac{1}{2}x^2\right]_{-1}^0 - \left[\frac{1}{4}x^4-\frac{1}{2}x^2\right]_0^1$$
$$= \frac{1}{4}+\frac{1}{4} = \frac{1}{2}$$
답 $\dfrac{1}{2}$

0827 곡선 $y=x^3-x^2-2x$와 x축
의 교점의 x좌표는 $x^3-x^2-2x=0$에
서 $x(x^2-x-2)=0$ 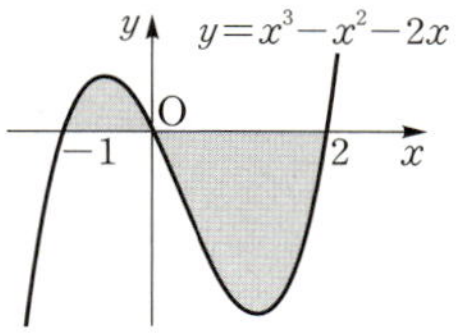
$x(x+1)(x-2)=0$
$\therefore x=-1$ 또는 $x=0$ 또는 $x=2$
따라서 구하는 넓이는

$$\int_{-1}^2 |x^3-x^2-2x|\,dx$$
$$= \int_{-1}^0 (x^3-x^2-2x)\,dx - \int_0^2 (x^3-x^2-2x)\,dx$$
$$= \left[\frac{1}{4}x^4-\frac{1}{3}x^3-x^2\right]_{-1}^0 - \left[\frac{1}{4}x^4-\frac{1}{3}x^3-x^2\right]_0^2$$
$$= \frac{5}{12}+\frac{8}{3} = \frac{37}{12}$$
답 $\dfrac{37}{12}$

0828 $\displaystyle\int_{-1}^2 -(x^3-3x^2)\,dx = -\left[\frac{1}{4}x^4-x^3\right]_{-1}^2$
$$= -\left(-4-\frac{5}{4}\right) = \frac{21}{4}$$
답 $\dfrac{21}{4}$

0829 곡선 $y=x^2+2x-3$과 x축의 교
점의 x좌표는 $x^2+2x-3=0$에서 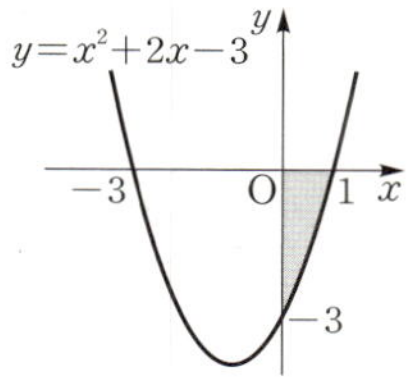
$(x-3)(x-1)=0$
$\therefore x=-3$ 또는 $x=1$
따라서 구하는 넓이는

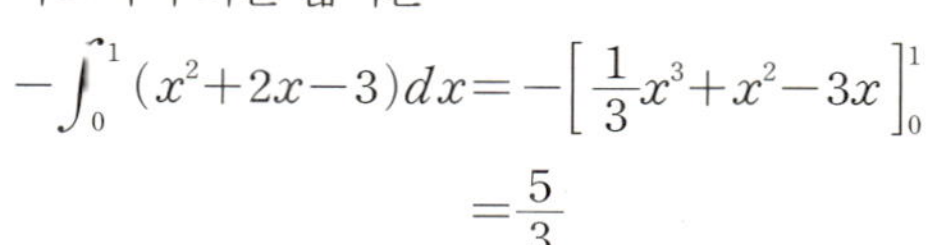

$$-\int_0^1 (x^2+2x-3)\,dx = -\left[\frac{1}{3}x^3+x^2-3x\right]_0^1$$
$$= \frac{5}{3}$$
답 $\dfrac{5}{3}$

0830 곡선 $y=\frac{1}{2}x^2-4$와 x축의 교
점의 x좌표는 $\frac{1}{2}x^2-4=0$에서 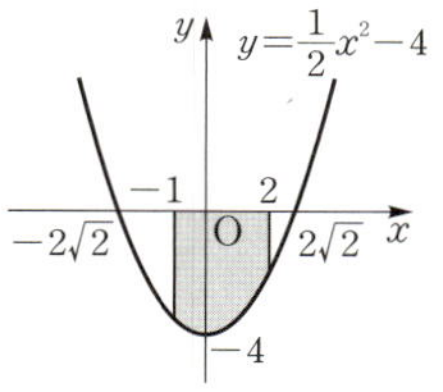
$x^2-8=0$
$(x+2\sqrt{2})(x-2\sqrt{2})=0$
$\therefore x=-2\sqrt{2}$ 또는 $x=2\sqrt{2}$
따라서 구하는 넓이는

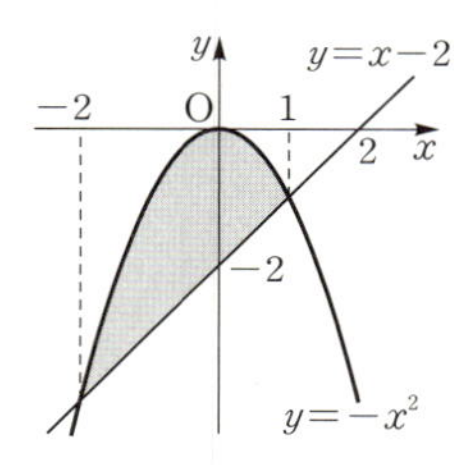

$$-\int_{-1}^2 \left(\frac{1}{2}x^2-4\right)dx = -\left[\frac{1}{6}x^3-4x\right]_{-1}^2 = -\left(-\frac{40}{6}-\frac{23}{6}\right)$$
$$= \frac{21}{2}$$
답 $\dfrac{21}{2}$

0831 곡선 $y=-x^2$과 직선
$y=x-2$의 교점의 x좌표는
$-x^2=x-2$에서 $x^2+x-2=0$
$(x+2)(x-1)=0$
$\therefore x=-2$ 또는 $x=1$
따라서 구하는 넓이는

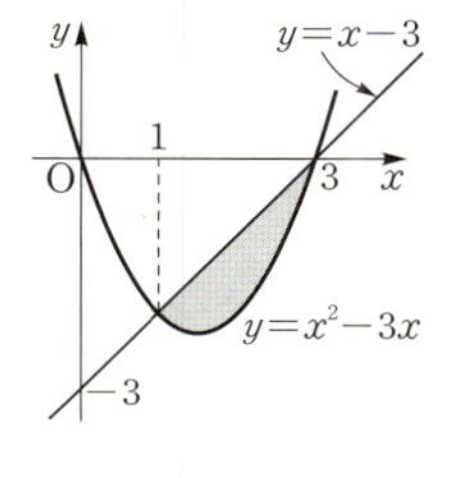

$$\int_{-2}^1 \{-x^2-(x-2)\}\,dx = \int_{-2}^1 (-x^2-x+2)\,dx$$
$$= \left[-\frac{1}{3}x^3-\frac{1}{2}x^2+2x\right]_{-2}^1$$
$$= \frac{9}{2}$$
답 $\dfrac{9}{2}$

0832 곡선 $y=x^2-3x$와 직선
$y=x-3$의 교점의 x좌표는
$x^2-3x=x-3$에서 $x^2-4x+3=0$
$(x-1)(x-3)=0$
$\therefore x=1$ 또는 $x=3$
따라서 구하는 넓이는

$$\int_1^3 \{(x-3)-(x^2-3x)\}\,dx = \int_1^3 (-x^2+4x-3)\,dx$$
$$= \left[-\frac{1}{3}x^3+2x^2-3x\right]_1^3$$
$$= \frac{4}{3}$$
답 $\dfrac{4}{3}$

0833 곡선 $y=x^3$과 직선 $y=x$의 교점의 x좌표는 $x^3=x$에서

$x^3-x=0$

$x(x+1)(x-1)=0$

$\therefore\ x=-1$ 또는 $x=0$ 또는 $x=1$

따라서 구하는 넓이는

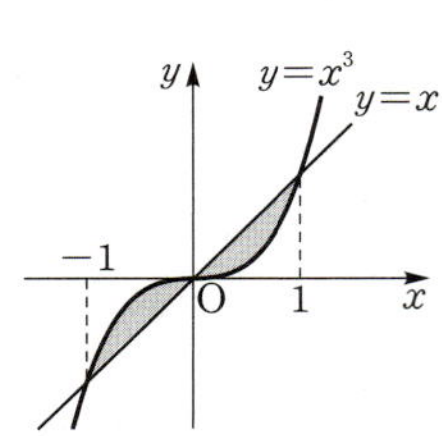

$$\int_{-1}^{0}(x^3-x)dx+\int_{0}^{1}(x-x^3)dx$$

$$=\left[\frac{1}{4}x^4-\frac{1}{2}x^2\right]_{-1}^{0}+\left[\frac{1}{2}x^2-\frac{1}{4}x^4\right]_{0}^{1}$$

$$=\frac{1}{4}+\frac{1}{4}=\frac{1}{2}$$

답 $\dfrac{1}{2}$

0834 두 곡선 $y=x^2-5x+6$, $y=-x^2+3x$의 교점의 x좌표는

$x^2-5x+6=-x^2+3x$에서

$x^2-4x+3=0$

$(x-1)(x-3)=0$

$\therefore\ x=1$ 또는 $x=3$

따라서 구하는 넓이는

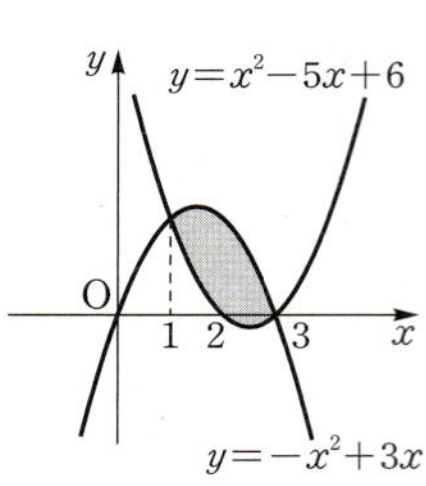

$$\int_{1}^{3}\{(-x^2+3x)-(x^2-5x+6)\}dx$$

$$=\int_{1}^{3}(-2x^2+8x-6)dx$$

$$=\left[-\frac{2}{3}x^3+4x^2-6x\right]_{1}^{3}$$

$$=0-\left(-\frac{8}{3}\right)=\frac{8}{3}$$

답 $\dfrac{8}{3}$

0835 두 곡선 $y=x^3-x^2$과 $y=x^2$의 교점의 x좌표는 $x^3-x^2=x^2$에서

$x^3-2x^2=0$

$x^2(x-2)=0$

$\therefore\ x=0$ 또는 $x=2$

따라서 구하는 넓이는

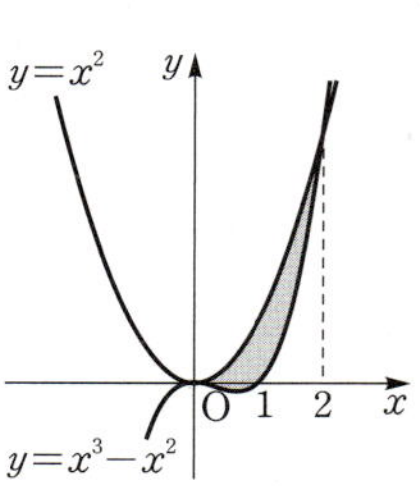

$$\int_{0}^{2}\{x^2-(x^3-x^2)\}dx=\int_{0}^{2}(-x^3+2x^2)dx$$

$$=\left[-\frac{1}{4}x^4+\frac{2}{3}x^3\right]_{0}^{2}$$

$$=\frac{4}{3}$$

답 $\dfrac{4}{3}$

0836 $\displaystyle\int_{0}^{2}(-t^2+4t-3)dt=\left[-\frac{1}{3}t^3+2t^2-3t\right]_{0}^{2}$

$$=-\frac{2}{3}$$

답 $-\dfrac{2}{3}$

0837 $\displaystyle\int_{1}^{4}(-t^2+4t-3)dt=\left[-\frac{1}{3}t^3+2t^2-3t\right]_{1}^{4}$

$$=0$$

답 **0**

0838 $\displaystyle\int_{1}^{4}|-t^2+4t-3|dt$

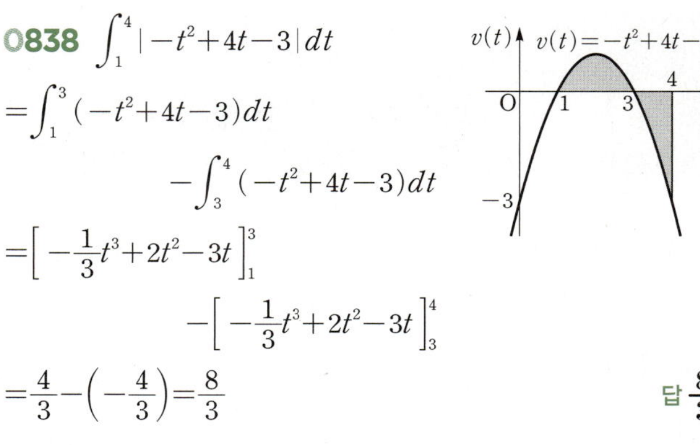

$$=\int_{1}^{3}(-t^2+4t-3)dt$$

$$\qquad-\int_{3}^{4}(-t^2+4t-3)dt$$

$$=\left[-\frac{1}{3}t^3+2t^2-3t\right]_{1}^{3}$$

$$\qquad-\left[-\frac{1}{3}t^3+2t^2-3t\right]_{3}^{4}$$

$$=\frac{4}{3}-\left(-\frac{4}{3}\right)=\frac{8}{3}$$

답 $\dfrac{8}{3}$

본문 126~132쪽

0839 곡선 $y=x^2-6x$와 x축의 교점의 x좌표는 $x^2-6x=0$에서

$x(x-6)=0$

$\therefore\ x=0$ 또는 $x=6$

따라서 구하는 넓이는

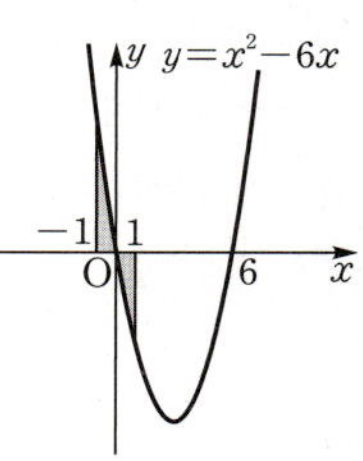

$$\int_{-1}^{0}(x^2-6x)dx-\int_{0}^{1}(x^2-6x)dx$$

$$=\left[\frac{1}{3}x^3-3x^2\right]_{-1}^{0}-\left[\frac{1}{3}x^3-3x^2\right]_{0}^{1}$$

$$=\frac{10}{3}+\frac{8}{3}=6$$

답 **6**

0840 곡선 $y=-x^2+4x-3$과 x축의 교점의 x좌표는

$-x^2+4x-3=0$에서

$x^2-4x+3=0,\ (x-1)(x-3)=0$

$\therefore\ x=1$ 또는 $x=3$

따라서 구하는 넓이는

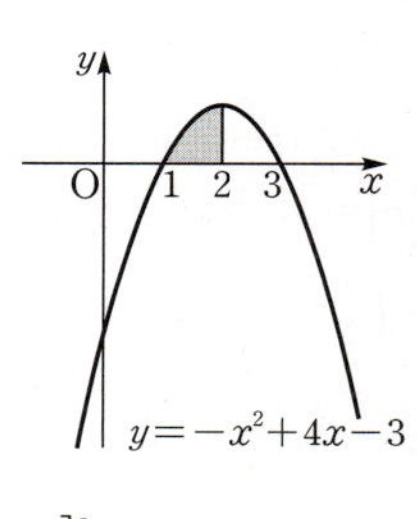

$$\int_{1}^{2}(-x^2+4x-3)dx=\left[-\frac{1}{3}x^3+2x^2-3x\right]_{1}^{2}$$

$$=\frac{2}{3}$$

답 ②

0841 곡선 $y=x^3+x^2-2x$와 x축의 교점의 x좌표는

$x^3+x^2-2x=0$에서

$x(x^2+x-2)=0$

$x(x+2)(x-1)=0$

$\therefore\ x=-2$ 또는 $x=0$ 또는 $x=1$

따라서 구하는 넓이는

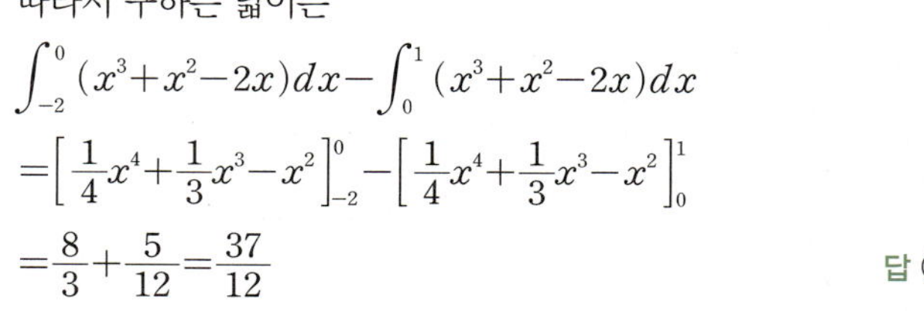

$$\int_{-2}^{0}(x^3+x^2-2x)dx-\int_{0}^{1}(x^3+x^2-2x)dx$$

$$=\left[\frac{1}{4}x^4+\frac{1}{3}x^3-x^2\right]_{-2}^{0}-\left[\frac{1}{4}x^4+\frac{1}{3}x^3-x^2\right]_{0}^{1}$$

$$=\frac{8}{3}+\frac{5}{12}=\frac{37}{12}$$

답 ③

0842 곡선 $y=-x^2+ax$와 x축의 교점의 x좌표는 $-x^2+ax=0$에서
$x(x-a)=0$ $\therefore x=0$ 또는 $x=a$
오른쪽 그림에서 색칠한 도형의 넓이는

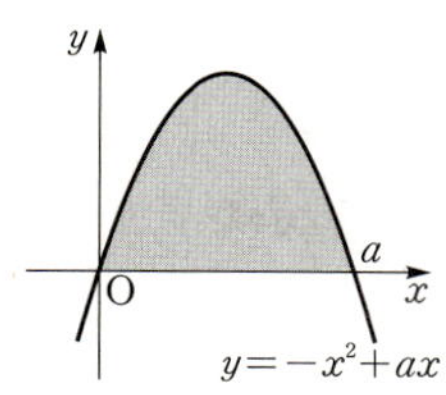

$$\int_0^a (-x^2+ax)dx$$
$$=\left[-\frac{1}{3}x^3+\frac{a}{2}x^2\right]_0^a=\frac{a^3}{6}$$

따라서 $\dfrac{a^3}{6}=\dfrac{32}{3}$이므로

$a^3=64$ $\therefore a=4$

답 ②

0843 오른쪽 그림에서 색칠한 도형의 넓이는

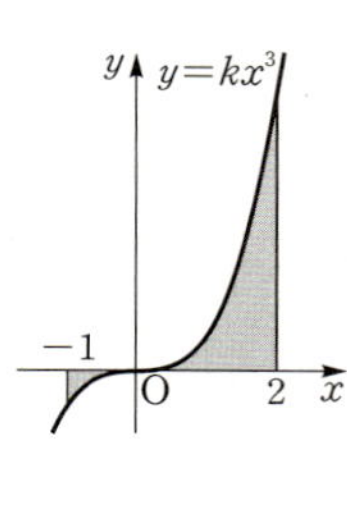

$$-\int_{-1}^0 kx^3 dx+\int_0^2 kx^3 dx$$
$$=-\left[\frac{k}{4}x^4\right]_{-1}^0+\left[\frac{k}{4}x^4\right]_0^2$$
$$=\frac{k}{4}+4k=\frac{17}{4}k$$

따라서 $\dfrac{17}{4}k=17$이므로 $k=4$

답 ④

0844 $\displaystyle\int_1^x f(t)dt=\frac{2}{3}x^3-\frac{1}{2}x^2-\frac{1}{6}$의 양변을 x에 대하여 미분하면

$f(x)=2x^2-x$

곡선 $y=f(x)$와 x축의 교점의 x좌표는 $2x^2-x=0$에서 $x(2x-1)=0$

$\therefore x=0$ 또는 $x=\dfrac{1}{2}$

따라서 구하는 넓이는

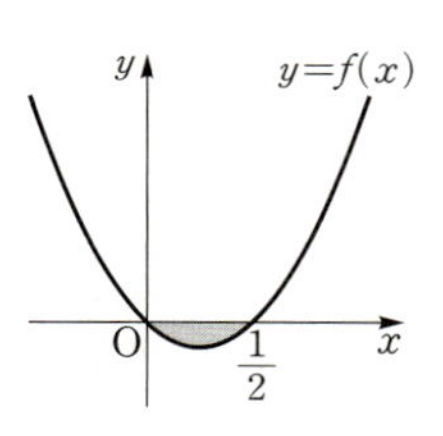

$$-\int_0^{\frac{1}{2}}(2x^2-x)dx=-\left[\frac{2}{3}x^3-\frac{1}{2}x^2\right]_0^{\frac{1}{2}}$$
$$=\frac{1}{24}$$

답 $\dfrac{1}{24}$

0845 곡선 $y=x(x-3)^2$과 직선 $y=x$의 교점의 x좌표는 $x(x-3)^2=x$에서

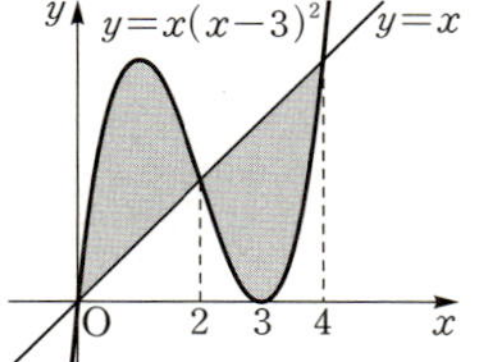

$x(x^2-6x+8)=0$
$x(x-2)(x-4)=0$
$\therefore x=0$ 또는 $x=2$ 또는 $x=4$

따라서 구하는 넓이는

$$\int_0^2\{x(x-3)^2-x\}dx+\int_2^4\{x-x(x-3)^2\}dx$$
$$=\int_0^2(x^3-6x^2+8x)dx+\int_2^4(-x^3+6x^2-8x)dx$$
$$=\left[\frac{1}{4}x^4-2x^3+4x^2\right]_0^2+\left[-\frac{1}{4}x^4+2x^3-4x^2\right]_2^4$$
$$=4+4=8$$

답 ④

0846 곡선 $y=-x^2+6x$와 직선 $y=2x$의 교점의 x좌표는 $-x^2+6x=2x$에서

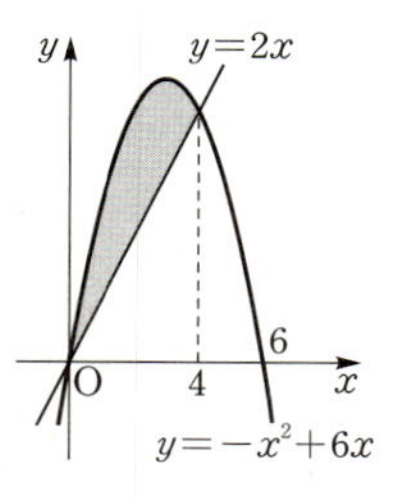

$x^2-4x=0$, $x(x-4)=0$
$\therefore x=0$ 또는 $x=4$

따라서 구하는 넓이는

$$\int_0^4\{(-x^2+6x)-2x\}dx=\int_0^4(-x^2+4x)dx$$
$$=\left[-\frac{1}{3}x^3+2x^2\right]_0^4$$
$$=\frac{32}{3}$$

답 $\dfrac{32}{3}$

다른풀이 포물선 $y=-x^2+6x$와 직선 $y=2x$로 둘러싸인 도형의 넓이는

$$\frac{|-1|(4-0)^3}{6}=\frac{32}{3}$$

참고 포물선 $y=ax^2+bx+c$와 직선 $y=mx+n$이 서로 다른 두 점에서 만날 때, 교점의 x좌표를 α, $\beta\,(\alpha<\beta)$라 하면 포물선과 직선 사이의 넓이 S는

$$\Rightarrow S=\frac{|a|(\beta-\alpha)^3}{6}$$

0847 곡선 $y=3x-x^2$과 직선 $y=3-x$의 교점의 x좌표는 $3x-x^2=3-x$에서

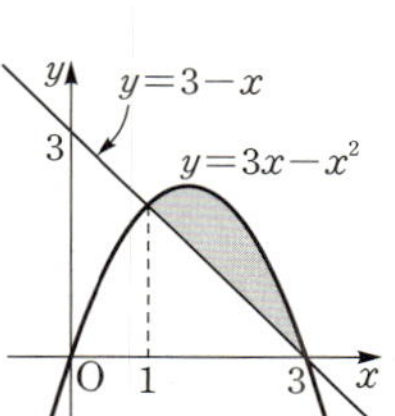

$x^2-4x+3=0$, $(x-1)(x-3)=0$
$\therefore x=1$ 또는 $x=3$

따라서 구하는 넓이는

$$\int_1^3\{(3x-x^2)-(3-x)\}dx=\int_1^3(-x^2+4x-3)dx$$
$$=\left[-\frac{1}{3}x^3+2x^2-3x\right]_1^3=\frac{4}{3}$$

답 ②

0848 곡선 $y=x^2-3x$와 직선 $y=ax$의 교점의 x좌표는 $x^2-3x=ax$에서

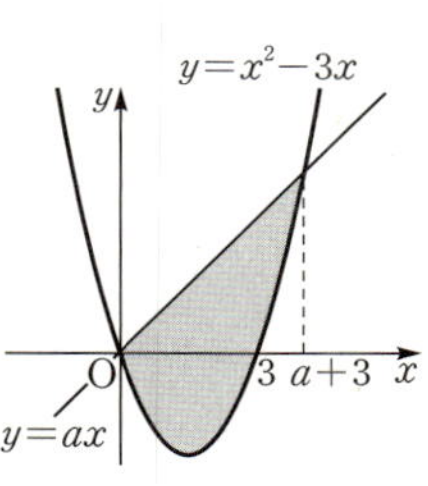

$x\{x-(a+3)\}=0$
$\therefore x=0$ 또는 $x=a+3$

따라서 주어진 곡선과 직선으로 둘러싸인 도형의 넓이는

$$\int_0^{a+3}\{ax-(x^2-3x)\}dx=\int_0^{a+3}\{-x^2+(a+3)x\}dx$$
$$=\left[-\frac{1}{3}x^3+\frac{a+3}{2}x^2\right]_0^{a+3}$$
$$=\frac{1}{6}(a+3)^3$$

즉, $\dfrac{(a+3)^3}{6}=36$이므로 $(a+3)^3=6^3$

$a+3=6$ $\therefore a=3$

답 3

0849 두 곡선 $y=x^2-4x+5$, $y=-x^2+6x-3$의 교점의 x좌표는
$x^2-4x+5=-x^2+6x-3$에서
$2x^2-10x+8=0$, $x^2-5x+4=0$
$(x-1)(x-4)=0$
$\therefore x=1$ 또는 $x=4$
따라서 구하는 넓이는

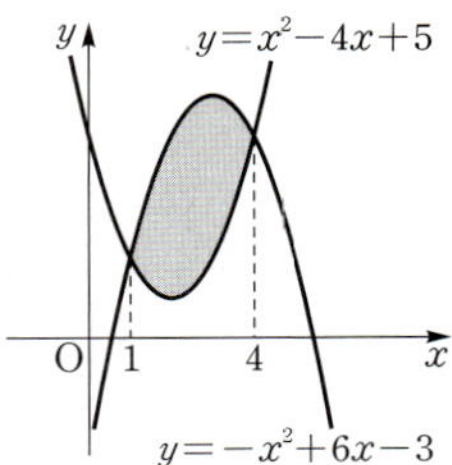

$$\int_1^4 \{(-x^2+6x-3)-(x^2-4x+5)\}dx$$
$$=\int_1^4 (-2x^2+10x-8)dx$$
$$=\left[-\frac{2}{3}x^3+5x^2-8x\right]_1^4=9$$

답 ①

0850 두 곡선 $y=x^3-4x$, $y=3x^2$의
교점의 x좌표는 $x^3-4x=3x^2$에서
$x^3-3x^2-4x=0$
$x(x^2-3x-4)=0$
$x(x+1)(x-4)=0$
$\therefore x=-1$ 또는 $x=0$ 또는 $x=4$
따라서 구하는 넓이는

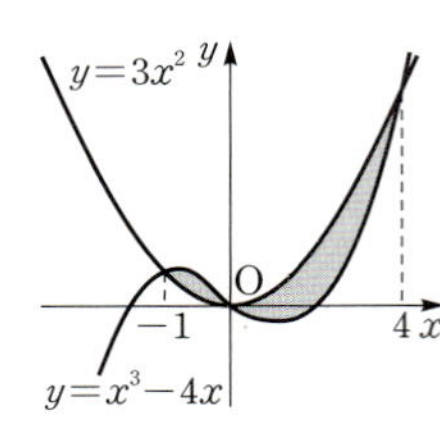

$$\int_{-1}^0 \{(x^3-4x)-3x^2\}dx+\int_0^4 \{3x^2-(x^3-4x)\}dx$$
$$=\int_{-1}^0 (x^3-3x^2-4x)dx+\int_0^4 (-x^3+3x^2+4x)dx$$
$$=\left[\frac{1}{4}x^4-x^3-2x^2\right]_{-1}^0+\left[-\frac{1}{4}x^4+x^3+2x^2\right]_0^4$$
$$=\frac{3}{4}+32=\frac{131}{4}$$

답 $\dfrac{131}{4}$

0851 곡선 $y=x^2-1$을 x축에 대하여 대칭이동하면
$-y=x^2-1$ $\qquad \therefore y=-x^2+1$
이 곡선을 x축의 방향으로 1만큼, y축의 방향으로 3만큼 평행이
동하면
$y=-(x-1)^2+4$
두 곡선 $y=x^2-1$, $y=-(x-1)^2+4$의
교점의 x좌표는
$x^2-1=-x^2+2x+3$에서
$2x^2-2x-4=0$, $x^2-x-2=0$
$(x+1)(x-2)=0$
$\therefore x=-1$ 또는 $x=2$
따라서 구하는 넓이는

$$\int_{-1}^2 \{(-x^2+2x+3)-(x^2-1)\}dx$$
$$=\int_{-1}^2 (-2x^2+2x+4)dx$$
$$=\left[-\frac{2}{3}x^3+x^2+4x\right]_{-1}^2$$
$$=9$$

답 **9**

0852 두 곡선 $y=x^3-3x^2$, $y=x^2-3x$의 교점의 x좌표는

$x^3-3x^2=x^2-3x$에서
$x^3-4x^2+3x=0$
$x(x^2-4x+3)=0$
$x(x-1)(x-3)=0$
$\therefore x=0$ 또는 $x=1$ 또는 $x=3$

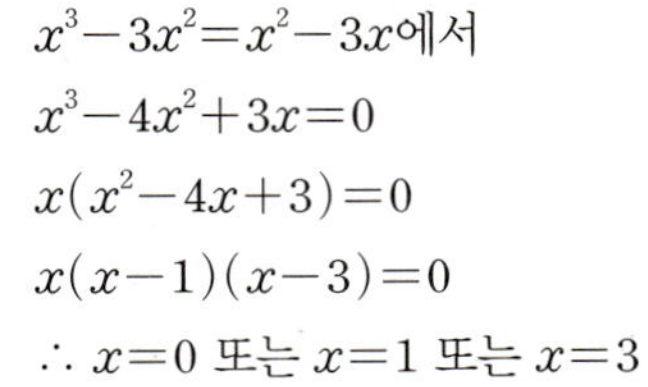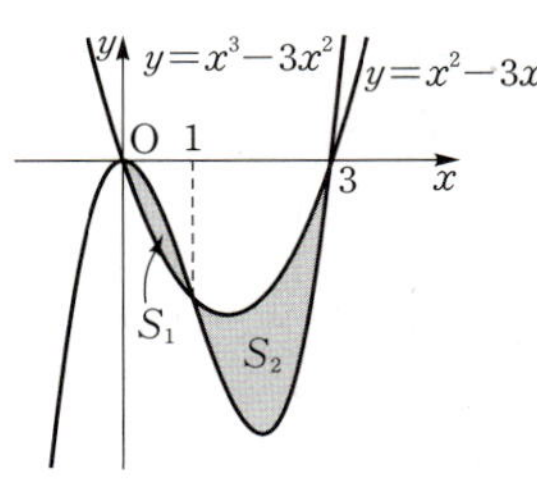

㉮

$$S_1=\int_0^1 \{x^3-3x^2-(x^2-3x)\}dx=\int_0^1 (x^3-4x^2+3x)dx$$
$$=\left[\frac{1}{4}x^4-\frac{4}{3}x^3+\frac{3}{2}x^2\right]_0^1=\frac{5}{12}$$
$$S_2=\int_1^3 \{x^2-3x-(x^3-3x^2)\}dx=\int_1^3 (-x^3+4x^2-3x)dx$$
$$=\left[-\frac{1}{4}x^4+\frac{4}{3}x^3-\frac{3}{2}x^2\right]_1^3=\frac{8}{3}$$

㉯

$$\therefore S_1 S_2=\frac{10}{9}$$

㉰

답 $\dfrac{10}{9}$

단계	채점요소	배점
㉮	두 곡선의 교점의 x좌표 구하기	30%
㉯	S_1, S_2의 값 구하기	50%
㉰	$S_1 S_2$의 값 구하기	20%

0853 $y=x|x-1|=\begin{cases} x(x-1) & (x\geq 1) \\ -x(x-1) & (x\leq 1) \end{cases}$

따라서 구하는 넓이는

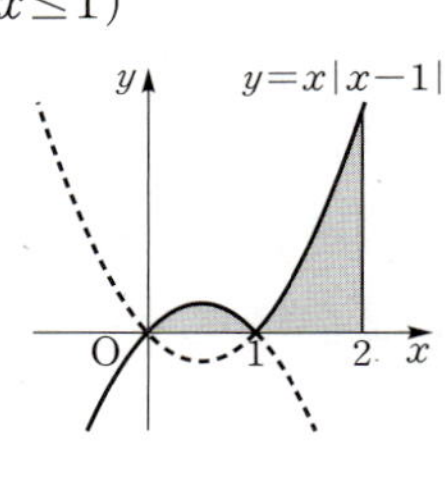

$$\int_0^1 \{-x(x-1)\}dx+\int_1^2 x(x-1)dx$$
$$=\int_0^1 (-x^2+x)dx+\int_1^2 (x^2-x)dx$$
$$=\left[-\frac{1}{3}x^3+\frac{1}{2}x^2\right]_0^1+\left[\frac{1}{3}x^3-\frac{1}{2}x^2\right]_1^2$$
$$=\frac{1}{6}+\frac{5}{6}=1$$

답 ②

0854 $y=|x(x-1)|=\begin{cases} x(x-1) & (x\leq 0 \text{ 또는 } x\geq 1) \\ -x(x-1) & (0\leq x\leq 1) \end{cases}$

따라서 구하는 넓이는

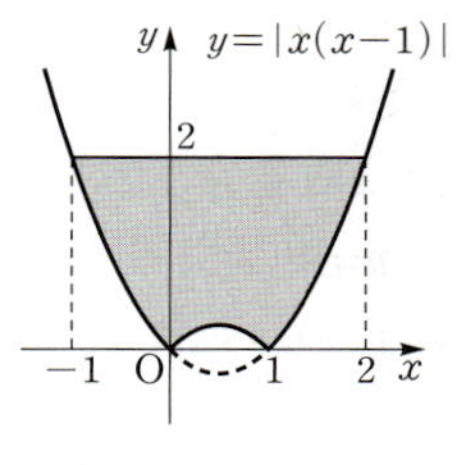

$$\int_{-1}^0 \{2-(x^2-x)\}dx$$
$$+\int_0^1 \{2-(-x^2+x)\}dx$$
$$+\int_1^2 \{2-(x^2-x)\}dx$$
$$=\int_{-1}^0 (-x^2+x+2)dx+\int_0^1 (x^2-x+2)dx$$
$$+\int_1^2 (-x^2+x+2)dx$$
$$=\left[-\frac{1}{3}x^3+\frac{1}{2}x^2+2x\right]_{-1}^0+\left[\frac{1}{3}x^3-\frac{1}{2}x^2+2x\right]_0^1$$
$$+\left[-\frac{1}{3}x^3+\frac{1}{2}x^2+2x\right]_1^2$$
$$=\frac{7}{6}+\frac{11}{6}+\frac{7}{6}=\frac{25}{6}$$

답 ④

○855 $y=|x^2-ax|=\begin{cases} x^2-ax & (x\le 0 \text{ 또는 } x\ge a) \\ -x^2+ax & (0\le x\le a) \end{cases}$

곡선 $y=|x^2-ax|$와 직선 $y=ax$의 교점의 x좌표는

(i) $x\le 0$ 또는 $x\ge a$일 때

　　$x^2-ax=ax$에서 $x^2-2ax=0$

　　$x(x-2a)=0$　　　∴ $x=0$ 또는 $x=2a$

(ii) $0\le x\le a$일 때

　　$-x^2+ax=ax$에서 $x^2=0$　　∴ $x=0$

오른쪽 그림에서 곡선과 직선으로 둘
러싸인 도형의 넓이는

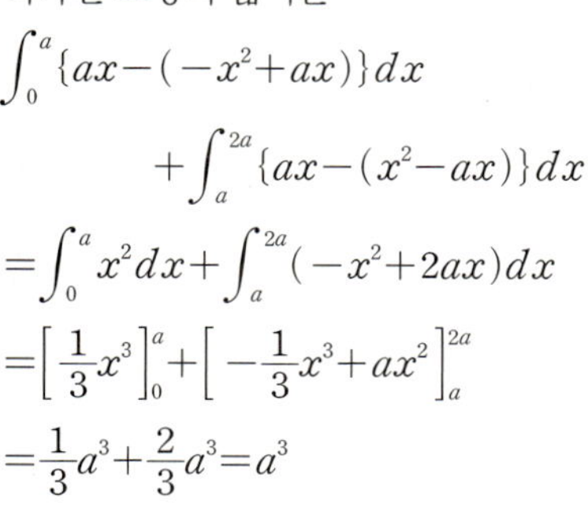

$$\int_0^a \{ax-(-x^2+ax)\}dx$$
$$\qquad +\int_a^{2a}\{ax-(x^2-ax)\}dx$$
$$=\int_0^a x^2 dx+\int_a^{2a}(-x^2+2ax)dx$$
$$=\left[\frac{1}{3}x^3\right]_0^a+\left[-\frac{1}{3}x^3+ax^2\right]_a^{2a}$$
$$=\frac{1}{3}a^3+\frac{2}{3}a^3=a^3$$

즉, $a^3=\dfrac{27}{8}$이므로 $a=\dfrac{3}{2}$　　　　　　　　답 ③

○856 $f(x)=x^2+2$로 놓으면

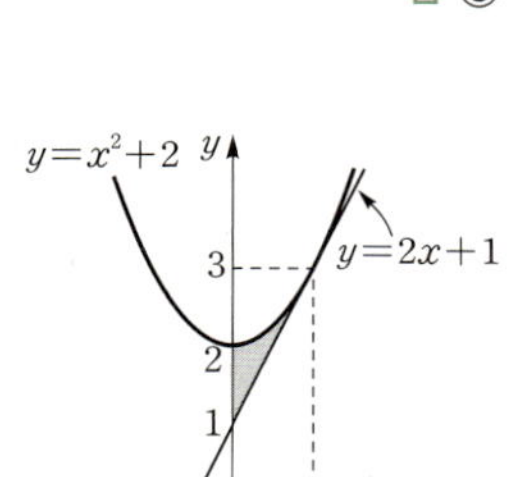

$f'(x)=2x$이므로 곡선 위의 점
$(1,3)$에서의 접선의 기울기는
$2\cdot 1=2$이고, 접선의 방정식은
$y-3=2(x-1)$
∴ $y=2x+1$

따라서 구하는 넓이는

$$\int_0^1 \{(x^2+2)-(2x+1)\}dx$$
$$=\int_0^1 (x^2-2x+1)dx=\left[\frac{1}{3}x^3-x^2+x\right]_0^1=\frac{1}{3}$$

답 $\dfrac{1}{3}$

○857 $f(x)=-x^3$으로 놓으면

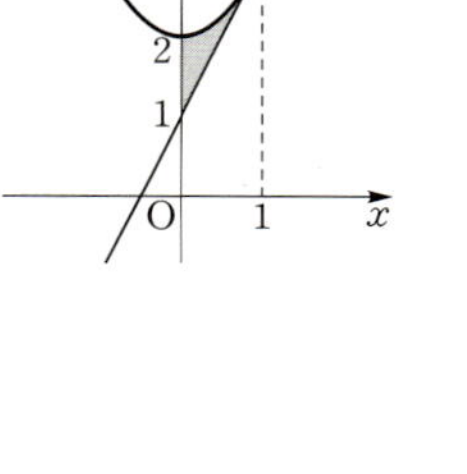

$f'(x)=-3x^2$이므로 곡선 위의 점
$(-1,1)$에서의 접선의 기울기는
$-3\cdot(-1)^2=-3$이고 접선의 방정식은
$y-1=-3(x+1)$
∴ $y=-3x-2$

곡선 $y=-x^3$과 직선 $y=-3x-2$의
교점의 x좌표는 $-x^3=-3x-2$에서
$x^3-3x-2=0$
$(x+1)^2(x-2)=0$　　　∴ $x=-1$ 또는 $x=2$

따라서 넓이 S는

$$S=\int_{-1}^2\{-x^3-(-3x-2)\}dx=\int_{-1}^2(-x^3+3x+2)dx$$
$$=\left[-\frac{1}{4}x^4+\frac{3}{2}x^2+2x\right]_{-1}^2=\frac{27}{4}$$

∴ $4S=4\cdot\dfrac{27}{4}=27$　　　　　　　　　　　　답 ③

○858 $f(x)=x(x-1)(x-4)=x^3-5x^2+4x$로 놓으면
$f'(x)=3x^2-10x+4$이므로 곡선 위의 점 $(1,0)$에서의 접선의
기울기는 $3\cdot 1^2-10\cdot 1+4=-3$이고 접선의 방정식은
$y-0=-3(x-1)$
∴ $y=-3x+3$　　　　　　　　　　　　　　　　㉮

곡선 $y=x^3-5x^2+4x$와 직선
$y=-3x+3$의 교점의 x좌표는
$x^3-5x^2+4x=-3x+3$에서
$x^3-5x^2+7x-3=0$
$(x-1)^2(x-3)=0$
∴ $x=1$ 또는 $x=3$

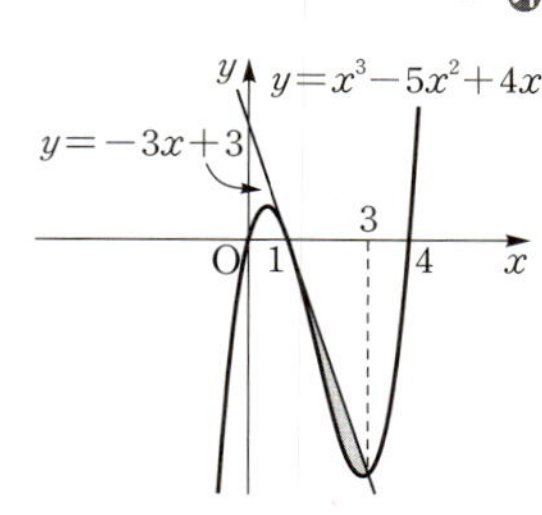

　　　　　　　　　　　　　　　　　　　㉯

따라서 구하는 넓이는

$$\int_1^3\{(-3x+3)-(x^3-5x^2+4x)\}dx$$
$$=\int_1^3(-x^3+5x^2-7x+3)dx$$
$$=\left[-\frac{1}{4}x^4+\frac{5}{3}x^3-\frac{7}{2}x^2+3x\right]_1^3$$
$$=\frac{4}{3}$$

　　　　　　　　　　　　　　　　　　　㉰

답 $\dfrac{4}{3}$

단계	채점요소	배점
㉮	접선의 방정식 구하기	30%
㉯	곡선과 접선의 교점의 x좌표 구하기	30%
㉰	넓이 구하기	40%

○859 $f(x)=x^2$으로 놓으면 $f'(x)=2x$이므로 곡선 위의 점
$(1,1)$에서의 접선의 기울기는 $2\cdot 1=2$이고 접선의 방정식은
$y-1=2(x-1)$
∴ $y=2x-1$

곡선 $y=ax^2-1\,(a>0)$과 직선
$y=2x-1$의 교점의 x좌표는
$ax^2-1=2x-1$에서
$ax^2-2x=0$, $x(ax-2)=0$
∴ $x=0$ 또는 $x=\dfrac{2}{a}$

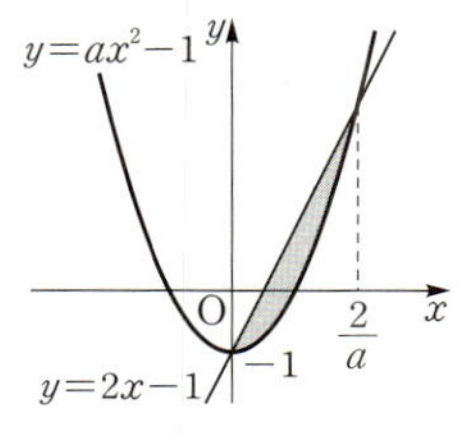

따라서 주어진 접선과 곡선으로 둘러싸인 도형의 넓이는

$$\int_0^{\frac{2}{a}}\{(2x-1)-(ax^2-1)\}dx=\int_0^{\frac{2}{a}}(2x-ax^2)dx$$
$$=\left[x^2-\frac{a}{3}x^3\right]_0^{\frac{2}{a}}$$
$$=\frac{4}{a^2}-\frac{8}{3a^2}=\frac{4}{3a^2}$$

즉, $\dfrac{4}{3a^2}=\dfrac{4}{3}$이므로 $a^2=1$

∴ $a=1\,(\because a>0)$　　　　　　　　　　　　답 1

0860 $f(x)=x^2$으로 놓으면 $f'(x)=2x$

접점의 좌표를 (t, t^2)이라 하면 이 점에서 접선의 기울기는 $2t$이므로 접선의 방정식은

$$y-t^2=2t(x-t) \qquad \cdots\cdots \text{㉠}$$

직선 ㉠이 점 $(1, -3)$을 지나므로

$$-3-t^2=2t(1-t)$$

$$t^2-2t-3=0, \ (t+1)(t-3)=0$$

$$\therefore t=-1 \ \text{또는} \ t=3$$

(ⅰ) $t=-1$일 때, ㉠에서

$$y-1=-2(x+1)$$

$$\therefore y=-2x-1$$

(ⅱ) $t=3$일 때, ㉠에서

$$y-9=6(x-3) \qquad \therefore y=6x-9$$

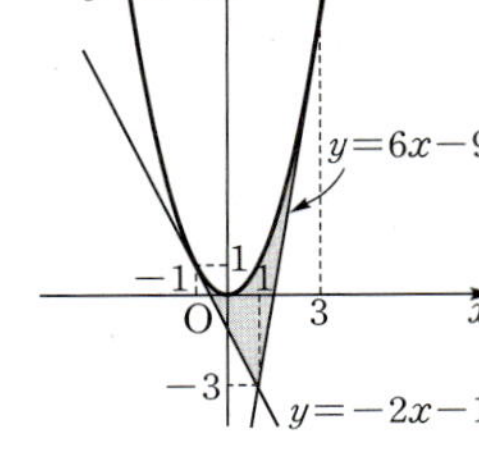

두 직선 $y=-2x-1$, $y=6x-9$의 교점의 x좌표는 $-2x-1=6x-9$에서 $x=1$

따라서 구하는 넓이는

$$\int_{-1}^{1}\{x^2-(-2x-1)\}dx+\int_{1}^{3}\{x^2-(6x-9)\}dx$$

$$=\int_{-1}^{1}(x^2+2x+1)dx+\int_{1}^{3}(x^2-6x+9)dx$$

$$=2\int_{0}^{1}(x^2+1)dx+\int_{1}^{3}(x^2-6x+9)dx$$

$$=2\left[\frac{1}{3}x^3+x\right]_0^1+\left[\frac{1}{3}x^3-3x^2+9x\right]_1^3$$

$$=\frac{8}{3}+\frac{8}{3}$$

$$=\frac{16}{3}$$

답 ⑤

0861 $f(x)=-x^2+2x+3$으로 놓으면 $f'(x)=-2x+2$이므로 곡선 위의 점 $(2, 3)$에서의 접선의 기울기는 $-2\cdot2+2=-2$이고 접선의 방정식은

$$y-3=-2(x-2)$$

$$\therefore y=-2x+7$$

따라서 구하는 넓이는

$$\frac{1}{2}\cdot\frac{7}{2}\cdot7-\int_{0}^{3}(-x^2+2x+3)dx$$

$$=\frac{49}{4}-\left[-\frac{1}{3}x^3+x^2+3x\right]_0^3$$

$$=\frac{49}{4}-9$$

$$=\frac{13}{4}$$

답 $\dfrac{13}{4}$

0862 곡선 $y=-x^2+(k+2)x-2k$와 x축의 교점의 x좌표는 $-x^2+(k+2)x-2k=0$에서

$$x^2-(k+2)x+2k=0, \ (x-k)(x-2)=0$$

$$\therefore x=k \ \text{또는} \ x=2$$

오른쪽 그림에서 $S_1=S_2$이므로

$$\int_{0}^{2}\{-x^2+(k+2)x-2k\}dx=0$$

$$\left[-\frac{1}{3}x^3+\frac{k+2}{2}x^2-2kx\right]_0^2=0$$

$$-\frac{8}{3}+2(k+2)-4k=0$$

$$-2k+\frac{4}{3}=0 \qquad \therefore k=\frac{2}{3}$$

답 $\dfrac{2}{3}$

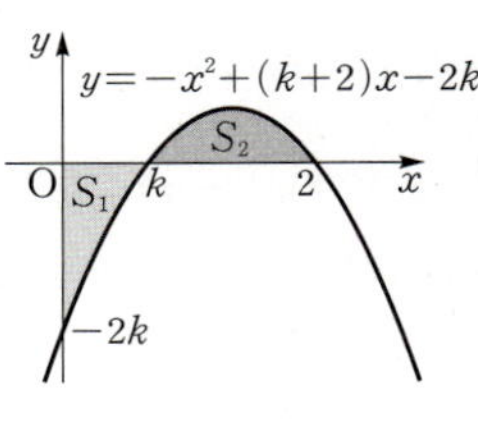

0863 색칠한 두 도형의 넓이가 서로 같으므로

$$\int_{0}^{1}(x^3-a)dx=0$$

$$\left[\frac{1}{4}x^4-ax\right]_0^1=0, \ \frac{1}{4}-a=0$$

$$\therefore a=\frac{1}{4}$$

답 $\dfrac{1}{4}$

0864 곡선 $y=x(x-1)(x-k)$와 x축의 교점의 x좌표는 $x(x-1)(x-k)=0$에서

$$x=0 \ \text{또는} \ x=1 \ \text{또는} \ x=k$$

오른쪽 그림에서 $S_1=S_2$이므로

$$\int_{0}^{k}x(x-1)(x-k)dx=0$$

$$\int_{0}^{k}\{x^3-(k+1)x^2+kx\}dx=0$$

$$\left[\frac{1}{4}x^4-\frac{k+1}{3}x^3+\frac{k}{2}x^2\right]_0^k=0$$

$$-\frac{k^4}{12}+\frac{k^3}{6}=0, \ k^3(k-2)=0$$

$$\therefore k=2 \ (\because k>1)$$

답 **2**

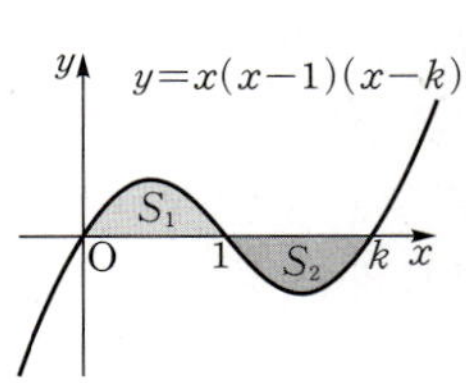

0865 곡선 $y=-x^2+3x$와 x축의 교점의 x좌표는 $-x^2+3x=0$에서 $x(x-3)=0$

$$\therefore x=0 \ \text{또는} \ x=3$$

오른쪽 그림에서 $S_1=S_2$이므로

$$\int_{0}^{k}(-x^2+3x)dx=0$$

$$\left[-\frac{1}{3}x^3+\frac{3}{2}x^2\right]_0^k=0$$

$$-\frac{1}{3}k^3+\frac{3}{2}k^2=0, \ k^2(2k-9)=0$$

$$\therefore k=\frac{9}{2} \ (\because k>3)$$

답 $\dfrac{9}{2}$

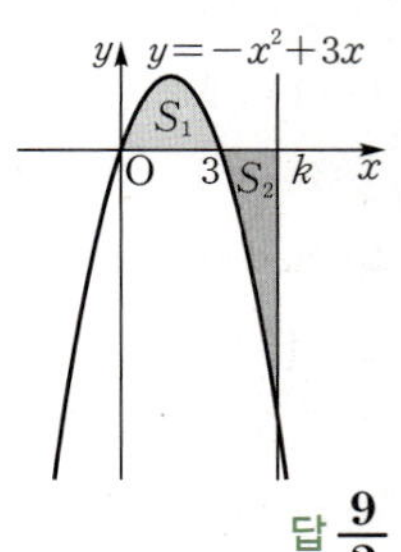

0866 $A:B=1:2$에서 $B=2A$이고, B는 곡선 $y=x^2-2x+p$의 대칭축 $x=1$을 경계로 이등분되므로 오른쪽 그림에서 빗금친 도형의 넓이는 A와 같다.

$$\therefore \int_0^1 (x^2-2x+p)\,dx=0$$

$$\left[\frac{1}{3}x^3-x^2+px\right]_0^1=0$$

$$\frac{1}{3}-1+p=0 \qquad \therefore p=\frac{2}{3}$$

답 $\dfrac{2}{3}$

0867 곡선 $y=x^2-2x$와 직선 $y=mx$의 교점의 x좌표는

$x^2-2x=mx$에서

$x^2-(m+2)x=0,\ x\{x-(m+2)\}=0$

$\therefore x=0$ 또는 $x=m+2$

오른쪽 그림에서 $S_1=S_2$이고

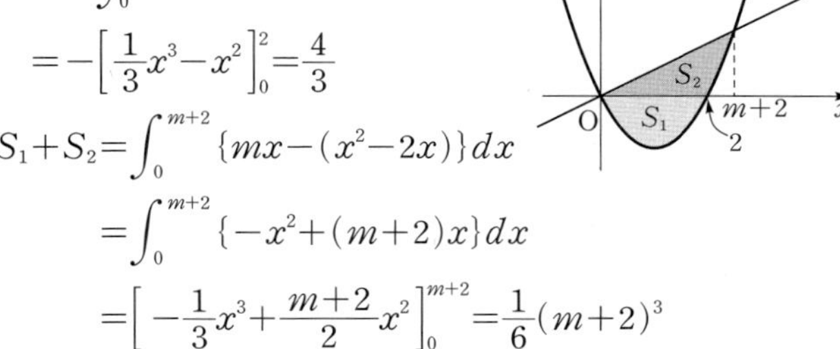

$$S_1=-\int_0^2 (x^2-2x)\,dx$$

$$=-\left[\frac{1}{3}x^3-x^2\right]_0^2=\frac{4}{3}$$

$$S_1+S_2=\int_0^{m+2} \{mx-(x^2-2x)\}\,dx$$

$$=\int_0^{m+2} \{-x^2+(m+2)x\}\,dx$$

$$=\left[-\frac{1}{3}x^3+\frac{m+2}{2}x^2\right]_0^{m+2}=\frac{1}{6}(m+2)^3$$

즉, $\dfrac{1}{6}(m+2)^3=2\cdot\dfrac{4}{3}$이므로

$(m+2)^3=16$

답 **16**

0868 곡선 $y=-x^2+3x$와 직선 $y=mx$의 교점의 x좌표는

$-x^2+3x=mx$에서

$x^2+(m-3)x=0$

$x(x+m-3)=0$

$\therefore x=0$ 또는 $x=3-m$

오른쪽 그림에서 $S_1=S_2$이고

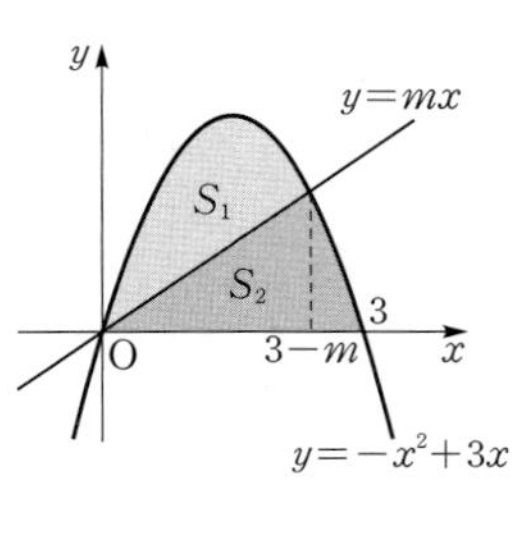

$$S_1=\int_0^{3-m} \{(-x^2+3x)-mx\}\,dx$$

$$=\int_0^{3-m} \{-x^2+(3-m)x\}\,dx$$

$$=\left[-\frac{1}{3}x^3+\frac{3-m}{2}x^2\right]_0^{3-m}$$

$$=\frac{1}{6}(3-m)^3$$

$$S_1+S_2=\int_0^3 (-x^2+3x)\,dx=\left[-\frac{1}{3}x^3+\frac{3}{2}x^2\right]_0^3=\frac{9}{2}$$

즉, $\dfrac{1}{6}(3-m)^3=\dfrac{1}{2}\cdot\dfrac{9}{2}$이므로 $(3-m)^3=\dfrac{27}{2}$

$$\therefore m^3-9m^2+27m=\frac{27}{2}$$

답 $\dfrac{27}{2}$

0869 오른쪽 그림에서 곡선 $y=4x-x^2$과 x축으로 둘러싸인 도형의 넓이는

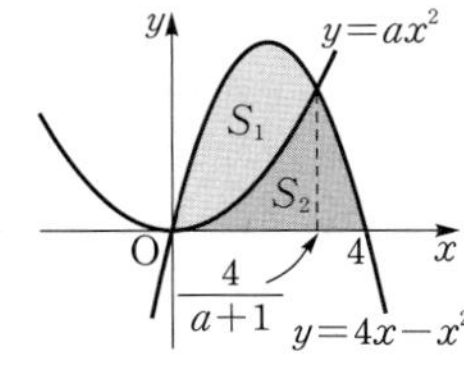

$$S_1+S_2=\int_0^4 (4x-x^2)\,dx$$

$$=\left[2x^2-\frac{1}{3}x^3\right]_0^4=\frac{32}{3}$$

$$\therefore S_1=S_2=\frac{1}{2}\cdot\frac{32}{3}=\frac{16}{3}$$

두 곡선 $y=ax^2$, $y=4x-x^2$의 교점의 x좌표는

$ax^2=4x-x^2$에서

$(a-1)x^2-4x=0,\ x\{(a+1)x-4\}=0$

$\therefore x=0$ 또는 $x=\dfrac{4}{a+1}$

두 곡선으로 둘러싸인 도형의 넓이 S_1은

$$S_1=\int_0^{\frac{4}{a+1}} \{(4x-x^2)-ax^2\}\,dx$$

$$=\int_0^{\frac{4}{a+1}} \{4x-(a+1)x^2\}\,dx$$

$$=\left[2x^2-\frac{a+1}{3}x^3\right]_0^{\frac{4}{a+1}}$$

$$=\frac{32}{3(a+1)^2}$$

즉, $\dfrac{32}{3(a+1)^2}=\dfrac{16}{3}$이므로

$(a+1)^2=2 \qquad \therefore a=\sqrt{2}-1\ (\because a>0)$

답 ①

0870 $v(t)=0$일 때, 점 P는 운동 방향을 바꾸므로

$t^2-7t+10=0,\ (t-2)(t-5)=0$

$\therefore t=2$ 또는 $t=5$

따라서 $t=5$에서 점 P의 운동 방향이 두 번째로 바뀌므로 이때의 점 P의 위치는

$$\int_0^5 (t^2-7t+10)\,dt=\left[\frac{1}{3}t^3-\frac{7}{2}t^2+10t\right]_0^5$$

$$=\frac{25}{6}$$

답 ②

0871 $t=4$에서 점 P의 위치는

$$0-\int_0^4 v(t)\,dt=\int_0^2 (-t^2+2t)\,dt+\int_2^4 (t^2-3t+2)\,dt$$

$$=\left[-\frac{1}{3}t^3+t^2\right]_0^2+\left[\frac{1}{3}t^3-\frac{3}{2}t^2+2t\right]_2^4$$

$$=\frac{4}{3}+\frac{14}{3}=6$$

답 **6**

0872 3초 후 물체의 높이는

$$30+\int_0^3 (20-10t)\,dt=30+\left[20t-5t^2\right]_0^3$$

$$=30+15=45\,(\mathrm{m})$$

$$\therefore h_1=45$$

물체가 최고 지점에 도착할 때의 속도는 0이므로

$v(t)=20-10t=0$에서 $t=2$

$t=2$일 때 물체의 높이는

$$30+\int_0^2 (20-10t)\,dt=30+\left[20t-5t^2\right]_0^2$$

$$=30+20=50\,(\mathrm{m})$$

$$\therefore h_2=50$$

$$\therefore \ |h_1 - h_2| = 5$$

답 5

단계	채점요소	배점
㉮	h_1의 값 구하기	40%
㉯	h_2의 값 구하기	40%
㉰	$|h_1 - h_2|$의 값 구하기	20%

0873 $v(t) = 0$일 때, 물이 멈추므로

$$4t - t^2 = 0,\ t(4-t) = 0$$

$$\therefore \ t = 0\ \text{또는}\ t = 4$$

따라서 구하는 물의 양은

$$\pi \int_0^4 (4t - t^2)\,dt = \pi \left[2t^2 - \frac{1}{3}t^3 \right]_0^4$$

$$= \frac{32}{3}\pi\ (\text{cm}^3)$$

답 $\dfrac{32}{3}\pi\ \mathbf{cm^3}$

0874 자동차 A의 출발점을 원점이라 하면 자동차 B의 출발점의 위치는 24이다. 출발한 지 t초 후의 두 자동차 A, B의 위치를 각각 $x_A(t)$, $x_B(t)$라 하면

$$x_A(t) = 0 + \int_0^t 2t\,dt = \left[t^2 \right]_0^t = t^2$$

$$x_B(t) = 24 + \int_0^t (t+1)\,dt$$

$$= 24 + \left[\frac{1}{2}t^2 + t \right]_0^t = \frac{1}{2}t^2 + t + 24$$

$x_A(t) = x_B(t)$일 때 자동차 A와 자동차 B의 위치가 같아지므로

$$t^2 = \frac{1}{2}t^2 + t + 24,\ t^2 - 2t - 48 = 0$$

$$(t-8)(t+6) = 0$$

$$\therefore \ t = 8\ (\because t > 0)$$

따라서 자동차 A와 자동차 B의 위치가 같아지는 것은 출발한 지 8초 후이다.

답 ③

0875 점 P가 원점을 출발하여 다시 원점으로 되돌아오는 데 걸리는 시간을 a초라 하면 출발한 지 a초 후의 점 P의 위치의 변화량은 0이므로

$$\int_0^a (t^2 - 2t)\,dt = 0$$

$$\left[\frac{1}{3}t^3 - t^2 \right]_0^a = 0$$

$$\frac{1}{3}a^3 - a^2 = 0,\ \frac{1}{3}a^2(a-3) = 0$$

$$\therefore \ a = 3\ (\because a > 0)$$

따라서 3초 동안 점 P가 움직인 거리는

$$\int_0^3 |t^2 - 2t|\,dt = \int_0^2 (-t^2 + 2t)\,dt + \int_2^3 (t^2 - 2t)\,dt$$

$$= \left[-\frac{1}{3}t^3 + t^2 \right]_0^2 + \left[\frac{1}{3}t^3 - t^2 \right]_2^3$$

$$= \frac{4}{3} + \frac{4}{3} = \frac{8}{3}\ (\text{m})$$

답 $\dfrac{8}{3}\ \mathbf{m}$

0876 5초 동안 물체가 실제로 움직인 거리는

$$\int_0^5 |v(t)|\,dt$$

$$= \int_0^5 |20 - 10t|\,dt$$

$$= \int_0^2 (20 - 10t)\,dt + \int_2^5 (-20 + 10t)\,dt$$

$$= \left[20t - 5t^2 \right]_0^2 + \left[-20t + 5t^2 \right]_2^5$$

$$= 20 + 45$$

$$= 65\ (\text{m})$$

답 65 m

0877 $v(t) = 0$일 때 열차가 정지하므로

$$30 - 3t = 0\text{에서}\ t = 10$$

따라서 열차는 제동을 건 후 10초 후에 정지하므로 정지할 때까지 달린 거리는

$$\int_0^{10} |30 - 3t|\,dt = \int_0^{10} (30 - 3t)\,dt$$

$$= \left[30t - \frac{3}{2}t^2 \right]_0^{10}$$

$$= 150\ (\text{m})$$

답 ②

0878 4 km를 달리는 데 걸리는 시간을 x분이라 하면

$$4 = \int_0^x \left(\frac{3}{4}t^2 + \frac{1}{2}t + \frac{1}{2} \right)dt$$

$$= \left[\frac{1}{4}t^3 + \frac{1}{4}t^2 + \frac{1}{2}t \right]_0^x$$

$$= \frac{1}{4}x^3 + \frac{1}{4}x^2 + \frac{1}{2}x$$

즉, $x^3 + x^2 + 2x - 16 = 0$에서

$$(x-2)(x^2 + 3x + 8) = 0$$

$$\therefore \ x = 2\ (\because x^2 + 3x + 8 \neq 0)$$

이때 $v(2) = \dfrac{3}{4} \cdot 4 + \dfrac{1}{2} \cdot 2 + \dfrac{1}{2} = \dfrac{9}{2}$이므로 2분 후부터는 속력이 $\dfrac{9}{2}$ km/min으로 일정하다.

따라서 열차가 출발한 후 10분 동안 달린 거리는

$$4 + (10 - 2) \cdot \frac{9}{2} = 40\ (\text{km})$$

답 40 km

0879 점 P가 움직인 거리는 속도 $v(t)$의 그래프와 t축 및 직선 $t=0$, $t=3$으로 둘러싸인 도형의 넓이와 같으므로

$$\frac{1}{2} \cdot 1 \cdot 2 + 1 \cdot 2 + 2\left(\frac{1}{2} \cdot \frac{1}{2} \cdot 2 \right) = 1 + 2 + 1 = 4$$

답 4

0880 시각 $t=2$에서 점 P의 위치는

$$0 + \int_0^2 v(t)\,dt = \frac{1}{2} \cdot 2 \cdot 1 = 1$$

$$\therefore \ a = 1$$

시각 $t=4$에서 점 P의 위치는

$$\int_0^4 v(t)dt=\frac{1}{2}\cdot 2\cdot 1-\frac{1}{2}\cdot 2\cdot 1=0$$

$$\therefore b=0 \qquad\qquad\qquad\qquad\qquad\qquad\qquad\qquad ⓐ$$

$$\therefore a+b=1 \qquad\qquad\qquad\qquad\qquad\qquad\qquad\qquad ⓒ$$

답 **1**

단계	채점요소	배점
㉮	a의 값 구하기	40%
㉯	b의 값 구하기	40%
㉰	$a+b$의 값 구하기	20%

0881 시각 $t=7$에서 점 P의 위치는

$$\int_0^7 v(t)dt=\frac{1}{2}\cdot(1+3)\cdot k-\frac{1}{2}\cdot 2\cdot 2+\frac{1}{2}\cdot 2\cdot k$$

즉, $2k-2+k=10$이므로

$$3k=12 \qquad \therefore k=4$$

답 **④**

0882 ㄱ. 출발한 지 4초 후의 점 P의 위치는

$$0+\int_0^4 v(t)dt=\frac{1}{2}\cdot 2\cdot 2-\frac{1}{2}\cdot 2\cdot 2=0$$

이므로 원점이다.

ㄴ. 속도 $v(t)$의 부호가 바뀌는 점에서 점 P가 운동 방향을 바꾸므로 점 P는 시각 $t=2$와 $t=6$에서 운동 방향을 2번 바꾼다.

ㄷ. 출발한 지 1초 후의 점 P의 위치는

$$\int_0^1 v(t)dt=\frac{1}{2}\cdot 1\cdot 2=1$$

출발한 지 7초 후의 점 P의 위치는

$$\int_0^7 v(t)dt=\frac{1}{2}\cdot 2\cdot 2-\frac{1}{2}\cdot 2\cdot 2-\frac{1}{2}\cdot 2\cdot 2+\frac{1}{2}\cdot 1\cdot 2=-1$$

즉, 출발한 지 1초 후와 7초 후의 점 P의 위치는 다르다.

따라서 옳은 것은 ㄱ뿐이다.

답 **①**

0883 ① $a\leq t\leq b$에서 $v(t)\geq 0$이므로 점 P가 움직인 거리는
$$\int_a^b v(t)dt$$이다.

② $\int_0^c v(t)dt=0$이면 시각 $t=0$에서 $t=c$까지의 위치의 변화량이 0이다. 따라서 시각 $t=c$일 때 점 P는 출발점과 같은 위치에 있다.

③ 시각 $t=a$일 때 $v'(t)=0$이므로 $v(t)$는 $t=a$에서 극대이다. 따라서 점 P는 $t=a$일 때 최고의 속도로 움직이고 있다.

④ $v(t)$의 부호는 운동 방향을 나타낸다.

⑤ (속력)$=|v(t)|$이므로 $t=c$일 때, 점 P의 속력은 최대이다.

답 **③**

0884 곡선 $y=x(x-2)(x-a)$ 와 x축으로 둘러싸인 도형의 넓이를 $S(a)$라 하면

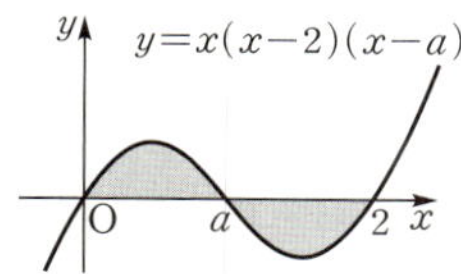

$$S(a)$$
$$=\int_0^a x(x-2)(x-a)dx-\int_a^2 x(x-2)(x-a)dx$$
$$=\int_0^a \{x^3-(a+2)x^2+2ax\}dx$$
$$\qquad\qquad -\int_a^2 \{x^3-(a+2)x^2+2ax\}dx$$
$$=\left[\frac{1}{4}x^4-\frac{a+2}{3}x^3+ax^2\right]_0^a-\left[\frac{1}{4}x^4-\frac{a+2}{3}x^3+ax^2\right]_a^2$$
$$=-\frac{1}{6}a^4+\frac{2}{3}a^3-\frac{4}{3}a+\frac{4}{3}$$

이때 양변을 a에 대하여 미분하면

$$S'(a)=-\frac{2}{3}a^3+2a^2-\frac{4}{3}$$
$$=-\frac{2}{3}(a^3-3a^2+2)$$
$$=-\frac{2}{3}(a-1)(a^2-2a-2)$$

$S'(a)=0$에서 $a=1$ $(\because 0<a<2)$

a	(0)	$\cdots$	1	$\cdots$	(2)
$S'(a)$		$-$	0	$+$	
$S(a)$		↘	극소	↗	

따라서 $S(a)$는 $a=1$일 때 극소이면서 최소이다.

답 **1**

0885 두 곡선 $y=\frac{1}{k}x^3$, $y=-9kx^3$ 과 직선 $x=1$로 둘러싸인 도형의 넓이는

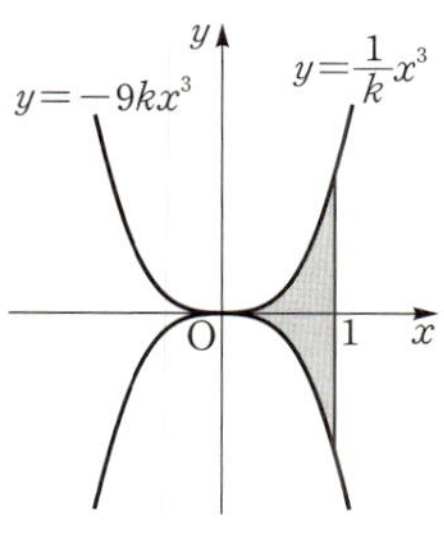

$$\int_0^1 \left\{\frac{1}{k}x^3-(-9kx^3)\right\}dx$$
$$=\left(9k+\frac{1}{k}\right)\int_0^1 x^3 dx$$
$$=\left(9k+\frac{1}{k}\right)\left[\frac{1}{4}x^4\right]_0^1$$
$$=\frac{1}{4}\left(9k+\frac{1}{k}\right)$$
$$\geq \frac{1}{4}\cdot 2\sqrt{9k\cdot\frac{1}{k}}=\frac{3}{2} \quad (\because k>0)$$

$$\left(\text{단, 등호는 } k=\frac{1}{3}\text{일 때 성립한다.}\right)$$

따라서 구하는 최솟값은 $\frac{3}{2}$이다.

답 $\dfrac{3}{2}$

참고 **산술평균과 기하평균의 관계**

$a>0$, $b>0$일 때,

$\frac{a+b}{2}\geq\sqrt{ab}$ (단, 등호는 $a=b$일 때 성립한다.)

0886 오른쪽 그림과 같이 구하는 넓이는 직선 $y=x$에 의하여 이등분되고, 빗금친 도형의 넓이는

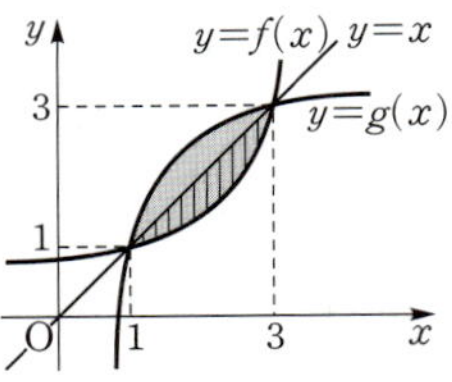

$$\frac{1}{2}(1+3)\cdot 2-\int_1^3 f(x)dx$$
$$=4-3=1$$

따라서 구하는 넓이는 빗금친 도형의 넓이의 2배이므로
$$2\cdot 1=2$$

답 **2**

$$\therefore S=2\left[\int_0^1\{(x^3-3x^2+3x)-x\}dx\right.$$
$$\left.+\int_1^2\{x-(x^3-3x^2+3x)\}dx\right]$$
$$=2\left\{\int_0^1(x^3-3x^2+2x)dx+\int_1^2(-x^3+3x^2-2x)dx\right\}$$
$$=2\left(\left[\frac{1}{4}x^4-x^3+x^2\right]_0^1+\left[-\frac{1}{4}x^4+x^3-x^2\right]_1^2\right)$$
$$=2\left(\frac{1}{4}+\frac{1}{4}\right)=1$$

답 **1**

0887 함수 $f(x)=\sqrt{x}$의 역함수가 $g(x)$이므로 두 곡선 $y=f(x)$와 $y=g(x)$는 직선 $y=x$에 대하여 대칭이다.

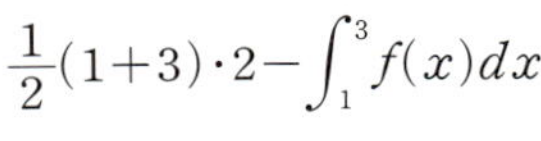

오른쪽 그림에서
$B=C$이므로
$$\int_1^9 f(x)dx+\int_1^3 g(x)dx$$
$$=A+B=A+C$$
$$=9\cdot 3-1\cdot 1$$
$$=26$$

답 **26**

0888 $f(x)=3x^2+1\,(x\geq 0)$의 역함수가 $g(x)$이므로 $y=f(x)$의 그래프와 $y=g(x)$의 그래프는 직선 $y=x$에 대하여 대칭이다. 이때 구하는 넓이는 오른쪽 그림의 A와 같고 $A=B$이므로

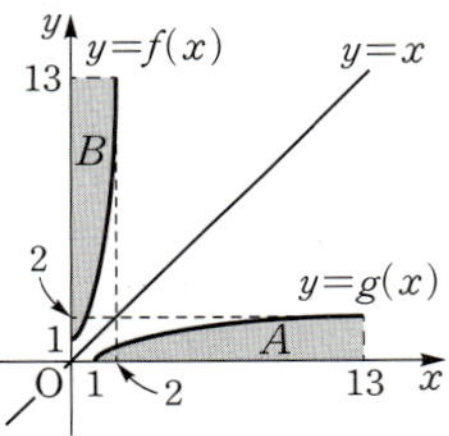

$$2\cdot 13-\int_0^2(3x^2+1)dx$$
$$=26-\left[x^3+x\right]_0^2$$
$$=26-(8+2)$$
$$=16$$

답 **16**

0889 두 곡선 $y=f(x)$와 $y=g(x)$는 직선 $y=x$에 대하여 대칭이므로 두 곡선으로 둘러싸인 도형의 넓이 S는 곡선 $y=f(x)$와 직선 $y=x$로 둘러싸인 도형의 넓이의 2배이다. 곡선 $y=f(x)$와 직선 $y=x$의 교점의 x좌표는

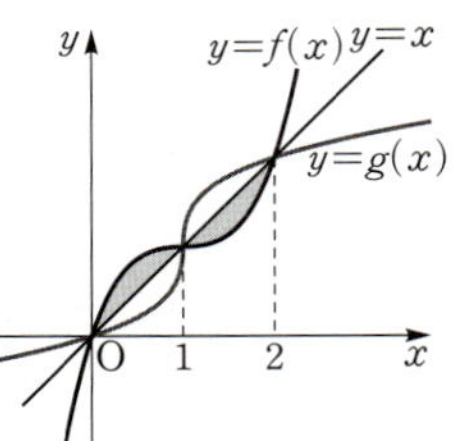

$x^3-3x^2+3x=x$에서
$$x^3-3x^2+2x=0,\ x(x-1)(x-2)=0$$
$$\therefore x=0\ \text{또는}\ x=1\ \text{또는}\ x=2$$

0890 곡선 $y=x(x-2)^2$과 x축의 교점의 x좌표는 $x(x-2)^2=0$에서 $x=0$ 또는 $x=2$

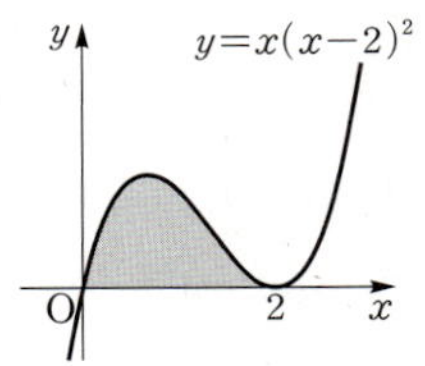

따라서 구하는 넓이는
$$\int_0^2 x(x-2)^2 dx$$
$$=\int_0^2 (x^3-4x^2+4x)dx$$
$$=\left[\frac{1}{4}x^4-\frac{4}{3}x^3+2x^2\right]_0^2$$
$$=\frac{4}{3}$$

답 ②

0891 곡선 $y=x^2-2x$와 x축의 교점의 x좌표는 $x^2-2x=0$에서 $x(x-2)=0$
$$\therefore x=0\ \text{또는}\ x=2$$
색칠한 도형의 넓이는
$$-\int_0^2(x^2-2x)dx+\int_2^a(x^2-2x)dx$$
$$=-\left[\frac{1}{3}x^3-x^2\right]_0^2+\left[\frac{1}{3}x^3-x^2\right]_2^a$$
$$=\frac{4}{3}+\frac{1}{3}a^3-a^2+\frac{4}{3}$$
$$=\frac{1}{3}a^3-a^2+\frac{8}{3}$$

따라서 $\dfrac{1}{3}a^3-a^2+\dfrac{8}{3}=\dfrac{8}{3}$이므로
$$\frac{1}{3}a^3-a^2=0,\ a^2(a-3)=0$$
$$\therefore a=3\ (\because a>2)$$

답 **3**

0892 두 곡선 $y=x^3-2x,\ y=x^2$의 교점의 x좌표는 $x^3-2x=x^2$에서
$$x^3-x^2-2x=0$$
$$x(x+1)(x-2)=0$$
$$\therefore x=-1\ \text{또는}\ x=0\ \text{또는}\ x=2$$

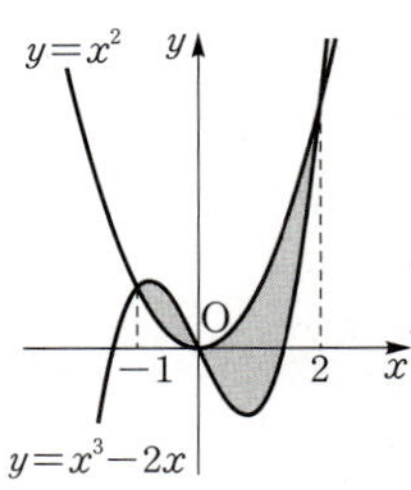

따라서 구하는 넓이는
$$\int_{-1}^{0}\{(x^3-2x)-x^2\}dx+\int_{0}^{2}\{x^2-(x^3-2x)\}dx$$
$$=\int_{-1}^{0}(x^3-x^2-2x)dx+\int_{0}^{2}(-x^3+x^2+2x)dx$$
$$=\left[\frac{1}{4}x^4-\frac{1}{3}x^3-x^2\right]_{-1}^{0}+\left[-\frac{1}{4}x^4+\frac{1}{3}x^3+x^2\right]_{0}^{2}$$
$$=\frac{5}{12}+\frac{8}{3}=\frac{37}{12}$$

답 ④

0893 $y=|x(x-2)|=\begin{cases} x(x-2) & (x\le0 \text{ 또는 } x\ge2) \\ -x(x-2) & (0\le x\le2) \end{cases}$

따라서 구하는 넓이는

$$\int_{-1}^{0}\{3-(x^2-2x)\}dx$$
$$+\int_{0}^{2}\{3-(-x^2+2x)\}dx$$
$$+\int_{2}^{3}\{3-(x^2-2x)\}dx$$

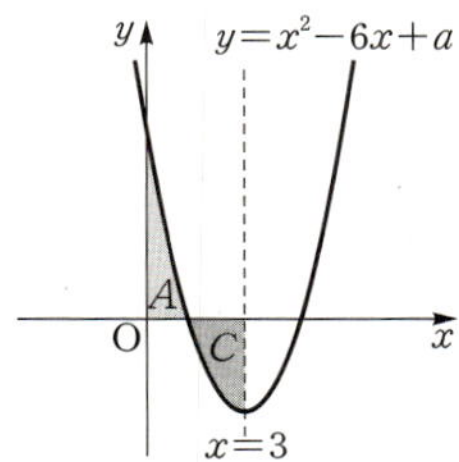

$$=\int_{-1}^{0}(-x^2+2x+3)dx+\int_{0}^{2}(x^2-2x+3)dx$$
$$+\int_{2}^{3}(-x^2+2x+3)dx$$
$$=\left[-\frac{1}{3}x^3+x^2+3x\right]_{-1}^{0}+\left[\frac{1}{3}x^3-x^2+3x\right]_{0}^{2}$$
$$+\left[-\frac{1}{3}x^3+x^2+3x\right]_{2}^{3}$$
$$=\frac{5}{3}+\frac{14}{3}+\frac{5}{3}=8$$

답 **8**

0894 $f(0)=c$이므로 곡선 $y=f(x)$와 $x=0$에서 접하는 직선의 방정식은 $y=c$이다.
곡선 $y=f(x)$와 직선 $y=c$가 $x=0$에서 접하고 $x=1$에서 만나므로
$$f(x)-c=x^2(x-1)$$
따라서 구하는 넓이는
$$\int_{0}^{1}\{c-f(x)\}dx=\int_{0}^{1}\{-x^2(x-1)\}dx$$
$$=-\int_{0}^{1}(x^3-x^2)dx$$
$$=-\left[\frac{1}{4}x^4-\frac{1}{3}x^3\right]_{0}^{1}$$
$$=\frac{1}{12}$$

답 ①

0895 $f(x)=\frac{1}{2}x^2+2$로 놓으면 $f'(x)=x$이므로 곡선 위의 점 $(2,4)$에서의 접선의 기울기는 2이고 접선의 방정식은
$$y-4=2(x-2) \qquad \therefore y=2x$$
따라서 구하는 넓이는
$$\int_{0}^{2}\left\{\left(\frac{1}{2}x^2+2\right)-2x\right\}dx$$
$$=\left[\frac{1}{6}x^3+2x-x^2\right]_{0}^{2}$$
$$=\frac{4}{3}$$

답 $\dfrac{4}{3}$

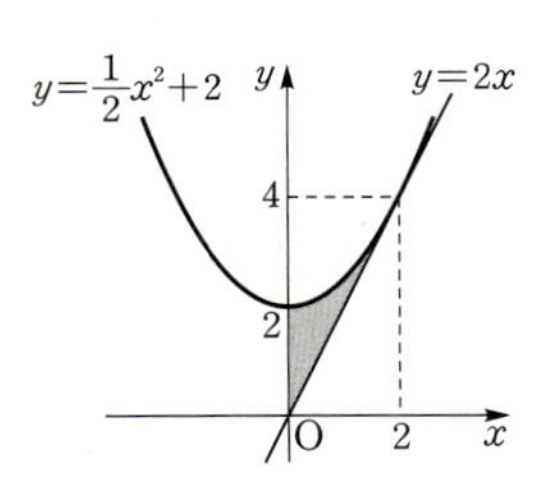

0896 두 곡선 $y=x^2(x-4)$, $y=ax(x-4)$는 x축과 $x=0$, $x=4$인 점에서 만난다.
이때 $A=B$이므로
$$\int_{0}^{4}\{x^2(x-4)-ax(x-4)\}dx=0$$
$$\int_{0}^{4}\{x^3-(4+a)x^2+4ax\}dx=0$$
$$\left[\frac{1}{4}x^4-\frac{4+a}{3}x^3+2ax^2\right]_{0}^{4}=0$$
$$-\frac{64}{3}+\frac{32}{3}a=0 \qquad \therefore a=2$$

답 **2**

0897 $A=B$이므로
$$\int_{0}^{2}\left(kx-\frac{1}{2}x^2\right)dx=0$$
$$\left[\frac{k}{2}x^2-\frac{1}{6}x^3\right]_{0}^{2}=2k-\frac{4}{3}=0$$
따라서 $k=\frac{2}{3}$이므로 $30k=20$

답 **20**

0898 $A:B=1:2$에서 $B=2A$이고, B는 $y=x^2-6x+a$의 대칭축 $x=3$에 의하여 이등분되므로 오른쪽 그림에서 두 도형의 넓이 A와 C는 서로 같다. 즉,

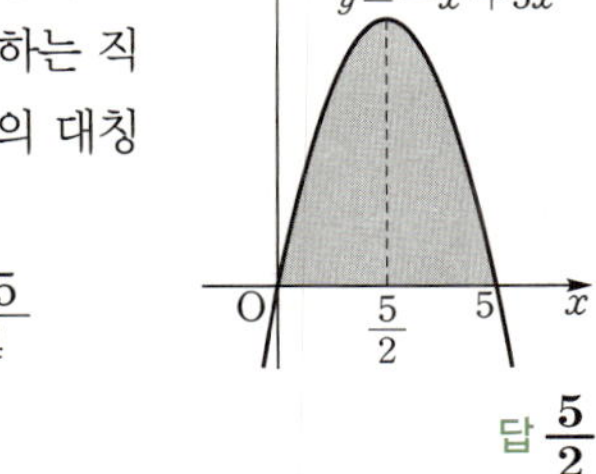

$$\int_{0}^{3}(x^2-6x+a)dx=0$$
$$\left[\frac{1}{3}x^3-3x^2+ax\right]_{0}^{3}=0$$
$$3c-18=0 \qquad \therefore a=6$$

답 **6**

0899 곡선 $y=-x^2+3x$와 직선 $y=-2x$의 교점의 x좌표는
$$-x^2+3x=-2x$$에서
$$x^2-5x=0, \ x(x-5)=0 \qquad \therefore x=0 \text{ 또는 } x=5$$
따라서 곡선 $y=-x^2+3x$와 직선 $y=-2x$로 둘러싸인 도형의 넓이는
$$\int_{0}^{5}\{(-x^2+3x)-(-2x)\}dx=\int_{0}^{5}(-x^2+5x)dx$$
이것은 오른쪽 그림의 색칠한 도형의 넓이와 같다. 이때 이 넓이를 이등분하는 직선 $x=a$는 포물선 $y=-x^2+5x$의 대칭측이어야 하므로
$$y=-x^2+5x=-\left(x-\frac{5}{2}\right)^2+\frac{25}{4}$$
에서 $x=\frac{5}{2}$이다. $\qquad \therefore a=\frac{5}{2}$

답 $\dfrac{5}{2}$

0900 x초 후에 다시 만난다고 하면 두 점 P, Q의 x초 후의 위치는 같다.

x초 후의 두 점 P, Q의 위치는 각각

$$\int_0^x t(t-1)dt, \quad \int_0^x (2t+3)dt$$이므로

$$\int_0^x t(t-1)dt=\int_0^x (2t+3)dt$$에서

$$\left[\frac{1}{3}t^3-\frac{1}{2}t^2\right]_0^x=\left[t^2+3t\right]_0^x$$

$$\frac{1}{3}x^3-\frac{1}{2}x^2=x^2+3x$$

$$2x^3-9x^2-18x=0$$

$$x(x-6)(2x+3)=0$$

$$\therefore x=6 \ (\because x>0)$$

따라서 두 점 P, Q가 다시 만나는 시각은 6초 후이다.   답 ③

0901 점 P가 진행 방향을 바꾸는 시각은

$$v(t)=t^2-5t+4=0$$에서

$$(t-1)(t-4)=0 \qquad \therefore t=1 \text{ 또는 } t=4$$

ㄱ. $0\leq t\leq 1$에서 $v(t)\geq 0$

    $1\leq t\leq 4$에서 $v(t)\leq 0$

    $t\geq 4$에서 $v(t)\geq 0$

   이므로 시각 $t=0$에서의 진행 방향과 반대 방향으로 움직이는 때는 시각 $t=1$부터 $t=4$까지의 3초 동안이다.

ㄴ. 시각 $t=2$에서 점 P의 위치는

$$\int_0^2 v(t)dt=\int_0^2 (t^2-5t+4)dt$$
$$=\left[\frac{1}{3}t^3-\frac{5}{2}t^2+4t\right]_0^2=\frac{2}{3}$$

ㄷ. 시각 $t=0$에서 $t=3$까지 점 P가 움직인 거리는

$$\int_0^3 |t^2-5t+4|dt$$
$$=\int_0^1 (t^2-5t+4)dt-\int_1^3 (t^2-5t+4)dt$$
$$=\left[\frac{1}{3}t^3-\frac{5}{2}t^2+4t\right]_0^1-\left[\frac{1}{3}t^3-\frac{5}{2}t^2+4t\right]_1^3$$
$$=\frac{11}{6}-\left(-\frac{10}{3}\right)=\frac{31}{6}$$

따라서 옳은 것은 ㄴ뿐이다.   답 ②

0902 ㄱ. $0<t<3$일 때 $v(t)>0$, $3<t<6$일 때 $v(t)<0$

    즉, 시각 $t=3$에서 속도가 양에서 음으로 바뀌었으므로 $t=4$일 때, 물체는 처음 진행 방향과 반대 방향으로 움직인다.

ㄴ. 물체가 원점을 출발하였으므로 $t=0$일 때 물체의 위치는 0이고, $t=3$에서 물체의 위치는

$$0+\int_0^3 v(t)dt=\frac{1}{2}\cdot 1\cdot 1+1\cdot 1+\frac{1}{2}\cdot 1\cdot 1=2$$

    즉, 시각 $t=3$에서 물체는 원점에 있지 않다.

ㄷ. $\displaystyle\int_1^5 v(t)dt=\int_1^3 v(t)dt+\int_3^5 v(t)dt$
$$=\frac{3}{2}+\left(-\frac{3}{2}\right)=0$$

    이므로 시각 $t=1$에서와 $t=5$에서의 물체의 위치는 같다.

ㄹ. 시각 $t=1$에서 $t=4$까지 실제로 움직인 거리는

$$\int_1^4 |v(t)|dt=\int_1^3 v(t)dt+\int_3^4 \{-v(t)\}dt$$
$$=\frac{3}{2}+\frac{1}{2}=2$$

따라서 옳은 것은 ㄱ, ㄷ, ㄹ이다.   답 ④

0903 두 곡선 $y=f(x)$와 $y=g(x)$는 직선 $y=x$에 대하여 대칭이고, $f'(x)=3x^2+2x+1=3\left(x+\frac{1}{3}\right)^2+\frac{2}{3}>0$이므로 함수 $f(x)$는 실수 전체의 집합에서 증가한다.

두 곡선의 교점의 x좌표는 곡선 $y=f(x)$와 직선 $y=x$의 교점의 x좌표와 같으므로 $x^3+x^2+x=x$에서

$$x^3+x^2=0, \ x^2(x+1)=0 \qquad \therefore x=-1 \text{ 또는 } x=0$$

이때 두 곡선 $y=f(x)$와 $y=g(x)$로 둘러싸인 도형의 넓이를 S라 하면 곡선 $y=f(x)$와 직선 $y=x$로 둘러싸인 도형의 넓이의 2배이므로

$$S=2\int_{-1}^0 \{f(x)-x\}dx$$
$$=2\int_{-1}^0 (x^3+x^2)dx$$
$$=2\left[\frac{1}{4}x^4+\frac{1}{3}x^3\right]_{-1}^0$$
$$=\frac{1}{6}$$

답 $\dfrac{1}{6}$

0904 곡선 $y=ax^2+bx+c$의 y절편이 3이므로 $c=3$

       ㉮

이차방정식 $ax^2+bx+c=0$의 두 근이 $x=1$ 또는 $x=3$이므로

$$a(x-1)(x-3)=0$$
$$ax^2-4ax+3a=0$$

$3a=c=3$이므로 $a=1$

$-4a=b$이므로 $b=-4$

       ㉯

따라서 구하는 도형의 넓이는

$$\int_0^1 (x^2-4x+3)dx-\int_1^3 (x^2-4x+3)dx$$
$$=\left[\frac{1}{3}x^3-2x^2+3x\right]_0^1-\left[\frac{1}{3}x^3-2x^2+3x\right]_1^3$$
$$=\frac{4}{3}+\frac{4}{3}$$
$$=\frac{8}{3}$$

       ㉰

답 $\dfrac{8}{3}$

단계	채점요소	배점
㉮	c의 값 구하기	20%
㉯	a, b의 값 구하기	30%
㉰	도형의 넓이 구하기	50%

0905 $f(x)=x^3+2$로 놓으면 $f'(x)=3x^2$

접점의 좌표를 $(t,\ t^3+2)$라 하면 접선의 기울기는 $3t^2$이므로 접선의 방정식은

$$y-(t^3+2)=3t^2(x-t) \qquad \cdots\cdots \ \text{㉠}$$

이 접선이 원점을 지나므로 $0-(t^3+2)=3t^2(0-t)$

$t^3=1 \qquad \therefore t=1$

$t=1$을 ㉠에 대입하면 $y-3=3(x-1)$

$\therefore y=3x$

㉮

이때 접선과 곡선의 교점의 x좌표는 $x^3+2=3x$에서

$x^3-3x+2=0,\ (x+2)(x-1)^2=0$

$\therefore x=-2$ 또는 $x=1$

㉯

따라서 구하는 넓이는

$$\int_{-2}^{1}(x^3+2-3x)dx$$
$$=\left[\frac{1}{4}x^4+2x-\frac{3}{2}x^2\right]_{-2}^{1}$$
$$=\frac{27}{4}$$

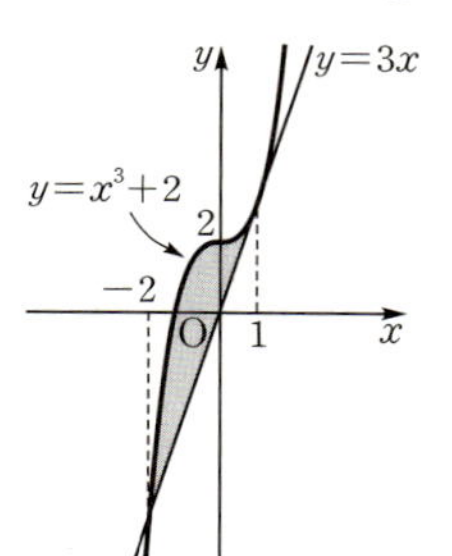

㉰

답 $\dfrac{27}{4}$

단계	채점요소	배점
㉮	접선의 방정식 구하기	40%
㉯	접선과 곡선의 교점의 x좌표 구하기	20%
㉰	접선과 곡선으로 둘러싸인 도형의 넓이 구하기	40%

0906 (1) $x(1)=-2+\displaystyle\int_{0}^{1}v(t)dt=-2+\frac{1}{2}=-\frac{3}{2}$

㉮

$x(3)=-2+\displaystyle\int_{0}^{3}v(t)dt=-2+4=2$

㉯

$x(5)=-2+\displaystyle\int_{0}^{5}v(t)dt=-2+7=5$

㉰

(2) $\displaystyle\int_{0}^{6}|v(t)|dt=\frac{1}{2}(2+5)\cdot2+\frac{1}{2}\cdot1\cdot2=8$

㉱

답 (1) $-\dfrac{3}{2},\ 2,\ 5$ (2) 8

단계	채점요소	배점
㉮	$x(1)$ 구하기	20%
㉯	$x(3)$ 구하기	20%
㉰	$x(5)$ 구하기	20%
㉱	$t=0$에서 $t=6$까지 움직인 거리 구하기	40%

0907 직사각형의 넓이가 최대이면 색칠한 도형의 넓이가 최소이다. 오른쪽 그림과 같이 x축의 양의 부분과 만나는 직사각형의 꼭짓점의 x좌표를 a라 하면 직사각형의 넓이 $g(a)$는

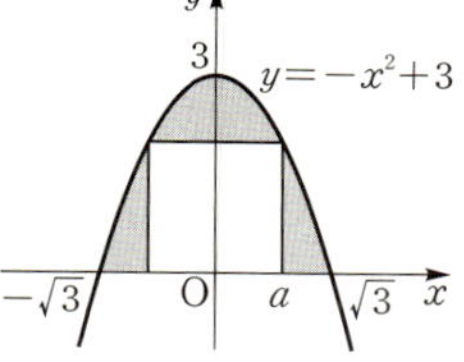

$$g(a)=2a(-a^2+3)$$
$$=-2a^3+6a$$

㉮

$g'(a)=-6a^2+6=0$에서 $a^2=1$

$\therefore a=1\ (\because a>0)$

따라서 $g(a)$는 $a=1$일 때 극대이면서 최대이므로 직사각형의 넓이의 최댓값은

$g(1)=4$

㉯

또한 곡선 $y=-x^2+3$과 x축으로 둘러싸인 도형의 넓이는

$$\int_{-\sqrt{3}}^{\sqrt{3}}(-x^2+3)dx=2\int_{0}^{\sqrt{3}}(-x^2+3)dx$$
$$=2\left[-\frac{1}{3}x^3+3x\right]_{0}^{\sqrt{3}}$$
$$=4\sqrt{3}$$

㉰

따라서 색칠한 도형의 넓이의 최솟값은

$4\sqrt{3}-4$

㉱

답 $4\sqrt{3}-4$

단계	채점요소	배점
㉮	직사각형의 넓이 구하기	30%
㉯	직사각형의 넓이의 최댓값 구하기	30%
㉰	곡선과 x축으로 둘러싸인 도형의 넓이 구하기	30%
㉱	색칠한 도형의 넓이의 최솟값 구하기	10%

0908 $y=2x|x-1|$

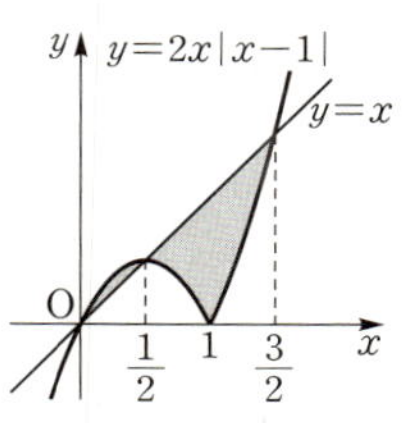

$$=\begin{cases} 2x(x-1) & (x\geq1) \\ -2x(x-1) & (x\leq1) \end{cases}$$

이므로 곡선 $y=2x|x-1|$과 직선 $y=x$의 교점의 x좌표는 다음과 같다.

(i) $x\geq1$일 때, $2x(x-1)=x$에서

$2x^2-3x=0,\ x(2x-3)=0$

$\therefore x=\dfrac{3}{2}\ (\because x\geq1)$

(ii) $x\leq1$일 때, $-2x(x-1)=x$에서

$2x^2-x=0,\ x(2x-1)=0$

$\therefore x=0$ 또는 $x=\dfrac{1}{2}$

따라서 구하는 넓이의 합은

$$\int_0^{\frac{1}{2}}(-2x^2+2x-x)dx+\int_{\frac{1}{2}}^1\{x-(-2x^2+2x)\}dx$$
$$+\int_1^{\frac{3}{2}}\{x-(2x^2-2x)\}dx$$
$$=\int_0^{\frac{1}{2}}(-2x^2+x)dx+\int_{\frac{1}{2}}^1(2x^2-x)dx$$
$$+\int_1^{\frac{3}{2}}(-2x^2+3x)dx$$
$$=\left[-\frac{2}{3}x^3+\frac{1}{2}x^2\right]_0^{\frac{1}{2}}+\left[\frac{2}{3}x^3-\frac{1}{2}x^2\right]_{\frac{1}{2}}^1+\left[-\frac{2}{3}x^3+\frac{3}{2}x^2\right]_1^{\frac{3}{2}}$$
$$=\frac{1}{24}+\frac{5}{24}+\frac{7}{24}=\frac{13}{24}$$

답 $\dfrac{13}{24}$

0909 $f(x)=x^2-1$로 놓으면 $f'(x)=2x$이므로 곡선 위의 점 (t, t^2-1)에서의 접선의 기울기는 $2t$이고 접선의 방정식은
$$y-(t^2-1)=2t(x-t)\qquad \therefore y=2tx-t^2-1$$
오른쪽 그림에서 색칠한 도형의 넓이는

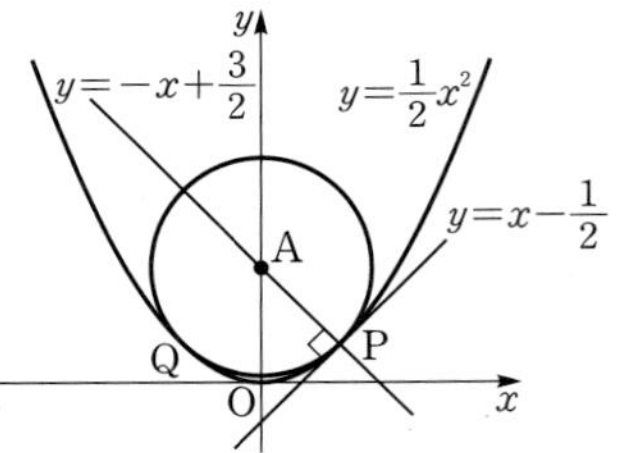

$$\int_0^1\{(x^2-1)-(2tx-t^2-1)\}dx$$
$$=\int_0^1(x^2-2tx+t^2)dx$$
$$=\left[\frac{1}{3}x^3-tx^2+t^2x\right]_0^1$$
$$=\frac{1}{3}-t+t^2$$
$$=\left(t-\frac{1}{2}\right)^2+\frac{1}{12}$$

따라서 구하는 최솟값은 $\dfrac{1}{12}$이다.

답 $\dfrac{1}{12}$

0910 두 곡선의 교점의 좌표를 각각 $P\left(\alpha, \frac{1}{2}\alpha^2\right)$, $Q\left(-\alpha, \frac{1}{2}\alpha^2\right)$이라 하자.

(단, $\alpha>0$)

$f(x)=\frac{1}{2}x^2$이라 하면 $f'(x)=x$이므로

함수 $y=\frac{1}{2}x^2$의 그래프의 접점 P에서 접선의 기울기는 $f'(\alpha)=\alpha$이고 이 접선은 직선 AP와 수직이다.

즉, $\dfrac{\frac{1}{2}\alpha^2-\frac{3}{2}}{\alpha-0}=-\dfrac{1}{\alpha}$이므로

$$\alpha^2=1\qquad \therefore \alpha=1\ (\because \alpha>0)$$
$$\therefore P\left(1, \frac{1}{2}\right),\ Q\left(-1, \frac{1}{2}\right)$$

직선 AP의 방정식은 $y=-x+\dfrac{3}{2}$

한편, 접점 P에서의 접선의 방정식은
$$y-\frac{1}{2}=x-1\qquad \therefore y=x-\frac{1}{2}$$

원의 반지름의 길이는 중심 $A\left(0, \frac{3}{2}\right)$과 접선 $y=x-\frac{1}{2}$, 즉 $2x-2y-1=0$ 사이의 거리와 같으므로
$$r=\frac{\left|2\cdot0-2\cdot\frac{3}{2}-1\right|}{\sqrt{2^2+(-2)^2}}=\sqrt{2}$$

$\angle PAO=45°$이므로 구하는 넓이를 S라 하면
$$S=2\left\{\int_0^1\left(-x+\frac{3}{2}-\frac{1}{2}x^2\right)dx-\pi\cdot(\sqrt{2})^2\cdot\frac{45}{360}\right\}$$
$$=2\left\{\left[-\frac{1}{6}x^3-\frac{1}{2}x^2+\frac{3}{2}x\right]_0^1-\frac{\pi}{4}\right\}$$
$$=\frac{5}{3}-\frac{\pi}{2}$$

따라서 $a=\dfrac{5}{3}$, $b=-\dfrac{1}{2}$이므로
$$120(a+b)=140$$

답 140

0911 곡선 $f(x)=-x^2+4x-3$과 x축의 교점의 x좌표는 $-x^2+4x-3=0$에서 $(x-1)(x-3)=0$
$$\therefore x=1 \text{ 또는 } x=3$$
$$\int_0^a f(x)dx=-X+Y-Z=-2Y+Y=-Y$$
$$=-\int_1^3 f(x)dx=-\int_1^3(-x^2+4x-3)dx$$
$$=-\left[-\frac{1}{3}x^3+2x^2-3x\right]_1^3=-\frac{4}{3}$$

답 $-\dfrac{4}{3}$

memo

memo